体育院校通用教材

中国武术教程

（上册）

全国体育院校教材委员会审定

人民体育出版社

图书在版编目（CIP）数据

中国武术教程. 上册 / 全国体育院校教材委员会审定. -- 北京：人民体育出版社，2004 (2024.3重印)
ISBN 978-7-5009-2447-0

Ⅰ.①中… Ⅱ.①全… Ⅲ.①武术—中国—教材 Ⅳ.①G852

中国版本图书馆CIP数据核字(2022)第152105号

*

人 民 体 育 出 版 社 出 版 发 行
北京盛通印刷股份有限公司印刷
新 华 书 店 经 销

*

787×1092　16开本　40.5印张　931千字
2004年1月第1版　2024年3月第22次印刷
印数：68,691—71,390册

*

ISBN 978-7-5009-2447-0
定价：82.00元

社址：北京市东城区体育馆路8号（天坛公园东门）
电话：67151482（发行部）　　邮编：100061
传真：67151483　　　　　　　邮购：67118491
网址：www.psphpress.com
（购买本社图书，如遇有缺损页可与邮购部联系）

《中国武术教程》编委会

主　编：邱丕相　上海体育学院教授、博士生导师
副主编：朱瑞琪　北京体育大学教授、博士生导师
　　　　郭志禹　上海体育学院教授、博士生导师
编　委（以姓氏笔画为序）
　　　　关铁云　沈阳体育学院教授
　　　　张选惠　成都体育学院教授
　　　　陈亚斌　西安体育学院教授
　　　　郑旭旭　集美大学体育学院教授
　　　　栗胜夫　河南大学体育学院教授
　　　　康戈武　中国武术研究院研究员
　　　　曾于久　武汉体育学院教授
　　　　蔡仲林　湖北大学体育学院教授
顾　问：蔡龙云　上海体育学院教授、原中国武术研究院副院长

前　言

《中国武术教程》是根据全国体育院校教材建设的总体目标，即逐步建立适应培养社会主义现代化建设者和接班人，面向21世纪、能反映当代体育科学技术水平，具有中国特色的体育教材体系的精神组织编写的。

在人民体育出版社的积极倡导和全国体育院校教材委员会的大力支持下，于2000年11月成立了教材编写委员会，并于2001年3月在主持院校上海体育学院召开了第一次编写会议，明确了分工及时间进度要求。同年12月由主编和副主编在北京对初稿进行了初审，并提出了具体修改意见。2002年4月，全体编委在福建省武夷山市举行了教材定稿会，对全部文稿逐一进行审阅讨论，并对不符合要求的文稿提出了进一步修改的意见。最终于2002年底交与人民体育出版社。

与原全国体育院校专修、普修《武术》教材相比，这本新教材从武术运动发展的时代要求和教学实践出发，更着重于学生专业素质教育和能力培养，努力体现出时代性、实践性、科学性和系统性，以图全面地反映我国武术运动教学训练的理论与实践。新教材分上、下两册，上册为武术运动概论和套路、器械的理论与技术，下册是以散打为主体的教学训练理论与技术。与原教材相比，在理论部分有较大的更新和补充；在技术部分增加了拳、械和项目种类，以及太极推手、中国式摔跤、短兵、擒拿和肘膝技术等。整部教材的内容更加全面，更加充实，也更富有新意。

本教材适用于全国高等体育院校、师范院校体育系的武术专业教学（普修教学可选择其中的有关章节），同时也是硕士研究生和博士研究生极有价值的参考资料。

本教材在编写过程中得到国家体育总局科教司、国家体育总局武术运动管理中心的大力支持；还得到上海体育学院、集美大学体育学院、福建省武夷山市，以及参编人员所在院校及单位的支持与协助；特别是人民体育出版社自始至终参与了教材的组织、策划、讨论和编辑工作，在此一并表示衷心的感谢。

最后还要说明的是，本教材编写历经三年时间，是众多参编者集体智慧的结晶，除编委会成员外，还有许多作者参与编写工作（在每一章节后均有署名），对他们的辛勤劳动，我们一并表示真诚的谢意。

对本教材中的不足及错误和疏漏之处，恳请广大读者批评指正，我们将不胜感谢。

《中国武术教程》编写委员会
2003年4月

目 录

第一章　武术运动概述 …………………………………………………………（1）

　第一节　武术的概念 ………………………………………………………（1）

　　一、武术的沿革与辨析 …………………………………………………（1）

　　二、武术原本是一种传统技击术 ………………………………………（2）

　　三、武术的体育属性 ……………………………………………………（3）

　　四、武术是优秀的传统文化之一 ………………………………………（3）

　第二节　武术的特点 ………………………………………………………（4）

　　一、武术的技击特点 ……………………………………………………（4）

　　二、武术的民族文化特点 ………………………………………………（5）

　　　（一）中国传统文化背景决定了武术套路的产生 …………………（5）

　　　（二）刚健有为的民族文化精神 ……………………………………（6）

　　　（三）注重和谐 ………………………………………………………（6）

　　　（四）注重形神兼备 …………………………………………………（6）

　　　（五）注重整体的思维方式 …………………………………………（7）

　　　（六）既重外练又重内练 ……………………………………………（7）

　　　（七）多种拳种并存 …………………………………………………（7）

　第三节　武术的价值 ………………………………………………………（9）

　　一、武术的健身价值 ……………………………………………………（9）

　　二、武术的技击价值 ……………………………………………………（10）

　　三、武术的观赏价值 ……………………………………………………（10）

　　四、武术的教育价值 ……………………………………………………（11）

　　五、武术的经济价值 ……………………………………………………（12）

　第四节　武术的流派与分类 ………………………………………………（13）

　　一、关于武术流派的不同说法 …………………………………………（13）

　　二、现代武术运动的内容与分类 ………………………………………（15）

　　　（一）按照功能分类 …………………………………………………（15）

　　　（二）按照运动形式分类 ……………………………………………（16）

　第五节　武术理论的基本范畴 ……………………………………………（20）

　　一、武术理论的研究对象与研究方法 …………………………………（20）

二、武术理论的知识结构……………………………………………（21）
　　　　（一）基础理论………………………………………………（21）
　　　　（二）技术理论………………………………………………（22）
　　　　（三）应用理论………………………………………………（22）
　　三、武术的相关学科构成的知识层面…………………………（23）
　　　　（一）武术与中国传统文化…………………………………（23）
　　　　（二）武术与现代学科………………………………………（24）
　第六节　我国武术工作的基本任务…………………………………（24）
　　一、加强武德修养，提高武术队伍的整体素质………………（25）
　　二、以全民健身为纲，推动社会化群众习武健身活动…………（25）
　　三、加大竞技武术的改革力度，坚持竞技武术走向奥运………（26）
　　四、培养和形成武术市场，促进武术产业化……………………（27）
　　五、继承和发展相结合，走21世纪武术创新之路………………（28）

第二章　武术的形成与发展…………………………………………（30）
　第一节　武术的来源…………………………………………………（30）
　　一、原始部落战争对武术形成的作用…………………………（30）
　　二、古代军事技术与武术的关系………………………………（31）
　第二节　古代武术的发展……………………………………………（32）
　　一、古代武术的发生……………………………………………（32）
　　二、古代武术的发展……………………………………………（33）
　　三、古代武术的定型……………………………………………（35）
　第三节　近代武术……………………………………………………（38）
　　一、西方文化的进入与《中华新武术》…………………………（38）
　　　　（一）西方文化进入的背景…………………………………（38）
　　　　（二）中西结合的产物——《中华新武术》…………………（38）
　　　　（三）《中华新武术》对近代中国武术的影响………………（39）
　　二、社会与民间武术组织的建立与发展………………………（39）
　　　　（一）抵御外侮练拳习武……………………………………（39）
　　　　（二）反清反帝传教练拳……………………………………（40）
　　　　（三）拳会结社兴学体育……………………………………（40）
　　　　（四）国术系统也讲体育……………………………………（40）
　第四节　当代武术的现状与走向……………………………………（41）
　　一、国内武术的兴旺发展………………………………………（41）
　　　　（一）以增强人民体质为宗旨的健身武术…………………（41）
　　　　（二）以提高套路运动技术水平为主的竞技武术…………（42）
　　　　（三）以发掘、继承为特点的传统武术……………………（44）
　　　　（四）"技击"武术的复兴……………………………………（45）

（五）武术的科学研究……………………………………………（46）
　　（六）武术教育机构与人才培养…………………………………（47）
二、武术推向世界与世界接纳武术……………………………………（48）
　　（一）竞技武术国际化的逐步实现…………………………………（48）
　　（二）世界已经接纳武术……………………………………………（49）

第三章　拳术……………………………………………………………（50）
　第一节　长拳…………………………………………………………（50）
　　一、概说……………………………………………………………（50）
　　　（一）规定套路…………………………………………………（50）
　　　（二）自选套路…………………………………………………（51）
　　二、技法特点………………………………………………………（51）
　　三、基本动作及方法………………………………………………（54）
　　　（一）手型………………………………………………………（54）
　　　（二）步型………………………………………………………（54）
　　　（三）手法………………………………………………………（56）
　　　（四）步法………………………………………………………（57）
　　　（五）腿法………………………………………………………（58）
　　　（六）跳跃………………………………………………………（62）
　　　（七）平衡………………………………………………………（66）
　　　（八）跌扑滚翻…………………………………………………（68）
　　四、基础练习………………………………………………………（70）
　　　五步拳……………………………………………………………（70）
　　五、教学要点………………………………………………………（72）
　第二节　太极拳………………………………………………………（73）
　　一、概说……………………………………………………………（73）
　　二、技法特点………………………………………………………（75）
　　三、基本动作及方法………………………………………………（77）
　　　（一）手型………………………………………………………（77）
　　　（二）步型………………………………………………………（77）
　　　（三）手法………………………………………………………（78）
　　　（四）步法………………………………………………………（78）
　　　（五）腿法………………………………………………………（84）
　　四、基础练习………………………………………………………（84）
　　　（一）桩功（五桩）……………………………………………（84）
　　　（二）组合练习…………………………………………………（88）
　　　（三）基本套路…………………………………………………（95）
　　五、教学要点………………………………………………………（95）

3

第三节　南拳 ……（96）
　　一、概说 ……（96）
　　二、技法特点 ……（97）
　　三、基本动作及方法 ……（99）
　　　（一）手型 ……（99）
　　　（二）步型 ……（100）
　　　（三）手法 ……（102）
　　　（四）步法 ……（114）
　　　（五）腿法 ……（116）
　　四、基础练习 ……（117）
　　　（一）桩步练习 ……（117）
　　　（二）方法练习 ……（119）
　　五、教学要点 ……（132）

第四节　形意拳 ……（134）
　　一、概说 ……（134）
　　二、技法特点 ……（134）
　　三、基本动作及方法 ……（137）
　　　（一）三体式 ……（137）
　　　（二）劈拳 ……（138）
　　　（三）崩拳 ……（140）
　　　（四）钻拳 ……（143）
　　　（五）炮拳 ……（144）
　　　（六）横拳 ……（146）
　　四、基础练习 ……（148）
　　　　五行连环拳 ……（148）
　　五、教学要点 ……（151）

第五节　八卦掌 ……（153）
　　一、概说 ……（153）
　　二、技法特点 ……（155）
　　三、基本动作及方法 ……（156）
　　　（一）手型 ……（156）
　　　（二）步型 ……（157）
　　　（三）手法 ……（157）
　　　（四）步法 ……（158）
　　　（五）腿法 ……（160）
　　　（六）身型与身法 ……（161）
　　四、基础练习 ……（161）
　　　（一）步法练习 ……（161）

（二）基本八掌练习 …………………………………（162）
　　（三）基本架势练习 …………………………………（175）
　　（四）功法练习 ………………………………………（175）
　五、教学要点 ……………………………………………（175）
第六节　通背拳 …………………………………………（177）
　一、概说 …………………………………………………（177）
　二、技法特点 ……………………………………………（177）
　三、基本动作及方法 ……………………………………（179）
　　（一）手型 ……………………………………………（179）
　　（二）步型 ……………………………………………（180）
　　（三）手法 ……………………………………………（182）
　　（四）步法 ……………………………………………（186）
　　（五）腿法 ……………………………………………（186）
　四、基础练习 ……………………………………………（188）
　　（一）单操练习 ………………………………………（188）
　　（二）行功练习 ………………………………………（198）
　　（三）组合练习 ………………………………………（220）
　五、教学要点 ……………………………………………（231）
第七节　螳螂拳 …………………………………………（233）
　一、概说 …………………………………………………（233）
　二、技法特点 ……………………………………………（233）
　三、基本动作及方法 ……………………………………（235）
　　（一）手型 ……………………………………………（235）
　　（二）步型 ……………………………………………（235）
　四、基础练习 ……………………………………………（236）
　　（一）预备姿势 ………………………………………（236）
　　（二）虚步双勾手 ……………………………………（236）
　　（三）上步右格肘 ……………………………………（237）
　　（四）戳脚步右崩拳 …………………………………（237）
　　（五）戳脚步双采手 …………………………………（237）
　　（六）立身双采手 ……………………………………（238）
　　（七）进步左挑拳 ……………………………………（238）
　　（八）提膝左冲拳 ……………………………………（238）
　　（九）弓步右劈拳 ……………………………………（239）
　　（十）虚步双勾手 ……………………………………（239）
　　（十一）收势 …………………………………………（239）
　五、教学要点 ……………………………………………（239）

第八节　八极拳 ……………………………………………（241）
　一、概说 ……………………………………………………（241）
　二、技法特点 ………………………………………………（242）
　三、基本动作及方法 ………………………………………（243）
　　（一）手型 …………………………………………………（243）
　　（二）步型 …………………………………………………（244）
　四、基础练习 ………………………………………………（245）
　　（一）预备姿势 ……………………………………………（245）
　　（二）虚步挑掌 ……………………………………………（245）
　　（三）攉打顶肘 ……………………………………………（246）
　　（四）上步冲拳 ……………………………………………（246）
　　（五）上步撑掌 ……………………………………………（246）
　　（六）勾手上提 ……………………………………………（247）
　　（七）马步掸掌 ……………………………………………（247）
　　（八）攉打顶肘 ……………………………………………（247）
　五、教学要点 ………………………………………………（247）
第九节　翻子拳 ……………………………………………（249）
　一、概说 ……………………………………………………（249）
　二、技法特点 ………………………………………………（250）
　三、基本动作及方法 ………………………………………（250）
　　（一）手型 …………………………………………………（250）
　　（二）步型 …………………………………………………（251）
　　（三）手法 …………………………………………………（251）
　　（四）步法 …………………………………………………（253）
　四、基础练习 ………………………………………………（253）
　　（一）拳法练习 ……………………………………………（253）
　　（二）步法练习 ……………………………………………（254）
　　（三）组合练习 ……………………………………………（254）
　五、教学要点 ………………………………………………（261）
第十节　劈挂拳 ……………………………………………（261）
　一、概说 ……………………………………………………（261）
　二、技法特点 ………………………………………………（263）
　三、基本动作及方法 ………………………………………（263）
　　（一）手型 …………………………………………………（263）
　　（二）步型 …………………………………………………（264）
　　（三）步法 …………………………………………………（266）
　　（四）腿法 …………………………………………………（266）
　四、基础练习 ………………………………………………（267）

（一）肩部练习 …………………………………………………（267）
　　（二）胸背练习 …………………………………………………（269）
　　（三）腰胯练习 …………………………………………………（271）
　　（四）腿法练习 …………………………………………………（272）
　　（五）步法练习 …………………………………………………（272）
　　（六）组合练习 …………………………………………………（272）
　五、教学要点 ………………………………………………………（276）
第十一节　少林拳 ……………………………………………………（277）
　一、概说 ……………………………………………………………（277）
　二、技法特点 ………………………………………………………（278）
　三、基本动作及方法 ………………………………………………（280）
　　（一）手型 ………………………………………………………（280）
　　（二）步型 ………………………………………………………（281）
　　（三）手法 ………………………………………………………（282）
　　（四）步法 ………………………………………………………（285）
　　（五）腿法 ………………………………………………………（288）
　四、基础练习 ………………………………………………………（294）
　　（一）面壁功 ……………………………………………………（294）
　　（二）椅子桩 ……………………………………………………（294）
　　（三）丁步桩 ……………………………………………………（295）
　　（四）弓步斜形 …………………………………………………（295）
　　（五）马步单鞭 …………………………………………………（296）
　　（六）虚步挑掌 …………………………………………………（297）
　　（七）仆步切掌 …………………………………………………（298）
　　（八）歇步冲拳 …………………………………………………（299）
　　（九）转身推掌（跨虎蹬山） …………………………………（300）
　五、教学要点 ………………………………………………………（300）
第十二节　戳脚 ………………………………………………………（301）
　一、概说 ……………………………………………………………（301）
　二、技法特点 ………………………………………………………（302）
　三、基本动作及方法 ………………………………………………（304）
　　（一）手型 ………………………………………………………（304）
　　（二）步型 ………………………………………………………（305）
　　（三）步法 ………………………………………………………（305）
　　（四）腿法 ………………………………………………………（307）
　四、基础练习 ………………………………………………………（309）
　　（一）预备姿势 …………………………………………………（309）
　　（二）跨拦步 ……………………………………………………（309）

（三）右点脚 …………………………………………………………（309）
　　（四）左点脚 …………………………………………………………（310）
　　（五）倒步左后腿 ……………………………………………………（310）
　　（六）摆莲腿 …………………………………………………………（311）
　　（七）左圈点脚 ………………………………………………………（311）
　　（八）右蹶子脚 ………………………………………………………（312）
　　（九）右擢丁 …………………………………………………………（312）
　　（十）左后腿 …………………………………………………………（312）
　　（十一）右后腿 ………………………………………………………（313）
　　（十二）十字捶 ………………………………………………………（314）
　　（十三）收势 …………………………………………………………（314）
　五、教学要点 ……………………………………………………………（315）

第四章　器械 …………………………………………………………（316）

第一节　剑术 …………………………………………………………（316）
　一、概说 …………………………………………………………………（316）
　二、技法特点 ……………………………………………………………（317）
　三、基本动作及方法 ……………………………………………………（318）
　　（一）剑的各部位名称及图示 ………………………………………（318）
　　（二）握剑方法 ………………………………………………………（319）
　　（三）持剑礼节与持剑方法 …………………………………………（320）
　　（四）基本剑法 ………………………………………………………（320）
　四、基础练习 ……………………………………………………………（327）
　　（一）单式剑法重复练习 ……………………………………………（327）
　　（二）剑术组合动作练习 ……………………………………………（327）
　五、教学要点 ……………………………………………………………（331）

第二节　刀术 …………………………………………………………（333）
　一、概说 …………………………………………………………………（333）
　二、技法特点 ……………………………………………………………（334）
　三、基本动作及方法 ……………………………………………………（335）
　　（一）刀的各部位名称及图示 ………………………………………（335）
　　（二）握刀方法 ………………………………………………………（335）
　　（三）抱刀礼节与抱刀方法 …………………………………………（335）
　　（四）基本刀法 ………………………………………………………（336）
　四、基础练习 ……………………………………………………………（347）
　　（一）单式刀法重复练习 ……………………………………………（347）
　　（二）刀术组合动作练习 ……………………………………………（348）
　五、教学要点 ……………………………………………………………（350）

第三节　棍术 （351）

一、概说 （351）
二、技法特点 （352）
三、基本动作及方法 （353）
　（一）棍的各部位名称及图示 （353）
　（二）持棍礼节 （353）
　（三）基本棍法 （354）
四、基础练习 （368）
　（一）单式棍法重复练习 （368）
　（二）棍术组合动作练习 （369）
五、教学要点 （372）

第四节　枪术 （374）

一、概说 （374）
二、技法特点 （375）
三、基本动作及方法 （376）
　（一）枪的各部位名称及图示 （376）
　（二）持枪礼节与持枪方法 （377）
　（三）基本枪法 （377）
四、基础练习 （397）
　（一）单式枪法重复练习 （397）
　（二）枪术组合动作练习 （397）
五、教学要点 （400）

第五节　双器械 （401）

一、概说 （401）
　（一）长双械类 （401）
　（二）短双械类 （401）
　（三）小双械类 （404）
二、技法特点 （405）
　（一）长双械类和短双械类 （405）
　（二）小双械类 （406）
三、基本动作及方法 （406）
　（一）双棍类 （407）
　（二）双刀类 （408）
　（三）双剑类 （412）
　（四）双鞭、双锏、双戟类 （414）
　（五）双斧类 （416）
　（六）双锤类 （417）
　（七）双钩类 （418）

　　　　　（八）双拐类 …………………………………………………（419）
　　　　　（九）小双械类 ………………………………………………（420）
　　　四、基础练习 ……………………………………………………（421）
　　　　　（一）长双械类 ………………………………………………（421）
　　　　　（二）短双械类 ………………………………………………（422）
　　　　　（三）小双械类 ………………………………………………（422）
　　　五、教学要点 ……………………………………………………（422）

　第六节　软器械 ………………………………………………………（423）
　　　一、概说 …………………………………………………………（423）
　　　　　（一）软械类 …………………………………………………（424）
　　　　　（二）棍棒软械类 ……………………………………………（424）
　　　　　（三）绳索类软器械 …………………………………………（424）
　　　二、技法特点 ……………………………………………………（425）
　　　三、基本动作及方法 ……………………………………………（426）
　　　　　（一）软械类 …………………………………………………（426）
　　　　　（二）棍棒软械类 ……………………………………………（432）
　　　　　（三）绳索类软器械 …………………………………………（434）
　　　四、基础练习 ……………………………………………………（437）
　　　　　（一）软械类 …………………………………………………（437）
　　　　　（二）棍棒软械类 ……………………………………………（438）
　　　　　（三）绳索类软器械 …………………………………………（438）
　　　五、教学要点 ……………………………………………………（438）

第五章　对练与集体项目 ……………………………………………（440）

　第一节　对练的起源与沿革 …………………………………………（440）
　第二节　徒手对练 ……………………………………………………（441）
　　　一、基本要求 ……………………………………………………（441）
　　　二、基本技术 ……………………………………………………（442）
　　　　　（一）拳法技术 ………………………………………………（442）
　　　　　（二）腿法技术 ………………………………………………（442）
　　　　　（三）跌扑滚翻及摔法技法 …………………………………（443）
　　　三、组合动作 ……………………………………………………（443）
　　　　　长拳对练组合（Ⅰ）动作名称 ……………………………（443）
　　　　　长拳对练组合（Ⅰ）动作说明 ……………………………（443）
　　　　　长拳对练组合（Ⅱ）动作名称 ……………………………（448）
　　　　　长拳对练组合（Ⅱ）动作说明 ……………………………（448）
　　　　　八极拳对练组合（Ⅰ）动作名称 …………………………（450）
　　　　　八极拳对练组合（Ⅰ）动作说明 …………………………（451）

    八极拳对练组合（Ⅱ）动作名称 ……………………………………（454）
    八极拳对练组合（Ⅱ）动作说明 ……………………………………（454）
  第三节 器械对练 ………………………………………………………（458）
   一、基本要求 ……………………………………………………………（458）
   二、基本技术 ……………………………………………………………（459）
    （一）招势准确 ………………………………………………………（459）
    （二）器械的基本方法 ………………………………………………（459）
   三、组合动作 ……………………………………………………………（460）
    单刀进枪组合（Ⅰ）动作名称 ………………………………………（460）
    单刀进枪组合（Ⅰ）动作说明 ………………………………………（460）
    单刀进枪组合（Ⅱ）动作名称 ………………………………………（463）
    单刀进枪组合（Ⅱ）动作说明 ………………………………………（464）
    扑刀进枪组合（Ⅰ）动作名称 ………………………………………（468）
    扑刀进枪组合（Ⅰ）动作说明 ………………………………………（468）
    扑刀进枪组合（Ⅱ）动作名称 ………………………………………（473）
    扑刀进枪组合（Ⅱ）动作说明 ………………………………………（473）
  第四节 徒手与器械对练 ………………………………………………（483）
   一、基本要求 ……………………………………………………………（483）
   二、基本技术 ……………………………………………………………（483）
   三、组合动作 ……………………………………………………………（484）
    空手夺枪组合（Ⅰ）动作名称 ………………………………………（484）
    空手夺枪组合（Ⅰ）动作说明 ………………………………………（484）
    空手夺枪组合（Ⅱ）动作名称 ………………………………………（488）
    空手夺枪组合（Ⅱ）动作说明 ………………………………………（488）
    空手夺枪组合（Ⅲ）动作名称 ………………………………………（492）
    空手夺枪组合（Ⅲ）动作说明 ………………………………………（492）
    空手对棍组合动作名称 ……………………………………………（495）
    空手对棍组合动作说明 ……………………………………………（495）
  第五节 集体项目 ………………………………………………………（500）
   一、集体项目的起源与沿革 ……………………………………………（500）
   二、基本要求 ……………………………………………………………（501）

 第六章 武术套路教学 …………………………………………………（503）

  第一节 套路教学的基本特点 …………………………………………（503）
  第二节 套路教学的阶段与步骤 ………………………………………（504）
   一、套路教学的阶段 ……………………………………………………（504）
   二、套路教学的步骤 ……………………………………………………（505）

第三节　套路教学的方法 ……………………………………………（505）
一、直观教学法 …………………………………………………（506）
（一）动作示范 ………………………………………………（506）
（二）多媒体教学 ……………………………………………（507）
二、完整与分解教学法 …………………………………………（507）
（一）完整教学法 ……………………………………………（507）
（二）分解教学法 ……………………………………………（507）
三、语言法 ………………………………………………………（508）
（一）讲解 ……………………………………………………（508）
（二）口令的运用 ……………………………………………（509）
四、预防与纠正错误法 …………………………………………（509）
五、练习法 ………………………………………………………（510）
（一）重复练习法 ……………………………………………（510）
（二）变换练习法 ……………………………………………（510）
（三）综合练习法 ……………………………………………（510）
六、比赛法 ………………………………………………………（511）

第四节　套路教学效果的评价 …………………………………（511）
一、评价的基本内容与标准 ……………………………………（511）
（一）教学文件的规范性 ……………………………………（511）
（二）教学方法与手段的运用 ………………………………（512）
（三）运动负荷的安排 ………………………………………（512）
（四）教师的主导作用 ………………………………………（513）
（五）教学效果的评价 ………………………………………（514）
二、评价的手段与方法 …………………………………………（514）
（一）评价体系的建立 ………………………………………（514）
（二）评估的手段与方法 ……………………………………（514）
（三）武术套路教学课评价表示例 …………………………（515）

第五节　教案的制定 ……………………………………………（515）
一、教案的撰写 …………………………………………………（516）
（一）制定课的内容与任务 …………………………………（516）
（二）教案各部分的撰写 ……………………………………（516）
二、教案示例——表格式教案（45分钟案例）…………………（517）

第七章　套路运动训练 ……………………………………………（520）

第一节　套路运动员的选材 ……………………………………（520）
一、选材特点 ……………………………………………………（520）
二、身体形态 ……………………………………………………（521）
三、身体素质 ……………………………………………………（522）

四、身体机能……………………………………………………（523）
　　五、心理素质……………………………………………………（524）
　　六、专项技术……………………………………………………（524）
第二节　套路训练的原则、内容、方法及应注意的问题……………（525）
　　一、训练原则……………………………………………………（525）
　　二、训练的内容…………………………………………………（527）
　　　（一）体能训练………………………………………………（527）
　　　（二）技术训练………………………………………………（527）
　　　（三）心理训练………………………………………………（527）
　　　（四）智能训练………………………………………………（527）
　　三、训练方法……………………………………………………（527）
　　　（一）重复训练法……………………………………………（528）
　　　（二）变换训练法……………………………………………（528）
　　　（三）间歇训练法……………………………………………（528）
　　　（四）循环训练法……………………………………………（529）
　　　（五）静耗训练法……………………………………………（529）
　　　（六）慢速训练法……………………………………………（529）
　　　（七）默念训练法……………………………………………（530）
　　　（八）综合训练法……………………………………………（530）
　　四、训练中应注意的问题………………………………………（530）
第三节　身体训练……………………………………………………（531）
　　一、身体训练的内容……………………………………………（531）
　　二、身体训练的基本要求………………………………………（531）
　　三、一般身体素质训练…………………………………………（532）
　　　（一）协调……………………………………………………（532）
　　　（二）力量……………………………………………………（533）
　　　（三）速度……………………………………………………（534）
　　　（四）耐力……………………………………………………（535）
　　四、专项身体素质训练…………………………………………（535）
　　　（一）柔韧……………………………………………………（535）
　　　（二）速度……………………………………………………（536）
　　　（三）协调……………………………………………………（537）
　　　（四）力量……………………………………………………（538）
　　　（五）耐力……………………………………………………（539）
第四节　技术训练……………………………………………………（539）
　　一、狠抓基本训练，方法灵活多样……………………………（539）
　　二、组合动作训练，注意起承转合……………………………（540）
　　三、分段技术训练，着重演练技巧……………………………（541）

四、整套训练，把握体力分配 ……………………………………（542）
　　五、超套训练，重在培养意志 ……………………………………（542）
　　六、对练套路的训练 ………………………………………………（543）
　　七、少儿训练中应注意的问题 ……………………………………（543）
　　八、技术风格和意识的形成与培养 ………………………………（544）
第五节　心理训练 ………………………………………………………（548）
　　一、一般心理训练 …………………………………………………（548）
　　二、准备具体比赛的心理训练 ……………………………………（549）
　　三、赛后的心理调整（正面成败得失，总结经验教训）…………（551）
第六节　智能训练 ………………………………………………………（552）
　　一、一般智能训练 …………………………………………………（552）
　　二、套路运动智能训练 ……………………………………………（552）
第七节　训练中运动负荷的安排 ………………………………………（554）
　　一、套路运动负荷的特点 …………………………………………（554）
　　二、套路运动负荷的调控 …………………………………………（554）
　　　（一）套路运动负荷的度量 ……………………………………（554）
　　　（二）套路运动适宜的负荷判定 ………………………………（555）
　　　（三）套路训练中运动负荷的科学安排 ………………………（556）
　　三、科学调整运动负荷时的基本要求 ……………………………（558）
　　四、过度训练及其防治 ……………………………………………（560）
第八节　训练计划的制定 ………………………………………………（562）
　　一、制定训练计划的基本要求 ……………………………………（563）
　　　（一）注意按一定的工作程序制定训练计划 …………………（563）
　　　（二）制定训练计划必须符合武术运动的各种科学依据 ……（567）
　　二、训练计划的基本内容 …………………………………………（568）
　　三、训练计划的基本形式与类型 …………………………………（568）
　　　（一）训练计划的基本形式 ……………………………………（568）
　　　（二）训练计划的基本类型 ……………………………………（568）
第九节　训练课的组织与指导 …………………………………………（569）
　　一、教练员在训练课中的主导作用 ………………………………（570）
　　　（一）丰富的专业知识和实践经验 ……………………………（570）
　　　（二）全方位的教练员能力结构 ………………………………（570）
　　二、武术训练课的组织 ……………………………………………（571）
　　　（一）武术训练课的组织形式 …………………………………（571）
　　　（二）武术训练课作业的组织 …………………………………（572）
　　三、对运动员技术错误的发现和纠正 ……………………………（573）
　　　（一）单个动作的常犯错误及其纠正 …………………………（573）
　　　（二）组合动作的常犯错误及其纠正 …………………………（574）

（三）全套动作的常犯错误及其纠正 …………………………（574）

第八章　武术套路竞赛的组织与裁判 ……………………………（576）

第一节　武术套路竞赛的组织工作 ………………………………（576）
　一、制定竞赛规程 …………………………………………………（576）
　二、成立竞赛组织机构 ……………………………………………（577）
　三、裁判队伍的组织与职责 ………………………………………（577）

第二节　武术套路竞赛的编排记录工作 …………………………（579）
　一、编排的一般步骤与方法 ………………………………………（579）
　二、编排的一般原则 ………………………………………………（580）
　三、编排组的记录工作 ……………………………………………（580）

第三节　武术套路竞赛规则简介 …………………………………（580）
　一、竞赛通则 ………………………………………………………（581）
　二、评分标准与方法 ………………………………………………（583）
　　（一）自选项目（长拳、太极拳、南拳、剑术、
　　　　　刀术、棍术、枪术）的评分方法与标准 …………………（583）
　　（二）其他拳术、其他器械、对练、
　　　　　集体项目的评分方法与标准 ………………………………（584）
　　（三）裁判长、副裁判长的评分 …………………………………（584）
　　（四）裁判员的坐位安排 …………………………………………（585）

第四节　武术套路竞赛的裁判评分 ………………………………（586）
　一、对动作质量分的评判 …………………………………………（586）
　二、对整套演练水平的评判 ………………………………………（586）
　　（一）对功力（劲力、协调）的评分 ……………………………（586）
　　（二）对演练技巧的评分 …………………………………………（587）
　　（三）对编排（内容、结构、布局）的评分 ……………………（587）
　三、对难度动作的评分 ……………………………………………（587）
　四、对其他错误的扣分 ……………………………………………（588）
　五、主要竞赛项目的评分要点提示 ………………………………（588）
　　（一）长拳 …………………………………………………………（588）
　　（二）剑、刀、枪、棍 ……………………………………………（588）
　　（三）南拳 …………………………………………………………（589）
　　（四）太极拳 ………………………………………………………（589）

第五节　基层武术套路竞赛的组织 ………………………………（589）
　一、制定竞赛规程 …………………………………………………（590）
　二、竞赛组织机构 …………………………………………………（590）
　三、裁判人员工作 …………………………………………………（590）
　四、裁判人员工作位置 ……………………………………………（591）

五、编排工作……………………………………………………（591）
　　六、编排原则及记录工作………………………………………（592）

第九章　武术套路创编与图解知识……………………………………（593）

　第一节　武术套路创编………………………………………………（593）
　　一、创编武术套路的基本知识及依据…………………………（593）
　　　（一）创编武术套路的基本知识………………………………（593）
　　　（二）武术套路创编依据………………………………………（594）
　　二、武术套路创编程序…………………………………………（596）
　　三、长拳套路创编应注意的问题………………………………（597）
　第二节　武术图解知识………………………………………………（599）
　　一、图解基础知识………………………………………………（599）
　　　（一）图片结构…………………………………………………（599）
　　　（二）文字结构…………………………………………………（599）
　　二、看图解学习的方法…………………………………………（601）
　　　（一）个人自学…………………………………………………（601）
　　　（二）多人共学…………………………………………………（601）
　　三、图解知识的运用（制作图解）………………………………（602）
　　　（一）分解动作…………………………………………………（602）
　　　（二）拍摄动作…………………………………………………（602）
　　　（三）按动画线…………………………………………………（602）
　　　（四）文字说明…………………………………………………（603）
　　　（五）图文并茂…………………………………………………（603）
　　　（六）图片顺序…………………………………………………（604）
　　　（七）书中序号…………………………………………………（604）
　　　（八）路线示意图及连续图片…………………………………（604）

附录　武术主要典籍简介………………………………………………（605）

Contents

Chapter One　　Summary of Wushu Movement ·············· (1)

Section One　The Concept of Wushu ·············· (1)
  Ⅰ. The Evolution and Differentiation of Wushu ·············· (1)
  Ⅱ. The Origin of Wushu is a Kind of Traditional Combat Skill ·············· (2)
  Ⅲ. The Physical Education Elements of Wushu ·············· (3)
  Ⅳ. Wushu is One of the Fine Traditional Cultures ·············· (3)

Section Two　Characteristics of Wushu ·············· (4)
  Ⅰ. Combat Characteristics of Wushu ·············· (4)
  Ⅱ. Chinese Cultural Characteristics of Wushu ·············· (5)
    ⅰ. Traditional Chinese Culture Generated Wushu Routine ·············· (5)
    ⅱ. Vigorous and Promising Chinese Cultural Spirit ·············· (6)
    ⅲ. The Emphasis on Harmony ·············· (6)
    ⅳ. The Emphasis on Combination of Form and Spirit ·············· (6)
    ⅴ. The Emphasis on Holistic Thinking Style ·············· (7)
    ⅵ. The Emphasis on Combintion of Internal and External Exercises ·············· (7)
    ⅶ. The Coexistence of Various Wushu Styles ·············· (7)

Section Three　The Value of Wushu ·············· (9)
  Ⅰ. Fitness Value ·············· (9)
  Ⅱ. Combat Value ·············· (10)
  Ⅲ. Aesthetic Value ·············· (10)
  Ⅳ. Educational Value ·············· (11)
  Ⅴ. Economic Value ·············· (12)

Section Four　The Styles and Classification of Wushu ·············· (13)
  Ⅰ. Different Opinions on Wushu Styles ·············· (13)
  Ⅱ. Content and Types of Modern Wushu Movements ·············· (15)
    ⅰ. Classification According to the Function ·············· (15)
    ⅱ. Classification According to the Form of Movement ·············· (16)

Section Five　Basic Categories of Wushu Theory ·············· (20)
  Ⅰ. Research Objectives and Methods of Wushu Theory ·············· (20)
  Ⅱ. Intellectual Framework of Wushu Theory ·············· (21)

  ⅰ. Basic Theory ……………………………………………… (21)
  ⅱ. Technique Theory ………………………………………… (22)
  ⅲ. Applied Theory …………………………………………… (22)
 Ⅲ. Layers of Interrelated Wushu Study ……………………………… (23)
  ⅰ. Wushu as Traditional Chinese Culture ………………………… (23)
  ⅱ. Wushu as a Modern Branch of Subjects ……………………… (24)

Section Six The Fundamental Missions of
     Wushu Training in China …………………………… (24)

 Ⅰ. Strengthen Wushu Ethics and Self-cultivation,
  and Improve the Over-all Quality of the Wushu Ranks …………… (25)
 Ⅱ. Use the "Masses Keeping Fit" as a Principle, and Push Forward the
  Socialist Masses Martial Study Fitness Activities ………………… (25)
 Ⅲ. Expand Efforts to Reform Sport Wushu and Strive for Sport
  Wushu Entry into the Olympic Games ……………………………… (26)
 Ⅳ. Foster and Develop the Wushu Market, and Promote Wushu Industry … (27)
 Ⅴ. Integrate the Heritage and Development of Wushu is
  The Road of Innovation in Wushu for the 21st Century …………… (28)

Chapter Two The Evolution and Development of Wushu …………… (30)

Section One The Origin of Wushu ……………………………………… (30)
 Ⅰ. The Impact of Wars Between Aboriginal Tribes
  on the Appearance of Wushu ……………………………………… (30)
 Ⅱ. The Relation Between Ancient Military Techniques and Wushu ……… (31)
Section Two The Development of Ancient Wushu …………………… (32)
 Ⅰ. The Appearance of Ancient Wushu ………………………………… (32)
 Ⅱ. The Development of Ancient Wushu ……………………………… (33)
 Ⅲ. The Figuration of Ancient Wushu ………………………………… (35)
Section Three Modern Wushu ………………………………………… (38)
 Ⅰ. The Entry of Western Culture and "New Chinese Wushu" ………… (38)
  ⅰ. The Background of Times When the Western
   Culture Came into China ……………………………………… (38)
  ⅱ. The Result of the Combination of Chinese and
   Western Cultures- "New Chinese Wushu" …………………… (38)
  ⅲ. The Impact of "New Chinese Wushu" on the Modern Wushu …… (39)
 Ⅱ. The Establishment and Development of Social and
  Non-governmental Wushu Institutions ……………………………… (39)
  ⅰ. Practicing Wushu to Resist Foreign Aggression ……………… (39)

ii. Teaching and Practicing Wushu to Overthrow
　　Qing Dynasty and Imperialism ·· (40)
iii. Organizing Wushu Societies to Promote Physical Education ············ (40)
iv. Wushu Also Attaches Attention to Physical Education ················ (40)
Section Four　The Current Situation and
　　　　　　　Trend of the Present Wushu ································ (41)
　Ⅰ. The Flourishing Development of Domestic Wushu ························ (41)
　　i. The Health-oriented Wushu with the Aim to
　　　Build up People's Constitution ·· (41)
　　ii. The Competition Wushu Mainly for Improving the
　　　Level of Wushu Routine ·· (42)
　　iii. The Traditional Wushu with Characteristics
　　　of Collection and Inheritance ·· (44)
　　iv. The Revival of "Combat Wushu" ·· (45)
　　Ⅴ. The Scientific Research on Wushu ·· (46)
　　vi. The Educational Institutions of Wushu and
　　　the Cultivation of Wushu Talents ·· (47)
　Ⅱ. The Spread and Acceptance of Wushu ·· (48)
　　i. Gradually Realizing the Internationalization of Competition Wushu ··· (48)
　　ii. Wushu has Been Accepted by the People Worldwide ················ (49)

Chapter Three　　Quanshu (Boxing) ·· (50)

Section One　Changquan (Long-range Boxing) ································ (50)
　Ⅰ. Summary ·· (50)
　　i. The Set Routine ·· (50)
　　ii. The Free-Style Routine ·· (51)
　Ⅱ. Technical Features ·· (51)
　Ⅲ. Basic Movements and Techniques ·· (54)
　　i. Hand Form ·· (54)
　　ii. Step Form ·· (54)
　　iii. Hand Techniques ·· (56)
　　iv. Footwork ·· (57)
　　Ⅴ. Leg Techniques ·· (58)
　　vi. Jumps ·· (62)
　　vii. Balance ·· (66)
　　viii. Tumbling ·· (68)
　Ⅳ. Basic Exercises ·· (70)
　　Wubuquan (Five-step Boxing) ·· (70)

Ⅴ. Key Points in Teaching and Training ……………………………… (72)
Section Two Taijiquan ……………………………………………… (73)
  Ⅰ. Summary ……………………………………………………………… (73)
  Ⅱ. Technical Features ………………………………………………… (75)
  Ⅲ. Basic Movements and Techniques ……………………………… (77)
    ⅰ. Hand Form ……………………………………………………… (77)
    ⅱ. Step Form ……………………………………………………… (77)
    ⅲ. Hand Techniques ……………………………………………… (78)
    ⅳ. Footwork ………………………………………………………… (78)
    ⅴ. Leg Techniques ………………………………………………… (84)
  Ⅳ. Basic Exercises ……………………………………………………… (84)
    ⅰ. Zhuanggong (in Five Forms) ………………………………… (84)
    ⅱ. Series Exercises ………………………………………………… (88)
    ⅲ. The Basic Routine …………………………………………… (95)
  Ⅴ. Key Points in Teaching and Training ……………………………… (95)
Section Three Nanquan (Southern-style Boxing) ……………… (96)
  Ⅰ. Summary ……………………………………………………………… (96)
  Ⅱ. Technical Features ………………………………………………… (97)
  Ⅲ. Basic Movements and Techniques ……………………………… (99)
    ⅰ. Hand Form ……………………………………………………… (99)
    ⅱ. Step Form ……………………………………………………… (100)
    ⅲ. Hand Techniques ……………………………………………… (102)
    ⅳ. Footwork ………………………………………………………… (114)
    ⅴ. Leg Techniques ………………………………………………… (116)
  Ⅳ. Basic Exercises……………………………………………………… (117)
    ⅰ. Footwork Exercise …………………………………………… (117)
    ⅱ. Technique Exercise …………………………………………… (119)
  Ⅴ. Key Points in Teaching and Training ……………………………… (132)
Section Four Xingyiquan (Xingyi style Boxing) ………………… (134)
  Ⅰ. Summary ……………………………………………………………… (134)
  Ⅱ. Technical Features ………………………………………………… (134)
  Ⅲ. Basic Movements and Techniques ……………………………… (137)
    ⅰ. Santishi (Three-in-one Form) ……………………………… (137)
    ⅱ. Piquan (Chop Fist) …………………………………………… (138)
    ⅲ. Bengquan (Inch Punch Fist) ………………………………… (140)
    ⅳ. Zuanquan (Drill Fist) ………………………………………… (143)
    ⅴ. Paoquan (Cannon Fist) ……………………………………… (144)
    ⅵ. Hengquan (Sweeping Fist) …………………………………… (146)

Ⅳ. Basic Exercises ······ (148)
    Wuxing Lianhuanquan (Five-element-linked Boxing) ······ (148)
  Ⅴ. Key Points in Teaching and Training ······ (151)
Section Five Baguazhang (Eight-Diagram Palm) ······ (153)
  Ⅰ. Summary ······ (153)
  Ⅱ. Technical Features ······ (155)
  Ⅲ. Basic Movements and Techniques ······ (156)
    ⅰ. Hand Form ······ (156)
    ⅱ. Step Form ······ (157)
    ⅲ. Hand Techniques ······ (157)
    ⅳ. Footwork ······ (158)
    ⅴ. Leg Techniques ······ (160)
    ⅵ. Body Form and Technique ······ (161)
  Ⅳ. Basic Exercises ······ (161)
    ⅰ. Footwork Exercises ······ (161)
    ⅱ. Eight Basic Palms Exercises ······ (162)
    ⅲ. Basic Posture Exercises ······ (175)
    ⅳ. Internal Exercises ······ (175)
  Ⅴ. Key Points in Teaching and Training ······ (175)
Section Six Tongbeiquan (Tongbei Boxing) ······ (177)
  Ⅰ. Summary ······ (177)
  Ⅱ. Technical Features ······ (177)
  Ⅲ. Basic Movements and Techniques ······ (179)
    ⅰ. Hand Form ······ (179)
    ⅱ. Step Form ······ (180)
    ⅲ. Hand Techniques ······ (182)
    ⅳ. Footwork ······ (186)
    ⅴ. Leg Techniques ······ (186)
  Ⅳ. Basic Exercises ······ (188)
    ⅰ. Single Form Exercises ······ (188)
    ⅱ. Moving Exercises ······ (198)
    ⅲ. Combination Exercises ······ (220)
  Ⅴ. Key Points in Teaching and Training ······ (231)
Section Seven Tanglangquan (Mantis Style Boxing) ······ (233)
  Ⅰ. Summary ······ (233)
  Ⅱ. Technical Features ······ (233)
  Ⅲ. Basic Movements and Techniques ······ (235)
    ⅰ. Hand Form ······ (235)

ⅱ. Step Form ……………………………………………… (235)
Ⅳ. Basic Exercises …………………………………………… (236)
  ⅰ. Preparation Form ……………………………………… (236)
  ⅱ. Hook Both Hands in Empty Stance …………………… (236)
  ⅲ. Step Forward and Parry Right Elbow ………………… (237)
  ⅳ. Punch with Right Hand in Chuojiao Stance ………… (237)
  ⅴ. Pick Both Hands in Chuojiao Stance ………………… (237)
  ⅵ. Stand Picking with Both Hands ……………………… (238)
  ⅶ. Step Forward and Snap Left Fist …………………… (238)
  ⅷ. Raise Knee and Punch with Left Fist ……………… (238)
  ⅸ. Chop with Right Fist in Bow Stance ………………… (239)
  ⅹ. Hook Both Hands in Empty Stance …………………… (239)
  ⅺ. Closing Form …………………………………………… (239)
Ⅴ. Key Points in Teaching and Training …………………… (239)

Section Eight　Bajiquan (Eight-extreme Boxing) ……… (241)

Ⅰ. Summary ……………………………………………………… (241)
Ⅱ. Technical Features ………………………………………… (242)
Ⅲ. Basic Movements and Techniques ……………………… (243)
  ⅰ. Hand Form ……………………………………………… (243)
  ⅱ. Step Form ……………………………………………… (244)
Ⅳ. Basic Exercises …………………………………………… (245)
  ⅰ. Preparation Form ……………………………………… (245)
  ⅱ. Raise Palm in Empty Stance ………………………… (245)
  ⅲ. Sweep Palm and Push Right Elbow ………………… (246)
  ⅳ. Step Forward and Punch ……………………………… (246)
  ⅴ. Step Forward and Push Palm ………………………… (246)
  ⅵ. Raise Hooked Hand …………………………………… (247)
  ⅶ. Whip Palm in Horse-riding Stance ………………… (247)
  ⅷ. Sweep Palm and Push Right Elbow ………………… (247)
Ⅴ. Key Points in Teaching and Training …………………… (247)

Section Nine　Fanziquan (Fanzi Boxing) ………………… (249)

Ⅰ. Summary ……………………………………………………… (249)
Ⅱ. Technical Features ………………………………………… (250)
Ⅲ. Basic Movements and Techniques ……………………… (250)
  ⅰ. Hand Form ……………………………………………… (250)
  ⅱ. Step Form ……………………………………………… (251)
  ⅲ. Hand Techniques ……………………………………… (251)
  ⅳ. Footwork ………………………………………………… (253)

- IV. Basic Exercises ································ (253)
  - i. Boxing Exercises ····························· (253)
  - ii. Footwork Exercises ························· (254)
  - iii. Combination Exercises ···················· (254)
- V. Key Points in Teaching and Training ······ (261)

Section Ten Piguaquan (Pigua Boxing) ········ (261)
- I. Summary ·· (261)
- II. Technical Features ······························ (263)
- III. Basic Movements and Techniques ············· (263)
  - i. Hand Form ··································· (263)
  - ii. Step Form ··································· (264)
  - iii. Footwork ···································· (266)
  - iv. Hand Techniques ·························· (266)
- IV. Basic Exercises ································ (267)
  - i. Shoulders Exercises ······················· (267)
  - ii. Chest Exercises ··························· (269)
  - iii. Waist Exercises ··························· (271)
  - iv. Leg Technique Exercises ················ (272)
  - v. Footwork Exercises ······················· (272)
  - vi. Combination Exercises ···················· (272)
- V. Key Points in Teaching and Training ······ (276)

Section Eleven Shaolinquan (Shaolin Boxing) ········ (277)
- I. Summary ·· (277)
- II. Technical Features ······························ (278)
- III. Basic Movements and Techniques ············· (280)
  - i. Hand Form ··································· (280)
  - ii. Step Form ··································· (281)
  - iii. Hand Techniques ·························· (282)
  - iv. Footwork ···································· (285)
  - v. Leg Techniques ···························· (288)
- IV. Basic Exercises ································ (294)
  - i. Wall-facing Exercises ····················· (294)
  - ii. Chair exercises ··························· (294)
  - iii. T-stance Exercises ······················· (295)
  - iv. Step Forward Obliquely in Bow Stance ····· (295)
  - v. Single Whip in Horse-riding Stance ······· (296)
  - vi. Raise Palm in Empty Stance ············· (297)
  - vii. Chip with Palm in Crouching Stance ····· (298)

  ⅷ. Punch in Resting Stance ··· (299)
  ⅸ. Turn Body and Push Palm ······································ (300)
 Ⅴ. Key Points in Teaching and Training ···························· (300)
Section Twelve Chuojiao ·· (301)
 Ⅰ. Summary ··· (301)
 Ⅱ. Technical Features ··· (302)
 Ⅲ. Basic Movements and Techniques ······························· (304)
  ⅰ. Hand Form ··· (304)
  ⅱ. Step Form ·· (305)
  ⅲ. Footwork ·· (305)
  ⅳ. Leg Techniques ·· (307)
 Ⅳ. Basic Exercises ··· (309)
  ⅰ. Preparation Form ··· (309)
  ⅱ. Striding Stance ·· (309)
  ⅲ. Right Point Kick ·· (309)
  ⅳ. Point Kicks Left ·· (310)
  ⅴ. Step Backward and Kick Back ······························· (310)
  ⅵ. Swing Leg Outward ·· (311)
  ⅶ. Circle Kick Left ··· (311)
  ⅷ. Kick Backward with Right Leg ······························· (312)
  ⅸ. Kick Right ·· (312)
  ⅹ. Kick Rear Left ··· (312)
  ⅺ. Kick Rear Right ··· (313)
  ⅻ. Front Crossing Kick ·· (314)
  ⅹⅲ. Closing Form ·· (314)
 Ⅴ. Key Points in Teaching and Training ···························· (315)

Chapter Four Wushu Weapons ································· (316)

Section One Jianshu (Sword Play) ································· (316)
 Ⅰ. Summary ··· (316)
 Ⅱ. Technical Features ··· (317)
 Ⅲ. Basic Movements and Techniques ······························· (318)
  ⅰ. The Name and Illustration of Each Part of the Sword ·········· (318)
  ⅱ. The Method of Holding Sword ······························· (319)
  ⅲ. Sward-holding Salute ·· (320)
  ⅳ. Basic Techniques ·· (320)
 Ⅳ. Basic Exercises ··· (327)
  ⅰ. Repeating Single Techniques ·································· (327)

ⅱ. Combination Exercises ·· (327)
　Ⅴ. Key Points in Teaching and Training ································ (331)
Section Two　Daoshu (Broadsword Play) ································ (333)
　Ⅰ. Summary ·· (333)
　Ⅱ. Technical Features ·· (334)
　Ⅲ. Basic Movements and Techniques ·································· (335)
　　ⅰ. The Name and Illustration of Each Part of the Broadsword ········ (335)
　　ⅱ. The method of Holding Broadsword ····························· (335)
　　ⅲ. Broadsword-holding Salute ······································ (335)
　　ⅳ. Basic Techniques ·· (336)
　Ⅳ. Basic Exercises ·· (347)
　　ⅰ. Repeating Single Techniques ···································· (347)
　　ⅱ. Combination Exercises ·· (348)
　Ⅴ. Key Points in Teaching and Training ································ (350)
Section Three　Gunshu (Cudgel Play) ···································· (351)
　Ⅰ. Summary ·· (351)
　Ⅱ. Technical Features ·· (352)
　Ⅲ. Basic Movements and Techniques ·································· (353)
　　ⅰ. The Name and Illustration of Each Part of the Cudgel ·········· (353)
　　ⅱ. Cudgel-holding Salute ·· (353)
　　ⅲ. Basic Techniques ·· (354)
　Ⅳ. Basic Exercises ·· (368)
　　ⅰ. Repeating Single Techniques ···································· (368)
　　ⅱ. Combination Exercises ·· (369)
　Ⅴ. Key Points in Teaching and Training ································ (372)
Section Four　Qiangshu (Spear Play) ···································· (374)
　Ⅰ. Summary ·· (374)
　Ⅱ. Technical Features ·· (375)
　Ⅲ. Basic Movements and Techniques ·································· (376)
　　ⅰ. The Name and Illustration of Each Part of The Spear ············ (376)
　　ⅱ. The Method of Holding the Spear and Spear-holding Salute ········ (377)
　　ⅲ. Basic Techniques ·· (377)
　Ⅳ. Basic Exercises ·· (397)
　　ⅰ. Repeating Single Techniques ···································· (397)
　　ⅱ. Combination Exercises ·· (397)
　Ⅴ. Key Points in Teaching and Training ································ (400)
Section Five　Double Weapons ·· (401)
　Ⅰ. Summary ·· (401)

- ⅰ. Double Long Weapons ……………………………………… (401)
- ⅱ. Double Short Weapons ……………………………………… (401)
- ⅲ. Double Small Weapons ……………………………………… (404)
- Ⅱ. Technical Features ………………………………………………… (405)
  - ⅰ. Double Long and Double Short Weapons …………………… (405)
  - ⅱ. Double Small Weapons ……………………………………… (406)
- Ⅲ. Basic Movements and Techniques ……………………………… (406)
  - ⅰ. Double Cudgels ………………………………………………… (407)
  - ⅱ. Double Broadswords ………………………………………… (408)
  - ⅲ. Double Swords ………………………………………………… (412)
  - ⅳ. Double Whips, Double Maces and Double Halberds ……… (414)
  - ⅴ. Double Axes …………………………………………………… (416)
  - ⅵ. Double Hammer ……………………………………………… (417)
  - ⅶ. Double Hooks ………………………………………………… (418)
  - ⅷ. Double Crutches ……………………………………………… (419)
  - ⅸ. Double Small Weapons ……………………………………… (420)
- Ⅳ. Basic Exercises …………………………………………………… (421)
  - ⅰ. Double Long Weapons ……………………………………… (421)
  - ⅱ. Double Short Weapons ……………………………………… (422)
  - ⅲ. Double Small Weapons ……………………………………… (422)
- Ⅴ. Key Points in Teaching and Training ………………………… (422)

Section Six Soft Weapons …………………………………………… (423)

- Ⅰ. Summary …………………………………………………………… (423)
  - ⅰ. Soft Weapons ………………………………………………… (424)
  - ⅱ. Sectioned Cudgels and Sticks ……………………………… (424)
  - ⅲ. Rope-like Soft Weapons …………………………………… (424)
- Ⅱ. Technical Features ………………………………………………… (425)
- Ⅲ. Basic Movements and Techniques ……………………………… (426)
  - ⅰ. Soft Weapons ………………………………………………… (426)
  - ⅱ. Sectioned Cudgels and Sticks ……………………………… (432)
  - ⅲ. Rope-like Soft Weapons …………………………………… (434)
- Ⅳ. Basic Exercises …………………………………………………… (437)
  - ⅰ. Soft Weapons ………………………………………………… (437)
  - ⅱ. Sectioned Cudgels and Sticks ……………………………… (438)
  - ⅲ. Rope-like Soft Weapons …………………………………… (438)
- Ⅴ. Key Points in Teaching and Training ………………………… (438)

Chapter Five Duel and Group Events (440)

Section One The Origin and Evolution of Duel (440)
Section Two Bare-handed Duel (441)
   I. Basic Requirements (441)
   II. Basic Techniques (442)
      i. Fist Techniques (442)
      ii. Leg Techniques (442)
      iii. Tumbling and Throwing Techniques (443)
   III. Series of Movements (443)
      Names of Movements in Changquan Duel (I) (443)
      Accounts of Movements in Changquan Duel (I) (443)
      Names of Movements in Changquan Duel (II) (448)
      Accounts of Movements in Changquan Duel (II) (448)
      Names of Movements in Bajiquan Duel (I) (450)
      Accounts of Movements in Bajiquan Duel (I) (451)
      Names of Movements in Bajiquan Duel (II) (454)
      Accounts of Movements in Bajiquan Duel (II) (454)
Section Three Weapons Duel (458)
   I. Basic Requirements (458)
   II. Basic Techniques (459)
      i. Exact Movements (459)
      ii. Basic Weapon Techniques (459)
   III. Series of Movements (460)
      Names of Movements in Single Broadsword vs. Spear (I) (460)
      Accounts of Movements in Single Broadsword vs. Spear (I) (460)
      Names of Movements in Single Broadsword vs. Spear (II) (463)
      Accounts of Movements in Single Broadsword vs. Spear (II) (464)
      Names of Movements in Long-hilt Broadsword vs. Spear (I) (468)
      Accounts of Movements in Long-hilt Broadsword vs. Spear (I) (468)
      Names of Movements in Long-hilt Broadsword vs. Spear (II) (473)
      Accounts of Movements in Long-hilt Broadsword vs. Spear (II) (473)
Section Four Bare-Handed and Weapon Duels (483)
   I. Basic Requirements (483)
   II. Basic Techniques (483)
   III. Series of Movements (484)
      Names of Movements in Bare Hands vs. Spear (I) (484)
      Accounts of Movements in Bare Hands vs. Spear (I) (484)

Names of Movements in Bare Hands vs. Spear (Ⅱ) ····················· (488)
Accounts of Movements in Bare Hands vs. Spear (Ⅱ) ················ (488)
Names of Movements in Bare Hands vs. Spear (Ⅲ) ···················· (492)
Accounts of Movements in Bare Hands vs. Spear (Ⅲ) ··············· (492)
Names of Movements in Bare Hands vs. Cudgel ························ (495)
Accounts of Movements in Bare Hands vs. Cudgel ····················· (495)

Section Five   Group Events ·· (500)
  Ⅰ. The Origin and Evolution of Group Events ···························· (500)
  Ⅱ. Basic Requirements ··· (501)

Chapter Six   The Teaching of Wushu Routine ····················· (503)

Section One   Major Characteristics in Wushu Teaching ················ (503)
Section Two   The Stage and Step in Wushu Teaching ················· (504)
  Ⅰ. The Stages in Wushu Teaching ·· (504)
  Ⅱ. The Steps in Wushu Teaching ·· (505)
Section Three   Methodology ·· (505)
  Ⅰ. Visual Methods ·· (506)
    ⅰ. Demonstration ··· (506)
    ⅱ. Teaching with Multi-media ··· (507)
  Ⅱ. Integral and Segmented Methods ··· (507)
    ⅰ. Integral Methods ·· (507)
    ⅱ. Segmented Methods ·· (507)
  Ⅲ. Language ··· (508)
    ⅰ. Explanation ·· (508)
    ⅱ. The Application of Password ·· (509)
  Ⅳ. Mistake-Preventing and Correcting Methods ························· (509)
  Ⅴ. Exercise Methods ·· (510)
    ⅰ. Repetitive Method ··· (510)
    ⅱ. Counterchanged Method ··· (510)
    ⅲ. Comprehensive Method ·· (510)
  Ⅵ. Competition Method ··· (511)
Section Four   The Evaluation on the Effect of Routine Teaching ······ (511)
  Ⅰ. The Content and Standard of Evaluation ······························· (511)
    ⅰ. The Standardization of Teaching Documents ························ (511)
    ⅱ. The Application of Teaching Methods ································· (512)
    ⅲ. The Arrangement of Loads ··· (512)
    ⅳ. The Teacher's Leading Role in Training ······························ (513)
    ⅴ. The Evaluation of the Teaching Effect ································ (514)

Contents

Ⅱ. The Measures and Methods of Evaluation ……………………… (514)
   ⅰ. The Establishment of Evaluation System ……………………… (514)
   ⅱ. The Measures and Methods of Evaluation ……………………… (514)
   ⅲ. An Evaluation Form on the Effect of Routine Teaching ………… (515)
Section Five   Preparation of Teaching Plan ……………………… (515)
  Ⅰ. The Writing of Teaching Plan ……………………… (516)
   ⅰ. Setting the Contents and Tasks of Classes ……………………… (516)
   ⅱ. The Writing Methods of Each Part ……………………… (516)
  Ⅱ. Demonstration-a Tabular Teaching Plan (45min Case) ………… (517)

Chapter Seven   The Training of Routine ……………………… (520)

Section One   The Selection of Routine Athletes ……………………… (520)
  Ⅰ. The Characteristics of Selection ……………………… (520)
  Ⅱ. Body Shape ……………………… (521)
  Ⅲ. Constitution ……………………… (522)
  Ⅳ. Body Function ……………………… (523)
  Ⅴ. Psychological Quality ……………………… (524)
  Ⅵ. Specific Techniques ……………………… (524)
Section Two   The Principles, Contents, Methods and
               Points for Attention in Routine Training ……………………… (525)
  Ⅰ. The Principles of Training ……………………… (525)
  Ⅱ. The Contents of Training ……………………… (527)
   ⅰ. Body Power Training ……………………… (527)
   ⅱ. Technique Training ……………………… (527)
   ⅲ. Psychology Training ……………………… (527)
   ⅳ. Intelligence Training ……………………… (527)
  Ⅲ. Training Methods ……………………… (527)
   ⅰ. Repeating Method ……………………… (528)
   ⅱ. Counterchanged Method ……………………… (528)
   ⅲ. Intermittent Method ……………………… (528)
   ⅳ. Circulation Method ……………………… (529)
   ⅴ. Motionless Method ……………………… (529)
   ⅵ. Low Speed Method ……………………… (529)
   ⅶ. Murmuring Method ……………………… (530)
   ⅷ. Comprehensive Method ……………………… (530)
  Ⅳ. The Points for Attention in Training ……………………… (530)
Section Three   Body Training ……………………… (531)
  Ⅰ. The Contents of Body Training ……………………… (531)

Ⅱ. The Basic Requirements of Body Training ……………………… (531)
  Ⅲ. General Quality Training ……………………………………… (532)
    ⅰ. Coordination ………………………………………………… (532)
    ⅱ. Strength …………………………………………………… (533)
    ⅲ. Speed ……………………………………………………… (534)
    ⅳ. Endurance ………………………………………………… (535)
  Ⅳ. Specific Quality Training ……………………………………… (535)
    ⅰ. Flexibility ………………………………………………… (535)
    ⅱ. Speed ……………………………………………………… (536)
    ⅲ. Coordination ……………………………………………… (537)
    ⅳ. Strength …………………………………………………… (538)
    ⅴ. En Durance ………………………………………………… (539)
Section Four   Technique Training ………………………………… (539)
  Ⅰ. Emphasize the Basic Training with Various Methods ………… (539)
  Ⅱ. Pay Attention to the Transitional Links in Series Training ………… (540)
  Ⅲ. Emphasize the Performing Techniques in
      Segmented Technique Training ……………………………… (541)
  Ⅳ. The Distribution of Power is the Key Point
      in the Whole Routine Training ……………………………… (542)
  Ⅴ. Cultivate the Strong Will in the Over-routine Power Training ……… (542)
  Ⅵ. The Training of Duel ………………………………………… (543)
  Ⅶ. The Key Points in Training Children ………………………… (543)
  Ⅷ. The Cultivation and Formation of Personal
      Technical Styles and Consciousness ………………………… (544)
Section Five   Psychology Training ………………………………… (548)
  Ⅰ. General Psychology Training ………………………………… (548)
  Ⅱ. Specific Psychology Training for Preparing Competition …………… (549)
  Ⅲ. Post-Competition Psychology Adjustment …………………… (551)
Section Six   Intelligence Training ………………………………… (552)
  Ⅰ. General Intelligence Training ………………………………… (552)
  Ⅱ. Routine Intelligence Training ………………………………… (552)
Section Seven   The Arrangement of Load in Training ……………… (554)
  Ⅰ. The Characteristics of Load in Routine Movement …………… (554)
  Ⅱ. The Adjustment and Control of Load in Routine Movement ………… (554)
    ⅰ. The Quantity of Load in Routine Movement ……………… (554)
    ⅱ. The Estimation of Proper Load in Routine Movement ………… (555)
    ⅲ. The Scientific Arrangement of Load in Training ………… (556)
  Ⅲ. The Basic Requirements in the Scientific Adjustment of Load ……… (558)

Ⅳ. Overtraining and its Prevention ……………………………………… (560)

Section Eight   The Formulation of Training Plan ……………………… (562)

　Ⅰ. The Basic Requirements of Formulating Training Plan ……………… (563)
　　i. Formulating Training Plan According to Certain Procedures ……… (563)
　　ii. The Formulation of a Training Plan is Required to be in Accordance
　　　with Various Scientific Standards ……………………………………… (567)
　Ⅱ. The Major Contents of Training Plan ………………………………… (568)
　Ⅲ. The Major Forms and Types of Training Plan ……………………… (568)
　　i. The Major Forms of Training Plan …………………………………… (568)
　　ii. The Major Types of Training Plan …………………………………… (568)

Section Nine   The Organizing and Instruction of Training Class …… (569)

　Ⅰ. The Coach's Leading Role in Training Class ………………………… (570)
　　i. Abundant Expertise and Experience …………………………………… (570)
　　ii. Complete Capacity Structure …………………………………………… (570)
　Ⅱ. The Organizing of Wushu Class ………………………………………… (571)
　　i. The Organizing Form of Wushu Class ………………………………… (571)
　　ii. The Organizing of Wushu Assignment ……………………………… (572)
　Ⅲ. The Discovering and Correcting of Athlete's Technical Mistakes …… (573)
　　i. Common Mistakes & Correction of Single Movements ……………… (573)
　　ii. Common Mistakes & Correction of Series …………………………… (574)
　　iii. Common Mistakes & Correction of the Whole Routine …………… (574)

Chapter Eight   The Organizing and Judging Work in
　　　　　　　　Wushu Routine Competition ……………………………… (576)

Section One   The Organizing Work in Wushu Routine Competition … (576)

　Ⅰ. Formulating Competition Rules and Agenda ………………………… (576)
　Ⅱ. Setting up Structure of Organization ………………………………… (577)
　Ⅲ. The Organizing and Duties of the Judges …………………………… (577)

Section Two   The Arrangement and Recording Work in Wushu
　　　　　　　Routine Competition ……………………………………… (579)

　Ⅰ. The General Procedures and Methods of Arrangement …………… (579)
　Ⅱ. The General Principles of Arrangement ……………………………… (580)
　Ⅲ. The Arrangement Group's Recording Work ………………………… (580)

Section Three   A Brief Introduction of Rules
　　　　　　　　for Wushu Routine Competition ………………………… (580)

　Ⅰ. General Rules for Competition ………………………………………… (581)
　Ⅱ. Scoring Criteria and Methods …………………………………………… (583)

    ⅰ. Scoring Methods and Criteria for Free-Style
       Events (Changquan, Taijiquan, Nanquan,
       Swordplay , Broadswordplay , Cudgelplay and Spearplay) ············ (583)
    ⅱ. Scoring Methods and Criteria for Other Kinds
       of Boxings and Weapons, Dual and Group Events ····················· (584)
    ⅲ. Scoring by the Head Judge and Assistant Head Judge ··············· (584)
    ⅳ. The Arrangement of Judges' Seats ··································· (585)

Section Four Scoring by Judges in Wushu Routine Competition ······ (586)
 Ⅰ. Evaluation on the Quality of the Movements ································ (586)
 Ⅱ. Evaluation on the Overall Performance Level ······························ (586)
    ⅰ. The Value for Power and Harmony ·· (586)
    ⅱ. The Value for Performing Techniques ···································· (587)
    ⅲ. The Value for Layout (Content, Structure and Composition) ········· (587)
 Ⅲ. Evaluation of Difficult Movements ··· (587)
 Ⅳ. Deduction for Other Errors ·· (588)
 Ⅴ. The Key Points of Scoring in Major Events ································· (588)
    ⅰ. Changquan ·· (588)
    ⅱ. Sword, Broadsword, Spear and Cudgel ·································· (588)
    ⅲ. Nanquan ·· (589)
    ⅳ. Taijiquan ·· (589)

Section Five The Organizing of Basic Wushu Competition ············ (589)
 Ⅰ. Formulating Competition and Agenda ······································· (590)
 Ⅱ. Structure of Organization ·· (590)
 Ⅲ. Judges' Duty ··· (590)
 Ⅳ. Judges' Position ·· (591)
 Ⅴ. Arrangement of the Competition ·· (591)
 Ⅵ. The Principles of Arrangement and Recording Work ······················ (592)

Chapter Nine The Creation of Wushu Routine and the Knowledge of Diagram ·· (593)

Section One The Creation of Wushu Routine ·································· (593)
 Ⅰ. The Basic Knowledge and Foundation of Creating Wushu Routine ··· (593)
    ⅰ. The Basic Knowledge of Creating Wushu Routine ······················ (593)
    ⅱ. The Foundation of Creating Wushu Routine ······························ (594)
 Ⅱ. The Process of Creating Wushu Routine ··································· (596)
 Ⅲ. The Key Points in Creating Changquan Routine ··························· (597)

Section Two The Knowledge about Wushu Diagram ······················· (599)
 Ⅰ. The Basic Knowledge of Diagram ··· (599)

  ⅰ. The Structure of Pictures ·· (599)
  ⅱ. The Structure of Illustration Words ··································· (599)
 Ⅱ. The Methods of Learning by Diagram ···································· (601)
  ⅰ. Self-Teaching ··· (601)
  ⅱ. Studying with Others ·· (601)
 Ⅲ. The Application of Diagram ··· (602)
  ⅰ. Segmented Movement ·· (602)
  ⅱ. Shooting Movement ··· (602)
  ⅲ. Line-Drawing According to the Movements ························ (602)
  ⅳ. Explanation ·· (603)
  ⅴ. Combination of Pictures and Words ·································· (603)
  ⅵ. The Order of Pictures ··· (604)
  ⅶ. The Serial Number ··· (604)
  ⅷ. The Direction of the Motion and Sequence Pictures ············· (604)

Appendix: A Brief Introduction of Some Major
   Classical Wushu Works ·· (605)

(Translator : Shen Deyi)

第一章　武术运动概述

中国武术在华夏土地上延绵了数千年，历史悠久并植根于民间。它来源于人们的生产实践、军事战争和社会活动，在中国文化的长期熏陶哺育下，具有鲜明的民族文化特色，世代相传，历久而不衰，逐渐成为民族传统体育项目。

中国武术具有多彩的形式、丰富的内容、深邃的文化意蕴，具有健身、防身、修性、竞技、娱乐等多方面社会功能，无愧为中华民族创造的文化精粹，不仅为广大群众喜闻乐见，而且得到世界上越来越多的人的青睐。

第一节　武术的概念

一、武术的沿革与辨析

武术源于古代狩猎和战争，是搏斗技术与经验的总结。人类早期在与大自然的生存斗争中自觉或不自觉地掌握了一些防卫和攻击技能，为武术的形成奠定了基础。《兵迹》中说："民物相攘而有武矣。""孟冬之月，天子乃命将帅讲武，习射御角力"（《礼记》）。当时把射御、角力、手搏、击刺等，泛称为"武"。在不同的历史时期，它所涵盖的内容不尽相同。类似今天武术的内容有角抵、相扑、角力、手搏、击剑、刺枪、打拳、使棒等。

使用"武术"这一概念是近代的事，古代记载中如商代有"拳勇"、春秋有"技击"、汉代有"武艺"等提法。汉以后，较广泛采用"武艺"一词。"武艺"在《辞源》中解释说："指骑、射、击、刺等军事技术"。

"武术"这一词汇最早出现在南朝梁武帝长子萧统所编《文选》中，但不具有今天武术概念所具有的含义，文中有诗句为"偃闭武术，阐扬文令"（南朝宋·朱颜年《皇太子释奠会》），其意指停止武战，发扬文治，并非反映今之武术的概念。后人将"武术"一词作为自卫强身之术的专门用语，清末民初时得以广泛应用。《辞海》解释"武"字有多个义项，其中前两个义项是：①"泛称干戈军旅之事"；②"勇猛"。《说文解字》中称"术"字为"邑中道也"，后引申为"技艺"，即方法、技术，如同道路是通达目的的手段。

处于半封建半殖民地的近代中国，面对西方文化的冲击，一度出现了提倡"国粹"的思潮，武术被誉为"国术"，与"国画""国货""国乐""国药"等相匹配。新中国成立后，正式确立为体育运动项目，明确称为"武术"。

从"技击"到"武艺"，从"武艺"到"武术"，都离不开攻防格斗本质特征。从古代战争中总结出来的技击之术（击刺格斗方法），可以直接用于战争搏杀，连同骑马、驾车、射箭，以及后来的挽硬弓、举石鼎等膂力训练，都属于"武艺"——古代军事技术，并曾作为武举考试的内容之一。这些军事武艺不仅在军队中，而且有些内容也逐渐散入民间，步入宫廷，乃至学校，同时具有了竞技性、娱乐性、教育性等功能，其表现方法也有所变化。它所面对的不再是战阵，在方法上也就有所区别，一如"兵枪"与"游枪"，前者为战阵实用，后者为行家较技。当徒手搏击的拳术层出不穷、日益壮大时，武术与军事技术明显分野。有人将其区分为"阵战武艺"和"日常武艺"，两者既相一致，又相区别。阵战武艺由车战发展到步骑战，以群体为主，强调集体性、实用性，以杀伤为主旨，重视骑射、兵械直接运用；日常武艺以个体为主，向技艺多样性、复杂性演绎，以胜负为主旨，更注重拳械技巧和方法的多变。应当说武术技术是古代军事技术中的一部分，历史愈久远，武术与军事技术结合得愈紧密；随着历史的推进，武术与军事技术逐渐分野。今天的武术主要是活跃在民间的古代"日常武艺"的传承和延续，尤其是明代以来的拳家们的留传。

二、武术原本是一种传统技击术

武术在古代并不是作为体育形态出现的，远在春秋战国时便有以技击为生的游侠剑客，近代则有保镖护院的镖头教头、江湖卖艺的艺人，乃至以教拳谋生的拳师，以一种技击术来体现其社会价值。应当说技击之术不是一个国家、民族所独有的，人类的防卫意识和人体运动学原理决定了技击术在缘起之初是近乎相同的，只是在后来的发展中，不同的地理环境、不同的经济文化、不同的民族性格造就了五光十色的各种技击术，如拳击、角力、击剑、柔道、跆拳道、合气道、泰拳、自由搏击、剑道、相扑、桑勃等等，不一而足。长期以来中国人民以自己的思维方式、行为准则、价值观念、审美情趣，经历代宗师的砥砺揣摩、千锤百炼，形成了具有民族性格的技击术——中国武术。

中国武术在技击方法上表现得十分丰富多变，有踢、打、摔、拿、击、刺等。踢法中有勾、踩、弹、蹬、踹、铲、点、撩、挂、摆、缠、丁、拐、错等；打法有冲、劈、挑、砸、贯、抄、盖、鞭、崩、钻、扫、挂、撩、栽、扣等拳法，以及劈、砍、切、截、削、推、按、拍、摔、扇、塌、掖、穿、插、挑、抹等掌法，还有许多勾法、爪法、肘法、桥法（以上臂和前臂进行攻防），以身体进攻的挤、撞、抖、靠等法；摔法中主要有掤、叽、搵、捌、切、滑、抱、合等；拿法有三十六拿和三十六解，以及各种器械方法。不同的击法又有不同的劲力要求与技巧变化，各拳种流派又有许多独到的方法与风格，从而形成了一个林林总总、丰富多彩、气象万千的庞大技术体系。在运动形式上，既有对抗形式的搏斗运动（散手，太极推手，长、短兵对抗等），又有势势相承的套路运动，两者既相交融又相区别；在技击理论上也颇为丰富，诸如"阴阳变化""奇正相生""刚发柔化""后发先至""得机得时""胆气为先"和"守柔处雌"等战略战术思想，既富哲理又很实用。

在古代传统养生中，人们为了抵御大自然侵袭、防病健身所出现的导引术、气功，诸如五禽戏、八段锦、易筋经等都可以称为中国传统健身术或者体育养生方法，但不属于中国武术的范畴，其主要区别在于它们的肢体运动不是以攻防技击为主旨，而是以养生为其目的。两者相互有所影响和渗透，诸如八段锦、易筋经中虽有类似武术动作的方法形态，太极拳等也结合了导引气功中的一些方法，但两者在概念上不应混为一谈。

三、武术的体育属性

这是当今武术的一个主概念。古代武术在为军事服务的同时，也具备了强身壮体的功能，明代战将戚继光认为"拳法似无预于大战之技，然活动手足，惯勤肢体，此为初学入艺之门也。"（《纪效新书·拳经捷要篇》）说明拳术可作为军事训练内容用以提高士兵的身体素质。

武术在民间的流传，主要用以自卫、健身、修性、娱乐，社会功能是多元的，真正向体育方面转化则是近代的事。在西方文化进入中国后，面对西方体育的冲击，出现了"土洋体育"之争，武术在中西文化碰撞后实现了交融，从师徒的口传身授方式向学校体育教育转化，并逐步进入体育比赛之中，新中国成立后，正式确立为体育运动项目之一，属民族传统体育类。

武术向体育归宿后，它的健身与竞技功能获得了空前的发挥。武术的技击性被寓于体育之中，就套路而言，是以演练的形式来提高人的身体素质和攻防技能，进行功力和技巧等方面的较量，同时从健身和审美的角度、动作的幅度和要求看，虽与实用的技击术略有一些距离，但仍不失原意，既保留了技击特性，又符合了体育竞技与健身的要求。散打运动在技术形态上与实用的技击术基本一致，摒弃了实用技击中致人伤残的技术，并用规则限制了一些违禁动作，严格规定了击打部位和护具等，对运动员加以保护，仍然体现了武术的体育特征。

与西方体育为中心的现代竞技体育相比，武术具有自己的特点。西方体育以人体解剖学观点加以分解，遵循人体运动原理，具有科学性；武术从整体运动观出发，强调"内外合一""形神兼备"，讲究"内三合""外三合"，注重心、神、意、气与动作的协调配合，更有助于人的身心健康。

竞技武术作为武术运动中的一部分，正在逐步与奥林匹克运动接轨，做到既符合现代体育竞技一般原则，又保留独特的运动形式和方法。

四、武术是优秀的传统文化之一

仅仅把中国武术视为一个体育项目、一种专门技能，还远远不能包容和理解中国武术。任何体育项目虽然都会具有文化意义，但却没有一个体育项目会像武术那样具有浓郁的民族文化特征，具有武术那么大的文化包容量和负载能力。

武术在民族文化的摇篮中，不断汲取传统哲学、伦理学、养生学、兵法学、中医学、美学等多种传统文化思想和观念，使之理论内涵丰富、寓意深刻，注重内外兼修、德艺兼备。诸如武术的整体运动观、阴阳变化观、形神观、气论、动静说、刚柔说、体用说、尚武崇德说等，都从不同侧面反射出民族文化光彩，成为中国传统文化巨系统中的一个子系统。

中国武术之所以能称为武术文化，不仅在于它的广博的内涵、多元的功用，还在于它的强大的生命力和独立性。尽管历史上曾遭外敌入侵以及多次"禁武"的厄运，却都没有因此而消亡；它与多种文化形态虽有着千丝万缕的联系，乃至相互渗透和影响，却没有被同化、被改变，显示出它具有的文化延续能力和独立完整的文化体系。

同时，从武术文化中，我们还能看到它所反映的中国文化的基本精神。比如强调"武以德立""德为艺先"，反映出民族的以"仁"为核心注重人际关系和谐的伦理观念；行侠仗义、除暴安良反映了刚健有为、入世进取、匡扶正义、不畏强暴的爱国主义传统；追求个人技艺的纯熟、神韵和意境，正是成就内在人格完美的传统审美情趣；主张"轻力""尚巧"、以巧智取、顺势借力的技击原则，反映中国人礼让为先、有理有节、刚强而不狂野、功力扎实求内在的竞争特点，以及崇尚自然、体现"天人合一"思想，重视血缘关系的宗法观念等等。

综上所言，我们可以概括地说，武术是以攻防技击为主要技术内容、以套路演练和搏斗对抗为运动形式、注重内外兼修的民族传统体育项目。

主要参考文献：

1. 《中国武术百科全书》编撰委员会.中国武术百科全书.北京：中国大百科全书出版社，1998
2. 全国体育院校教材委员会.体育院校专修通用教材武术.北京：人民体育出版社，1991
3. 徐才.武术学概论.北京：人民体育出版社，1996
4. 邱丕相.对武术概念和辨析与再认识.上海体育学院学报，1997（2）

（作者：邱丕相）

第二节 武术的特点

通过对武术概念的讨论我们明确了武术的两个最主要的特点，即武术技术上的技击特点和文化色彩上的民族特点。

一、武术的技击特点

武术是由人的技击自卫术发展而成，技击特点是它技术上最主要的特点，武术在它流传的过程中始终保持了这个特点，围绕着这个特点发展，并全面体现了这个特点。武术不仅有对抗性练习，还有套路练习；不仅有单人练习，还有双人和多人练习，且拳种丰富，器械多样，汇集了中华大地上不同地域、不同民族使用不同器械进行攻防技击的技术，这是任何其他的体育项目所无法比拟的。武术正是具备了这样的特点，有此本质属性，才得以区别于其他的体育项目。

在以冷兵器为主要兵器的时代，武术的技术来源于技击实践，经过不断的加工、提高，然后再用于技击实践，是历史上武术发展的基本线索。随着火器逐步发展，武术的直接的技击价值逐步减小，虽然如此，但武术仍然保持了技击这个技术特点，在近代各拳种中不仅在技术上仍体现了各种技击方法的做法和力法，并且在各自的拳理中也反复强调技击的理论，无一例外。如太极拳这种轻灵舒缓的拳种，其动作和传世的拳谱也都充分体现了武术的这一基本特点，并且发展了独特的技击对抗性的推手运动。

武术的技击特点使武术形成了它自己的完整技术体系，即包括套路练习和对抗性练习以及相关的训练方法。这个特点还是决定武术动作规格的基本依据，武术的力法讲究刚柔相济同样是由其技击特点所决定的。清吴殳在《手臂录》中说"攻为阳，守为阴"，一般说来攻时奋力突进，力法主刚；守时随人而动，力法主柔，且攻中有守，守中有攻，攻时刚中有柔，守时柔中有刚，刚柔相济，不可偏废，是各拳种共同的要求。虽然以今天武术的技击价值已不能和冷兵器时代同日而语，随着竞技武术技术的发展，武术套路技击特点也有所淡化，但技击特点仍将作为武术技术的最基本特点而长期存在。

二、武术的民族文化特点

武术产生、发展于中国，在此过程中它受中国传统文化背景的影响，使它在各方面都带有浓厚的中国传统文化色彩，这表现为它的民族文化特点。

（一）中国传统文化背景决定了武术套路的产生

从广义上看武术是一种自卫的技击术，就技术而言武术套路是为了便于传授、记忆和训练而产生的。但世界上各个国家和民族都有各自的技击术，哪里的人们和中国人有相同的人体结构，使用相似的技击器械，哪里的技击术也和中国武术一样要遵循相同的人体运动规律和器械运动规律，所以每个技击动作也必然是相同或相似的，在世界各国和各民族武技发展的过程中也有传授、记忆和训练的问题。为什么在其他民族，特别是西方各民族没有产生像中国武术这样完整、丰富的套路，并流传至今呢？这显然与中国的传统文化背景有关。

武术套路是一种高度程式化的运动形式，而各种形式的中国传统文化，都无一例外，首先对"道"的追求是武术套路产生的思想基础。中国人追求道，而道有原则、方法、方式、路数之义。这种对道的追求在一定程度上表现为对程式性的追求，以武术技术的形式表现出来则出现了武术的套路。其次，崇礼是武术套路产生的伦理道德基础。中国人崇尚"礼"，礼指某一个时期的典章制度，也包括人们的行为规范、规矩、仪节，它影响到中国人的政治、伦理、道德、礼仪、民俗和人们的生活习惯，进而影响到人们的思维方式。这样就使得中国人上至国家大典，下至百姓生活细小的仪节都要有一定的规格和程序，使人们的一举一动高度程式化，这也就促使武术演练出现了套路的运动形式。最后，中国人重视承传，尊师敬祖，而程式化的套路又便于承传，这更使武术套路便于延续和发展了。

（二）刚健有为的民族文化精神

中国传统文化的基本精神有多方面，而刚健有为的精神是尤为重要的，它是中华民族的心理要素，表现出刚健有为的精神气息，包括自强不息和厚德载物两个方面。

这种精神在武术中得到了充分的体现。武术是一种人体运动，且是一种技击术，必然崇尚勇武，追求制胜。传为宋人调露子所撰的《角力记》中说："夫角力者，宣勇气，量巧智也。然以决胜负，骋捷，使观者远怯懦，成壮夫，已勇快也。"无论是对习者还是对观者都倾注了一种勇武顽强、一往无前的强者争胜的精神。即使是以动作轻柔缓慢为技术特点的太极拳也是如此。清武禹襄在《太极拳解》中说："气以直养而无害，劲以曲蓄而有余。"他所说的"直养而无害"的气，正是孟子所说的"至大至刚，以直养而无害"的"浩然之气"。陈鑫说："何谓气，即'天行健的'一个'行'字……即乾坤之正气，亦即孟子所谓'浩然之气'。"他在论述搂膝拗步时说："此势得乾坤正气以运周身，外柔而内刚，实与乾健坤顺相合。"可见习武者无论是外在的技术，还是内在的心态，都体现了一种积极的刚健有为的精神。精于武术的明代学者颜元大声疾呼："一身动则一身强，一家动则一家强，一国动则一国强，天下动则天下强。"此呼声至今使人感到发聋振聩。

（三）注重和谐

中国传统文化的最高价值原则是和谐，这一原则和认为宇宙是一个和谐的整体的世界观及重和谐的思维方式一起对中国传统文化产生了深远的影响，决定了中西文化的基本差异。重和谐的思想就是希望达到人己物我的和谐，注重人与自然、人与社会及人的自我身心内外的和谐统一。由于注重人与社会的和谐，所以习武者尚武而不随意用武，在解决人与人之间矛盾时讲究先礼后兵，遵循《论语》中"礼之用，和为贵"的思想。

注重个人身心动作的和谐，强调"内三合"和"外三合"。关于内外相合的理论在武术不同拳种中或直接论及或间接提到，可以认为它是中国各拳种的一个共同要求。武术所强调的"合"，其实质就是协调、和谐。所以武术的"合"并不仅是动作上下内外协调的技术要领和要求，更是武术的一种重要理论，是由中国传统文化重和谐的价值观所决定的。

（四）注重形神兼备

一个武术动作或一系列武术动作，总是由人体的四肢、躯干的不同运动方式来完成的，这就构成了外在的"形"，并且还要通过这个外在的"形"来表现出内在的"神"。而中国人往往把主体内在的情感的表现放在中心的位置。无动作外在的形，就无从表现内在的神；若徒有动作外在的形，而缺乏或不能很好地表现内在的神，其动作也必然是一个肤浅的、缺乏内在力度的形。形神的问题不仅是一个技术问题，它原是中国传统哲学中的重要范畴，后来晋代画家顾恺之将其运用于画论，使之有了深刻的美学意义，指出形的描画是为了写神，不仅要追求外在形的美，更要追求内在神的美，此后在许多不同的中国传统文化领域里都以形神兼备作为要旨，武术也必然从中吸收了营养。所以说形神兼备不仅是画论，而且是拳理，是中国传统文化特点在武术中的反映。

（五）注重整体的思维方式

中国文化强调整体思维方式，即在对对立统一这个宇宙根本规律的把握上，更注重对立面的统一和协同，强调从统一的角度去观察事物，强调事物的整体性和过程性，这是中国传统哲学天道观的重要特点。把这种观点运用于方法论上就是整体思维，这种思维方式在武术中就表现为既注重每一个动作的规格和细节（正如孟子所说的"不以规矩，不能成方圆"），又更注重单个动作与单个动作之间的衔接，全套动作演练的功力和气势，动作的衔接要顺畅，全套的演练要气韵生动、气势连贯、一气呵成。王宗岳说太极拳"如长江大海，滔滔不绝也"，正体现了太极拳演练时整体上气势宏大的要求。所以从整体上，从演练的整个过程中去评价技艺的优劣是非常重要的。

（六）既重外练又重内练

所谓"外练"主要指由人体骨骼、关节、肌肉所组成的运动系统，以及由运动系统完成的各种动作。

论及"内练"常涉及"精、气、神"的问题，这和中国的养生术有关。《老子》中说："是谓深根固柢，长生久视之道。"《吕氏春秋》中认为"精气日新，邪气尽去，及其天年，此之谓真人。"道教的经典《太平经钞》中说："精气神三者混一，则可延年长生。"为肉体成仙而求长生固是妄说，但其养生的理论却有科学的道理。在武术的动作要领中通常要调整呼吸，使呼吸和动作相互配合：长拳技法中要求"气宜沉"，并有"提沉聚托"四种呼吸方法；太极拳要求"宽胸实腹"，"意注丹田"；南拳要求"沉气实腹"，"发声呼喝"；形意拳要求"松胸实腹，呼吸自然"；八卦掌的"三病"之一就是"努气"，即"憋气"。各拳种都把运气调息和动作配合放到了一个很重要的位置，不仅是为了动作更加自如，而且是为了通过呼吸运动，进而使循环系统和其他内脏器系得到锻炼。在武术理论中把"精、气、神"加上力和功，与"手、眼、身、法、步"相对应起来，作为训练的要求，这是养生理论和武术理论及训练方法相结合、相互渗透的结果。

中国传统哲学强调人与自然的统一、和谐，西方哲学强调人与自然的对立、斗争；中国人重内、重合，西方人重外、重分。中国武术之所以重视和谐，重视形神兼备，重视内练和外练相结合，都是中国的哲理在拳理中的反映。

（七）多种拳种并存

无数内容丰富，多种拳种并存，且一个拳种又常有多个流派，体系庞杂，形成这种情况的原因是多方面的。

首先这是一个文化地理的问题。处于不同地理位置的人，受当地地理条件，包括气候条件的影响，他们的文化产生和发展也不尽相同。中国地域辽阔，东西南北之间地理条件差异很大，产生了不同地域的人之间性格、民俗和文化特征的不同，正所谓"百里不同风，千里不同俗"。况且中国地理环境复杂，古代交通不便，不同地域的人之间的交流较困难，形成了许多地理环境相对较封闭的地区，所以在中国不同的地区所产生的各具特色的拳种在当地相对独立地发展，虽然其技击的规律是相同的，但其风格、趣味有较大的区别，南方拳种与北方拳种有不同的风貌，而位居其中的湖北号称九省通衢，在古代为南北交通要冲，所以湖北流行的拳种往往兼有南北拳种的特点，这同样是文化地理的因素造成的。

又因为中国古代长期处于小农经济的封建社会之中，许多地区商品经济不发达，人们生活满足于自给自足，这种自然经济的形态阻碍了人们之间的交流，使人们的思想状况趋于保守，在不同地区流传的拳种，又由于经济的原因而使其相对独立的发展成为可能。

同时由于古代中国的长期宗法制度和家庭本位主义，敬祖亲子，重视血缘关系，使其具有家庭的凝聚力和排他性，不同行业行会的成员，许多人之间虽并无家庭血缘关系，但也由行会使之具有了家庭的组织特色和类似于血缘关系的色彩。这种情况在不同拳种的流传过程中同样存在，一方面使拳种的发展更加封闭，缺少外来的营养；另一方面也为不同拳种相对独立的传承提供了条件。

中国武术拳种繁多是中国传统文化发展的必然结果，而随着社会的进步，人们交流的增加，民风民俗也发生了变化，人们思想状况和生活方式的改变，各拳种之间的交融不仅不可避免，而且早已发生，这种交融还将以更快的速度进行下去。

主要参考文献：

1. 温力．中国武术套路产生的传统文化背景．体育科学，1992
2. 张岱年、程宜山．中国文化与文化论争．北京：中国人民大学出版社，1990
3. 陈鑫．陈氏太极拳图说．上海书店，1986
4. 李泽厚、刘纲纪．中国美学史．中国社会科学出版社，1987
5. 张立文．中国哲学范畴发展史（天道篇）．北京：中国人民大学出版社，1988
6. 王会昌．中国文化地理．华中师范大学出版社，1992
7. 温力．武术传统技术体系和训练体系的形成．武汉体育学院学报，1996（2）
8. 姚瀛艇．宋代文化史．河南大学出版社，1992
9. 陈登原．颜习斋哲学思想述．北京：中国大百科全书出版社，1989
10. 中国近代体育史．北京：北京体育学院出版社，1989

（作者：温　力）

第三节　武术的价值

武术在中国流传了几千年，一直沿革到今天而没有被历史所淘汰，这个事实本身就说明武术是随着历史的进程不断地发展着，它没有由于火器的进步，使直接用身体进行格斗的技击技术在实战中的作用逐渐减小而停止自身的发展。相反，随着社会生产力的提高，为满足人们更高的物质和精神生活的需要仍在不停地发展变化着，在不同的历史时期对社会有着多方面的积极作用，表现出了旺盛的生命力。所以我们在探讨武术的社会价值时，应特别注意要用发展的、变化的观点来审视。

一、武术的健身价值

练习武术是通过人的身体运动实现的，练习者只要进行适度的身体运动就能够增进健康，即使是在以武术作为技击手段的古代人们也没有忽略它的健身价值。所谓"搏刺强士体"，一方面说明通过"搏刺"这种形式使人体运动可以"强士体"，另一方面也说明了为更好地"搏刺"也需要很好地"强士体"，所以说"搏刺"和"强士体"是相互依存的。戚继光在《纪效新书·比较武艺赏罚篇》中说："凡兵平时所用器械，轻重分量当重于交锋所用之器。重则既熟，则临阵用轻者，自然手捷，不为器所败矣，是谓练手之力。凡平时，各兵须学趋跑，一气跑得一里，不气喘才好。如古人足囊以沙，渐渐加之，临敌去沙，自然轻便，是练足之力。凡平时习战，人必重甲，荷以重物。勉强加之，庶临战身轻，进退自速，是谓练身之力。"戚继光练兵是为了"临阵""临敌""临战"而练"手之力""足之力""身之力"，但通过训练可以健身，健身可利于实战则是显而易见的。王宗岳在《十三势歌》中说："详推用意终何在？益寿延年不老春。"说明到清代武术的社会功能已在明显转变，习拳的终极目的已在于"益寿延年"，武术的健身价值更是日益突显出来了。

中国人历来重视运动，重视生命，注重养生之道，所以在武术发展的过程中必然和中国养生导引之术相互影响、相互渗透，增强了武术的健身价值。如轻柔缓慢的太极拳，以其独特的运动方式受到海内外人群的青睐，它松静自然、气沉丹田，中等强度的运动，不仅对心血管、呼吸系统有良好的影响，而且有利于调节神经系统、陶冶性情、缓解压力等，在当代社会有更重要的意义。

由于武术的内容丰富，不仅有套路练习形式，还有对抗练习形式；套路练习中不仅有拳术，还有多种器械；不仅有单人练习，还有对练，并且还有多种拳种和流派。这些不同的练习形式和内容各有其运动特点，所以对人体健康有多方面的影响，并相互补充，可以全面地促进人的身体素质的发展。武术锻炼对人的力量、耐力、速度、灵敏、柔韧等各种身体素质的发展都有良好影响，不同的人可以根据个人不同的爱好和条件，选择适合自己的武术内容进行锻炼，以达到更好地增强体质的目的。

二、武术的技击价值

武术本是一种武技，是一种技击术，进行武术练习一方面可以全面地提高人的身体素质，随着体能的增强也必然提高人进行技击对抗的能力；另一方面练习者通过武术锻炼也可以学会一些攻防技击技术，直接提高练习者进行技击对抗的水平。

在以冷兵器为主要兵器的时代，武术的技击价值是非常突出的，上至通过军队活动而体现的关系到社稷安危的国家大事，下至黎民百姓为小团体或个人利益而进行的格斗，都离不开武术，因此，武术是国家乃至个人自卫的重要手段。

《孙子兵法》中说："兵者，国之大事，死生之地，存亡之道，不可不察也。"《管子》中说："国富者兵强，兵强者战胜。"何良臣在《阵纪》中也说军队必须使装备精良，以提高战斗力，因为这是"三军生死相关、国家存亡所系"。历代统治者无不极力加强军队建设，提高装备水平和提高士兵作战的技能。民间的团体或个人间的格斗尽管常常是为了团体或个人的私利，没有明确的政治目的，但格斗的技术仍然受到普遍的重视，所以武术的技击价值在古代就显得尤为重要。

到了现代，武术的技击价值虽然已不如古代那样突出，但在战争中仍不可避免会有近距离搏斗的可能，在公安部门执行公务时格斗技术仍有极其重要的作用，即使在人们的日常生活中也会有在善恶斗争时运用格斗技术的情况，善良的人们在掌握了一些武技后，往往会有一些特殊的安全感。所以，武术仍然有它不可忽视的技击价值。

由于武术本身就具有攻防技击特点，所以通过武术训练可以使练习者了解、熟悉、掌握一些攻防技击技术。虽然有些动作是经过加工、改造的，已不完全等同于原来在生死搏斗中所运用的攻防实战技术，但这些技术中仍包含着原来实战技术的主要环节，所以在掌握了这些技术以后，再经过必要的训练，就可以使之还原成原来的生死搏斗中的实战技术。同时在其训练的过程中，练习者也随之提高了必要的专项身体素质，这也更有利于练习者掌握和运用这些技术，进一步提高其自卫的能力。

前辈武术家们在传授武术技艺时，大多是先教基本功，继而再教某些武术套路。待套路技术熟练之后，就将各个技击技术从套路中拆散开来讲解，称之为"拆手"，即把整套的动作拆散之意。然后再让二人按固定的动作进行反复练习，使之逐步熟练，称之为"喂手"，又称"递手"。在此基础上再过渡到二人自由地运用各种技击方法进行对抗性练习。通过这样的训练过程逐步将武术的动作实用化，然后运用到自卫的实战中去。这种训练过程是前人在实践中总结出来的一套完整的传统训练体系。

三、武术的观赏价值

武术可供观赏以丰富人们的文化生活。体育是一种人的身体活动，所有的体育活动都有运动员表演和观众观赏这样一个相互活动的过程。武术既是一种人的身体活动，具有人体运动的一般审美价值，又是一种武技，能表现人在攻防技击时的技巧和能力，所以又具有一种技击性的神秘色彩和审美价值。同时它既有单练又有对练，既有套路训练又有对抗性练习，使它可以满足人们的不同欣赏需要。并且在其产生的过程中得到了加工、改造、提高，因而它又具有一定的艺术性。所以武术有其特殊的观赏价值。又因为武术在中国有广泛的群众基础，存在于民间，所以在民间各种喜庆集会活动中常有武术表演，这就使武术对丰富人民的文化生活具有更重要的作用。

正因如此，在中国历史上有许多关于举行比武较技和武术表演盛况的记载，如汉代就有汉武帝元封三年春"作角抵戏，三百里内皆观"的记载。虽然汉代也泛称各种乐器杂技为"角抵戏"，但类似于现代摔跤的二人斗智较力、相互争斗的武技比赛仍是主要内容，而且一次比武较技能吸引三百里以内的人都来观看，可谓一时之盛。又如唐代杜甫在《观公孙大娘弟子舞剑器行》中说："昔有佳人公孙氏，一舞剑器动四方。观者如山色沮丧，天地为之久低昂。"诗中不仅描写了演练者技艺之精湛，而且也用"动四方"和"观者如山"写明了观众之多，以及观众为表演所吸引为之动容而"色沮丧"。至宋代都市文化生活日益繁荣，相扑比赛表演不仅有军队中的"内等子、相扑手"，也有民间高手；不仅有男子比赛，也有女子献技。《水浒》第七十四回描写燕青与任原在泰安相扑比赛，燕青获胜时是"数万的香客看了，齐声唱彩。"足见观众之踊跃。在宋代的勾栏瓦舍之中还常有各种武术表演，并有对练节目，有时还伴有一定的情节。在军队中也时有大规模的武术操练和表演，在街头村镇卖艺人划地作场吸引路人观看更是遍布各地。这些活动很好地丰富了人们的文化生活，满足了人们精神需要。

各种类型的有组织或自发的武术表演活动一直持续到现在。在农村，每逢冬季农闲或庙会、春节、赶集时，常有武术爱好者逢场作戏，在南方还常与舞狮舞龙相结合，自发地进行表演，不收钱物，不较胜负，演者观者都自以为乐，又异于卖艺。这种季节性的民间武术表演已成了一种民俗时尚，是中国民间文化生活的一部分。

此外，还有许多有组织的武术比赛或表演，也都吸引了大量的观众，其中有许多武术爱好者，观看的目的在于观摩、学习，而一般观众则是在观赏的过程中得到一种精神上的满足和享受。

四、武术的教育价值

教育价值体现了武术在学校教育中的作用和地位。中国在秦以前的学校教育中即重视有关军事武技的教学内容。《周礼》中说："乃教之六艺"，即礼、乐、射、御（驭）、书、数。其中射、御都是和军事、攻防有关的技术。《孟子》中说："设为庠序学校以教之。庠者，养也；校者，教也；序者，射也。"其中"序者，射也"是说序的意思是习射练武。以后虽然文武分途，并有重文轻武的倾向，但对于国家来说，文事武备不可或缺。

值得特别提出的是明清之际的思想家、教育家颜元，提倡实践，重视实用。不仅他自己学习武术，擅于拳法，而且在他所主持的漳南书院的授业课程设置中就有武备课，在漳南书院中"而习礼、歌诗、学书计、举石、超距、击拳，率以肄三为程，讨论农兵，辨商今古。"学子们在学习各种功课的同时，还要跑跳、举重和练习技击的技术，在当时这是难得一见的生动活泼的"学校"生活场面。武术这种传统体育是学校教育中很重要的一部分。

　　自民国以来武术在学校体育中逐渐受到重视，1915年武术被正式列为学校体育课程，编写教材，改革教学，目的不仅在于向学生传授一些武术技艺，而且也有提高学生民族意识的作用，这和当时中国国力衰微、民族危机日益深重，需要激发人们穷则思变、奋发图强的精神是相一致的。

　　新中国成立以来，武术在学校教育中的地位进一步得到加强，多年来武术教材始终是各级学校体育课的必修内容之一，在开展校园体育活动、丰富学校生活、增强学生体质方面都起到了重要作用，特别是武术作为一种民族的传统体育活动，在举国上下为振兴中华而努力奋斗的背景下它对提高民族自信心有着重要的作用。

　　武术是一种武技，学习武术对人还有一种武德的教育作用。武德可以理解为掌握武技的人所应具备的道德，是习武者为把握社会、实现社会价值而建立的自我约束与精神自律体系。在学习武术时注重武德，可以增强人的社会责任感，为自我修养的提高、维护社会的正常秩序起到积极的作用。

五、武术的经济价值

　　发展体育运动的最终目的是为了促进经济的发展。因为体育和经济的发展有一种内在的联系，这就是经济发展需要健康的劳动力，体育的发展需要足够的物质和财富上的保证，同时体育本身就是一种产业，体育事业的发展能够直接带动经济的发展，这也就决定了体育在整个国民经济中的地位。所以在我国体育是国民经济中的一个独立的部分，有其独立的职能。由于武术是我国的一项传统的体育项目，它拥有更为广泛的群众基础，所以它在促进经济发展中又有其特殊的价值。

　　首先，增强人的体质就是发展劳动力。在社会生产中，劳动者是首要的能动因素，从事体育锻炼可以增进劳动者的健康，从而保护劳动力。同时参加体育锻炼可以提高人的素质，包括身体素质和思想素质。在生产活动中有了健康的劳动力，不仅可以提高生产效率，而且可以延长人的寿命，从而延长了劳动力使用的时间。所以参加体育锻炼，对于个人来讲增强了体质，促进了健康，而对于整个社会来讲则发展了生产力。

　　武术是一种精神产品，是一种社会享受的消费品，它和其他体育项目一样以劳务的形式为社会服务。在人的社会生活中，物质产品是不能缺少的，同样精神消费也是不可缺少的。特别是随着人们物质生活水平的提高，对精神产品的需求也随之提高，对体育的需要也相应增加，武术作为一种精神产品也表现了它的经济价值。

　　各种武术活动，包括各种表演、比赛、训练、教师上课、爱好者之间的传播等等，武术都是以精神产品为社会提供服务的。人们需要学武术、练武术、了解武术、观赏武术表演和比赛，这都是对武术这种精神产品需求的表现。参加武术锻炼的人数增加，正说明人们对这种精神产品的需求增加。而人们对武术进行探讨、议论，研究其技术的发展，也正好说明了要围绕着这种精神产品的供需情况来提高这种产品，以适应人们对武术的需要。群众对武术的评价、议论，正是消费者对这种精神产品好坏的品评。随着国际体育交往的增多，武术正在拥有越来越多的外国武术爱好者，这也表明了国际上对武术这种精神产品的需求。当武术以精神产品提供给社会的时候，提供这种精神产品的人也就提供了劳务。这种劳务可以创造财富，具有价值，可以进行交换。这表现为进行武术的教学、训练可以收取学费，举行武术比赛、表演可以出售门票，武术咨询、辅导也可以收费，个人办武术馆、校，则要按规定收费并向国家交纳税金，对外国人进行武术教学、训练，还可以为国家收取一定的外汇，都是因为在进行这些活动的时候提供了劳务，以劳务进行交换所致，这种交换就为社会创造了财富。

同时随着武术运动的发展，与武术相关的器材、服装等用品的消费也随之增加，虽然这不是武术本身所创造的价值，但和武术的发展则有着直接的关系。

(作者：温　力)

第四节　武术的流派与分类

所谓武术流派，是指由于不同的技术特点和风格而形成的武术派别。从动态发展的眼光来看，武术流派与现代武术的各种运动形式实质上都是对博大武术的不同分类方法。早期武术流派受到当时武术发展水平和人们认识武术的局限，从不同角度对武术流派进行划分，而现代武术运动是按照现代体育的运动形式对武术进行分类的，两者既相互联系又相互区别。

一、关于武术流派的不同说法

流传于中华民族各地区的不同流派和不同风格的武术，凝结了不同历史时期中国人民的智慧和知识。历史上关于武术流派，较有影响的主要有以下几种说法：

"长拳""短打"之类

明代戚继光在《纪效新书》中介绍的当时流行的拳法有"长拳""短打"的分类，记载了"势势相承"的宋太祖三十二式长拳，还有"张伯敬之打""李半天之腿""千跌张之跌"和"鹰爪王之拿"等不同流派。明代程宗猷《耕余剩技·问答篇》记载"长拳有太祖温家之类，短打则有绵张任家之类"。后来人们将遐举遥击、进退急速、大开大合、松长舒展的拳术称为长拳类，而贴身近战、势险节短、动作幅度小、短促而多变的拳术称为短打类。

"内家""外家"之说

此说见于清初黄宗羲撰《王征南墓志铭》中提到的"少林以拳勇名天下，然主于搏人，人亦得以乘之。有所谓内家者，以静制动，犯者应手即仆，故别于少林为外家"。明清之际的内家拳仅是一个拳种，外家拳仅指少林拳，到民国期间发展成"凡主于搏人""亦足以通利关节"者，概称"外家拳"；凡注重"以静制动""得于导引者为多"，概称为"内家拳"，后来有把太极、形意、八卦归为内家拳的说法。

"黄河流域派""长江流域派"之划法

民国初年《中国精武会章程》等书中，使用了"黄河流域派""长江流域派"，以江河流域分派。曾流传于不同区域的武术，风格特点迥然各异，因而划分为不同的流派。

"南派""北派"之分

按地域划分的派别，见于民国时期陆师通《北拳汇编》等书使用的"南派""北派"的分法。此说在民间广为流传，以流传地域为基础，并受地理环境气候的影响。我国南方流传的武术拳法多，腿法较少，动作紧凑，劲力充沛；而北方流传的武术腿法丰富，架势开展，动作起伏明显，快速有力，故有"南拳北腿"之称。

"少林派""武当派"之别

少林派因以少林寺传习拳技为基础而得名。少林拳源自嵩山少林寺僧众传习的拳术，后来逐步发展得与少林拳系特点相近的拳技归为少林派。少林派拳技有少林拳、罗汉拳、少林五拳等。俗称内家拳为武当派，以黄宗羲撰《王征南墓志铭》为据，"有所谓内家拳者，……盖起于宋之张三丰。三丰为武当丹士"，故名。清末又有人称太极拳传自明代武当道士张三丰。此后遂有将内家拳、太极拳、八卦掌、形意拳称为武当派。1928年成立的中央国术馆，曾一度依这种民俗分类和称谓，将该馆教学内容分为"武当门""少林门"。现今有人将流传于武当山地区一带的武术称为"武当派"。

历史上的这些流派不同的说法，在某种角度上起着分类作用，虽然受到当时武术发展水平和人们认识武术的局限，但曾经对人们研究武术技术特征、武术分布区域和促进武术的发展与传播起到了一定作用。武术流派的形成和发展给予了我们许多启迪。武术技术流派的形成伴随着整个武术发展的历程，早期武术流派是以古兵器为标志的，有长兵、短兵的分类方法。随着武术运动的发展，不同技术特点风格的出现，形成了流派林立、百花争艳的局面。武术流派的形成都是既有继承，又有创新。另辟蹊径，并在逐渐发展过程中不断完善，其风格和技术特点都区别于其他拳技时，就形成了新的流派。戚继光"三十二式长拳"是吸取十六家拳法之长而创立的；太极拳的形成就是由陈王廷吸取了各家拳法之长，以戚继光三十二式长拳为基础发展而来，后经杨露禅、武禹襄、孙禄堂、吴鉴泉等人的丰富，逐渐形成太极拳派。这个逐渐鲜明、相对稳定而又传播开去的过程，就是某个流派最终形成的过程。

武术流派的发展大致有三种情况：其一，类同合流，壮大拳派。流派在发展过程中，将一些技法特征相同或相类的拳种归为一类，形成较大的拳派。传统的少林拳派就属此类情况。其二，繁衍支系，发展拳派。各式太极拳的繁衍，即属此类情况。其三，融合诸家，创立新派。如蔡李佛拳、五祖拳以及形意拳、八卦拳等，这种现象尤多。

武术流派在漫长的历史过程中，虽然受到封建时代小农经济以及宗法制度等的影响，使技术流派蒙上宗派、行、帮、教门等色彩，但武术技术流派在中国武术发展的历史长河中仍然起着积极的作用。流派体现了不同技术特点的风格，流派组成了不同的门类，流派延续了古老的技艺，使武术几千年来得以生生不息，延续式的发展，发展式的延续。

二、现代武术运动的内容与分类

武术运动发展到今天，它的内容和形式有很大发展变化，其分类方法也不尽相同，有按性质和功能进行分类的，也有按运动形式进行分类的。这些分类方法有利于展示现代武术的基本内容，区分武术技术特征的不同，揭示武术运动的某些规律和所属技术间的相互关系。现代武术与传统武术间是一脉相承的，传统武术是现代武术的活水源头，现代武术吸取传统武术的技法结构，并在此基础上发展，在价值取向上发生了很大的变异。现代武术的竞技价值和健身价值显得更为突出，它正在向多元化发展。

（一）按照功能分类

武术运动按照功能分类，可分为竞技武术、健身武术、学校武术、实用武术。

1.竞技武术

指高水平武术竞技，是为了最大限度地发挥个人运动潜能和争取优异成绩而进行的武术训练竞赛活动，它的特点是专业化、职业化、高水平、超负荷、突出竞技性。竞技武术正式出现在20世纪50年代以后，至今已形成一个完整体系。

竞技武术大致包括竞赛制度、运动队训练体制和技术体系三大部分，以竞技武术为形式的国际性武术比赛有世界武术锦标赛以及洲际性武术比赛。竞技武术在国内是以全运会为最高层次，以全国武术锦标赛为龙头，以套路、散打为竞技主要内容的结构模式。套路竞技内容有长拳、太极拳、南拳、剑术、刀术、枪术、棍术和其他拳术（第一类为形意拳、八卦、八极，第二类为通背、劈挂、翻子，第三类为地躺拳、象形拳等，第四类为查、华、炮、红、少林拳等）、其他器械（第一类为单器械、第二类为双器械、第三类为软器械）、对练项目（徒手对练、器械对练、徒手与器械对练）、集体项目等；散打竞技是按运动员体重，分为11个级别而进行的实战比赛，以决胜负。在技术发展方向上，套路是以突出竞技特点、提高技术水平和鼓励发展创新为基本内容思想，使技术向"高、难、美、新"的方向发展。散打技术发展是强化体能、技法全面、突出个性、快狠巧准。竞技武术发展的最高目标是进入奥运会。

2. 健身武术

是以普及为基础的，旨在强身健体而开展的群众性武术活动，它的特点是大众性、广泛性、自觉性、灵活性、娱乐性。健身武术涵盖的内容广泛。"源流有序，脉络清晰，风格各异，自成体系"的拳种至少有一百多种，还有流传于民间的不同风格的套路以及各种功法等。健身武术的内容也包括针对武术普及和全民健身计划制定的"段位制"和"健身养生"锻炼方法。健身武术内容丰富多彩，形式多种多样，有利于武术广泛普及，推进了武术的社会化。

3.实用武术

是以部队和公安武警为对象的实用武术。它的特点是简单实用，一招制胜。特警部队、防爆警、公安等在训练内容上主要有四科，即射击、奔跑、游泳和擒拿格斗，其中擒拿格斗技术将散打规则中禁止部位作为重点攻击点，鼓励狠招，以实用武术为主。

（二）按照运动形式分类

武术运动按照运动形式分类，可分为套路运动和搏斗运动，具体内容如图1-4-1所示。

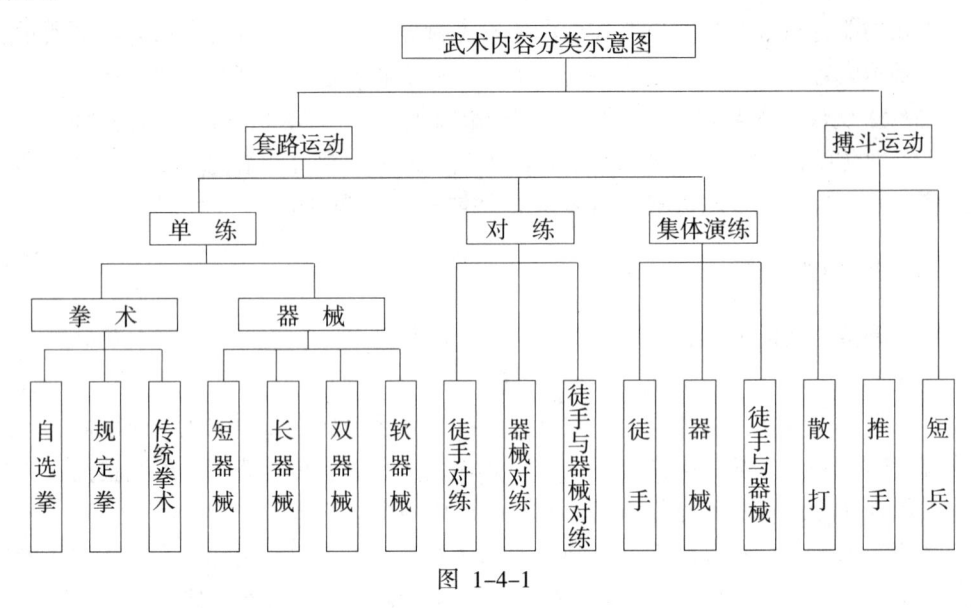

图 1-4-1 武术内容分类示意图

套路运动下分：单练（拳术：自选拳、规定拳、传统拳术；器械：短器械、长器械、双器械、软器械）、对练（徒手对练、器械对练、徒手与器械对练）、集体演练（徒手、器械、徒手与器械）。

搏斗运动下分：散打、推手、短兵。

1. 套路运动

套路运动是以技击动作为素材，以攻守进退、动静疾徐、刚柔虚实等矛盾运动的变化规律编成的整套练习形式。套路运动按演练形式又可分为单练、对练和集体演练三种类型。

单练包括徒手的拳术与器械。

对练包括徒手的对练、器械对练、徒手与器械对练。

集体演练分徒手的拳术、器械或徒手与器械。

（1）单练

指单人演练的套路，包括徒手的拳术和器械。

拳术是徒手演练的套路运动，包括自选拳、规定拳、传统拳术。主要拳种有长拳、太极拳、南拳、形意、八卦、通背拳、八极拳、翻子拳、劈挂拳、少林拳、戳脚、地躺拳、象形拳等等，简介如下：

长拳

是一种姿势舒展、动作灵活、快速有力、节奏分明，并有蹿蹦跳跃、闪展腾挪、起伏转折和跌扑滚翻等动作与技术的拳术。主要包括拳、掌、勾三种手型，弓、马、仆、虚、歇五种步型，一定数量的拳法、掌法、肘法和屈伸、直摆、扫转等不同组别的腿法，以及平衡、跳跃、跌扑、滚翻动作。长拳技术以姿势、方法、身法、眼法、精神、劲力、呼吸、节奏为八要素。长拳套路主要包括适应普及的初级套路、中级套路，以及适应竞赛的规定套路和自选套路。

太极拳

是一种柔和、缓慢、轻灵的拳术。它以掤、捋、挤、按、采、挒、肘、靠、进、退、顾、盼、定等为基本方法。各式太极拳均要求：第一，静心用意，以意识引导动作，动作与呼吸紧密配合，呼吸平稳，深匀自然。第二，中正安舒，柔和缓慢，身体保持舒松自然，不偏不倚，动作绵绵不断，轻柔自然。第三，动作弧形，圆活不滞，同时以腰为轴，上下相随，周身形成一个整体。第四，连贯协调，虚实分明，动作之间衔接和顺，处处分清虚实，重心保持稳定。第五，轻灵沉着，刚柔相济，动作不浮不僵，外柔内刚，发劲完整。传统的太极拳有陈式、杨式、吴式、孙式和武式等。国家体委（国家体育总局）先后整理出版了简化太极拳、48式太极拳及各式太极拳竞赛套路。

南拳

流传于中国南方各地诸拳种的统称。拳种流派颇多，广东有洪、刘、蔡、李、莫等家，福建有咏春、五祖等派。一般特点是：拳势刚烈、步法稳固，多桥法，擅标手，常以发声吐气助发力助拳势。

形意拳

是以三体式为基本桩法，以五行拳（劈、崩、钻、炮、横五拳）和十二形拳（龙、虎、猴、马、龟、鸡、鹞、燕、蛇、骀、鹰、熊十二形）为基本拳法而组成的拳术。其运动特点是：动作整齐简练、严密紧凑、发力沉着、朴实明快。

八卦掌

是一种将攻防技术融合于绕圈走转之中的拳术。以站桩和行步为基本功，以绕圈走转为基本运动形式，步法变换以摆扣步为主，并包括推、托、带、领、扳、拦、截、扣等技法。基本八掌包括单换掌、双换掌、顺势掌、背身掌、磨身掌、回身掌、转身掌等。其运动特点是沿圆走转，势势相连，身灵步活，随走随变。

通背拳

以"腰背发力，放长击远，通肩达臂"，故名通背拳。其手法以摔、拍、穿、劈、钻为主，讲求圈揽勾劫、削摩拨扇。其运动特点是：出手为掌，击手成拳；腰背发力，放长击远；甩膀抖腕，立抡成圆；大开密合，击拍响亮，发力冷弹脆快。

八极拳

是一种以挨、傍、挤、靠等贴身近攻作为主要内容的拳术。其套路结构短小精悍，发力刚脆。步法以震脚闯步为主，具有节短势险、刚猛暴烈、猛起硬落、逼身紧攻的短打类型的拳术特点。

翻子拳

是一种短促灵便、严密紧凑、拳法密集、出手脆快的拳术。主要拳法有冲、掤、豁、挑、托、滚、劈、叉、刁、裹、扣、搂、封、锁、盖、压等。其运动特点是：步疾手密，闪摆取势，上下翻转，迅猛遒劲，双拳交替快捷，全套一气呵成。有"双拳密如雨，脆快一挂鞭"之称。

劈挂拳

是一种以猛劈硬挂为主、长击快打、兼容短手的拳术。基本方法有滚、勒、劈、挂、斩、卸、剪、采、掠、摈、仲、收、摸、探、弹、砸、搯、猛十八字诀。练习时要求拧腰切胯，溜臂合腕，讲究滚勒劲、吞吐劲、劈挂劲、翻扯劲和辘轳劲等劲法。其运动特点是：大开密合，猛起硬落，迅猛剽悍，双臂交劈，斜拦横击，吞吐含放，翻滚不息。

少林拳

是少林武术的总称，因嵩山少林寺而得名。其特点是注重技击，立足实战，套路结构短小精悍，严密紧凑，巧妙而多变。动作起、落、进、退多为直来直往。手法要求出拳、出掌"曲而不直，直而不曲"。身法在定势中要正，运动中应进退和顺，起落自然，变换灵活。步法要求轻灵敏捷，沉实稳固，劲力主刚，讲究刚健有力、勇猛快捷。少林拳的主要套路有少林五祖拳、小洪拳、大洪拳、罗汉拳、梅花拳、七星拳、柔拳等等。

戳脚

是一种以腿法为主的拳术。基本腿法包括丁、挑、端、剪、拐、点、蹶、碾、蹬、圈、错、转等。步法有玉环步、转趾步、倒插步、旋转步等。其运动特点是：架势开展，刚健快捷，灵活多变；以腰为主，脚力向下带臀发腿，向上带肩背发手。用法以腿为主，手脚并用，讲求"手是两扇门，全凭脚打人""手打三分，脚踢七分"。套路分为文趟子和武趟子。

地躺拳

是以跌、扑、滚、翻等摔跌技术为主要内容的拳术。技巧性较强，动作难度也较高，全套中常出现的动作有抢背、盘腿跌、摔剪、乌龙绞柱、虎扑、栽碑、扑地蹦、鲤鱼打挺及勾、剪、扫、绞等腿法。其运动特点是：顺势而跌，旋即而起，卧地而击，高翻低滚，起伏闪避，一气呵成。

象形拳

是模仿某一动物的技能、特长和形态，或模仿某种特定人物的动作形态，结合攻防技法而编成的拳术。具有以形取势、以意传神的特点，不仅重其形，而且更重其意，心动形随，形象生动活泼，技巧性强，风格独特。流传较广的主要有醉拳、猴拳、螳螂拳、鹰爪拳、蛇拳以及武松脱铐拳和铐手翻子拳等。

器械是武术演练时使用的器具或兵器的总称。器械的种类很多，可分为短器械、长器械、双器械和软器械四种。短器械主要有刀、剑、匕首等，长器械主要有棍、枪、大刀等，双器械主要有双刀、双剑、双钩、双枪、双鞭等，软器械主要有三节棍、九节鞭、绳标和流星锤等。现将竞赛表演中的主要器械项目简介如下：

剑术

剑是短器械中的一种。主要以刺、点、撩、截、崩、挑等剑法，配合步型、步法等构成套路。其运动特点是轻快敏捷，潇洒飘逸，灵活多变，刚柔相济，富有韵律。

刀术

是短器械中的一种。主要以劈、砍、斩、撩、扎、挂、刺等基本刀法为主，并配合各种步型、步法、跳跃等动作构成套路。其运动特点是勇猛快速，气势逼人，刚劲有力，雄健剽悍。

枪术

是长器械中的一种。主要以拦、拿、扎、崩、点、穿、挑、云、劈等枪法，配合各种步型、步法、跳跃构成套路。其运动特点是力贯枪尖，走势开展，上下翻飞，变幻莫测。

棍术

是长器械中的一种。主要以抡、劈、扫、挂、戳、击、崩、点、云、拨、绞、挑等棍法，配合各种步型、步法、身法等构成套路。其运动特点是勇猛泼辣，横打一片，密集如雨，气势磅礴。

大刀
长器械的一种。以劈、砍、斩等刀法为主，结合舞花等动作构成套路。在演练中都是双手握持，以腰力发劲，一动一静都表现出雄浑威武、勇敢果断的气势。练习时要求身械协调，劲力充沛。

双刀
双器械的一种。以劈、斩、撩、绞等刀法结合双手左右缠头、左右腕花、交互抡劈等变化构成套路练习。要求身械协调，步法必须与刀法上下相随，对上下肢的协调要求较高。双刀的运动特点是刀法密集，贴身严谨，左右兼顾。

双剑
双器械的一种。主要以穿、挂、云、刺等剑法为主，结合身法、步法，双手交替变换而构成套路。其运动特点是身随剑动，步随身移，潇洒奔放，矫捷优美。

双钩
双器械的一种。主要以勾、搂、锁、挂等方法构成套路。其运动特点是钩走浪式，身随钩走，钩随身活，身灵步轻，造型洒脱多变。

九节鞭
软器械的一种。主要以抡、扫、缠、挂及各种舞花组成套路。主要动作有手花、腕花、缠臂、绕脖、背鞭等。其运动特点是鞭走顺劲，抡舞如轮，横飞竖打，势势相连。人们常以"抡起似车轮，舞起似钢棍""收回一团，放走一片"来形容九节鞭的运动风格。

三节棍
软器械的一种。主要以抡、扫、劈、戳等棍法及舞花构成套路。其运动特点是轻巧灵便，能长能短，可伸可缩，软硬变换，勇猛泼辣，势如破竹。

绳标
软器械的一种。是以绳索缠绕着身体各部而变化出各种击法和技巧构成套路。主要动作有踢球、拐线、缠膝、十字披红、胸前挂印等。练习时须用巧劲，一根长索在身前、身后、腿部、肘部、颈部缠绕收放，出击自如，变幻莫测。是技巧性较强的项目。

(2) 对练

对练是两人或两人以上，按照预定的程序进行的假设性实战演练。其中包括徒手对练、器械对练及徒手与器械对练。

徒手对练
是运用踢、打、摔、拿等方法，按照攻防格斗的运动规律编成的拳术对练套路。有对打拳、对擒拿、南拳对练、形意拳对练等。

器械对练
是以器械的劈、砍、击、刺等技击方法组成的对练套路，如单刀进枪、三节棍进棍、双匕首进枪、对刺剑等。

徒手与器械对练
是一方徒手，另一方持器械进行的攻防对练套路，如空手夺刀、空手夺棍、空手进双枪等。

(3) 集体演练

集体演练是集体进行的徒手、器械或徒手与器械的演练。在竞赛中通常要求六人以上，可变换队形、图案，也可用音乐伴奏，要求队形整齐，动作协调一致。

2.搏斗运动

搏斗运动是两人在一定条件下，按照一定的规则进行的斗智、斗技的对抗实战形式。目前列为武术竞赛的项目有散打、推手等。

(1) 散打

是两人按照一定的规则，使用踢、打、摔等方法制胜对方的竞技项目。

(2) 推手

是两人遵照一定的规则，使用掤、捋、挤、按、采、挒、肘、靠等手法，双方粘连黏随，通过肌肉的感觉来判断对方的用劲，然后借劲发劲将对手推出，以此决定胜负的竞技项目。

(3) 短兵

是两人手持一种用藤、皮、棉制作的短棒似的器械，在16尺直径的圆形场地内，按照一定的规则，使用劈、砍、刺、崩、点、斩等方法进行决胜负的竞技项目。

（作者：张选惠）

第五节 武术理论的基本范畴

范畴是理论研究的逻辑起点，任何学科都是以范畴形式加以表现的。从辩证逻辑角度讲，武术理论的基本范畴是反映其研究对象的各个基本方面的属性关系和规律，是由若干相互联系的武术理论所构成的有机知识整体。正确认识和理解武术理论基本范畴，有利于我们全方位地、本质地、深层次地、系统地和全面地认识武术。

武术理论是人们认识武术的一种理性活动。从久远年代走过来的武术，在其漫长的发展过程中，由于种种原因，其理论的研究滞后于技术的发展。武术的博大使其理论的内涵与结构比一般体育项目复杂得多，它是一个多成分的复合体，一个从时间到空间都难以把握范畴的文化现象。武术理论的基本范畴，既要重视历史上武术发展的内容，又要重视当今历史条件下武术发展方面的内容。我们既不能妄自菲薄传统武术理论，又更要以现代科学为指南，站在高度抽象、多维思考的角度，从动态上、武术发展的趋势上去把握它的本质及其规律，扬传武术理论之精华而弃其糟粕，建立具有新的特质的武术知识结构体系。

一、武术理论的研究对象与研究方法

所谓研究对象，是指一定研究过程所要认识的客体。武术作为一门学科，它的研究对象是武术运动，把武术运动作为一个客体，从多方位和多层面角度，研究武术产生发

展的规律，武术的本质、特点、分类、体系结构以及武术技法原理等。同时武术是人体的运动，武术技术是通过人体运动形式表现出来的，因此，还要研究武术锻炼对人体形态机能的影响等内容。

研究方法是用各种科学的方法探求事物的本质和规律的过程。武术研究方法具有多样性，涉及社会科学、自然科学和某些边缘学科，各学科都有其成熟的研究方法，诸如观察法、实验法、类比法、模拟法、分析法、综合法、演绎法、归纳法、假设法、调查法和数量法等，这些方法在武术理论研究中都可以运用或借鉴，同时还要根据武术的特点，注重整体思维的方法，运用现代科学综合研究方法。

二、武术理论的知识结构

武术理论自身的知识结构包括基础理论、技术理论和应用理论。具体内容如图 1-5-1 所示。

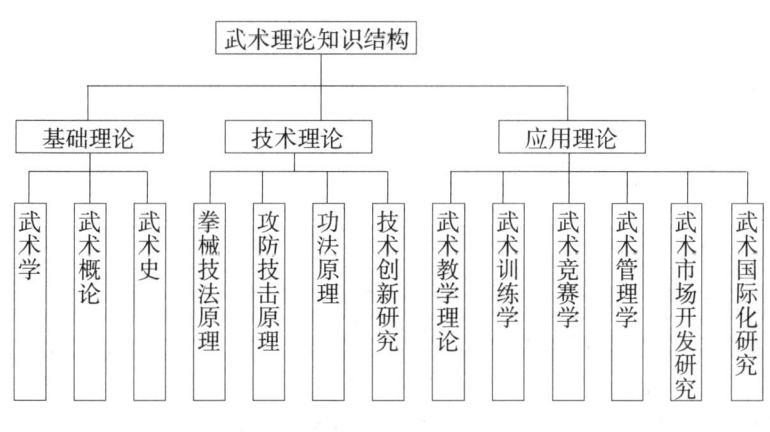

图 1-5-1

（一）基础理论

是关于武术总体认识的理论，主要是指武术学、武术概论、武术史。

武术学

从学科学角度对武术进行研究。研究武术理论的形成过程、变化规律和发展趋势，分析整个武术体系的结构、整体与分支科学，以及各个分支学科间的相互影响，研究各学科产生、发展的规律以及不断变化的分支学科的分类原则等。

武术概论

客观地对武术总体进行论述。主要是指武术的概念、武术运动的特点、武术的价值与社会功能、武术的流派与分类等。

武术史

研究武术产生、发展的历史演进过程，揭示其发展规律。主要包括武术发展史、断代史以及各种拳械单项史等。

（二）技术理论

是对武术运动中各家各派的技术风格、结构特点，包括技击方法和练功方法等在内的具体的技术性分析与研究的理论，是对武术技术实践的理论总结，是技术的理论升华，为人们更深刻领会武术技术提供理论依据，寻求技术深层理论的发展。主要包括拳械技法原理、攻防技击原理、功法原理、技术创新研究等。

拳械技法原理

主要研究普遍存在于各种拳械技术的共性规律，并分析其技法特征、动作结构、技术分析等。

攻防技击原理

研究散打等实战项目的技击原则、方法、技术、战术特点等内容。

功法原理

主要研究传统与现代练功方法、手段以及基本原理和特点等。

技术创新研究

研究技术创新的原则、方法、手段，创新出新技术、新动作、新组合。

（三）应用理论

是指武术实施过程中涉及的理论问题的研究。主要包括武术教学理论、武术训练学、武术竞赛学、武术管理学、武术市场开发的研究。

武术教学理论

研究武术教学特点和一般规律，套路教学和对抗性项目教学的教学原则，教学方法与手段，教学步骤、阶段以及教学的组织形式等。

武术训练学

研究竞技武术训练过程与规律，分析训练原则、训练方法与手段、训练特点以及训练计划的科学制定、运动员的选材等训练学理论。

武术竞赛学

研究武术竞赛规则、竞赛裁判法、竞赛的组织、竞赛的编排方法以及竞赛法规建设、竞赛体制等有关竞赛的理论。

武术管理学

研究现代武术管理活动的规律，管理目标、原则、组织、体制和方法以及管理的制度等。

武术市场开发研究

研究在市场经济条件下，武术市场的培育和开发，促进武术产业化的实现。

武术国际化研究

研究武术与奥林匹克运动、武术国际化发展的文化比较、武术的国际化传播、武术国际化发展趋势等。

三、武术的相关学科构成的知识层面

武术理论的研究不可能只局限在自身的知识结构中，必然与其他学科相互融合渗透，既涉及社会科学，也涉及自然科学。武术理论受到中国传统文化的孕育，在新的历史时期，更需用现代人体科学理论与方法进行研究，开拓我们的视野和思路，促进武术理论的科学化。因此，武术的相关学科是指武术与中国传统文化、武术与现代学科两部分（图1-5-2）。

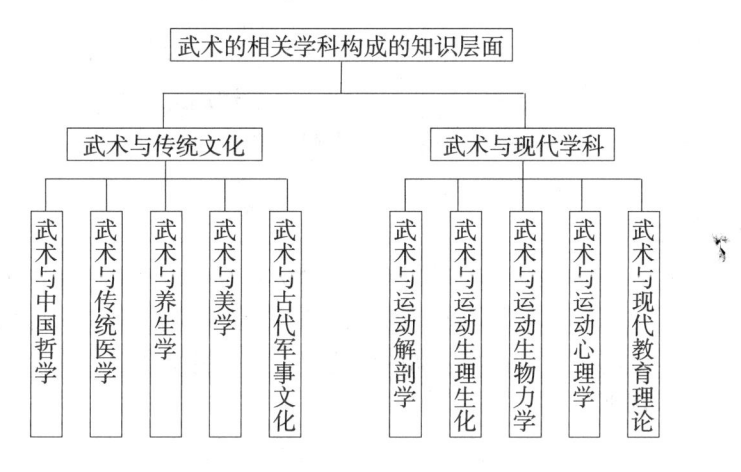

图 1-5-2

（一）武术与中国传统文化

武术植根于中国传统文化之沃土，蕴涵中国传统哲理之奥妙，摄养生之精髓，集技击之大成，融传统医学之理，显武术运动之美，由此形成内涵很广、层次纷杂的理论知识结构，它与中国哲学、传统医学、养生学、美学、古代军事文化等有着必然的联系。

武术与中国哲学

研究中国哲学的认识论主要观念和范畴对武术理论与实践的深刻影响，如天人合一观、太极哲理、道与气以及武术哲理的研究等。

武术与传统医学

研究传统医学的基础理论对武术的影响，如精气神学说在武术中的应用，传统医学经络学等对武术的影响，中医辨证施治、整体施治的原则对武术的影响，伤科与武术的特殊关系等。

武术与养生学

研究传统的养生思想、原理、方法等对武术的融摄，武术独特的养生方法手段等。

武术与美学

研究传统美学思想、美学范畴等对武术的影响，并研究武术美学的基本表现特征等。

武术与古代军事文化

研究武术与战争、兵法的关系，武术技击与兵法谋略，探讨武术与古代军事文化的密切渊源关系等。

(二) 武术与现代学科

武术发展到现代，从现代学科中吸取了营养，丰富和完善了理论知识结构。武术自身包含着许多科学的内核，需要充分借鉴和直接利用现代科学的观念、法则以及某些成就来提高其科学性，特别是运用现代生物学科理论与方法对武术进行多方位研究，以了解武术运动对人体结构机能的影响机制，揭示强身健体、防身养生和观赏自娱的客观价值，阐释武术运动对人体锻炼的独特作用，为武术提供科学理论依据。

武术与运动解剖学

运动解剖学是研究体育运动对人体形态结构产生的影响，并探索人体结构的机械运动规律和体育技术动作关系的一门学科。因此，必须运用运动解剖形态学的原理来研究武术运动，研究武术运动系统的结构及运动规律、武术运动的科学选材、运动训练的解剖学依据等。

武术与运动生理生化

研究武术运动对神经、心血管、呼吸、内分泌等系统的影响。运用生理生化的研究方法与手段，揭示武术运动对人体所产生的各项生理生化指标变化，为竞技武术的科学训练提供科学依据，同时也为武术活动的健身价值作出科学说明。

武术与运动生物力学

运动生物力学可以对武术动作的力学原理进行探讨，为运动员进行技术诊断，科学地指导运动技术的改进与提高。生物力学的基本原理与方法，已被广泛地用于武术教学与训练、运动员选材等方面。

武术与运动心理学

运动心理学的理论和方法运用于武术训练竞赛方面，研究运动员心理品质的培养、赛前运动员心理调整等。

武术与现代教育理论

研究现代体育教育理论如何运用于武术。现代体育的教学原则和方法，充实了传统的武术教学方法，丰富了武术教育理论。

(作者：张选惠)

第六节 我国武术工作的基本任务

我国体育工作的根本任务是增强人民体质，提高国民身体素质，武术工作也必须服从和服务于这一基本任务，紧紧围绕党和国家关于体育工作的总方针，贯彻执行"2001~2010年体育改革与发展纲要"提出的目标、任务和基本要求，以深化改革为重点，充分发挥其在社会主义物质文明和精神文明建设中的作用。

在新的历史时期，适应时代的要求，我国武术工作的基本任务有以下几点：

一、加强武德修养，提高武术队伍的整体素质

我国传统武德的精华，在今天的时代仍然值得继承和发扬，它在本质上与社会主义道德思想存在着共通之处，追求崇高的思想品质、向往理想的武德人格、涵养美好的精神情操，这些成为武德修养的主导思想。武德所提倡的重义轻利的道德观，有助于树立把国家和人民利益放在首位，而又充分尊重个人合法利益的社会主义义利观，它与大力提倡的为人民服务的道德观是一致的。武术的英雄主义将进一步与爱国主义精神融合；武德中的仁爱精神，体现了人与人之间的互爱互尊、团结和谐的人道精神；传统武德所提倡的尊师重道、诚信谦让、守道敬业品质适用于家庭伦理、社会公德和职业道德；勇武刚强、自强不息的武德精神更能激发现代人奋发向上、开拓进取、勇往直前的创新精神。深深植根于武术工作者和习武者心灵所特有伦理道德观念——武德，现已与社会主义精神文明建设的内涵紧紧地融合在一起，成为指导、教育、团结和激励全体武术工作者和习武者提高思想素质、完善自身修养、为武术事业健康发展竭尽全力的思想武器和指导原则。任何一名习武者都必须把武德修养视为练武的首要任务，"武以德立""德为艺先""德艺双修""德全艺高"是自我价值追求的目标，武德修养也是武术行为的必需规范。加强武德修养，提高武术队伍的思想素质，具有重要的现实意义。

要根据社会主义精神文明建设和培养有理想、有道德、有文化、有纪律的总要求，在武术队伍中，提倡爱祖国、爱劳动、爱科学、爱社会主义，进行爱国主义、集体主义教育，引导人们树立正确的价值观、人生观。

要建立起良好的武德武风，坚持高尚的道德情操。坚决反对和防止把练武作为打架斗殴的手段；坚决反对利用武术宣传封建迷信，散布歪理邪说，进行各种伪科学、反科学的活动。

要坚持狠抓赛风，实现赛风的根本好转，加强对竞赛管理人员、裁判员以及运动队的思想教育，严格执行《关于端正全国武术比赛赛风的决定》，对搞不正之风、违反竞赛法规纪律的人员，以及行贿受贿的人员要严肃处理，做到"公正、公开、公平"的竞赛。

要努力增强法制观念，自觉遵纪守法，每一名习武者都必须懂法、守法，将遵纪守法作为约束自身行为、提高武德修养的准绳，进而为维护法制的尊严贡献自身的力量。

要进一步提高习武者的思想文化素质。加强武术运动队和武术学校的思想文化教育，坚持文武并重、德艺双修的社会新风。社会习武者也要加强文化知识的学习，不断提高自身的文化素质和思想水平。

二、以全民健身为纲，推动社会化群众习武健身活动

武术工作的根本出发点，在于满足人民大众的健身需要，为全面实现全民健身计划、有效地增强国民身体素质发挥作用。

要普遍增强武术健身意识，积极引导和促进群众性武术健身活动的开展。要广泛宣传武术锻炼的价值，使人们认识到武术的健身作用，树立科学、文明、健康的武术健身

观念。积极引导和促进群众性健身武术活动更加广泛地开展，建立健全全民健身机构，形成政府领导、依托社会、群众参与的新格局。改革、推进武术段位制和实施武术会员制，壮大基层武术组织，使社会武术的发展进入有序状态，进一步推动武术全民健身活动的广泛开展，增加和扩大武术人口，使越来越多的人把从事武术锻炼视为生活的重要组成部分。

要实施太极拳健康工程，普及科学的武术健身方法。我们应大力推进以太极拳为主要内容的社会化群众性习武健身活动，实施太极拳健康工程，推动太极拳在世界范围内更加全面、持久、深入地发展。要普及科学的武术健身方法，坚持对武术锻炼方法的研究和创新，按照因地制宜、小型多样的原则，为群众参与武术锻炼提供科学的指导，帮助群众掌握一种或几种适宜自身锻炼特点的武术健身方法，推广创编简单、易学、易练、易于推广的武术项目，多层次、全方位地满足广大群众对武术健身的要求。

要努力加强以学校为重点的青少年武术工作。中共中央、国务院《关于深化教育改革全面推进素质教育决定》指出："健康体魄是青少年为祖国和人民服务的基本前提，是中华民族旺盛生命力的体现。学校教育要树立健康第一的指导思想，切实加强体育工作，使学生掌握基本的运动技能，养成坚持锻炼身体的良好习惯。"推动学校武术的开展，发挥学校武术在健身活动中的作用，把武术纳入体育课程内，开展各种形式的武术活动和课余训练，推行武术初段位的考核，提高学生学习的积极性。

要建立社会化的群众武术健身组织网络和多层次武术健身需求的服务体系。群众体育的组织形式要创新，要积极探索与练武相适应的组织形式，建立健全社区和乡镇的体育组织，鼓励、支持各系统、行业、社会组织及个人组建的开展包括武术活动在内的健身俱乐部，适应不同人群的需要，构建多元的健身服务体系，为城乡居民就近就便提供基本的健身服务。农村要按照"因地制宜，科学文明"的原则，以当地流传的传统武术和适合当地现有场地器材条件的武术锻炼方式为主，广泛开展武术健身活动。城市以社区为主，以武术辅导站、机关团体武术健身组织、经营性武术健身俱乐部为中心，组织武术健身活动。本着业余、自愿、小型、多样和科学文明的原则，以普及为主，通过各种形式的活动，促进武术活动的经常化。

三、加大竞技武术的改革力度，坚持竞技武术走向奥运

竞技武术是我国竞技体育的重要组成部分，是我国《奥运争光计划》全部28个运动项目中惟一的民族传统体育项目。"促使武术成为奥运会项目，是我们向国际推广武术所要完成的一次飞跃，是竞技武术发展的最高目标。"北京申办2008年奥运会的成功，给武术进入奥运会带来了机遇，同时也向我们提出了更为艰巨而复杂的任务。

要解放思想，更新观念，大胆创新，走向奥运。2000年全国武术训练竞赛工作会议指出："竞技武术的工作方针就是解放思想，更新观念，大胆创新，走向奥运。"我们要用辩证唯物主义和历史唯物主义发展的变化的观点来看待今天的武术，抛开门户之见，摒弃保守思想，敢于打破"老祖宗留下的东西不能改""中华人民共和国成立以来在竞技武术发展过程中的一些基本思想和做法不能改"的思想禁区。对于不利于竞技武

术走向奥运的东西进行大胆取舍，使竞技武术成为一个崭新的、既能适当保留一些传统的精华又能符合奥运会比赛项目一般要求的竞技项目。我国竞技体育的战略就是奥运战略，我们要从这样的高度来理解竞技武术改革的深刻意义，我们要从历史责任的高度来完成好这项艰巨又光荣的任务。

要加大竞技武术的改革，完善竞技武术自身的竞赛体制和内在机制。竞技武术的改革，着重从武术竞赛体制、竞赛管理、项目设置、技术创新、规则和裁判法等方面入手，完善竞技武术自身的竞赛体制和内在机制，完成从武术比赛项目的设置、竞赛规程与规则的制定和修改到保障设施的建立，以及竞赛技术创新的规范等一系列工作，以保证确立起符合现代奥运精神和当今世界文明的"以人为本"的人文主义主旨，使具有东方文化色彩的武术项目与现代体育、现代奥运产生亲和与同步。

要加强科学技术与运动训练的紧密结合，不断提高训练水平。优秀运动队要继续贯彻"三从一大"的科学训练原则和"严格要求、严格管理、严格纪律"的方针，坚持提高运动技术水平要加强科学技术与武术运动训练的紧密结合，不断改进训练手段和方法，加强技术创新，提高运动成绩中的科技含量。

要加强优秀运动队的建设，注重竞技武术后备人才的培养。加强运动队的管理，健全各种管理的规章制度，进一步增强教练员爱岗敬业的精神，提高教练员文化素质和科学训练水平。建立优秀运动员文化学习的"绿色通道"，为优秀运动员提供更为便利的入学深造条件。鼓励人才合理有序流动，经过注册的运动员可按国家有关规定进行有序、有偿的转会和交流。进一步完善运动员退役安置政策，拓宽退役运动员安置渠道，实行国家分配与自主择业相结合。

加快训练体制改革，建立武术后备人才培养体系，鼓励和支持社会以及个人资助、兴办业余武术训练，继续发挥各地业余体校和武术学校在培养后备人才方面的作用，建立后备梯队，保证队伍衔接。要调动社会各方面积极性，按照"公平选拔、公平竞争"的原则，采取集中与分散相结合的方式组建国家队，以适应今后武术技术发展和奥运大赛的需要。

四、培育和形成武术市场，促进武术产业化

朱镕基总理在九届全国人大二次会议上作的《政府工作报告》中已将"积极地引导居民增加文化、娱乐、体育健身和旅游等消费"作为扩大内需、提高经济增长的一项重要举措，这对具有丰富内容、显著健身功效和深厚群众基础的武术运动来讲，意义非常重大。只有正确地引导群众的健身消费，才能真正实现武术的社会化和产业化。为此，必须加快武术产业化步伐，积极地参与体育市场的竞争，要遵照社会主义市场经济发展的规律，有计划、有步骤地开发武术市场，组织人力、物力、财力，集中突破，带动全面开发。

要尽快制定与武术产业发展相适应的政策法规，为加快发展武术产业创造有利环境。鼓励和支持社会企事业、个人参与武术市场的开发，充分调动各方面的积极性。体育行政部门要把不应由政府行使的职能转给企业、市场和社会中介组织，发挥宏观调控

作用，规范市场，引导武术产业健康发展。

要积极培育和依法管理武术市场，加快完善武术市场体系，规范市场中介组织，建立自律性运行机制，发挥服务、沟通和监督作用，完善市场机制，打破地区封锁和部门分割，反对不正当竞争，保护经营者和消费者的合法权益。积极引导体育消费，培育武术市场，重点开发和培育武术竞赛表演市场和武术健身娱乐市场，加快建立武术人才市场和技术、用品等要素市场。

要大力培育武术竞赛表演市场，充分利用市场规律来促使竞赛形式的多样化和资金来源的社会化，坚持武术竞赛与经贸活动相结合，与社会文化相结合，与全民健身活动相结合。要以商业竞赛为突破口，制定有关职业比赛的改革方案，全面开拓武术职业比赛市场。要在中美对抗赛和中国武术散打王争霸赛等比赛成功运作的基础上，建立散打职业俱乐部等产业组织形式，实行散打职业俱乐部联赛制。要充分发挥武术竞赛推动普及、发展竞赛产业和丰富文化娱乐等多元功能和作用，并加强武术运动宣传力度，调动广大群众参与观赏武术竞赛表演的热情，积极培育各种为武术竞赛服务的市场主体。

要积极引导和开拓武术健身娱乐市场，根据不同地区、不同群体的健身要求，按照体育市场的供需规律，开展武术健身有偿服务。要引导大众武术消费，不断拓宽武术健身消费领域，培育新的消费热点，多层次、多方位地满足群众对武术健身娱乐的需求。

要加快建立武术人才、技术和用品等要素市场。建立武术人才市场，促进人才合理、有序地流动和使用。积极开展武术培训，形成良好的成才机制和用人机制，并围绕武术开发各种与武术有关的武术器材用品、服饰等。在武术市场的经营开发中，要加快对武术知识产品的保护意识，制定具有行业特点的武术技术保护制度和实际操作体系，注意积累和总结经验，积极参与国内外体育市场的竞争。

要结合我国社会发展和体育市场发展的实际，不失时机地选择一批具有良好社会效益和明显经济效益的武术大型活动，带动武术广告、赞助、培训、图书、声像产品等相关项目的开发，以带动和推进武术产业化的进程。

五、继承和发展相结合，走 21 世纪武术创新之路

在武术工作中，坚持"百花齐放，百家争鸣"的双百方针，坚持继承与发展相结合，是我国武术工作的一贯方针和任务，是一个永恒的主题。文化是有继承性的，每一个民族的文化都有自己的源和流，有其历史的连续性和继承性，每一代都在继承前一代的历史文化而加以发展，武术作为传统历史文化是千百年来在继承、发展、变革中演变而来的。

继承是发展创新的基础和前提，中国武术渊源数千年，它形成于历史，又深刻影响着现在和未来。它作为历史文化传统具有民族性和时代性。武术是民族文化的结晶，它具有鲜明的民族文化特征，不仅展示着几千年来中华民族生生不息的精神风貌，而且在形成与完善过程中倾注着广泛的民族文化精髓，渗透了民族传统的价值观念和行为准则等，它本身的延续就足以证明它所包含文化的深度和广度是具有生命力的。传统武术是现代武术的重要基础，忽略了基础的继承就意味着对传统武术文化的否定。继承是任何

一种文化发展的重要目的。在继承武术时，我们应该承认传统武术文化中仍然存在许多缺陷，存在着与今天社会发展不相适应的成分，武术中的旧思维模式、旧道德规范、旧门派观念以及陈旧的修炼方法等，我们要有选择地忽略、舍弃那些阻碍武术发展的因素，取其精华，去其糟粕，坚持发展性继承和进步性继承的文化继承原则。

发展是必然的趋势，是任何事物存在的主要手段之一。武术和其他任何事物一样，都是在不停地发展变化着。发展是一个过程，是一个持续进行的永不停息的过程。随着时代变迁和社会进步，武术在继承发展变革中获得扬弃和发展，逐步完成传统文化向现代化转型。这种从传统向现代化转型的过程，是一种升华、扬弃的过程，武术的发展变革必须告别旧的发展目标、传承模式和修炼方法，重新审视武术的价值观和文化理念。今天的武术作用和价值与昔日那个时代已截然不同，我们需要跟上时代的步伐，以迎合现代社会的需求为出发点，遵循"传统与现代、继承与发展"结合、并存、兼容的原则。

我们发展武术的目的是张扬一种有显著中华民族文化特色的体育文化。这一目的的实现必须建立在继承的基础上，没有继承就没有发展，发展是继承的必然趋势，因此，不能把继承与发展割裂开来，而是要很好地结合，使之更好地发展。

创新是武术发展的灵魂，"有创新则兴，无创新则衰"，没有创新就没有生命力，就要落后以至于被历史淘汰。创新首先要解放思想、更新观念，要摆脱那些陈规陋习的束缚，打破那些妨碍我们前进的条条框框。技术的创新要鼓励新动作、新技术、新风格的出现，也要鼓励散打技术和战术的创新。创新包括首创和再创两层含义，既可以是完全新颖的前所未有的创新，也可以是在原基础之上进行新的发展或重新组合而取得超越过去的再创成果。

创新是一个民族进步的灵魂，是国家发展的动力，没有创新的民族难以立于世界民族之林。体育不搞创新不行，武术作为中国的传统文化不搞创新更不行，没有创新就没有出路。我们要以创新精神推动武术运动的发展，坚持走 21 世纪武术发展创新之路，武术就会走上一个崭新的发展层面。

主要参考文献：

1. 2001~2010 年体育改革及发展纲要 . 2000 年全国体育工作会议文件
2. 李杰 . 爱我武术，爱我中华，努力开创武术工作的新局面 . 第四次全国武术工作会议文件
3. 《中国武术百科全书》编撰委员会 . 中国武术百科全书 . 北京：中国大百科全书出版社，1998
4. 康戈武 . 中国武术实用全书 . 今口中国出版社出版，1990
5. 温力 . 论武术学科理论体育及其研究范畴 . 上海体育学院学报，1993（2）
6. 周伟良 . 试论现代武术理论体育及其研究范畴 . 体育科学，1993（2）
7. 王岗 . 武术发展的文化学思考 . 北京体育大学学报，2001（2）
8. 蔡宝忠 . 武术理论体育的构建与研究的多文化 . 沈阳体育大学学报，2001（2）

（作者：张选惠）

第二章　武术的形成与发展

武术的形成与发展是随着整个中华民族文明的历程而发展，并始终受不同时期的政治、经济、军事和文化的影响，特别是在中国特有的传统文化氛围中，它得到逐渐完善，并沿着自身的规律不断向前发展。

第一节　武术的来源

中国武术的来源，可以追溯到原始社会人类的生产活动中。在原始时代，人们为了生存的需要，出于本能必须与自然界和禽兽搏斗。原始人不断积累了攻防搏斗技能，再经过发展形成了搏斗的技巧和比较合理的攻防姿势与实用动作，并逐渐产生了自觉地合理运用这些技巧的观念。

起先用于人与人斗争的自卫搏斗技术，是在原始氏族的部落战争和封建社会的军事战争实践中逐步演变而来的。因为，战争使人的搏斗自卫本能走向技术化。

一、原始部落战争对武术形成的作用

新石器时代末期，随着生产力的发展、私有制的萌发，各部落之间出现了频繁的战争。由于战争的需要，大量的生产工具转化为互相残杀的武器，生产技能也随之转变为军事技能。同时也逐渐将军事格斗技术更为专门化，形成了独立的技术领域。这种战争中的军事格斗技术影响着后来武术的形成。

此外，中国武术的发端，也与宗教、教育和娱乐有着密切的关联，原始宗教的主要形式——巫术与图腾崇拜常凭借原始武舞来体现。当时人们在军事战争前后跳武舞，幻想以这些击刺杀伐的动作来战胜敌人。图腾武舞是原始部落祭祀的主要内容，人们以表现战斗的武舞来供奉其部落的始祖和神物，祭祀活动中的武舞兼有教育和娱乐的作用，它是一种融知识、技能、身体训练和习惯培养等为一体的多功能活动。原始的军事格斗技能与原始文化结合，也为后来中国武术的孕育形成提供了必要的源泉。

世界各民族在人类发展的历史过程中，尽管在很长的一段时期内缺少东西方的文化交流，但为了民族的生存和发展，为了适应自然与社会都经历了大致相同的过程，而且各自为保证本民族繁衍而运用的攻防技击术（人与兽斗和人与人斗）在一定形式与意义上说也是相同的。而不同的是，在世界上其他国家民族，特别是在西方国家却没有像在

中国那样形成如此丰富的"武术文化"现象，尤其是没有武术套路形式的传统体育的形成。所以，除了原始部落战争的影响，中国古代武术的形成与中国古代社会形态、民俗与传统文化，乃至自然生态环境都有密切的关联。

二、古代军事技术与武术的关系

中国古代的军事技术与武术有着千丝万缕的关系，然而，它们之间存在着很大的差异。

军事技术与古代武术的最基本的同一性在于技击性，但技击性的表现形式存在着性质上的不同。古代军事技术的技击表现特征是集体性，强调队形的排列与变换，动作简捷而利于实战。《荀子·议兵》中分析士兵的战斗能力时论道："齐人隆技击。其技击也得一首者，则赎锱金，无本赏矣。是事小敌毳则偷可用也，事大敌坚则涣焉离耳，若飞鸟然，倾则反复无日，是亡国之兵也，兵莫弱是矣。是其去赁市佣而战之，几矣。"说明了齐人虽技击之术超人，但是这种仅重视单兵作战技艺的军队对付弱敌是可用的，如果遇到强大的敌军，就不能用了。个人技击术再超群，不掌握适合战场上大战的集体战术，遇强敌必败，如飞鸟一哄而散。荀子甚至称此种军队为"亡国之兵"。可见，当年齐国民间习武成风，水平也相当高，但仅以个体性技击术为特征的搏斗本领在军事大战中是不太适用的。军事大战中需要的是严明的纪律与集体整齐划一的战术，相反对个人的武艺要求并不特别高。《孙子兵法·军争》中曰："夫金鼓旌旗者，所以一人之耳目也；人即专一，则勇者不得独进，怯者不得独退，此用众之法也。"指明了军事战争以击鼓鸣金和旌旗来统一指挥作战，要求个体必须从属整体，因为此时的个人技击本领强与弱，在战争中并不是决定性的因素。战争讲求"束伍"和"齐勇"，只有将千军万马的行动高度协调一致，凝聚成牢不可破的战斗集体，胜利才有保证。

古代武术除了技击性，还有个体性、竞技性与表演娱乐性。特别是它的技击战略战术思想与方法，都是以个体性为基点的。比如越女善击剑与庄子说剑中的剑术理论，都是基于个体性的武术理论而非军事技术的理论。如《庄子·说剑篇》中"示之以虚，开之以利；后之以发，先之以至"的战略战术，只适用于斗剑士们一对一的角斗比武，不能用在战场上。同样，越女所论的"凡手战之道，内实精神，外示安仪，见之似好妇，夺之似惧虎"理论，也是个体性比斗剑中的经验之总结，与真正战场上的军事战斗是迥然不同的。所以楚霸王项羽少时曾立志曰："……剑，一人敌，不足学，学万人敌。"（《史记·项羽本纪》）也说明了古代武术的个人技击术与军事技术的差异。

虽然古代军事技术与武术之间存在着不小的差异，但两者在漫长的历史进程中相互交融、相互影响是毋庸置辩的。武术中的个体搏斗技术作为古代战争临阵将士们基础素质来讲也是相当重要的。戚继光在《纪效新书·论兵紧要禁令篇》中以浅显通俗的语言向士兵指明：习练武艺"是你来当兵防身立功杀贼救命本身上贴骨的勾当"。讲明了习武与士兵的种种切身利害关系。在《纪效新书·或问篇》中，戚继光又批评了"主将者，万人之敌也，而一技一艺似不必习"的论调。戚继光指出：主将虽然以"司旗鼓调度为职"，但是如果他不身先士卒、亲临战场，那么就会"贼垒之势不可得，众人之气不肯坚。前行之士，得以欺哄避难，而逆诳莫可辩，斯赏罚不能明。"所以，主将要身先士卒，亲临前阵，然而"身无精艺"，自己胆气就不壮，根本就不可能做到。

中国古代军事将领武艺出众者为数极多，甚至唐太宗李世民、宋太祖赵匡胤等，据传也武艺不凡。李世民曾在战场上所向披靡，赵匡胤传下了三十二式长拳，这样的记载不管是否为正史，但至少道出了他们精通武艺的事实。春秋大刀的始祖为关羽，梅花枪据说传自罗成，月牙斧是程咬金所创，二十一名枪乃杨家将流传，岳家拳、岳门拳干脆以岳飞姓氏直接命名。尽管有依托之嫌，但仍然能看到古代军事将领和武术有千丝万缕关系的迹象。

明代的将领对武术有着特殊的贡献。如抗倭名将俞大猷，是一名棍术大家。戚继光将他的棍术专著《剑经》全文抄录于《纪效新书》内，使其流传至今。对于少林武术和武术棍法的发展，俞大猷功不可没。另一位就是大名鼎鼎的抗倭英雄戚继光。戚继光的代表作是《纪效新书》，这是一部兵书，也是一部武术典籍。在此书中，戚继光将他对武术的掌握、理解、研究作了系统的阐述，并以此来指导军队的武艺训练与实践。戚继光是将门之后，武艺得自家传，又刻苦钻研，身为武举。当了大将之后，还向唐荆川学枪法，向俞大猷学棍法，向刘草堂请教拳法。他在著作中的总结是对明代武术的熔铸，也是对武术发展的承前启后。

（作者：梅杭强）

第二节　古代武术的发展

古代中国武术的形成发展历经了几千年的漫长路程。它随着社会历史的发展经过了几个阶段的演变，大致有发生、发展和定型三个渐进演变的过程。这个过程也是个质的不断转化过程，最终使武术形成了各类拳种内容繁多的一个庞大的"武术文化"体系，可以说也是经历了几个质的飞跃过程。

一、古代武术的发生

从奴隶社会开始，古代统治阶级为了维护其统治，就必须垄断一切军事手段。军事训练的主要形式是"田猎"和"武舞"。田猎的目的，是训练对各种武器的使用及驭马驾车技术，是纳身体、技术、战术的训练为一体的综合训练。据《礼记·月令》载："天子易教于田猎，以习五戎"，五戎即弓矢、殳、矛、戈、戟五种兵器。田猎活动也包括"空手以搏"和"手格猛兽"的搏斗技能。利用田猎进行军事训练，不仅商代如此，直到西周春秋也是如此。只是商代比较简单，到西周时才逐渐制度化。

武舞也是训练的一种形式。《尚书·牧誓》载："夫子助哉！不愆于四伐、五伐、六伐、七伐乃止，齐焉。"（《尚书正义》卷十一）伐是击刺之意。戈是击兵，矛为刺兵，一击一刺为一伐。这是根据两种兵器性能相结合，把击刺同阵形、队形结合起来的武舞式的训练。这种将用之于实战的格杀经验，按一定程序来训练，是古代武术由感性认识向理性认识的升华，是由支离破碎向系统化演进的象征，也是早期武术器械已具雏形的象征。

在西周学校教育中，教授"礼、乐、射、御、书、数"六艺。射、御是直接与征战有关的军事技能。乐主要指乐舞，分文舞和武舞两大类。武舞持干戚（干即盾，戚即斧），实际上是一种操持兵械的训练。据《礼记·内则》上记载，"成童"十五岁时就要学习武舞，这样学校教育推动了武艺的普及。

在祭祀活动中，也有持兵械的舞蹈。据《周礼·地官·舞师》载，在奴隶社会，祭天神时要跳云门舞，祭地神时要跳咸池舞，祭四方神时要跳大磬，祭山神时要跳大夏舞，祭父系祖先时要跳大武舞。大武舞是手持兵器的舞蹈。此外，在战前仪式中也要手持兵器跳舞。《淮南子》记夏禹王伐苗族之前，"持干戚而舞之，有苗乃服"。周武王伐纣时，军中"前歌后舞"，这些武舞对后世套路的形成也有着重要影响。

二、古代武术的发展

春秋战国时期，是我国封建制度逐渐形成发展的时期，也是个急剧变革的时代。频繁的战争增加了短兵相接的机会，突出了对技击格斗的要求，因此，各国都十分重视士卒的选拔与训练。吴起认为"用兵之法，教戒为先。"孙武指出："兵众熟练"是决定胜负的重要条件。作战形式、兵种的变化，带来了军事训练的变革。军事训练也由田猎式的军事训练向着按身体训练与军事技术、战术不同要求的分类训练演进，身体训练与击刺格斗的技术训练日益受到重视。军事训练不仅包括投石、超距、阵法、队形等练习，而且包括"角力"以及"便器械"的练习在内。徒手格斗非大战之技，使用兵器技艺是军中武技的主体。因为对于春秋时期的步兵来说，无论进攻还是防御，他们都是靠手中的兵器来杀伤敌人的。春秋时代，青铜剑的形状有了变化，以柱脊剑为主。战国时剑已达70~80厘米，在湖南郴州马家坪古墓出土的铁剑达1.4米（《考古》1961年9期张中一《湖南郴州市马家坪古墓清理》）。由于铁剑的出现，剑身加长，这一时期剑术的理论有了发展，出自战国人的《剑道》是击剑之术的总结。

春秋初期的民间已有了习武之风。管仲在齐国要求士大夫举荐"有拳勇股肱之力，筋骨秀出于众者"（《中国武术百科全书》第44页），说明齐国不乏"有拳勇"拔萃的人物。"齐人隆技击"（《荀子·议兵》），又说明齐国民间习武盛行。同期已能出产质精物美的青铜剑，出现了干将、欧冶子等最负盛名的造剑匠。吴越地区也是击剑盛行之地，出现过精于"手战之道"的越女。北方的赵国赵文王养"剑士夹门而客三千余人。日夜相击于前"（《庄子·说剑篇》）。同时，社会上还出现了职业武士，如侠士之类，典籍上称为"侠""节侠士""游侠"。社会上以练武为职业人的出现，对武术技艺的提高和推动武术技术的发展有着重要作用。

随着民间武艺日盛，武术开始往庞杂化方向发展了。以个人技艺为主的徒手搏技——手搏、角力，在民间有广泛的市场。春秋时称为相搏，相搏可用拳打脚踢，连摔带拿，运用奇巧战术来制胜对方。相搏已成为比赛的一种形式。《管子·七法》记述了当时的情景："春秋角试"，"收天下之豪杰，有天下之骏雄"，"举之如鸟飞，动之如雷电，发之如风雨，莫挡其前，莫害其后"。

至此，军事技术与民间武术并行不悖的格局也已逐步形成，并开始了渐进的发展。从春秋战国开始，随着民间武术的多样化社会功能的发展，使它逐步演变成色彩绚丽、丰富多姿的武术文化。

对抗形式的"角抵戏"也形成于秦代，发展在两汉，其规模很大。如汉武帝元封三年"作角抵戏，三百里皆来观"。角抵具有竞技和娱乐的意义，是双方凭体力和技巧，以摔倒对方决胜负的竞技运动，它为后世武术中的摔法奠定了基础。

在文化的交融中，武术逐渐也与养生相结合。春秋战国时期就出现了以动健身的养生思想，提出了"静养"养形练气、"动养"注重形体锻炼的不同主张。战国时《黄帝内经》的出现，开始形成了注重整体、强调精气、平衡阴阳的保健思想。两晋南北朝由于玄学和释、道教的影响，养生理论和炼养功法有了很大发展，道教的内丹术功法日渐成熟。道教提出的炼养精、气、神思想，所谓炼精化气、炼气化神等对后来的武术都产生了影响。

隋唐五代，角抵手搏开展很普遍，上至皇帝，下至百姓都喜爱这个项目。当时手搏、角力比赛时，大都裸露身体的一部分，《续文献通考·乐考》载："角力戏，壮士裸袒相搏而角胜负。每群戏既毕，左右军擂大鼓而引之。"

唐时有颇多的文人及民间艺人练剑术。同时由于唐代表演艺术的发达，使剑术演练技巧发展到很高水平。杜甫《观公孙大娘弟子舞剑器行》、中唐诗人姚合《剑器词》都有剑舞艺术的描写。

宋代以民间结社的武术组织蓬勃兴起。以乡社为基础的武艺结社组织有"弓箭社""忠义巡社""榢子社""霸王社"等。除弓箭社外，北宋末至南宋初，山西、河北、河南、山东诸省各地乡村居民还组织了寓兵于农的抗金武艺组织"忠义巡社"。在农村还有以"社""堡""山寨"形式出现的武艺结社组织，如榢子社、霸王社等。有的是防御外族侵略的，也有以反抗封建压迫剥削而结社的。其共同点为武艺具有较强的军事训练性质，即突出了实用性，以弓弩、刀枪等为当时结社组织的主要装备和训练内容。

在农村结社组织发展的同时，城市结社组织也在发展，南宋时期都城临安府（今杭州）出现了争交的"角抵社""相扑社"，射弩的"锦标社""川弩社""射水弩社"，使棒的"英略社"。参加武艺结社的成员，大都是市民阶层，他们入社习武，非求柴米之资，而是为了强身健体，娱乐消闲。

宋代商业经济活跃，市民阶层壮大，推动了市民文化的兴起，商业化的习武卖艺蓬勃发展起来，出现了大量的以练武卖艺为职业的民间艺人，时常在表演前打套子以招揽观众，这种打套子的表演，有"使拳""舞斫刀""舞蛮牌""舞剑""使棒"等。不仅有单练而且有对练，这些以技击技术为要素，按规定动作进行的套子化武艺，充盈了民间武术大舞台。

这一时期，对抗性的"手搏""角力"也有发展。《宋史·兵志》载："手搏虽不切于用，而亦习其身臂"，手搏在民间得到发展，比武时，可以"拽直拳""使横拳""使脚剪"。角力已有专著问世。宋·调露子在《角力记》中写道："夫角力者，宣勇气，量巧智也。然以决胜负。"角力是双方凭技艺、勇气、智能决胜负的竞技运动。宋代还出现了"露台争交"。宋吴自牧《梦梁录》记载："若论护国寺南高峰露台争交，须择诸道州郡膂力高强，天下无对者，方可夺其赏。"这种露台争交类似后来的打擂台，它是中国古老的武术竞赛形式。

总之，宋元时期古代武术发展形成了一定的规模体系。主要表现在拳械技艺进一步丰富，套子武艺也有了发展，有了单练和对练，也出现了打擂比武的"露台争交"等。武术形式出现了更加多样化的特点，尤其是民间的发展成了较大的规模，并沿着自身的规律不断向前发展。

三、古代武术的定型

明清（1368~1911）两代是中国武术发展的一个重要时期，在全国范围内已形成了诸多风格不同的武术流派，十八般武艺有了具体的名称和内容。明代的中国武术也深刻地影响了日本柔道和空手道的创立，少林武术也在明代弘扬显名。清代由于民族矛盾尖锐，社会动荡变革剧烈，民间的秘密结社组织盛行，练拳习武是这些组织的共同特点之一，对于民间武术的发展和传播起到了极大的推动作用。这时的武术与传统养生理论和方法等有了进一步的结合，在此基础上，太极拳、八卦掌、形意拳等一些尤重内练的新拳种出现，并独成体系迅速发展。

自明代始，以戚继光、程宗猷、茅元仪等为代表，对宋以来的武艺作了系统的总结和整理，把原来主要是口传身教的武术技术，用明确的文字、绘图记录了下来，作为习武练艺的模板。郑若曾在其著作《江南经略》中写道："中国武艺不可胜纪，古始以来，各有专门，秘法散之四方。教师相传，各臻妙际。"在其书卷八《兵器总论》中又写道当时流行的武术流派有拳法十一家，棍法二十一家、枪法十六家、刀法十五家、剑法六家、杂器械十家、钯法五家、马上器械十六家。以拳法为例，在《江南经略》中所列的拳法十一家为赵家拳、南拳、北拳、西家拳、温家钩挂拳、孙家披挂拳、张飞神拳、霸王拳、猴拳、童子拜观音神拳、九滚十八跌打挞拳。此外，还有"绵家短打破法、九闪红八下破法、三十六拿法、三十六解法、七十二跌法、七十二解法"等。戚继光《纪效新书·拳经捷要篇》则载有："古今拳家，宋太祖有三十二势长拳，又有六步拳，猴拳，囮拳，名势各有所称，而实大同小异。至今之温家七十二行拳，三十六合锁，二十四弃探马，八闪翻，十二短，此亦善之善者也。吕红八下虽刚，未及绵张短打，山东李半天之腿，鹰爪王之拿，千跌张之跌，张伯敬之打……皆今之有名者。"

明末已有"内家"与"外家"拳法之说。从《王征南墓志铭》和《宁波府志·张松溪传》等记载中看，明代内家拳已有当今所说的"后发制人"的特点，属于"其法主于御敌"和"以静制动"之类。

在明代典籍中对十八般武艺有了具体的记载，如在朱国桢所著《涌幢小品》中提到的十八般为弓、弩、枪、刀、剑、矛、盾、斧、钺、戟、鞭、锏、挝、殳、叉、钯头、绵绳、白打。明代所谓的"十八般武艺"只是概括性地说明武术内容是如何的繁多，是一个很笼统的说法，实际武术中的拳械内容远不止十八种。其中棍技有俞大猷棍、少林棍、紫微山棍、张家棍、青田棍等，枪法又有杨家枪法、马家枪法、李家短枪、沙家杆子、六合枪、峨眉枪法、少林枪法等，刀法又有单刀、双刀、偃月刀等，剑法有茅元仪《武备志》博采海内外所得二十四剑势、郑若曾《江南经略》记载的"剑法六家"，还有明程子颖《武备要略》中记载的叉、硬鞭套路等等。明代武术套路无论从种类上、内容上和结构布局上都是前代不能比拟的。

明代对抗性的手搏、摔角等也有发展。明朱国桢《涌幢小品·兵器》中的"武艺十八事"包括白打，"白打即手搏之戏"，主要用手法"能拉人骨至死，死之速迟全在手法"。手搏中也多绝技，明人袁宏道在《嵩山游记》中写道："晓起出门，童白分棚立，乞观手搏。主者曰：'山中故事也'。试之多绝技。"绝技"指随机应变战胜对方的绝招"。在搏击时战术打法也不一样，江南揭暄子在《兵法圆机》中记述当时相搏情景写道："当思搏法，此临时也。敌强宜用抽卸，敌均宜用裆抄，敌弱宜用冲躁"，说明比武时，情况不同，打法、战术也各异。

明代中日武术交流活动相当活跃。空手道、柔道与中国的武术有着渊源的关系，在明代表现最为明显。程冲斗在《单刀法选》中说日本刀"其用法，左右跳跃，奇诈诡秘，人莫能测，故长伎每每常败于刀。"为此，明代中国武术家迅速将日本刀法纳入其武艺体系中。戚继光在抗倭中教其军队"得其习法，又从而演之"（茅元仪《武备志》），后又在其著作中特载有《日本刀谱》。许多中国武术家吸收了日本刀法的精华，又结合中国刀法的传统，以套路形式创编了刀术，使得日本刀法有机地融入了中国武术体系中（参见《中国武术百科全书》第70页）。

明代的中国武术对于日本也有着相当深远的影响。戚继光所著的《拳经》在万历年间就已流传到日本。明末的陈元 于1619年（万历四十八年）随明遗臣朱舜水东渡日本，于1629年（崇祯二年）在日本西久保国寺传中国拳法与三浦屿次右门卫、矶贝次左门卫、福野七郎右门卫三人。他们三人在后来将所学拳法在辗转相传的过程中，融会贯通，而创造了日本古代柔术（后为柔道）。此三人被后人誉为日本柔道的鼻祖。所以陈元 在日本柔道开创史上是功不可没的。关于空手道，日本《空手道秘诀》称："琉球空手道，究系何时由中国传至而发展，并无明确记载。但是，一般认为可能始于明代。当时琉球王国正式派遣使节，前往明朝接受册封，……中国拳法遂跟着大陆文化传入琉球。"琉球空手道分为"首里手"与"那霸手"。据称，"首里手"在武士阶层流行，属"江西派唐手"；"那霸手"在平民中流行，属"福建派唐手"。研究表明，那霸手与福建拳术颇有相同之处，如福州南拳称"三战""一百零八"，空手道也称"三战""一百零八"；福州南拳称"技手""靠手"，那霸手也有"技手""靠手"之称。

到了清代，大量的武术专著问世，如吴殳《手臂录》、程真如《峨眉枪法》、洪转的《梦绿堂枪法》、黄百家《内家拳法》、张孔昭《拳经拳法备要》、苌乃周《苌氏武技书》、王宗岳《太极拳论》《阴符枪谱》等，这些著作中包括拳械的图谱、口诀技法、拳理的阐述以及练气诀、养气论等内容，使武术理论进一步丰富和发展。清代的拳术和器械的种类很多，仅《清稗类钞·技勇类》就列有六十二种拳械，包括不同拳种、器械和对练。尤其是著名的太极拳、八卦拳、八极拳等均形成于清代。

太极拳、形意拳、八卦掌因其鲜明的特点而自成一大派系。它们与传统养生结合得更加紧密，对内意、精神的锻炼要求不低于甚至超过了对肌肉、形体锻炼的要求。因此，它们也被称为或自称为内家拳。虽然这些拳种与明末的内家拳一样主张"以静制动"，但实际上已完全是一全新的内家拳系，与明末的内家拳并无关系。

太极拳深受道家的影响。王宗岳的《太极拳论》开篇就是"太极者，无极而生，阴阳之母也。动之则分，静之则合"。这就是对于中国传统的阴阳太极哲理的结合与传承。此外，陈家沟《拳谱》旧抄本上有戚继光《拳经》内容。陈家沟《拳经总歌》部分理论采自《拳经》，陈家沟太极拳动作与《拳经》中三十二式同名者甚多。显然，陈王廷创拳也吸取了不少前人的成果。

形意拳原名六合拳。《六合拳谱·序》称：该拳为山西姬际可所创。据说姬际可尤精枪法。他认为：人处乱世，可以持枪、棒自卫，但平时提兵刃不便，而人又有自卫的需求，于是他变枪为拳，以枪理入于拳理，创"六合拳"。大约在咸丰年间，改称"六合拳"为"形意拳"。形意拳依托"五行"之说立论，用"五行"与"五拳"相配，用金、木、水、火、土分别对应劈、崩、钻、炮、横五拳。

清同治四年（1865）董海川至京师始广传八卦掌，异于其他拳术，独树一帜。据称此拳掌法（八掌可变为六十四掌）、运动方位、人体肢体运动要求，均与八卦相合，故称为八卦掌。

清代搏人注重以技法胜。内家拳法有"应敌打法略干"和"穴法略干"（清黄百家《内家拳法》）。《拳经拳法备要》中"走中盘""走边盘"以及提、搭、剔、挽、拉等法的运用，都是实用打法。清代还十分流行摔跤（或称布库、撩脚），分"官跤"和"私跤"两种，官跤是指善扑营或官方举行的比赛，私跤则是指民间的摔跤而言。竞技时可相拽勾绊劲扑于腿，而发于肩，不许冲撞击打，以摔倒对方为胜，这种以摔为主的比赛，丰富了武术摔法的内容。

清代习拳练武则多兼习导引行气，讲究练意、练气。清吴殳《手臂录》中练习枪术要求"意必相合"。《拳经拳法备要》中记载练习拳法须"藏神在眉间一线，运气在腰囊一条"，"盖周身运气为之先"。《练勇刍言》中有"练心之法""练气之法"。苌乃周《苌氏武技书》中有《中气论》《过气论》《行气论》和《养气论》等内容，并且提出了习武练技应该内外兼练，"练形以合外，练气以充内"，做到"神与气合，气与身合"。民间武术家练武又兼练气，《清史稿·列传》中记载甘凤池既"善借其力以制"的武技，"又善导引术"。潘佩言既善枪法，又善"气之运也"。民间传授拳术，多是拳法并授练气法，如乾隆年间，张百禄授八卦，并授运气之口诀。民间练武讲究练气、练意，反映了民间武术进一步向强身祛病的方向发展了。

清朝民间武术的发展与民间秘密宗教的兴起分不开。秘密宗教结社大多数是因民族矛盾尖锐而产生，以传习拳棒为名反抗"当今"或者"同财结义""保护自家"，于是出现了教门所组织的拳会和刀社，如"白莲教""天地会""义和拳""红拳会""虎尾鞭""顺刀会"和"曳刀会"等。乾隆年间已有"义和拳名色"，以"习拳""行教"为主要活动内容，发展组织，扩大实力。同义和拳相近的梅花拳、大红拳、神拳、红拳等，也以练武传教，扩大组织力量，从事反清活动。白莲教以"教习拳棒为名"而传教，天地会会众中传习拳术者颇多，尤以"洪拳"流行较广。八卦教习武之风最盛，"男女皆习拳棒技艺"（清《世宗宪皇帝圣训》卷36）。在清代凡结社必习拳棒，这是清代封建社会最突出的社会现象。习拳练武与宗教结社相结合，促进了武术在民间的广泛传播和交融，极大地促进了武术的推广与发展。同时秘密结社的负面影响也不可低估。中国武术的神秘化，科学的精华中夹杂着大量迷信的糟粕，可以说有很大一部分是在清代通过宗教结社组织而渗入的。

明清时期，随着商业的发展，保镖行业兴起，出现了以武术为职业的保镖、镖师等，也为武术的发展与传承起到了一定的作用。在民间武术表演更为时兴，明代绘画中就有踏青时的飞叉、流星锤表演。清代的走会中有五虎棍、少林棍、飞叉等表演，武术在健身、表演等方面同样也发挥着重要作用。

主要参考文献：

《中国武术百科全书》编撰委员会.中国武术百科全书.北京：中国大百科全书出版社，1998

(作者：梅杭强)

第三节 近代武术

一、西方文化的进入与《中华新武术》

（一）西方文化进入的背景

鸦片战争的炮火震撼了近代中国，西方的坚船利舰打破了"以弧矢定天下"的古老传统。甲午战败后，几千年以来用于军阵厮杀的武术带着民族的耻辱无奈地退出战争舞台。20世纪初，清朝终于废止武举制，试图"西法练兵"，但是仍然难以治愈"国弱民弱"的沉疴。

面对一宗宗丧权辱国条约的签订，国人悲愤，民众泣血。许多仁人志士探索寻求着救国救民的途径，其中有严复的"自强""保种"思想，有康有为的"仿洋改制"呈词，有谭嗣同感于西人好运动尚体操而发的主张。

中国资产阶级民主革命的伟人孙中山看清了统治者的腐败无能，立誓推翻清王朝，驱逐外国列强。他年轻时对欧美的兵式体操很感兴趣，刻苦操练，躬行实践。他提倡"自卫之道"和"尚武精神"，认为体育关系到强种保国和民族盛衰。以孙中山为代表的这种思想与行动在西学东渐的近代中国，对抵抗外侮、救国图存产生了积极作用和重大影响。这就是西方文化，包括体育思想进入中国后被不少有识之士吸取的重要原因。

（二）中西结合的产物——《中华新武术》

19世纪末20世纪初，许多中国人已经看到骑射之无用，于是有人呐喊"请停弓马刀石武试"，有人呼吁"今日练兵，非实由西学之必不可耳"，一时间效法西学练兵成为舆论与时尚。

孙中山针对当时全盘西化的倾向提出了尖锐的批评。在"强种保国"的历史潮流中，在土洋军事的、体育的思想碰撞交锋中，以孙中山为代表的革命党人把西方的兵式体操引进兴办的军事学校中，将民族的尚武精神和技击内容与兵操训练相结合。这种中西融合的做法奠定了武术与体操结合的思想基础。

《中华新武术》就是在这种背景下形成的。1911年由十多位武术名家编辑的《中华新武术》，借鉴了兵式体操的教练方式，以传统武术拳技和摔跤术等为素材，采取中西融合的做法，编成新式武术教本。这是具体地将武术与西学融为一体，较之一味西学具有民族创造性和自尊心。从1911~1918年，《中华新武术》教材先后被定为当时的军警必学之术，列为全国各中、高学校正式体操和全国正式体操，由此可以看出它在当时中国的影响和作用。

(三) 《中华新武术》对近代中国武术的影响

《中华新武术》的"新"的意义之一在于它被确定为当时在全国推行的"正式体操"，从此西方的"体操"概念与中国传统的武术不是名义上而是实质上结合在一起了。它不仅对学校，对社会，乃至对当时的北京体育研究社等民间武术社团，都产生了不小的影响。

《中华新武术》的"新"还体现在实施教材的教学方法上。它借鉴西方兵操配以口令的形式，从简单易学的武术基本动作入门，先单式教练，后连贯成套教练；既有单操团体教练，又有对操团体教练。教法先易后难，循序渐进，至今仍是院校武术的经典教法。我们现在的武术普修教学，虽然教学内容不同了，但是集体练习、口令指挥等教学方法仍然沿袭着那个时期洋为中用的创造性成果。

《中华新武术》不仅在教学法方面对近、现代中国武术产生了深远的影响，而且更重要的是倡导者在吸收"兵式体操"的时候，也认同了西方"体操"的运动形式，接受了西方体育的竞技思想。1923年在上海举行的"中华全国武术运动大会"就是采用西方体操表演竞技形式的一次尝试，是武术独立步入体育运动的前奏曲。此后，民国的全国运动会将武术套路列为表演赛，1933年升格为国术锦标赛，一些地区性运动会，如华北、华中运动会也设有武术比赛，由此揭开了武术体育竞技的帷幕。

如果《中华新武术》仅为军警之术，如果《中华新武术》没有列入学校体育，如果《中华新武术》的倡导者们不再作武术表演和竞技的探索，那么《中华新武术》只能停留在兵操阶段，西方的体育科学思想和方法就不可能通过武术这个渠道融入中国主流社会的教育和体育之中去。《中华新武术》是先驱者们探索救国图存的众多尝试中的一种，虽然它不可能从本质上改变半封建半殖民地旧中国的面貌，它的命运是短暂的，有其悲剧性的一面，然而，它对武术的贡献却是突破性的，它成功地将西方体操的方式、体育教学的方法，以及竞技运动的思想注入传统武术之中，给中国武术留下了深深的印迹。

二、社会与民间武术组织的建立与发展

(一) 抵御外侮练拳习武

三元里抗英斗争中习武练拳的乡民、工人发挥了重要作用。南方广东各地的"更练

馆""武馆""石行会馆"等习武场所，请教习，授武艺，操练乡勇，寓兵于民。三元里战斗打响后，漫山遍野的乡民手执锄犁，工人们取出大刀、长矛、钯头等器械和农民一起参加战斗，毙敌或杀死英军头目，给侵略者沉重打击。由于各地组织社学，技艺操演纯熟，在抗英中有数千之众可以调用。习武者成了南方抵御外侮的重要力量，而反侵略的斗争又推动了南方人民的习武活动。

（二）反清反帝传教练拳

洪秀全的"拜上帝会"发展初期以学拳组织力量，后来他设"大馆"借传教公开练拳，编练队伍。拜上帝会始创时就注意吸收有武艺者入教，有的本事高强的首领还在各地传授武艺，如石达开以拳术教授弟子数百人，赖汉铁于村中设馆授徒，林凤翔也有几十人跟他一起练武。这些人加入太平军，使其所掌握的武术技能成为反抗清政府的战斗工具。

清代的红枪会、顺枪会、小刀会、义和拳等等都是聚众习武的组织。随着清廷日益腐败、民族矛盾和阶级矛盾加剧，以及帝国主义列强的侵略，义和团"以练拳棒为由"汇聚民众，投入反帝反侵略的斗争。当时京城、山东诸地拳场林立，许多武术拳种的首领都汇集到义和团的旗帜下，拳民年多一年。义和团的发展推动了我国北方的武术活动。义和团运动失败以后，尽管清政府禁令习武，但许多地方仍然禁而不绝。

义和团等蓬勃一时的武术活动在近代武术史上具有积极意义的一面，也有负面影响，如学拳念咒、祈求神灵、宣扬刀枪不入等神秘玄虚色彩和封建迷信。这在拳会与教门混杂的年代难免良莠不分，而今这些糟粕与武术的科学化、现代化早已是格格不入了。

（三）拳会结社兴学体育

20世纪初伴随西方教育思想和体育思想的渗透以及废科举兴学校，中国人开始寻求西方体育和中国传统尚武习俗的结合。往昔民间结社与宗教教门关系密切，然而近代再度活跃起来的民间武术结社却向体育教育转变，主要目的是救国图存，强身保种，培育人才。

1909年上海创办了"精武体操学校"，1916年易名为"精武体育会"，它是我国近代很有影响力的社会武术团体之一。孙中山曾亲笔为该会题写了"尚武精神"的匾额。"精武体育会"主要教授武术，视武术为体育，它兼容南北武术流派，聘请各派教师传播武术，并设置体操、拳击、摔跤、举重、篮球等诸多西方体育教学内容。"体育"的涵盖面广，由"精武"和"体育"冠名更符合社会的需求。而成立于1911年的"北京体育研究社"也以提倡推广武术为宗旨。类似将武术纳入"体育"范畴的社团组织还有上海的中华体育会、上海聚胜体育会、北京武术体育会等等。这些武术社团招聘各地名家，使散播于民间的不少拳械技艺得以进入城市体育领域。不少传统武术门派由此接近了体育，受到西方体育的熏染和影响，逐步融入体育之中，成为体育的一个基本因子。

（四）国术系统也讲体育

1928年成立的"中央国术馆"是隶属于国民党南京政府的一个权威性的武术机构，

在当时社会上有较大的影响,左右着武术的发展。

中央国术馆成立后,各地纷纷建立国术馆、国术社,形成了一个自上而下的国术馆系统。后来中央国术馆创办"国术体育传习所",它的学科设置的许多课程、术科包括的许多项目,都是引自西方体育的内容,注入这些内容意味着以中国武术为主的专门学校并不排斥西方体育。

中央国术馆成立后,于1928年举行第一次"国术国考",其对抗性比赛和考试方法糅合了西方体育竞赛与旧时武科试文试武的形式。随后第二次国术国考又制定和实践了武术拳械及对搏的竞赛规则。1933年武术被列为民国时期第5届全国运动会男女竞赛项目。5年间对武术竞赛条例和细则的初步规范,使武术逐步摆脱旧有的较技方式,向体育竞赛靠拢。这些活动在中国现代武术竞技运动诞生之前是一种探索,其积极意义在于武术体育竞技的意识已萌动,它迈出的脚步留下了足迹。

然而,社会上有影响的国术馆系统和一些民间武术组织,在日寇侵华战争和内战的战火中纷纷停办或难以维持,这是由于它们依附于一个没有前途的政府,社会动荡,经济凋零,战火不断,是它们必然由兴而衰的症结所在。

主要参考文献:

1. 国家体委武术研究院.中国武术史.第1版.北京:人民体育出版社,1997
2. 王俊奇.现代二十家体育思想论稿.第1版.北京:人民体育出版社,1993

(作者:郭志禹)

第四节 当代武术的现状与走向

一、国内武术的兴旺发展

(一)以增强人民体质为宗旨的健身武术

中华人民共和国的建立为武术书写新的历史篇章创造了条件。国家提倡做体操、打球、跑步、爬山、游水、打太极拳及各种各样的体育运动。在群众性武术活动中,太极拳是最适应人民群众需要、参与人数最多、持续性最长的一项活动。为了倡导太极拳锻炼,1956年国家体委组织专家整理、创编、出版了《简化太极拳》单行本和挂图,积极推动了简化太极拳在全国的普及。以后又陆续出版了经过规范整理编制的《八十八式太极拳》及各式太极拳械书籍。太极拳由此更加蓬勃开展起来,各地太极拳辅导站星罗棋布,城乡都有无数爱好者,他们或在公园绿地,或在街边广场坚持锻炼。几十年来,太极拳锻炼已经成为广大人民群众的一项健身运动,特别是对中老年人的保健和延年益寿起到了良好的作用。

1978年邓小平为日本友人题写了"太极拳好"四个字,高度评价了太极拳的发展和作用，再一次对这项大众化的武术运动加以肯定和推广。这无疑是一个信号，预示着太极拳将作为有特色的民族体育项目奉献给世界。二十多年过去了，太极拳在推向世界的过程中走出国门，得到了进一步发展。在纪念邓小平题词20周年之际，于北京天安门广场组织了万人太极拳表演，其规模之宏大、动作之齐整、服饰之美观、场面之壮丽震惊世人。它是新中国武术的一个缩影，通过媒体的传播，它向世界展示了健身武术的成就和太极拳锻炼人群的精神面貌。2001年12月回归后的香港举办了15000人参加的"太极大汇演"和国际太极拳科学研讨会，中国武术代表团和应邀出席的武术专家、体育科研工作者参加了这次盛会。

在实施"功在当代，利在千秋"全民健身计划和反对邪教、提倡科学文明健身的活动中，太极拳运动正在作出新的贡献。2001年3月，在海南三亚举行以"科学、健身"为主题，以"和平、友谊"为目标的"首届世界太极拳健康大会"，吸引了世界各国及港、澳、台地区近万名太极拳爱好者前来参加。国际奥委会主席萨马兰奇发来了贺电，电文称"作为中国传统的体育项目之一的太极拳现已走向世界"，并对与会者表示"热烈的致意"。这次盛会显示出这项健身武术不仅得到中国人民几十年来的发扬光大，而且受到世界各国爱好者的青睐。

除了闻名于世的太极拳，近几年来木兰拳、木兰剑、木兰扇系列深受中老年妇女喜爱，在国内不少大中城市及港、澳地区均有组织地开展起来。国家体育总局还专门组织编制了木兰拳系列的规定套路，以利国内外交流、推广和普及。这些健身武术项目已经跨越地域和流派，成为在中国最广泛流行的健身运动之一，在建设现代化中国的过程中，它和其他地区性流行的传统武术项目共同以其鲜明的特色为祖国人民的健康服务，为精神文明服务。

（二）以提高套路运动技术水平为主的竞技武术

"普及和提高"是新中国武术发展几十年来始终如一的方针。在普及的同时成立武术运动队提高武术的套路运动水平，建立一整套武术竞赛体制和竞赛方法，是形成现代竞技武术运动的重要条件。

以1954年国家体委组建竞技指导科武术队为标志，现代竞技武术迈出了第一步。1957年武术被列为竞赛项目，各省、自治区、直辖市纷纷成立武术运动队。从1958年全国武术运动会开始，后来几乎每年都有十几个单位报名参加全国性武术比赛。实行武术竞赛制度有力地促进了各运动队抓好训练工作，在竞赛中互相交流学习，不断提高套路运动技术水平。

套路运动技术水平的提高与国家体委的方针政策密切相关。1959年国家实施第一部《武术竞赛规则》，1960年的武术比赛在长拳、太极拳的基础上增加了南拳项目，从此奠定了套路运动以长拳、太极拳、南拳为主的竞赛格局。20世纪60年代初，国家体委提出了"难度大，质量高，形象美"的武术技术发展方向，鼓励教练员、运动员创编自选套路，使长拳类拳、械套路在动作、组合、难度、布局等方面在继承传统中有了新的发展，"高、难、美"成为各运动队追求的目标。其突出表现是：套路的结构新，动作快，负荷大，造型美，腾空高，落地稳。

20世纪70年代，自选长拳类套路的技术难度有了进一步飞跃，腾空动作不仅讲究高度，而且出现了纵旋、侧翻、平旋横转等创新的高难动作，以及在这些动作之后接马步、坐盘或劈叉等稳定性要求很高的动作。这是广大教练员、运动员通过训练、竞赛创造性地表现出套路运动的新水平、新面貌，是智慧与实践的成果。这一变化发展使套路运动更符合体育竞技的需要。

长拳类竞赛项目的发展促进和推动了其他传统项目的继承与提高。传统拳械、对练项目、集体项目也进入武术竞技赛场，形成了一套较为固定的套路竞赛内容，通过以竞赛项目为导向，促进了这些拳械项目演练水平的提高。总之，这是一个适应青少年运动和比赛的武术套路竞技体系，是新中国新武术的一大体现。这个时期的赛场呈现出百花争艳的动人景象。

1986年在"突出项目特点，加强攻防技能，严格动作规格"的技术训练方向指导下，以后的赛会加强了对动作规格和项目特点的要求，还出现了集体基本攻防动作的比赛，通过训练和竞赛促进套路运动员理解和掌握攻防动作与攻防技能。

1994年全国武术训练工作会议进一步要求套路运动要坚持"突出项目特点，严格动作规格，强化攻防意识"，以及"继承、发展、创新"的原则，在坚持"高、难、美"的基础上提出"高、难、美、新"的技术发展方向。在历年出台的方针政策的引导下，竞技武术的套路运动形成了从优秀运动队、运动技术学校到业余体校的一条龙训练体系，一些二线队伍还增设武术班，扩大人才培养和储备。国家体委在上海体育学院举办了全国武术高、中级教练员岗位培训班，着力提高教练员的业务素质和理论水平，促进和推动套路运动的科学化训练。

套路竞技水平的普遍提高也反映在赛制的改革过程中。武术套路从作为比赛项目起，经历了比赛、表演赛的反复。1989年国家体委将全国武术比赛改为全国武术锦标赛，实行分级赛（团体赛和个人赛分开进行）和升降级制（甲、乙级队的比赛）。为了培养人才，武术竞赛体制中还设有全国少年"武士杯"比赛、全国体育学院武术比赛和以武术馆校为对象的比赛等。竞赛体制的升级和多元化，说明参赛的不仅有优秀运动队为主的锦标赛，而且还有适合人才培养和在普及基础上提高的各类比赛，这对夯实武术竞技运动的基础起了积极的推动作用。

套路竞技水平提高的另一个重要标志是1985年国家体委颁布实行《武术运动员技术等级试行标准》。它有力地促进着广大武术运动员刻苦训练，争取优异成绩，成为不断提高套路竞技水平的激励机制之一。

套路竞技水平也是伴随着武术竞赛规则的多次修改而不断提高的。1996年国家体委在多次修改规则的基础上，又一次对《武术套路竞赛规则》作出重大改革。这次改革是武术挑战自我的一次尝试，它在吸取体操、艺术体操、跳水、花样游泳等现代竞技体育项目的评分方法的基础上，加强量化指标，提高区分度和准确性，采用"切块"打分，制定出指定动作和难度创新等方面的一系列评分方法，引导教练员、运动员对指定动作加强训练，提高完成指定动作的质量，并且鼓励创新，进而促进武术套路技术水平继续向"高、难、美、新"的方向发展。2000年全国武术训练工作会议提出了"突出竞技特点，提高艺术水平，鼓励发展创新"的新指导思想，继续坚持"高、难、美、新"的技术发展方向。第9届全运会之后，国家体育总局武术运动管理中心在工作总结中指出："武术若要成为奥运项目，规则必须简化，易于操作"，2003年出台了试验中的新规则（草案），"力争使武术竞赛规则更加科学，更符合奥林匹克运动的要求，为争取竞技武术进入奥运会创造条件"，这表明武术已不满足于已有的成就，而是要积极地面向未来。

可以这么说，当代武术套路运动的竞技史是不断进取和创新的历史，是改革的历史，是在继承前人遗产基础上有所提高的历史。套路演练也有"真功夫"，是对不断发展的套路运动技术水平客观、公正的评价。只有提高运动技术水平，武术才能确立自己在国内体坛的竞技地位。同时，武术的竞赛制度、规则、方法和配套措施也在发生着适应性变化，尤其由国内推向国际的过程中，竞技武术套路运动再一次经受了考验。

（三）以发掘、继承为特点的传统武术

早在新中国诞生不久，1953年在天津举行了一次多民族参加的武术盛会。这次大会荟萃了新中国成立初期传统武术的精华。大会后朱德欣赏了赴京表演的武术优秀项目，指示说："要重视祖国几千年的传统"。

1957年在北京举行的全国武术表演评比大会期间提出了发展传统项目的建议。1958年的全国武术运动会又作出规定，要求运动员每人除了参加拳术、器械两类评奖项目外，还必须参加形意拳、八卦掌和短器械（刀、剑）的表演。1959年的全国青少年武术运动会上已有长拳、南拳、形意拳、八卦掌以及刀、枪、剑、棍、鞭等拳、械的比赛和表演。到了1963年在上海举行的武术暨射箭锦标赛上，赛会已经呈现丰富多彩的继承传统的新格局，许多各具风格特点的拳、械项目纷纷亮相。1977年举行的全国武术比赛有几十个不同种类、不同特点的拳术和器械项目成为比赛的内容。1978年在湖南湘潭的比赛还特邀民间老拳师参加表演，鼓励开展民间武术活动，挖掘传统项目。1979年第4届全国运动会武术比赛继续特邀民间武术代表参加。至1982年的全国武术比赛，男女竞赛项目增加到16项，传统拳术分一类、二类、三类、四类，传统器械分单器械、双器械、软器械三类，加之集体项目可以自选，如集体九节鞭、集体长穗剑等等，内容十分丰富。由此可见，各运动队在继承传统武术项目上所花的精力和时间并不逊于长拳、南拳和太极拳。

1979年国家体委在全国范围掀起挖掘、整理武术的热潮。许多鲜见的拳种在南宁举行的全国武术观摩交流大会上作了交流表演。从1980~1986年，国家体委先后在太原、沈阳等地连续举办了7年全国武术观摩交流大会，对各地区流行于民间的传统拳术、器械、对练等进行交流，调动了对各地的传统武术进行发掘、继承的积极性，体现了国家对传统武术的高度重视。1986年起全国武术观摩交流大会改为每两年举行一次，这项工作又持续了将近十年。

从1979年国家体委派遣调查组进行考察，至1986年在北京召开全国挖整工作总结表彰会、展览会，这场在祖国大陆广泛开展的武术挖掘整理工作，使很多濒危拳种得以抢救，包括全国各地编写的拳械录、录像资料、征集文物和古兵器等，硕果累累，并认定我国当时具有129个自成体系的拳种。这是不计重复的统计，是当代武术的一座丰

碑。正如贺龙副总理在建国初期所说："民间流传的武术套路是很多的，不仅汉族有，各少数民族都有，这是要花费力气去发掘的。"

挖掘整理和继承发展是相辅相成的。除了国家和地方花大力气挖掘整理，以及每年武术套路竞赛规程要求各运动队参报传统拳术、传统器械和对练项目等，传统武术的广泛继承发展还体现在植根于人民群众的武术活动中。1979年后群众纷纷自办武术馆、社、站，至20世纪90年代初，各地武馆、武校、武术辅导站星罗棋布，入校习武的青少年几百万人，参加武术活动的人口全国有数千万。1991年被国家首批授予"武术之乡"的就有35个。1997年开始实行"武术段位制"，从初段位、中段位到高段位共有九段。这对武术在人民群众中的普及提高是一项新措施。1999年国家还在浙江台州举办国际传统武术暨绝技大赛，使各类传统武术有机会再显身手，交流技艺。这期间国家还编制出版了一批传统武术拳种的竞赛套路书籍，为进一步推广和普及传统武术打下了基础。

（四）"技击"武术的复兴

"技击"武术的复兴进一步增强了武术运动的竞技性。1979年在"积极、稳妥"的方针指导下散手项目进入试验阶段，并在全国武术观摩交流大会上作了汇报表演。这是武术运动在解放思想、实行改革开放形势下的一次重大的历史性变化。

为了使试验阶段的散手运动健康发展，国家将散手运动限制在一定的范围内进行。从1983年起萌芽状态的新兴散手运动经历了6年表演赛的磨炼。1989年举行第一次散手正式比赛——全国武术散手擂台赛，同时实施《武术散手竞赛规则》。1990年国家体委出台《武术散手运动员技术等级标准》，同年批准首批散手武英级运动员和国家级散手裁判员。指导散手训练的教材《中国散手》也相继问世。经过10年磨砺，中国散手技术与训练基本规范化、系统化，运动员的临场发挥基本成形，技术水平有了层次之分，理论方面作了较为系统的总结，还形成了一支散手裁判员队伍。这表明散手运动可以在更大范围内开展了。1991年在北京举行国际武术散手邀请赛，将经过多年实践趋于成熟的"技击"武术中的散手运动介绍给国外武术爱好者。初战告捷的国际邀请赛标志散手竞技迈出了推向世界的脚步。民国时期没有做到的事，新中国做到了。如今的散打竞赛已经是中国武术竞赛体制的组成部分，散打运动经历了数届世界武术锦标赛，是中国武术竞技运动的又一支生力军。优秀散打运动员已在中美散打、拳击对抗赛中崭露头角，女子散打也开始在竞技体坛上施展身手。散打运动和套路运动一样，成了全运会项目，不仅有男子项目，而且也将有女子项目。

长期流行于民间的武术另一个对抗性项目——太极推手，也自1979年随着改革的春风作为试点项目在全国武术观摩交流大会上作了首次表演。随后经过3年试验，试行太极推手规则和试行内部比赛。从1982~1989年太极推手被列为表演赛的比赛内容。经过多年的表演赛，1994年这项赛事升格为锦标赛，正式成为竞赛项目，还设立了女子推手。同年，国家颁布《武术太极推手竞赛规则》，并举办了首届裁判员培训班。从1996年酝酿《中国太极推手》书稿到1999年出版，太极推手竞技运动初步完成了技术和理论系统性、规范化的工作，形成了有别于其他"技击"项目的鲜明竞技特色。

太极推手和散打经历了同时期的磨炼终于双双成功地步入现代竞技体育的领域，这是解放思想、冲破禁区、不断实践验证取得的重大成果。如果说曾经被禁锢的散打得以开展是象征"技击"武术的复兴，那么长期流行于民间的推手被引入大雅之堂，进入竞技体育的行列，更说明我国对"技击"武术的重视。这是一种开拓，也是对中国传统武术的继承和发展。套路、散打和推手共同构成了现代武术运动的竞技体系，也就是人们说的新武术。新中国体育的贡献之一就是为新武术奠基，为新武术劈荆斩棘。

（五）武术的科学研究

近代武术以《中华新武术》为标志，开始了洋为中用、中西结合的尝试。当时立志运用"科学"解释武术的人们，多采用单一学科的知识去认识武术和说明武术，这种"单打一"的洋为中用的"科学"意识，毕竟落后于同时代的以"知识体系"和"学科群"为代表的西方科学思潮，表明当时的武术科学研究仅仅处于萌芽阶段。当代武术科研的发展首先表现在多学科研究意识的觉悟。1978年版的体育院系通用教材《武术》第一册第二章根据武术的特点深刻指出："武术'内外合一'的说法，是符合矛盾的对立统一规律的"，"研究武术技术，解决'内外合一'的矛盾，应以生物力学、解剖学、生理学和生物化学为依据。因为人是有生命活动的统一整体。在分析武术中任何技术动作时，不能只注意肌肉工作的机械力学原理，还应该从高级神经活动的支配作用，以及呼吸调节、劲力变化等来分析武术动作"。这说明武术的科学研究已经不满足于运用一两个基础学科的知识解决某个问题的做法，而是需要运用多学科知识较全面地研究和认识武术。从1923年起人们对何玉山先生的生理测试，直至1978年武术权威教科书上明确表示出武术需要多学科研究的信息，时间跨越半个多世纪，人们从单一学科进行的武术研究中觉醒，运用多学科知识进行武术研究的意识终于萌发。

进入20世纪80年代以后，我国培养的历届武术硕士研究生，完成了一批具有较高质量的论文。这个时期研究生科研的最大特点，是采用较先进的测试仪器和多种研究方法，尤其是采用了统计处理的方法和计算机建立数学模型的方法，使武术科研论文的价值和所揭示的事物的规律、所预测的事物的可信度，有了显著提高。

在国家体委武术研究院的主持下，1987年首届全国武术学术研讨会展示了一批多学科对武术进行研究的科研成果和一支武术科研队伍。从后来陆续汇编、选编出版的历届学术研讨会的论文集中，可以看到这些书籍记载了当代武术为实现学术研究科学化、现代化所作出的努力。

20世纪80年代以来，武术学术研究的热潮后浪推前浪，一浪高一浪。体育院校学报上的武术论文和各种武术杂志上发表的武术学术文章，是体现武术科研工作蒸蒸日上的重要组成部分。许多研究文章向人们传递着科学的信息。有的从哲学的角度撰写，有的从争鸣的角度辩论，有的从历史的角度考证。总之，这些刊物所发表的论文，营造了这个时期的学术氛围，为武术的科研工作锦上添花。

20世纪80年代以来，是当代武术科学研究蓬勃发展的时期。空前的挖掘整理工作取得了丰硕的成果，为武术科研工作提供了丰富的资料，创造了良好的条件。在挖掘的基础上，国家体委确定了武术重点科研课题，由体育院校科研部门和地方行政部门联合承办，课题组成员由体院内外专家、学者组成。将这种协作攻关机制引进武术科研工作，较之个体式研究，是一个重要变化。这种协作机制及其做法在后来一些重大课题的研究中逐步体现出来，并发挥了作用。入选巴塞罗那国际奥委会世界体育科学大会的一篇研究武术运动员负荷强度和耐力水平的论文，引起国外体育学者的关注。而这篇论文正是多学科协作攻关的结果，它使当代中国武术科学研究获得首登奥林匹克科学圣殿的成就。之后，武术的优秀学术论文又分别被亚特兰大、悉尼奥运科学大会、亚运会科学大会，以及相关国际学术会议所录用。

20世纪末，国家体育总局武术运动管理中心设立的武术科研基地，围绕武术进入奥运会所设项目问题展开科学攻关。科研基地以博士生导师挂帅，以一批研究生为重要科研力量组成课题组，经过调研、统计、分析和论证，拟出若干设项方案。1999年举行的全国武术论文报告会上，上海体育学院和北京体育大学的课题组宣读了论文，为武术进入奥运竞技体坛做了前期准备工作。武术科研基地以武术运动科学化训练为主要研究方向，结合为武术管理部门提供战略性和策略性理论依据而组织科学研究。其特点是以体育院校的教授、副教授和研究生为攻关力量，研究生参与重大科学研究并发挥作用，已经成为活跃在当代武术科研前沿的生力军。

（六）武术教育机构与人才培养

新中国五十多年来使武术得到继承和发展，与建立一系列的机构和有组织地开展武术活动密切相关。各省市武术队的建立，辅以省、市业余体校武术队，区、县业余体校武术队等，形成了培养竞技武术人才的一条龙体系。1956年成立了中国武术协会，之后各省、市也建立武术协会，组织全国和本地区的武术活动。1986年成立了国家体委武术研究院，不久各省、市相继成立各省市武术馆（院），组织开展武术活动，培养武术人才。同时社会上的武术辅导站、武术训练班成了培养各类武术人才的场所。尤其改革开放以来，民办武馆、武校、拳社、武术之乡纷纷建立，吸引了成千上万不同层次、不同年龄及身体条件的爱好者，特别是武馆、武校，大量的青少年投入其中锻炼学习，使武术社会化又具有一层广泛的群众基础，并且教育培养了不少武术人才。

除了以上所述，国家于1961年就将武术内容列入中小学体育教学大纲，要求从小学、初中开始就学习武术基本功和基础套路，高中阶段安排单练或对练学习内容，在初、高中阶段还有武术选用教材。国家长期以来对武术教育十分重视。直至目前，我国高等院校的公体课仍需学习初级长拳第三路、初级剑术或初级棍术、简化太极拳等武术内容。初步掌握武术的基本技术和技能，是中国大学生必备的素质之一。这是国家在正规教育中十分珍视民族传统体育的一种做法，是教育部门从小学、中学、大学一贯制的体现。

我国社会化的武术业余教育和正规化的学校体育教育都贯穿着武术教学内容，而高等体育院校武术专业在培养专业武术人才方面则起了重要作用。

20世纪60年代初，我国第一部体育学院本科讲义《武术》（上、中、下三册）问世，以后历经四届全国体育院校教材组组织编写教材，于1978年、1985年、1989年、1991年和1997年陆续出版了两部通用《武术》教材和普修、专修各一部《武术》教材，还有《武术理论基础》教材。另外，这本新教材《中国武术教程》也已审定出版。这些教材建设工作体现了国家对培养武术专业人才的关怀和对武术事业发展的高度重视。

20世纪50年代体育院校的武术还只是一个项目，以后成为一个学科，到80年代武术被国家确立为专业，原国家体委属下的各所体院均先后成立了武术系（部）。80年代后期至90年代初，国家体委先后对武术重点学科进行两次专家评估。90年代后期武术专业拓宽为民族传统体育专业。

国务院于1982年首先批准上海体育学院具有武术硕士学位授予权，可以培养武术硕士研究生，继之，北京体育学院、成都体育学院的武术专业也具有硕士学位授予权。随后一些高等体育院校具备条件的武术学科也相继招收武术硕士研究生。1996年，国务院又批准上海体育学院的民族传统体育学学科具有博士学位授予权，可以招收武术博士生。从此，中国武术的高层次人才培养体系初步告成。从进修生、函授生、专科生、本科生、硕士生乃至博士生的教育体制，确保了武术人才的知识化、科学化、现代化。从20世纪70年代末开始，武术研究生招考制度正常化，其后研究生的质量逐年提高，20世纪末基本上形成了以研究生为生力军的科研攻关力量。80年代以来培养的一批硕士生已经在各自的工作岗位上成长为学术骨干。至2002年，我国已经招收了6届博士生，3届已完成博士论文，并获得博士学位。可以预计，今后高层次武术人才将会层出不穷，为振兴当代中国武术而发挥他们的聪明才智。

二、武术推向世界与世界接纳武术

（一）竞技武术国际化的逐步实现

自1982年全国武术工作会议制定了积极稳步地把武术推向世界的方针后，为了实现这一战略目标，我国在历年派出武术团队出访表演、扩大影响和宣传武术的基础上，以比较成熟的套路运动的竞技形式首先开展国际武术竞赛活动，并日渐活跃。

1985年我国在西安举办了第1届国际武术邀请赛，竞技武术首先以主人的身份用请进来的方式打开了走向世界的大门。1986年又在天津举办了第2届国际武术邀请赛。这两届邀请赛影响和推动了亚洲和世界其他地区的武术竞赛活动，为竞技武术进一步加大对外推广的力度和实施国际化战略创造了良好的氛围。

1987年起，在日本横滨、香港、韩国汉城、菲律宾马尼拉和越南河内等地先后举办了亚洲武术锦标赛。亚洲在中国武术的影响下，许多国家和地区的武术套路运动竞技水平逐年提高，成为世界上武术运动发展较快的地区。1990年在北京举行的第11届亚运会将武术列为正式比赛项目。1994年在日本广岛举行的第12届亚运会和1998年在泰国曼谷举行的第13届亚运会，武术都被列为亚运会常设比赛项目。连同2002年釜山亚运会，已进行了四届武术竞赛。1991年在北京举办了首届世界武术锦标赛，这是一次由40个国家和地区参加的世界性的武术盛会，它昭示中国的竞技武术经过近十年的筹措与努力，终于取得了由国际性的武术赛事向世界性的武术竞赛转变的阶段性胜利。这次比赛，中国的套路和散打同时被接纳为世界性的竞技运动。它说明在中国举办的武术赛事，套路和散打都将是并行不悖、代表当代武术的两种主要竞技形式，它们是统一的整体，是我国要贡献给世界的民族传统体育项目。1993年第2届世界武术锦标赛在马来西亚的吉隆坡举行，后来每隔两年，这一世界性的武术赛事又在美国、意大利、香港和亚美尼亚等国家和地区相继举行。

在武术推向世界的进程中，不仅在亚洲竞技武术的赛事频繁，而且在欧洲举办的多届武术锦标赛上，套路和散打竞技都已成为赛制，法国、意大利、比利时、英国、德国、西班牙、瑞典等国都派队积极参加。此类洲际武术赛事，除了亚洲、欧洲之外，在各大洲武术组织的推动下，竞技武术在世界上产生了积极的影响。

为了向世界推广武术，国家体委组织专家编制出版了长拳、刀、枪、剑、棍、太极拳、太极剑、推手、南拳、南刀、南棍以及陈式、杨式、吴式、孙式和武式太极拳等各种竞赛规定套路，还举办了各类学习班，选派教练员援外推广这些竞赛套路。同时，为了适应国际竞技武术的发展，对纷至沓来的各国各地区的武术团体和个人，举办了外国学员培训班。随着国际性、世界性武术竞技运动发展的需要，我国多次举办了国际武术教练员和国际武术裁判员学习班，为各国、各大洲武术组织培养了一大批骨干，为竞技武术推向世界奠定了基础。

从20世纪80年代初提出把武术推向世界的战略方针，到20世纪末，武术终于以中国为策源地实现了竞技武术国际化的目标。

（二）世界已经接纳武术

自1984年筹备成立由中国牵头的国际武术组织起，把武术推向世界的目标中已经蕴涵着进军奥运会的决心。在它的推动下，之后的十四年间，各大洲的武术组织纷纷建立起来。欧洲武术协会、南美武术功夫联合会、亚洲武术联合会、非洲武术功夫联合会、大洋洲武术联合会，这些洲际武术组织的建立，表明当代中国武术已经有组织地进入了世界范围的发展。

国际武术联合会会员数由1990年成立之初的38个发展到1993年已有57个，一年后被世界单项体育联合会正式接纳，两年后接近奥委会接纳的会员数，达到了75个。1998年国际武联已达到国际奥委会承认的基本要求。1999年国际奥委会通过决议接纳国际武术联合会，这表明世界竞技体育最有权威的机构正式承认武术的竞技地位，竞技武术在世界的传播和影响已不容忽视。

主要参考文献：

1. 国家体委武术研究院.中国武术史.第1版.北京：人民体育出版社，1997
2. 《中国武术百科全书》编撰委员会.中国武术百科全书.第1版.北京：中国大百科全书出版社，1998
3. 丁丽萍、郭志禹.竞技武术套路运动40年评鉴与思考.体育文史.1998（6）
4. 郭志禹.武术世纪战略思考之二.上海武术.1999（4）
5. 郭志禹.武术科研的战略构想.上海体育学院学报.1997（1）
6. 郭志禹 竞技武术国际化综论.上海体育学院学报.2002（4）

（作者：郭志禹）

第三章 拳 术

拳术是武术运动的主要内容，多指徒手套路。武术拳种纷纭、流派众多，据1979年全国挖掘整理武术遗产资料显示，依据拳流有序、拳理明晰、风格独特、自成体系等原则确定全国共有129个拳种。当然，不同拳种不但有不同的拳术套路，而且也有不同的器械套路。本章分别论述流行较为广泛，具有代表性的长拳、太极拳、南拳、形意拳、八卦掌、通背拳、螳螂拳、八极拳、翻子拳、劈挂拳、少林拳、戳脚等拳种的概说、技法特点、基本动作及方法、基础练习和教学要点。

第一节 长 拳

一、概 说

长拳是武术主要拳种之一。"长拳"一词最早记载于明朝戚继光《纪效新书·拳经捷要篇》中的"古今拳家，宋太祖有三十二势长拳"。明代程宗猷所著《耕余剩技·回答篇》中载："……长拳有太祖温家之类，短打则有绵张任家之类。"由此可见，明代当有长拳称谓及太祖长拳和温家长拳等类别。所谓长是相对短而言，长拳则是相对短打而立名，这正如明代唐顺之《武编》所言："逼近用短打，若远开则用长拳。"

现代武术运动中的长拳是沿用了明代长拳的称谓，将具有广泛群众基础的查、华、炮、红、少林等具有拳势舒展、快速有力、节奏鲜明等共同特点的拳术统称为长拳。以这些拳种的动作素材和基本技法为基础创编的现代长拳，以及由此衍发的长拳类器械，如刀、枪、剑、棍套路，是中华人民共和国成立后武术教学训练与竞赛的主要内容之一。

长拳的内容包括基本功和基本动作、单练套路、对练套路。单练套路又分为规定套路和自选套路。

（一）规定套路

规定套路是由原国家体委及其组织机构或有关部门统一编制的套路，20世纪50年代有甲、乙组和初级套路，以后又有"少年拳""青年长拳"等面世。随着武术运动的发展与推向世界的需要，1989年又为第11届亚运会创编出第一套国际武术竞赛套路，其中包括长拳。近年来又有由国际武术联合会组织编写的最新国际比赛套路，每个套路均由不同难度、组别和数量的规定动作组成。

（二）自选套路

自选套路是武术竞赛需要的产物。武术竞赛规则对自选套路的动作数量、组别、规格和完成套路的时间都有统一的要求与严格的规定。其中要求自选长拳至少包括拳、掌、勾三种手型，弓、马、仆、虚、歇五种主要步型和一定数量的拳法、掌法、肘法及不同组别的腿法、跳跃、平衡等动作，使长拳套路运动在动作结构、布局、编排和速度、难度、腾空跳跃等方面都有了新的突破与创新。

随着竞技武术的蓬勃发展，更加突出了对自选套路动作的规格化要求和套路的艺术性再创造，使其向"高、难、美、新"方向发展。

长拳的内容与方法极为丰富，对手型、手法、身型、身法、步型、步法、腿法、跳跃、平衡等动作都有严格的规范要求。手法主要有冲、劈、崩、贯、砸等拳法，推、挑、撩、劈、砍等掌法，以及顶、盘、格等肘法。腿法主要有弹、蹬、踹、点、铲、里合、外摆、拍、扫等方法。

长拳的运动特点表现为撑拔舒展、势正招圆、快速有力、灵活多变、蹿蹦跳跃、闪展腾挪、起伏转折、腿法较多、节奏鲜明、气势磅礴。

二、技法特点

（一）手要快捷

长拳对手法的要求是"拳如流星"，要快捷、有力。但不仅仅指拳的挥动要迅速，如迅雷不及掩耳，而且掌法、肩臂、手腕的运动也要如此。

运动中要达到"拳如流星"，就必须做到肩臂松活，节节贯穿，使肩、肘、腕关节在运动时灵活顺畅。如冲拳动作，始于拳，起于梢节，中节（肘）随，根节（肩）催，拳走直线，用力通达，拧腰、顺肩、急旋臂，贯于拳面。总之，方法正确是手法快捷的基础和保障。

（二）眼要明锐

长拳对眼法的要求是"眼似电"，要明快、锐利。长拳中的眼法不是孤立的，而是与动作密不可分的。大体可分为两种：一种是"随视"，要求"眼随手动"；另一种是"注视"，要求"目随势注"。要做到运动中手法如流星般快捷和眼随手动、手到眼到，就必须有"闪电"般明快锐利的眼法变化。眼法变化不但与动作密不可分，而且与颈部的活动关系密切。随着动作的变化，眼法的左顾右盼、上瞻下视，颈部的灵活性及甩头变脸的快速应变能力尤为重要。注视则表现在动作意向上。长拳的动作一般都具有较强的攻防意识，或攻或守、或进或退的意向不但表现在动作上，而且要体现在眼神的变化中，即使是静止时的拳势，也都含有伺机待动的意向，给人一种虽静犹动之感，正所谓势断劲不断，劲断意相连。眼法则是表现动作意向和传神的关键，因此，眼法必须做到

"眼随手动""目随势注"、明锐似电。

(三) 身要灵活

长拳对身法的要求是"腰如蛇行",要柔韧、灵活、自如。身法在长拳运动中表现为闪、转、展、缩、折、弯、俯、仰等不同变化,这些变化多以腰为主宰。因此,身法要求"腰如蛇行",一方面要求身法的变化不是程式化的东西,要像蛇行那样蜿蜒起伏,灵活多样;另一方面对胸椎和腰椎的柔韧性要求较高,只有这样,动作才能显现出既柔顺又坚韧,柔则活,坚则挺,灵活有力、挺拔舒展的动作才能体现出长拳的风格与特点。

身法主要通过胸、背、腰、腹、臀五个部位来展现。一般由活动性动作进入静止动作时,多讲究挺胸、直背、塌腰、敛臀。运动中则要求"体随势变",身法灵活。不同的动作采取不同的身法变化与手、眼、步、腿诸法的协调配合,才能达到"腰如蛇行"。

(四) 步要稳固

长拳对步法的要求是"步赛粘",要稳固。站定时要像脚步粘黏在地上一样稳固,不掀脚、不拔跟、不动摇。不受上肢、下肢和躯干活动的影响,还要给上、下肢和躯干活动提供必要的稳固条件和基础保障。此外,步法还要轻快活便。"步不稳则拳乱,步不快则拳慢",生动地道出了步法在长拳运动中所起到的作用。只有做到步法稳固、轻快,才能达到下盘稳固,动而不乱。以步快催动拳速,步到拳到,上下协调一致。

(五) 精要充沛

长拳对精神的要求是充沛、饱满、贯注。充沛如江河怒潮,饱满如雷霆震怒,贯注如鹰视猎物。要显示出鼓荡的气势与"怒"的气魄。然而,"怒"绝不是表现在横眉立目与龇牙咧嘴的凶狠怒面上,而应反映到拳势上,将气吞山河的精神和勇武的意识贯注于运动之中,将自身融入战斗的氛围之中,犹如擒龙打虎之势,精神饱满,气宇轩昂,惊天地,泣鬼神。

(六) 气要下沉

长拳对呼吸的要求是"气宜沉",要气沉丹田。这是因为呼吸在长拳运动中关系着运动的持久性,也关系着劲力的催动,即所谓以气催力。长拳运动,结构复杂、起伏转折、快速有力,这些特点决定了长拳运动强度大,对氧的需要量也较大。如果不善于掌握和运用"气沉丹田"的腹式呼吸的方式方法,就容易使气血上涌,使气息在胸间游动。气往上浮则内部空虚,空虚则气促,气促则吸氧不足,吸氧不足则力短,力短就会头晕恶心,面色发白,动作紊乱,难以持久,运动的平衡性也就遭到破坏。所以,运动时必须运用腹式呼吸,善于"蓄气",这样才能使运动持久,才能保持运动的平衡。长拳的呼吸方法,除了沉气之外,还有提、托、聚三法,合谓"提、托、聚、沉"。这些呼吸方法要随着动作的变化而相应地变化,但须始终遵循"气宜沉"的基本要求。同时,更要注意顺其自然,不能故意做作。

（七）力要顺达

长拳对劲力的要求是"力要顺达"。发力顺达是动作间衔接的必备条件，否则会使动作僵硬、呆板，出现僵劲硬力，破坏动作结构与套路节奏。要做到用力顺达，须从明"三节"、懂"六合"入手。三节，以上肢来说，手是梢节，肘是中节，肩是根节；以下肢来说，脚是梢节，膝是中节，胯是根节。不同的动作有不同的用力顺序，如冲拳、推掌皆起于梢节，蹬脚、弹踢则发于根节。六合，是指手、肘、肩、脚、膝、胯六个部位的协调配合，掌握好"三节"的发力顺序和"六合"的协调关系，动作才会豁达流畅。

（八）功要纯青

长拳对技术的要求是"功宜纯"。这里的"功"是指长拳的技术及运用技术的技能与技巧。"功宜纯"是指要求功夫像炉火一样纯青。虽说这是虚拟与夸张的比喻，但确实是对长拳技术高质量的要求。拳语说"功夫不到总是迷"，"功夫是练出来的"。要达到纯青的技术，首要的一条是在技术规范化的前提下不断实践与探索，只有坚持习练，持之以恒，才能使体能与技能不断提高，使技艺不断升华，功夫与日俱增，逐渐达到理想的纯青境地。

（九）四击合法

"四击"指武术中的踢、打、摔、拿，四击合法指长拳中的动作方法要符合这四种技击法则。踢、打、摔、拿自成体系，各有各的具体内容与运动方法，踢法有蹬、踹、弹、点、缠、摆、扫、挂等，打法有冲、撞、挤、靠、崩、劈、挑、砸、搂、拦、抄等，摔法有踢、别、揣、拱、切、耙、豁、掏、刀、勾等，拿法有刁、拿、锁、扣、封、闭、错、截等。

长拳对踢、打、摔、拿具体内容的运动方法有非常严格的要求，即一招一势都要恪守"四击"法则，若背离这些技击法则，就不能真实地再现不同动作的攻防意义，也就失去了长拳技击动作的攻防意识与价值。

（十）以形喻势

长拳在运动时有动势、静势、起势、落势、立势、站势、转势、折势、轻势、重势、缓势、快势十二种态势。前人将此十二种态势以形象的比喻方法提示人们对长拳技术的追求，俗称"十二型"。

1. 动如涛：运动之势。形容运动的气势像大海的波涛一样，一波未平，一波又起，滔滔不绝，激荡不已，富有韵律感。做到"动中有静""动要有韵"。

2. 静如岳：静止之势。形容静止时犹如奇峰迎面，稳如山岳。

3. 起如猿：起跳之势。腾空跳跃时要像猿猴一样轻灵、矫捷。

4. 落如鹊：落降之势。形容由高向下落的动作要像喜鹊落到树枝上那样轻稳。

5. 立如鸡：单腿独立之势。形容从活动性转到静止性独立动作时，要像鸡在奔走中突然听到什么，立刻停步屈腿甩头，静观动态。

6. 站如松：两脚站立之势。形容站定之态要像苍松傲雪巍巍挺拔，静止中傲然富有生气，给人一种虽静犹动之感。

7. 转如轮：旋转之势。形容凡轮绕的动作要像车轮绕着轴心转动一样，既要有轴心的依托，又要有飞轮之势，达到圆的要求。

8. 折如弓：折叠之势。形容扭身弯腰的动作要像弓那样，折力越大，反弹劲越大。并不刻求折叠俯仰的柔软性，而是弓的反弹劲。同时也为即将运动的肌群加大了收缩前的"初长度"，利于动作变化。

9. 轻如叶：轻飘之势。形容轻盈的动作要像树叶一样轻盈，落地毫无声响，令人难以察觉。

10. 重如铁：沉重之势。形容动作当重之时，如钢铁下砸般夯实有力而又沉稳。

11. 缓如鹰：缓慢之势。形容柔缓的动作要像雄鹰在空中盘旋那样缓中有势，神情专注，毫无呆懈之虞。

12. 快如风：快速之势。形容动作迅速如疾风骤雨，势不可挡。但"快而忌毛""快易生爆"，一味求快会使动作杂乱无章，过快易火爆，火爆可藏拙，须在动作规范准确的前提下求速度、求节奏。

三、基本动作及方法

（一）手型

1. 拳

四指并拢卷握，拇指紧扣食指和中指的第二指节（图3-1-1）。

要点：拳握紧，拳面平，直腕。

2. 掌

四指并拢伸直，拇指弯曲紧扣于虎口处（图3-1-2）。

3. 勾

五指第一指节捏拢在一起，屈腕（图3-1-3）。

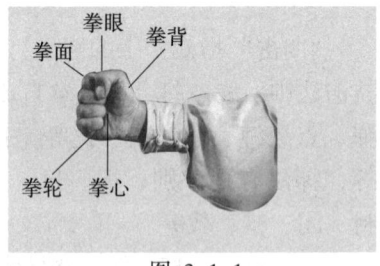

图 3-1-1

图 3-1-2

图 3-1-3

（二）步型

1. 弓步

右脚向前一大步（约为本人脚长的4~5倍），脚尖微内扣，右腿屈膝半蹲（大腿接近水平），膝与脚尖垂直；左腿挺膝伸直，脚尖内扣（斜向前方），两脚全脚着地。上体正对前方，眼向前平视，两手抱拳于腰间，拳心向上。弓右腿为右弓步（图 3-1-4），弓左腿为左弓步。

要点：前腿弓，后腿绷；挺胸、塌腰、沉髋；前脚同后脚成一直线。

2. 马步

两脚平行开立（约为本人脚长的 3 倍），脚尖正对前方，屈膝半蹲，膝部不超过脚尖，大腿接近水平，全脚着地，身体重心落于两腿之间。两手抱拳于腰间，拳心向上（图 3-1-5）。

要点：挺胸、塌腰、脚跟外蹬。

3. 仆步

两脚左右开立，右腿屈膝全蹲，大腿和小腿靠紧，臀部接近小腿，右脚全脚着地，脚尖和膝关节外展；左腿挺直平仆，脚尖里扣，全脚着地。两手抱拳于腰间，拳心向上。眼向左方平视（图 3-1-6）。仆左腿为左仆步，仆右腿为右仆步。

要点：挺胸、塌腰、沉髋。

4. 虚步

两脚前后开立，右脚外展 45°，屈膝半蹲；左脚脚跟离地，脚面绷平，脚尖稍内扣，虚点地面，膝微屈。重心落在后腿上。两手叉腰，眼向前平视。左脚在前为左虚步（图 3-1-7），右脚在前为右虚步。

要点：挺胸、塌腰、虚实分明。

图 3-1-4

图 3-1-5 　　　图 3-1-6 　　　图 3-1-7

5. 歇步

两腿交叉靠拢全蹲，右（左）脚全脚着地，脚尖外展；左（右）脚前脚掌着地，膝部贴近右（左）脚跟处。两手抱拳于腰间，拳心向上。眼向左前方平视。左脚在前为左歇步，右脚在前为右歇步（图3-1-8）。

要点：挺胸、塌腰、两腿靠拢并贴紧。

（三）手法

1. 冲拳

分平拳与立拳两种。平拳拳心向下，立拳拳眼向上。

预备姿势：两脚左右开立，与肩同宽，两拳抱于腰间，拳心向上，肘尖向后（图3-1-9）。

动作说明：挺胸、收腹、直腰，右拳从腰间向前猛力冲出，转腰、顺肩，在肘关节过腰后，右前臂内旋，力达拳面，臂要伸直，高与肩平。同时左肘向后牵拉（图3-1-10）。练习时，左右可交替进行。

要点：出拳要快速有力，要有寸劲（即爆发力），做好拧腰、顺肩、急旋前臂的动作。

2. 架拳

预备姿势：与冲拳同。

动作说明：右拳向下、向左、向上经头前向右上方画弧架起，拳眼向下，眼看左方（图3-1-11）。练习时，左右可交替进行。

要点：松肩，肘微屈，前臂内旋。

图 3-1-8

图 3-1-9

图 3-1-10

图 3-1-11

3. 推掌

预备姿势：与冲拳同。

动作说明：左拳变掌，前臂内旋，并以掌根为力点向前猛力推出（图 3-1-12）。推击时，左右可交替进行。

要点：挺胸、收腹、直腰。出掌要快速有力，有寸劲；同时还要做好拧腰、顺肩、沉腕、翘掌等动作。

（四）步法

1. 击步

预备姿势：两脚前后开立，同肩宽。两手叉腰（图 3-1-13）。

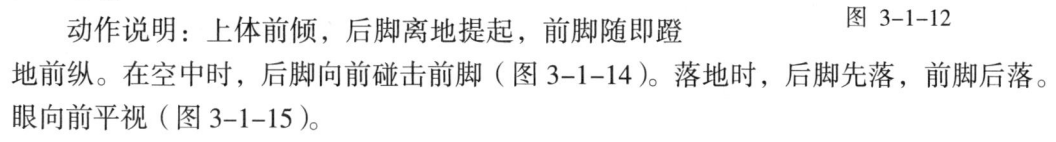

图 3-1-12

动作说明：上体前倾，后脚离地提起，前脚随即蹬地前纵。在空中时，后脚向前碰击前脚（图 3-1-14）。落地时，后脚先落，前脚后落。眼向前平视（图 3-1-15）。

要点：跳起在空中时，要保持上体正直并侧对前方。

图 3-1-13 　　　　图 3-1-14 　　　　图 3-1-15

2. 垫步

预备姿势：与击步同。

动作说明：后脚离地提起，脚掌向前脚处落步，前脚立即以脚掌蹬地向前上提起，将位置让与后脚，然后再屈膝提腿向前落步。眼向前平视（图 3-1-16、17）

要点：与击步同。

图 3-1-16 　　　　图 3-1-17

3. 弧形步

预备姿势：与击步同。

动作说明：两腿略屈，两脚迅速连续向侧前方行步。每步大小略比肩宽，走弧形路线。眼向前平视（图 3-1-18、19）。

要点：挺胸、塌腰，保持半蹲姿势，身体重心移动要平稳，不要有起伏现象。落地时，由脚跟迅速过渡到全脚掌，并注意转腰。

图 3-1-18 　　　　　　　　　图 3-1-19

（五）腿法

1. 正踢腿

预备姿势：两脚并步站立，两手立掌或握拳，两臂侧平举（图 3-1-20）。

动作说明：左脚向前上半步，左腿支撑，右脚脚尖勾起向前额处猛踢，两眼向前平视（图 3-1-21）。练习时左右交替进行。

要点：挺胸、直腰，踢腿时脚尖勾起绷落或勾起勾落。收髋猛收腹，踢腿过腰后加速，要有寸劲。

图 3-1-20 　　　　　　　　　图 3-1-21

2. 侧踢腿

预备姿势：与正踢腿同。

动作说明：右脚向前上半步，脚尖外展，左脚脚跟稍提起，身体略右转，左臂前伸，右臂后举（图3-1-22）。随即，左脚脚尖勾紧向左耳侧踢起，同时右臂屈肘上举亮掌，左臂屈肘立掌于右肩前或垂于裆前，眼向前平视（图3-1-23）。踢左腿为左侧踢，踢右腿为右侧踢。

要点：挺胸、直腰、开髋、侧身、猛收腹。

3. 里合腿

预备姿势：与正踢腿同。

动作说明：左脚向左前方上半步，右脚脚尖勾起里扣并向左上方踢起，经面前向右侧上方直腿摆动，落于左脚外侧。左手掌可在左侧上方迎击右脚掌（击响），也可不做击响动作。眼向前平视（图3-1-24）。练习时，左右腿交替进行。

要点：挺胸、直腰、松髋、合髋。里合幅度要大，成扇形。

图 3-1-22 　　　　图 3-1-23 　　　　图 3-1-24

4. 外摆腿

预备姿势：与正踢腿同。

动作说明：左脚向左前方上半步，右脚脚尖勾紧向左侧上方踢起，经面前向右侧上方摆动，直腿落在左腿旁。右掌可在右侧上方击响，也可不做击响，眼向前平视（图3-1-25）。练习时左右腿交替进行。

要点：挺胸、塌腰、松髋、展髋。外摆幅度要大，成扇形。

图 3-1-25

5. 弹腿

预备姿势：两脚并立，两手叉腰。

动作说明：左腿屈膝提起，大腿与腰平，左脚绷直（图3-1-26）。提膝接近水平时，要迅速猛力挺膝，向前平踢（弹击），力达脚尖。大腿与小腿成一直线，高与腰平，右腿伸直或微屈支撑，两眼平视（图3-1-27）。

要点：挺胸、直腰、脚面绷直、收髋，弹击要有寸劲（即爆发力）。

图 3-1-26 　　　　　　　　　图 3-1-27

6. 侧踹腿

预备姿势：两脚并步站立，两手叉腰。

动作说明：两腿左右交叉，右腿在前，稍屈膝（图3-1-28）。随即右腿伸直支撑，左腿屈膝提起，左脚里扣，脚跟用力向左侧上方踹出，上体向右侧倾，目视左脚（图3-1-29）。练习时可左右交替进行。

要点：挺膝、开髋、猛踹、脚外侧朝上，力达脚跟。

图 3-1-28 　　　　　　　　　图 3-1-29

7. 扫腿

扫腿是旋转性的一类腿法，分前、后扫腿两种。

（1）前扫腿

预备姿势：两脚并立，两臂垂于体侧。

动作说明：左脚向右腿后插步，同时两手由下向左、向上、向右做弧行摆掌，右臂伸直，高与肩平，右掌侧立；左掌附于右上臂内侧，掌指向上。头部右转，目视右方（图 3-1-30）。

上体左后转 180°，左臂随体转向左后方平搂至身体左侧，稍高于肩；右臂随体转自然平移至体右侧，掌心朝前，掌指朝右下方（图 3-1-31）。

上体继续左转，左脚尖外展。右掌从后向上、向前屈肘降落，同时，左臂屈肘，左掌掌指朝上从右臂内侧向上穿出，变横掌架于头部左上方，拇指一侧向下。随即右掌下降并摆向身后变勾手，勾尖朝上。在左脚尖外展的同时，左腿屈膝，左脚跟抬起，以左脚前掌碾地；右腿平铺，脚尖内扣，脚掌着地，直腿向前扫转一周半（图 3-1-32）。

要点：头部上顶，眼睛随转体平视前方，上体正直。在扫转时，始终保持右仆步姿势，保持身体重心平衡，右膝不要弯曲。

图 3-1-30　　　　图 3-1-31　　　　图 3-1-32

（2）后扫腿

预备姿势：两脚并立，两臂垂于体侧。

动作说明：左脚向前上步，左腿屈膝半蹲；右腿挺膝伸直，成左弓步。同时两掌从两腰侧向前平直推出，掌指朝上，掌心朝前。眼看两掌尖（图 3-1-33）。

左脚尖内扣，左腿屈膝全蹲，成右仆步姿势，同时上体右转并前俯。两掌随身体右转在右腿内侧

图 3-1-33

扶地，右手在前。随着两手撑地与上体向右后拧转的惯性力量，以左脚前掌为轴，右脚贴地向后扫转一周（图 3-1-34、35）。

要点：转体、俯身、撑地用力要连贯紧凑、一气呵成，上下肢动作不要脱节。

图 3-1-34 　　　　　　　　　　　图 3-1-35

（六）跳跃

1. 腾空飞脚

预备姿势：并步站立。

动作说明：右脚上步，左腿向前、向上摆踢，右脚蹬地跃起，身体腾空，两臂由下向前、向头上摆起，右手背迎击左手掌（图 3-1-36、37）。在空中，右腿向前上方弹踢，脚面绷直，右手迎击右脚面；同时左腿屈膝，左脚收控于右腿侧，脚面绷直，脚尖向下。左手在击响的同时摆至左侧上方，上体微前倾，两眼平视前方（图 3-1-38）。

要点：

（1）右腿在空中踢摆时，脚高必须过腰；左腿在击响的一瞬间，屈膝收控于右腿侧。

图 3-1-36 　　　　　图 3-1-37 　　　　　图 3-1-38

（2）在腾空的最高点完成击响动作。拍击动作必须连续、准确、响亮。

（3）在空中，上体正直而微向前倾，不要坐臀。

2. 旋风脚

预备姿势：开步站立（图3-1-39）。

动作说明：

（1）高虚步亮掌：右臂向前上方弧形摆掌，掌心向斜上方；同时左臂屈肘，左掌收于左腰间，掌心向下，上体微左转。目随右掌（图3-1-40）。右掌经体前向左、向下、向右、向头上抖腕亮掌，掌心向上，掌指朝左；同时左掌从右臂内穿出，经胸前向上、向左摆至左侧，掌指朝上，高与肩平。左脚在右臂抖腕亮掌的同时收于体前，脚尖虚点地面，成高虚步。头部左转，两眼随右掌抖腕亮掌转视左侧（图3-1-41）。

图3-1-39 　　　　图3-1-40 　　　　图3-1-41

（2）旋风脚：左脚向左上步，身体随之左转。同时左手向前推出，右臂伸直向后、向下摆动（图3-1-42）。右腿随即上步，脚尖内扣，准备蹬地踏跳。左臂向下摆动并屈肘收至右胸前，同时右臂向上、向前抢摆，上体向左旋转前俯（图3-1-43）。重心右移，右腿屈膝蹬地跳起，左腿提起向左上方摆动，上体向左上方翻转，同时两臂向下、向左上方抢摆。身体向左旋转一周，右腿在空中完成里合腿，左手在面前迎击右脚掌，左腿自然下垂（图3-1-44、45）。

要点：

（1）右腿做里合腿时，要贴近身体。摆动时，膝挺直，由外向里成扇形。

（2）击响点要靠近面前。左腿外摆要舒展，并在击响的一刹那离地腾空。初学时，左腿可自然下垂。当能够较熟练地完成腾空动作时，左腿逐步高摆，屈膝或直腿收控

图3-1-42

图 3-1-43 　　　　　　　　图 3-1-44 　　　　　　　　图 3-1-45

于身体左侧。

（3）抡臂、踏跳、转体、里合右腿等环节要协调一致。身体的旋转不少于270°。

3. 腾空摆莲

预备姿势：并步站立（图3-1-46）。

动作说明：

（1）高虚步挑掌：右脚后撤一大步，同时右臂向前、向上挑掌，左臂后摆至体后（图3-1-47）。重心后移，左脚回收至身前虚点地面，成高虚步。同时右臂向上、向后、向下、向前绕环一周于身前挑掌，高与肩平，掌指朝上；左臂向前、向上、向后绕环抡摆至身后与肩齐平的部位，掌指上挑。两肩随两臂转动，上体挺胸、直腰、顺肩，两眼随右掌转视前方（图3-1-48、49）。

图 3-1-46

图 3-1-47 　　　　　　　　图 3-1-48 　　　　　　　　图 3-1-49

（2）弧形步上跳：左脚向前进半步（图 3-1-50）；右脚随之向前进一大步，脚尖外展，屈膝略蹲。在上右步的同时，右掌弧形回收至腰间，左臂由后经上摆至头前上方（图 3-1-51）。右腿蹬伸上跳，左腿屈膝提起，左脚收扣于身前，身体腾空。右臂在跳起的同时经左臂内侧向上弧行斜上举，左臂顺势摆向身后，两眼随右掌转视左侧，头左转，右肩前顺（图 3-1-52）。右脚落地，左脚随之在身前落步，右脚再进一步，脚尖外展。身体右转，同时右臂顺势下落，左臂前摆（图 3-1-53、54）。

图 3-1-50 　　　　　　　　　图 3-1-51

图 3-1-52 　　　　　图 3-1-53 　　　　　图 3-1-54

（3）腾空摆莲：右脚蹬地跳起，同时左腿向右上方里合踢摆，两手于头上击响，上体向右旋转，身体腾空（图3-1-55）。右腿外摆，两手先左后右地拍击右脚面，左腿屈膝收控于右腿侧。上体微前倾，两眼随视两手（图3-1-56）。

图 3-1-55 　　　　　　　　　　图 3-1-56

要点：
（1）上步要成弧形。右脚踏跳时，注意脚尖外展和屈膝微蹲。
（2）跳起时，左腿注意里合扣踢。
（3）右腿外摆要成扇形，上体微前倾，要靠近面前击掌。两手先左后右拍击右脚面。击响要准确响亮。
（4）在击响的一刹那，左腿屈膝收控于右腿内侧，或伸膝外展置于身体左侧。
（5）在完成动作过程中，要注意起跳、拧腰、转体、里合左腿与外摆右腿等动作紧密协调。

（七）平衡

1. 提膝平衡

动作说明：右腿直立支撑，左腿屈膝提起（过腰），脚面绷直，并垂扣于右腿前侧。两眼向左平视（图3-1-57）。

要点：平衡站稳，提膝过腰，脚内扣。

2. 侧身平衡

动作说明：支撑腿直立站稳，上体侧身前俯成水平；另一腿挺膝伸直举于体后，高于水平，脚面绷平或脚尖勾起。双臂分别向前下方和后上方展出（图3-1-58）。

图 3-1-57

要点：支撑腿站稳，上体与上举腿之间不要有角度，抬头。

3. 燕式平衡

动作说明：左腿屈膝提起，两掌在身前交叉，掌心向外（图 3-1-59）。随即两掌向两侧直臂分开平举，上体前俯，左腿直腿后伸，高于水平，脚面绷平（图 3-1-60）。

要点：两腿伸直，后举腿要高于头顶水平部位，抬头。

图 3-1-58 　　　　　　图 3-1-59 　　　　　　图 3-1-60

4. 仰身平衡

动作说明：支撑腿伸直或稍屈站稳，上体后仰接近水平；另一腿伸直向体前上方举出，高于水平，脚面绷平，挺胸抬头（图 3-1-61）。

要点：腹背部要紧张，抬头不要过大。

5. 扣腿平衡

动作说明：支撑腿屈膝半蹲，另一腿屈膝外展，脚尖绷平或勾起，踝关节紧扣于支撑腿的膝后窝处，挺胸塌腰（图 3 1 62）。

要点：支撑腿站稳，扣腿的脚要扣住。

图 3-1-61 　　　　　　图 3-1-62

6. 盘腿平衡

动作说明：支撑腿屈膝半蹲，另一腿屈膝外展，小腿收提，脚面绷平或脚尖勾起，踝关节盘放在支撑腿的大腿上，挺胸塌腰（图3-1-63）。

要点：支撑腿站稳立牢，盘放腿的膝关节要外展。

（八）跌扑滚翻

1. 抢背

动作说明：左脚在前，右脚在后，两脚交错站立。右脚从后向上摆起，左脚蹬地跳起，团身向前滚翻，两腿屈膝（图3-1-64、65）。

要点：肩、背、腰、臀要依次着地，滚翻要圆、快，立身要迅速。

图 3-1-63

2. 鲤鱼打挺

动作说明：仰卧，屈体使两腿上摆，两手扶按两膝。两腿下打，挺腹，振摆而起（图3-1-66、67）。

图 3-1-64

图 3-1-65

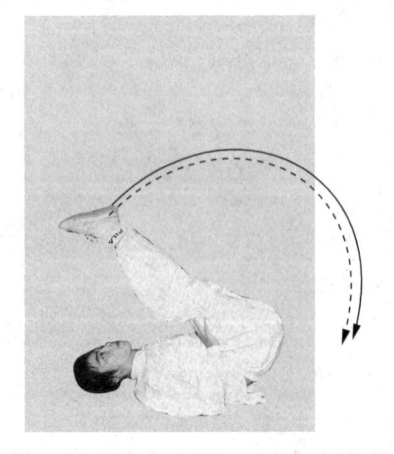

图 3-1-66

图 3-1-67

要点：身体须折叠，打腿振摆要快速，两脚落地时不得超过两肩宽。

3. 乌龙绞柱

动作说明：侧卧，左腿略屈贴地，右腿伸直。绞柱时，右腿由左向右贴身平扫，身体随之翻仰，两腿上举相绞（图3-1-68~71）。

4. 侧空翻

动作说明：左脚蹬地，右腿从后向上摆起，身体前屈，在空中做向左侧翻动作。右脚先落地，左脚随之落地（图3-1-72~74）。

要点：翻转要快，两腿要直。

图 3-1-68

图 3-1-69

图 3-1-70

图 3-1-71

图 3-1-72

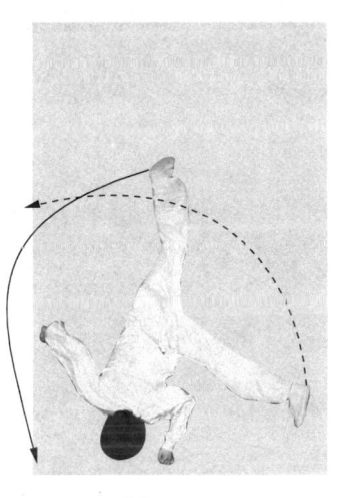

图 3-1-73

图 3-1-74

5. 旋子

动作说明：开步站立，身体右转，左脚跟离地，左臂前平举，右臂后下举。左脚前脚掌踏地，身体平俯向左甩腰摆动，同时两臂伸直随身体向左摆动。紧接着左腿屈膝蹬地，身体悬空，两腿随身向左平旋。然后右脚先落地。左脚随之落地（图 3-1-75~77）。

要点：挺胸、抬头、身体成水平旋转，两腿分开高过水平。

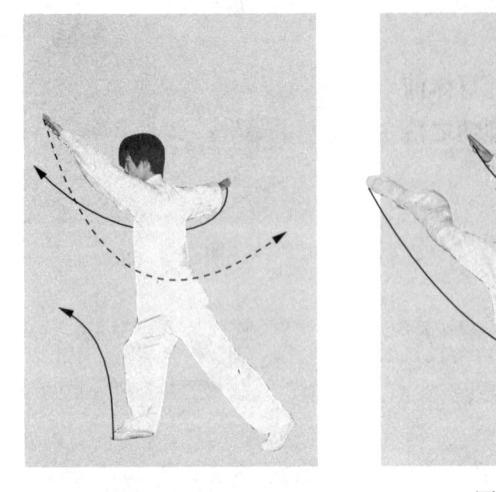

图 3-1-75 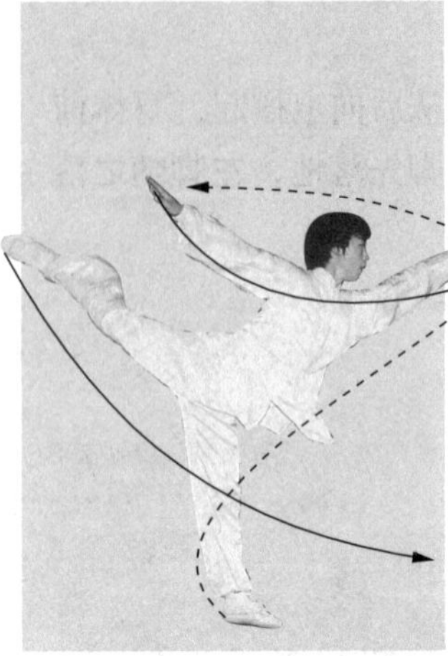　　　　图 3-1-76 　　　　图 3-1-77

四、基础练习

五步拳

预备姿势：并步抱拳（图 3-1-78）。

弓步冲拳：左脚向左迈出一步成左弓步，同时左手向左平搂并收回腰间抱拳，右拳向前冲拳成平拳。目视前方（图 3-1-79）。

弹踢冲拳：重心前移，右腿向前弹踢，同时左拳由腰间向前冲拳成平拳，右拳收回腰间（图 3-1-80）。

图 3-1-78 　　　　图 3-1-79 　　　　图 3-1-80

马步架打：右脚落地向左转体 90°，两腿下蹲成马步。同时左拳变掌，屈臂上架；右拳由腰间向右冲拳成平拳。头部右转。目视右前方（图 3-1-81）。

歇步盖打：左脚向右脚后插一步，同时右拳变掌经头上向左下盖，掌外沿向前，身体左转 90°，左掌收回腰间抱拳，拳心向上，目视右手（图 3-1-82）。

上动不停，两腿屈膝下蹲成歇步。同时左拳向前冲出成平拳，右掌变拳收回腰间。目视左拳（图 3-1-83）。

图 3-1-81 　　　　　图 3-1-82 　　　　　图 3-1-83

提膝仆步穿掌：两腿起立，身体左转。随即左拳变掌，手心向下；右拳变掌，手心向上，由左手背上穿出。同时左腿提膝，左手顺势收至右肩前。目视右手（图 3-1-84）。左脚落地成仆步，左手掌指朝前沿左腿内侧穿出，目视左掌（图 3-1-85）。

图 3-1-84 　　　　　　　　　　图 3-1-85

虚步挑掌：左腿屈膝前弓，右脚蹬地向前上步，成右虚步。同时左手向上、向后画弧成正勾手，略高于肩；右手由后向下、向前顺右腿外侧向上挑掌，掌指向上，高与肩平，目视前方（图3-1-86）。

收势：左脚向右脚靠拢，并步抱拳（图3-1-87）。

继续练习，动作相同，方向相反。

图 3-1-86 　　　　　　　　　　图 3-1-87

五、教学要点

（一）练好功架，打好基础

长拳的功架是手型、步型、身型等姿态的综合表现，多半指静止时的造型，总体要求是招势清楚，端正工整，规范准确，势正招圆。不同的手型和步型都有其特殊要求，即使动态的手法、步法、腿法也都具有规范性动作要求，如手型要求拳紧、掌要并拢挺伸、勾要屈腕捏拢，身型要求顶头竖项、挺胸塌腰、收腹敛臀、躯干中正等。因此，在长拳教学中，首要的是打好基础，如同南拳讲究"未习拳术，先学扎马"一样，功架练习即基本功练习，是基础的基础。教学实践告诉我们，长拳又是深入学习其他拳械的基础。习武如同建楼一样，有多好、多深的基础，就有多好、多高的发展空间。师生要为此共同努力，练好基本功与基本动作，为套路学习打下牢固的基础。

（二）正确运用分解教学法

分解教学法是教学中常见和必须采用的教学方法。由于长拳动作复杂多变，为非周期运动，个别动作又繁难，为教学带来一定难度，因此要学会正确运用分解教学法。一般情况下是将较难的动作分成若干个小节进行教学，等基本学会动作后再做完整的练习。有的动作宜采用将一个动作按上下肢动作进行分解，如腾空跳跃或转体动作多用此法。

（三）精讲多练，强化动作规格

教与学是师生双边活动，教学中应遵循精讲多练的原则，在讲解动作路线、方向、规格后，关键是加强练习，让学生在练习中不断提高对动作规格的理解与掌握。俗话说："功到自然成"，不经过多次反复的练习，没有练习时间的积累，讲得再多也是枉然。教学的经验也告诉我们同一个道理，教师"传道"之后要经历一个"解惑"的过程，教师要善于在学生练习中发现错误并及时给予纠正，使学生对新的动作或新的套路由"生"到"熟"，由"泛化"逐渐"分化"直至达到"动力定型"。

（四）实践中加深对节奏的理解

节奏包括动作的节奏、动作组合的节奏及套路的节奏。不同的动作、不同的组合、不同的套路和不同的拳种，有不同的节奏要求。

教学实践证明，长拳节奏是较难掌握的一个教学难点，尤其是初学者，即使是学会了动作也难以驾驭套路的节奏，甚至对此迷茫，不知所措。因此，教学中要从单个动作入手，通过反复练习来感知每个动作的轻重缓急、抑扬顿挫。如"少年拳"中的"缠腕冲拳"动作，待学生学会动作后，要在练习中让他们体会出：缠腕要快、握拳回收要与右脚下震同时完成，此外震脚略顿后，上左脚成马步冲拳。教者要适时用语言提示：快、震、落、停。如此这般逐一掌握每个动作的节奏，进而掌握动作间的衔接，知道何处应衔接紧凑，何处应稍静"亮式"。例如一个行步接里合腿落步成弓步推掌动作，首先要使学生知道行步的节奏是均速平稳，稳中求快，切不可忽高忽低，忽快忽慢。还要强调行步接里合腿要紧凑连贯，不得有丝毫停顿，而里合腿落地成弓步推掌则要戛然而止，"动迅静定"。由此发展到处理好每一个组合的快慢刚柔，最后达到整个套路的流畅自如，富有节奏。

主要参考文献：

1. 全国体育学院教材委员会.体育学院普修通用教材武术.北京：人民体育出版社，1989
2. 全国体育学院教材委员会.体育学院专修通用教材武术 北京：人民体育出版社，1991
3. 戚继光.纪效新书.北京：人民体育出版社，1988

（作者：关铁云　摄影：李维国　演示：关铁云、蒲玉滨、刘仁磊）

第二节　太极拳

一、概　说

太极拳是武术的主要拳种。"太极"一词源出《周易·系辞》："易有太极，是生两仪"，含有至高、至极、无穷大之意。太极拳这个名称的取义是因为太极拳拳法变幻无穷，含意丰富，而用中国古代的"太极""阴阳"这一哲学理论来解释和说明。

关于太极拳的起源及其创始人，民间有几种不同的说法。根据有说服力的考证，太极拳源于明末清初。据《温县志》的记载，明崇祯十四年（1641），陈王廷任河南温县"乡兵守备"，明亡后隐居家乡耕田习拳，如《遗词》所说："闷来时造拳，忙来时耕田，趁余间，教下些弟子儿孙，成龙成虎任方便……"。从陈王廷的《拳经总歌》中可以了解到，他所创造的太极拳受明朝将军戚继光所编著的《拳经三十二势》的影响很大。陈王廷将《拳经三十二势》中的二十九势编入了太极拳套路，如《拳经三十二势》以"懒扎衣"为起势，而太极拳各套路起势也均以该动作为起势。甚至陈王廷《拳谱》和《拳经总歌》的文辞也与《拳经三十二势》相仿。

太极拳虽受戚继光《拳经三十二势》影响，但有其独特的风格和作用。陈王廷研究了道家的《黄庭经》，将太极拳中的手法、眼法、身法、步法的协调动作与导引、吐纳有机地结合起来。在练习时，要求意识、呼吸和动作三者密切合为一体，这就使太极拳成为内外统一的拳术运动。

太极拳运用传统中医经络学说，拳势动作采用螺旋缠绕式的伸缩旋转方法。要求以腰为轴，内气发源于丹田，通过缠绕运动，到达任督两脉和布于周身，从而达到"以意用气，以气运身"的境地。

陈王廷创造的太极拳推手方法具有很强的技击性，对发展耐力、速度和灵敏等素质都具有很大的作用。

太极拳在其长期演变过程中形成了许多不同风格和特点的传统流派，其中流传较广和具代表性的有以下五式：

陈式太极拳

有老架和新架之分，历经几代的传习，现代流传较广泛的传统套路为一路（老架）、二路（炮捶）。第一路拳动作柔多刚少，以掤、捋、挤、按手法为主；第二路拳动作刚多柔少，用劲以采、挒、肘、靠为主。此外，还有动作小巧紧凑的小架（赵堡架）。陈式太极拳运动特点是：刚柔相济，手法螺旋缠绕且多变，呼吸要求"丹田内转"，套路架势宽大低沉，且有发劲、震脚和跳跃动作。

杨式太极拳

河北永年人杨露禅幼年从师于陈家沟陈长兴习拳。成年后返京传习太极拳，终经其孙杨澄甫修改发展，成为当代最为流行的大架子杨式太极拳。其特点是：动作舒展和顺，速度平衡均匀，架势中正圆满，结构严谨庄重，具有套路演练气派大的风格。

吴式太极拳

北京大兴人全佑，初从杨露禅习太极拳，后拜杨露禅子杨班侯学杨式小架太极拳。其子吴鉴泉在传承杨式小架太极拳的基础上使拳术柔化而连绵不断，逐渐形成了吴式太极拳流派。其特点是：拳架紧凑而开展，斜中寓直，动作轻松自然，以柔化著称。

武式太极拳

河北永年人武禹襄，初从师杨露禅习陈式老架太极拳，后又随陈青萍学陈式新架太极拳，经多年演练，自成一派独特风格。其特点是：姿势紧凑，动作小巧，步法虚实分明严格，出手不过足尖，左右手各管半个身体，胸腹部在进退旋转中始终保持中心位置。

孙式太极拳

河北定州人孙禄堂，精通形意拳和八卦掌。后向郝为真学习武式太极拳。孙禄堂将形意拳和八卦掌精华融入太极拳中，从而逐渐形成了自为一体的孙式太极拳。其特点是：进退相随，动作敏捷，舒展圆活，每转变方向时以开合动作相接，故又被称为开合活步太极拳。

从20世纪50年代开始，太极拳得到了蓬勃发展。先后有二十四式等太极拳套路问世。90年代，又有四十二式太极拳竞赛套路和各式流派的太极拳竞赛套路出现。为适应全民健身需求，八式和十六式的简化型太极拳得到了推广和开展。同时，中国传统的太极拳运动在世界各地也得到了广泛的传播。

二、技法特点

（一）虚灵顶劲竖项

经络学说有以头为百脉之宗的说法。练习太极拳时要求头顶部百会穴轻轻上提，好似头顶上有绳索悬着，从而感觉有虚灵顶劲之意，也称顶头悬。虚灵顶劲可使头部自然垂直，有利于练拳时的控制平衡和中枢神经对器官机能的调节等。

要保持虚灵顶劲姿势不松塌和不强硬，颈项要端正竖起，颈项的自然放松竖起能使头部左右转动时自然灵活，达到头正、顶平。做到虚灵顶劲，才能精神饱满、意会贯注，保持练习时的动作沉稳和扎实。

（二）沉肩坠肘坐腕

上肢的三大关节为肩关节、肘关节和腕关节。练太极拳时在松肩的前提下要求沉肩的坠肘，沉肩坠肘有利于躯干的含胸拔背，同时会有身体重心下沉的内劲感觉。沉肩坠肘动作要保持腋下的回旋余地，不要把臂紧贴胸部或体侧，还要有微向前合抱的感觉。

坐腕是腕关节向手背一侧自然屈起，无论在定势动作和运转动作中都须注意坐腕要求。坐腕对各类手法的劲力都有积极作用，如腕部松懈则前臂无力。掌握自然伸展的舒指与坐腕相配合，既有动作形象美感，又有臂部的劲力体现。

（三）含胸拔背实腹

含胸是胸廓略向内微屈，使胸部有舒宽的感觉。太极拳的含胸拔背是一种身体基本姿势要求，不是随动作变化而变动的。它既能使胸腔上下径拉长，横膈肌有更大向下舒展余地，有利于腹式呼吸的深长，又能有助于身体重心的下沉。拔背是当胸向内微含时，背部肌肉往下松沉，两肩中间脊背鼓起上提，同时略向后上方拉起，使背部肌肉产生一定张力和弹性。

横膈肌运动所产生的腹式呼吸，使腹部肌肉逐步得到锻炼，腹部渐渐充实圆满，尤其是下腹部的充实，更有益于气沉丹田的要求。腹部随练习会时松弛时紧张，但始终保持松静的状态和感觉。含胸拔背实腹相互作用，练拳时保持着躯干的基本姿势。

（四）松腰敛臀圆裆

腰是身体转动的关键部位，对动作变化、重心稳定等都起主要作用。练习时，对腰部的要求是松而沉。腰部松沉时要注意腰部能直竖，以有利于尾闾中正神贯顶的要求。虽然太极拳流派风格不一，如吴式太极拳的野马分鬃动作，身体姿势倾斜，但仍保持腰部脊柱直竖，也称做斜中寓直。

敛臀是在松腰的基础上使臀部稍做内收，同时和含胸拔背互相作用。敛臀时，放松臀部和腰部肌肉，使臀部肌肉向外下方舒展，然后向前、向内收敛，好似臀部把小腹托起。此举有利于气沉丹田的要求。

当两胯撑开，两膝有微向里扣的感觉时，就能起到圆裆的作用。胯关节是协调腰腿动作的主要关节，如果胯关节紧张，腰腿就很难相顺相随。圆裆和松胯的相配合能使腰部灵活和起到臀部内敛的作用。

（五）心静体松意注

太极拳练习的重要原则是心静意注。也就是说，练拳时思想集中，肢体放松，以意念引导动作的变化和运行。心静体松意注要求在未练拳之前即肢体放松，端正姿势，思想上摒除其他干扰杂念，处于无思无意状态。动作开始后，更应精神集中，用意念来引导动作，做到以意导体，意动形随。需要强调的是，体松并非肢体绵软无力。所谓体松就是要消除拙力和肢体僵硬，按照动作的虚实变化，做到全身不该用力之处不用力，逐步达到以松入柔，积柔成刚，刚柔相济。体松是一种达到练习太极拳刚柔相济的手段和方法。

（六）呼吸深长自然

太极拳练习时的呼吸，采用腹式呼吸来加深呼与吸的深长。腹式呼吸应配以意识引导动作，自然和均匀地、有意识地将气送至小腹部，也就是常说的"气沉丹田"。

太极拳练习的身体基本姿势都促使了腹式呼吸达到深长的要求。"拳式呼吸"一般是指练习时动作的开合屈伸、起落进退、虚实变化等结合一呼和一吸。呼吸与动作变化的配合应该是十分自然的，而不应该牵强地固定某动作必须是吸或者某动作必须是呼。所以"拳式呼吸"是在呼吸自然的前提下进行的。掌握正确与动作自然相配合的腹式呼吸方法，可使练习时肢体更放松，注意力更集中，动作更圆活和沉稳。

（七）势势意连形随

太极拳讲究一动无有不动，而且始终以意念引导动作。每当一个动作完成时，意念中就有下一个动作出现，要有意连形随的感觉。例如两手向前按时，先要有向前按的意向，然后动作随即跟着前去。意念不中断，上一个动作和下一个动作之间不产生停顿，保持着势势相连，绵绵不断。整个套路练习从头到尾给人一种连贯圆活的感觉，又好似有行云流水的舒畅感。太极拳练习基本上是缓慢的匀速运动，在意念领先的前提下，通过不断练习，能够达到势势意连形随的境地。

就陈式太极拳而言，有发劲、震脚和跳跃动作，动作与动作之间似乎与其他流派太极拳不一样，有停顿现象。但同样以势势意连形随的要求去衡量，就会有一种特有的动作节奏感悟，而不是简单的动作停顿了。

(八) 轻沉虚实兼备

太极拳是一种轻灵、缓慢、沉稳的拳术。动作如抽丝般徐缓不躁，又稳又静；迈步如猫行般轻起轻落，起步和落步都要有轻灵的感觉。即所谓一举动，周身都要轻灵，故有运劲如抽丝、迈步如猫行之说。轻灵和沉稳是相对独立而又统一的。太极拳的基本身体姿势和具有气沉丹田要求的腹式呼吸使身体重心下沉，无论是行步还是定势，步型步法既轻灵又沉稳。

太极拳以阴阳转换理论作指导，在每一势和每一动中，始终有着阴阳转换，即虚与实的转换。例如云手，左脚虚右脚实时，左脚向侧跨步；左脚实右脚虚时，右脚向左脚并步。身体重心也随着步型步法的虚实变化而不断转换位置，不会有滞迟沉重的感觉。同时虚实等的变化贯穿整个套路之中。

阴阳本身就是一对矛盾，而不断地转换就形成了不停顿的运动。太极拳的轻灵、沉稳、虚涵、扎实也在不断的练习过程中转换和变化，达到统一和谐的境地。

三、基本动作及方法

(一) 手型

太极拳的主要手型为拳、掌、勾三种。

拳
握拳方法同长拳，但拳要虚握，手心略含空。

掌
五指自然分开并微屈，虎口成圆形，掌心微含。陈式太极拳的掌形要求拇指和小指内扣，食指、中指、无名指微向后伸张。

勾
与长拳相同，可参阅长拳。惟须自然，不用力。

(二) 步型

太极拳的基本步型与长拳相同，可参阅长拳的要求。惟重心的高低根据练习者的条件和需要因人而异。

（三）手法

掤

手臂呈弧形，前臂由下向上、向外张架，劲力圆满有张力、有弹性（图 3-2-1）。

捋

常以两手一前一后、掌心一下一上相辅助，有随腰旋转向后下方回捋之势（图 3-2-2）。

挤

通常前手手背向外，另一手辅助，手臂呈弧形，向前方挤出，同时腰身有前进中寓后坐之意（图 3-2-3）。

按

两手心向前、向下按，有迎截外力并引为向下之意（图 3-2-4）。

图 3-2-1

图 3-2-2 　　　　图 3-2-3 　　　　图 3-2-4

（四）步法

进步

由开立步起，两腿微屈，右脚外撇，两手背于身后。左脚经右脚内侧向前迈出，脚跟先着地，重心前移，左脚踏实，成左弓步。重心后移，左脚尖外撇，重心前移，右脚经左脚内侧向前迈出，脚跟先着地，重心前移，成右弓步。重心后移，右脚尖外撇，重心再前移，准备左脚再向前迈（图 3-2-5①~⑮）。可重复若干次。

要点：迈步时由脚跟先着地，随重心前移慢慢过渡到前脚掌着地。

第三章 拳　术

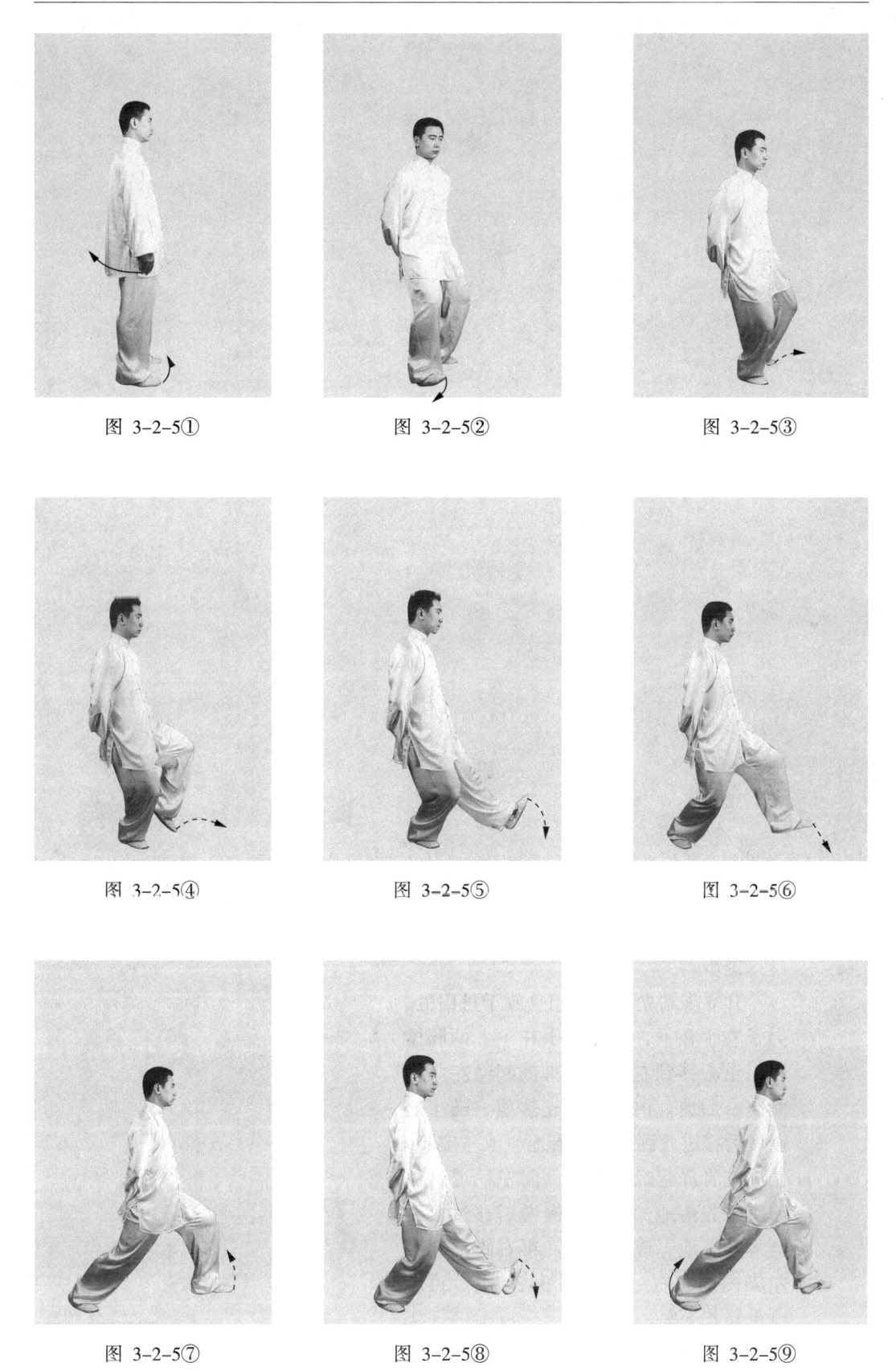

图 3-2-5①　　　　　　　图 3-2-5②　　　　　　　图 3-2-5③

图 3-2-5④　　　　　　　图 3-2-5⑤　　　　　　　图 3-2-5⑥

图 3-2-5⑦　　　　　　　图 3-2-5⑧　　　　　　　图 3-2-5⑨

图 3-2-5⑩ 　　　　　　　图 3-2-5⑪ 　　　　　　　图 3-2-5⑫

图 3-2-5⑬ 　　　　　　　图 3-2-5⑭ 　　　　　　　图 3-2-5⑮

退步

开立步站立，两手相叠放于丹田处，男子左手在下，女子右手在下。两膝微屈，重心移到左腿，右脚提起经左脚内侧向右后退。由前脚掌先落地，随重心慢慢后移过渡到全脚掌着地，成左虚步。然后左脚提起经右脚内侧向左后退。由前脚掌先落地，随重心慢慢后移过渡到全脚掌着地，成右虚步。再右脚提起经左脚内侧向右后退（图 3-2-6①~⑩）。可重复若干次。

图 3-2-6①

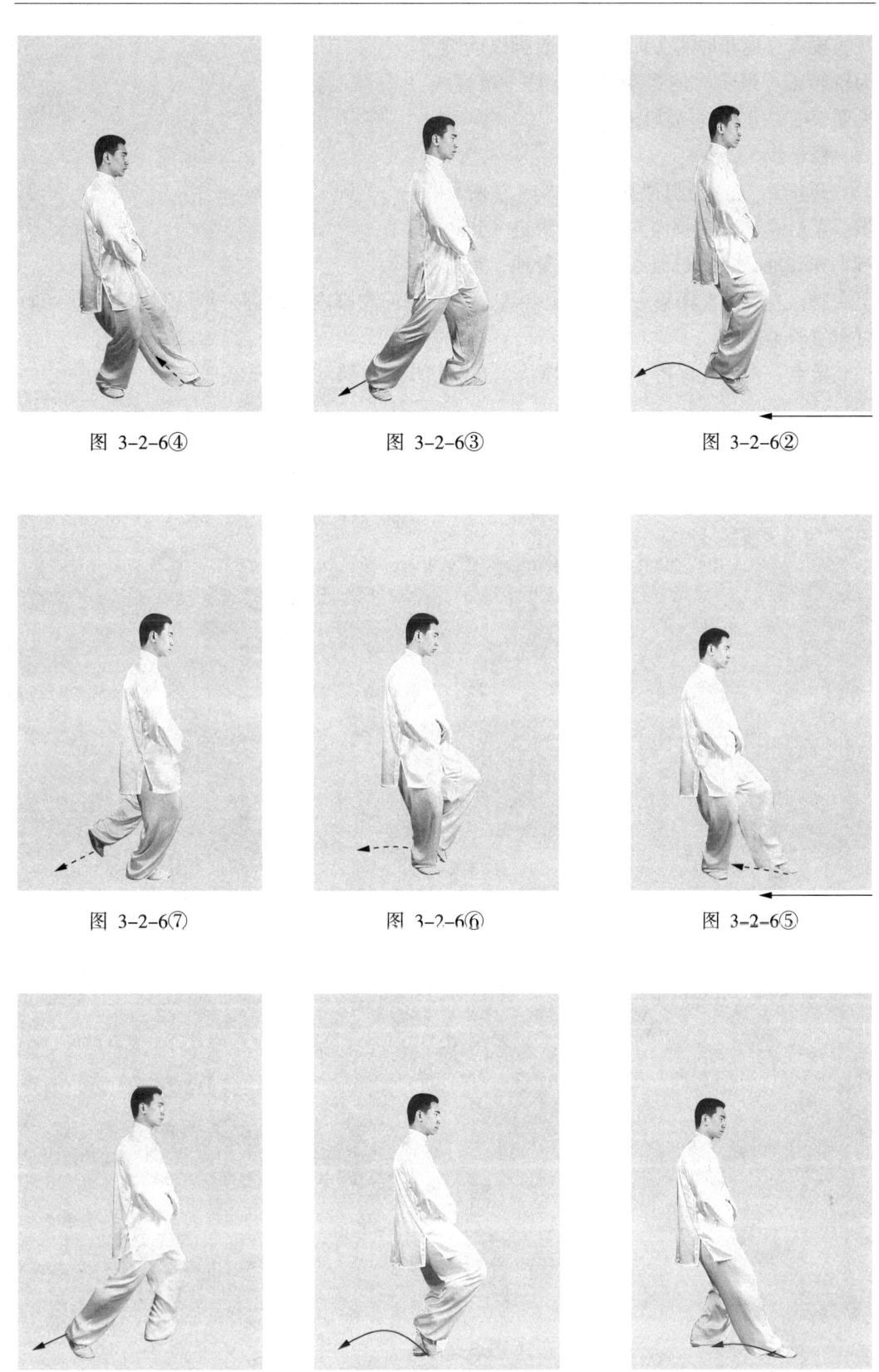

图 3-2-6④ 图 3-2-6③ 图 3-2-6②

图 3-2-6⑦ 图 3-2-6⑥ 图 3-2-6⑤

图 3-2-6⑩ 图 3-2-6⑨ 图 3-2-6⑧

要点： 退步时脚尖略外撇，前脚以前脚掌为轴转正。退步时的运动轨迹不是一条直线，见图 3-2-7 正确的轨迹图。

横移步

开步站立，两腿微屈，左脚向左横移一步。重心左移，右脚向左脚内侧跟进一步，前脚掌先着地，然后过渡到全脚掌着地；重心换至右脚，左脚向左横移一步。重心再左移，右脚向左脚内侧跟进一步（图 3-2-8①~⑯）。可重复若干次。

要点： 两腿先保持一定的微屈状，向侧移步后再移动身体重心。

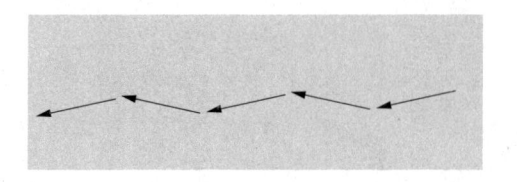

图 3-2-7

图 3-2-8①

图 3-2-8②

图 3-2-8③

图 3-2-8④

图 3-2-8⑤

图 3-2-8⑥

第三章 拳　术

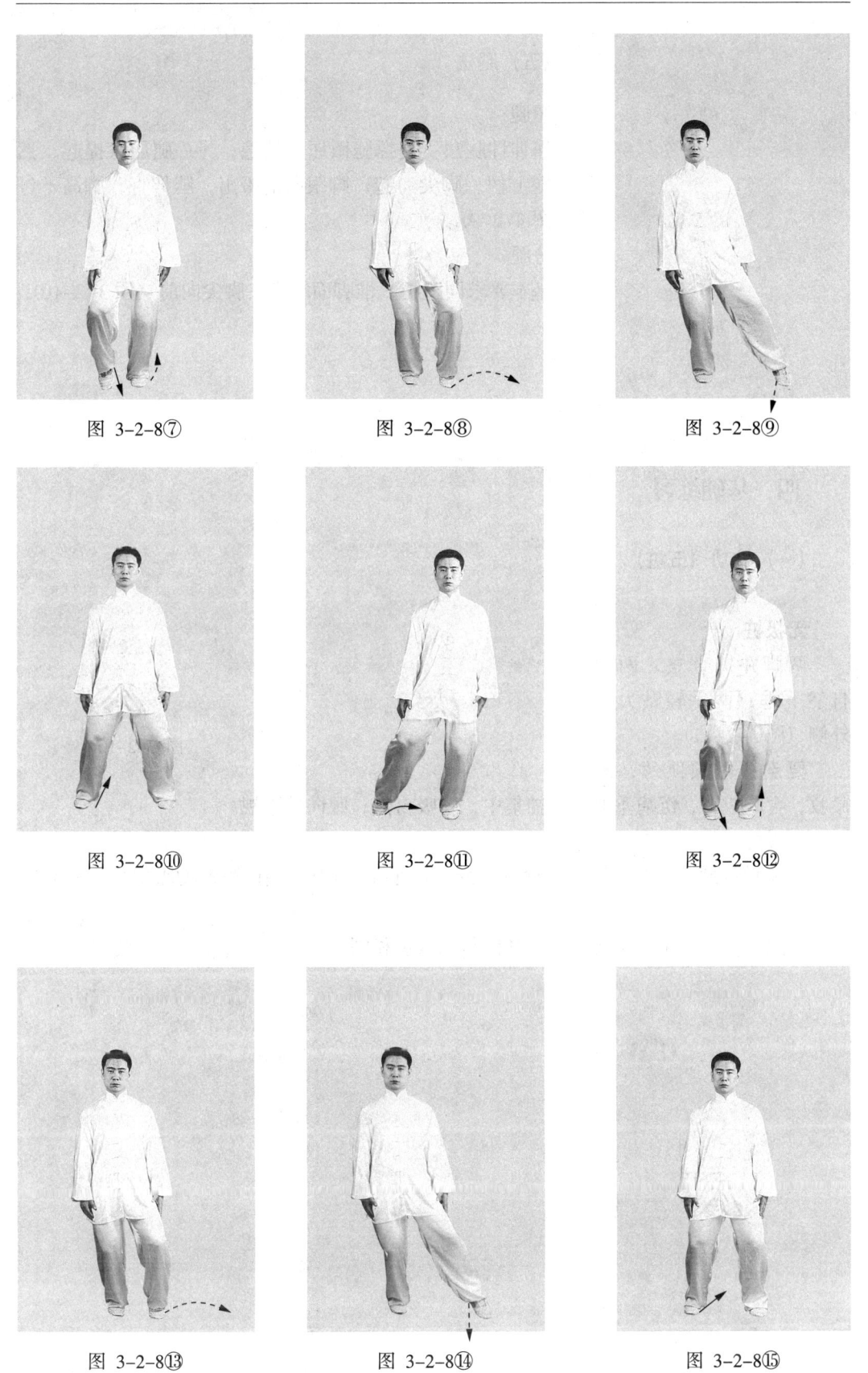

图 3-2-8⑦　　　　　　　　图 3-2-8⑧　　　　　　　　图 3-2-8⑨

图 3-2-8⑩　　　　　　　　图 3-2-8⑪　　　　　　　　图 3-2-8⑫

图 3-2-8⑬　　　　　　　　图 3-2-8⑭　　　　　　　　图 3-2-8⑮

83

（五）腿法

蹬腿

屈伸性腿法。支撑腿微屈，站稳；另一腿屈膝提起，然后小腿上摆，脚尖勾起，脚跟向前蹬出，腿伸直，脚高不过肩（图3-2-9）。

分腿

基本要求同蹬腿。惟脚面绷直，脚尖向前（图3-2-10）。

图 3-2-8⑯

图 3-2-9

图 3-2-10

四、基础练习

（一）桩功（五桩）

无极桩

两脚并拢直立，两臂自然下垂，两手轻贴大腿外侧（图3-2-11）。

要点：虚领顶劲，颔微收，含胸拔背，沉肩垂肘，精神集中，呼吸自然，眼向前平视。

太极桩

两脚平行站立，与肩同宽，两膝微屈，两手手心向内，在胸前成抱球状（图3-2-12）。

要点：气沉丹田，腹式呼吸。其他与无极桩相同。

图 3-2-11

图 3-2-12

开合桩

开步站立。两手在腹前，手心对"丹田"，慢慢向上、向外拉开，如抱一大球状。然后慢慢收回腹前成抱球状（图 3-2-13①~⑦）。可反复数次。

要点：两手始终形成抱球状，向上拉开时配合吸气，向下收回时配合呼气。其他要求同无极桩。

图 3-2-13①

图 3-2-13② 　　图 3-2-13③ 　　图 3-2-13④

图 3-2-13⑤ 　　图 3-2-13⑥ 　　图 3-2-13⑦

起落桩

开步站立。两手向前上方慢慢平举，手心向下，与肩同高。然后微屈膝下蹲，两肘微屈，同时两手慢慢下按至腹前。再两膝慢慢伸直，两手慢慢向上回举至肩平（图3-2-14①~⑦）。如此反复数次。

要点：手上提时吸气，微伸手腕；手下按时呼气，垂肘微坐腕。

图 3-2-14①

图 3-2-14②

图 3-2-14③

图 3-2-14④

图 3-2-14⑤

图 3-2-14⑥

图 3-2-14⑦

虚实桩

开步站立。重心慢慢移向右腿，身体微向左转，左脚跟提起，两手向左上方慢慢提起，左脚左前伸，脚跟着地成虚步，两手前后合抱于左前方。然后左脚轻轻收回，重心慢慢移向左腿，身体微向右转，右脚跟提起，两手向右上方慢慢提起，右脚右前伸，脚跟着地成虚步，两手前后合抱于右前方。然后右脚收回（图3-2-15①~⑩）。可反复数次。

要点： 前伸脚轻提轻落，虚实要分清。

图 3-2-15①

图 3-2-15②

图 3-2-15③

图 3-2-15④

图 3-2-15⑤

图 3-2-15⑥

图 3-2-15⑦

图 3-2-15⑧ 　　　　　　　图 3-2-15⑨ 　　　　　　　图 3-2-15⑩

(二) 组合练习

1. 左云手——左单鞭——左手挥琵琶——右云手——右单鞭——右手挥琵琶（图 3-2-16①~⑮）。

图 3-2-16① 　　　　　　　图 3-2-16② 　　　　　　　图 3-2-16③

图 3-2-16④ 　　　　　　　图 3-2-16⑤ 　　　　　　　图 3-2-16⑥

第三章 拳　术

图 3-2-16⑦ 　　　　　　　图 3-2-16⑧ 　　　　　　　图 3-2-16⑨

图 3-2-16⑩ 　　　　　　　图 3-2-16⑪ 　　　　　　　图 3-2-16⑫

图 3-2-16⑬ 　　　　　　　图 3-2-16⑭ 　　　　　　　图 3-2-16⑮

2. 左玉女穿梭——右玉女穿梭——左蹬腿——右蹬腿（图 3-2-17①~⑩）。

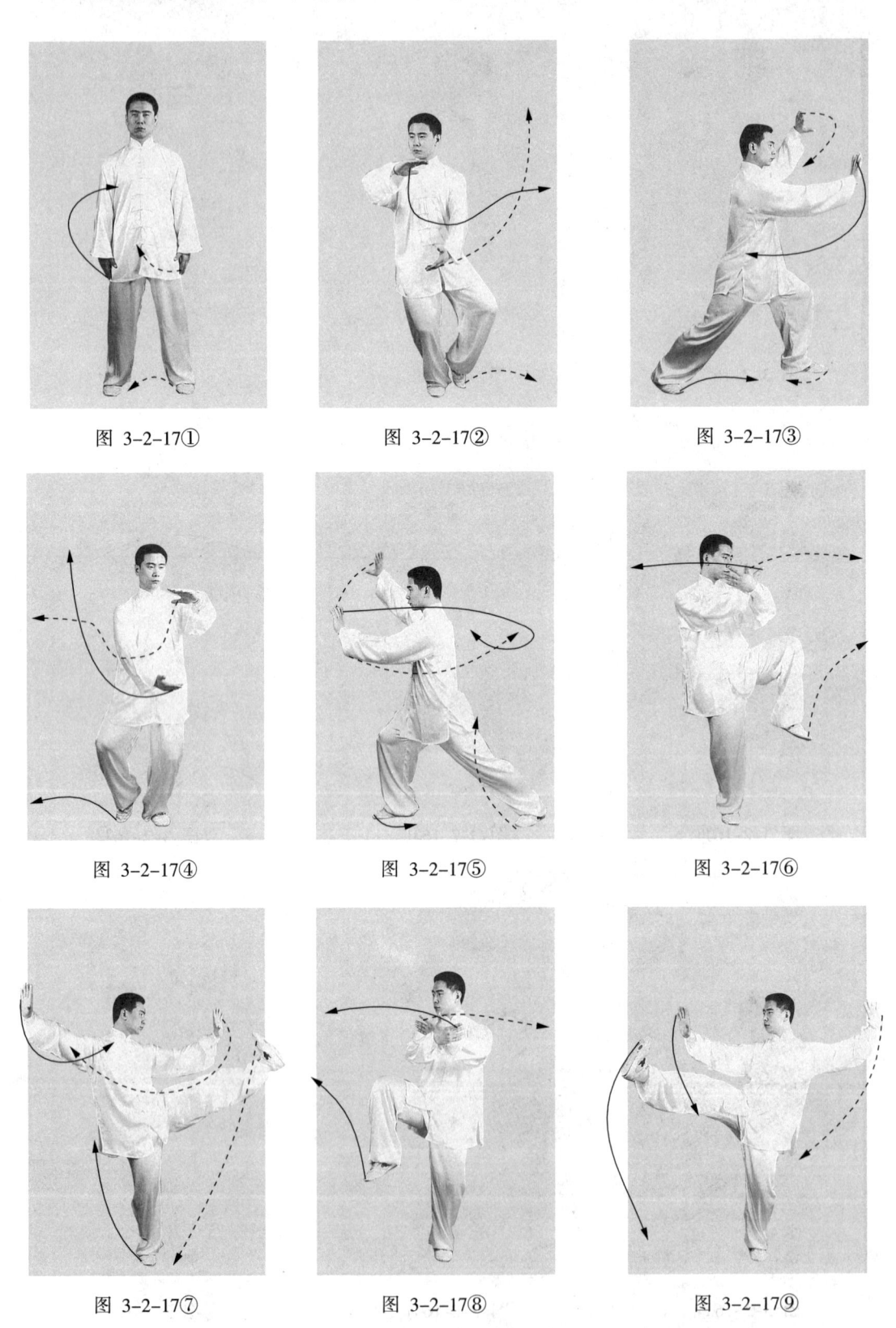

图 3-2-17①　　　　　　图 3-2-17②　　　　　　图 3-2-17③

图 3-2-17④　　　　　　图 3-2-17⑤　　　　　　图 3-2-17⑥

图 3-2-17⑦　　　　　　图 3-2-17⑧　　　　　　图 3-2-17⑨

3. 左搂膝拗步——右搂膝拗步——左下势独立——右下势独立（图3-2-18①~⑬）。

图 3-2-17⑩

图 3-2-18①

图 3-2-18②

图 3-2-18③

图 3-2-18④

图 3-2-18⑤

图 3-2-18⑥

图 3-2-18⑦

图 3-2-18⑧　　　　　　图 3-2-18⑨　　　　　　图 3-2-18⑩

图 3-2-18⑪　　　　　　图 3-2-18⑫　　　　　　图 3-2-18⑬

4. 左右野马分鬃（两个）——左揽雀尾——右揽雀尾（图 3-2-19①~㉑）。

组合练习要点：每组练习的结束动作都可自然地接起始动作再进行反复练习。

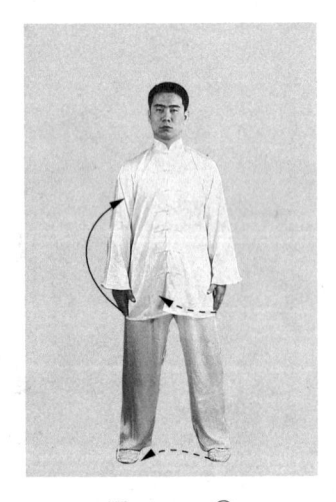

图 3-2-19① 　　　　　　图 3-2-19② 　　　　　　图 3-2-19③

第三章 拳　术

图 3-2-19④　　　　　　　图 3-2-19⑤　　　　　　　图 3-2-19⑥

图 3-2-19⑦　　　　　　　图 3-2-19⑧　　　　　　　图 3-2-19⑨

图 3-2-19⑩　　　　　　　图 3-2-19⑪　　　　　　　图 3-2-19⑫

93

图 3-2-19⑬   图 3-2-19⑭   图 3-2-19⑮

图 3-2-19⑯   图 3-2-19⑰   图 3-2-19⑱

图 3-2-19⑲   图 3-2-19⑳   图 3-2-19㉑

(三) 基本套路

八式、十六式推广套路。

五、教学要点

太极拳是一种柔和、缓慢、轻灵的拳术。动作轻柔圆活，处处带有弧形，运动绵绵不断，势势相承。太极拳的教学除了遵循武术套路教学常用的原则外，还应注意以下几个方面的要点：

(一) 先求心静体松

在教学前让学生有意识地放松站立片刻，以达到心静体松的目的。心静容易使动作达到匀速和缓慢，避免忽快忽慢等急躁现象；体松，可以使身体姿势达到沉肩坠肘、自然舒胸和松腰敛臀等基本要求。

(二) 从单个动作教学和步法练习开始

单个动作教学时，选择典型动作进行分解教学，这样有利于加深对动作内涵、方法、要求的认识。如"揽雀尾"，由掤、捋、挤、按四种上肢手法和原地前移后坐的下肢步法组成，就可采用"前移——掤、后坐——捋、前移——挤、后坐——按、再前移"的分解教学方法。当分解动作掌握之后，就可以进行该动作的完整性教学，使"揽雀尾"的四个分解动作前后配合，贯穿完整。有时也可以先进行上肢与上体动作的教学，如"云手"，可先原地进行手法与身法的配合练习，再与下肢配合起来教学。太极拳套路练习时的身体重心移动是通过步法的移动而进行的，而且始终是在缓慢而不停顿之中。所以步法的教学是以掌握身体重心平稳和身体重心变化为目的。如步法中的"进步"教学，两手可以自然下垂体侧或置于背后，当重心位于右脚时，左脚向前迈步，重心由脚跟逐渐过渡到全脚掌，随后重心后坐，左脚外撇，重心过渡到左脚时，右脚慢慢提起前移进步。教学时要注意动作平稳和缓慢，身体要求正直，不可忽高忽低。"退步"和"横移步"等步法的教学要求基本上也是如此。

(三) 静止架势与慢速连贯的教学结合

按照太极拳套路动作的先后顺序，先教会每一个动作的静止正确架势，然后教每一动作的路线，最后再将这些动作贯串起来。这种先势后招的教法，优点是能较规范地掌握静止动作架势。但在教学中不可忽视动作的过程和动作与动作间的连贯性，以及完整的讲解和示范教学。教学要突出太极拳连绵不断的运动特点，并要使学生在教学的过程中始终都能体会这一特点。

太极拳流派较多，风格各异，例如陈式太极拳刚柔相济、快慢相兼，并有发劲和跳跃；吴式太极拳身体姿势要求有斜中寓直、身体有前探的特点等。所以教学要根据各式太极拳的特点，灵活掌握和运用教学方法与手段。

(作者：卫志强、梅杭强　摄影：梅杭强　演示：常　勇)

第三节　南　拳

一、概　说

南拳为流传于我国长江以南各地诸多拳种的统称。其流传的地域主要包括广东、广西、福建、湖南、湖北、四川、江西、江苏、浙江等。南拳是目前国内外武术套路比赛的重点项目之一。

南拳在我国源远流长，历史悠久。据《小知录》记载：在明代有"使拳之家十一""使枪之家十七"，其拳有"赵家拳""南拳""勾挂拳""披挂拳"。可见，南拳在四百多年前已被载入史册。由于历史的发展，加之各地人们的传习关系，使南拳形成了各具特色的不同流派。

广东南拳极为盛行，有洪家拳、刘家拳、蔡家拳、李家拳、莫家拳五大流派。还有蔡李佛拳、虎鹤双形拳、佛家拳、侠家拳、刁家教、岳家教、朱家教等等。据调查，广东的各种南拳和器械套路就有三百多种。

福建南拳遍及全省各地，主要盛行于福州、厦门、泉州、莆田、漳州和永春、连城等市、县。福州有龙、虎、豹、蛇、鹤五形拳和猴拳、犬法、鸡法、鱼法、少林拳、梅花拳、罗汉拳等流派。其他地区还流传有五祖拳（又名五祖鹤洋拳）、连城拳、白鹤拳、五祖白鹤拳、五兽拳、左二拳、南拳四门、虎仔金刚拳、梅花拳、金竹拳等。据1978年福建调研组的调查资料分析，福建的南拳也分内家拳和外家拳，其来源主要是官方和少林寺。

四川南拳也有着悠久的历史，现在的派系主要有僧、岳、赵、杜、洪、化、字、会八大流派：僧门拳主要流行于川西、川南一带；岳门拳主要流行于川东、川南等地；赵门拳在川南和泸、纳、宜、南溪等地流行；杜门拳盛行于川北和南充地区；洪门拳在四川流行甚广；化门拳多流行于川东、川北地区；字门拳主要流行于广安、岳池一带，尤以唐家河最为盛行；会门拳现在练习的人已经不多了。

湖南南拳有巫、洪、薛、岳四大流派。湖北南拳分为洪、鱼、孔、风、水、火、字、熊八门。江西南拳有字、硬两门。浙江南拳有洪家、黑虎、金刚三大拳系。另外，还有温州南拳、台州南拳和苏州南拳等。

新中国成立以来，于1960年将南拳列为全国武术竞赛项目。1961年后把广东南拳中的虎鹤双形拳修改编入了全国体育院校通用教材。从1990年第11届亚运会开始，由中国武术协会组织专家，把南拳编成统一的竞赛套路，成为国内外的重大武术比赛项目。1992年初，中国武术研究院又组织了部分南拳专家及优秀运动员创编了"南棍""南刀"的竞赛套路，作为我国第7届全国运动会武术比赛的规定套路。因此，南拳发展至今，不论是套路编排的科学性、风格特点的一致性，还是整体的运动技术水平，都有了较大的提高和发展。

二、技法特点

（一）稳马硬桥

南拳中的"马"即为"桩步"。是步型、步法的统称。所谓"稳马"，就是要求桩步沉实、稳固，坚不可摧。南拳的步型虽有高矮之分，但必须做到高而不浮，低而不板，进退闪转灵活。马步和弓步是南拳中的主要桩步，站桩时要求五趾抓地，落地生根，强调"稳如铁塔坐如山"。有的运动员在完成一个"定势"时，下盘不是腿部晃动就是脚趾乱动，这是桩步不稳、特点不突出的表现。南拳之所以要经常练习站桩（扎马），其目的首先是为了提高腿部的沉实和稳固，腿部沉实了，步势才能稳扎，运动才有章法；再者，是为了加快建立正确的动力定型，强化本体感觉。

"桥"是南拳中特有的一种手法。桥法即是臂的运行方法。"硬桥"即是对桥法的质量要求。南拳谚语中讲："手是铜锤脚是马"，意思是把手臂练得像铜锤一样坚硬，才能在攻防的对抗中得心应手，与他人交手接触时，自己不至于受伤。南拳的桥法，大都是用于防守，如截桥、架桥、缠桥、圈桥、穿桥、滚桥等。

（二）刚劲有力

南拳的发劲尽管分有短劲、长劲、弹抖劲、爆发劲等，但一般说来，刚劲有力是南拳的共同特点。如何做到刚劲有力呢？首先要注意发力的顺序，"力从腰马生"，通过腿、腰、背、肩以及全身的协调一致，使力贯穿顺达，这是掌握南拳发劲的关键。正如拳家所说："力，其根在脚，发于腿，宰于腰，形于手。"如完成一个弓步冲拳时，先由半马步过渡，并且配合闭气蓄劲，然后通过蹬脚、扣膝、合胯、转腰、冲拳的由下而上的发力顺序；再如一个马步冲拳，要先闭气蓄劲，然后转腰顺肩冲拳，不能只注意梢节（拳）的"拉劲"，而没有注意根节（腿和腰）的"催劲"。其二要蓄发充分。南拳的发劲，强调在发劲前要有一个闭气蓄劲的过程，通过闭气，做到内紧（意识）外松（肌肉）；通过呼气发力，达到以气催力，加大始发的速度和爆发性用劲。如若发的是长劲，则应该打深、打透，不能为了求快而发一半劲。其三要力点准确、明显。南拳的技术动作大都讲究攻防含义，凡是进攻性动作，在演练时都要表现出明显的发力点，如南拳竞赛套路第四段的拖步冲拳接插步鞭拳接翻身挂盖拳，其中的冲拳、鞭拳和挂盖拳必须有明显的发力点，否则就体现不了南拳刚劲有力的风格特点。

（三）手法丰富

南拳的上肢手法较其他拳种丰富，不仅包括有拳法、掌法、勾法，而且还有爪法、指法、肘法和桥法，尤其是桥法更是区别于其他拳种的显著特点之一。南拳练习通常在步型不变的情况下连续完成若干次上肢动作，故有"一势多手，一步几变手"的说法。南拳多短拳，擅标手，跳跃、腿法动作少。其腿法也大多采用踢、钉、踹、踩、弹等屈伸性腿法和少部分扫转性腿法，起腿一般要求高不过腰。跳跃动作多以跃步、跨步和其他小跃步为主。故武术谚语中有"南拳北腿"之说。

（四）脱肩团胛

南拳的身法讲究脱肩团胛。脱肩，是指两肩有意识地向下沉坠；团胛，是使肩胛骨向前微合，形成团状。脱肩下沉，有助于臂、肘的合力；团胛前合，使背部收紧，有助于发劲前的蓄劲。

（五）直项圆胸

南拳的身法还讲究直项圆胸。直项就是要求下颌里收，使颈部伸直；圆胸，就是要求胸微内含，稍呈圆形。颈直有助于胸、背、肩、肘的劲力合一；圆胸则有助于沉气实腹，闭气蓄劲。

（六）气沉丹田

南拳非常讲究气沉丹田，强调沉气实腹，使腹肌也参与收缩。沉气实腹，促使臀部必须收敛。它与脱肩团胛、直项圆胸以及脚趾抓地乃是一个整体，做到上下完整一体，周身劲力凝结一处，形成整力。

（七）节奏铿锵

在武术的套路演练中，不论是哪个项目，都讲究演练的节奏。所谓节奏，实际上就是如何处理快慢、顿挫的问题。不同的拳种，有不同的节奏。"铿锵"，即为明快干脆，朗朗有声。南拳的动作虽然也有快、有慢，但快必须是方法清楚、动作到位、发力明显，并不是平平淡淡地一味求快，也绝不是拖泥带水地快；即便是慢，动作也是刚劲有力，如单、双推指手，要求肌肉极限收缩而隆起，直项圆胸，脱肩团胛，沉气实腹，以气催力，均匀而缓慢地用劲向前推出，在身体的外形上表现出一种"体刚劲粗"的特点。

（八）拳势刚烈

拳势，即气势。其他拳种称之为"精、气、神"。"呼喝则风云变色，开拳则山岳崩秃"，这是区别于其他拳种的又一个特点之一，如稳健沉实的步法、饱满刚烈的发劲、抑扬顿挫的节奏，以及体格健壮、肌肉发达的形体等都是表现这一特点的重要因素。另外，南拳在套路演练时，还讲究发声呼喝，通过合理的发声，一是助拳势，二是助发力，三是助形象，四是有利于排除体内余气。还有，在意识的运用和面部的表情上，也要注意合理而巧妙地配合。南拳在演练时，一般要意识内守、含蓄，面部表情略带怒意，眉宇微内收，全神贯注于每一招，每一势，做到意、气、形要整，有一种拳势威猛、气势逼人的演练效果。

三、基本动作及方法

(一) 手型

1. 拳

五指卷屈握紧，拳面要平，拇指压于食指和中指的第二指节上，任何指骨都不得凸出拳面（图3-3-1）。

2. 柳叶掌

拇指弯曲，其余四指伸直并拢（图3-3-2）。

3. 虎爪

五指用力张开，第二、三节指骨弯曲，第一节指骨尽量向手背的一面伸张，使掌心凸出（图3-3-3）。

4. 鹰爪

拇指弯曲外展，其余四指并紧，使第二、三节指骨弯曲，但不得并拢（图3-3-4）。

5. 鹤嘴手

五指捏拢，指尖要平，直腕（图3-3-5）。

6. 单指

食指伸直，其余四指的第一、二节向内紧屈（图3-3-6）。

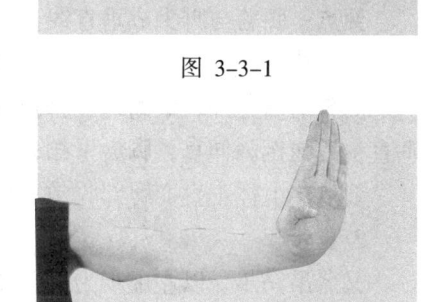

图 3-3-1

图 3-3-2

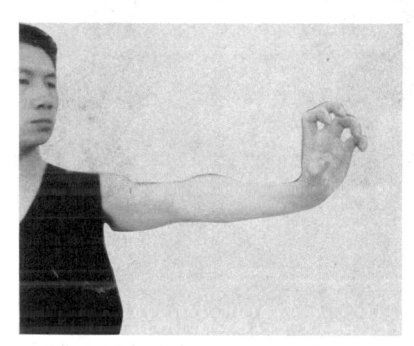

图 3-3-3

图 3-3-4

图 3-3-5

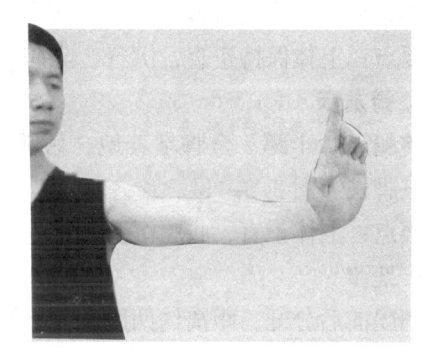

图 3-3-6

(二) 步型

1. 马步

两脚分开，距离约三脚长，脚尖正对前方，屈膝半蹲，膝部与脚尖垂直，上体正直，收腹敛臀，双手握拳置于腰两侧（图 3-3-7）。

要点：膝盖与脚尖成垂直线，收腹、立腰、脚外缘用劲，使两脚尖正对前方。

2. 弓步

两脚前后分开，距离约三脚长。前脚脚尖里扣，斜向前方，屈膝半蹲，膝部与脚尖垂直；后腿挺膝伸直，脚尖里扣；两脚全脚掌着地（图 3-3-8）。

要点：上体正直，臀部收敛，前脚踩、后脚蹬。

3. 虚步

又名吊马步。以左虚步为例，左腿屈膝前伸，前脚掌虚点地面；右腿屈膝半蹲，脚尖斜向前方；收腹敛臀，重心落于右腿（图 3-3-9）。

要点：虚实要分明，上体保持正直。

图 3-3-7 　　　　　图 3-3-8 　　　　　图 3-3-9

4. 拐步

两腿前后交叉。前腿屈膝下蹲，脚尖外展（约 90°）；后腿屈膝下跪，膝部接近地面，脚跟离地；收腹敛臀（图 3-3-10）。

要点：上体保持正直，沉气、坐胯、前脚踩地。

5. 骑龙步

前腿屈膝半蹲，全脚掌着地；后腿屈膝下跪（不得贴地），前脚掌着地。两脚间相距约三脚长（图 3-3-11）。

要点：上体正直，收腹沉胯，重心偏于前腿。

6. 跪步

两腿前后分开，距离约两脚长。前腿屈膝下蹲；后腿屈膝下跪，膝部接近地面（不得触地），脚跟离地，臀部后坐（图 3-3-12）。

图 3-3-10 　　　　　　　　　图 3-3-11 　　　　　　　　　图 3-3-12

要点：上体正直，重心略偏后腿。

7. 半马步

两脚左右分开，距离约三脚长，屈膝半蹲。左脚脚尖朝左，右脚脚尖朝前，重心偏于右腿（如右脚脚尖朝右，则重心偏于左腿），收腹敛臀（图 3-3-13）。

要点：腰微向左（右）转，收腹敛臀，上体正直。

8. 独立步

一腿伸直站立支撑体重，另一腿屈膝提起，脚面绷直，脚尖朝下；收腹立腰，站立要稳（图 3-3-14）。

要点：支撑脚五趾抓地，挺膝、沉气。

9. 单蝶步

一腿屈膝下蹲，另一腿跪地（小腿内侧贴地），收腹立腰（图 3-3-15）。

要点：下蹲腿全脚掌着地，脚跟与跪地腿的膝盖基本平行。

图 3-3-13 　　　　　　　　　图 3-3-14 　　　　　　　　　图 3-3-15

(三) 手法

拳法

1. 左右前冲拳

（1）由马步抱拳开始。右拳向前冲出，拳心朝下成平拳（拳眼朝上为立拳），高与肩平。目视右拳（图 3-3-16）。

（2）右拳收回腰间。同时左拳向前冲出，拳心朝下，高与肩平。目视左拳（图 3-3-17）。反复练习。

要点： 冲拳时以腰发力，上臂催前臂，力达拳面，当肘关节将要离开腰部的瞬间，臂内旋，以气催力，拳带钻劲。收拳时主动屈肘后拉，前臂外旋，拳走直线。

图 3-3-16 　　　　　　　　　图 3-3-17

2. 左右侧冲拳

（1）由两脚并步、抱拳开始。右拳从腰间向左侧冲出，拳眼朝上，高与肩平。目视右拳（图 3-3-18）。

（2）右拳收回腰间，左拳向左侧冲出，拳眼朝上，高与肩平。目视左拳（图 3-3-19）。反复练习。

要点： 挺胸、立腰、竖项，以肘催手，拳面领先，沉肩旋臂。

图 3-3-18 　　　　　　　　　图 3-3-19

3. 左右撞拳

（1）由并步抱拳开始，左脚向左侧横跨一步，左腿屈膝成左弓步。同时右拳屈肘由下向前、向上勾撞，拳面朝上，拳心朝里，高与肩平。目视右拳（图 3-3-20）。

（2）以两脚掌为轴，身体右转 180°，右腿屈膝成右弓步。同时左拳屈肘由下向前、向上勾撞，拳面朝上，拳心朝里，高与肩平；右拳收抱于腰间，拳心朝上。目视左拳（图 3-3-21）。反复练习。

要点：撞拳要充分借助扣膝、转腰的力量，发短劲，手腕微向里扣，力达拳面，上臂与前臂的夹角在 90°~100°之间。

4. 左右盖拳

（1）由并步抱拳开始。左脚向左侧迈步，脚尖朝前，屈膝半蹲成左弓步。同时身体左转，左拳向左侧伸出后直臂向下、向体后抡摆至与肩同高，拳心朝下；右拳向右侧伸出后直臂向上、向左弧形抡盖至体前，拳心斜朝里，力达拳心。目视右拳（图 3-3-22）。

（2）身体右转 180°，左腿挺膝伸直，右腿屈膝半蹲成右弓步。同时右拳由前向上、向下、向体后抡摆至与肩同高，拳心朝下；左拳由后经下向上、向前弧形抡摆至体前，拳心斜朝里，力达拳心。目视左拳（图 3-3-23），左右反复练习。

要点：转体时，以腰带臂，臂绕经体侧沿立圆运行，腰背发力，收腹含胸，下盖到终点要制动，发力要明显。

图 3-3-20

图 3-3-21

图 3-3-22

图 3-3-23

5. 左右抛拳

（1）由并步抱拳开始。身体左传，左脚向左侧迈出一步，屈膝半蹲成左弓步。同时左拳直臂向左后侧摆至与肩同高，拳心朝下；右拳直臂向右斜上方抛起，拳举于头上方，拳眼朝后。目视右前方（图 3-3-24）。

（2）身体右转，右腿屈膝半蹲成右弓步。同时右拳直臂由上向下、向右弧形摆至右后方，与肩同高，拳心朝下；左拳向下经体侧向左斜上方抛起，拳举于头上方，拳眼朝后。目视左前方（图 3-3-25）。左右反复练习。

要点：抛拳路线由下向斜上，紧贴身体，臂外旋，力达拳眼（或前臂桡骨侧），收腹立腰。

6. 左右挂拳

（1）由马步抱拳开始。左拳向内经上向左侧抄挂，臂微屈，拳心朝上，力达拳背。目视左拳（图 3-3-26）。

（2）右拳向内经上向右侧抄挂，臂微屈，拳心朝上，力达拳背。同时左拳收抱于腰间，拳心朝上。目视右拳（图 3-3-27）。左右反复练习。

要点：挂拳时臂先内旋后外旋，经体前立圆运行，眼随手动，以腰带臂，手腕微扣。

图 3-3-24 　　　　　图 3-3-25

图 3-3-26 　　　　　图 3-3-27

7. 左右扫拳

（1）由并步抱拳开始。左脚向左侧横跨一步，左腿屈膝，右腿伸直成左弓步。同时身体左转，右拳内旋侧伸，直臂向前、向左抡扫，屈臂置于胸前，拳心朝里，力达拳面。目视前方（图3-3-28）。

（2）身体右转，左腿伸直，右腿屈膝成右弓步。同时左拳内旋侧伸，直臂向前、向右抡扫，屈臂置于胸前，拳心朝里，力达拳面；右拳随转体收回腰间。目视前方（图3-3-29）。反复练习。

要点：以腰带臂，力发于腰。扫拳时以肩关节为轴，臂由直至屈，加快扫拳速度。

8. 左右鞭拳

（1）由并步抱拳开始。左脚向左侧跨一步，微屈膝，脚尖朝前。同时右拳变掌向右侧伸直，拇指侧朝上；左拳平屈于胸前。动作不停，右脚经左腿后向左侧插一步，腿伸直，脚跟离地。同时左拳由体前向左侧鞭甩，拳眼朝上，力达拳背（鞭击的部位有上、中、下之分）；右掌附于左肩前。目视左拳（图3-3-30、31）。

图 3-3-28 　　　　　　　　图 3-3-29

图 3-3-30 　　　　　　　　图 3-3-31

（2）右脚向右侧跨一步，脚尖朝前，微屈膝。同时左拳变掌，右掌变拳。动作不停，左脚经右腿后向右侧插一步，腿伸直，脚跟离地。同时右拳由体前向右侧鞭甩，拳眼朝上，力达拳背；左掌附于右肩前。目视右拳（图3-3-32、33）。左右反复练习。

要点： 插步、鞭拳、转头要协调一致，鞭拳时以肘关节为轴，臂由屈至伸，发力干脆，甩臂明显。

9. 左右劈拳

（1）由并步抱拳开始。左脚向左侧跨一步，左腿屈膝半蹲，右腿屈膝下跪成左骑龙步。同时右拳由腰间经上向斜下直劈，拳心朝里，力达拳轮；左拳随之上架于头上方。目视右拳（图3-3-34）。

（2）身体右转，右腿屈膝半蹲，左腿屈膝下跪成右骑龙步。同时左拳由上向斜下直劈，拳心朝里，力达拳轮；右拳经脸前向头上架起。目视左拳（图3-3-35）。反复练习。

要点： 劈拳时臂微内旋，以拳轮为力点，扣膝、切胯、转腰要一致。

图 3-3-32

图 3-3-33

图 3-3-34

图 3-3-35

掌法

10. 左右推掌

（1）由马步抱拳开始。左拳变掌用力向前推击，掌指与肩平。目视左掌（图 3-3-36）。

（2）右拳变掌用力向前推击，掌与肩平。同时左掌变拳，收抱于腰间，拳心朝上。目视右掌（图 3-3-37）。反复练习。

要点：臂由屈至伸，推掌时臂肌收缩适度，力发于腰，力达掌根或掌的外缘。推掌可分为双推、单推、横手推和蝴蝶推等。

11. 挑掌

由马步抱拳开始。两拳变掌经内向上、向外弧形挑起，两掌心朝后，掌指略高于肩。目视前方（图 3-3-38）。

要点：掌经内向外弧形挑起，以肘关节为轴，以拇指侧为力点，两肘下垂微向里合。

12. 标掌

由马步抱拳开始。两拳变掌直线向前标出，臂高与肩平，掌心相对，力达指尖。目视两掌（图 3-3-39）。

图 3-3-36

图 3-3-37

图 3-3-38

图 3-3-39

要点：臂由屈至伸，以掌领先，以肘催手，用力要短、快，臂肌保持一定的紧张度。标掌分直掌前标，俯掌前标，仰掌标，单、双标掌。

13. 左右盘手双推掌

（1）由两脚开步抱拳开始（图 3-3-40）。

（2）两拳变掌，左掌从左向上经脸前向右盘手置于右胸前，掌心朝右，掌指朝上；右掌从右向左、向上经脸前向右盘手置于右腰侧，掌心朝前，掌指朝下。目视左侧（图 3-3-41）。此势称为右侧蝴蝶掌（下同）。

（3）两掌同时向左侧平推，两肘微屈。右掌心朝上，掌指朝右；左掌心朝下，掌指朝右。两小指侧成平行，高与胸平。目视两掌（图 3-3-42）。

（4）两掌由前向下、向右经脸前向左盘手，右掌置于左胸前，掌心朝左，掌指朝上；左掌置于左腰侧，掌心朝前，掌指朝下。目视右侧（图 3-3-43）。此势称为左侧蝴蝶掌（下同）。

图 3-3-40 　　　　　　　　图 3-3-41

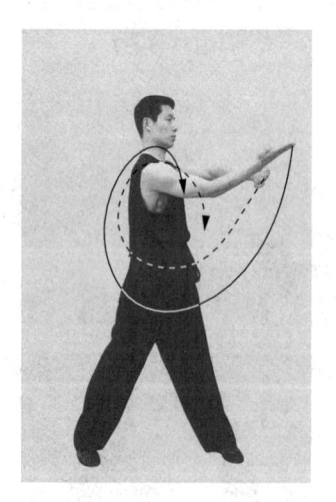

图 3-3-42 　　　　　　　　图 3-3-43

（5）两掌同时向右侧平推，两肘微屈。左掌心朝上，掌指朝左；右掌心朝下，掌指朝左，两小指侧成平行，高与胸平。目视两掌（图3-3-44）。左右反复练习。

要点：盘手以肘关节为轴盘绕，高不过头，低不过腹，不可停顿，绕行时两臂要靠近躯干。推掌时两掌小指侧齐平，向左推掌时左臂成半圆，右肘下沉；向右推掌时则右臂成半圆，左肘下沉。

爪法

14. 左右抓面爪

（1）由并步抱拳开始。左脚向左侧开步，脚尖朝左，两膝弯曲成半马步。同时左拳变虎爪，由腰间经外向里、向下按，手心朝前。目视左爪（图3-3-45）。

（2）身体微左转，左腿屈膝，右腿蹬地挺膝成左弓步。同时右拳变虎爪，由腰间向前抓击，手心朝前，高与面平；左虎爪置于腹前，手心斜朝下。目视右爪（图3-3-46）。

（3）右脚上步，身体左转，两膝弯曲成半马步。同时左虎爪变拳，收回腰间，拳心朝上；右虎爪略经外向里、向下按，手心朝前。目视右爪（图3-3-47）。

图 3-3-44

图 3-3-45

图 3-3-46

图 3-3-47

（4）身体微右转，右腿屈膝，左腿蹬地挺膝成右弓步。同时左拳变虎爪，由腰间向前抓击，手心朝前，高与面平；右虎爪置于腹前，手心朝下。目视左爪（图3-3-48）。此动作在行进间反复练习。

要点： 上步要平稳，半马步时闭气蓄劲。弓步抓面爪的发劲由下至上，充分借助后腿的蹬劲，躯干微微前倾，做到形（虎形）意合一。

15. 左右鹤嘴手

（1）由并步抱拳开始。左脚向前上步，身体微向左转，右拳变掌，向右前上方穿出，掌心朝上；左拳变掌，自然后摆，掌心朝下。目视右掌（图3-3-49）。

（2）上动不停，躯干微右转，右掌以腕为轴沿逆时针方向缠绕一周，变鹤嘴手向右上方啄击，指尖朝外。目视右手（图3-3-50）。

（3）上动不停，右脚向前上步成右虚步。躯干微右转，左掌变鹤嘴手，绕经左肩外侧向右前上方啄击，指尖朝右，与太阳穴同高。左臂微屈，肘关节下垂；右鹤嘴手随屈肘拉至右肩侧，指尖朝外。目视左手（图3-3-51）。

图 3-3-48    图 3-3-49

图 3-3-50    图 3-3-51

要点：以上动作要连贯，虚步定势时手脚配合要完整，躯干略向右拧转，右臂内旋，左臂外旋。鹤嘴手五指捏拢，直腕。

桥法

16. 缠桥

由右弓步抱拳开始。以左手缠桥为例，左拳变掌，左臂侧伸，以手腕活动为主，向内或向外画立圆后随即成擒拿手状（图 3-3-52、53）。

要点：缠桥时上肢保持松、沉，缠手后即变擒拿动作。

17. 圈桥

由半马步抱拳开始。以左手圈桥为例，左拳变掌，左臂侧伸，以肘关节为轴，前臂向内或向外沿立圆圈绕（图 3-3-54、55）。

要点：圈桥时肩关节保持下沉。

图 3-3-52 　　　　　　　　图 3-3-53

图 3-3-54 　　　　　　　　图 3-3-55

18. 盘桥

由前后开步抱拳开始。以左手盘桥为例，左拳变掌，左臂侧伸，以肩关节为轴，臂向内立圆圈绕。掌指朝上，掌心朝外（图 3-3-56、57）。

要点：沉肩垂肘，臂保持适当的弯曲。

19. 沉桥

由两脚开立步（二字马步）两臂屈肘于胸前（掌心朝后）开始（图 3-3-58）。两臂屈肘内旋，同时下沉，使前臂用力向下压，掌心朝下（图 3-3-59）。

要点：沉肩夹肘，臂肌保持适度紧张。

图 3-3-56

图 3-3-57

图 3-3-58

图 3-3-59

20. 劈桥

由马步抱拳开始。以左劈桥为例，两拳变掌，以左掌前臂尺骨（小指侧）为力点，经上向斜下劈至体前，掌心朝上。同时右掌附于左肘内侧，掌心朝下（图 3-3-60）。

要点：沉肩、转腰，腕关节保持紧张。

21. 攻桥

由马步抱拳开始。两拳变掌，两臂内旋向前撞击，肘微屈，掌心朝下，力达前臂尺骨侧（图 3-3-61）。此势为双攻桥，如单臂向前撞击则为单攻桥。

要点：旋臂、屈肘，以腰催手，发力于腰。

22. 膀桥

由左弓步抱拳开始。以右膀桥为例，两拳变掌，右臂内旋，由外向内滚动挫击，臂微屈，掌心朝外，力达前臂内侧（拇指侧）。同时左掌附于右上臂内侧，掌心朝外（图 3-3-62）。

要点：旋臂与挫击要同时。

23. 截桥

由左弓步抱拳开始。以左截桥为例，两拳变掌，左臂外旋屈肘，以前臂尺骨侧（小指侧）为力点，由外向内截击，掌心朝内，掌指朝上。同时右掌松握于左上臂内侧，掌心朝内（图 3-3-63）。

要点：臂外旋，发力要以腰带臂。

图 3-3-60

图 3-3-61

图 3-3-62

图 3-3-63

24. 架桥

由弓步抱拳开始。以左手架桥为例，左拳变掌，左臂内旋，以前臂尺骨侧（小指侧）为力点，向头上架起，肘微屈，掌心斜朝上（图3-3-64）。

要点：屈臂内旋，架桥略高于头。

25. 穿桥

由左弓步冲拳开始。以左穿桥为例，左拳变掌，沿右臂下面向前、向外弧形穿出，腕外展，指尖朝外。同时上体微右转成半马步，右拳收抱于腰间。目视左手（图3-3-65、66）。

要点：展腕、沉肘，穿桥时右臂微用力回拉。

图 3-3-64 　　　　　图 3-3-65 　　　　　图 3-3-66

（四）步法

1. 上步

后脚经前脚向前上步。

要点：除了接跳跃动作外，一般重心较低，全脚掌着地，沉胯、踩脚。

2. 退步

前脚经后脚向后退步。

要点：步幅适当加大，前脚掌着地，重心下沉。

3. 拖步

前脚向前迈一大步，后脚拖地跟一小步。

要点：前脚向前迈步时要充分借助后脚的蹬劲，跨步的大小与拖步基本一致。

4. 盖步

一脚经另一脚前横迈一步，全脚掌着地，脚尖外摆，两腿交叉。

要点：步幅要大，坐胯、跪膝、重心下沉。

5. 插步

一脚经另一脚后横迈一步，前脚掌着地，两腿交叉。

要点：步幅较大，重心要低，胯下沉。

6. 走三角步

（1）由并步开始。左脚向右前方上步，脚尖外摆，膝微屈；右腿屈膝下跪，脚跟离地（图 3-3-67）。

（2）右脚由后经左脚前绕上一步，脚尖里扣，膝微屈；左脚脚跟离地，微屈膝（图 3-3-68）。

（3）身体左转，左脚弧形后退一步，转身成弓步或马步（图 3-3-69）。

要点：重心下沉，上体中正，摆扣步适度。

7. 麒麟步

（1）由并步开始。左脚向右前方上步，脚尖外摆，膝微屈；右脚屈膝下跪，脚跟离地，两腿交叉（图 3-3-70）。

（2）右脚由后经左脚前向左前方上步，脚尖外摆，膝微屈；左脚屈膝下跪，脚跟离地，两腿交叉（图 3-3-71）。

（3）左脚由后向左前方上步，脚尖朝左，双腿屈膝成半马步（图 3-3-72）。

图 3-3-67 　　　　图 3-3-68 　　　　图 3-3-69

图 3-3-70 　　　　图 3-3-71 　　　　图 3-3-72

要点：重心较低，步幅较大，步频逐渐加快，注意沉气、坐胯、踩脚、敛臀，上体保持中正。

（五）腿法

1. 前蹬腿

腿由屈到伸，脚尖翘起，以脚跟为力点向前猛力蹬出，上体保持正直。目视蹬腿方向（图 3-3-73）。

要点：蹬腿是屈伸性腿法，提膝与蹬腿要连贯，提膝时小腿放松，蹬腿时爆发式用力；支撑脚五趾抓地、收腹、立腰、紧臀。

2. 前钉腿

一腿屈膝提起，由屈到伸，迅速向前下钉踢，脚尖绷直，高不过膝。目视脚尖（图 3-3-74）。

要点：提膝时以大腿带动小腿，踝关节放松。钉腿时挺膝，脚面用力绷直，发劲快、脆。

3. 踩腿

一腿屈膝提起，膝关节外展，由屈到伸，迅速向前下方踩出，脚尖勾紧并翻转朝外，高不过膝。目视脚跟（图 3-3-75）。

要点：边屈膝边外展，脚尖尽量朝外，用劲短促、干脆，力达脚掌内侧。

图 3-3-73 　　　　图 3-3-74 　　　　图 3-3-75

4. 侧踹腿

由叉步抱拳开始。右脚支撑；左脚屈膝侧抬；由屈到伸，脚掌用力向左上方踹出，脚高于胯，挺膝，脚尖勾紧，脚外缘朝上。目视左脚（图 3-3-76、77）。

要点：屈膝时小腿放松，踹腿时挺膝、开髋、勾脚。支撑腿伸直，脚趾抓地。

图 3-3-76 　　　　　　　　图 3-3-77

5. 横钉腿

两腿右前左后站立。右腿支撑，脚尖略外转；左腿屈膝侧抬，脚出左侧弧形向斜上方猛力横钉，脚尖勾起，高于腰，力达脚前掌。目视脚尖（图 3-3-78、79）。

要点：抬腿时以大腿带小腿；钉腿时腿部屈伸明显，先松后紧，快速用力，勾脚收腹。

图 3-3-78 　　　　　　　　图 3-3-79

四、基础练习

（一）桩步练习

1. 并步——半马步——左（右）弓步——并步

预备势：并步抱拳

（1）半马步

左脚向左侧开步，脚尖朝左。两腿屈膝半蹲，重心偏于右腿成半马步。目视左侧。

（2）左弓步

右脚蹬地，脚跟外转，挺膝；身体左转，同时左腿屈膝前弓成左弓步。目视前方。

（3）左脚收回还原成并步抱拳，目视前方。左右转换练习。

要点：向左（右）开步时重心要下降，两腿微屈，脚要向外、向下用力，十趾抓地，步法沉重有力。成半马步时重心保持前四后六或前三后七，犹如被压缩的弹簧般闭气蓄劲。变弓步时强调蹬脚、扣膝、合胯、转腰的用劲顺序及爆发式用力。

2. 上步（半马步）——弓步——上步（半马步）——弓步

预备势：并步抱拳

（1）上步（半马步）

左脚向前上步，脚尖朝前，两腿屈膝，重心偏于右腿成半马步。目视左侧。

（2）弓步

右脚蹬地，右腿挺膝伸直成左弓步。目视前方。

（3）上步（半马步）

右脚向前上步，脚尖朝前，两腿屈膝，重心偏于左腿成半马步。目视右侧。

（4）弓步

左脚蹬地，左腿挺膝伸直成右弓步。目视前方。

要点：参考桩步练习1。

3. 左拐步——右拐步——半马步——弓步——右拐步——左拐步——半马步——弓步

预备势：并步抱拳

（1）左拐步

左脚向右前方上步，膝关节微屈，脚尖外展；右腿屈膝下跪（不着地），脚跟离地成左拐步。目视前方。

（2）右拐步

右脚由后向左前上步，脚尖外展，两腿微屈成右拐步。目视前方（左右拐步为麒麟步）。

（3）半马步

左脚向左侧开步，脚尖朝前，两腿屈膝，重心偏于右腿成半马步。目视左侧。

（4）弓步

右腿挺膝伸直成左弓步。目视前方。

（5）~（8）同（1）~（4），惟方向相反。

要点：左右拐步时两腿微屈并交叉，步幅宜大，频率宜快；由半马步转弓步时参考桩步练习1。

4. 虚步——马步——右单蝶步——右骑龙步——并步抱拳

预备势：并步抱拳

（1）虚步

重心移至右腿并屈膝半蹲，左脚向前上半步，脚尖点地成左虚步。目视前方。

（2）马步

左脚向前上半步，脚尖内扣。同时身体右转，两腿屈膝半蹲成马步。目视前方。

（3）右单蝶步

左腿屈膝全蹲；右腿屈膝下跪，小腿内侧贴地成单蝶步。躯干立直，目视前方。

（4）右骑龙步

身体稍起立并右转。同时左腿屈膝内扣，脚前掌着地；右腿半蹲，膝关节前顶，全脚掌着地成骑龙步。收腹立腰，目视前方。

（5）并步抱拳

身体起立，左脚向右脚并步成立正抱拳。目视前方。

要点：虚步变马步时，转体与扣膝要同时，沉气、实腹、敛臀。马步变右单蝶步时，右脚稍向后移动，收腹立腰。右骑龙步时，前脚下踩，五趾抓地，后脚蹬地，扣膝挣胯。

（二）方法练习

1. **开步右滚桥挑掌——右沉桥推掌——右沉桥单指手——右沉桥标掌——右圈桥抱拳——左滚桥挑掌——左沉桥推掌——左沉桥单指手——左沉桥标掌——左圈桥抱拳**

预备势：两脚平行站立成开立步，两脚间的距离与肩同宽。两手抱拳于腰间，拳心朝上。目视前方（图3-3-80）。

（1）开步右滚桥挑掌

①两脚不动，右拳变掌，臂内旋使掌心斜朝下，向前下方屈肘下切，掌指朝左下。目视右掌（图3-3-81）。

②右臂外旋，使掌心朝里，并以肘为轴，从下向左、向上经脸前向右画弧外挑至右肩前，掌指高与眉齐。目视掌指（图3-3-82）。

图3-3-80 　　　　　　　　图3-3-81 　　　　　　　　图3-3-82

（2）右沉桥推掌

①右臂内旋使掌心朝左，屈肘收至左肩前，掌指朝上。目视掌指（图3-3-83）。

②右掌向右下沉收至右腰侧，掌心朝下，掌指朝右。目视右掌（图3-3-84）。

③右掌向左斜前方推出，掌指朝上，高与眉齐。目视掌指（图3-3-85）。

（3）右沉桥单指手

①右掌变单指手，从左向右横移至右肩前，肘微屈，手心朝前，手指朝上。目视右单指手（图3-3-86）。

②右单指手屈肘上挑，置于右肩上，右肘尖正对前方。目视右肘（图3-3-87）。

③右肘下沉，右单指手向前、向下画弧收至右腰侧，手心朝前，食指朝上。目视右单指手（图3-3-88）。

图 3-3-83 　　　　　图 3-3-84 　　　　　图 3-3-85

图 3-3-86 　　　　　图 3-3-87 　　　　　图 3-3-88

④右单指手向前平伸推出,手心朝前,手指朝上。目视右单指手(图3-3-89)。

(4) 右沉桥标掌

①右单指手变掌,屈肘上挑,置于右肩上,右肘尖朝前。目视右肘(图3-3-90)。

②右肘下沉,右掌向前、向下画弧收至右腰侧,掌心朝下。目视掌指(图3-3-91)。

③右掌掌心朝下,以掌指为力点向前直臂平伸标出,掌指朝前。目视右掌(图3-3-92)。

(5) 右圈桥抱拳

①右臂屈肘,右掌向左平摆收至左肩前变拳,拳心朝下。目视右拳(图3-3-93)。

②右臂外旋屈肘,右拳向上、向前画弧绕至右肩前,拳心朝上。目视右拳(图3-3-94)。

图 3-3-89 　　　　　　　图 3-3-90 　　　　　　　图 3-3-91

图 3-3-92 　　　　　　　图 3-3-93 　　　　　　　图 3-3-94

③右拳屈肘收至右腰侧,拳心仍朝上。目视前方(图 3-3-95)。

(6) 左滚桥挑掌

①两脚仍然不动,左拳变掌,臂内旋使掌心斜朝下,向前下方屈肘切击,掌指朝右。目视左掌(图 3-3-96)。

②左臂外旋使掌心朝里,以肘为轴,从下向右、向上经面前向左画弧外挑至左肩前,掌指高与眉平。目视掌指(图 3-3-97)。

(7) 左沉桥推掌

①左臂内旋使掌心朝右,屈肘收至右肩前,掌指朝上。目视掌指(图 3-3-98)。

②左掌向左下沉收至左腰侧,掌心朝下,掌指朝左。目视左掌(图 3-3-99)。

③左掌向右斜前方推出,掌指朝上,高与眉齐,掌心朝前。目视掌指(图 3-3-100)。

图 3-3-95 　　　　　　图 3-3-96 　　　　　　图 3-3-97

图 3-3-98 　　　　　　图 3-3-99 　　　　　　图 3-3-100

(8) 左沉桥单指手

①左掌变单指手，从右向左横移至左肩前，肘微屈，手心朝前，手指朝上。目视左单指手（图3-3-101）。

②左臂屈肘，左单指手上挑，置于左肩上，左肘尖正对前方。目视左肘（图3-3-102）。

③左肘下沉，左单指手向前、向下画弧收至左腰侧，手心朝前，食指朝上。目视左单指手（图3-3-103）。

④左单指手向前平伸推出，手心朝前，食指朝上。目视左单指手（图3-3-104）。

(9) 左沉桥标掌

①左单指手变掌，屈肘上挑，置于左肩上，左肘尖朝前。目视左肘（图3-3-105）。

②左肘下沉，左掌向前、向下画弧收至左腰侧，掌心朝下，掌指朝前。目视掌指（图3-3-106）。

图 3-3-101 　　　　　图 3-3-102 　　　　　图 3-3-103

图 3-3-104 　　　　　图 3-3-105 　　　　　图 3-3-106

③左掌以掌指为力点，向前直臂平伸标出，掌指朝前。目视左掌（图 3-3-107）。

（10）左圈桥抱拳

①左臂屈肘，左手向右平摆收至右肩前变拳，拳心朝下。目视拳背（图 3-3-108）。

②左臂外旋屈肘，左拳向上、向前画弧绕至左肩前，拳心朝上。目视左拳（图 3-3-109）。

③左拳屈肘收至左腰侧，拳心朝上。目视前方（图 3-3-110）。

要点：十个方法练习始终保持开立步站立，要求十趾抓地，收腹敛臀；手法清晰，干脆有力；单指手向前推出时，做到直项圆胸、脱肩团胛，臂部肌肉要极度紧张，慢慢地向前推出，以气催力。

图 3-3-107

图 3-3-108

图 3-3-109

图 3-3-110

2. 半马步按掌——左（右）弓步冲拳——半马步按掌——右（左）弓步冲拳

预备势：并步抱拳

（1）半马步按掌

左脚向左侧开步，脚尖朝左，两腿屈膝半蹲，重心偏于右腿成半马步。同时腰微左转，左拳变掌向左侧经外向里弧形按掌，臂微屈，掌指朝内，掌心斜朝下。目视左掌（图3-3-111）。

（2）左（右）弓步冲拳

左腿屈膝半蹲，右腿挺膝伸直成左弓步。同时左掌变拳收至腰间，拳心朝上；右拳向前直线冲出，臂与肩平，拳心朝下。目视右拳（图3-3-112）。

（3）半马步按掌

右腿向前上步，脚尖朝前，两腿屈膝半蹲，重心偏于左腿成半马步。同时腰微左转，右拳变掌向下经外向里弧形按掌，臂微屈，掌指朝内，掌心斜朝下。目视右掌（图3-3-113）。

（4）右（左）弓步冲拳

右腿屈膝半蹲，左腿挺膝伸直成右弓步。同时右掌变拳收至腰间，拳心朝上；左拳向前直线冲出，臂与肩平，拳心朝下。目视左拳（图3-3-114）。

图 3-3-111

图 3-3-112

图 3-3-113

图 3-3-114

3. 左弓步冲拳——右虚步穿桥——马步冲拳——右弓步冲拳——左虚步穿桥——马步冲拳

预备势：并步抱拳

（1）左弓步冲拳

①左脚向左侧开步，身体左转，两腿屈膝半蹲，重心微偏于右腿。同时左拳变掌经外向左侧按掌，掌心朝外。目视左掌（图3-3-115）。

②右腿挺膝伸直成左弓步。同时左手收至腰间抱拳，拳心朝上；身体微左转，右拳随转体向前冲出，拳心朝下，力达拳面，臂与肩平，目视前方（图3-3-116）。

要点：先屈腿后开步，开步与按掌、转腰要一致，冲拳的发劲顺序是起于足，顺于腰，达于手，劲力要先蓄后发。

（2）右虚步穿桥

重心移至左腿，右脚向前上半步，脚尖点地成右虚步。同时左拳变掌，沿右臂（桥）下向前穿出，掌指外展朝左，掌心朝前；右拳拉至腰间，拳心朝上。目视左掌（图3-3-117）。

要点：上步、穿桥与右拳回拉要一致，左掌以掌指为力点，掌心先朝下向前穿出，穿出后掌指尽量后伸，沉肩垂肘。

（3）马步冲拳

右脚向前上半步，脚尖内扣；身体左转，两腿半蹲成马步。同时右拳向右侧冲出，拳眼朝上，力达拳面，臂与肩平；左掌回收置于右肩前，掌指朝上，掌心朝右。目视右拳（图3-3-118）。

要点：右脚落地时脚跟外缘用力，冲拳要与上步、转体一致，力发于腰。

图 3-3-115

图 3-3-116 　　　　　图 3-3-117 　　　　　图 3-3-118

(4) 右弓步冲拳

身体右转，右脚稍向后移，屈右膝，左腿蹬地挺膝成右弓步。同时右拳变掌向右平搂手后收回腰间抱拳，拳心朝上；左掌变拳经腰间向前冲出，拳心朝下，力达拳面，臂与肩平。目视前方（图 3-3-119）。

要点：参考左弓步冲拳。

(5) 左虚步穿桥

重心移至右腿，右腿屈膝；左脚向前上半步，脚尖点地成左虚步。同时右拳变掌沿左臂下向前穿出，掌指朝右，掌心朝前；左拳回拉至腰间，拳心朝上。目视右掌（图 3-3-120）。

要点：参考右虚步穿桥。

(6) 马步冲拳

左脚向前上半步，脚尖内扣，身体右转，两腿屈膝成马步。同时左拳向左侧冲出，拳眼朝上，力达拳面，臂与肩平；右掌回收置于左肩前，掌心朝左，掌指朝上。目视左拳（图 3-3-121）。

要点：参考上一动马步冲拳。

图 3-3-119 　　　图 3-3-120 　　　图 3-3-121

4. 麒麟步盘手左弓步双推掌——麒麟步盘手右弓步双推掌——并步抱拳

预备势：并步抱拳

(1) 麒麟步盘手左弓步双推掌

①左脚向右前方上步，脚尖外摆，两腿屈膝成左拐步。同时两拳变掌由腰间摆向身体左侧，右掌在上，掌心朝左；左掌在下，掌心朝前。目视左侧（图 3-3-122）。

图 3-3-122

②右脚由后向左前方上步，脚尖外摆，两腿屈膝成右拐步。同时两掌由左经体前摆至右侧，左掌在上，右掌在下成右侧蝴蝶掌。目视右侧（图3-3-123）。

③左脚由后向左前方上步，两腿弯曲成半马步（图3-3-124）。继而右腿蹬地挺膝，左腿屈膝成左弓步。同时两掌向前推出，左掌心朝下，指尖朝右；右掌心朝上，指尖朝右。目视两掌（图3-3-125）。

要点： 左右拐步为麒麟步，重心要平稳，步速逐渐加快，推掌时手腕尽量侧屈，掌根用力前顶。

图 3-3-123 　　　　　图 3-3-124 　　　　　图 3-3-125

（2）麒麟步盘手右弓步双推掌

①右脚向左前方上步，脚尖外摆，两腿屈膝成右拐步。同时两掌由前随屈肘收至右腰侧，左掌在上，掌心朝右；右掌在下，掌心朝前。目视右侧（图3-3-126）。

②左脚由后向右前方上步，脚尖外摆，两腿屈膝成左拐步。同时两掌由右经体前摆至左侧，右掌在上，左掌在下成左侧蝴蝶掌。目视右侧（图3-3-127）。

图 3-3-126 　　　　　图 3-3-127

③右脚由后向右前方上步，两腿弯曲成半马步（图3-3-128）。继而左腿蹬地挺膝，右腿屈膝成右弓步。同时两掌向前推出，右掌心朝下，指尖朝左；左掌心朝上，指尖朝左。目视两掌（图3-3-129）。

要点：参考上一动。

（3）并步抱拳

左脚向右脚并步立正，两掌变拳收至腰间，拳心朝上。目视前方（图3-3-130）。

图 3-3-128 　　　　图 3-3-129 　　　　图 3-3-130

5. 左弓步抛拳——右弓步抛拳——上步挂盖拳——插步鞭拳——翻身左弓步挂盖拳——马步侧冲拳

预备势：并步抱拳（见图3-3-130）

（1）左弓步抛拳

左脚向左前上步，左腿屈膝；右腿伸直成左弓步。同时左拳直臂向前、向上、向右再经下弧形摆至左后侧平举，拳心朝下；右拳直臂后伸再经下向右上方抛起，拳眼朝后。目视前方（图3-3-131）。

要点：左脚上步前重心先下沉，右腿先屈后伸再成弓步；左右弧形摆臂幅度宜大，以腰带臂，弓步与抛拳要一致。

（2）右弓步抛拳

右脚向右前上步，右腿屈膝，左腿伸直成右弓步。同时左拳由后直臂经下向左上方抛起，拳眼朝后；右拳直臂由上向下弧形摆至右后侧平举，拳心

图 3-3-131

朝下。目视前方（图 3-3-132）。

要点：参考上一动左弓步抛拳。

（3）上步挂盖拳

①左脚向前上步，脚尖微内扣，两腿屈膝半蹲。同时腰微右转，左拳内旋直臂下挂至体前；右拳直臂自然下摆。目视左拳（图 3-3-133）。

②左腿屈膝，右腿挺膝伸直成左弓步。同时腰向左转，左拳经上反臂弧形挂摆至左后侧平举，拳心朝下；右拳由后经上直臂抡盖至体前，拳心朝下。目视右拳（图 3-3-134）。

要点：挂盖拳的双臂挂盖幅度宜大，力发于腰背，达于拳面，力点明显。

图 3-3-132 　　　　　　图 3-3-133 　　　　　　图 3-3-134

（4）插步鞭拳

①右脚先向前上步，脚尖微内扣，双腿屈膝半蹲。同时右拳屈臂摆至胸前，拳心朝里；左拳变掌仍摆至左侧。目视左侧（图 3-3-135）。

②左脚经右脚后向右插步，前脚掌着地；右腿屈膝半蹲。同时腰微右转，右拳以肘关节为轴向右侧鞭打，拳眼朝上，力达拳背；左掌屈臂平摆至右肩前，掌心朝右。目视右拳（图 3-3-136）。

要点：插步、鞭拳、转头要协调一致，鞭拳时臂由屈至伸，发力干脆，甩臂明显。

（5）翻身左弓步挂盖拳

以左脚掌为轴（右脚自然转动），身体向左后转约 270°，左腿屈膝，右腿挺膝伸直成左弓步。同时左掌变拳随转体经下向上立圆抡挂至左侧平举，拳心朝下；右拳随转体经下向上立圆抡盖至体前，拳心斜朝里。目视右拳（图 3-3-137）。

要点：转体快速，挂盖成立圆，发力于腰背。弓步时要前脚踩、后脚蹬，挣胯含胸。

图 3-3-135 　　　　　　　　图 3-3-136 　　　　　　　　图 3-3-137

（6）马步侧冲拳

①右脚向前上半步，脚尖点地。同时左拳变掌由后经下与右拳交叉上架至头上方，左掌在外。目视前方（图 3-3-138）。

②右脚向前上半步，脚尖内扣，两腿屈膝成马步。同时身体左转，右拳由上经腰间向右侧冲出，拳眼朝上，臂与肩平，力达拳面；左掌由上经腰间向前微伸后屈臂附于右肩前，掌心朝右。目视右拳（图 3-3-139）。

③身体右转直立，左脚向右脚并拢，两拳收抱于腰间，目视前方（图 3-3-140）。

要点：右脚点地与两臂上架一致，马步与冲拳一致，动作连贯。

图 3-3-138 　　　　　　　　图 3-3-139 　　　　　　　　图 3-3-140

五、教学要点

学习任何一门科学技术，都要遵循一定的规律和程序。学习南拳也是一样，突出重点、狠抓基础、强化规律，这是练好南拳的关键。

（一）练桩功是南拳入门的基础

南拳的特点之一，也可以说是很重要的特点就是稳固沉实的步型、步法。拳谚说："未学功夫先学扎马"，"扎马练好了，腿部沉实了，步势才能稳扎，运动才有章法"。扎马就是桩功练习，是南拳入门的基础内容，也是关键的第一步功。

桩功练习有扎马（静）、走马（动）两种形式。

扎马是我们通常说的站桩。扎马最大的特点是对肌肉的刺激较大，容易加深练习者的本体感觉，加速形成正确的动力定型。南拳主要的步型有马步、半马步、弓步、骑龙步、跪步、单蝶步等。扎马应有重点地选择动作，反复练习，常抓不懈。

走马就是把重点的步型结合步法中的上步、退步、撤步、跨步、麒麟步等进行活动性步法练习。走马是南拳桩功练习中的重点形式之一，也是提高南拳的步型与步法质量，即"下盘功夫"的主要手段，如左或右跨步成半马步转弓步、上步成半马步转弓步、左右麒麟步转半马步转弓步、左右骑龙步接上步转马步等都是经常练习的内容。

桩功练习应该是动静结合，以动为主，突出重点，全面提高。静力性练习的时间应视本人条件而定，在保证质量的前提下，随着腿部力量的增长而逐渐延长时间；动力性练习应强调沉气、坐胯、踩脚和降低重心，适当加大步幅，加大身体向下的垂直力量，以体现既稳健沉实又流畅洒脱的运动特点。

桩功练习是很枯燥乏味的，运动员的内动力不高或意志品质欠佳，都会干扰练习计划的落实。教师必须严格要求，提出计划，狠抓落实，做到保质保量地完成每次课的教学任务。尤其是经过了长拳训练的运动员，基本功架太大，步幅活动太小，重心往往太高和漂浮，于是南拳的特点就不突出，如果不狠下一番功夫，是很难提高技术水平的。

（二）掌握独特的手法（含器械方法）是南拳教学的核心

南拳中的手法丰富是区别于其他拳种的主要特点之一，除了有一般拳种的拳法、掌法外，还有爪法、指法、桥法、肘法等。以南拳规定套路为例，全套共有手法23种，出现66次，其中11种手法只出现过1次，4种手法出现过4次。显然，在训练中应突出抓住出现次数较多的手法作为重点内容，反复抓，抓反复。与此同时兼顾出现次数少的一般手法，以重点带动一般。

手法练习，主要的形式有：

1. 单个手法或器械方法练习。可采用原地练习或结合各种步型、步法练习，或者经过提炼之后，把它作为基本技术的练习内容。其主要任务是解决动作的路线、力点和手型的问题。

2. 重点组合练习。其主要任务是对重点方法进行巩固和提高的强化训练。

3. 重点分段练习。如南拳规定套路的第一段和第二段，共有 48 个动作，全套的 23 种手法几乎都在这两段中出现过，所以重点抓好第一、二段的手法练习，就可以为掌握第三、四段打下基础。

（三）练发劲是南拳教学的重点

狠抓南拳的发劲，严格而熟练地掌握发劲的方法和技巧，这是南拳教学中的重中之重。发劲，对每一个武术拳种来说都有要求，但发劲的具体方法和程度是不同的。就以南拳的规定套路来分析，有发长劲、短劲、慢劲、飘打劲等多种。但总的来说，4 个要点是共性的：1. 力发于根，练催劲；2. 先蓄后发，练内劲；3. 先柔后刚、刚后必柔，练松劲；4. 以气催力，练爆发劲。其中第一和第二点，在长拳类项目中虽然也要求发力顺达，但没有南拳要求这么强烈。先蓄后发，实际上是内紧外松，用的是内劲，这种内劲的发放特点，在形意拳、八极拳、少林拳等也有要求。如果从长拳转学南拳，是很不习惯的，练习时必须反复强调，不断强化。

练习的内容不能面面俱到，应有重点地选择带有规律性的和特点突出的动作，做到以点带面，举一反三，融会贯通。如南拳规定套路，弓步冲拳、马步侧冲拳、抛拳、挂盖拳等，特别是挂盖拳，在套路中共出现 8 次之多，如果这些动作的发力特点掌握好了，质量提高了，就能为整个套路打下了很好的基础。

（四）强化节奏是提高南拳演练水平的重要因素

上面已经讲过，南拳套路演练的节奏是一种顿挫、蓄发、刚柔相间很有韵律的节奏。首先要求运动员深刻理解动作组合间对节奏处理的方法与技巧，反复强化，形成习惯。在套路演练时，教练员要与其配合，不断用语言或其他信号提示运动员演练。需要强调的是，教练员的提示与运动员的默契配合至关重要，有的教练员由于不太熟习套路内容和节奏处理的方法，以至于在提示上不能准确到位，效果就适得其反。

（五）增强套路耐力是提高整体水平的保证

北京体育大学运动生理学白晓玲教授在第 11 届亚运会期间，对国家武术集训队进行了跟踪调研，发现南拳、长拳、太极拳三个项目的运动员在演练后的即刻脉搏均达到了极限强度，南拳为最高，长拳次之，太极拳在后，检查血乳酸值也同样如此。不难分析，南拳不仅运动强度和运动负荷都大于其他两项，而且更重要的是南拳在演练时需要经常闭气蓄劲，无氧代谢特点更突出。所以，运动员如果无氧代谢水平不高，就很难高质量地完成全套动作。现在有的运动员平时不注意狠抓套路耐力训练，故在比赛时，体力消耗过人，往往是虎头蛇尾，成绩不佳。而且有的运动员是南拳、长拳类项目兼练，甚至南拳还是副项。由于两个项目供能特点差异较大，平时全套南拳练习就很少，赛前临时突击一段时间，可以说对南拳的运动特点和代谢特点还尚未适应，就仓促比赛，这是难以发挥更好水平的，也就更谈不上表现出南拳的风格特点了。总之，加强全套的适应性练习，增强套路耐力，是提高南拳整体技术水平的有力保证。

主要参考文献：

1. 全国体育学院教材委员会.体育学院专修通用教材武术.北京:人民体育出版社,1991
2. 朱瑞琪.南拳入门与提高.北京：人民体育出版社，1999

（作者：朱瑞琪　摄影：杨昌忠　演示：朱　宏）

第四节　形意拳

一、概　说

形意拳"取其以心行气之义"，又称"行意拳""心意拳""心意六合拳"，此拳讲求"象其形,取其意"，要求"心意诚于中,肢体形于外"内意与外形高度统一,故名形意拳。

据考证，形意拳为明末清初山西蒲州诸冯里北评义村（今永济县尊村）姬际可，（字龙峰1602~1680）所创。姬传曹继武，曹传山西戴龙邦、河南马学礼，戴传河北李洛能，逐渐形成山西、河南、河北三大流派，三种不同的风格。

山西流派的形意拳拳势紧凑，劲力精巧，以三体式为基本桩法，以五行拳（劈、崩、钻、炮、横）和十二形拳（龙、虎、马、猴、鼍、鸡、鹞、燕、蛇、鹰、鸱、熊）五拳八式为基本拳法。

河南的形意拳拳势勇猛、气势雄厚，多称"心意拳"，以十大形（龙、虎、鸡、鹰、蛇、马、猫、猴、鹞、燕）为基本拳法。

河北的形意拳拳势舒展、稳健扎实。

形意拳套路有五行连环、四把、八式拳、十二横捶、出入洞、龙虎斗、十形合一、上中下四把、杂式捶等,对练套路有五行炮、三手炮、安身炮、五花炮等,器械套路有五行剑、连环剑、十二形剑、三才剑、三合刀、连环刀、连环棍、五行枪、连环枪、六合枪等。

形意拳虽因流传久远及地域的不同而产生差异，但拳理与技法大同小异。总体来说，其上肢的运动特点是"两肘不离肋，两手不离心"，钻翻伸屈，拧旋往返：下肢的运动特点是"迈步如行犁，落脚如生根"，进步之后常随跟步，退步之后常随撤步；技击特点是"起如风，落如箭，打倒还嫌慢"，"硬打硬进无遮拦，快进直取，寓守于攻"；整体的运动特点是手到脚到、齐起齐落，三尖相对、三节相随、内外六合、动静相间、节奏明显、劲力充实，象形取意、刚柔相济。

二、技法特点

（一）头要上顶，项要竖直

形意拳语称："头为周身之主"，"头部正直，精气贯顶"，要求头部保持中正，颈项要有意识地竖直。尽管动作有起伏旋转，但头部始终要在自然竖直中含有轻微的顶劲。与此密切相关的还应做到嘴要自然闭合，牙齿要叩住，舌尖抵上腭，神态要自然，精神要集中，下颌要内收，呼吸要自然。

（二）肩要松，肘要坠

形意拳对肩有松、沉、扣、按四法要求，松肩以通气，沉肩以贯劲，扣肩以坚膀，按肩以发力。要求肩关节松沉，两肩微内扣，肘关节要保持垂坠，松肩坠肘应与含胸拔背密切结合。这样，一来可使肩肘与胸背和谐相依，二来可使气沉丹田，有助于下肢稳固。此外，出拳、劈掌、打拳时，肘部也要略屈下坠，臂不可完全伸直。凡两臂收放，肘都要贴靠两肋，"出洞入洞紧随身"，使全身的力量贯注到上肢，周身完整一气。

（三）腕要塌，掌要撑，拳要紧

形意拳中要求"手顶"，在一般情况下，出掌时要塌腕，掌心向前下方，五指微分，食指上挑，拇指外撑，虎口成半圆形，掌心内含，腕指部位不可松软懈劲，既要有向前的顶力，又要含有向下的按力。出拳时，则要求五指握紧，拇指压在食指和中指的第二节指骨上，食指突出，直腕，拳面如螺状，力量贯注拳的最前端。

（四）背要拔，胸要含

形意拳中要求"背圆、胸圆"。含胸拔背不是静止的、孤立的，也不是一成不变的。所谓不是静止的是指由于头部上顶、颈项竖直、腰要下塌，使脊背自然产生上下拔伸的感觉；所谓不是孤立的是指由于两肩松沉、内扣，背阔肌尽力左右伸展而产生紧背、圆背的效果，两者合二为一，形成十字形的拔劲，做到了拔背，胸部也就自然内含了；所谓不是一成不变的是指行拳走势时，切不可机械地运动，一味追求含胸拔背，而应随着动作的变化使胸背相应地有所变化。

（五）腰要塌，脊要正

形意拳对腰的要求是沉塌、挺拔，即塌腰、正脊。形意拳十分注重周身的完整与协调，因此，在所有动作的运动过程中，腰部都要始终塌住劲。腰为车轴膀为轮，腰似螺丝腿为钻，腰是枢纽足为基，起到连接上下肢动作的枢纽与主宰作用。切忌将塌腰理解为腰背僵直、紧张毫无弹性。要做到脊椎正直，就必须首先做到顶头、竖项与塌腰，运动中随着动作的转换，脊椎也应随之做出伸缩、转折等变化，以协助臂、腿、腰的蓄劲与发力，但不能任意扭曲和摇摆。"前俯后仰、其势不劲、左侧右斜皆身之病"，背不正则身不正，身不正则势不稳，势不稳则气难沉，气不沉则力不实。

（六）臀要敛，肛要提

拳语说："提肛收臀，气贯四梢"，要求臀部有意识地向内收敛，肛门括约肌要稍加收缩，即"提肛裹臀，谷道内提"，以此来制约臀部外突，保证腰脊和尾骨的中正，促进含胸拔背和气沉丹田，增大下肢对上体的支撑力。

（七）胯要收缩，膝要扣劲，脚要平稳

形意拳以"三体式"为其基本桩步，形成别具一格的前三后七"夹剪"劲的特殊步型。要求前腿如夹剪之前上刃，前膝顺，前足轻；后腿如夹剪的后下刃，后足重。胯要微向里，内含"缩劲"，膝要微向里，内含"扣劲"。两腿要适度弯曲，还要拧腰、顺后膝。在此基础上才能使步型稳健，进退和顺，胯、膝、脚紧密配合，以腰催胯、以胯催膝、以膝催脚，豁达顺畅。

（八）姿势要正确，动作要整齐

拳语说："三尖相照"，"三节相随"，要求每个动作都要规范、正确。"三尖相照"指手尖、脚尖、鼻尖三者要相互照应，尽可能保持在一条垂线上。"三节"是根节、中节、梢节，上肢肩为根节、肘为中节、手为梢节，下肢胯为根节、膝为中节、脚为梢节。三节要相合，即上下肢动作要密切配合，要节节贯穿，动作要整齐和顺，手到步到，同起同落，做到拳语中的要求："心要正，眼要精，手足齐到定要赢"。"手到步不到，打人不为妙；手到步亦到，打人如薅草"，形象地道出了手足齐到的规范要求是技击实战的基础和制胜的法宝。

（九）力量要充实，呼吸要自然

拳语中说："起势如崩墙倒，落地如树栽根。"要求力量充实，快捷有力，拳紧、步稳、脚实。凡下肢进步，都要前脚贴近地面，竭力向前；后脚全力向后蹬地，逢进必跟，做到"脚踩中门不落空，消息全凭后足蹬"。上肢动作则要做到两手争衡对拔，彼此呼应。如"横拳"：前手向前，前臂外旋；后手向后，前臂内旋，手如拧绳，融成一股合力整劲，以此充实周身之力。

呼吸自然是形意拳对气的要求。一般状态下，蓄劲时吸气，发力时呼气，以气助力，达到气力相合。同时要注意动作与呼吸的自然配合，呼吸自然才能使动作流畅。切忌挺胸、提腹、努气、拙力，此为形意拳的四大毛病。

（十）气势要相连，内外要合一

形意拳十分强调内外六合与气势相连。气势相连指一招一势均须贯穿一气，做到势断劲不断，劲变意相连，既有铿锵鲜明的节奏，又有断后复连、连绵相属的气势。

内外合一指心与意合、意与气合、气与力合，此为内三合；肩与胯合、肘与膝合、手与足合，此为外三合。外三合还表现在"以首领身"，"以腰催胯、以胯催膝"，"以膝催足、以肩催肘、以肘催手、以手催指"。正如拳语所言："心气一发，四肢皆动"，形与意、内与外、周身上下无处不合。达到"内外六合""形意合一"浑然一体的技法要求。

三、基本动作及方法

(一) 三体式

1. 身体直立，两臂自然下垂，头要端正。两脚尖外展，脚跟靠拢成立正姿势。眼向前平视（图 3-4-1）。

2. 以右脚跟为轴，身体向右扭转 45°（图 3-4-2）。

3. 两腿慢慢弯曲，身体成半蹲势（体重偏于右腿），随即左前臂经体前向上提起，左手停于胸前（偏左），手心向下，手指向前；同时右前臂也向上提起，右手盖在左手背上（右手食指在左手中指之上），两肘微屈。眼仍平视前方（图 3-4-3）。

4. 身体方向不变，左脚前进一步，左膝微屈，重心偏于右腿。同时左手前伸，肘部微屈，掌心向前下方，五指分开，掌心内含，高与胸齐；右手后撤落于腹前，拇指根节紧靠肚脐，手腕向下塌。眼看左手食指（图 3-4-4）。

图 3-4-1

图 3-4-2

图 3-4-3

图 3-4-4

（二）劈拳

1. 预备姿势

劈拳动作是以左右手和左右步法交换进行的一种练习方法。劈拳预备姿势，即三体式（图 3-4-5）。

2. 劈拳左起式

由三体式开始，左手（即前手）下落变拳（随落随握拳），右手也同时握拳，两手拳心翻转向上，靠在肚脐两旁，两前臂紧抱腹部的两侧。眼看前方（图 3-4-6）。

左脚向前垫步（长约一脚左右），脚尖外撇约 45°，膝部微屈，重心移于左腿；右脚不动，右腿后蹬，成似直非直状。同时左拳经胸前由下颌处向前上方钻出，路线成弧形，拳心斜向上，并微向外倾斜，小指向上翻转，肘尖下垂，这时整个伸出的左臂要适度弯曲成弧形，不要挺直，左拳高与鼻尖齐平；右拳不动。眼看左拳（图 3-4-7）。

图 3-4-5 　　　　　图 3-4-6 　　　　　图 3-4-7

3. 劈拳右落势

右脚尽力向前迈一步（抬脚不要过高），膝部微屈；左脚随之跟进半步，重心仍坐于左腿。同时右拳经胸前由下颌处向前上方钻出，随即翻转变掌向前劈下，掌心向前下方，肘部微屈；左拳随之向内翻转变掌下落于腹前，拇指紧靠肚脐部位（与前左势三体式相同，惟步子较小）。眼看右手食指（图 3-4-8）。

图 3-4-8

4. 劈拳右起势

（1）右手下落变拳（随落随握拳），左手也同时握拳，两手拳心翻转向上，靠在肚脐两旁，两前臂紧抱于腹部两侧。眼看前方（图3-4-9）。

（2）右脚向前垫步，脚尖稍外撇，膝部微屈；左脚不动，左腿后蹬，重心随即移于右腿。同时右拳经胸前由下颌处向前上方钻出，拳心斜向上方，并略向外倾，小指侧向上翻转，肘尖下垂，右臂不要伸直，右拳高与鼻尖平；左拳不动。眼看右拳（图3-4-10）。

5. 劈拳左落势

动作与图3-4-8说明相同，惟左右相反（图3-4-11）。如继续前进练习，则仍垫左脚，进右步，劈右掌，成劈拳右落势。如此可以反复交替进行练习。

图 3-4-9 　　　　　图 3-4-10 　　　　　图 3-4-11

6. 劈拳回身

左掌下落变拳，右掌也随之变拳，两拳心翻转向上，靠在腹部两旁。左脚随即以脚跟为轴里扣，身体也向右后转约180°；右脚以脚尖为轴扭直，脚跟略提起成右虚步式。眼看前方（图3-4-12）。

7. 劈拳右起势

右脚向前垫步，脚尖外撇（约45°），膝部微屈；左脚不动，左腿向后蹬，重心移于右腿。同时右拳经胸前由下颌处向前上方钻出，拳心斜向上方，小指向上翻转，肘尖下垂，右臂不要伸直，右拳高与鼻尖齐平；左拳不动。眼看右拳（见图3-4-10，惟方向相反）。

如此左右势交替练习到原来位置，等劈出左掌后再

图 3-4-12

转身，转身动作与图3-4-12动相同，惟方向相反。

8. 劈拳收势

（1）转身后，垫右脚，钻右拳，再进左步，劈出左掌，右脚跟进半步，成劈拳左落势姿势（见图3-4-9~11）。

（2）左脚收回靠拢右脚跟，同时左臂屈回胸前，然后两臂轻缓垂于身体两侧，身体也随之轻缓站起，仍斜向前方，同时注意气向下沉，两肩放松。眼平视前方（见图3-4-2）。

（三）崩拳

1. 预备势

预备姿势的方法完全与三体式动作相同（图3-4-13）。

2. 右崩拳

（1）由三体式姿势开始，先将两手变拳握紧，如螺旋状，随即将右拳拳心翻转向上，右肘紧靠右腰部，前臂贴于腹部右侧。眼看左拳（图3-4-14）。

图 3-4-13

（2）左脚尽力向前迈进一步，右脚随即向前跟步，重心仍坐于右腿，前脚跟与后脚踝骨相对，横向距离约30厘米。在进步的同时，右拳顺左臂向前打出，拳眼朝上；左拳收回停于腰部左侧（左肋下方），拳心向上，成右拳前伸、左腿在前的拗步姿势。眼看右拳（图3-4-15）。

3. 左崩拳

左脚继续尽力向前进步，右脚向前跟步（步法与右崩拳势同）。同时左拳顺着右臂方向直向前打出，拳心向右；右拳收回停于腰部右侧，拳心向上，成左拳左腿在前的顺步姿势。眼看左拳（图3-4-16）。

图 3-4-14 　　　　　图 3-4-15 　　　　　图 3-4-16

4. 右崩拳

动作与 2. 右崩拳说明相同（见图 3-4-15）。

5. 左崩拳

动作与 3. 左崩拳说明相同（见图 3-4-16）。

6. 崩拳回身

（1）打出右拳之后（见图 3-4-15）左脚尖内扣，右拳收回停于腹部右侧；左拳不动。右脚以脚跟为轴，脚尖随转体至正对前方，同时身体向右后转约 180°。眼看前方（图 3-4-17）。

（2）右拳经胸前靠近下颌向前上方钻出，拳心斜向上，并略外倾，小指侧向上拧劲，右臂成弧形，同时右膝向上提起，脚尖向右、向上勾起；左腿微屈，成左独立姿势。眼看右拳（图 3-4-18）。

（3）上势不停，右脚尽量横摆向前落地；左脚随之向前跟步，脚跟离地，左膝抵住右膝窝，成交叉半坐盘姿势。左拳在落右脚时经胸前向上顺右臂向前方变掌劈下，掌心向前下方；右拳下落变掌收回腹前，拇指紧靠脐部，掌心向下。眼看左掌食指（图3-4-19）。

图 3-4-17 　　　　图 3-4-18 　　　　图 3-4-19

7. 右崩拳

两掌变拳握紧，右脚向前垫步，左脚再尽力向前迈一步，右脚随之向前跟步，距离左脚约 20~30 厘米。同时右拳直向前打出，左拳收回腰部左侧。动作与前右崩拳打法相同，可参阅前面的右崩拳图解。

8. 崩拳收势

（1）向右回身，提右腿和劈掌等动作完全与前"6"回身势和"7"右崩拳相同

（图 3-4-20~24）。打成崩拳右势后身体不动，右脚向后撤回半步，左脚再撤到右脚后方，两腿交叉，左脚顺、右脚横，左脚跟微离地面，仍成交叉半坐盘势。左脚后撤时，左拳向前打出，右拳收回腰部右侧，拳心向上。眼看左拳（图 3-4-25、26）。

图 3-4-20

图 3-4-21

图 3-4-22

图 3-4-23

图 3-4-24

图 3-4-25

图 3-4-26

（2）左臂屈肘由上经胸前下落，两手垂于身体两侧。同时右脚收回靠拢左脚，身体轻缓起立，保持向右半斜方向，两肩向下松沉。眼向前平视（图3-4-27）。

（四）钻拳

1. 预备姿势

起势方法完全同三体式动作（图3-4-28）。

2. 右钻拳

（1）由三体式预备姿势开始，左手握拳下落，经腹前翻转（拳心向上），再经胸前由下颌前向上钻出；右手也同时变拳，转为拳心向下，紧靠脐部右侧。左脚在左手钻出的同时向前垫步，脚尖外撇，膝部略向前弓。眼看左拳的小指（图3-4-29）。

图 3-4-27

（2）右脚向前迈一大步，左脚随之跟进半步，重心偏于左腿。同时右拳经胸部由下颌前顺着左拳上面钻出，高与鼻尖平；左拳向内翻转（腕部向里扣）撤回腹前，拳心向下，拇指紧靠脐部。眼看右拳的小指（图3-4-30）。

图 3-4-28 　　　　　图 3-4-29 　　　　　图 3-4-30

3. 左钻拳

右脚向前垫步，脚尖外撇，然后左脚再向前迈一大步，右脚随之再跟进半步，重心偏于右腿。同时左拳翻转经胸部由下颌前顺右拳上钻出（拳心向上），高与鼻平；右拳向内翻转（腕部向里扣），撤回腹前，拳心向下，拇指紧靠脐部。眼看左拳的小指（图3-4-31、32）。

图 3-4-31 　　　　　图 3-4-32

4. 钻拳回身

（1）钻出左拳之后（左拳左脚在前），以左脚跟为轴，脚尖里扣，身体随之向右后转，两臂保持原状随身体向右后转180°，右脚以脚尖为轴转向前。然后，右脚垫步，脚尖外撇，右拳经胸部由下颌前顺左拳向上钻出（拳心向上）；左拳向内翻转（腕部向里扣）撤回腹前，拳心向下，拇指紧靠脐部。眼看右拳小指（图3-4-33、34）。

（2）此势不停，再进左脚钻出左拳。如此再向原来方向打回，往返趟数不限，要根据个人体力情况掌握。

图 3-4-33 　　　　　　　　　　图 3-4-34

5. 钻拳收势

往返打到原来的位置时，做钻拳回身势，并打成左钻拳势停住。随后，左臂由上屈回经胸前下落，两手垂于身体两侧。同时左脚收回，靠拢右脚，身体站起，上体仍成向右半斜姿势，两肩向下松沉，呼吸平稳。眼向前平视（见图3-4-2）。

（五）炮拳

1. 预备姿势

起势方法完全与三体式动作相同（图3-4-35）。

图 3-4-35

2. 右炮拳

（1）左脚向前直进半步，同时左臂微外旋，掌心斜向上方，手指向前；右臂微外旋，右掌前伸与左手心斜相对。随即右脚用力蹬地，尽力前进一步（身体不可高起），屈膝半蹲；左脚随之跟进，并提起靠在右脚踝关节内侧处。两掌在右脚进步的同时变拳撤回，靠紧腹部两侧，拳心均向上。眼平视左前方（图3-4-36、37）。

（2）左脚向左前方斜进一步，右脚随之跟进半步，重心偏右腿。同时左拳经胸前、面前向上翻转，拳心转向外，停于左额角旁；右拳由腰部顺左脚前进方向向前打出，拳眼朝上，肘部微屈，拳高与胸齐。眼看右拳（图3-4-38）。

3. 左炮拳

（1）左脚向前半步，屈膝半蹲；右脚跟进，提起靠在左脚踝关节内侧处。同时，左拳由前向下落，与右拳相齐后同时撤回，紧靠腹部两旁，拳心均向上。眼平视右前方（图3-4-39）。

（2）右脚向右前方斜进一步，左脚随之跟进半步，重心偏于左腿。同时右拳经胸部、面部向上翻转，停于右额角旁（拳心向前）；左拳由腰部顺右脚前进方向向前打出，拳眼向上，肘部微屈，拳高与胸齐。眼看左拳（图3-4-40）。

图 3-4-36 　　　　　　　　　图 3-4-37

图 3-4-38 　　　　　图 3-4-39 　　　　　图 3-4-40

4. 右炮拳

（1）右脚向前半步，屈膝半蹲，左脚再跟进提起，靠在右脚踝关节内侧处。同时右拳向下落，与左拳相齐后同时撤回，紧靠腹部两旁，拳心均向上。眼平视左前方（见图3-4-37）。

（2）上左脚打右拳（见图3-4-38）。如此反复左右势交替进行练习。

5. 炮拳回身

（1）打出左炮拳之后，以左脚掌为轴，身体速向左后转，右脚随着转体方向落在左脚旁边，左脚随即提起紧靠右脚踝关节内侧处。同时右拳由前落下，与左拳一齐撤到腹部两旁，拳心均向上。眼平看左前方（图3-4-41）。

（2）上势略停，向左前方进左脚打右拳，成右炮拳姿势。然后再垫左脚，进右脚打左拳，成左炮拳势（图3-4-42~44）。

图 3-4-41

图 3-4-42 　　　图 3-4-43 　　　图 3-4-44

6. 炮拳收势

还原到起势一端、打出左炮拳之后，做炮拳回身势（参见前回身势说明），再打出右炮拳势，稍停，两拳由胸前下落，垂于身体两侧，同时左脚撤回靠拢右脚，成立正姿势。眼平视前方（见图3-4-2）。

（六）横拳

1. 预备姿势

起势方法完全同三体式（图3-4-45）。

图 3-4-45

2. 右横拳

两拳握紧，左脚向左前方斜进一步，右脚随之跟进半步，重心偏右腿。同时右拳经胸前由左肘下方随右前臂外旋向前拧转冲出，拳心转向上，高与口齐，肘部微屈成弧形；左拳随上体左转，撤至右肘下方，拳心向下。眼看右拳（图 3-4-46）。

3. 左横拳

左脚向前垫半步，右脚随之经左脚内侧向右前方迈一大步，左脚再跟进半步，重心偏于左腿。同时左拳拧着劲由右肘下向前冲出，拳心转向上，高与口齐，肘部微屈成弧形；右拳随上体右转撤至左肘下方，拳心向下。眼看左拳（图 3-4-47）。

4. 右横拳

右脚向前垫半步，左脚随之经右脚内侧向左前方迈一大步，右脚再向前跟半步，重心偏右腿。同时右拳经胸前拧着劲由左肘下向前冲出，拳心转向上，高与口齐；左拳撤到右肘下方。要求皆同前右横拳势（见图 3-4-46）。

如此左右势反复交替练习。

5. 横拳回身

打出左横拳（右脚左拳在前）后，稍停，身体向左后转，右脚随转动方向向左脚内侧扣步落地（图 3-4-48）。左脚随即提起向左前方进一大步，右脚随之跟进半步，重心偏右腿。同时右拳在身体转动时，由胸前经左肘下方向前冲出；左拳随上体左转撤到右肘下方，拳心向下。眼看右拳（图 3-4-49）。

图 3-4-46

图 3-4-47

图 3-4-48

图 3-4-49

6. 横拳收势

打到原来起势的一端，等打出左拳（图 3-4-50）之后，做横拳回身势（图 3-4-51），再打出右横拳（见图 3-4-46），稍停，两拳由胸前下落，垂于身体两侧。同时左脚撤回靠拢右脚，成立正还原姿势。眼平看前方（见图 3-4-2）。

四、基础练习

五行连环拳

1. 预备姿势

开始姿势同三体式，可参阅三体式说明（图 3-4-52）。

2. 进步右崩拳

两掌变拳握紧，左脚前进一步，右脚随之跟进半步，重心偏右腿。前脚跟与后脚跟相对，两脚距离约 30 厘米。同时右拳顺着左臂方向直向前打出，拳眼向上，拳面微向前倾；左拳撤至腰部左侧，拳心向上。眼看右拳（图 3-4-53）。

3. 退步左崩拳（青龙出水）

左脚、右拳不动，右脚向后撤半步，然后左脚再顺着右脚方向撤至右脚后方，两腿交叉，左脚顺，右脚横，左脚跟微离地面，成稍蹲姿势。左脚向后撤时，左拳向前打出，拳眼向上；右拳同时撤到腰部右侧，拳心向上。眼看左拳（图 3-4-54、55）。

图 3-4-50　　　　图 3-4-51

图 3-4-52　　　　图 3-4-53

图 3-4-54 　　　　图 3-4-55

4. 顺步右崩拳（黑虎出洞）

右脚向前一步，左脚随之跟进半步。同时右拳顺着右脚方向直向前打出，拳眼向上，高与胸平；左拳撤至腰部左侧，拳心向上，成右拳、右脚在前的顺步崩拳姿势。眼看右拳（图3-4-56）。

5. 退步抱拳（白鹤亮翅）

（1）左脚向左后方撤半步，同时右臂屈肘，右拳贴近腹部由上向下插，拳心向上；左拳置于右拳下方，拳心向上（图3-4-57）。

（2）两臂同时向上摆起（右拳左掌），经头部前上方分开，再由两侧下落画一立圆，收到腹前，右拳落在左掌心内。上体稍右转，同时右脚撤到左脚前方。眼看前下方（图3-4-58、59）。

6. 进步炮拳

右脚向前迈进一步（略向右斜），左脚向前跟进半步。同时左掌变拳向前打出，拳眼向上，高与胸平；右拳经胸前向上翻转上架，停于右额角旁，成右脚、左拳在前的拗步姿势。眼看左拳（图3-4-60）。

7. 退步左劈掌

（1）右拳向体前下落，拳心向上，左拳收回，停于腰部左侧，拳心向上。右脚随之向后撤一步。眼看右拳（图3-4-61）。

图 3-4-56

图 3-4-57

图 3-4-58

图 3-4-59

图 3-4-60

图 3-4-61

（2）左拳经右前臂上方向前伸掌并翻转下按，右拳在左拳变掌翻转时也变掌下按，停于腹前。眼看左掌（图3-4-62）。

8. 拗步右钻拳

（1）前势稍停，右脚不动，身体稍向右转，两掌随之下落变拳，收至腹前，拳心均向上，两前臂抱于腰部两侧。同时左脚收回提起，紧靠在右脚踝关节处。眼看前方（图3-4-63）。

（2）身体左转，左拳由胸前向上钻出，然后左脚前进一步，右脚随之跟进半步。同时右拳顺左前臂上方钻出，高与鼻尖平；左拳向里翻转，撤回腹部左侧，拳心向下，眼看右拳（图3-4-64）。

9. 跳步双劈掌（狸猫上树）

两手不动，左脚直向前垫半步，膝部微屈；右腿随之向上提起，脚尖上勾，然后右脚脚跟用力向前下踩落地；左脚随之跟进半步，脚跟离地，成前脚（右脚）横、后脚（左脚）顺的交叉半蹲姿势。同时左拳变掌顺右臂内侧向前、向下劈，高不过口；右拳变掌撤至腹前。眼看左掌食指尖（图3-4-65~67）。

图 3-4-62 　　　　　图 3-4-63 　　　　　图 3-4-64

图 3-4-65 　　　　　图 3-4-66 　　　　　图 3-4-67

10. 进步右崩拳

两掌变拳，右脚先向前垫步，然后左脚向前进一步，右脚随之跟进半步，重心偏于右腿。同时右拳顺左臂直向前打出，拳眼向上；左拳撤至左腰侧（拳心向上）。眼看右拳（图3-4-68）。

11. 回身式（狸猫倒上树）

（1）左脚尖里扣，以右脚掌为轴，身体向右后转180°。同时右拳屈肘收回右腰侧（拳心向上），重心偏于左腿。眼平视前方（图3-4-69）。

（2）右拳由胸前经下颌向上、向前钻出，高与鼻尖齐平。右腿向上提起，脚尖上勾，然后右脚脚跟用力向前、向下踩，横脚落地；左脚也随之跟进半步，脚跟离地，左膝与右膝窝抵紧，成右脚横、左脚顺的交叉半蹲姿势。同时左拳变掌，顺着右臂内侧向前、向下劈，手高不过口；右拳变掌撤至腹前。眼看左掌食指尖（图3-4-70、71）。

图 3-4-68

图 3-4-69

图 3-4-70

图 3-4-71

12. 收势

往返打到原来起势的位置，回身做收势，收势动作与五行拳的崩拳收势完全相同，这里从略（可参阅崩拳收势动作插图及说明）。

五、教学要点

（一）练好三体式

三体式是人们公认的形意母势，为入道之门，筑基之桩。为此，学习形意拳应由单势站桩（三体式）开始。通过站桩时的肌肉本身感觉来体会和掌握身体各部位的要领，做到"三圆""三扣""三顶"和"四平"。

三圆：（1）手心圆，掌心回收，掌的横撑力大；（2）手背圆，力贯于指；（3）虎口圆，利于掌的外撑和裹扣，使出掌的控制面大而力强。

三扣：（1）齿扣，会使周身筋骨紧缩而力大，即所谓"有勇在骨，切齿而发"；（2）手扣，可使劲达手指，气贯梢节，增大滚翻的发劲作用；（3）脚扣，劲贯下肢，气贯掌趾，增强桩基之力。

三顶：（1）头上顶，有冲天之雄；（2）舌顶上腭，有吼狮吞象之容；（3）手顶，若有推山之功。

四平：（1）头顶要平，下颌回收，顶头竖项，精气贯顶；（2）两肩要平，上体要正直；（3）前臂要平，肘下坠并向里裹，肩、肘、手在一条直线上；（4）两足抓地要平，使桩步根实，避免由于后腿并膝裹胯而影响平实。

初学者由于不得要领，往往易犯下列错误：

（1）头、颈缩。由于肌肉过于紧张造成的头部歪扭，颈部僵硬。

（2）俯仰、歪斜。脊椎不直、身体不正而前俯或后仰，左歪或右斜。

（3）耸肩、直臂。两肩耸起或不平，打拳或出手时手臂过直或僵硬。

（4）努气、挺胸。由于两肩未扣而胸部前挺、憋气、鼓力。

（5）驼背、弓腰。由于过于含胸而驼背或弓腰。

（6）凸臀、提腹。臀部后凸或左右扭曲；腹部收缩上提，使胸腔变得狭窄紧张，下肢漂浮。

（7）拢指、翘腕。手指并拢而无撑力，打立拳时腕部上翘，力量分散；打钻拳时腕部折屈而力点不准。

（8）挺胯、敞裆。胯部前挺，后腿僵滞，或胯挺而牵动膝挺，重心升高。由于敞裆，两膝外张，造成下肢松软。

（9）软膝、掀脚。膝部过屈而松软无力，膝部过于内扣而导致掀脚或拔跟。

纠正方法：强化桩步练习，从静势开始，逐渐过渡到动静相间练习。

（二）动作求整齐

学习形意拳尤为重要的一点是手脚齐到、齐进齐落、上下合拍，这是动作准确的基础，也是周身完整统一、上下完整一气的前提与保障。为了求得手脚齐落，初学阶段落脚时，可以震地有声。震地时脚不要故意抬高硬踩，要脚贴地面，顺势向前（后）、向下踩落。待打好基础后，可逐渐形成暗劲，落脚无声或微带声响。

（三）进退宜和顺

运动中不仅要手脚整齐一致，而且要做到进退和顺。在身体各部位协调配合的基础上求得动作方向、路线、姿态的合理变化，在进退闪转、千变万化中保持步法的顺畅和手法的自如。否则，进步时前脚迈步若偏里（内扣）则会整劲，凸胯、偏外（外展）就会散劲、不稳。手脚不顺，也必然会引起呼吸不畅，正如拳语所说："外不顺，内不合。"因此，初学者要注意协调配合，上下和顺，三尖相对，自然顺遂。

（四）稳中求实

形意拳疾速有力，但要注意稳定与充实。稳定指在站好桩功的基础上，去求得运动中的稳定，肢体的稳定有助于劲力的充实，而劲力的充实也集中表现为拳要紧握、步要稳固、脚要踏实、发力要饱满。上肢的动作凡是前拳用力外旋、向外拨转的，后拳就须用力内旋向里扣劲；两手要对拨挣衡，前后、左右呼应，手臂则要像拧绳一样，紧贴身体，与身体发力合为一体。下肢的发力则表现在凡进步时前脚都要贴近地面，行如犁地，竭力向前有趟劲；后脚则全力向后蹬地，随之跟进，有踩踏劲。

（五）稳步提高

打好基础后的教学重点是使动作连贯、完整。连贯指招势要连贯，一方面招势之间动作要连贯，虽然形意拳动作朴实明快，但仍要协调、整齐、连贯，"一动无有不动"；另一方面连贯要表现在全身贯穿，"一肢动，百肢随"，即头、肩、肘、手、膝、胯、足要相互配合。完整蕴涵三层意思：一是单个动作的完整规范性；二是整个套路的完整合一性；三是形意合一，外在手、眼、身、步与内在意、气、力的统一性。因此，可以说学习形意拳要经历一个由基础到熟练、由熟练到精练的过程，只要坚持经常、循序渐进、稳步提高，是完全可以学会练好的。

主要参考文献：

1. 全国体育学院教材委员会.体育学院专修通用教材武术.北京：人民体育出版社，1991
2. 李文彬、尚芝蓉.尚氏形意拳械抉微.武术：湖北科学技术出版社，1988
3. 曹志清.形意拳理论研究.北京：人民体育出版社，1988

（作者：关铁云　摄影：李维国　演示：关铁云）

第五节　八卦掌

一、概　说

"八卦"最早见于《易经》."两仪生四象，四象生八卦。"八卦掌是以八卦学说为理论依据、以掌法变换和行步走转为主的拳术。由于它运动时纵横交错分为四正四隅八八方位，与《周易》的卦象相似，故称八卦掌。八卦掌最早形成的套路是"先天八卦掌"，也称"老八掌"。其套路在不断的传习中又衍化出"后天八卦掌"，即一掌生八式，八掌共生六十四种掌法。在一定程度上，"后天八卦掌"的出现大大丰富了八卦掌的套路和练习内容。除此之外，八卦掌在流传的过程中逐渐和各种武术器械相结合，繁衍出许多器械套路，如八卦刀、八卦剑、八卦棍、子午鸳鸯钺等。同时，出于实践和训练的需要，八卦掌还有对练、散打等辅助练习内容。

八卦掌以站桩和行步为基本功，以绕圈走转为基本运动形式，以摆扣步为主，并包括推、托、带、领、钻、进、搬、扣、拦、截、拿等手法，摆、扣、截、踢、点、蹬等腿法，行步、扣步、摆步、跟步、三角步等步法。其运动特点是：沿圈走转、随走换势，身捷步灵，势势相连，行步平稳，摆扣清晰，纵横交错，协调圆活。

关于八卦掌的起源其说不一。

第一种说法是：八卦掌起源于"离卦"和"坎卦"。根据《靖逆记》中记载："嘉庆丁巳（嘉庆二年，1797年），有山东济宁人王祥教冯克善拳法，克善尽得其术。庚午春（嘉庆十五年，1810年），牛亮臣见克善拳法中有八方步，亮臣曰：尔步伐似合八卦。克善曰：子何以知之？亮臣曰：尔为离，我为坎，我二人离坎交宫，各习其所习可也。"有关学者对"离卦"和"坎卦"进行了研究，发现《靖逆记》记载的牛亮臣和克善所习"坎卦和离卦"是属于梅花拳的流派，不属于八卦掌的范畴。据《梅拳密谱》中的"八方论"称："所谓八方，八方为散手之母，又名群步，有大八方、中八方、小八方之别……有阴出阳入，阳出阴入，总揽四面，支撑八方之意也。"其八方和阴阳出入论是属于梅花拳论之一，当属梅花拳范畴。因此，八卦掌来源于"离卦"和"坎卦"之说不可信。

第二种说法是：是清代河北文安县人董海川（约1813~1882年）在九华山毕澄霞处学来的。据光绪三十年（1904年）其门人尹福等敬立的"文安董公墓志碑铭"所述："公讳海川，文安人……访友于江皖，迷失道入乱山中，终日不得出，度无生理，忽有人于山巅招之以乎，乃攀藤附葛而上，至则其人谓之曰：'师候汝久矣。'因导之行，见庙宇奇幻，遥谓之曰：'汝来何迟乎？'遂授以击刺进退之法，练神导气之功。凡其所传，皆平日所未闻未观者，居久之，又谓曰：'汝行矣，可以问世矣……'公神力得自天授，而技击又获自仙传……"这段碑文的大意是说，董海川的八卦掌得于仙授。

碑文描述董海川的学艺带有很强的迷信色彩，这有其复杂的历史原因：由于当时的社会正是国内阶级矛盾十分突出，帝国主义列强大肆侵略中国，使阶级矛盾和民族矛盾日益激化之时，使得董海川的学艺过程及师承关系不能公开化而杜撰上述情节，并以碑文形式流传下来，这才产生了九华山学艺的传说，并且受中国传统文化的影响，往往对有成就的武术名家冠以仙授，以增其神秘性。

第三种说法是：八卦掌就是由董海川所创。据考证，清代中叶，董海川曾在清朝肃王府做拳师，因此，八卦掌首先在北京盛传，后遍及京、津、河北一带。由于师承沿袭发展愈益广泛，技艺理论日臻成熟，逐步成为我国主要拳种之一，并形成较多分支流派。这种说法得到了国内大多数八卦掌练习者的认同。

据考证，八卦掌由董海川在北京首传的年代大约在同治五年（1866年）至光绪二十年（1894年）前后。董海川的八卦掌，以走圆圈为基本运动形式，技法突出，又宜于健身，给人以耳目一新的感觉，顺应了当时武术的发展。因此，八卦掌很快传播开来。其较有影响的分支为尹氏八卦掌和程氏八卦掌。

尹氏八卦掌：尹氏八卦掌是以尹福为代表。尹福从师于董海川，其特点为：以"牛舌掌"为基本掌型，以鹤形步为基本步法，其步法蹿、蹦、跳、跃似仙鹤飞腾，演练时除保持"牛舌掌"为基本掌型特点外,还兼有动作刚猛、多穿点和尚直劲的特征,所以世人称之为尹氏八卦掌。

程氏八卦掌:此分支代表人物为程廷华,他二十八岁时拜董海川为师学习八卦掌,经过数十年的刻苦训练和日夜钻研,吸收了八卦、形意、太极精华,创立了以"龙爪掌"为基本掌型、以"鸡形步"为基本步型的程派八卦掌。此派动作圆活,多摔法,尚横劲。

二、技法特点

(一) 三形三势

八卦掌讲究"具三形备三势"。所谓"三形",即"行走如龙,动转若猴,换势似鹰";所谓"三势",即"步如蹚泥,手如拧绳,转如磨磨"。它要求下盘腿稳固沉实,行步似蹚泥,连绵不断犹如龙游;中盘身腰柔韧,收放自如,拧身走转,行如推磨,回身转换敏捷如猴,灵活多变;上盘掌臂劲道,滚钻挣裹,螺旋力连绵不断,抽身换势似鹰翻,手眼相随矫健。而三盘又必须是:身随步动,掌随身变,步随掌转,上下相随,形成一个整体。

(二) 三空三扣

"三空"是手心涵空,脚心涵空,胸心涵空。八卦掌的出掌,必须使掌心内凹涵空,掌背绷紧,掌根有力;八卦掌的踩步,在行步走转中五趾抓地,使脚心在感觉上有向内凹涵之意;八卦掌的身法,必须紧背、裹臂、涵胸,使胸部也微凹涵空,同时呼吸下行。"三扣",是两肩要扣,手心脚心要扣,牙齿要叩。"三扣"与"三空"有密切关系,两肩扣拢,有助于胸部的涵空;手心脚心扣拢,有助于掌心和脚心的涵空。肩扣胸空,内气到肘;手扣掌空,内气到手;脚扣底空,桩步劲厚。叩齿则筋强骨坚。"三空"和"三扣"的目的,主要在于使上下肢和身躯的肌群处于张力状况下,使八卦掌在运动的轻灵之中含蓄着沉重有力,外若优柔而中实刚劲。这样,八卦掌才能飘而不浮,柔而有骨。

(三) 三圆三顶

"三圆"是脊背须团圆,臀部须敛圆,虎口须张圆。背圆则脊背团圆胸自涵,身躯含劲,其力催身,内力外送。臀部敛圆则立腰坐胯,实腹敛臀,可防止提腹撅臀,有助于上体节节松沉下坠,内气传承流导。虎口圆则虎口圆撑,气贯指掌,手掌含劲。"三顶"是"舌顶腭,头顶天,掌顶前"。舌顶腭是使舌尖轻顶上腭,能生津液,通脉络,口微闭用鼻呼吸,气沉丹田;头顶天,是颌项自然竖直,下颏自然里收,头部正直,使百会穴处有向上直顶的感觉,即所谓"顺项提顶";掌顶前,是两掌即使在屈肘竖掌时也须使掌心含有一股向前顶推的内劲,气贯周身,力达臂膀,掌力雄厚。

(四) 四坠四敏

"四坠"是肩坠腰,腰坠胯,胯坠膝,膝坠脚。八卦掌讲究两肩要有沉劲,腰部要有塌劲，胯部要有坐劲，膝部要有剪劲，脚下要有踩劲。两肩向下沉，使肩的沉劲下坠到腰，与塌劲相衔接。腰向下塌，臀向下垂，敛臀提肛，腹部充实，使腰的塌劲下坠到胯，与坐劲相衔接。胯向下卸并向里裹，使胯的坐劲下坠到膝，与剪劲相衔接；使膝的剪劲下坠到脚，与脚的踩劲相衔接。即腰催胯，胯催膝，膝催足。这样，身躯与四肢的周身劲力便通过"坠"的衔接而上下贯通一气，达到劲力完整的地步。

"四敏"是眼敏，手敏，身敏，步敏。八卦掌拳谱说："心是帅，眼为锋"，"眼有检查之明"，因此，眼睛必须敏锐，始终注视着手掌。"掌是兵刃"，"手有拨转之劲"，因此，出手换势也必须掌法敏捷。"身似弓弦"，"有转运之神"，因此，身法的翻转也必须敏快活泼。"脚似战马"，"有快速之力"，因此，步法的走转也必须敏快迅速。但是步法的敏快是在摆扣得法、屈脚蹚泥、夹裆摩胫的前提下进行的，不能离规矩、去原则地强调步法的敏快迅速。

（五）十要三病

"十要"是指一要有意，意是用意识来引导动作，用心志活动去指导形体活动，把意识贯注到动作的攻守、劲力、意向中去。意也引导呼吸，做到以意领气，以气合力，即意、气、力的结合。二要有气，气是呼吸，"腹乃气根，气似云行"，八卦掌运动时必须运用腹式呼吸，气沉丹田。又须像空中行云那样，徐徐地调息，不可猛吸猛呼。三要有拧，八卦掌技法术语讲"拧旋走转"，要求腰要拧，臂要拧，手要拧，使头、手、腰、臂拧转朝圆心。四要有塌，塌是腰和腕都须有向下塌坐的内含之劲。五要有提，提是提肛，将尾闾向前微微提起。六要有裹，裹是肘臂抱圆向里含有裹劲，将两臂绷紧。七要有垂，垂是肩垂、肘垂，肩垂则臂长而灵活，肘垂则肱自圆，能护两肘。八要有掤，掤是绷撑劲，身躯和四肢在"四坠"的基础上具有绷撑之劲。九要有松，松是周身关节要松开，关节不松，动作就僵硬不活，因此，动作势势既要有掤，含蓄着绷撑劲，又要关节松开，使动作灵活自如。十要有顺，顺是身顺首，脚顺膝，膝顺胯，胯顺腰，指顺手，手顺肘，肘顺肩，上下顺随，不逆不亢。

"三病"是努气、拙力、腆胸，八卦掌最忌这三病。努气就是憋气，容易使气血不和；拙力即是僵硬劲，容易使动作滞涩；挺胸突肚，则易促成身法不活。

三、基本动作及方法

（一）手型

1. 龙爪掌

拇指外展，食指伸直，虎口圆撑，中指指天，无名指和小指可自然弯曲；或拇指外展，食指伸直，虎口圆撑，中指、无名指和小指微微贴拢；掌心含空，掌背形似瓦垄，掌心向前，掌根顶出（图3-5-1）。

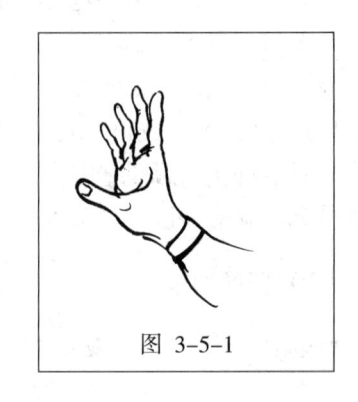

图 3-5-1

2. 牛舌掌

四指并拢，拇指内扣，掌指向前，掌心含空，掌背隆起，以虎口一侧为上方（图3-5-2）。

（二）步型

1. 弓步

前腿屈膝，大腿与地面约成45°，脚尖微扣，膝与脚尖基本垂直；后腿自然伸直，脚尖斜向前，两脚全脚着地（图3-5-3）。

2. 半马步

前脚微内扣，后脚横向外，两脚距离约三脚长，后腿屈蹲高于水平，前腿稍屈，体重略偏于后腿（图3-5-4）。

3. 夹剪步

两脚一前一后，全脚着地。前腿稍屈，脚尖正直，后脚斜外展，屈蹲高于水平，重心偏于后腿（图3-5-5）。

图 3-5-3　　图 3-5-4　　图 3-5-5

（三）手法

1. 托掌

掌心向上，五指分开，掌心凹空，沉肩坠肘，掌心向前上或侧上托起，力达掌心（图3-5-6）。

2. 按掌

掌心向下，五指分开，臂微屈，掌心向前下侧按，力达掌心（图3-5-7）。

3. 推掌

食指、中指、无名指和小指向上分开竖直，拇指斜向上与食指成八字形，掌心向外，塌腕立掌，臂微屈，掌心向前推出，力达掌根（图3-5-8）。

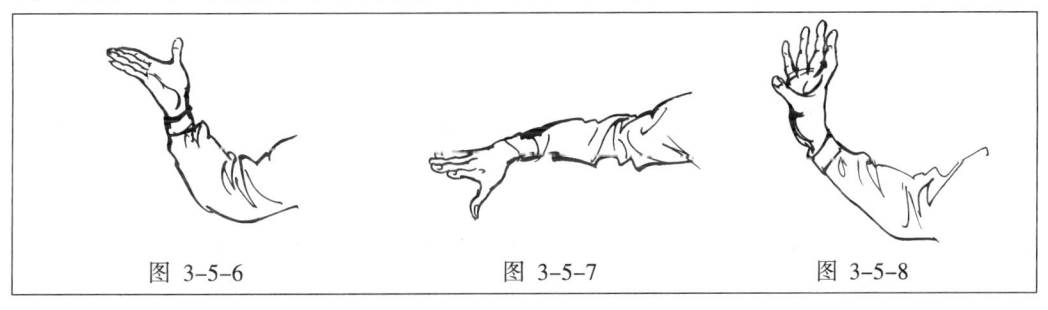

图 3-5-6　　图 3-5-7　　图 3-5-8

4. 抱掌

五指分开,拇指侧朝上,掌心向里,屈肘向身前做环抱状(图3-5-9)。

5. 劈掌

五指分开,拇指侧向上,小指侧向下,掌指向前,由上向下直劈,力达掌沿(图3-5-10)。

6. 撩掌

五指分开,拇指侧向上,掌心向里,由下向体前或体侧撩出(图3-5-11)。

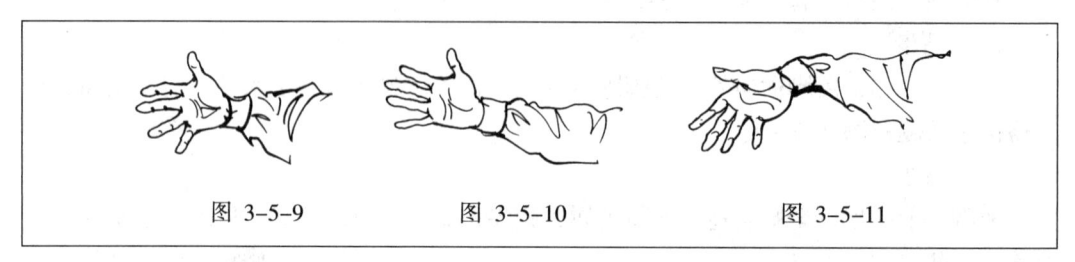

图 3-5-9　　　　　图 3-5-10　　　　　图 3-5-11

7. 挑掌

五指分开,拇指侧由下向上挑出成侧掌,掌指向上(图3-5-12)。

8. 螺旋掌

五指分开,拇指侧向上,臂外旋,小指侧对面部,掌心向外,掌指向上(图3-5-13)。

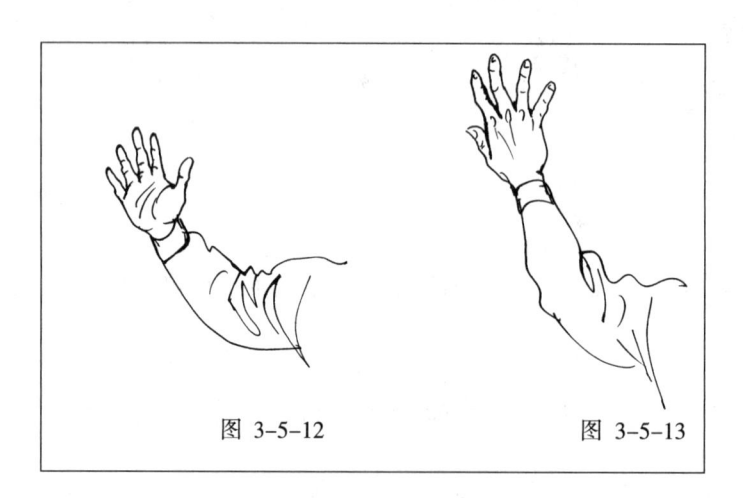

图 3-5-12　　　　　图 3-5-13

(四)步法

1. 蹚泥步

(1) 直行

上体正直,两腿弯曲,一腿向前迈出,另一腿擦前腿脚踝内侧前行,落地时脚趾抓地,两腿交替前行。

(2) 走圈

上体正直,两腿弯曲,内侧腿沿弧向前迈出,脚尖向前或微向外摆,外侧腿擦里腿脚踝内侧前行,脚尖微扣,落地时脚趾抓地,两腿交替前行(图 3-5-14~17)。

2. 扣步

当蹚泥步走至右脚在前时,左脚向前上步,脚尖内扣成八字,两脚尖相距约一横脚,脚趾抓地,扣步如钉,身体重心放在两脚的前脚掌和脚跟上,脚心含空,两腿略微弯曲,两膝似挨非挨(图 3-5-18、19)。

3. 摆步

当蹚泥步走至成左扣步时,右脚向右侧沿弧线迈出一步,脚尖外展成摆步,膝部略屈而顶;左腿略微弯曲,身体重心在左腿,左胯向后稍靠,两脚前后按三七分劲,叫做三七步。扣步要小,摆步要大(图 3-5-20)。

图 3-5-14　　　图 3-5-15　　　图 3-5-16　　　图 3-5-17

图 3-5-18 　　　图 3-5-19 　　　图 3-5-20

（五）腿法

1. 踢腿

脚面绷平，以足尖向前或前上方踢出，力达脚面（图 3-5-21、22）。

2. 点腿

松髋屈膝提起，脚面绷平，以脚尖向前快速点出，力达脚尖（图 3-5-23~25）。

3. 踹腿

提膝，脚尖勾起，由屈到伸向前或体侧踹出，力达脚掌（图 3-5-26、27）。

4. 蹬腿

腿由屈到伸，脚尖勾起，向体侧、体前或体后蹬出，力达脚跟（图 3-5-28、29）。

图 3-5-21　　　图 3-5-22　　　图 3-5-23

图 3-5-24　　　图 3-5-25　　　图 3-5-26

图 3-5-27　　　图 3-5-28　　　图 3-5-29

(六）身型与身法

1. 身型

竖颈收颌，口微闭。舌顶上腭，头有顶意。沉肩坠肘，含胸拔背。塌腰敛臀，提肛吸胯。以鼻呼吸，气沉丹田。两眼平视，松顺自然。

2. 身法

起折转换，拧滚闪翻，抽腰吸化，屈收展放，轻快灵活，连贯平稳，以腰为轴，周身协调。

四、基础练习

（一）步法练习

八卦掌无论是徒手套路还是器械套路，各种掌法、身法、器械方法等等，都是在走转行进中进行的。所以，八卦掌练习的基本内容是在下肢的各种步法运用中完成的。同时，在练习八卦掌的始终，蹚泥步和摆扣步都是主要的步法，其外在运动表现形式分为直行和走圈两种。

1. 直行练习

直行是八卦掌步法练习的一种。在八卦掌的步法练习中，以直线为运动方式的直行是练习套路的基础。在直行练习中，所运用的步法为蹚泥步，蹚泥步是"步"的基础。练习时要求上体正直，两腿弯曲，一腿向前迈出，另一腿擦前腿脚踝内侧前进，前脚掌和脚跟平落地面，脚趾抓地。两腿交替前进，轻松自如，稳如泰山。同时，要注意上体放松，呼吸自然。速度适中，重心始终在支撑脚，虚实分明。下肢运动要有一定的节奏感。做到轻抬平落，步灵身轻。

2. 走圈练习

八卦掌的基本运动形式是走圈。走圈是八卦掌的主要步法练习方式。在走圈练习中以蹚泥步为主，走转变换中又以摆扣步来改变动作方向和路线，两种步法相结合来完成走圈练习。另外，八卦掌的走圈大小无一定限度，因人或空间而异。其走圈的步数以八步为一圈较为合适。同时，在练习走圈时，要求步法足落平稳，扣摆清楚，虚实分明，行步如蹚泥，前行如坐轿，出脚要摩胫（两脚踝关节相贴而过）。在走圈时，内脚直进，外脚内扣，两膝相抱，不可敞裆（图 3-5-30~33）。

图 3-5-30　　　　图 3-5-31　　　　图 3-5-32　　　　图 3-5-33

（二）基本八掌练习

1. 单换掌

（1）起势

①立正，两脚尖外展。两臂垂于两腿侧，头颈正直，两肩下松。口自然闭合，呼吸自然。眼平视前方（图3-5-34）。

②两膝略蹲，两手由两侧向腹前交叉（左下右上），手心均向上。右手顺左前臂外侧上穿，两手指尖均向上。在右肘起到略高于肩部、左手约与头顶齐平时（两手右高左低），身体渐渐向右转。随着身体右转，两前臂内旋拧转下落，两掌随转随向外推，手心均向外，右掌高与眉齐，虎口圆撑，食指挺直，拇指、小指、无名指微向里扣；左掌落到右肘下方，虎口对右肘尖，右掌对圆圈的中心。同时右脚向前迈一步，膝部微屈，脚尖向里扣，两脚跟前后相对，重心偏于左腿。眼神随右掌移动，然后注视右掌食指指尖（图3-5-35~37）。

要点： 身体向右转和两臂拧转速度要一致。上体不可俯仰歪斜。胸部要宽舒，气向下沉，肩、肘要向下舒垂，臀部要向里收，胯要裹、膝要扣、脚趾要扣地，周身上下要完整不懈。右掌与左脚跟方向一致。

图 3-5-34　　图 3-5-35　　图 3-5-36　　图 3-5-37

（2）摆步右推掌（右青龙反首）

①由起势（右脚在前）开始，右脚前进半步，左脚沿着圆形路线继续前进，向右旋转（右脚为里脚，左脚为外脚）。右脚迈步要直，左脚要微向里扣（图3-5-38~40）。走到右脚在前时（步子多少均可），左脚尖向右脚尖处内扣上步，两脚尖距离约10厘米，两脚跟向外撑（成八字形）。同时身体向右转，两掌不动（图3-5-41）。

②右脚向右方摆步（沿圆圈路线），脚尖外撇。同时身体右转，右前臂内旋，掌心向外推，拇指侧向下；左掌仍停在右肘下方。眼看右掌（图3-5-42）。

要点： 起步时，要平起平落，脚面绷平，不可抬脚过高。扣步、摆步须在圆形路线附近，不可忽前忽后。摆步与右掌外推要一致。

图 3-5-38　　　　图 3-5-39　　　　图 3-5-40　　　　图 3-5-41　　　　图 3-5-42

(3) 右穿左推掌（青龙转身左势）

①上势不停，身体继续向右转。左脚随身体转动，再向右脚处扣步，两脚尖距离约10厘米，两脚跟外撑（成八字形）。同时左掌顺右腋下向后穿，掌心向上；右前臂外旋，掌心翻转向上，小指侧贴于左肩外侧。眼向右看（图3-5-43、44）。

②左手顺右臂外侧向上移动。同时身体向左扭转，左肘部起到略高于肩、右手高与头齐平时（两手左高右低），两前臂内旋（向里拧转）并向下落，两掌随向外推，手心均向外。左掌高与眉齐，虎口撑圆，食指挺直，拇指、小指、无名指微向里扣；右掌落到左肘下方，虎口对左肘尖，左掌对圆圈的中心。同时左脚前移半步，膝部微屈，脚尖微向里扣，两脚跟前后相对，重心偏于右腿。眼神随左掌移动，然后注视左掌食指指尖（图3-5-45）。

要点：身体向右转和两臂拧转的速度要一致，上体不可俯仰歪斜。左臂向上穿、向外推和前臂旋转要有拧劲；右掌要顺着左肘下落，不要抽回太快。胸要宽舒，气要下沉，精神要贯注，不可涣散。

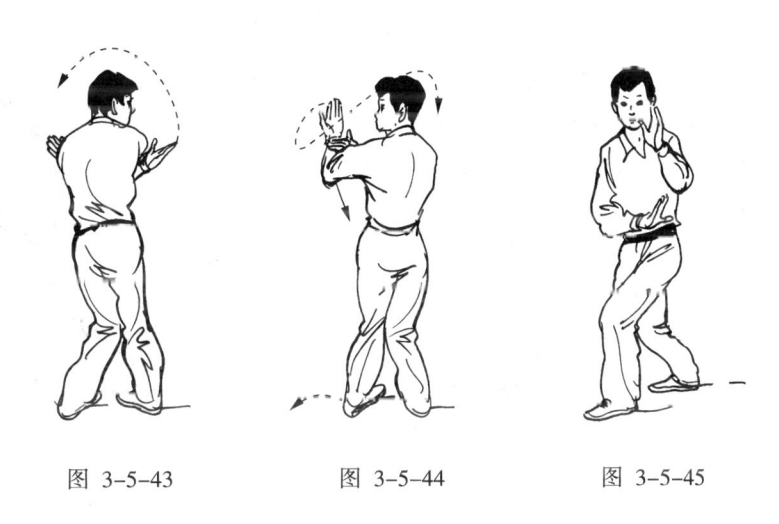

图 3-5-43　　　　图 3-5-44　　　　图 3-5-45

2. 双换掌

（1）摆步左推掌（左青龙返首）

①左脚向左前方进半步，右脚沿着圆形路线继续前进，两脚交替向左环行。左脚（里脚）迈步要直；右脚要微向里扣，等走到左脚在前时（步子多少均可）须向着左脚尖扣步前进，两脚尖距离约10厘米，两脚跟向外撑（成八字形）。同时身体向左转，两掌不动。

②左脚向左方摆步（沿圆圈路线），脚尖外展。同时身体左转，左前臂内旋，左掌心向外推，拇指侧向下；右掌仍停在左肘下方。眼看左掌（图3-5-46、47）。

（2）提步上穿掌（鹞子钻天）

①上动不停，身体继续向左转。右脚随身体转动再向左脚扣步，两脚尖距离约10厘米，两脚跟向外撑（成八字形）。同时右掌顺左腋下向后穿，掌心向上；左前臂外旋，掌心翻转向上，小指侧贴在右肩旁。眼向左看。

②上势不停，右前脚掌为轴，身体速向左扭转约120°。同时右手顺着左臂外侧上穿，指尖向上，小指侧向里拧劲，掌心向内；左掌由右臂内侧经右肋向下插，手背紧贴于右腿外侧，指尖向下，掌心向外。同时左脚提起靠在右腿里侧踝关节处，脚尖上翘，两腿靠紧。眼看右掌（图3-5-48、49）。

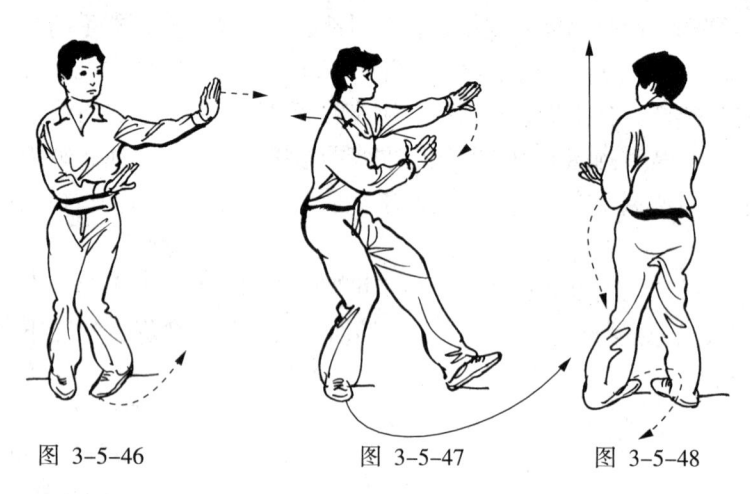

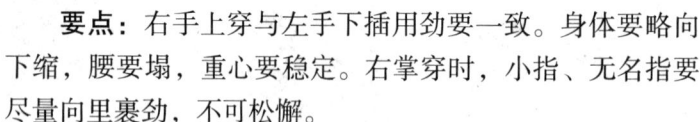

图 3-5-46　　　图 3-5-47　　　图 3-5-48 　　　图 3-5-49

要点：右手上穿与左手下插用劲要一致。身体要略向下缩，腰要塌，重心要稳定。右掌穿时，小指、无名指要尽量向里裹劲，不可松懈。

（3）转身双按掌（白蛇伏草）

右掌沿左肩下落，经腹前撤到右膝上方；左掌在右掌向右撤时尽量向左撑开，两手心均向下按。同时左脚向左开一步，屈膝半蹲，脚尖斜向前方，身体重心大部分落在右腿。眼神随着右手下落，再转视左手（图3-5-50）。

要点：右掌落到左肩时再迈左脚。迈步和两掌撑开要动作一致。两臂要撑圆，掌心要向下按。头颈要向上顶，

图 3-5-50

腰要塌，胯要缩，肩要松，周身要完整协调。

（4）左穿右推掌（青龙转身右势）

①左脚跟为轴，脚尖外撇，同时身体向左转；右脚随之向左脚尖扣步（方法如前）。右掌翻转，手心向上，经腹前随转动向左腋下穿出；左掌同时外旋，附于右肩前。眼向左看。

②上势不停，右手随右臂外侧向上穿，同时身体向右扭转。右肘起到略高于肩、左手高与头齐平时（两手右高左低），两前臂内旋（向里拧转）并向下落，两掌随转随向外推，手心均向外。右掌高与眉齐，虎口撑圆，食指挺直，拇指、小指、无名指微向里扣；左掌落到右肘下方，虎口对右肘尖，右掌对圆圈的中心。同时右脚前移半步，膝部微屈，脚尖微向里扣，两脚跟前后相对，重心落在左腿。眼神随右掌移动，注视右掌指尖（图 3-5-51~53）。

要点：向左转身扣步时，速度要快。两臂翻、穿、推等掌法，都要有裹劲和拧劲，不要左拧右松，或右紧左松。周身动作要完整，胸部要宽舒，呼吸要顺畅，不可挺胸或憋气。

3. 顺势掌

（1）摆步上推掌（背身吐芯）

右掌在前，两脚相继向右环行。等右脚（里脚）前进下落，左脚再继续前进，脚尖外摆。同时身体向左扭转，右掌由前向头上方举起，臂圆撑，掌心斜向左上方；左掌附于右肋旁，掌心向外。眼向左看（图 3-5-54）。

要点：右臂上举与身体左转要协调。左胯要尽力向回缩。左掌向右推，右掌向上撑，上下用劲要完整。

（2）缩身双抱掌（苍龙缩尾）

上势不停，身体继续向左扭转。右掌随之由头上方落到左肩前，掌心向下；左掌位置不变。同时右脚向着左脚扣步，两膝相对。眼看左下方（图 3-5-55）。

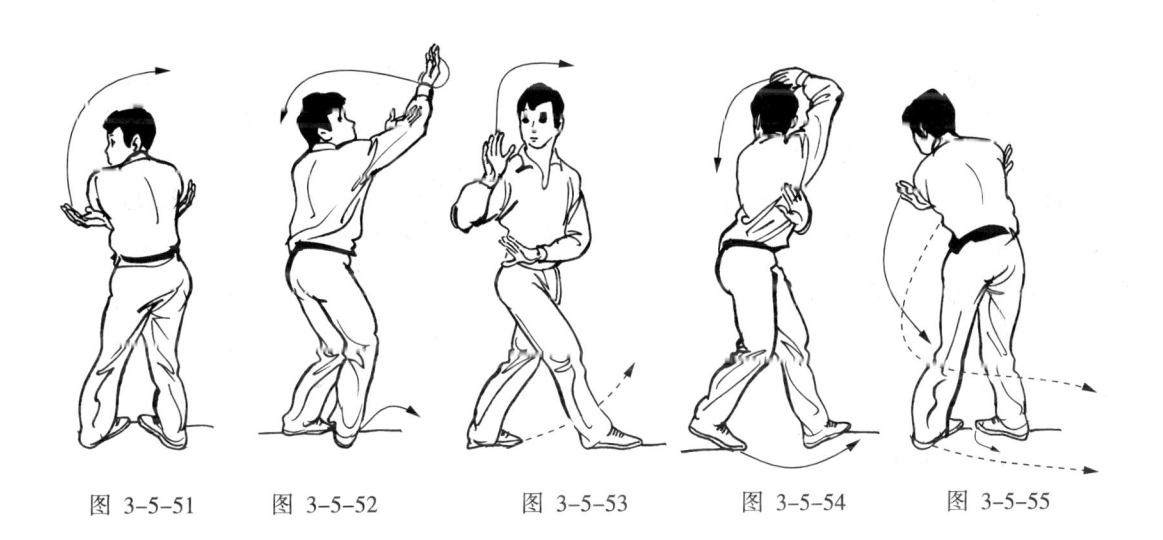

图 3-5-51　　图 3-5-52　　图 3-5-53　　图 3-5-54　　图 3-5-55

要点： 两臂合抱时，注意肩部外开，不可过分压挤胸部。气要沉，腰要塌，胯要缩。

(3) 转身双按掌（白蛇伏草）

右脚尖内扣，身体左后转。右掌经腹前下落，撤到右膝上方；左掌在右掌向右撤时，尽力向左撑开，两手心均向下。同时左脚向左开一步，屈膝半蹲，脚尖斜向前方，身体重心偏于右腿。眼看左手（图 3-5-56）。

要点： 左脚迈出和两掌撑开动作要一致。两臂要撑圆，掌心要向下按，头颈要向上顶，腰要塌，胯要缩，肩要松，周身要完整协调。

(4) 左穿右推掌（青龙转身右势）

动作说明及要点可参阅图 3-5-51~53 和图 3-5-57~59。

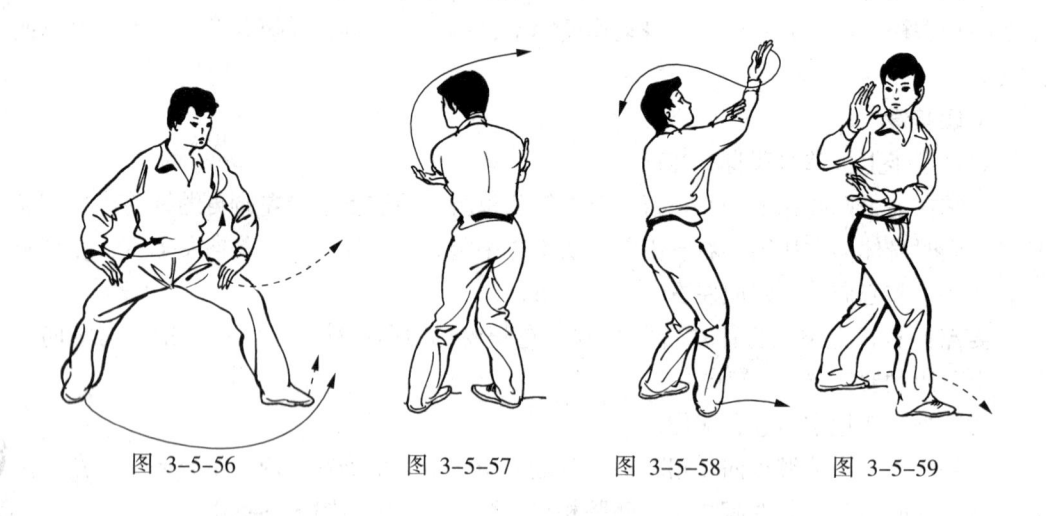

图 3-5-56　　图 3-5-57　　图 3-5-58　　图 3-5-59

4. 背身掌

(1) 摆步右推掌（青龙返首）

右掌在前，左右脚连续向右环行，等右脚（里脚）前进落下，左脚再向右脚尖扣步，身体向右转。然后右脚再向右方摆步，脚尖外展。同时右前臂内旋，掌心向外推，拇指一侧向下；左掌仍停在右肘下方。眼看右掌（图 3-5-60、61）。

要点： 与前单换掌"青龙返首"动作完全相同（可参阅其说明）。

图 3-5-60　　图 3-5-61

(2) 进步左穿掌（燕子入林）

①左脚前进一步，同时左手由右前臂下穿出，高与肩平，掌心向上；右掌撤到左肩前，掌心向下。眼看左掌（图 3-5-62）。

②以左脚跟为轴，脚尖里扣，身体速向右后转。同时左前臂内旋，掌心转向上；右肘下垂，掌心翻转向上，停在下颌处，指尖向前。眼看前方（图 3-5-63）。

要点：穿左掌和上左步，动作要上下一致。身体右后转和左右掌的翻转要快速，要完整。右胯要缩，臂要收，两肩要向下沉。

(3) 背身探掌（青龙探爪）

右掌由下颌处猛向前伸（探掌），掌心向上，高与口齐平，肘微屈。同时右腿提膝，脚尖下垂，上体向前探。眼看右掌（图 3-5-64）。

要点：伸右掌和提右膝，要迅速、协调，动作一致。探出之后身体要平衡稳定，不可摇晃。

(4) 转身右扳掌（猿猴扳枝）

上势微停，身体右转，右臂随之内旋，向右扳出，肘部微屈，掌心转向下，小指侧（掌缘）着力；左掌收到肋部左侧，掌心向上。同时右腿收回向右后方迈出一步，脚尖略外展，重心偏于左腿。眼看右掌（图 3-5-65）。

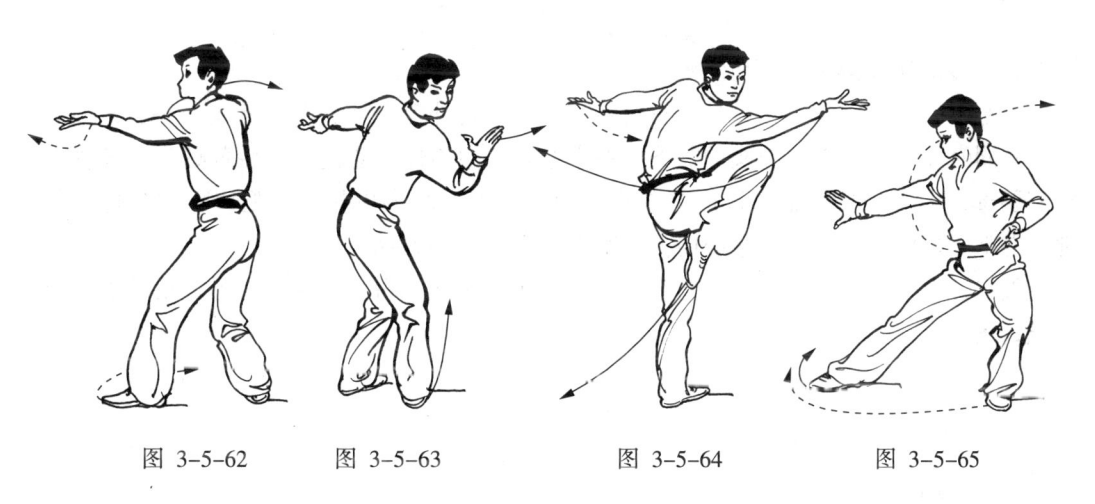

图 3-5-62　　图 3-5-63　　图 3-5-64　　图 3-5-65

(5) 右穿左推掌（青龙转左势）

动作和要点完全与前单换掌右穿左推掌动作相同，可参阅该动作说明和要点（图 3-5-66~68）。

5. 转身掌

(1) 右转身左穿掌（燕子入林）

右掌在前，身体向右环

图 3-5-66　　图 3-5-67　　图 3-5-68

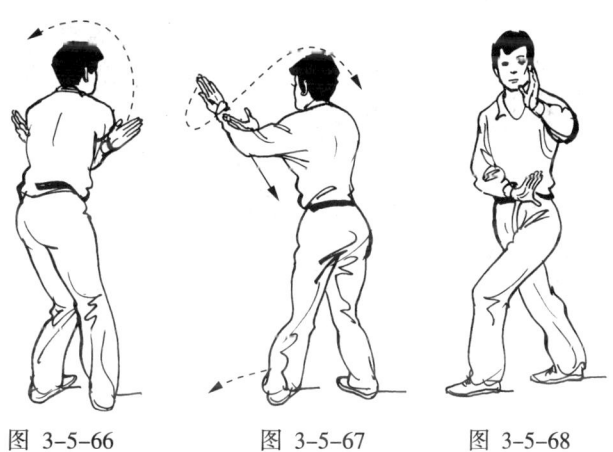

行，走至右脚在前时，左脚（外脚）向右脚尖扣步，身体随之右转，右脚再向右摆步。然后左掌由右前臂下前穿，掌心向上，右掌停在左肩前。同时左脚进一步，重心偏于右腿。眼看左掌（图 3-5-69~72）。

要点：左脚扣步和转身前穿速度要快。左脚上步和左掌穿出的动作要一致。

图 3-5-69　　　图 3-5-70　　　图 3-5-71　　　图 3-5-72

(2) 转身仆步盖掌（走马回头）

上势不停，左脚尖里扣，身体右后转，右脚随之外摆；然后左脚继续进一步，脚尖里扣。同时左掌经左上方向头前盖下，右掌经胸前内旋使掌心向外，手背贴肋，接着再顺着肋部向右腿外侧下插。同时右脚后移向右仆下，脚尖里扣，右腿伸直，全脚掌着地。左掌随之收到左腰侧，掌心向上。眼看右掌（图 3-5-73~75）。

要点：左掌下盖，右掌后穿与右腿仆下要协调一致，右掌后穿时，手背紧贴肋部向下插，不可离开身体。

图 3-5-73　　　图 3-5-74　　　图 3-5-75

(3) 转身双推掌（白猿献果）

右脚尖外撇，身体随之右转，左脚再向右脚尖扣步，左掌由右腋向右穿。然后身体再向左转，左脚随之前移半步。同时左掌随转体向左旋转，两掌心翻转向上，高与胸齐，两前臂相靠，两肘接近胸部。眼看左掌指尖（图3-5-76、77）。

要点：两腕部靠紧，要有上托之劲。腰尽力向左扭转，胯要缩，肩要沉，两肘要合抱（左右换掌方法相同，方向相反）。

图3-5-76　　图3-5-77

6. 双抱掌

(1) 翻转抱掌（狮子滚球）

①两手心上下相对（左掌在下，右掌在上），向左环行，走至左脚在前时（里脚），右脚向左脚尖扣步前进，身体左转。然后左脚向左方外摆，右脚再向左脚扣步。同时左掌经腹前下落，两掌心相对，随身体的转动，左掌由下向上提，掌心向下；右掌由上向下转动，停在右腿外侧，掌心向上。眼向上看（3-5-78~81）。

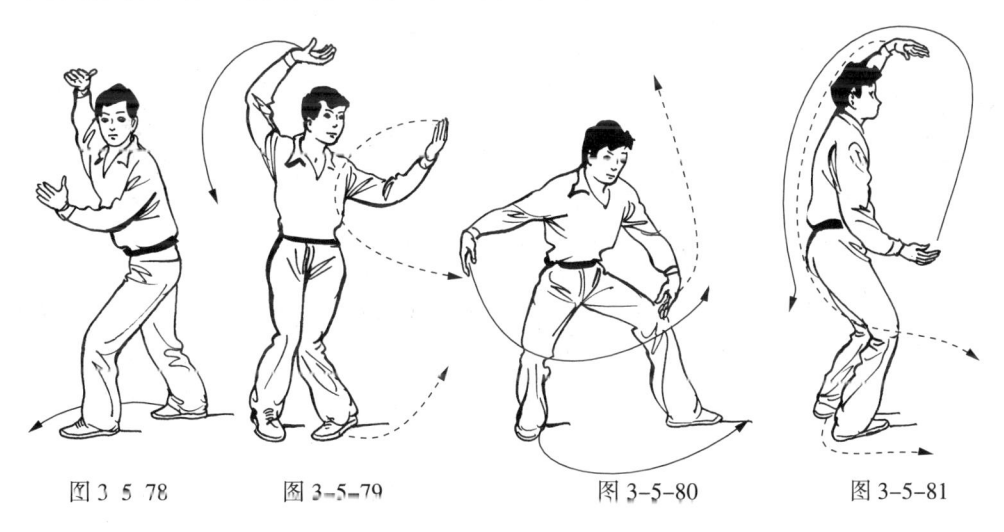

图3-5-78　　图3-5-79　　图3-5-80　　图3-5-81

②以右脚掌为轴，脚尖里扣，身体向左后转；然后左脚向左后方撤一步，膝部微屈，体重偏于右腿。同时右掌由下向上托起，左掌由上向下落，随身体转动停在两膝上方，掌心相对；眼看左掌（图3-5-82）。

要点：两掌随身翻转要完整、协调，摆、扣步法要沿圆形路线进行，不可忽前忽后。

(2) 双抱掌（狮子抱球）

由上势左脚尖向外撇，身体左后转，右脚

图3-5-82

169

随之向左脚扣步，同时右掌向左腋下穿出。然后身体右转，右脚前移半步。右掌随着转身动作由左向右旋转伸出，掌心向上；左掌举在头上方，掌心向下，两掌心上下相对。眼看右掌（图 3-5-83、84）。

要点：右掌由左腋下随身体左转画一弧形，两臂均成半圆，如同抱物形状，不可伸直。

右式翻转完全相同（图 3-5-85~90）。

图 3-5-83　　　图 3-5-84　　　图 3-5-85　　　图 3-5-86

图 3-5-87　　　图 3-5-88　　　图 3-5-89　　　图 3-5-90

左右式都可以连续加翻身动作，但初学者应由慢而快，转动时周身要完整、协调。

7. 磨身掌

（1）内外单撞掌（迎门挥扇）

①右手在前，向右环行，走至左脚在前时，右掌外旋，用小指侧向左平切，肘部微屈，掌心向上，高与胸平；左掌收至左腰侧，掌心向上。同时右脚跟进，前脚掌着地。眼看右掌（图 3-5-91、92）。

图 3-5-91　　　图 3-5-92

②身体右转，右脚再向右侧迈一步，脚尖略外展，膝部微屈。同时右掌内旋向右平切，掌缘着力，肘部微屈，臂成弧形（图3-5-93）。

要点：向左右切掌，力量要贯注掌缘。眼神要随右掌翻转注视右掌。

(2) 磨身踢脚（凤凰展翅）

①以右脚跟为轴，脚尖向外扭转，身体右后转；左脚以前脚掌为轴扭转，左膝抵右膝弯（如坐盘势）。同时左掌向右臂下穿出，左掌心上托，指尖向左；右前臂外旋，掌心转向上，指尖向右，两腕靠拢。眼看右掌指尖（图3-5-94、95）。

②身体继续向右后转，左脚随之向右脚尖扣步。然后两掌向左右分开，肘部微屈，高与肩平。同时右脚由地面猛向上踢，脚尖勾起，身体略向后仰，膝部挺直；左腿微屈，眼向前看（图3-5-96）。

要点：转身、扣步、踢腿速度要快，动作要协调一致。

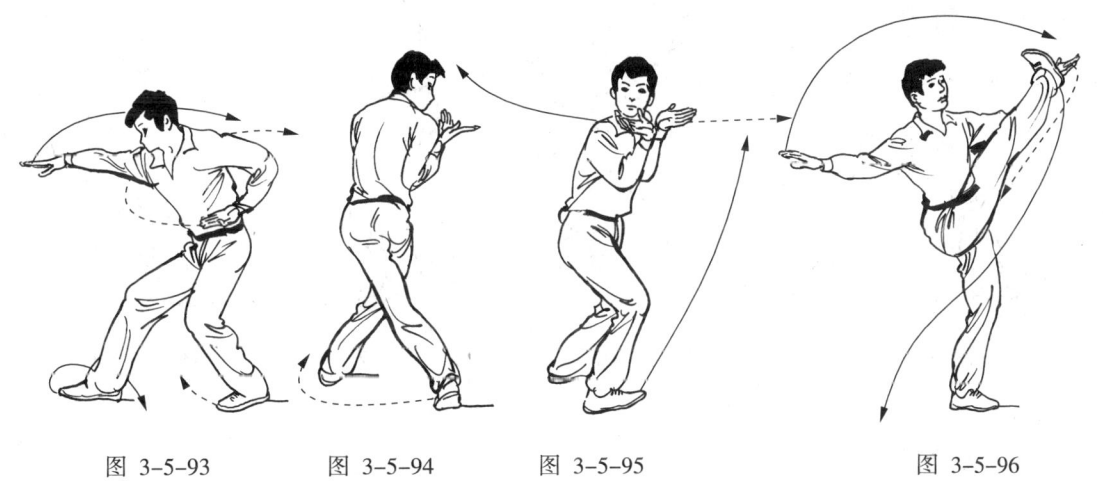

图 3-5-93　　图 3-5-94　　图 3-5-95　　图 3-5-96

(3) 仆步穿掌（燕子抄水）

右腿屈膝收回，向右后方撤一步；左腿屈膝全蹲，做右仆步势。同时右掌由右向上摆至头前，并由面前经右肋外侧顺着腿部向下穿，掌心向后；左掌收回左腰旁，掌心向上。眼看右掌（图3-5-97、98）。

要点：右掌收回后穿与右腿仆卜动作要一致。

(4) 转身平顶肘（倒拽风车）

①右脚尖外撤，身体向右后转，左脚随之向右脚扣步。同时左掌经右腋下向后平穿，掌心向上，高与胸齐；右掌掌心向下停在左臂内侧。眼看左掌（图3-5-99）。

图 3-5-97

图 3-5-98

图 3-5-99

171

②身体迅速向右转，右脚向右迈一步，膝部微屈，重心偏左腿。同时右掌变拳屈肘向右平行顶出，前臂要平，拳心向下；左掌由左屈肘收回胸前，掌心向上，身体略下蹲。眼平视右方（图 3-5-100）。

要点：右肘向外顶时，要柔韧而有弹力，不要死板或僵硬；肩要松，腰要塌，头要顶。此势左右变换时，可以用"反背捶"的打法，就是在转身顶肘时，两掌同时变拳猛向右方平击，前手拳心向里，后手拳心向下，两肘微屈（图 3-5-101）。

（5）转身平托掌（青龙飞升）

右脚尖外撇，左脚向后，右脚扣步；左掌向右腋下后穿，同时身体向右转，然后向左转，两掌向左右平行分开，掌心均向上，肘微屈，高与胸平。眼看左掌（图 3-5-102、103）。

图 3-5-100　　图 3-5-101　　图 3-5-102　　图 3-5-103

8. 翻身掌

（1）右片旋掌（迎风挥袖）

右掌在前，两腿相继向右环行。右掌在行走旋转中由右向前、向左平行画弧，掌心向下，转到左肩前方时，右肘下垂，前臂外旋，手腕旋转，身体略向后仰，掌心转向上，再经胸前由右向前击出，掌心向上，小指侧着力，高与胸平；左掌置于右腋下，掌心向下。眼看右掌（图 3-5-104~108）。

要点：右掌随走随转，转动要柔和。向前击时，速度要加快（左右片旋相同，方向相反）。

图 3-5-104　　图 3-5-105　　图 3-5-106　　图 3-5-107

(2) 提膝点脚（猿猴蹬枝）

上势略停，两掌位置不变，右腿提膝，然后上体略后仰，右腿伸直，脚尖用力向前点出，脚面绷平；左腿微屈。眼看前方（图 3-5-109、110）。

要点：右脚向前点出时，右胯随势略向前挺，仰身不要太多。点时，不要突然弹力，要用柔和而有引伸的劲。

(3) 仆步穿掌（燕子抄水）

上势不停，立即屈膝收回右脚，随即向后方撤步仆下，膝部伸直，脚尖里扣，全脚掌着地；左脚尖也随之微向里扣，左腿全蹲。同时右肘上提，右掌屈腕，由胸前经右腰部顺右腿下插，掌心向后；左掌收到左肋外侧，掌心向上。眼看右掌（图 3-5-111）。

图 3-5-108

(4) 翻身掌（大蟒翻身）

①上势微停，右脚尖外撇，身体右转；左脚随即进一步，体重偏右腿。左掌由右臂下穿出，手心向上，高与胸齐，肘微屈；右掌停在左臂上方，掌心向下。眼看左掌（图 3-5-112）。

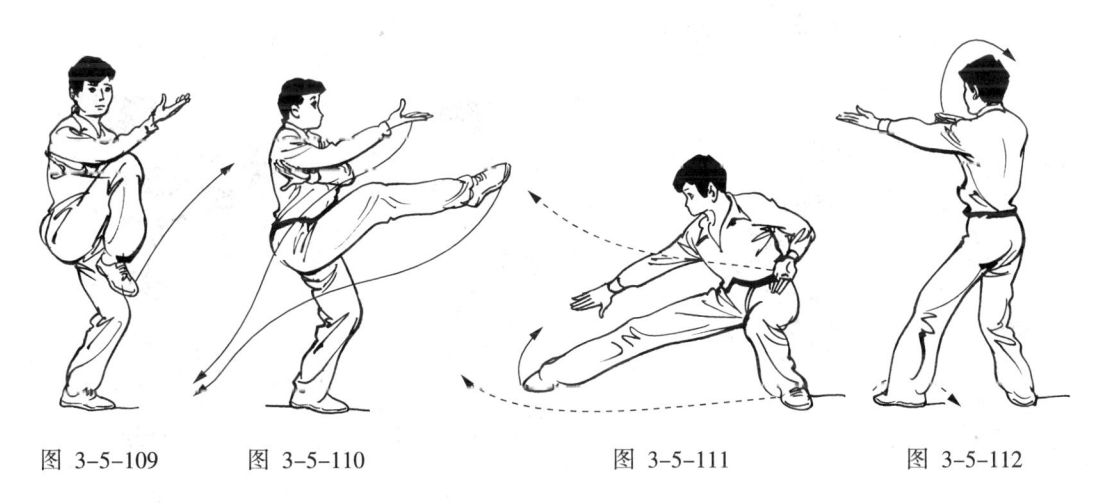

图 3-5-109　　图 3-5-110　　图 3-5-111　　图 3-5-112

②左脚尖里扣，身体后仰向后翻转。左臂内旋，掌心翻转向上，五指分开后伸；同时右掌随翻身动作经头部上方画弧，掌心转向上，并由上向右、向前、向左击出，小指一侧着力，肘部微屈。右腿随之提起，脚面绷直，脚尖下垂，身体略向前俯。眼随右掌转动再向前看右掌（图 3-5-113、114）。

图 3-5-113　　图 3-5-114

要点： 翻身和右掌旋转要协调，右腿提膝和右掌向前击出快速有力。要平衡稳定。两掌前后用力要一致，周身要完整。

（5）转身穿掌（燕子入林）

①上势微停，身体右转，右臂随之内旋，向右扳出，肘部微屈，掌心转向下，小指侧（掌缘）着力；左掌收到肋左侧，掌心向上。同时右腿收回向右后方迈出一步，脚尖略向外展，膝部微屈，重心偏于左腿。眼看右掌（图3-5-115）。

②身体向右后转，右脚尖外撇，左脚向右脚扣步。同时左掌由右腋下向后穿，掌心向上，高与胸平；右掌停在左臂上方。眼看左掌（图3-5-116）。

要点： 穿掌、转身速度要快，周身要协调完整。

（6）转身双撞掌（猛虎扑食）

上势不停，身体继续向右后转。右臂经胸前向右撤，将伸直时，前臂外旋，由右后方转到右耳旁；同时左臂由左方屈肘回收，两掌由两耳旁顺下颌处向前推出，高与胸平，两掌指尖相对，距离约10厘米，虎口向下，两臂成弧形。同时右脚随转体动作向右前进一步；左脚随之跟进到右脚跟内侧，前脚掌着地，身体略向下蹲。眼看左掌食指指尖（图3-5-117）。

要点： 两掌前推与右脚进步要一致，力达掌心。沉肩不可翻肘，两臂保持环形，不要伸直。腰要塌，头要顶，胸部要宽舒。

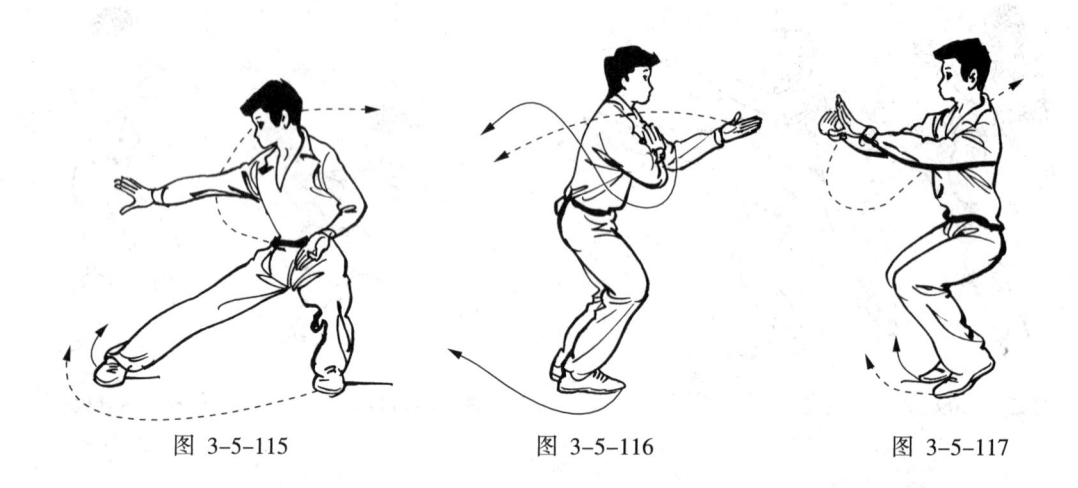

图 3-5-115　　　　　　图 3-5-116　　　　　　图 3-5-117

（7）右穿左推掌（青龙转身势）

身体右转，右脚尖外撇，左脚向右脚扣步。同时左掌略向后撤，再向外旋，翻转掌心向上，经右腋下后穿。然后身体再向左转，左掌上穿变为左单换掌势。同时左脚前进半步。眼看左掌食指指尖（图3-5-118~120）。

要点： 参阅单换掌说明。

以上是基本八掌的技术内容，每掌都可以左右换势练习，动作相同，方向相反。熟练之后，各个掌法都可以相互穿插（任一掌都可以衔接）。每次换掌时，要随走随变，步子不要停顿。起落伸缩，要生动活泼，形神一致，好像水上漂木，只见木行，不见水流，这样才能充分体现八卦掌的独特风格，才能达到健身的锻炼目的。

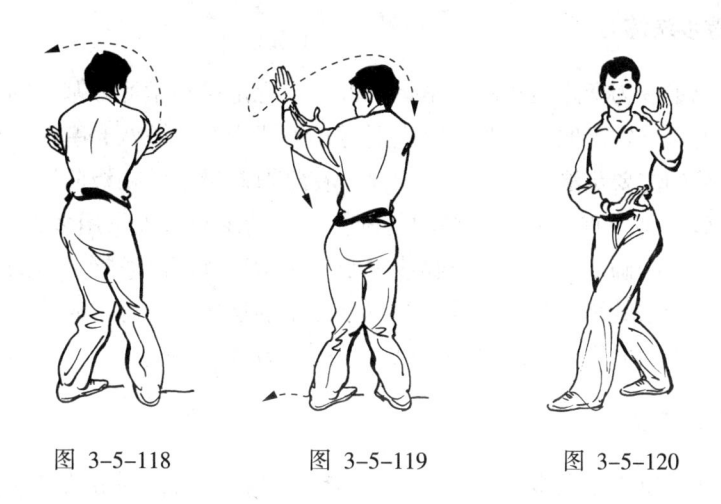

图 3-5-118　　　　　图 3-5-119　　　　　图 3-5-120

（三）基本架势练习

八卦掌的基本架势有上盘架、中盘架和下盘架，又分别称为上盘练习、中盘练习和下盘练习。三盘的练习区分以身体的高低而定，上盘架子较高，犹如平时走路；中盘适中，要求屈腿蹚泥，稳如坐轿；下盘要求平膝坐胯，极力下蹲，难度较大。一般来说，在练习八卦掌时是先练习上盘架，再练习中盘架，最后练习下盘架。通常练习以走中盘架为宜。

（四）功法练习

1. 静功

八卦掌中的静功有坐姿和站姿两种类型。

2. 站桩功

八卦掌的站桩功是一套内家气功桩功法，分为双重力站桩和单重力站桩。双重力是指双脚支撑全身，单重力是单脚支撑全身。

3. 动功

八卦掌的慢练，意气形一致，身体移动较缓慢，配合呼吸，称为蹚泥步，也称为走桩，比较接近气功的一般境界。而其快练则是丹田鼓荡，以力活、气顺、空心实腹为原则。二者均有八卦掌的独特要求和气势。走桩又叫行桩，一般分为上、中、下三盘掌。上盘掌称为怀抱七星势，中盘掌称为怀抱单鱼势，下盘掌称为怀抱琵琶势。

五、教学要点

八卦掌由于技术动作复杂多样，运动路线方向变化灵活，所以比较其他类拳术来说，其套路学习相对困难较大，不易掌握。因此，在教学中应注重八卦掌的动作技术特点和练习要点，有的放矢，从而在相对较短的时间内快速、正确地掌握八卦掌的技术动作和套路练习。

（一）注重步法练习

八卦掌是以走圈为套路运动的基本运动方式。无论是在学习最基本的八掌练习或是练习较高难度的八卦六十四掌，脚下以圈形运动方式为载体的八卦蹚泥步始终是各种技术动作得以进行的主要步法运动方式。因此，在学习八卦掌的初级阶段，下肢步法的好坏是以后能否较好地掌握八卦掌套路的基础。步法的练习可以采用多种教学方式进行，如八卦掌每圈八步的确定可使用标志物或限制物来帮助练习者掌握每步的步幅大小和方向位置，同时，步法的练习应重点放在蹚泥步的正确运用上。练习时平起平落、五趾抓地，行进时贴近地面而行，不可过高，以1寸高度为宜。

（二）加强八掌操练

八卦掌，顾名思义是以掌法变换为主，各种掌法的练习是构成八卦掌套路运动的主要演练方式。因此，学习八卦掌首先要学习基本八掌，在基本八掌的基础上再进一步学习比较复杂的套路，如"游身八卦连环掌""九宫八卦掌""六十四掌"等。可见，基础八掌掌握的熟练程度与以后学习其他复杂组合掌法、套路有相当大的关系。同时，在学习和演练基本八掌时，不但要严格要求各种掌型要标准，即动作规范性，而且还要注意上肢掌法与身体躯干、下肢的整体配合，真正做到上下一体、周身合一。除此之外，基础八掌的练习要结合步法圈形运动，在练习步法的同时纠正上肢身型及掌法的动作错误。

（三）呼吸运用协调

八卦掌以走圈为基本运动方式，要求每圈八步，连续不断。对于初学者来说，不断的连续旋转运动会造成生理上的头晕现象以及呼吸系统的失调，从而影响套路完成的质量和数量。因此，在教授八卦掌时要使学员懂得呼吸的运用、气沉丹田或小腹部位。八卦掌的气沉丹田分两种：一种是自然呼吸的气沉丹田，另一种是腹式呼吸的气沉丹田。后者难度大，不易掌握，必须在第一种的基础上练习才行。所以在学习八卦掌的初级阶段，可以前一种呼吸方式进行。八卦掌的呼吸同时要结合下肢步法的运用，做到动静全在呼吸之间的要求。当然，这需要练习者日积月累地艰辛练习才能获得和提高。

（四）身形精神合一

八卦掌对身体外形和内部意念均有严格的要求，这也是在教学中应重视的方面。没有精神意识的体现，就不能真正地表现八卦掌拳种的特色和风格，比如基本八掌的名称就是很形象的体现：单换掌中的摆步右推掌又称右青龙反首、顺势掌中的转身双按掌也叫白蛇伏草等。所以，在学习八卦掌技术动作的同时，要注意对此拳种内外合一、形神兼备等风格特点的训练和掌握。只有在精神和技术动作外形上真正结合起来，才能逐渐体会和达到八卦掌的高水平境界。

（作者：温佐惠　绘图：雷吟时）

第六节 通背拳

一、概　说

通背拳，武术拳种之一，因流传区域较广，故流派分支较多，就其拳称而言，"背"字有用手臂的"臂"的，也有用脊背的"背"的。称通臂拳的拳家认为，此拳法以上肢动作为主，两臂运使模仿了猿猴立抢摔拍、直出穿点的动作和特点，故称"臂"。称通背拳的拳家认为，"通"意为通达，"背"乃指人的脊背，此拳强调以猿背取势，以背为法，腰背发力，通于肩臂，达于掌指，故称"背"。尽管拳的称谓有所不同，演练风格也有一定差异，但在拳理和历史渊源上基本是一致的，特别是在技术上都充分体现了腰背发力贯于肢体的特点，因此，1982年出版的《中国大百科全书·体育卷》中把通背拳的"背"字定写为脊背的"背"字。

通背拳源于何时，谁人所创，目前缺乏史料记载，有待进一步考证。

明朝著名学者黄宗羲在《南雷集·王征南先生墓志铭》中的六路歌诀中即有"佑神通臂为最高"的说法。其子黄百家为王征南先生的高足，在其《学箕初稿·王征南先生传》一文中进一步为六路歌诀注释"通背，长拳也"。由此而论，远在明代通背拳已流传于世。

据修剑痴遗存的拳谱记载，清代中后叶，浙江人祁信在河北固安一带传授武艺，始称"祁家门"，后称"通背"。祁信自幼习武，擅长祖传大枪，人称"杆子祁"。后有其子祁太昌在多年随父研习的基础上又有改进与发展，从此有了老、少祁派之分。老祁派在练法上刚多柔少，动作古朴劲遒；少祁派在练法上柔多刚少，动作精巧细腻。目前流传的通背拳大致可分为两大支脉：一支为祁信——陈庆——王占春——张策，另一支为祁太昌——许天和——修剑痴。近代通背拳名家张策、修剑痴等在继承的基础上都有所创新和发展。新中国成立以后，武术成了社会主义体育事业的一个组成部分，在党和国家的关怀重视下得到了蓬勃的发展，20世纪70年代通背拳以其独有的风格特点，从表演项目发展成为正式的竞赛项目，80年代又被写入竞赛规则中，制定了统一标准，从而为这一古老拳种的繁荣兴旺奠定了基础。

二、技法特点

武术技法的根本原理是动作具有攻防含义，各拳种的技法除遵循其根本原理外，还强调自身的技法规律，形成独有的技法特色。通背拳是通过模仿猿的舒肢展臂、鹰的振翅翱翔、猫的扑鼠之灵等动作特点来造拳取势的，故形成其冷弹柔进、放长击远等技法特点。

(一) 前空后丰，拧腰合胯

前空后丰、拧腰合胯是通背拳对形体姿态的基本要求，意在蓄而后发。前空也称含胸或虚胸，要求胸廓略向内含蓄、收腹，形成空畅的形态。后丰也称拔背或探背，要求背部肌肉向下松沉、立腰、敛臀，使背部呈圆而丰满的形态。拧腰是指以腰为轴的左右旋转。腰脊在日常生活中对行、站、坐、卧等正确姿势的形成起着重要作用，通背拳在背部呈圆而丰满的姿态下，要求腰部松沉，这样更有利于动作的稳健。松腰不仅能帮助气向下沉和肢体的稳固，而且更主要的是对动作的进退旋转起着主导作用，只有松腰才能保证腰脊的拧转灵活、变化自如。胯膝内合、向下蹬踩、五趾抓地是通背拳对下肢动作的基本要求，合胯也称扣胯或切胯，要求髋、膝关节微向内合、扣趾。合胯合膝是取其进退之迅速，脚趾抓地是取其生根之意。腰是发劲之主宰，腿是发力之根源。只有在发力前一瞬间形成"胸如空洞、背似锅"的姿态，拧腰切胯才能做到力从足跟起，劲从腰背发，以力通于背，顺于肩，达于指。

(二) 甩膀抖腕，放长击远

甩膀抖腕、放长击远是通背拳上肢屈伸和劲力蓄发及攻防兼备的基本技法。通背拳是以劈、拍、摔、穿、攒为基本掌法，其他招势变化皆由此五掌生化而来，强调练时有定规，用时无定法，伸缩往来，快速多变。在运动中，要求肩、臂各关节尽量放松并前伸，通肩达臂，力贯梢节。两臂运使犹如皮鞭，立抡成圆，大开密合。腕要舒之如绵，柔活灵便。指腕肘舒，手臂的伸缩、收放才能势随人愿。肩舒则臂长，方可击远，从而达到一寸长一寸强、放长击远的效果。

(三) 直出直入，冷弹柔进

直出直入是通背拳对手法的要求。无论是劈、拍、摔、穿、攒每一掌都要求手从胸中发，上下相随，三尖（手、足、鼻）相照。出手要直，回手要快，走直线、重实用。冷弹柔进则是对运劲之要求。通背拳在劲力上讲究冷、弹、脆、快。冷似手中脱鱼，弹似伸缩弹簧，脆似斧断干柴，快如流星闪电。出手为柔，力到为刚。如攒拳（冲点拳），出手为掌，点到则为拳。柔进从技击含义上讲，不提倡硬攻猛进，而是以柔为法，坚韧交错。拳谚道：出拳如发炮，用掌须坚韧，着力似冷弹，变换要交错。如劈掌当右手下劈为攻时，而左手上摆则为防，充分体现了通背拳刚柔相济、攻防兼而有之的技法特点。

(四) 闪展灵活，步内含腿

通背拳对步法的要求是进退要敏捷、闪展要灵活、步随身移、干净利落。要使步法起动快、运行巧，就必须做到膝关节多处于微屈状态，以身带步，上下相随。而腿法的运用又多与步法相结合，步内含腿，腿随步发，腿落还是步。通背拳腿法的运用有明、暗、奇、绝之说：明腿是指撩、搓腿；暗腿是指韬匿待机，应变发腿，又名藏花腿；奇腿是指应变奇出，乘机而发；绝腿是指腿无虚发，百发百中，专取其要害，犯者应腿即毙，内含撩阴腿，故称之为绝腿。腿的妙用借于步，步是腿的基础，步活则腿快。

（五）擦挂击响，清脆连贯

擦挂击响、清脆连贯是通背拳独有的技法特点，也是自我操练的一种形式。在运动过程中，手与臂、腿、肩、背等部相交错时，要求蹭拍发出清脆的声响，提高演练气氛，并体现出通背拳沾衣发劲的特点，动作要求劲力顺畅、连贯，击点准确。经常进行蹭击身体各部位的练习，有助于提高人体的抗击打能力。

三、基本动作及方法

（一）手型

1. 尖拳

四指屈握，中指凸出成尖，拇指压于中指第一指节上（图3-6-1）。

2. 奇拳

四指屈握，食指中节前凸，拇指压于中指第一指节上（图3-6-2）。

3. 空拳（半握拳）

四指并拢，向内卷屈松握，拇指第一指节压于食指、中指的指尖上（图3-6-3）。

4. 荷叶掌

拇指、食指分开，自然伸直，其余三指微屈（图3-6-4）。

5. 八字掌

五指微屈，自然分开，拇指与食指形成八字，掌心内凹（图3-6-5）。

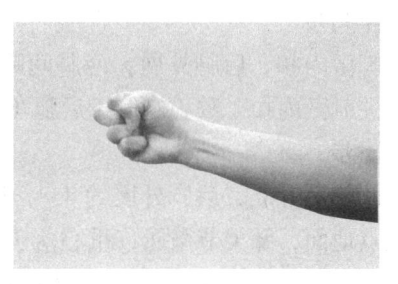

图 3-6-1

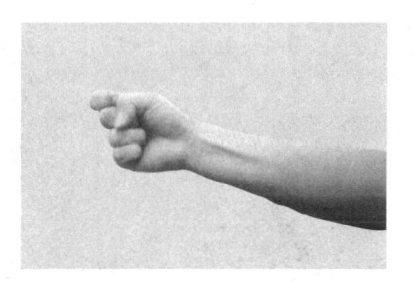

图 3-6-2

图 3-6-3

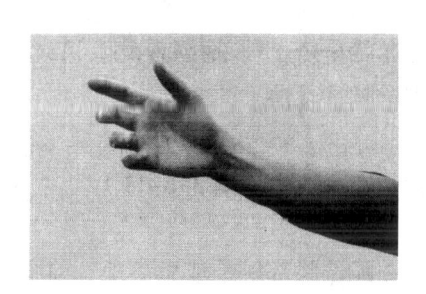

图 3-6-4

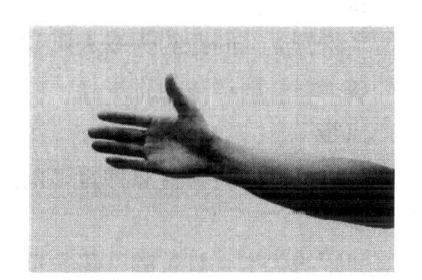

图 3-6-5

6. 猿势掌

五指微屈分开，掌心内凹，屈腕，虎口成弧形（图 3-6-6）。

(二) 步型

1. 弓步

前腿屈膝半蹲，脚尖微内扣；后腿挺膝伸直，脚尖斜向前。两脚全脚着地，两脚间距约为本人脚长的 4~5 倍。上体正直（图 3-6-7）。

2. 半马步

前脚微内扣，后脚外展，两脚间距约为本人脚长的 2~3 倍，两腿屈蹲稍高于水平，后腿膝关节微内扣，重心略偏于后腿（图 3-6-8）。

3. 虚步

两脚前后开立，后脚外展约 45°，屈膝半蹲；前脚脚跟离地，脚面绷平，脚尖稍内扣并虚点地面，膝关节微屈，重心落于后腿（图 3-6-9）。

图 3-6-6

图 3-6-7 　　　　　图 3-6-8 　　　　　图 3-6-9

4. 仆步

两脚平行开立，间距约为本人脚长的 4 倍。一腿屈膝全蹲，臀部接近小腿，脚尖与膝关节外展；另一腿挺膝伸直平仆，脚尖内扣。两脚全脚掌着地（图 3-6-10）。

5. 前点步

两脚前后开立，后腿自然伸直；前腿微屈，前脚掌虚点地面（图 3-6-11）。

6. 跪步

两脚间距约为本人脚长的 2 倍，前腿屈弓，后腿屈跪，膝部触地或微离地。前脚全脚着地，后脚前脚掌着地（图 3-6-12）。

图 3-6-10 　　　　　　　图 3-6-11 　　　　　　　图 3-6-12

7. 丁步

两脚并步站立，两腿屈膝下蹲，一脚全脚掌着地，另一脚脚跟提起，前脚掌虚点地面。重心偏于全脚掌着地腿（图 3-6-13）。

8. 独立步

一腿支撑站立，微屈膝；另一腿屈膝提于体前为提膝独立，屈膝开胯提于体侧为盘腿独立（图 3-6-14、15）。

图 3-6-13 　　　　　　　图 3-6-14 　　　　　　　图 3-6-15

(三）手法

1. 攒拳（冲点拳）

（1）两脚并步站立。两手握拳抱于腰间，拳心向上。目视前方（图 3-6-16）。

（2）拳由腰间直臂向前冲点，拳眼向上，高与胸平，力达拳尖（图 3-6-17）。

2. 格拳

（1）两脚并步站立。两手握拳抱于腰间，拳心向上。目视前方（图 3-6-18）。

（2）屈肘握拳，以前臂由左（右）经面前向右（左）旋臂格挡（图 3-6-19）。

3. 劈掌

（1）两脚并步站立。右臂伸直上举，右掌虎口向后；左臂伸直垂于体侧。目视前方（图 3-6-20）。

（2）侧掌由上向下劈击，力达掌外沿。向前下劈掌为前劈，向侧前下方劈掌为斜劈，臂抡成立圆下劈掌为抡劈（图 3-6-21）。

图 3-6-16 　　　　图 3-6-17 　　　　图 3-6-18

图 3-6-19 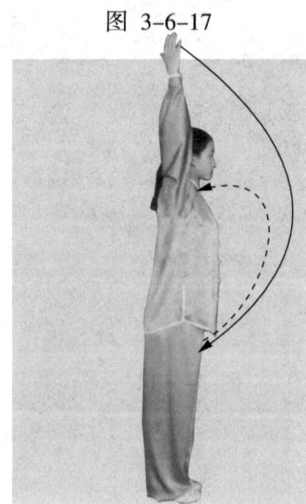　　　　图 3-6-20 　　　　图 3-6-21

4. 拍掌

（1）两脚并步站立。右臂伸直上举，右掌掌心向前；左臂伸直垂于体侧。目视前方（图3-6-22）。

（2）俯掌由上向下拍击，力达掌心（图3-6-23）。

5. 摔掌

（1）两脚并步站立。右臂向前上方举起，掌背向前；左臂伸直垂于体侧。目视前方（图3-6-24）。

（2）仰掌由上向下摔击，力达掌背（图3-6-25）。

6. 穿掌

（1）两脚开步站立。右臂前伸，与胸同高，掌心向上；左掌按于腹前，掌心向下。目视前方（图3-6-26）。

（2）掌沿臂、腿、肋或身体其他部位向前、向后、向侧穿出（图3-6-27）。

图 3-6-22 　　　　　　图 3-6-23 　　　　　　图 3-6-24

图 3-6-25 　　　　　　图 3-6-26 　　　　　　图 3-6-27

7. 掸掌

（1）两脚开步站立，两臂垂于身体两侧。目视前方（图3-6-28）。

（2）臂屈肘上举，甩掌抖腕向前掸出，掌心向上或虎口向上，力达掌背（图3-6-29）。

8. 挑掌

（1）两脚开步站立，两臂垂于身体两侧。目视前方（图3-6-30）。

（2）侧掌由下向前、向上撅挑，力达虎口（图3-6-31）。

9. 撩掌

（1）两脚开步站立，两臂垂于身体两侧。目视前方（图3-6-32）。

（2）直臂由下向前撩出，手心向上，力达掌心（图3-6-33）。

图 3-6-28 　　图 3-6-29 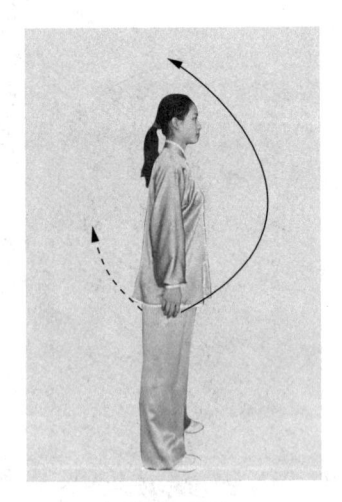　　图 3-6-30

图 3-6-31 　　图 3-6-32 　　图 3-6-33

10. 探掌

（1）两脚开步站立，两臂垂于身体两侧。目视前方（图 3-6-34）。

（2）掌心向下贴腹部向上经颌下向前弧行探出，高与胸平，肘关节微屈，力达掌心（图 3-6-35）。

11. 扑掌

（1）两脚开步站立，两臂垂于身体两侧。目视前方（图 3-6-36）。

（2）两掌同时由下经胸部向前扑按，力达掌心（图 3-6-37）。

12. 捋掌

（1）两脚开步站立。右臂前伸，右掌掌心斜向前；左掌按于胯旁。目视前方（图 3-6-38）。

（2）掌由前向下弧形回抽，掌心向下（图 3-6-39）。

图 3-6-34 　　　　　图 3-6-35 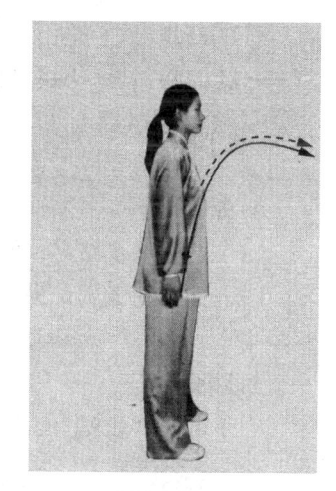　　　　　图 3-6-36

图 3-6-37 　　　　　图 3-6-38 　　　　　图 3-6-39

(四)步法

1. 上步
两脚前后开步站立,后脚经前脚内侧向前迈步。

2. 退步
两脚前后开步站立,前脚经后脚内侧向后迈步。

3. 跟步
两脚并步站立,一脚向前跨一步,另一脚随之跟进,前脚掌着地,两腿膝关节微屈。

4. 跨步
一脚向体侧开步,另一脚随之跟上。

5. 纵跳步
一腿提起,另一腿蹬地向前跳落地。

6. 跳并步
一腿提起,另一腿蹬地跳起,两腿在空中相并,同时落地。

(五)腿法

1. 弹腿
(1)两脚并步站立,两手叉腰,目视前方(图 3-6-40)。
(2)支撑腿微屈,另一腿屈膝提起向前弹踢,脚面绷平,高不过腰,力达脚尖(图 3-6-41)。

2. 踹腿
(1)两脚并步站立,两手叉腰。目视前方(图 3-6-42)。

图 3-6-40

图 3-6-41

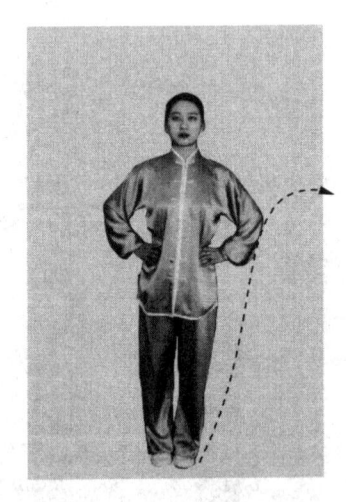

图 3-6-42

（2）支撑腿微屈，另一腿屈膝侧提，脚尖勾起，脚外侧向上，向体侧踹出，力达脚跟（图3-6-43）。

3. 勾踢

（1）两脚并步站立，两手叉腰，目视前方（图3-6-44）。

（2）支撑腿微屈，另一腿脚尖勾起，脚跟擦地向斜前方踢起，高不过膝，力达脚尖（图3-6-45）。

4. 撩腿

（1）两脚并步站立，两臂垂于身体两侧。目视前方（图3-6-46）。

（2）支撑腿微屈，另一腿膝关节伸直向前或向后撩踢：向前撩踢，脚尖勾起，高于肩；向后撩踢，脚面绷平，上体前俯，高于头（图3-6-47~49）。

图 3-6-43

图 3-6-44

图 3-6-45

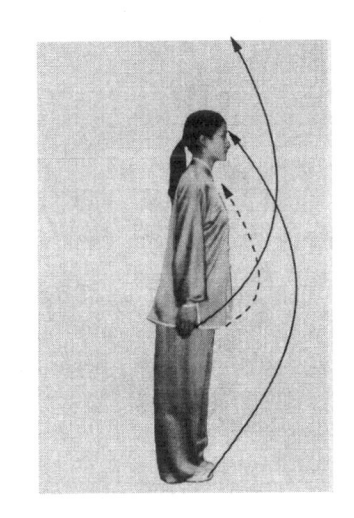

图 3-6-46

图 3-6-47

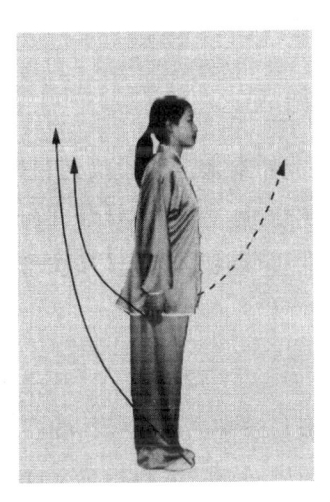

图 3-6-48

图 3-6-49

5. 搓腿

（1）两脚并步站立，两手叉腰。目视前方（图3-6-50）。

（2）支撑腿微屈，另一腿屈膝提起，脚尖上翘，向前蹭踢，高不过膝，力达脚跟（图3-6-51）。

6. 点腿

（1）两脚并步站立，两臂垂于身体两侧。目视前方（图3-6-52）。

（2）支撑腿微屈，另一腿由屈到伸向前点击，上体后仰，脚面绷平，与胸同高，力达脚尖（图3-6-53）。

图 3-6-50

图 3-6-51 　　　　图 3-6-52 　　　　图 3-6-53

四、基础练习

（一）单操练习

通背拳是一种以手法变化为主的拳术，要求肩臂松顺，大开密合，放长击远。因此，对上肢柔韧性、灵活性的要求很高。要想练好通背拳，必须先活肩、活腕。单操练习是通过绕臂、悠带、伸肩等动作，左右交替，反复练习，来提高肩、臂、肘、腕的运动能力。

1. 双臂绕环

左势

（1）两脚开步站立，与肩同宽，两臂垂于身体两侧。目视前方（图3-6-54）。

（2）两臂经体前直臂上举，与肩同宽，掌心相对。目视前方（图3-6-55）。

（3）上动不停，上体左转。同时两臂外旋，右臂向前下落，与肩同高，掌心向上；

左臂向后下落,与肩同高,掌心向上。目视右掌(图3-6-56)。

(4)上动不停,上体右转。同时两臂变内旋,右臂继续下落至体侧时,变外旋向后摆起,与肩同高,掌心向上;左臂继续下落至体侧时,变外旋向前摆起,与肩同高,掌心向上。目视左掌(图3-6-57)。

(5)上动不停,身体转正。同时两臂内旋上举,掌心相对。目视前方(图3-6-58)。

右势

动作同左势,左右相反。

要点：肩背要松顺,两臂的前后抡绕要成立圆,身体重心随腰的转动和两臂的抡绕稍有起伏。

2. 虚步伸肩

上伸肩左势

(1)两脚并步站立,两臂垂于身体两侧。目视前方(图3-6-59)。

图 3-6-54

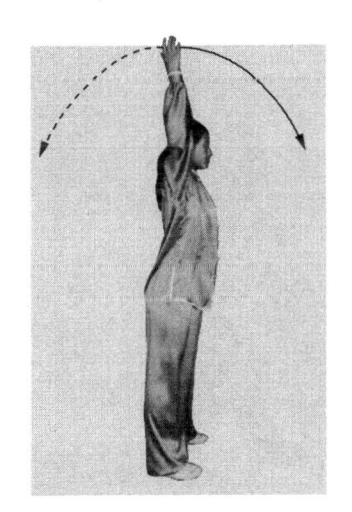

图 3-6-55

图 3-6-56

图 3-6-57

图 3-6-58

图 3-6-59

（2）右脚向右开步，略宽于肩。右掌按于体前，与肩同高，掌心向下，指尖斜向左；左掌置于腰间，掌心向上。目视前方（图3-6-60）。

（3）上体稍右转。右腿屈膝半蹲；左脚前伸，脚尖点地，膝关节稍屈成虚步。左掌经右掌背上，向前上方直臂探伸，略高于头；右掌屈肘回收至左胸前，掌心斜向下。目视左掌（图3-6-61）。

（4）上动不停，左掌直臂向下摔落至左大腿前，掌心向前；右掌成立掌置于左肩前，指尖向上。目视前方（图3-6-62）。

上伸肩右势

（1）右腿膝关节伸直，左脚向左开步，略宽于肩。左掌上摆至体前与鼻同高时，臂内旋使掌心向下，略向下按，与肩同高，指尖斜向右；右掌下落置于腰间，掌心向上（图3-6-63）。

（2）（3）同左势（3）（4），左右相反（图3-6-64、65）。

图 3-6-60 　　　　　图 3-6-61 　　　　　图 3-6-62

图 3-6-63 　　　　　图 3-6-64 　　　　　图 3-6-65

中伸肩左势

（1）两脚并步站立，两臂垂于身体两侧。目视前方（图3-6-66）。

（2）右脚向右开步，略宽于肩。右臂前举，与胸同高，掌心向下，指尖向前；左掌置于腰间，掌心向上。目视前方（图3-6-67）。

（3）右腿屈膝半蹲；左脚前伸，脚尖点地，膝关节稍屈成虚步。右臂外旋，使掌心向上；同时左臂内旋上提至左胸前，掌心向下，随之左掌沿右前臂，经右掌心上，向前直臂伸出，与胸同高，指尖向前；右臂屈肘回收，右掌置于腰间。目视左掌（图3-6-68）。

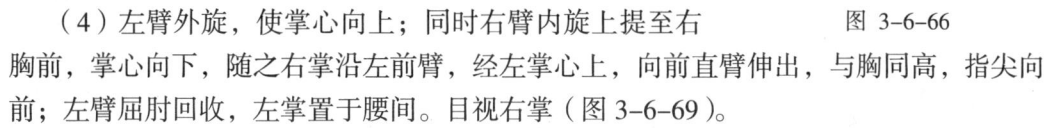

（4）左臂外旋，使掌心向上；同时右臂内旋上提至右胸前，掌心向下，随之右掌沿左前臂，经左掌心上，向前直臂伸出，与胸同高，指尖向前；左臂屈肘回收，左掌置于腰间。目视右掌（图3-6-69）。

图 3-6-66

图 3-6-67 　　　　图 3-6-68 　　　　图 3-6-69

中伸肩右势

（1）右腿膝关节伸直，左脚向左开步，略宽于肩。右臂外旋，使掌心向上；同时左臂内旋上提至左胸前，掌心向下，随之左掌沿右前臂，经右掌心上，向前直臂伸出，与胸同高，指尖向前；右臂屈肘回收，右掌置于腰间。目视左掌（图3-6-70）。

图 3-6-70

（2）（3）同左势（3）（4），左右相反（图 3-6-71、72）。

下伸肩（反伸肩）左势

（1）两脚并步站立，两臂垂于身体两侧。目视前方（图 3-6-73）。

（2）右脚向右开步，略宽于肩。两臂外旋向前、向上托起，肘关节微屈，与肩同高，掌心向上。随之上体微左转，左掌经右掌心上，屈肘回收至右前臂上，掌心斜向上。目视右掌（图 3-6-74）。

（3）右腿屈膝半蹲；左脚前伸，脚尖点地，膝关节稍屈成虚步。上体右转，左臂内旋，使掌心向下，向右前臂下穿出，随之臂再外旋向前托起，肘关节微屈，与肩同高，掌心向上；右掌向上屈肘回收至左前臂上，掌心斜向上。目视左掌（图 3-6-75）。

（4）上体左转，右掌以腕为轴向内翻转至胸前，掌心向右，随之向下沿左大腿内侧向前撩伸，与胯同高；左掌向上屈肘回收至右肩前，掌心向右，指尖向上。目视右掌（图 3-6-76）。

图 3-6-71

图 3-6-72

图 3-6-73

图 3-6-74

图 3-6-75

图 3-6-76

下伸肩（反伸肩）右势

（1）右腿膝关节伸直，左脚向左开步，略宽于肩。左臂外旋，使左掌心向上，经右腋下，沿右臂向前托起，肘关节微屈，与肩同高，掌心向上；同时右臂外旋，右掌向上屈肘收至左前臂上，掌心斜向上。目视左掌（图3-6-77）。

（2）（3）同左势（3）（4），左右相反（图3-6-78、79）。

要点：臂向前探伸时，要松肩、合肘、舒腕，力达指尖。掌回抽时，肘要贴靠肋部，掌要护心。掌的前伸与回抽要柔和连贯，速度均匀。下伸肩时，两掌上托高不过肩，低不过腰。

3. 开步悠带

左势

（1）两脚开步站立，与肩同宽，两臂垂于身体两侧。目视前方（图3-6-80）。

（2）右臂向前直臂上举，虎口向后；左臂后摆，与腰同高，掌心斜向上。目视前方（图3-6-81）。

（3）右臂内旋向体前直臂下落再后摆，与腰同高，掌心斜向上；同时左臂外旋向体前直臂上摆，随之屈肘用掌心拍击左后背，肘尖向前上方。目视前方（图3-6-82）。

图 3-6-77 　　　　　图 3-6-78 　　　　　图 3-6-79

图 3-6-80 　　　　　图 3-6-81 　　　　　图 3-6-82

右势

动作同左势，左右相反（图 3-6-83）。

要点：两臂上下悠带时，肩、臂、腕要尽量放松。拍击后背时，肘要尽量上抬，击响清脆。

4. 摇身甩膀

左势

（1）两脚开步站立，略宽于肩，两臂垂于身体两侧。目视前方（图 3-6-84）。

（2）两臂侧举，与腰同高。目视前方（图 3-6-85）。

（3）身体左转，重心左移，右脚跟提起。同时右臂随转体经胸前向左后上方摆动，屈肘，以掌心拍击左后背；左臂向体后摆动，屈肘，以掌背摔击右后背。目视前方（图 3-6-86）。

右势

（1）身体右转，右脚跟下落。同时右臂随转体经胸前向右侧摆动，与腰同高；左臂随转体向左侧摆动，与腰同高。目视前方（图 3-6-87）。

（2）同左势（3），左右相反（图 3-6-88）。

图 3-6-83 　　　图 3-6-84 　　　图 3-6-85

图 3-6-86 　　　图 3-6-87 　　　图 3-6-88

要点：肩臂要尽量放松，以腰的左右拧转带动两臂的抽击，犹如抽甩皮鞭。身体左右转动时，两脚掌要碾转。

5. 左右涮腰

左势

（1）两脚并步站立，两臂垂于身体两侧。目视前方（图3-6-89）。

（2）右掌经右侧向上，绕至左肩前，指尖向上；左掌置于腰间，掌心向上。目视前方（图3-6-90）。

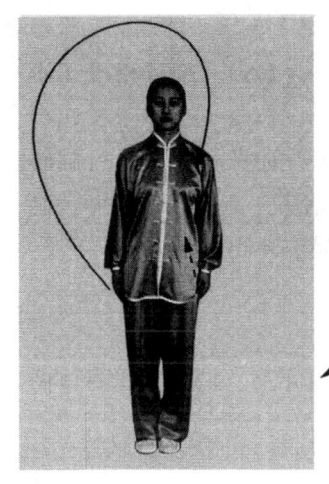

图 3-6-89 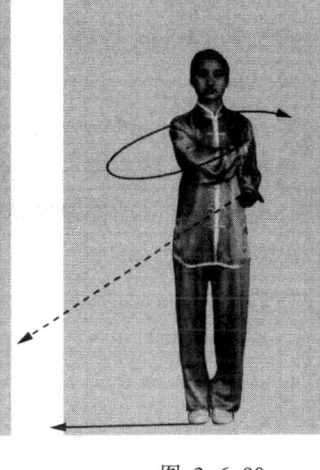　　　　图 3-6-90

（3）身体右转，右脚随转体向前上步，屈膝半蹲；左腿挺膝伸直成右弓步。同时右掌经体前向右平摆，与胸同高，掌心向下；左掌向体前下插，与膝同高，上体前俯，掌心向上。目视左掌（图3-6-91）。

（4）身体左转，两脚随转体碾转，左腿屈膝半蹲，右腿挺膝伸直成左弓步。同时左臂内旋使掌心向下，随转体向左平摆；右掌平摆至体前，与腰同高。目视右掌（图3-6-92）。

图 3-6-91 　　　　图 3-6-92

（5）身体向后翻转，上体后仰，右掌随转体平摆至身体右侧，左掌随转体摆至身体左侧（图3-6-93）。

（6）身体继续向右翻转，右掌随身体翻转屈肘收至右腰间，掌心向上；左掌向后平摆至体前，与腰同高，掌心向下。目视左掌（图3-6-94）。

右势

（1）身体左转，两脚随转体碾转，左腿屈膝半蹲，右腿挺膝伸直成左弓步。同时左掌经体前向左平摆，与胸同高，掌心向下；右掌向体前下插，与膝同高，上体前俯，掌心向上。目视右掌（图 3-6-95）。

（2）~（4）同左势（4）~（6），左右相反（图 3-6-96~98）。

要点：掌前伸时，上体要前俯。身体向后翻转时，要挺膝、挺髋、展胸、抬头，上体尽量后仰。翻转绕环幅度要大，动作要连贯，不可停顿。

6. 捋抱抖带

左势

（1）两脚开步站立，略宽于肩，两臂垂于身体两侧。目视前方（图 3-6-99）。

图 3-6-93

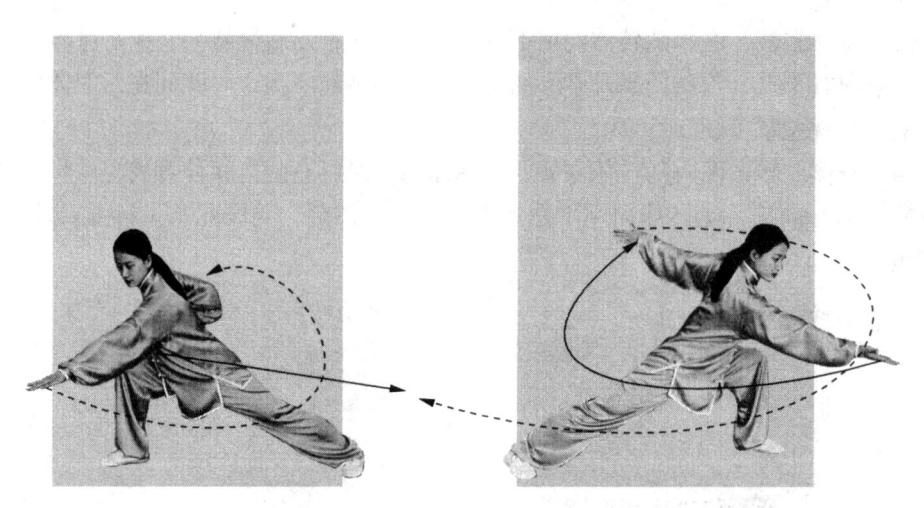

图 3-6-94

图 3-6-95

图 3-6-96

图 3-6-97

图 3-6-98 　　　　　　　　图 3-6-99

（2）右掌直臂前举，与胸同高，虎口向上，指尖向前；左臂屈肘上提，左掌置于腰间，掌心向上。目视右掌（图3-6-100）。

（3）上体右转，同时右掌稍向左带，随转体屈肘搂抱，经胸前收于右腰间，掌心向上；左掌由腰间向左、向体前直臂拦掌，与肩同高，虎口向上。目视左掌（图3-6-101）。

（4）上体左转，同时左掌稍向右带，随转体屈肘搂抱，经胸前收于左腰间，掌心向上；右掌由腰间向右、向体前直臂拦掌，与肩同高，虎口向上。目视右掌（图3-6-102）。

（5）上动不停，左掌由腰间向体前直臂抖掸，与肩同高，肘关节微弯曲，手腕放松，掌心向后；右掌屈肘收于腹前，掌心向后。目视左掌（3-6-103）。

图 3-6-100

图 3-6-101 　　　　　图 3-6-102 　　　　　图 3-6-103

（6）上动不停，左掌屈肘收于腹前，掌心向后；右掌由胸前向体前直臂抖掸，与肩同高，肘关节微弯曲，手腕放松，掌心向后。目视右掌（3-6-104）。

右势

动作同左势（3）~（6），左右相反。

要点：向前拦掌须挺胸顺肩，向回搂抱须含胸缩肩。抖带动作要含胸拔背，腰背发力，肩、肘、腕要尽量放松，一次发力，至少要连续完成两次抖带动作，整个动作要圆活连贯。

（二）行功练习

行功练习是在单操练习的基础上，注重手法与步法的协调配合，左右交替，往返练习，进一步提高动作的协调性和连贯性。

1. 跪步擢挑

（1）两脚并步站立，两臂垂于身体两侧。目视前方（图3-6-105）。

（2）右臂向前上挑，指尖向上；左臂后摆，虎口向下。目视前方（图3-6-106）。

（3）左脚向前上步，屈膝半蹲；右脚跟进屈膝，脚跟离地成右跪步。同时左臂向前、向上擢挑，指尖向上；右臂向前、向下、向后摆起，虎口向下。目视右掌（3-6-107）。

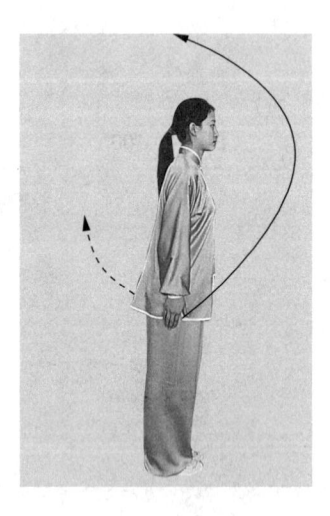

图 3-6-104

图 3-6-105 　　　　图 3-6-106 　　　　图 3-6-107

（4）右脚稍向后活步，重心移至右腿，身体立起；左腿屈膝提起。同时右臂向前、向上擢挑，指尖向上；左臂向前、向下、向后摆起，虎口向下。目视前方（图3-6-108）。

（5）上动不停，左脚向前落步，重心移至左腿；右腿屈膝提起。同时左臂向前、向上撩挑，指尖向上；右臂向前、向下、向后摆起，虎口向下。目视前方（图3-6-109）。

（6）~（8）同（3）~（5），左右相反（图3-6-110~112）。

回身势

（1）左脚向前上步，屈膝半蹲；右脚跟进屈膝，脚跟离地，成右跪步。同时左臂向前、向上撩挑，指尖向上；右臂向前、向下、向后摆起，虎口向下。目视右掌（图3-6-113）。

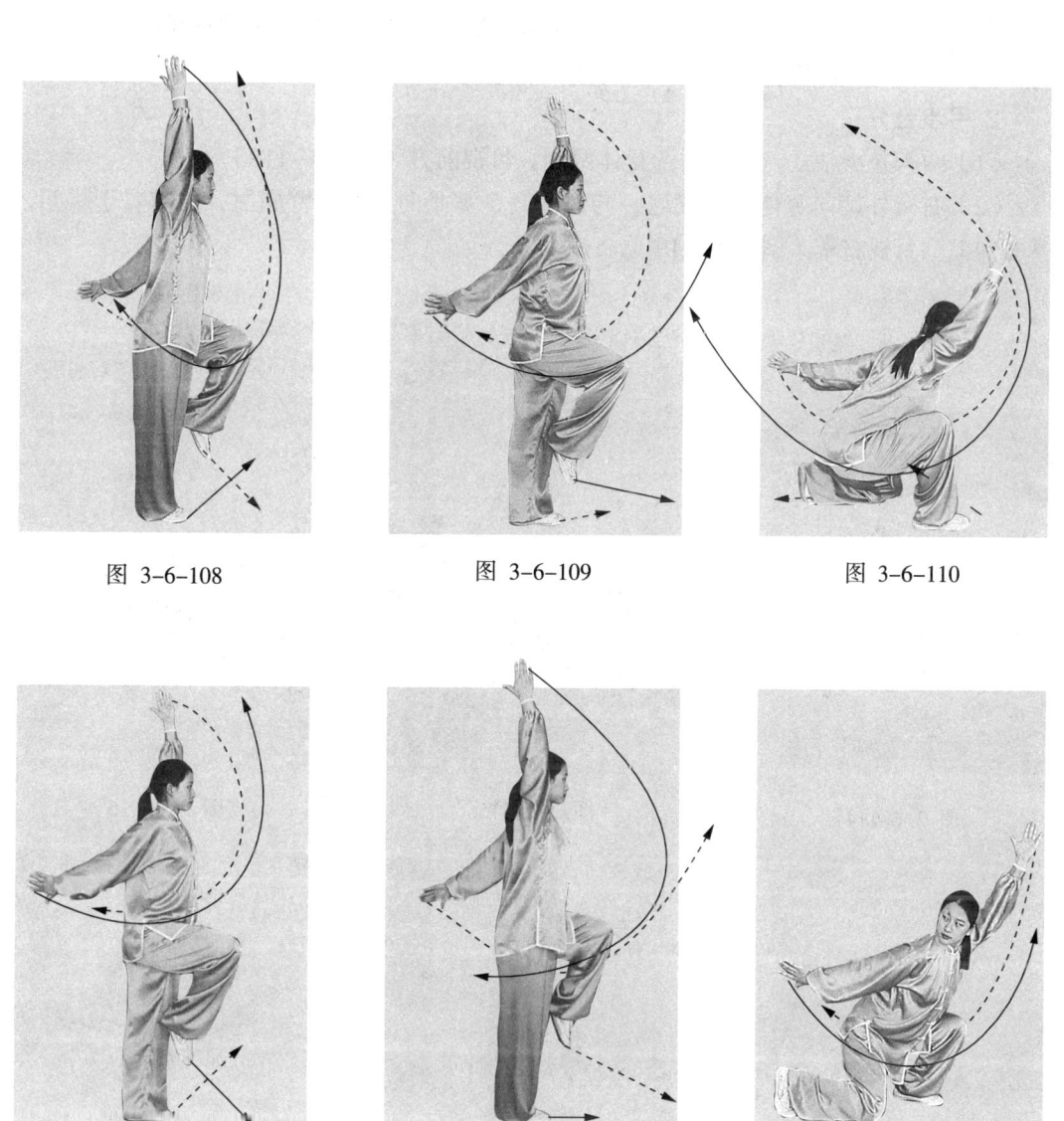

图 3-6-108　　　　　图 3-6-109　　　　　图 3-6-110

图 3-6-111　　　　　图 3-6-112　　　　　图 3-6-113

（2）身体立起。左臂下落至左腿外侧；右臂向前、向上摆起，与肩同高，虎口向上。目视前方（图 3-6-114）。

（3）上动不停，身体右转180°。重心移至右腿，左脚跟离地。右臂随转体向上、向前、向下抡至体后；左臂随转体上举，指尖向上。目视前方（图 3-6-115）。

（4）右腿直立，左腿屈膝提起。同时右臂向前、向上撩挑，指尖向上；左臂向前、向下、向后摆起，虎口向下。目视前方（图 3-6-116）。

（5）同（1）（图 3-6-117）。

要点：两臂的撩挑与后摆要尽量加大幅度，肘关节伸直，左右提膝撩挑时要连贯并有韧性。跪步时要拧腰切胯，上体稍前倾。

2. 弓步合分

（1）两脚并步站立，两臂垂于身体两侧。目视前方（图 3-6-118）。

（2）右臂外旋向身体右侧摆起，与肩同高，掌心向上；左臂屈肘，左掌置于腰间，掌心向上。目视右掌（图 3-6-119）。

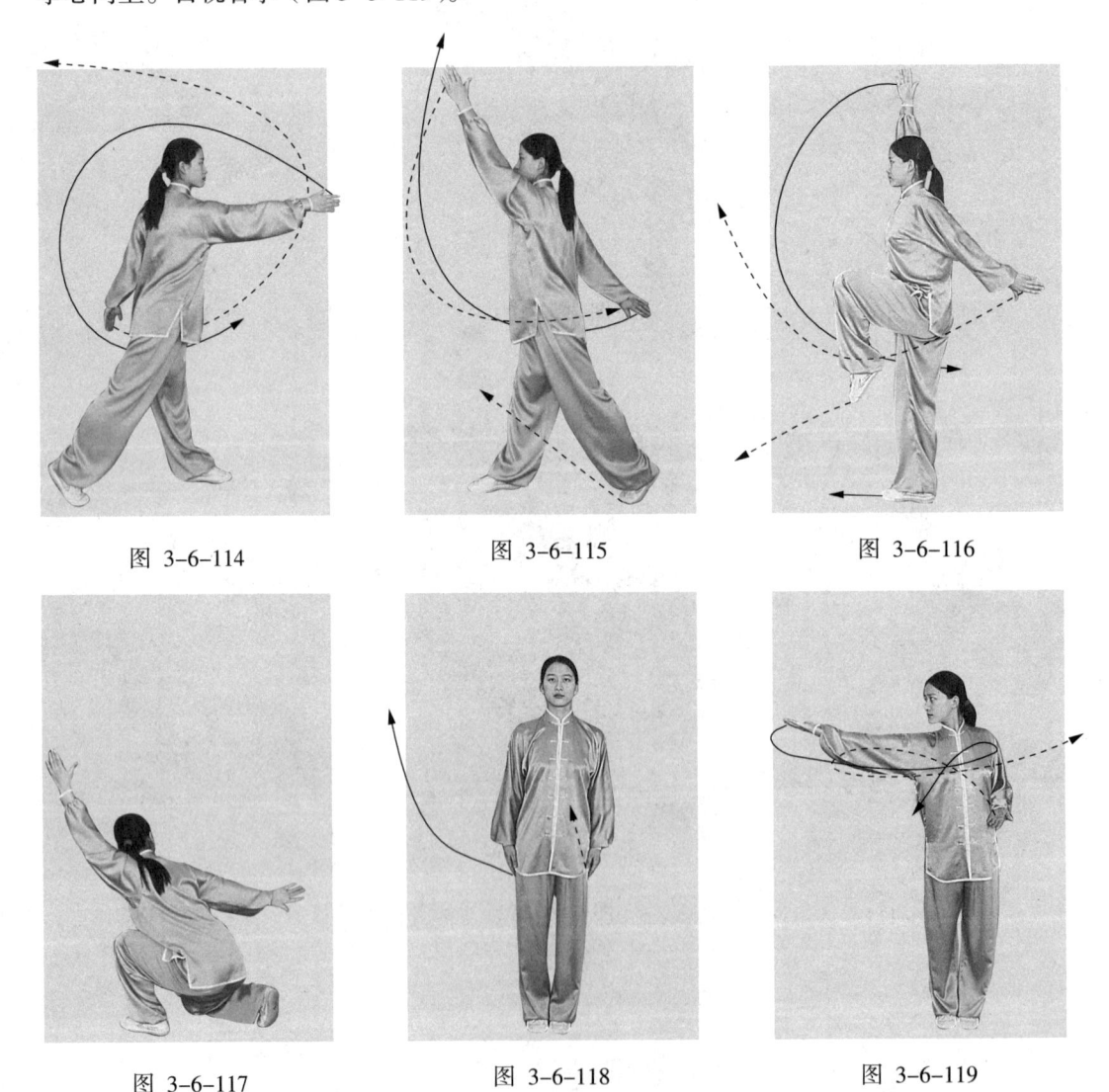

图 3-6-114　　　　　图 3-6-115　　　　　图 3-6-116

图 3-6-117　　　　　图 3-6-118　　　　　图 3-6-119

（3）右掌平摆至体前，同时左掌经右臂上向右前方穿出。随之右臂屈肘，右掌经胸前回收至右腰间；同时左臂向前、向左平摆，与肩同高，掌心向上。目视左掌（图3-6-120）。

（4）左脚向左开步。右臂向身体右侧展开，与肩同高，掌心向上（图3-6-121）。

（5）身体左转180°，重心移至左腿；右腿屈膝，右脚扣于左腿膝窝处。同时两臂合抱，两掌掌心抽拍背部。目视前方（图3-6-122）。

（6）重心右移，右脚向右开步，屈膝半蹲；左腿挺膝伸直成侧弓步。同时两臂经身体两侧向后分展，虎口向上。目视右前方（图3-6-123）。

（7）重心移至左腿，右脚回收至左脚内侧，脚尖点地，两腿膝关节微屈。右臂屈肘，右掌收至右腰间，掌心向上；左掌回摆至身体左侧，掌心向上。目视左掌（图3-6-124）。

图 3-6-120

图 3-6-121

图 3-6-122

图 3-6-123

图 3-6-124

（8）~（11）同（3）~（6），左右相反（图 3-6-125~128）。

回身势

（1）身体右转180°，重心移至右腿，膝关节弯曲；左脚收至右脚内侧，脚尖点地。同时两臂合抱，两掌掌心抽拍背部。目视前方（图 3-6-129）。

（2）左脚向左开步，屈膝半蹲；右腿挺膝伸直，成侧弓步。同时两臂经身体两侧向后分展，虎口向上。目视左前方（图 3-6-130）。

要点：两臂合抱时要含胸拔背，犹如抽甩皮鞭。分展时，胸、肩要充分展开，幅度越大越好。两掌后摆要尽力相碰，两臂合分要有弹性。

图 3-6-125 　　　　　图 3-6-126 　　　　　图 3-6-127

图 3-6-128 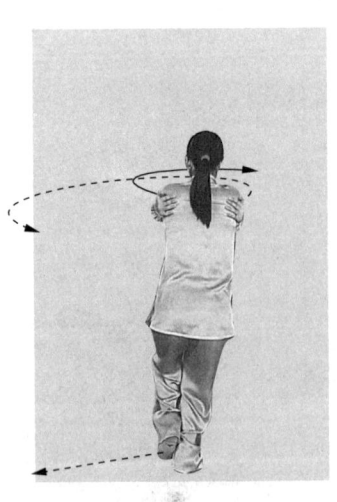　　　　　图 3-6-129 　　　　　图 3-6-130

3. 并步抡摔

（1）两脚并步站立，两臂垂于身体两侧。目视前方（图 3-6-131）。

（2）左脚向左开步。左臂向上经身体右侧抡摆至左侧，与肩同高；右臂侧举，与肩同高。目视左掌（图 3-6-132）。

（3）身体左转 180°，右脚随转体上步。同时左臂随转体向下、向上摆至左侧，与肩同高；右臂随转体向上、向下摆至右侧，与肩同高。目视右掌（图 3-6-133）。

（4）身体继续左转，两脚随转体碾动。右臂随转体下落前摆，与胸同高，掌心向下；左掌向上屈肘回收至右肩前，指尖向上。目视右掌（图 3-6-134）。

（5）身体右转，重心移至右腿，左脚收至右脚内侧成并步。同时右掌随转体向上、向下直臂以掌背摔击右腿外侧。目视右前方（图 3-6-135）。

（6）右脚向右开步。右臂向上经左侧抡摆至右侧，与肩同高；左臂向下、向左侧摆起，与肩同高。目视右掌（图 3-6-136）。

图 3-6-131

图 3-6-132

图 3-6-133

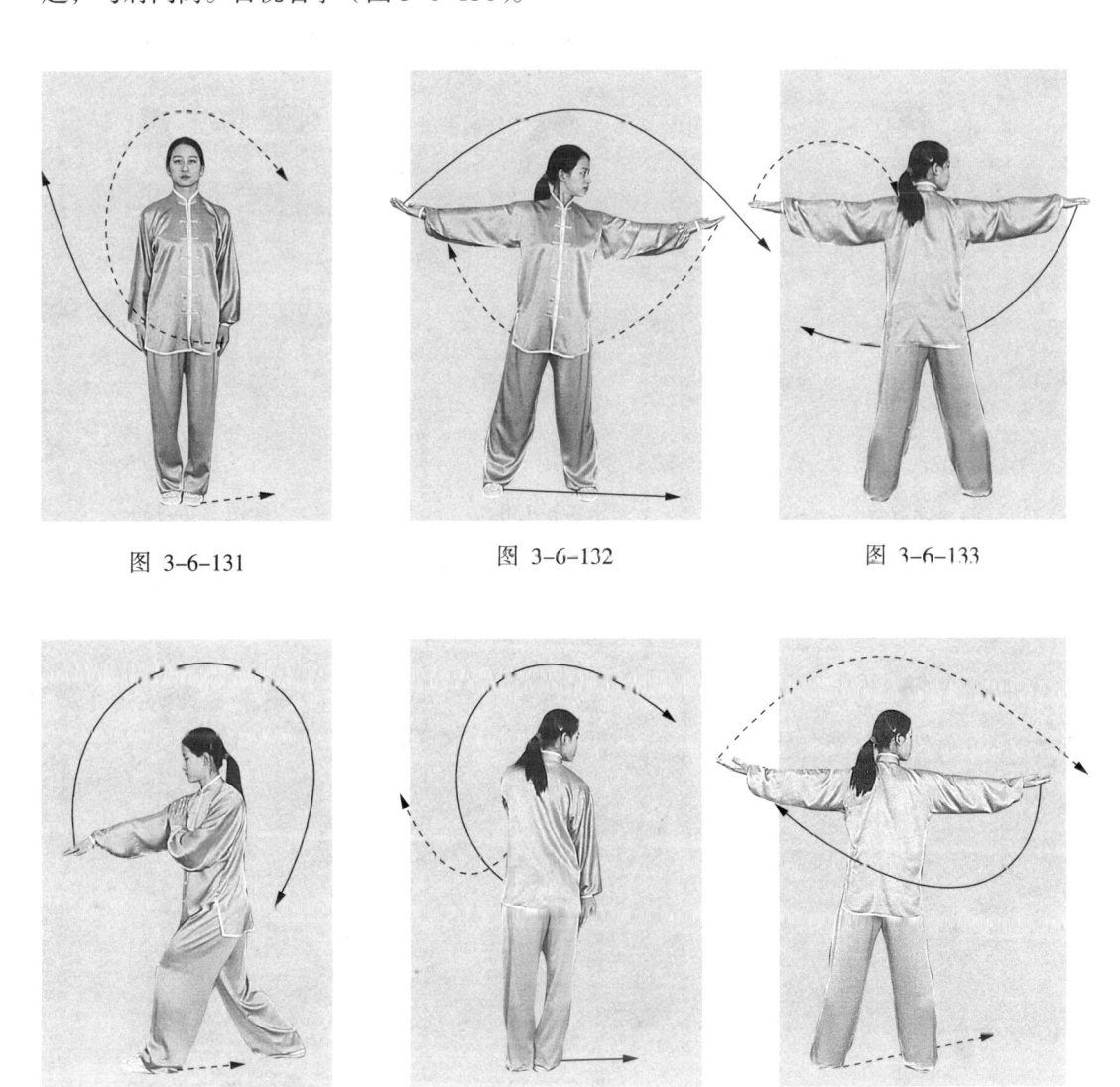

图 3-6-134

图 3-6-135

图 3-6-136

（7）~（9）同（3）~（5），左右相反（图 3-6-137~139）。

回身势

（1）身体右转。同时右臂向上、向右抡绕，与肩同高；左掌向左侧摆起，与肩同高。目视右掌（图 3-6-140）。

（2）身体左转，右脚随转体向后撤步。右臂向下、向前摆起，与腰同高，掌心向下；左掌向上屈肘回收至右肩前。目视右掌（图 3-6-141）。

（3）身体右转，重心移至右腿，左脚收至右脚内侧成并步。同时右掌随转体向上、向下直臂以掌背摔击右腿外侧。目视右前方（图 3-6-142）。

要点：并步动作要敏捷、轻灵，左右抡绕动作要成立圆，摔掌时要沉肩、松臂、吊腰。整个动作要以腰带臂，手到步到。

图 3-6-137 　　　　　图 3-6-138 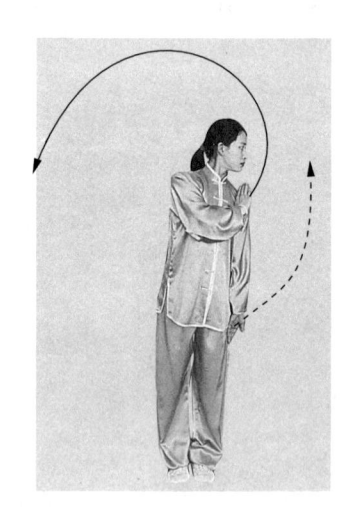　　　　　图 3-6-139

图 3-6-140 　　　　　图 3-6-141 　　　　　图 3-6-142

4. 虚步掸手

（1）两脚并步站立，两臂垂于身体两侧，目视前方（图3-6-143）。

（2）上体微左转。右腿屈膝半蹲；左脚前伸，脚尖点地，膝关节微屈成虚步。同时右臂屈肘，右掌提于胸前，手腕放松，随之臂前伸，抖腕甩掌，与头同高，掌心向上；左臂屈肘，左掌提于左耳侧，手腕放松。目视右掌（图3-6-144）。

图 3-6-143

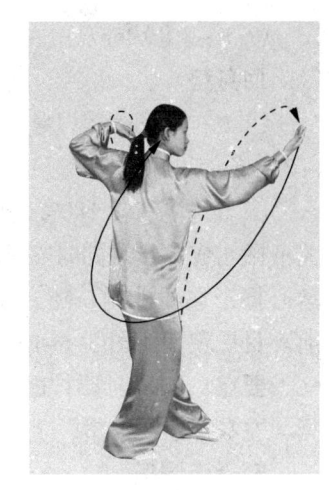

图 3-6-144

（3）上体右转。右掌下落，以掌心擦击右腿内侧，随之屈肘上提至右耳侧，手腕放松；左掌经体侧下落，以掌心擦击左腿外侧，随之屈肘上提于胸前，臂再前伸，抖腕甩掌，与头同高，掌心向上。目视左掌（图3-6-145）。

（4）上体左转。左脚向前活步，重心前移；右脚跟离地，两腿膝关节弯曲。同时左掌下落，以掌心擦击左腿内侧，随之屈肘上提至左耳侧，手腕放松；右掌经体侧下落，以掌心擦击右腿外侧，随之屈肘上提于胸前，臂再前伸，抖腕甩掌，与头同高，掌心向上。目视右掌（图3-6-146）。

（5）上体右转。重心前移至左腿，屈膝半蹲；右脚向前上步，脚尖点地，膝关节微屈成虚步。同时右掌下落，以掌心擦击右腿内侧，随之屈肘上提至右耳侧，手腕放松；左掌经体侧下落，以掌心擦击左腿外侧，随之屈肘上提于胸前，臂再前伸，抖腕甩掌，与头同高，掌心向上。目视右掌（图3-6-147）。

图 3-6-145

图 3-6-146

图 3-6-147

（6）~（8）同（3）~（5），左右相反（图3-6-148~150）。

回身势

（1）右掌下落，以掌心擦击右腿内侧；左掌前伸，与肩同高，掌心向下。目视前方（图3-6-151）。

（2）身体右转180°，重心随转体移至左腿，屈膝半蹲；右脚稍活步，脚尖点地，膝关节微屈成虚步。同时右掌随转体屈肘上提至右耳侧，手腕放松；左掌随转体下落，以掌心擦击左腿外侧，随之屈肘上提于胸前，臂再前伸，抖腕甩掌，与头同高，掌心向前。目视左掌（图3-6-152）。

要点：掸手时要拧腰顺肩，手腕放松，掌与腿的擦击不要有停顿，声音要清脆响亮。左右掸手要连贯，上下配合要协调。

5. 上步圈揽

（1）两脚并步站立，两臂垂于身体两侧，目视前方（图3-6-153）。

图 3-6-148

图 3-6-149

图 3-6-150

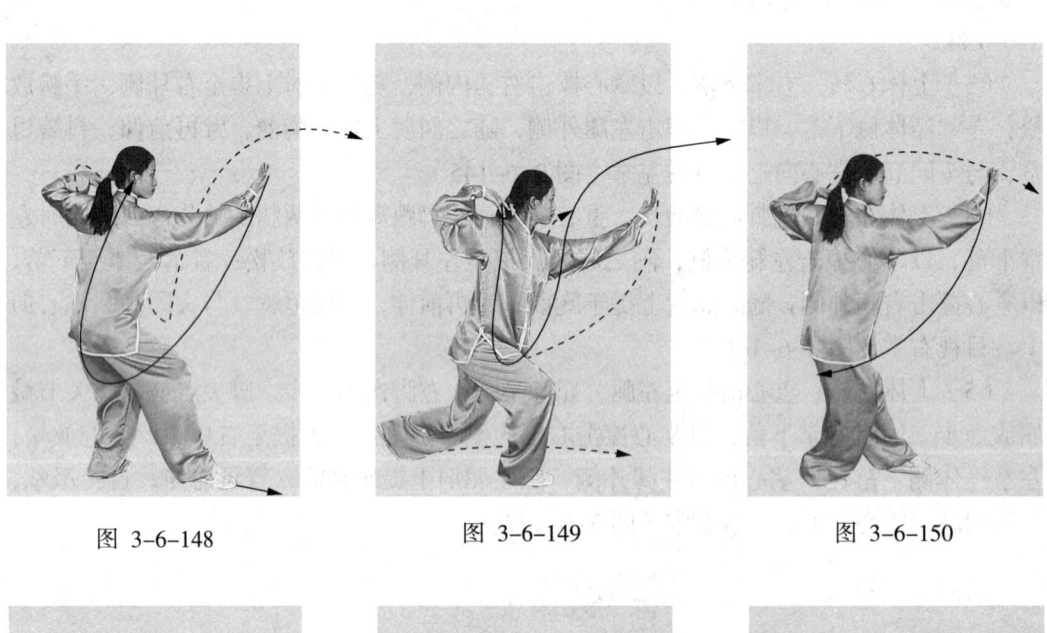

图 3-6-151

图 3-6-152

图 3-6-153

（2）身体稍左转，两臂向身体两侧稍抬起。目视前方（图3-6-154）。

（3）左脚向左斜前方进步。同时右掌下落，以掌心擦击右腿外侧，随之向上抬于胸前，掌心向里；左掌向上屈肘回收，以掌心擦击右前臂内侧。目视前方（图3-6-155）。

（4）上动不停。重心前移，右脚跟离地，两腿膝关节弯曲。同时右臂内旋向上绕至右斜上方，肘关节微屈，掌心向外；左掌下落，以掌心擦击左腿内侧再向左侧摆起，与腰同高，掌心向下。目视前方（图3-6-156）。

（3）（4）再重复做两遍（图3-6-157~160）。

图 3-6-154

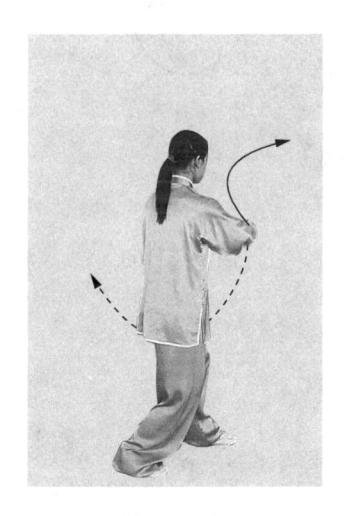

图 3-6-155

图 3-6-156

图 3-6-157

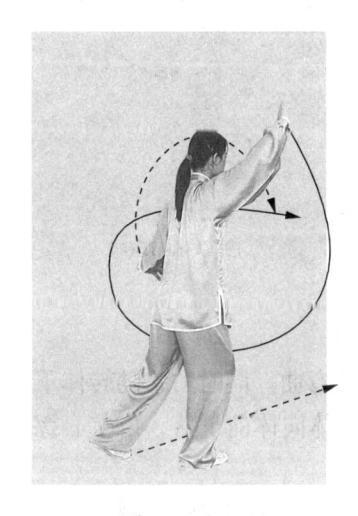

图 3-6-158

图 3-6-159

图 3-6-160

（5）身体右转，右脚向右斜前方上步。同时左掌随转体下落，以掌心擦击左腿外侧再向胸前抬起，掌心向里；右掌随转体向体前下落，以掌心擦击左前臂内侧。目视前方（图3-6-161）。

（6）上动不停。重心前移，左脚跟离地，两腿膝关节弯曲。同时左臂内旋向上绕至左斜上方，肘关节微屈，掌心向外；右掌下落，以掌心擦击右腿内侧再向右侧摆起，与腰同高，掌心向下。目视前方（图3-6-162）。

（5）（6）再重复做两遍（图3-6-163~166）。

图 3-6-161 　　　　　图 3-6-162 　　　　　图 3-6-163

图 3-6-164 　　　　　图 3-6-165 　　　　　图 3-6-166

回身势

（1）身体左转约270°，右脚随转体向右扣步，两腿膝关节弯曲。同时右掌随转体下落，以掌心擦击右腿外侧再向胸前抬起，掌心向里；左掌随转体向体前下落，以掌心擦击右前臂内侧。目视前方（图3-6-167）。

（2）上动不停。左脚向前进步，右脚跟离地。同时右臂内旋，向上绕至右斜上方，肘关节微屈，掌心向外；左掌下落，以掌心擦击左腿内侧再向左侧摆起，与腰同高，掌心向下。目视前方（图3-6-168）。

要点： 上体稍向前倾，肩背松顺，胸部微含，上步与两臂的圈揽不可有停顿。整个动作要圆活连贯，擦挂动作声音清脆，每上一步完成一次圈揽手动作。

6.绕步穿点

（1）两脚并步站立，两臂垂于身体两侧。目视前方（图3-6-169）。

（2）左臂向体前举起，与胸同高，手心向上；右臂屈肘，右掌置于右腹前，掌心向下。目视前方（图3-6-170）。

（3）重心前移，身体稍向右转。右脚向右斜前方绕步，脚尖外摆；左脚跟抬起，两腿膝关节弯曲。右臂外旋，右掌经左臂下向前穿出，与胸同高，掌心向上；左臂内旋屈肘回收，左掌置于腹前，掌心向下。目视右掌（图3-6-171）。

（4）上动不停。左脚向前绕步，脚尖外摆；右脚跟抬起，两腿屈膝。同时左臂外旋，左掌经右臂下向前穿出，与胸同高，掌心向上；右臂内旋屈肘回收，右掌置于腹前，掌心向下。目视左掌（图3-6-172）。

图 3-6-167 　　　　　图 3-6-168 　　　　　图 3-6-169

图 3-6-170 　　　　　图 3-6-171 　　　　　图 3-6-172

（5）上动不停。右脚向左斜前方盖步，脚尖外摆，膝关节弯曲；左脚跟抬起，膝关节挺直成叉步。同时右掌变尖拳，向右斜前方冲点，与胸同高，拳眼向上；左臂内旋屈肘回收，左掌置于腹前，虎口向上。目视右拳（图3-6-173）。

（6）右臂顺势直臂下落（图3-6-174）。

（7）~（10）同（3）~（6），左右相反（图3-6-175~178）。

回身势

身体右转180°，两脚随转体碾动，随之右脚稍活步，脚尖外摆。同时右臂外旋，右掌经左臂下向前穿出，与胸同高，掌心向上；左臂内旋屈肘回收，左掌置于腹前，掌心向下。目视右掌（图3-6-179）。

要点：整个动作要快速连贯，以身带步，胸部微

图 3-6-173

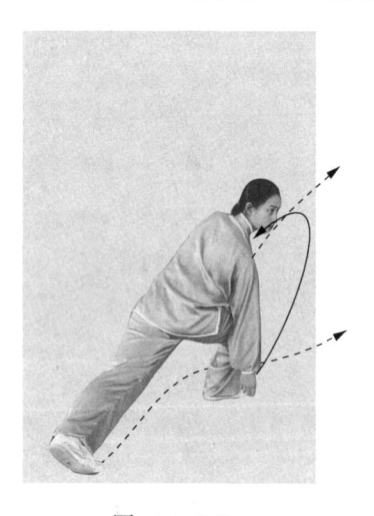

图 3-6-174

图 3-6-175

图 3-6-176

图 3-6-177

图 3-6-178

图 3-6-179

含，上体前探，两臂的伸缩要注意外旋与内旋的拧转变化。

7. 探掌弹踢

（1）两脚并步站立，两臂垂于身体两侧。目视前方（图3-6-180）。

（2）右掌前举，与胸同高，掌心斜向下；左臂屈肘，左掌置于腹前，掌心向下。目视前方（图3-6-181）。

（3）左掌经右臂上向前探出，与胸同高，掌心斜向下；右臂屈肘回收，右掌收于腹前，掌心向下。目视前方（图3-6-182）。

（4）左脚向前上步，右腿屈膝成虚步状。右掌经左臂上向前探出，与胸同高，掌心斜向下；左臂屈肘回收，左掌收于腹前，掌心向下。目视前方（图3-6-183）。

（5）重心移至左腿，膝关节微屈；右腿屈膝提起再挺膝伸直向前弹出，脚面绷平，与膝同高（或与腰同高）。左掌经右臂上向前探出，与胸同高，掌心斜向下；右臂屈肘回收，右掌置于腹前，掌心向下。目视左掌（图3-6-184）。

（6）右脚向前落步，左腿屈膝成虚步状。同时右掌经左臂上向前探出，与胸同高，掌心斜向下；左臂屈肘回收，左掌置于腹前，掌心向下。目视前方（图3-6-185）。

图 3-6-180 　　　　　　图 3-6-181 　　　　　　图 3-6-182

图 3-6-183 　　　　　　图 3-6-184 　　　　　　图 3-6-185

（7）～（9）同（4）～（6），左右相反（图3-6-186~188）。

回身势

（1）身体右转180°，重心随转体移至左腿，脚尖内扣，右脚稍活步，两腿屈膝成虚步状。同时左臂屈肘下落，左掌置于腹前；右掌向前探出，与胸同高，掌心斜向下。目视右掌（图3-6-189）。

（2）（3）同图183、184，左右相反（图3-6-190、191）。

要点：弹腿时，支撑腿要稍屈膝，弹出腿高不过腰，力达脚尖。两掌前探要走弧形。

图 3-6-186 　　　　　图 3-6-187 　　　　　图 3-6-188

图 3-6-189 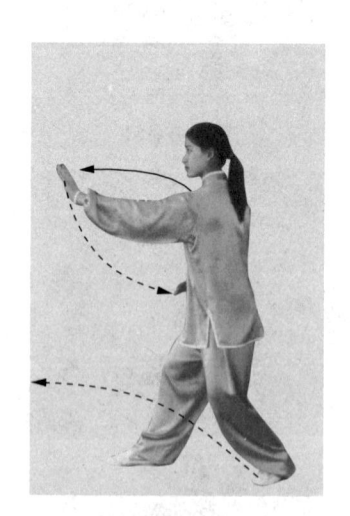　　　　　图 3-6-190 　　　　　图 3-6-191

8. 上步戳踢

（1）两脚并步站立，两臂垂于身体两侧。目视前方（图 3-6-192）。

（2）左掌直臂上举，虎口向后；右掌直臂后摆，与腰同高，虎口向下。目视前方（图 3-6-193）。

（3）左脚向前上步；右脚顺势提起，向下以脚跟蹚击地面并向前戳踢。同时右掌直臂向前、向上擓挑；左掌直臂向前、向下、向后摆起。目视前方（图 3-6-194）。

（4）右脚向前落步，左脚随即跟进，两腿膝关节弯曲。同时右掌直臂向前、向下以小指侧劈击右腿；左掌向上以掌心擦击右前臂内侧，屈肘置于右肩前。目视前方（图 3-6-195）。

（5）右掌直臂向前、向上擓挑，左掌直臂向下、向后摆起。目视前方（图 3-6-196）。

图 3-6-192 　　　　图 3-6-193

图 3-6-194 　　　　图 3-6-195 　　　　图 3-6-196

（6）~（8）同（3）~（5），左右相反（图 3-6-197~199）。

回身势

（1）右掌直臂前挑，与肩同高，虎口向上；左掌直臂向前下落于体侧。目视前方（图 3-6-200）。

（2）身体右转 180°。右掌随转体直臂向上、向前、向后抡摆，左掌直臂向前、向上举起。目视前方（图 3-6-201）。

（3）右脚向后退步。同时右掌直臂向前、向上挑起，虎口向后；左掌直臂向前、向下、向后抡摆，虎口向下。目视前方（图 3-6-202）。

图 3-6-197　　　　　　图 3-6-198　　　　　　图 3-6-199

图 3-6-200　　　　　　图 3-6-201　　　　　　图 3-6-202

（4）右脚向前上步，左脚顺势提起，向下以脚跟蹭击地面并向前戳踢。同时左掌直臂向前、向上撅挑，右掌直臂向前、向下、向后摆起。目视前方（图3-6-203）。

要点：戳踢时脚跟要紧擦地面，脚尖勾紧，力达脚前掌。撅挑与戳踢要同时完成。

9. 前后撩踢

（1）两脚并步站立，两臂垂于身体两侧。目视前方（图3-6-204）。

（2）左臂前平举，虎口向上；右臂后摆，与腰同高，虎口向下。目视前方（图3-6-205）。

（3）左脚向前上步，右腿向前、向上撩踢。同时右掌直臂向前、向上挑起，指尖向上；左臂屈肘回收，左掌置于右肩前。目视前方（图3-6-206）。

（4）身体左转180°。右脚随转体向后落步，前脚掌着地，两腿屈膝。同时左掌随转体向下、向前挑起；右臂随转体内旋，右掌下落于体后，与腰同高，虎口向下。目视右掌（图3-6-207）。

（5）重心移至右腿，身体立起，左脚向后撩踢。同时右掌直臂向前、向上撅挑，左掌直臂向后、向上摆起。目视左脚（图3-6-208）。

图 3-6-203   图 3-6-204   图 3-6-205

图 3-6-206   图 3-6-207   图 3-6-208

（6）左脚向后落步，前脚掌着地，膝关节弯曲。两臂自然下落，右掌高于头，左掌与腰同高。目视左掌（图 3-6-209）。

（7）身体左转180°，重心移至左腿，右脚跟离地。右掌随转体向下、向前抡绕，与腰同高，虎口向前；左臂屈肘回收，左掌置于右肩前。目视前方（图 3-6-210）。

（8）身体右转180°，右脚随转体向后退步。同时右臂随转体向上立绕一周，左臂向下、向上绕至体前。目视前方（图 3-6-211）。

（9）上动不停，身体继续右转180°。右臂随转体上举，左臂内旋下落。目视前方（图 3-6-212）。

（10）～（13）同（3）～（6），左右相反（图 3-6-213~216）。

图 3-6-209

图 3-6-210

图 3-6-211

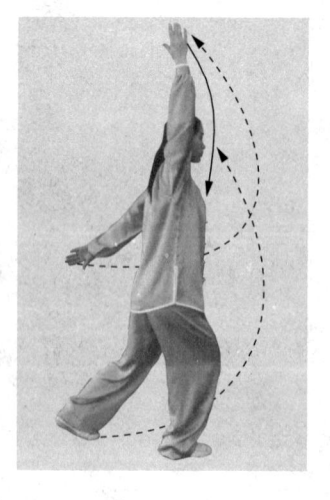

图 3-6-212

图 3-6-213

图 3-6-214 　　　　　　　图 3-6-215 　　　　　　　图 3-6-216

回身势

（1）左腿直立，右腿向前、向上撩踢。右掌直臂向前、向上挑起，指尖向上；左臂屈肘回收，左掌置于右肩前。目视前方（图 3-6-217）。

（2）身体左转 180°。右脚向后落下，前脚掌着地，两腿屈膝。左掌随转体向下、向前、向上挑起；右臂内旋下落，与腰同高。目视右掌（图 3-6-218）。

要点：前撩踢时，膝关节伸直，脚尖勾起，上体立直。后撩踢时，胯要打开，腿要伸直，尽力向后、向上撩起，力达前脚掌。

10. 勾踢侧踹

（1）两脚并步站立，两臂垂于身体两侧。目视前方（图 3-6-219）。

图 3-6-217 　　　　　　　图 3-6-218 　　　　　　　图 3-6-219

（2）左脚向前上步，两臂向身体两侧稍抬起。目视前方（图3-6-220）。

（3）重心移至左腿；右腿稍抬起，随即以脚跟擦地，向左斜前方勾踢。同时右臂屈肘，右拳向前横摆，拳眼斜向后，与胸同高；左臂屈肘，左掌附于右腕处。目视右拳（图3-6-221）。

（4）身体左转。合髋，右腿屈膝回收。同时两臂外旋，握拳在胸前交叉，右臂在外。目视右前方（图3-6-222）。

（5）上动不停。右腿挺膝侧踹，同时两拳向身体两侧鞭打，与肩同高。目视右腿（图3-6-223）。

（6）右脚向右侧落步，身体右转。两臂稍下落，与腰同高，掌心向下。目视前方（图3-6-224）。

图 3-6-220

图 3-6-221

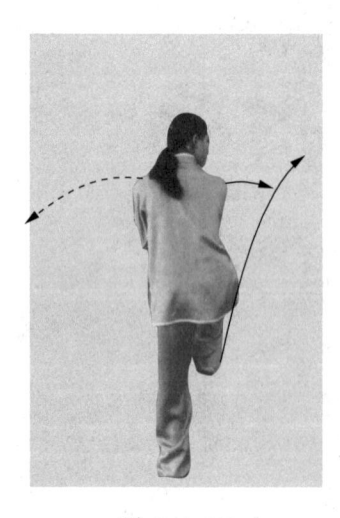

图 3-6-222

图 3-6-223

图 3-6-224

（6）~（8）同（3）~（5），左右相反（图 3-6-225~227）。

回身势

（1）左脚下落于右脚内侧，两腿屈膝半蹲。两臂外旋，屈肘回收，在胸前合抱，拳心向里。目视右前方（图 3-6-228）。

（2）上动不停，右腿挺膝侧踹。同时两拳向身体两侧鞭打，与肩同高。目视右腿（图 3-6-229）。

要点：勾踢时，重心略下降，支撑腿站稳，勾踢腿稍内旋，收髋。勾踢不可过高，脚跟稍离地面即可。侧踹腿要展髋挺膝，脚外侧向上，力达脚跟，腿高不可低于腰。勾踢与侧踹衔接要紧密，不能有明显停顿。

图 3-6-225

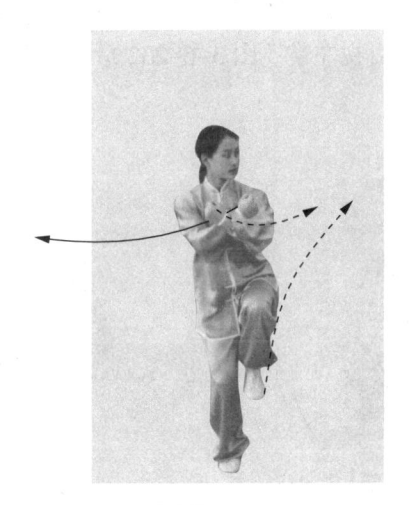

图 3-6-226

图 3-6-227

图 3-6-228

图 3-6-229

(三)组合练习

组合练习是将不同拳势串成一组动作进行练习(一般在4~6个拳势),目的在于提高动作的演练水平。

第一组

预备势

两脚并步站立,两臂垂于身体两侧。目视前方(图3-6-230)。

1. 戳踢挑掌

(1)右掌直臂前挑,与肩同高,虎口向上;左掌向前、向上绕至右肩前,指尖向上。目视前方(图3-6-231)。

(2)上动不停。右掌向上绕至体后,与肩同高,虎口向上;左掌前挑,与肩同高,虎口向上。目视左掌(图3-6-232)。

图 3-6-230 　　　　图 3-6-231 　　　　图 3-6-232

(3)上动不停。左脚上步;右脚顺势提起,向下以脚跟蹬击地面并向前戳踢。右掌直臂下落擦挂右腿外侧再向前挑起,与肩同高时左臂屈肘,左掌擦击右前臂内侧,随之右掌直臂上挑,左掌直臂下落,以小指侧击劈左腿。目视前方(图3-6-233)。

2. 跟步拍掌

右脚前落,左脚跟进,两腿屈膝。同时右掌直臂向前、向下以掌心击拍右腿;左掌向上以掌心擦挂右前臂内侧,随之屈肘置于右肩前。目视前方(图3-6-234)。

3. 跪步挑掌

(1)重心后移。右掌直臂上挑;左掌贴身下落至腹前再弧行前伸,与肩同高,虎口向上。目视左掌(图3-6-235)。

图 3-6-233 　　　　　　　图 3-6-234 　　　　　　　图 3-6-235

（2）上动不停。右脚向前进步，左脚随即跟进成跪步。同时右掌向后、向下、向前挑掌，与腰同高，虎口向前；左臂屈肘，左掌向上画弧，以掌心擦挂右前臂内侧，随之顺势下落击拍左腿。目视右掌（图3-6-236）。

4.跪步点拳

（1）重心后移。左腿支撑，右脚稍向上提起，两腿屈膝。同时右掌向上屈肘收于腰间，虎口向上；左掌直臂前挑，虎口向上。目视左掌（图3-6-237）。

（2）上动不停。右脚向前落步，左脚蹬地跟进成跪步。同时右掌变尖拳向前冲点，与胸同高，虎口向上；左臂屈肘，左掌擦击右臂内侧再收于腹前，虎口向上。目视右拳（图3-6-238）。

图 3-6-236 　　　　　　　图 3-6-237 　　　　　　　图 3-6-238

5.跟步扑掌

（1）右臂直臂下落于体侧（图3-6-239）。

（2）上动不停。身体立起，左腿支撑，右脚跟离地。右拳变掌直臂前举。目视右掌（图3-6-240）。

（3）上动不停。屈膝半蹲，右脚回收于左脚内侧，脚尖点地成丁步。同时左掌稍前伸，掌心翻转向上；右掌下落，以掌背摔击左掌掌心。目视两掌（图3-6-241）。

（4）上动不停。右脚向前进步，左脚蹬地跟进，前脚掌着地，两腿屈膝。同时两臂屈肘，两掌上托经颌前，随之两臂内旋变掌心向下，弧行向前扑出，与胸同高，掌心斜向前（图3-6-242）。

要点：戳踢与攉挑要手到步到，上下一致。跪步挑掌时上体要前探、顺肩、屈腕。跪步点拳右掌向上回收时，随重心后移稍仰身抬头，再随点拳上体前探，点拳后落臂要顺势。整组动作一气呵成。

图 3-6-239

图 3-6-240 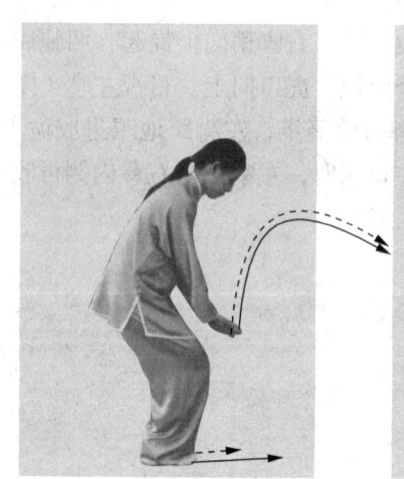　　　　　图 3-6-241 　　　　　图 3-6-242

第二组

预备势

两脚并步站立，两臂垂于身体两侧。目视前方（图3-6-243）。

1.虚步穿掌

（1）两臂经身体两侧直臂上举，掌心相对。目视前方（图3-6-244）。

（2）上动不停。右腿屈膝下蹲，左脚前伸，脚尖点地成虚步。同时两臂屈肘内旋，两掌经头两侧向下沿胸、腹、左腿两侧向前穿掌，置于脚面，掌背相对。目视两掌（图3-6-245）。

第三章 拳 术

图 3-6-243 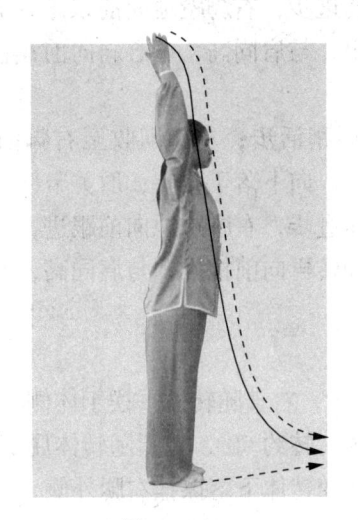　　　　　图 3-6-244 　　　　　图 3-6-245

2. 跟步扑掌

（1）上体抬起。同时两臂屈肘外旋，两掌顺左腿回收于腰间，掌心向上。目视前方（图 3-6-246）。

（2）上动不停。两臂内旋，两掌经身体两侧直臂向前合抱，与肩同高，虎口向上，掌心相对。目视前方（图 3-6-247）。

（3）上动不停。左脚回收至右脚内侧，脚尖点地。同时两臂屈肘，两掌回收至腹前，掌心向下。目视前方（图 3-6-248）。

图 3-6-246 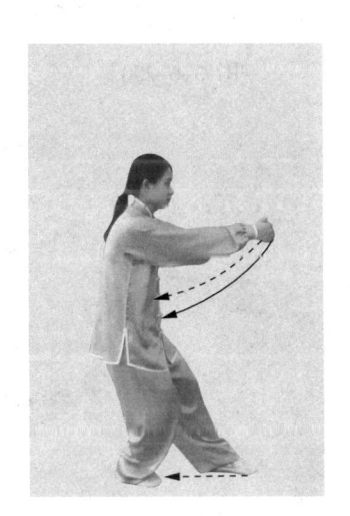　　　　　图 3-6-247 　　　　　图 3-6-248

223

（4）上动不停。左脚向前进步，右脚蹬地向前跟进，前脚掌着地，两腿屈膝。同时两掌向上经颔前弧行向前扑出，与肩同高，掌心斜向前；目视两掌（图3-6-249）。

3. 跟步搓掌

（1）重心后移，右脚向后稍活步；左脚回收至右脚内侧，脚尖点地。同时两臂外旋，右掌以掌背摔击左掌掌心，向下落于腹前，肘关节微屈。目视两掌（图3-6-250）。

（2）上动不停。左脚向前进步，右脚蹬地向前跟进，前脚掌着地，两腿膝屈。同时两掌向前、向上托起，屈肘翻转再向前搓推，与肩同高，左掌在上，掌心斜向前。目视两掌（图3-6-251）。

4. 叉步掸掌

（1）身体立起，右转约90°，右掌随转体平摆于体侧。目视右掌（图3-6-252）。

（2）上动不停。身体继续右转约90°，左腿随转体屈膝下蹲；右脚向后插步，挺膝，前脚掌着地成叉步。同时右掌随转体下落擦挂右腿外侧，随之贴腹部向上经颔下向前掸出，与头同高；左掌向前经右腋下，以掌心抽拍后背。目视右掌（图3-6-253）。

图 3-6-249 　　　　图 3-6-250 　　　　图 3-6-251

图 3-6-252 　　　　图 3-6-253

第三章 拳　术

要点：虚步穿掌，两臂上举时要展胸，两掌前穿时要贴身、含胸、探腰；跟步扑掌，两掌向前合抱时要虚胸，向前扑按时步要尽力蹬进；跟步搓掌，两掌上托翻转时上体要后仰，再顺势前探；叉步掸掌，右掌掸出时要甩膀抖腕，左掌抽拍时声音要清脆响亮。

第三组

预备势

两脚并步站立，两臂垂于身体两侧。目视前方（图 3-6-254）。

1. 上步合分手

（1）右臂侧举，与肩同高，掌心向上；左臂屈肘，左掌置于腰间，掌心向上。目视右掌（图 3-6-255）

（2）上动不停。左脚向左开步。右臂前摆，左掌经右臂上向左斜前方穿出。目视左掌（图 3-6-256）。

图 3-6-254　　　图 3-6-255

（3）上动不停。右臂屈肘回收，经胸前向右侧展开；左臂向左平摆，两掌心向上。目视左掌（图 3-6-257）。

（4）上动不停。身体左转 180°，右脚随转体扣于左腿膝窝处，左腿屈膝。同时两臂随转体在胸前合抱，左臂在上，两掌抽拍后背。目视前方（图 3-6-258）。

图 3-6-256 　　　图 3-6-257 　　　图 3-6-258

225

（5）上动不停。右脚向右落步，膝关节弯曲。两臂向身体两侧平分。目视右掌（图3-6-259）。

2. 叉步掸掌

右掌直臂下落擦挂右腿外侧，随之左腿屈膝，右脚向后插步，挺膝，前脚掌着地成叉步。同时右臂屈肘，右掌向上经颌下向前掸出，与头同高，掌心向上；左掌向前经右腋下，以掌心抽拍后背。目视右掌（图3-6-260）。

3. 丁步摆掌

（1）重心前移，左腿支撑，右腿屈膝提起。同时两臂后摆。目视前方（图3-6-261）。

（2）上动不停。身体左转约180°，左脚随转体蹬地，右脚向右跨跳，随即左脚收至右脚内侧成丁步。同时两臂随转体向上、向右抡摆，右掌与肩同高，左掌置于右胸前。目视右前方（图3-6-262）。

4. 摆拳勾踢

（1）身体左转立起，左脚随转体向前进步，膝关节弯曲。同时左掌直臂前挑，与腰同高。目视左掌（图3-6-263）。

图 3-6-259 　　　　　　图 3-6-260

图 3-6-261 　　　图 3-6-262 　　　图 3-6-263

（2）上动不停。身体稍左转，重心前移，左腿支撑，膝关节稍屈；右脚提起，以脚跟擦地向左斜前方勾踢。同时右臂内旋，右掌变拳向前横摆略高于肩，肘关节弯曲，拳心斜向下；左臂屈肘回收，左掌置于右前臂。目视前方（图3-6-264）。

5. 鞭拳侧踹

（1）身体左转，右腿随转体屈膝回收。同时两臂外旋，两拳在胸前交叉，右臂在外。目视前方（图3-6-265）。

（2）上动不停。右腿挺膝向身体右侧上方踹出，同时两拳向身体两侧鞭打。目视右拳（图3-6-266）。

6. 挑掌后撩

（1）右脚下落，前脚掌着地，两腿屈膝下蹲。两拳变掌，右臂内旋，右掌下落，虎口向下。目视右掌（图3-6-267）。

（2）上动不停。身体左转，重心后移。右脚踏实，膝关节稍屈；左脚向后撩踢，膝关节伸直，脚面绷紧。同时右掌直臂向前、向上擓挑，左掌直臂向下、向后撩摆。目视左脚（图3-6-268）。

图 3-6-264

图 3-6-265

图 3-6-266

图 3-6-267

图 3-6-268

7. 跪步拍掌

（1）左脚下落，前脚掌着地，两腿屈膝下蹲。目视左掌（图 3-6-269）。

（2）上动不停。身体右转立起，左掌随转体直臂向前、向上挑起，右掌直臂向前下落于体侧。目视前方（图 3-6-270）。

（3）上动不停。身体左转 180°，左脚随转体踏实，右脚跟提起，两腿膝关节弯曲。右臂随转体上举；左臂随转体向前下落，左掌心击拍左腿。目视前方（图 3-6-271）。

（4）上动不停。两腿屈膝下蹲成跪步。同时右臂向前下落至与肩同高时，左掌向前、向上擦挂右臂内侧，随之右掌直臂向下以掌心击拍右腿；左臂屈肘回收，以掌心击拍后背。目视前方（图 3-6-272）。

图 3-6-269

图 3-6-270 　　　　图 3-6-271 　　　　图 3-6-272

要点：上步合分手与叉步掸掌的衔接不可有停顿。丁步摆掌要远跳轻落，成丁步后上体前倾。勾踢、侧踹、反撩踢三腿要快速连贯。

第四组

预备势
两脚并步站立，两臂垂于身体两侧。目视前方（图 3-6-273）。

1. 前点步掸掌

（1）身体左转约 90°，左脚随转体向前上步，膝关节弯曲；右脚向左斜前方伸出，脚尖点地成前点步。同时右臂屈肘，右掌贴腹向上经颌下向体前掸出，与头同高，掌心向上；左掌向后屈肘上提于耳侧。目视右掌（图 3-6-274）。

（2）上动不停。身体右转约90°，右脚随转体向右上步，膝关节弯曲；左脚向右斜前方伸出，脚尖点地成前点步。同时右掌随转体下落擦挂右腿内侧，随之向后屈肘上提于耳侧；左掌直臂向左侧下落擦挂左腿外侧，随之屈肘贴腹向上经颌下向体前掸出，与头同高，掌心向上。目视左掌（图3-6-275）。

2. 跪步挑掌

（1）身体稍左转，左脚随转体向前进步，膝关节弯曲。右臂伸直，右掌向后下落，与胸同高，虎口向上；左掌稍下落，与肩同高，虎口向上。目视左掌（图3-6-276）。

（2）上动不停。右脚向前上步，左脚跟进，前脚掌着地，两腿屈膝成跪步。同时右掌直臂向下、向前、向上攉挑，左掌直臂向下、向后撩摆。目视左掌（图3-6-277）。

3. 并步劈掌

（1）身体左转约180°，重心移至左腿，右脚跟抬起，两腿屈膝。右掌随转体直臂向下、向前撩出，与腰同高，虎口向前；左掌屈肘向上回收于右臂内侧。目视右掌（图3-6-278）。

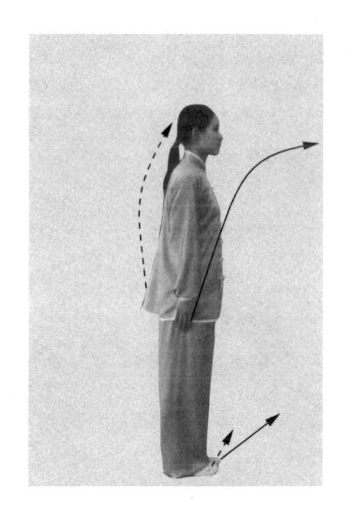

图 3-6-273 　　　　　　图 3-6-274 　　　　　　图 3-6-275

图 3-6-276 　　　　　　图 3-6-277 　　　　　　图 3-6-278

（2）上动不停。身体右转180°，重心移至右腿，左脚跟抬起。同时右掌随转体直臂向上、向前、向下以掌心击拍右腿；左掌直臂向下擦挂左腿内侧，随之向后、向上举起。目视前方（图3-6-279）。

（3）上动不停。重心前移，右腿支撑，左脚收至右脚内侧成并步。左掌直臂向前、向下，以小指侧击劈左腿；右掌直臂向上，以掌心擦挂左臂内侧，随之屈肘回收至左肩前，指尖向上。目视前方（图3-6-280）。

4. 跳转身挑掌

（1）左脚向前进步，右脚跟抬起，两腿屈膝。同时左掌向右、向上、向前立绕一周，以掌心击拍左腿；右掌向下、向右、向上摆起。目视前方（图3-6-281）。

图3-6-279 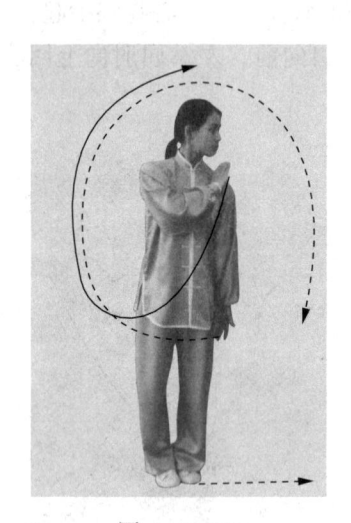　　　　　　图3-6-280 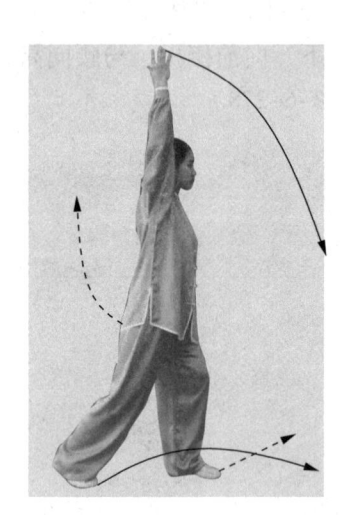　　　　　　图3-6-281

（2）上动不停。左脚蹬地，右脚向前跨跳，随即左脚提起。同时身体左转180°，右掌随转体直臂向后下落，与胸同高；左掌直臂向前摆起，与胸同高。目视前方（图3-6-282）。

（3）上动不停。左脚向后撤步，前脚掌着地，两腿屈膝成跪步。同时右掌直臂向前、向上擢挑，左掌直臂向下、向后撩摆。目视左掌（图3-6-283）。

5. 退步摔拍劈

（1）身体左转180°，重心移至左腿，左脚踏实，右脚跟抬起。同时右掌随转体直臂向下、向前撩起，左掌屈肘回收至右肩前。目视右掌（图3-6-284）。

（2）上动不停。身体右转180°，重心随转体移至左腿；右脚向后退步，前脚掌点地。同时右掌随转体直臂向前、向上、向下立绕一周，以掌背摔击右腿；左掌直臂下落，以掌心擦挂左腿内侧，随之直臂向后上方摆起。目视前方（图3-6-285）。

（3）上动不停。重心移至右腿，左脚向后退步，前脚掌着地。同时左掌直臂向前、向下以掌心击拍左腿，右掌直臂向后、向上摆起。目视前方（图3-6-286）。

（4）上动不停。重心移至左腿，膝关节伸直；右脚回收至左脚内侧成并步。同时右掌向前、向下以小指侧劈击右腿；左掌直臂向上，以掌心擦挂右臂内侧，随之屈肘回收至右肩前，指尖向上。目视前方（图3-6-287）。

要点：此组动作以擓挑、抢绕动作为主，要做到立抢成圆，凡两掌擦挂击响时，声音要清脆响亮，摔拍劈动作力点要准确。

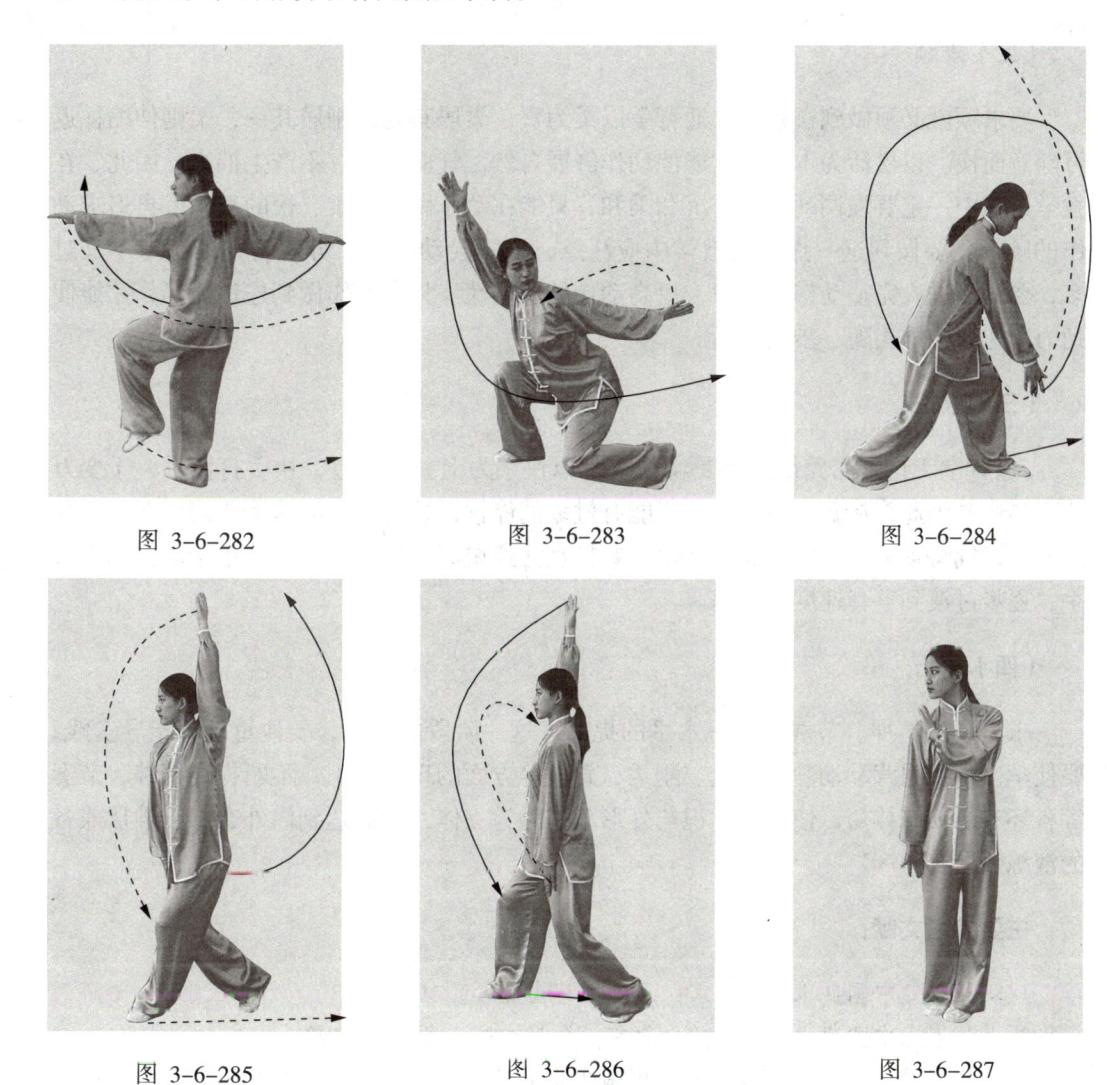

图 3-6-282　　　　图 3-6-283　　　　图 3-6-284

图 3-6-285　　　　图 3-6-286　　　　图 3-6-287

五、教学要点

武术教学在遵循一般体育教学原则的基础上，还要根据武术不同项目的运动特点来进行。通背拳对初学者要求明势、求法、懂理。一招一势都要先求其正，由正求顺，由顺求快，由快求巧。

（一）求正

在教学过程中首先要让学生明确动作路线与方法，掌握正确的动作姿势，了解动作的攻防含义。从基本功、基本动作入手，狠抓基础练习，使其形成正确的动作概念，为学习套路打下良好的基础。要想使动作做得准确，就需要加强身体素质的练习，提高身体各部位的运动能力。例如通背拳对肩、臂、腕等关节的灵活性、柔韧性有很高的要求，那么，就要每天坚持做压肩、压腕、伸肩、甩膀等基本动作练习，这样才能真正掌握通背拳甩膀抖腕、放长击远的运动特点。

（二）求顺

要求顺就必须做到松和柔。通背拳以柔为贵，柔居其九，刚居其一，柔则伸缩往返可随意而换。以松活为本，松才能使动作舒展自然，气血流畅，不产生拙力。因此，在教学过程中一定要强调动作的松沉和柔和，只能在动作做到了柔、松的基础上再追求动作的顺畅。要做到这一点，在教学中应注意，当学会动作后，分解动作的练习不宜过多，要马上进入完整动作的练习，提高动作的连贯性。只有动作做到连贯流畅，才能使劲力顺达、上下相随、步法灵活。

（三）求快

通背拳无论是套路练习还是实战，都以快字为上。常言道，快手打慢手，千变万化不如快。因此，在套路演练中，不能有过多的停顿，整个动作的演练要协调连贯，劲意不断，气势贯串，一气呵成。教学中要特别注意快而不糙，先从提高单个动作速度着手，逐步过渡到整套速度的提高。

（四）求巧

求巧是指精神、节奏等演练水平的提高。这一阶段的教学，要注重理论指导实践，要使学生掌握通背拳动静、虚实、刚柔、急缓等方面的理论知识，不断提高精神、节奏等各环节的演练技巧，使内在意识与外形动作融为一体，从而达到内外合一、神形兼备的演练效果。

主要参考文献：

1．习云太．中国武术史．北京：人民体育出版社，1985
2．康戈武．中国武术实用大会．北京：今日中国出版社，1990
3．中国武术大辞典编辑委员会．中国武术大辞典．北京：人民体育出版社，1990
4．辽宁省武术挖整组、沈阳体育学院武术挖整组．通臂拳．北京：人民体育出版社，1990
5．郝心莲．中华武术实用百科．北京：北京体育学院出版社，1990
6．《中国武术拳械录》编纂组．中国武术拳械录．北京：人民体育出版社，1993
7．全国体育学院教材委员会．体育学院专修通用教材武术．北京：人民体育出版社，1991
8．《中华武术大辞典》编委会．中华武术大辞典．南京：江苏科学技术出版社，1994
9．成传锐、杨柏龙、刘玉萍．通背拳．北京：北京体育学院出版社，1994
10．《中国武术百科全书》编撰委员会．中国武术百科全书．北京：中国大百科全书

出版社，1998

(作者：刘玉萍　摄影：杨昌忠　演示：杨莹莹)

第七节　螳螂拳

一、概　说

螳螂拳发源于山东，相传为山东即墨人王郎所创。王郎自幼习武，曾与人较技试力，因败而归，在回乡途中见螳螂捕蝉而受到启发，依据螳螂灵敏而快速的动作创编了螳螂拳。据拳谱《入门全解》载："昔者王郎老师，做为分身八肘、乱接、秘手，但论虚实刚柔，其妙无穷。"此后，清道光二十二年（1842年）山东牟平人刘汝芬在其所著拳谱中开始记载了"分身八肘""乱接""崩补"拳的套路名称。据传系推论，螳螂拳当创于明末清初之际。

螳螂拳在其发展进程中，经过历代拳师的不断宗旧融新，逐渐形成了"梅花""七星""六合"三大流派。

梅花螳螂拳取意拳法紧凑、几个动作连成一片，似朵朵梅花而得名；又以此拳动作连绵不断、劲力柔顺称为太极梅花螳螂拳。梅花螳螂拳以勾、砍、贴、压、推为主要方法，打法讲求一招三变、攻守相顾、迂回闪打、刁巧灵活。梅花螳螂拳的主要套路有蹦步、拦截、偷挑、摘要、八肘、翻车、梅花路、扑蝉等。

七星螳螂拳又名罗汉螳螂拳，取意于动作中的七星式。七星螳螂讲求身为七星、步走七星，身为七星指头、肩、肘、腕、臀、膝、踝部位曲如七星；步走七星指步法之进退、闪展似依循七星轨迹。身法以探、抖为主，劲法求刚、脆、裹、撞、顺、巧。七星螳螂拳主要套路有弹腿、插捶、翻车、蹦步、拦截、摘盔、摘要、九转十八跌、白猿出洞等。

六合螳螂拳相传是以螳螂拳为主，集形意、通背、八卦、太极、劈挂六种拳法精髓创编而成，故称六合螳螂拳；亦有所谓六合者，指上、下、左、右、前、后六个方向及身体各部位之间的密切配合而言。打法强调避实就虚、引进落空、化劲借力、虚守实发、出于点眼、动作连环，劲力讲求刚、柔、明、暗、滑，以柔顺为主。六合螳螂拳主要套路有三捶、截手圈、双封、铁刺、仙人奔、短捶、藏花及六合摘要等。

螳螂拳的运动特点是：象形取意、重在取意，强刚极柔、长短兼备，刚而不僵、柔而不软，上下交替、内外相接，身稳步活，活中求快、快而不乱，靠身短打、组合连发。

二、技法特点

（一）虚实要转

螳螂拳对虚实的要求是：拳势中形实而内虚，形虚而内实，即实中有虚，虚中存实，有时一腿为实，另一腿则为虚；或一手为实，另一手则为虚；或手为虚，腿为实，或腿为虚，手为实。试手时则要求虚者实之，彼虚我实，逢虚则入；实者虚之，彼实我虚，逢实则避，虚虚实实，其技乃成。

（二）长短互用

螳螂拳对长短的要求是：出手时长，抖弹发力时要长；回手时短，刁搂采勾要短。"七长八短"，交互使用。所谓七长者：顺步倩长，摇步入手，缠封双掌，迎面直捶，剿手砍掌，翻身疾入，韩通通背。八短：迎面头捶，靠身臂捶，蹲身膊捶，粘拿胸捶，双膝双肘。螳螂拳中开合的变化是开图进取，闭伏开机，出有回势，回有出势，突出而骤回，疾入而闪打，倏忽变化，使人不及措手。

（三）积柔成刚

螳螂拳对刚柔的要求是：练习时以柔化松活为本，积柔成刚；化解时贴胸靠肘，柔而后刚；强攻时则以直力刚劲硬击。总的要求是八刚十二柔，八刚：一刚泰山压顶，二刚迎面直通，三刚顺步双掌，四刚叠肘硬拱，五刚贴门靠臂，六刚硬崩伏底，七刚左右双　，八刚摔捋两分。十二柔：见刚而回手，入手而偷手，截手而滚手，　手而漏手，直捅而勾手，采手而入手，搂手而进手，磕手而入手，扑手而入手，挑手而入手，开手而叠手，粘手而破手。

（四）打法错落

螳螂拳不但招势连环，而且手法错落，起时打下而翻上，落时取上而捎下，中起中落，旁起旁落，长短上下交错，动手高低左右，接手互参互就，变化莫测。进时长驱直入，施以硬崩实砸的刚硬手法，招亦打，不招亦打，连捎带打，一鼓作气。退时则要因敌而变，或直退以避敌，或闪退以寻机，以退为手段，以进为目的，"退中有守手不丢，守中寓攻练家愁"。

（五）拳法规整

螳螂拳对手、肘、步、腿法都有严格的规范和要求。

手法有提、拿、封、闭、粘、拈、帮、帖、采、叫、顺、送十二字总法。总的要求是手臂要屈，小动作多以腕关节的旋转缠绕而发滚圈劲，大动作则立圆平圆交替、整圆半圆互用。即使是直捶其劲路也与长拳不同，形直而劲旋，直而复曲。

肘法有顿、腆、盘、格、挑袍、滚龙、双腆连环等诸多方法。

步型以玉环步、七星步为主，前腿似直非直，后腿宜曲而非曲，便于起动，利于发放，蹿跳出入，横竖迭用。

腿法的总体要求是不发高腿，脚打中下路，横蹬跺踹随步而起，挂、扣、截、踏顺势暗递。

（六）胯稳腰活

螳螂拳在运动和技击过程中，除依靠步法的变化来完成攻守进退外，主要依仗腰部的左右旋转、前后俯仰来实现滑脱和避闪。尤其是螳螂拳手臂的伸缩变化比较频繁，进攻时，突然放长击远，力发于腰、顺于肩、达于手，力通"三节"（梢节、中节、根节）。攻中寓守的技法特点又要求长攻后突出而骤回。这种时而长、时而短，时而放、时而收的运动形式与特点，不但要求腕、肘、肩关节要灵活自如，而且对腰的灵活性要求更高。同时，腰部的运动又建立在两腿屈蹲、重心降低的基础上，需要胯来维持平衡，两胯内收、夹嵌，使重心沉实稳定，利于腰部的旋转俯仰。正如拳谚所说："拧腰不走胯""移动靠脚腿，力蓄在裆腰，挡风阻雨两臂摇"。

图 3-7-1

图 3-7-2

三、基本动作及方法

（一）手型

1. 拳

参见长拳。

2. 掌

五指并拢，伸直后张（图 3-7-1）。

3. 勾

屈腕，食指、中指与拇指第一指节撮拢，无名指与小指弯曲内扣，称为刁勾（图 3-7-2）；或五指第一指节撮拢，屈腕，称为撮勾。

（二）步型

1. 戳脚步（玉环步）

前腿屈膝半蹲，大腿接近水平，膝部与脚尖垂直并微内扣，全脚着地；后腿外展，屈膝下跪，膝不触地，后脚在前脚斜后方以前脚掌内侧着地，两脚相距约为本人脚长的 2 倍，重心略偏前（图 3-7-3）。

2. 翘脚步（七星步）

前腿伸直，以脚跟着地，脚尖勾起内扣；后腿屈膝半蹲，大腿与地面约 45°，全脚着地，两脚相距约为本人脚长的 2 倍，重心偏后（图 3-7-4）。

图 3-7-3

图 3-7-4

3. 弓步

参见长拳。

4. 马步

参见长拳。

5. 虚步

参见长拳。

6. 半马步

前腿屈膝，脚尖微内扣；后腿半蹲，大腿接近水平，脚尖外展，两脚距离同马步，重心偏于后腿（图 3-7-5）。

四、基础练习

（一）预备姿势

并步站立，两臂下垂于身体两侧。眼向前平视（图 3-7-6）。

（二）虚步双勾手

1. 左脚尖外展，身体左转 90°，右脚后撤一步成左弓步。同时两臂屈肘在胸前交叉，右臂在上，两掌心均向下。目视右掌（图 3-7-7）。

2. 上动不停。右掌向上、向右、向下绕环至左肘下，右臂屈肘，掌心向下；同时左掌向下经左向上绕环胸前时臂伸直，掌心向下。目视左掌（图 3-7-8）。

3. 上动不停。重心后移，右腿屈膝半蹲，左脚后移半步以脚尖点地成左虚步。同时两掌变勾手，向下、向后搂手。右勾手停至左肘内侧，勾尖均朝下。目视左勾手（图 3-7-9）。

图 3-7-5

图 3-7-6

图 3-7-7　　　　图 3-7-8　　　　图 3-7-9

（三）上步右格肘

左脚向前移走，脚尖外展；右脚随即上步成翘脚步。左脚移步时，左勾手变掌在体前采手；右脚上步时，左掌握拳收至左腰侧，拳心向上；右勾手变拳落经右腰侧向右、向前格肘，拳心向内。目视右臂（图3-7-10）。

（四）戳脚步右崩拳

1. 右臂内旋，右拳向左、向下扣压，身体随之微向左拧转。目视右侧（图3-7-11）。

2. 身体微向右转，左脚蹬地使右脚向前跨步，左脚随之跟进半步成戳脚步。同时右拳向内、向上、向前上方崩出，拳心斜向上，高与鼻平；左拳变掌，由腰侧向上、向前按落于右肘下，掌心向下。目视右拳（图3-7-12）。

（五）戳脚步双采手

1. 身体直立，左脚踏实。同时右拳变掌，右臂内旋，使右掌心翻转向外；左掌心转向上（图3-7-13）。

2. 左脚蹬地使右脚向右前方跨步，左脚随之跟进半步成左戳脚步。同时右掌变勾手，向前、向右搬搂置于右额前，勾尖斜向下；左掌变勾回收于右胸前，勾尖斜向上。目视右勾手（图3-7-14）。

图 3-7-10

图 3-7-11

图 3-7-12

图 3-7-13

图 3-7-14

（六）立身双采手

1. 身体直立并左转。同时两勾手变掌，左掌向下、向左至左腹前，掌心向下；右掌向下、向左、向前摆至胸前，掌心向下。目视右掌（图3-7-15）。

2. 身体右转，左脚随之向左前方上步。同时右掌向右、向后、向左画弧采手于胸前，掌心向下；左掌向上、向左、向前画弧采手至右掌前，掌心向下。目视左掌（图3-7-16）。

3. 身体微向左拧转。同时右掌经左前臂上向左前方穿抹，左掌略回收。目视右掌（图3-7-17）。

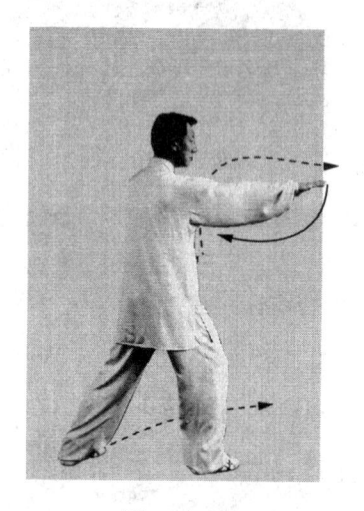

图 3-7-15

图 3-7-16

图 3-7-17

（七）进步左挑拳

右脚进半步，左脚随即向前上步成左弓步。同时左掌变拳向上挑打，高与口平，拳心向内；右掌扶于左前臂内侧。目视左拳（图3-7-18）。

（八）提膝左冲拳

1. 右脚向前跟步，上体微左转。同时右掌沿左前臂上向前横掌推出，掌心向下，掌指向左；左拳收于左腰侧，拳心向上。目视右掌（图3-7-19）。

2. 右腿直立站稳，左腿屈膝提起。同时左拳向前冲出，高与肩平，拳眼斜朝下；右掌收至左肩前，掌指向上。目视左拳（图3-7-20）。

图 3-7-18

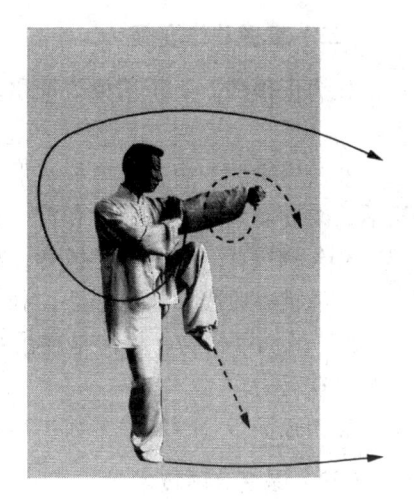

图 3-7-19　　　　　　　　　图 3-7-20

（九）弓步右劈拳

左脚向前落步，同时左拳变掌向内经上向前采落。右脚随即向前上步成右弓步。同时右掌变拳下落后向上、向前劈打，高与肩平，拳眼朝上；左掌顺势扶于右前臂内侧。目视右拳（图 3-7-21）。

（十）虚步双勾手

1. 身体左后转 180°。同时右拳变掌，两臂屈肘在体前交叉，右臂在上，两掌心均向下。眼随右手。见图 3-7-7，惟方向相反。
2. 动作同（二）之 2，惟方向相反。
3. 动作同（二）之 3，惟方向相反。

图 3-7-21

（十一）收势

身体直立，左脚向后撤步，身体左转 90°成并步，两手下垂于身体两侧。眼向前平视（见图 3-7-6）。

五、教学要点

（一）顺劲增力

顺劲指顺应螳螂拳劲力的要求与变化。学习套路之前，一定要进行基本功练习，即便学过武术的人，也要顺其劲、增其力，或称"换劲"，去其僵劲硬力。一般从"转腕""挑勾"开始，进行腕、肩关节练习及步桩功练习，逐步掌握基本功和基本动作，遵循螳螂拳的技法要求，顺劲增力，稳步提高。

239

(二)掌握动作要领

1. 头正顶劲。头正精神方能贯注，顶劲要适度，似有若无，以提高头部转动的灵活性。

2. 松肩垂肘。肩关节放松，肘关节保持下垂，一可增加手臂的灵活性；二可使肩臂松活，柔韧有余，富有弹性和蓄劲；三利于沉气。

3. 含胸拔背。含胸势必拔背，相辅相成。

4. 活腰，收腹。腰部松活，利于气入丹田和使腰部灵活，但收腹不宜过大。

5. "吊裆"松胯。松胯是在吊裆的基础上进行的，与腰的松活紧密相连，否则会使下肢松软乏力。

6. 扣膝活步。螳螂拳多数步型须扣膝，但扣而不紧，保持曲而不直和充足的蓄势。

(三)提高专项技术

学习了基本功及基本动作，通过规范性练习使学生逐步掌握了动作要领，即拳势对人体各部位的要求之后，重要的环节是落实到专项技术上，也就是说如何将全面身体素质和专项身体素质及对动作的规范性认识体现到螳螂拳技术上，这是至关重要的。换句话说，基本功练习重点是"型"的规范，专项技术则突出"法"的运用。先说手法：螳螂拳以密集多变、矫捷迅疾的手法而著称。手臂伸缩变化比较频繁，防守或待攻动作时，两臂回收至胸前，蓄劲待发，攻击时突然放长击远，力达拳面或掌端，做到力起于脚、发于腰、顺于肩、催于肘、达于手，力通"三节"。这种时收时放"七长八短"的运动形式与特点，对上肢各关节均有较高的要求，对不同的手法（勾、采、漏）皆有不同的技术要求。再说身法：螳螂拳的身法变化可分为闪让、拧转、含收、俯仰、折弯、展放等，这些身法的变化都离不开腰。因此，身法的基础是腰要活，胸、腰椎的柔韧性和运用能力要强。

(四)突出螳螂拳风格特点

螳螂拳强调象形取意，重在取意，是重艺不重形的法则决定的。因此，不要过分追求模仿螳螂逼真的形象，只求花哨，不求功用，而应突出螳螂拳的风格特点，强刚极柔、长短兼备，动作明快有力，以寸劲为主，兼有柔劲。要做到刚而不僵、柔而不软、脆而不弱、快而不乱，运动中倏忽长短，上下交替，内外相接，变化莫测。

(五)了解螳螂拳的技击法则

螳螂拳是一项技击性较强、实用性较高的运动项目，在学习中，对一些技击方法显见的动作要知其然及所以然，既要学会动作，又要尽可能掌握其技击方法，学以致用，达到体用兼备之效果是最为理想的。

主要参考文献：

1.《中国武术百科全书》编撰委员会.中国武术百科全书.北京：中国大百科全书出版社，1998

2.《中国武术拳械录》编纂组.中国武术拳械录.北京：人民体育出版社，1993

3.全国体育学院教材委员会.体育学院专修通用教材武术.北京：人民体育出版社，1991

（作者：关铁云　摄影：李维国　演示：关铁云）

第八节　八极拳

一、概　说

八极拳，全称"开门八极拳"，又称"岳山八极拳"。所谓开门，指以"六大开"为技法核心，破开对方门户之意。拳称八极，乃沿用古代有九州之外有八寅，八寅之外有八 ，"八 之外有八极"的说法，即八方极远之意。

八极拳的源流说法不一。据《沧县志》载："吴钟北方八门（极）拳术之初祖也，字弘声，孟村镇天方散人。"又载：吴钟（忠）"八岁就传，聪慧过人，年甫弱冠，勇力出众，遂弃书学技击……一夜方舞剑庭中，有 然自屋而下者，黄冠羽士也，叩其姓字不答，坐（座）谈武术，皆闻所未闻，继演技击，更见所未见，遂师事之，受八极之书。道士留十年，忽曰：'吾术汝尽得之，吾将逝矣。'钟泣而拜曰：'十年座下，赐我良多，惟以不知师之姓名为憾。'道士慨然曰：'凡知癞字者，皆吾徒也。'言罢辞去，杳然无踪。逾二年又一人至，次知为癞之弟子，亦秘其姓氏，惟曰：'吾癖字也。'赠八极秘诀一卷，并传授大枪奥秘……当时京师有神枪吴钟之称……尊癞为一世，癖、钟为二世焉。"

又据《罗疃拳谱》载："八极拳出于河南嵩山少林寺，自古发迹，后有山东海丰县庄科村富翁吴忠，素谙拳术。清雍乾年间，携资投少林寺，拜当家老禅师座前受业……后成又遍历名山大川，直至陕西延安西北梭罗塞，与癞魁元学六合大枪及其他器械。后吴忠归里，在山东直隶一带保镖并设场授徒……"后至沧州东南村镇，有吴永亦练武多年，与吴忠谈，甚为投机……拜吴忠为师，吴永经二十年指教，其业大成。

旧《天津日报》《武当把计》一文中写道："……先师姓吴名仲字弘声，系山东海丰县人氏，当乾隆十二年，曾受业于马胜镖为师。马师故去，乃遍访名师高友，游至山东、河南、梭罗山上有一名师姓癞名魁元，自投门下。跟师学艺八年，辞师下山，至天津南域水右，设场教弟子数年，……所传八极拳、六合枪等，至乾隆五十六年，又赴沧州城南孟村镇，设场数载，将艺授丁吴荣、于孝武二人……"

由此推论，八极拳当由吴钟（忠、仲）首传。但其籍贯究竟是山东省海丰县还是河北沧县，其姓名是钟还是忠，或是仲待考。

此外，还有八极拳传自河南少林寺或河南人张岳山之说。八极拳以六大开、八大招为技术核心。六大开指顶、抱、单、提、挎、缠六种基本方法，"一打顶肘左右翻，二打抱肘顺步赶，提挎合练单扬打，顺步腰身便是缠，翻身顶肘中堂立，打开神拳往后传"。八大招是：1.阎王三点手，2.猛兽硬爬山，3.迎门三不顾，4.霸王硬折缰，5.迎风朝阳掌，6.左右硬开门，7.黄莺双抱爪，8.立地通天炮。劲法上以刚劲为主，要求崩、撼、突、击，瞬间发力，动如崩弓，发如炸雷，急如闪电。身法要求意正身直，外方内圆。八极拳的技击法则为挨傍挤靠、前撼突击、硬进紧攻、贴身近发、寸截寸拿、以短制人。

八极拳的特点是：简洁朴实、势险节短、猛起猛落、硬开硬打，发力刚烈，并发哼、哈二声，以气催力。

八极拳的功法以闯步、震脚、两仪马步蹲桩、磕桩、靠桩、打桩、踢桩、七星桩为主。

八极拳的套路有：八极小架、八极对接、六肘头、刚功八极、八极新架、纯阳剑、四门刀、六合大枪、梅花枪等。

二、技法特点

（一）劲要崩、撼、突然

八极拳以刚劲为主。劲要崩指发力时动如崩弓，富有极大的反弹力，蓄而后发，犹如崩山之势。

劲要撼指不发则已，发如炸雷，这是八极拳瞬间发力的显著特征，即一是猛烈骤然发力，使人猝不及防；二是发力时以人体为中心向四外辐射发出，像炸弹在空中爆炸一样，犹如撼岳之势。

突然指在招势的变换上、劲力的收放时和方法实用上都要突然毫无先兆，急如闪电惊雷，不及掩耳。

（二）意要正，身要直

意正有两层念意：第一，意念要正。练拳时要心静意清，排除一切杂念，练拳想拳，以意念引导动作。第二，内存惊慌、狠毒、猛烈、神急八字真意，这是实战中对心法的要求。"惊慌"是要以惊天动地的气势先声夺人，使对手惊慌失措。"狠毒"是指举手不留情，要以最大的力量、最奇的招法，击打对手最薄弱的部位。"猛烈"指以摧枯拉朽之势猛击硬攻，势在必夺。"神急"指以压倒一切的精神与气概，迅速出击，使对手无还手之力。总之，要求意动，功发，拳脚随意所向，力求以神显意，以意发功，以功催力，意在拳先。身正是指立身要中正，不歪不斜，由此才能拳走中心，力从腰发，招打中心，占据中心，做到"守中、保中、居中、打中"。身正也是八极拳"身法九要"中的第一要，只有做到意正心直，才能利于"松肩气下" "气力贯通"和"立身中正"。

（三）肩要松，气要下

松肩与气下有着连带关系，运动中肩松不下来，气就难以下沉，就会造成耸肩、缩颈、气浮。人体运动以关节为支点，以肌肉为动力，以骨骼为杠杆，如果耸肩，肩关节肌肉紧张就使肌肉运动的初长度缩短，也就限制了上肢的快速发力动作，耸肩、气浮也会使重心上提，根基不稳，气力难以贯通。八极拳的沉气还有一个显著特点，即发力时常吐气发声，以气催力。

（四）胯要抖，腰要合

八极拳身法的要求中，很重要的一点是抖胯、合腰。这不但是技法的要求，而且是实战的要求。八极拳的发力应处处体现出突然、猛烈的整劲，这就必须身体各部位协调配合，一动全动，充分发挥出人体的潜能。腰胯是连结上下肢的纽带，是发力能否突然、爆发的关键。例如"上步撑捶势"中，后脚向前下跺、碾落踏闯、进步成马步撑捶时，一定要抖胯（坐胯）、合腰（拧腰），加之蹬足、顶膝，两臂前伸与后拉之合力，形成周身上下完整一气的整合劲，才能完成身如弓、拳似箭的发力。若胯不抖转，腰不旋拧，则不可能将身劲贯注于前手上。

八极拳在实战中非常注重腰胯力，在近身短打、挨傍挤靠时，无一无时不是借助于合腰抖胯的旋转力，以达聚周身于一点之功效。

（五）脚要震、碾，步要闯

震脚也叫跺子脚，是八极拳中的典型动作。震脚时，五趾抓地，并发"哈"的擤气声，以助发力。擤气时要舌舔上腭，气沉丹田。震脚分为五种：1. 单足震，一脚提起后向下震落。2. 双足震，双脚跳起后同时落地的震脚。3. 上步震，向前上步的震脚。4. 退步震，向后退步的震脚。5. 碾震，全脚掌着地开始，足跟提起外转震落，并发"哼"声。碾震亦称跺碾步。

闯步亦称拥搓步，是八极拳中的重要步法。闯步就是一脚原地震地之后，另一脚快速向前冲趟而出，身体也随之向前冲闯撞击，贴身近发，硬进紧攻。

三、基本动作及方法

图 3-8-1

（一）手型

1. 拳

参见长拳。

2. 掌

五指自然伸直，屈腕，手似荷叶状（图 3-8-1）。

3. 龙爪手

五指分开，拇指弯曲，其余四指第二、二节指骨弯曲（图 3-8-2）。

图 3-8-2

4. 勾

参见长拳。

5. 空手拳

拇指屈拢压住食指，其余四指卷曲，手心空（图 3-8-3）。

图 3-8-3

（二）步型

1. 弓步
参见长拳。

2. 马步
参见长拳。

3. 仆步
参见长拳。

4. 虚步
参见长拳。

5. 盘步
参见长拳歇步。

6. 歇步
两腿交叉，屈膝下蹲，前脚着地，脚尖外展，后脚跟抬起，上身立直（图3-8-4）。

7. 独立步
一腿立撑站立，一腿屈膝向前胸提起，脚尖向内，身体立直（图3-8-5）。

8. 丁步
一腿略屈下蹲，全脚掌着地；一腿屈膝并立，脚掌点地置于另一脚内侧（图3-8-6）。

图 3-8-4    图 3-8-5    图 3-8-6

9. 并步
两脚并拢屈膝下蹲，大腿高于水平，上身立直（图3-8-7）。

10. 半马步
两脚分开，内距约脚长的2.5倍，前脚尖稍外摆，后脚里扣，屈膝下蹲，体重分力前四后六，上身正直，含胸收腹沉肩敛臀（图3-8-8）。

图 3-8-7

图 3-8-8

11. 跪膝步

参见南拳。

四、基础练习

（一）预备姿势

身体直立，两手直臂垂于两腿外侧。目视前方（图 3-8-9）。

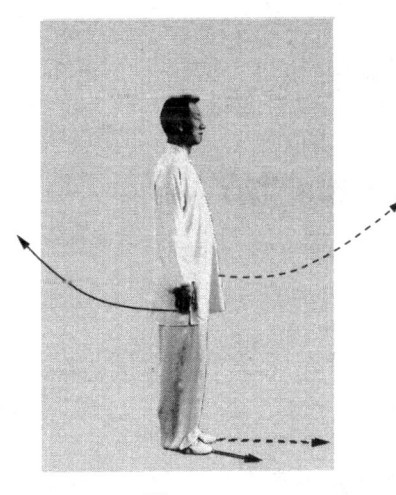

图 3-8-9

（二）虚步挑拳

右脚向前上半步；左脚随即向前上步，以前脚掌着地成左虚步。同时体右转，两手握拳挑起平举，拳眼朝上。目视左拳（图 3-8-10）。

图 3-8-10

（三）擂打顶肘

1. 重心前移，左脚踏实，右脚随即以前脚掌擦地向前戳起。同时右拳向下、向前擂打，左拳变掌屈肘收至右肩前。目视右拳（图3-8-11）。

2. 上动不停。右腿屈膝震脚下落，左腿随即屈膝提起。同时左掌变拳落至腹前（图3-8-12）。

3. 上动不停。左脚向前上步，体右转成马步。同时左拳上挑屈肘侧顶；右拳后摆至体侧平举，拳眼朝下（图3-8-13）。

图 3-8-11 　　　　图 3-8-12 　　　　图 3-8-13

（四）上步冲拳

身体左转，右脚向前上步成马步。同时右拳屈肘回收，经右腰际向前冲出，拳眼朝上；左拳收至左腰际，拳眼朝上。目视右拳（图3-8-14）。

（五）上步撑掌

右脚活步，上左脚，身体向右转，两脚碾动成马步。同时左拳变掌向左推出；右拳变掌屈肘收至右腰际，掌心向下。目视左掌（图3-8-15）。

图 3-8-14 　　　　图 3-8-15

（六）勾手上提

1. 左掌在体前顺时针画一立圆后变勾手上提，身体随之稍左转。同时左脚外碾，右脚内收成丁步。眼随左手（图3-8-16）。

2. 上动不停。两脚同时下震成并步，身体随之左转。同时右掌变勾沿左臂上提，左勾手变掌屈肘收至胸前。目视右勾手（图3-8-17）。

图 3-8-16 　　　　　　　　图 3-8-17

（七）马步撑掌

左脚向左撤步，身体稍左转成马步。同时左掌向左侧伸开，右勾手变掌，两臂侧平举。目视左掌（图3-8-18）。

（八）攉打顶肘

动作同（三），惟方向相反。余下动作同（四）~（六）动，并步还原。

图 3-8-18

五、教学要点

（一）练好震脚

震脚又称跺脚、"跺子"，是构成八极拳独特步法的主要因素，也是八极拳劲力的重要组成部分。因此，教学中要首先向学生讲清楚震脚的作用：一可助拳势，二可固根基，三可增功力，四可攻下盘。

在教学时还要注意讲解易犯错误，使学生防患于未然。常见的震脚错误有：第一，抬脚过高。八极拳语称："八极，八极，脚不离地"，腿法要求高不过膝，步法则要求贴近地面。第二，落脚不实。正确的震脚要求劲力直透地面，声音沉闷、浑厚。第三，力点不明。由于震脚时落地部位不正确而产生用力不清、力点不明，往往造成足跟、脚踝等部位损伤。第四，劲力不合。震脚不能与全身各部位的整体劲及擤气相合，表现出仅为了震脚而震跺；更有甚者，震脚前身体上提，弄巧成拙。

为了使学生形成正确的震脚动作，在练习时要注意以下几点：

1. 练习时动作要正确。震脚时，一不可重心过于提高，二不可抬腿过高，三是落脚时两腿要适度弯曲。

2. 练习时要由轻到重，以轻为主。尤其是初学者，一定要由轻震开始，多练"暗"劲，少发明劲，更不要发放足劲（十分劲）。通过暗劲的练习，逐渐使劲力和顺，周身协调，再逐渐由轻到重放劲。

3. 震脚要与擤气相合。震脚是一种外力，擤气是八极拳特有的运气方法，两者应有机结合，体现出气力合一、内外相合。

4. 震脚要与动作配合练习，练习时要本着由简到繁、循序渐进的原则，先练原地震，再练上（退）步震，先练单脚震，再练双脚震，进而再练碾震；先结合步法练习不加上肢动作的震脚，再渐次加上由简到繁的上肢动作。

5. 震脚要与整体劲相合，脚的震跺是动作整体发力的一部分，而每个动作决不应是腿脚的局部发力，而应将震跺力融入整体发力中去，震跺的时间、劲力的大小应制约于拳势动作。

6. 练习时要注意场地，以土质地面为佳。

（二）练好擤气

擤气是八极拳发力时的吐气方法，因动作不同而发"哼""哈"二声。教学中要在学习动作、练习发力的同时，学会擤气。练习擤气时应注意以下几点：

1. 动作规范是前提。动作正确规范是协调发力的基础。在动作规范之前，不要急于练习擤气。

2. 吐气不可闭口用鼻。练习吐气时，若长时间闭嘴，会产生闷气、头晕现象。

3. 擤气时不能刻意追求"哼"或"哈"的发音。

4. 擤气时不要把注意力集中到口、鼻、喉上，这样会使动作与呼吸脱节，本末倒置。

（三）练习发力

练习发力要从以下几个方面入手：

1. 掌握技法要求及动作要领。

2. 明确劲力的完整性。八极拳中的整劲表现在身、腰、手、脚之间的配合上，前手打劲，后手拉劲，震脚、沉气的坠劲，顶头、竖项、拔腰的顶拔劲。有人称之为"十字劲"。

3. 选择能够充分体现八极拳劲力特点的动作练习。

4. 循序渐进。

5. 注意刚力与柔顺相合。动作过程要柔顺自然，松而不懈，到位后突发用力，火爆通透。

主要参考文献：

1.《中国武术百科全书》编纂委员会.中国武术百科全书.北京：中国大百科全书出版社，1998
2. 中国武术系列规定套路八极拳.北京：人民体育出版社，1999

（作者：关铁云　摄影：李维国　演示：关铁云）

第九节　翻子拳

一、概　说

翻子拳，原名"八闪翻"，又名"翻子""番拳"。属短打类型的拳术。明代戚继光著《纪效新书·拳经捷要篇》载："……八闪翻，十二短，此亦善之善也。"戚氏三十二式汲取了翻子拳"旗鼓势""埋伏势""当头炮""拈肘势""拗鸾肘""顺鸾肘""下插势"等招势。近代翻子拳出自河北韩禄马，韩氏将此拳艺传于高阳段老绪，段氏将此拳与戳脚传东北许兆熊，许氏又将此拳传沈阳郝鹤翔、胡奉三和烟台程庆春等人，程庆春同时兼习螳螂九手。

民国初年，武术家马凤图、马英图（同胞兄弟）曾在沈阳与郝、胡、程相聚七年，结为武学知己，马氏得郝、胡、程的翻子拳、戳脚，郝、胡、程得马氏兄弟的通备劈挂拳，马氏把翻子、戳脚带往西北，沈阳习翻子拳者兼习劈挂拳。任何同属一脉的拳种在承传过程中难免在劲力、风格以及套路结构上有所变异，所以，逐渐形成了东北、西北两支翻子拳。东北所习翻子拳主要特点是硬起硬落、脆快一气，其流行的翻子拳有波浪翻、铁臂翻、趟浪翻、烈马翻、地龙翻、缠丝翻等。西北所习翻子拳其劲力与劈挂拳的通透劲和开合劲相融，动作中吸收有螳螂拳的招法，主要特点是以腰发力，发力迅速遒劲，架势俯伏闪动，气势浑厚，并且受吞吐发力、辘辘翻扯、搅靠劈重的通备劲力染化，此已成为通备拳系中的基本拳法之一。此外，在河北和京津一带还传习有萃翻子、鹰翻子、寸翻子、燕青翻、六手翻等。

翻子拳练习有基本招势练习、翻子拳招法对盘、翻子拳劲法调理。翻子拳练习还常以站桩和行桩八势为基本功练习功架，以铁臂功、车轮功、打桩功练习撞打能力。

翻子拳基本手法：直拳、崩拳、挑拳、横拳、劈拳、砸拳等。

基本步型：马步、半马步、麒麟步等。

基本步法：跟步、插步、蹉步、移步等。

基本身法：以吞吐、折叠、拧转为要。

翻子拳是一种套路短小精悍、严密紧凑，劲道讲求脆、快、硬、弹的拳术。基本套路有健宗翻、萃八翻、站桩翻、掳手翻、擒手翻、六手翻、八手翻、一字翻等套路。翻子拳特点是一势多法、一法多用、多法合用、往返连环、步疾手快、拳法紧密、上下翻转、双拳密集如雨，全套一气呵成，故有"翻子一挂鞭"之说法。原始的翻子拳套路只走一趟（所谓翻子一打不回头），近年来翻子拳常与戳脚、劈挂拳相配伍，逐渐发展为来回两趟，使起、收势同位，并且被列为中国武术表演和比赛项目之一。

一、技法特点

翻子拳是一种短促多变、近战快打的拳种。其技法特点可归纳为以下四点：

（一）一势多法，一法多用，多法合用

翻子拳的每一势内都含着多种技法，如"出手打鼻梁，缩手奔胸膛"，出手为招，缩手也为招，此其一。其二，一种方法有多种用途，多种技法又相互交融，上翻下转、连势迅猛、变化莫测是翻子拳技法特点之一。

（二）紧逼强攻，势如破竹

翻子拳以神态示心，姿态示格，以精、气、神的统一发挥，达到精确神似的标准。在双拳密如雨、硬起硬落、快而不乱、攻防兼施、脆快一挂鞭的动态下运使各种技法，是翻子拳术的一大技法特点。

（三）往返连环，步疾手快

翻子拳不仅素有"双拳密如雨，脆快一挂鞭"之说，而且步法上要求往返连环，衔接迅疾。所以，以步法的快捷配合手法的密集也是翻子拳技法的一大特点。

（四）以腰发力，浑厚一气

东北所习翻子拳的特点是硬起硬落，脆快一气。西北所习翻子拳由于受吞吐发力、辘辘翻扯、搅靠劈重的劲力染化，所以主要特点是以腰发力，发力迅猛遒劲，架势俯伏闪动，气势浑厚。

三、基本动作及方法

（一）手型

1. 拳

四指并拢卷握，拇指紧扣于食指和中指的第二指节（图3-9-1）。

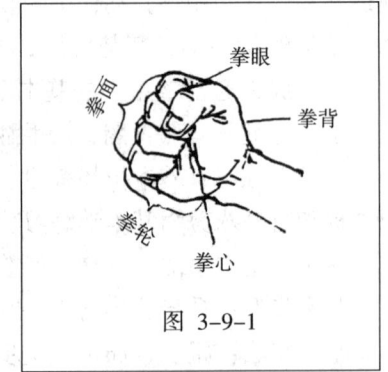

图 3-9-1

2. 瓦棱拳

四指并拢卷屈，食指紧扣于虎口内侧，其余三指依次微凸起，拇指紧扣于食指第二指节上（图3-9-2）。

3. 八字掌

四指自然伸直，拇指与食指自然分开，掌心内凹（图3-9-3）。

4. 螳螂勾手

拇指、食指、中指轻轻合拢，其余二指屈于手心（图3-9-4）。

图 3-9-2

图 3-9-3

图 3-9-4

（二）步型

1. 马步

两脚平行开立，脚尖正对前方，屈膝半蹲，大腿接近水平，全脚着地，身体重心落于两腿之间（图3-9-5）。

2. 半马步

两脚左右开立，距离同马步，前脚尖向外，后脚尖与膝内扣（图3-9-6）。

3. 麒麟步

前腿屈膝，大腿成水平，脚尖内扣；后腿屈膝落其后，前脚掌着地，身体重心落于两腿之间（图3-9-7）。

图 3-9-5 　　　图 3-9-6 　　　图 3-9-7

（三）手法

1. 直拳

臂由屈到伸，直向某一方向冲击，力达拳面（图3-9-8①②）。

2. 弹拳

由腰、肩、肘及腕部发出一种弹力，使拳向前或向右弹击，力达拳面（图3-9-9）。

图 3-9-8① 　　　　　　　　图 3-9-8② 　　　　　　　　图 3-9-9

3. 崩拳

右拳由左侧向右侧横击，力达拳背（图 3-9-10①②）。

4. 劈拳

拳由上向下或向斜下方向迅猛劈击，力达拳轮（图 3-9-11①②）。

图 3-9-10①

图 3-9-10② 　　　　　　　图 3-9-11① 　　　　　　　图 3-9-11②

（四）步法

1. 前跨步
后脚向前跨一大步，另一脚跟半步（步型为麒麟步）。

2. 撤步
后脚向后撤一步，前脚向后移半步。

3. 插步
亦称倒插步或偷步。一脚经支撑脚后横迈一步落地。

4. 移步
两脚前后开立，同肩宽。后脚向左移动，前脚随之向左移动，此为左式；右式动作相同，方向相反。

5. 交错步
马步，两脚前脚掌着地，原地进行交换站位。交错步时，两脚擦地而过，拧腰切胯，重心下降（图3-9-12①②）。

图 3-9-12① 　　　　　　　　图 3-9-12②

四、基础练习

（一）拳法练习

1. 左右直拳练习
麒麟步左直拳变马步右直拳。练习时，可以麒麟步，左右连续短直拳，最后一下变马步冲拳，也可以重复练习。左式相同，方向相反（图 3-9-13①②）。

图 3-9-13① 　　　　　图 3-9-13②

2. 崩拳练习

右拳由左侧向右侧横击，力达拳背，可以做连续崩击练习。左式相同，方向相反（见图 3-9-10①②）。

3. 劈拳练习

右拳由上向下或向斜方向迅猛劈击，力达拳轮。左式相同，方向相反。可做重复练习（见图 3-9-11①②）。

（二）步法练习

1. 跟步练习

后脚向前一步，前脚随进半步落其后。可以连续做。

2. 交错步练习

马步，两脚前脚掌着地，原地进行交换站位。交错步时，两脚擦地而过，拧腰切胯，重心下降（见图 3-9-12①②）。

3. 左右移步练习

两脚前后开立，同肩宽。后脚向左移动，前脚随之向左移动。右式动作相同，方向相反。可以左右交替重复练习。

（三）组合练习

1. 起势——旗鼓势——滚、劈、崩、缩打——抹打挑打——卸肘撩打

（1）起势（图 3-9-14①~④）。

图 3-9-14①

图 3-9-14②  图 3-9-14③  图 3-9-14④

（2）旗鼓势（图 3-9-15①~③）。

图 3-9-15①  图 3-9-15②  图 3-9-15③

（3）滚、劈、崩、缩打（图 3-9-16①~⑤）。

图 3-9-16①  图 3-9-16②  图 3-9-16③

图 3-9-16④ 　　　　　　　　图 3-9-16⑤

（4）抹打挑打（图 3-9-17①~⑦）。

图 3-9-17① 　　　　图 3-9-17② 　　　　图 3-9-17③

图 3-9-17④ 　　　　图 3-9-17⑤ 　　　　图 3-9-17⑥

（5）卸肘撩打（图3-9-18①~③）。

图 3-9-17⑦

图 3-9-18①

图 3-9-18②

图 3-9-18③

2. 左式滚、劈、崩、缩打——左式抹打挑打——左式卸肘撩打

（1）左式滚、劈、崩、缩打（图3-9-19①~⑤）。

图 3-9-19①

图 3-9-19②

图 3-9-19③    图 3-9-19④    图 3-9-19⑤

（2）左式抹打挑打（图 3-9-20①~⑦）。

图 3-9-20①    图 3-9-20②    图 3-9-20③

图 3-9-20④    图 3-9-20⑤    图 3-9-20⑥

（3）左式卸肘撩打（图3-9-21①~③）。

图 3-9-20⑦ 　　　　图 3-9-21① 　　　　图 3-9-21②

3. 掏拳滚打——双掴手——上惊下取（铁翻杆）

（1）掏拳滚打（图3-9-22①~⑤）。

图 3-9-21③ 　　　　图 3-9-22① 　　　　图 3-9-22②

图 3-9-22③ 　　　　图 3-9-22④ 　　　　图 3-9-22⑤

（2）双捆手（图3-9-23①~③）。

图 3-9-23①

图 3-9-23①附

图 3-9-23②

图 3-9-23③

（3）上惊下取（铁翻杆）（图3-9-24①②）。

图 3-9-24①

图 3-9-24②

图 3-9-24②附

五、教学要点

（一）建立翻子拳术的基本概念

简介翻子拳术的沿革及发展概况，使学生对此拳种有一个基本概念，对学好翻子拳有着重要的意义。

（二）基本功及基本技术应贯穿教学始终

1. 翻子拳手型、手法，步型、步法的特点及动作要求，应重点给学生讲解清楚，并且教师在教学过程中要随时纠正学生的错误动作，以便在初学阶段就给学生打下一个牢固的基础。

2. 教授翻子拳动作组合练习时，应重点突出其劲力特点、步法特点和身法特点，并将有代表性的单势动作提取出来进行重复练习，把重复练习作为一个重要的教学手段，这对尽快掌握翻子拳技术及风格特点是非常重要的。

（三）突出翻子拳风格特点

"翻子一挂鞭""脆快一气呵成""发力迅猛遒劲"等拳谚，都形象地表达了翻子拳运动的风格特点。教学中不仅要启发、引导学生向这方面发展，而且应通过教师的讲解示范、录像教学给学生以直观认识，同时还可以启发学生用意念模拟翻子拳运动风格特点，这对完成教学任务和提高套路演练技巧都是重要的有效教学手段。

（作者：陈亚斌　摄影：吴晓峰　演示：陈亚斌）

第十节　劈挂拳

一、概　说

劈挂拳，属古代民间武术拳种之一。劈挂拳术多流行于河北沿海一带，明代戚继光所撰《纪效新书·拳经捷要篇十四》曾记其劈挂拳名，其"三十二势"多为"披挂"内容，如《抛架子》一势云："抛架子抢步披挂，补上腿那怕他识，右横左采快如飞，架一掌不知天地。"❶此处"披"即"劈"的异写，如《史记·五帝本纪》记载：（黄帝）"披山通道，未尝宁居"，❷"披"为"劈"。《辞海》中"披"也解释为"劈"。❸三十二势中还有《倒骑龙》一势云"倒骑龙诈输佯走，诱追入遂我回冲，凭伊力猛硬来攻，怎当我连珠炮动"，❹据专家考证，就是劈挂拳中的一招"倒发乌雷"。《小知录》也曾有记载："使拳之家十一""使枪之家十七"。其拳术有"勾挂拳""披挂拳"……❺可见劈挂拳在400年前已流行于民间，并被载入史册了。《中国武术大辞典》载："清末主要传习于河北盐山、沧县、南皮县等地。同治年间传入京津地区。宣统二年，天津中华武士会成立，列劈挂拳为主要科目之一，传播于华北地区。1928年中央国术馆成立，劈挂拳被列入高级教材。民国以后，以沧县、天津、兰州、沈阳等地为盛。新中国成立后，劈挂拳逐渐被列为竞赛项目，现已遍及全国。清代后期，也曾称'通臂门'，故在一些武术专著中称'劈挂通臂'，而被看做是通臂拳中的另一支。近百年来，通备拳种的第一路子拳劈挂拳传播较广，故称通备为劈挂门。第一个在盐山、沧县倡导和传播通备拳的是潘文学。"潘在清道光、咸丰年间任盐山县"教谕"（主管教育，同时兼办盐山书院）。"盐山书院分文武科传授学生，历时数年，武科人才济济。"其中李云标、肖和成二人造诣最高，成为通备劈挂拳的最高继承传习人。李云标及其门徒在同治七年初抗捻军的战争中丧亡殆尽，继李、肖之后，黄林彪、于保麟是劈挂拳的主要传习者。1897年黄林彪收马凤图为徒，当时马12岁，从师黄林彪学艺10年，是黄所习劈挂拳门中受教最深的一位。通备劈挂拳在黄、马两代得到了很大发展，在沧县、盐山等地影响很大。"主张以'理（拳理）象（形式）会通。体（健体）用（技击）具备'和'通神达化，备万贯一'的'通备'宗旨，充实和扩展了所属拳械。后经马凤图、马英图一生研习、施教，并与八极、翻子、戳脚诸拳兼而习之，形成了自黄氏之后的一大流派。"[6]近年来全国各级各类武术比赛中几乎都设有劈挂拳一项，近几十年来劈挂拳在日本、英国、法国、俄罗斯及东南亚等国家和地区都有广泛的传播。

劈挂拳现属于通备拳系中的主要套路之一，又为习练通备拳术的启蒙教材之一。现甘肃、陕西一带广泛传承的多为通备劈挂拳，其主要招法有单劈手、招风手、开门炮、大跨步、倒发乌雷、蹉指掌、铁扫帚、鹞子穿林等。"现沧州一带广为流传的劈挂拳有挂拳、青龙拳、慢套劈挂拳、快套劈挂和炮锤"等。[7]

劈挂拳是依着它的难易程度而排列成套路的，其动作编排的特点是由浅到深、由易到难、由简到繁，因"源流有序、拳理明晰、风格独特、自成体系"[8]，已被国家列为重点开展拳种。

原劈挂拳只有拳术，没有器械套路。"后经马凤图和马英图兄弟等共同切磋，根据通备劲道规律创编了劈挂刀、疯魔棍、苗刀等，填补了劈挂拳没有器械套路的空白。"[9]

劈挂拳术腿法不多，但很适用，其主要腿法有钉、飘、蹬等，并构成了它的下盘艺业。

在身法中主要以三体（肩、腰、胯）同动、三盘（上、中、下）一贯、拧腰切胯、沉肩气按、溜背合腕、吞吐伸缩、虚实往返等原则贯穿于每个动作之中。

在步法中主要以碾、转、拧、锉、扣、提、进、退构成它的行径过步和进退往返的奇正变化。由于此拳术总括了上、中、下三盘的奇缺内容，因此，显示了与其他拳种的异样风格。在整个套路的练法上不仅讲究以重势为主、兼贯刚劲，而且还讲究"慢拉架子，快打拳，疾打招"这是通备拳练功调劲的原则。

劈挂拳在套路演练方面，如高山流水，气势流畅，可以柔练也可以快练，通俗地讲：轻松，含内劲，不是很爆，只是第五段是高潮。主要招法有蹉指掌、大跨步、操手起脚（亦称野马奔槽）、开门炮、倒发乌雷等。

二、技法特点

(一) 大开大合，长刀冷抽

劈挂拳动作开合幅度较大，四肢百骸屈合灵活以护各部，舒展各节以放长击远，在大开中求密合，在长击中藏短打。动作整体表现为"合如伏炮，缩身藏头；开如炮发，上下展炸"。技法特点上，长刀冷抽，脆快冷弹，回缩若弹簧。

(二) 步法多变，身法灵活

步法讲究进必跟，退必疾。在长进与速退中，常以原地"转趾"（脚前掌碾转）的方法变换方位与姿势。劈挂拳注重以腰为轴，同时要求含胸拔背，蜿蜒蛇行，力由腰发，常以直进侧入，转折机灵。

(三) 长击短打相兼，手劈脚踢并用

劈挂拳讲究柔中带刚，以放长击远，刚中寓柔，着重于贴身靠打，收则势短节猛、搅靠劈重、连珠炮动，具有长击与短打相兼和手劈脚踢并用的技法特点。

(四) 随招进招，随形打势

技法上讲究随招进招，随形打势，其一般规律为"高来则挂，低来则劈，横来则拦，顺来则扳"。

(五) 藏锋鹰目，气势逼人

劈挂拳要求两眼炯炯有神如鹰目，技法上讲究速进猛攻，以快打慢，即手到步到眼先到。注重藏锋，拳诀曰藏锋十路埋伏，透形周身显弱。

三、基本动作及方法

(一) 手型

1. 拳
四指并拢卷握，拇指紧扣于食指和中指的第二指节（图 3-10-1）。

2. 八字掌
四指自然伸直，拇指与食指自然分开，掌心内凹（图 3-10-2）。

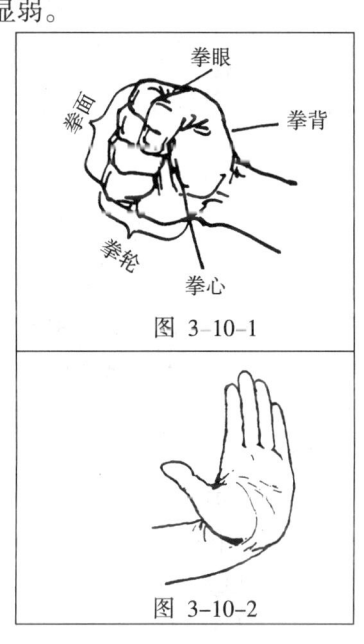

3. 凤眼勾

屈腕，拇指、食指撮拢，其余三指卷屈于手心（图 3-10-3）。

（二）步型

1. 弓步

左脚向前一大步（约为本人脚长的 4~5 倍），脚尖微内扣，左腿屈膝半蹲（大腿接近水平），膝与脚尖垂直；右腿挺膝伸直，脚尖内扣（斜向前方），两脚全脚掌着地。弓左腿为左弓步（图 3-10-4），弓右腿为右弓步。

2. 马步

两脚平行开立（约为本人脚长的 3 倍），脚尖正对前方，屈膝半蹲，膝部不超过脚尖，大腿接近水平，全脚着地，身体重心落于两脚之间（图 3-10-5）。

3. 半马步

两脚左右开立，距离同马步，前脚尖向外，后脚尖与膝内扣。左腿在前为左半马步（图 3-10-6），右腿在前为右半马步。

图 3-10-3

图 3-10-4 　　　图 3-10-5 　　　图 3-10-6

4. 虚步

两脚前后开立，右脚外展 45°，屈膝半蹲；左脚脚跟离地，脚面绷平，脚尖稍内扣，虚点地面，膝微屈。重心落于后腿之上。左脚在前为左虚步（图 3-10-7），右脚在前为右虚步。

5. 仆步

两脚左右开立，左腿屈膝全蹲，大腿和小腿靠近，臀部接近小腿，左脚全脚掌着地，脚尖和膝关节外展；右腿挺直平仆，脚尖内扣，全脚着地。仆右腿为右仆步（图 3-10-8），仆左腿为左仆步。

6. 丁字步

两腿屈膝半蹲，右脚全脚着地；左脚脚跟离地，前脚掌虚点地面，贴于右脚脚弓处，重心落于右腿上。左脚虚为左丁步（图 3-10-9），右脚虚为右丁步。

7. 麒麟步

前腿屈膝，大腿成水平，脚尖内扣；后腿屈膝落其后（约为本人脚长的 2 倍），前脚掌着地，身体重心落于两腿之间。左腿在前为左麒麟步（图 3-10-10），右腿在前为右麒麟步。

8. 坐盘

两腿交叉，右腿屈膝，大小腿均着地，脚跟接近臀部；左腿在身前横跨于右腿上方，左大腿贴近胸部（图 3-10-11）。

图 3-10-7

图 3-10-8

图 3-10-9

图 3-10-10

图 3-10-11

（三）步法

1. 前跨步
后脚向前跨一大步，另一脚跟半步（步型为麒麟步）。

2. 撤步
后脚向后撤一步，前脚向后移半步。

3. 插步
亦称倒插步或偷步。一脚经支撑脚后横迈一步落地。

4. 交错步
马步，前脚掌着地，原地两脚交换站位。交错步时，两脚贴地而动，拧腰切胯，重心下降（图3-10-12①②）。

5. 大跨步
右腿向前迈一步，左腿向前跨出一大步，右腿再向前上一步成麒麟步（图3-10-13）。左式动作相同，惟方向相反。

图 3-10-12① 　　　图 3-10-12② 　　　图 3-10-13

6. 碾转步
两脚均以前脚掌碾地，碾转时应拧腰切胯（图3-10-14①②）。

（四）腿法

1. 蹬腿
右腿屈膝提起，大腿与腰平，右脚尖勾起向前蹬出，力达脚跟。也可以低蹬或高蹬。左势动作相同，惟方向相反。

图 3-10-14① 　　　图 3-10-14②

2. 提膝分掌

后脚脚面绷直向前踢起，高与胸平，大腿内旋，同时向侧后方横击，力达前脚掌（图 3-10-15①~③）。右式动作相同，惟方向相反。

图 3-10-15① 　　　图 3-10-15② 　　　图 3-10-15③

3. 丁踢

后脚向前丁踢，脚尖勾起，力达脚跟（图 3-10-16①~③）。

图 3-10 16① 　　　图 3-10-16② 　　　图 3-10-16③

四、基础练习

（一）肩部练习

1. 压肩练习

（1）压肩

面对肋木（或一定高度的物体）站立，距离一大步，两脚左右分开，与肩同宽或稍宽。练习时上体前俯，挺胸、塌腰、收腹，并做下振压肩动作，也可以做耗肩练习。

(2) 别肩

两脚开步站立，右臂由胸前向左平举，肘尖朝外；左臂屈肘勾别在右肘尖处，向内轻微振动（图 3-10-17）。左式动作相同，惟方向相反。

(3) 扳肘拉肩

两脚开步站立，右手叉腰，掌指垂直朝上；左手扳住右肘尖向左轻微振动（图 3-10-18）。左式动作相同，惟方向相反。

图 3-10-17 　　　　　图 3-10-18

(4) 头后拉肩

两脚自然分开站立，一臂向上屈肘于头后，另一手抓其腕下拉（图 3-10-19）。左式动作相同，惟方向相反。

2. 活肩练习

(1) 单臂绕环

成弓步站立，左手按于左膝上（也可两脚开立，左手叉腰）；右臂贴耳上举，由上向前、向下、向后绕环为向前绕环（图 3-10-20），由上向后、向下、向前为后绕环。左式动作相同。

图 3-10-19 　　　　　图 3-10-19 附 　　　　　图 3-10-20

动作要领：弓步要稳，抡臂手的路线要成立圆，上擦耳下扫胯，肩要放松。抡臂次数逐渐增加，速度也要逐渐加快。

(2) 双臂绕环

两脚开立，与肩同宽，两臂垂于体侧。两臂依次向后绕环为双臂后绕环（图 3-10-21①②），两臂依次向前绕环为双臂前绕环。

图 3-10-21① 　　　　　　图 3-10-21②

(二) 胸背练习

1. 吞吐练习

两脚自然分开站立，两臂向两侧抬起与肩平，向前含抱，两掌心击打在肩胛骨处，动作不停，两臂反弹向身后平摆，尽量直臂使两手背相碰击（图 3-10-22①②）。

图 3-10-22① 　　　　　　图 3-10-22②

动作要领：身体自然放松，肩臂更要放松，臂后摆时要平。初练时不得过于用力，掌握了放松的方法，便可来回拉长肩带，使手背能在身后相碰。

2. 侧劈手

两脚开立，两臂经腹前交叉并上举至头顶上方后，同时向两侧下劈至大腿外侧，手臂外旋力达掌背，身体随下劈而下蹲（图3-10-23①~③）。

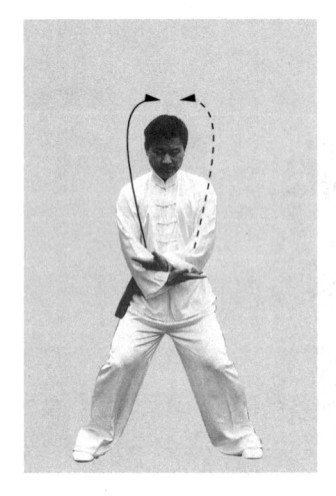

图 3-10-23① 　　　图 3-10-23② 　　　图 3-10-23③

动作要领：做手臂动作时两肩要放松，下劈时两臂要伸直，向外旋，同时重心下降，腰要立直，使两肩稍向后张开，以加大肩带的牵拉幅度。

3. 后劈手（反弓背）

两脚开立，含胸滚背，右手由前向后反劈，左手体前上托（图3-10-24①②）。

图 3-10-24① 　　　图 3-10-24②

（三）腰胯练习

1. 左右单劈手

右弓步，右手背贴于左耳，左臂向后伸直，眼看左脚跟（图3-10-25①）。以两脚掌为轴，身体向左翻转，同时带动左臂向上、向左打开；右臂随之伸直，两臂呈直线状。目视左手方向（图3-10-25②）。上动不停，左掌挂于体后，右掌直臂向上、向前探劈，两臂仍呈一直线（图3-10-25③）。上动不停，身体继续下压，同时左掌回挂屈肘收至右耳侧；右掌下劈至左大腿外，两掌心均向外（图3-10-25④）。

动作要领：做动作时要拧腰切胯，腰背发力，力达掌外缘。劈掌动作结束时，要收腹含胸，合膝，两臂合紧，即成"合势"状态。

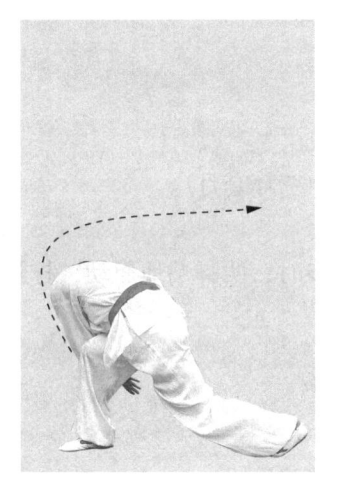

图 3-10-25①

图 3-10-25②

图 3-10-25③

图 3-10-25④

(四）腿法练习

1. 原地蹬腿或弹腿练习

左腿站立，右腿屈膝提起，大腿高于腰，原地做前蹬、上蹬、侧踹或不同方位的蹬腿或弹腿练习。右式的动作练习方法与左式相同。

2. 行进间蹬腿推掌练习

左腿直立，右腿屈膝抬起向前蹬出，同时推左掌。腿可平蹬，也可向高蹬，脚尖勾起，力达脚跟。左式相同，惟方向相反。练习时在行进间交替进行。

3. 提膝分掌练习

可做提膝分掌重复练习（见图 3-10-15①~③）。

4. 丁踢（砸顶）练习

可做行进间左右丁踢练习（见图 3-10-16①~③）。

（五）步法练习

1. 插步练习

向右侧连续做插步练习，同时双手做侧劈动作（三环套月）。

2. 交错步

马步，前脚掌着地，原地两脚交换站位。交错步时，两脚贴地而动，拧腰切胯，重心下降（见图 3-10-12①②）。

3. 碾转步练习

可重复做碾转步的练习（见图 3-10-14①②）。

（六）组合练习

1. 起势——提膝分掌——铲腿——双风贯耳——虚步定势

（1）起势（图 3-10-26①~③）。

图 3-10-26① 　　　　图 3-10-26② 　　　　图 3-10-26③

(2) 提膝分掌（图 3-10-27①~③）。

图 3-10-27①

图 3-10-27②

图 3-10-27③

(3) 铲腿（图 3-10-28）。
(4) 双风贯耳（图 3-10-29）。
(5) 虚步定势（图 3-10-30）。

图 3-10-28

图 3-10-29

图 3-10-30

2. 仆步穿掌（雀地龙）——刁手掰步——鹞子穿林

(1) 仆步穿掌（雀地龙）（图 3-10-31）。

(2) 刁手掰步（图 3-10-32①~④）。

(3) 鹞子穿林（图 3-10-33①~⑩）。

图 3-10-31

图 3-10-32①

图 3-10-32②

图 3-10-32③

图 3-10-32④

图 3-10-33①

第三章 拳　术

图 3-10-33②　　　　　　　图 3-10-33③　　　　　　　图 3-10-33④

图 3-10-33⑤　　　　　　　图 3-10-33⑥　　　　　　　图 3-10-33⑦

图 3-10-33⑧　　　　　　　图 3-10-33⑨　　　　　　　图 3-10-33⑩

275

五、教学要点

（一）建立劈挂拳术的基本概念

教学中，简介劈挂拳术的发展概况及基本理论知识，使学生对劈挂拳术的基本概念有个基本了解，对练好劈挂拳有着重要的意义。很多练习劈挂拳的爱好者，由于不甚了解劈挂拳术的基本核心内容，在学习动作方面只知其然而不知其所以然，往往找不到这种拳术的内涵所在，不仅掌握不了动作的风格特点，而且在动作的劲力运行方面也很难达到协调的程度，以致动作出现质的变化，失去它本来的风采。所以，教学中如果只注重传授套路动作，而忽略使学生明白"为什么"的问题，那么只能是一种陈旧的教学形式，这对武术的继承和发展是很不利的。现代武术的教学不仅要考虑教师如何教好的问题，而且还应该考虑学生如何能够学好的问题。所以，在教学方面首先应该让学生了解所学拳种的基本概况。而后在学习拳术的基本动作和基本技术以及套路方面，使学生能够掌握其劲力规律及风格特点，并且在学习每一招势的过程中能够明白所构建的每一招势的基本理论及攻防格斗的实战内涵，这对教师教好和学生练好劈挂拳术都有着重要的指导意义。

（二）加强基本功及基本技术的教学与训练

1. 劈挂拳术对肩、腰、步的灵活性有较高的要求，所以要练好劈挂拳，还得在劈挂拳术的基本动作和基本技术上下功夫，因为劈挂拳基本动作和基本技术的设置，不仅是根据攻防格斗的实战内涵，而且也是根据通备拳的劲力规律和周身各关节能够得到协调发展的特点而设置的。这是其他拳种的基本功和基本技术不能取代的重要概念之一。劈挂拳基本动作的初级练习阶级，主要以"连环挂掌和连环劈掌""吞吐""甩臂""左右单劈手""反弓背""十二大趟"等为代表动作。练习时应以松、柔、顺为主。拳诀云："先求开展，后求紧凑。"又云："柔则势法变转开合易，刚则势法变转开合难。"所谓"善练筋长一寸，忌练肉厚一分"也是出于此理。经过一个时期对基本动作和基本技术动作的松、柔、顺练习，而后逐渐有实战意识的贯力、贯劲，以达到通透劲、爆发力贯通周身的目的。

2. 劈挂拳基本技术是以通备十二大趟为代表的十二个单势招法。之所以称为十二大趟，意指每个单势都应重复练习，教学时不仅应该按照一般的教学原则和教学步骤施教，而且还应注意随时调整通备劲力的顺达和肩腰部发力的特点，以避免动作的长拳化。这都是为学好劈挂拳套路奠定坚实基础的关键所在。

（三）突出劈挂拳运动的劲力与风格特点

通备劈挂拳的演练风格特点在于动作的"突变性"，整个套路的演练不能形成一个速度，所以，在教学过程中通过教师的示范和讲解使学生掌握动作的"突变性"这是练好劈挂拳的关键所在。劈挂拳的劲力特点表现为"大开大合，猛起硬落，辘轳翻扯，如珠走盘"。劲力集中于"吞吐开合，起伏拧转"。躯干开合如弓，胸背吞吐如弦，发出之力如无形之箭，与上下肢及躯干的起伏拧转形成调全身之力以最快速度集中于一点的合力。教学中，突出劈挂拳的劲力与风格特点，对尽快形成正确的劲力、风格动力定型，提高劈挂拳的演练技巧，有着不可忽视的重要意义。

主要参考文献：

❶ 戚继光.纪效新书·拳经捷要篇十四卷.四库兵家类丛书（三）.上海：上海古籍出版社，1990.607~609页
❷ 司马迁.史记·五帝本纪.呼和浩特：远方出版社，中华典籍精荟，2000.1~2页
❸ 辞海编辑委员会.辞海.上海：上海辞书出版社，1980.689页
❹ 同❶
❺ 陈亚斌.中国武术史略.西安：西安体育学院，1999.98~99页
❻ 中国体育辞书系列编写委员会.中国武术大辞典.北京：人民体育出版社，1990.40页
❼ 中国武术系列规定套路编写组.劈挂拳.北京：人民体育出版社，1999.3~5页
❽ 中国武术史编辑委员会.中国武术史.北京：人民体育出版社，1997.310~311页
❾ 陈亚斌.劈挂拳之研究.西安：西安体育学院学报，2003（3）.66页

（作者：陈亚斌　摄影：吴晓峰　演示：陈亚斌）

第十一节　少林拳

一、概　说

少林拳源于少林寺，拳因寺而得名，故名少林拳。少林拳是少林拳术和器械的总称。少林寺位于我国河南省登封市境内，在登封市西北约13公里处，是公元495年北魏孝文帝为来中国传教的印度僧人跋陀所建造。由于寺建立在嵩山支脉少室山阴的密林丛中，故名嵩山少林寺。

关于少林武术的产生，世人有许多说法，但真正有据可信者应从隋唐讲起。

隋末唐初（公元620年），李渊、李世民父子为了争霸天下，与盘踞在洛阳的隋朝大将王世充交战，在战斗的紧要关头，以昙宗为首的少林寺僧，活捉了王世充的侄子王仁则，并将其捆绑送至唐营，立了大功。李世民登基之后，"嘉其义烈，颁降玺书宣慰"（少林寺碑），对立功和尚各有赏赐，其中昙宗被封为大将军。这次战斗，给少林武僧习武成名的机会，少林寺发展很快，名声日隆。贞观以后，少林寺僧"昼习经曲，夜练武略，修文不忘武备"（西来堂志善碑），揭开了少林武术光辉灿烂的一页，修佛习武也成了少林寺世代相传的独特宗风。

北宋年间，福居和尚做少林主持时，曾邀请全国武术名流云集少林寺，虚心与各派

切磋技艺。北宋末年，金兵南侵，少林寺武僧宗印受命率"尊胜队"和"净胜队"两军，进发潼关，与金兵对垒，报效国家。

元朝，崇尚释教，尤尊番僧，少林寺与皇家关系也十分密切，元世祖命福裕大和尚主持少林寺，并统领嵩岳一带所有寺院。此时的少林寺，众常两千。寺僧习武队伍中，如智庵、智聚、子安、党训等，都是当时身怀绝技的名僧。

明代，少林武术蓬勃发展，誉满天下。少林棍在少林武术中占有重要地位，少林僧所使用的兵器以棍为最闻名。《武备志》作者茅元仪对少林棍给予了很高的评价。他认为"诸艺宗于棍，棍宗于少林"。特别是在抗倭卫国的战争中，以棍为杀敌武器的"本寺武僧屡经调遣，奋勇杀敌"（少林寺万历二十三年七月碑）。"俱持铁棍长七尺，重三十斤，运转便捷如竹杖，骁勇雄杰，官兵每临阵，辄用为前锋。……抢棍破敌，与者即仆，顷刻毙数倭"《上海掌故丛书·吴淞甲乙倭变志》。少林僧为国为民的英烈壮举谱写了一曲曲动人的、可歌可泣的雄壮诗篇。

清代，少林寺习武之风极盛。今之少林寺毗卢阁（又名千佛殿）内，青砖地面上尚存当时寺僧练功形成的 48 个凹陷脚窝，就是少林寺武僧长期从事武功训练的有力佐证。

民国时期，少林武术曾是"国术研究馆"主要学习和研究的内容之一。然而由于当时的军阀混战，又给少林寺带来了灭顶之灾。1928 年，国民党军冯玉祥部石友三与建国军樊中秀战于河南，石友三攻占少林寺后，为泄私愤，便纵火焚寺，大火延续 40 余天，殿堂楼阁等古建筑全被夷为平地，大量珍贵文物也一同化为灰烬。

新中国成立后，少林寺和少林武术又获得了新生。党和政府不但拨专款修复少林寺，而且对少林武术的发展也十分重视。特别是 1982 年，香港中原影业公司功夫片《少林寺》的公映，使少林武术兴旺空前。

少林拳是中华武术中一大派系，其内容丰富多彩。目前社会上广为流传的典型拳路就有大洪拳、小洪拳、炮拳、罗汉拳、朝阳拳、梅花拳、通背拳、长拳、关东拳、长护心意门、七星拳、象形拳、心意拳、柔拳、少林太极拳，以及各种器械、对练等。另外，还有与养生功、医学、气功等有关的内容，都是十分宝贵的民族传统文化。

二、技法特点

少林拳朴实无华、立足实战，其运动特点也具有鲜明的技击性。

（一）拳打一条线，拳打卧牛之地

少林拳套路繁多，结构紧凑，短小精悍。演练时，起落进退多在一条线上运动。众多少林拳家认为，从实战角度出发，真正交手相搏无非几步之距，直线运动最为有效，方寸之间便有胜败之分。这充分体现了少林拳不受场地大小限制、随时随地均可施展解数和发挥威力的特征。

（二）动作迅猛，快速有力

少林拳要求刚健有力、迅速激烈，即所谓"起手连珠炮，拳打一气连"；"使势千着，以快为先"。在套路演练过程中，要求几个或十几个动作连贯快速，一气呵成。少林拳虽以刚为主，但同时也要求刚柔相济。"刚在他力前，柔在他力后"，动如风，站如钉；重如山，轻如毛；守之如处女，犯之若猛虎；静则以逸待劳，动则使其无喘息之机，如此等等。

（三）曲而不曲，直而不直，滚出滚入，富有弹性

就手法而言，少林拳要求两臂保持一定曲度，冲拳推掌，须蹬腿转腰、抖肩发力。"身以滚而动，手以滚而出"，反对僵直拙力。在完成动作的一瞬间，依手臂的自然反弹力，使手臂形成曲非曲、直非直的态势，为便利继续攻防创造条件。滚出滚入，更是攻防技术的科学反映，旋动可增强攻击力，滚动也有利于防中对来击者力量的化解。

（四）眼法以目注目

少林拳对眼的要求是必须头随势转，手到眼到，以目注目，"以审敌势"。演练少林拳，眼要明亮有神，眼明方能手快。"虎视眈眈，气息沉沉，目光炯炯，含有神威"，显示咄咄逼人之势。

对阵交手，不是注意对方手和身躯，而是观察对方眼神，以目注目，算计对方。

（五）进低退高，起横落顺

少林拳要求进攻时力求重心稳固，身正发力，以加强进攻力度。防守动作则要求动作灵活，灵敏快速。凡退凡落多要求侧顺对敌，以缩小受击面，便于防守与进攻。

（六）注重内外三合的协调配合，以气催力

内外合一、形神兼备是少林拳整体动作的特点。每个招势都必须做到手到、眼到、身到、步到，周身各部位密切配合，协调一致。由于少林拳动作整身紧凑，不易大开大合，所以对身也有相应的具体要求："肩与胯合，肘与膝合，手与足合"，即所谓外三合。少林拳把思想比作心，"心动勇气生"，"心一颤，四梢皆至，内劲即出"，"心动必形随"，"心与意合，意与气合，气与力合"即所谓内三合。少林拳谱中称："法是拳，力是气，练气行功，送去必用呼，接来必用吸，运气贵乎缓，用气贵于急，气在先行，力在后随。"实际上是讲技击格斗和套路演练中意识与行动的高度统一。

（七）以声助威

少林拳的演练过程中还有一个发声特点，这就是以声助威。通常演练者除了在套路结尾时随最后的动作发声"威"外，演练过程中也常有"呀""呜""哈"等不同发声。这些发声源自腹腔，短促有力，吼声如雷，富有震撼感。

三、基本动作及方法

(一) 手型

1. 方拳
四指并拢，一齐向掌心弯曲卷紧，拇指第二指节压于食指、中指第二指节上。由于要求拳面要平，外形似方正，故名方拳（图 3-11-1）。

2. 棱拳
四指并拢，一齐弯曲内扣，拇指弯曲后，以第二指节面紧顶食指、中指、无名指的第三指节。拳要紧，拳棱要突出（图 3-11-2）。

3. 柳叶掌
四指并拢伸直，拇指弯曲紧内扣（图 3-11-3）。

4. 分指掌（透风掌）
五指分开，掌心微凹（图 3-11-4）。

5. 勾
见长拳（图 3-11-5）。

6. 爪
五指用力分开内扣，掌心凸突（图 3-11-6）。

图 3-11-1

图 3-11-2

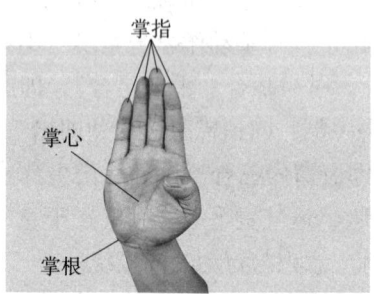

图 3-11-3

图 3-11-4

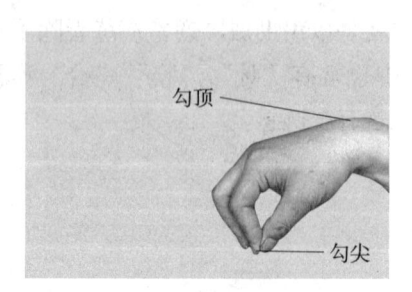

图 3-11-5

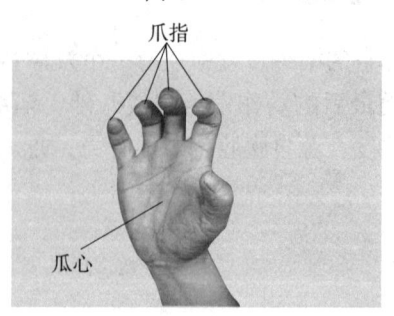

图 3-11-6

(二) 步型

1. 弓步

前腿屈膝前弓,脚尖微内扣,大腿高于水平;后腿挺膝蹬直,脚尖斜向前方,双脚全脚着地(图 3-11-7)。

2. 马步

两脚左右开立,脚间之距比肩稍宽,屈膝半蹲,大腿接近水平(图 3-11-8)。

3. 仆步

见长拳(图 3-11-9)。

4. 虚步

一腿屈膝半蹲,脚尖外摆,大腿接近水平;另一腿屈膝在前,脚尖虚点地面,两膝靠近、护裆(图 3-11-10)。

5. 歇步

见长拳(图 3-11-11)。

图 3-11-7 　　　　　图 3-10-8

图 3-11-9 　　　图 3-11-10 　　　图 3-11-11

6. 丁步

两腿并拢半蹲，一脚全脚着地，支撑重心；另一脚脚尖支点地面（图 3-11-12）。

7. 坐盘

两腿交叉叠拢下坐，臀部与后腿外侧及脚外侧贴地，前大腿接近胸部（图 3-11-13）。

图 3-11-12 　　　　　图 3-11-13

（三）手法

1. 冲拳

预备姿势：侧身并步直立，两拳抱于腰间。目视前方（图 3-11-14）。

动作说明：拳从腰间向内旋臂向前快速冲出，拳心向下（图 3-11-15）。紧接不停，乘前冲之势，左拳借反弹力回收，使臂保持微屈，拳眼向上（图 3-11-16）。练习时左右拳可交替进行。

要求与要点：冲拳迅猛有力，冲拳时内旋臂成平拳，定势时外旋臂微回收成立拳。腿腰肩，协调发力。

图 3-11-14 　　　　图 3-11-15 　　　　图 3-11-16

2. 劈拳

预备姿势：两脚并步直立，两拳抱至腰间（图 3-11-17）。

动作说明：右拳经腹前向下、向左运行（图 3-11-18），向上经头前上方向右侧平劈，拳眼向上（图 3-11-19）。练习时左右拳可交替进行。

要求与要点：拳与肩同高，臂微屈，力达拳轮，快速有力。动作过程中，眼随拳转。

3. 贯拳

预备姿势：两脚并步直立，两拳抱至腰间。目视前方（图 3-11-20）。

动作说明：右拳从腰间向前、向左内旋臂弧形摆至面前，高与眼平，拳眼向下（图 3-11-21）。练习时左右可交替进行。

要求与要点：臂呈弧形，弧线摆动，腰、臂协调用力，力达拳面。

4. 裹拳

预备姿势：两脚开步站立，两拳抱于腰间，目视前方（图 3-11-22）。

图 3-11-17

图 3-11-18

图 3-11-19

图 3-11-20

图 3-11-21

图 3-11-22

动作说明：右拳从腰间向右、向前、向左摆击，高与胸窝平，拳心向里，拳眼向上，力达拳面。练习时左右拳可交替进行（图 3-11-23）。

要求与要点：动作迅速，以腰带臂，腰臂协调用力，拳高不过胸，低不过腰。

5. 栽心拳（上勾拳）

预备姿势：两脚并步直立，两拳抱至腰间（图 3-11-24）。

动作说明：左拳从腰间向下、向前、向上迅猛发力，拳心向里，高与胸平，力达拳面（图 3-11-25）。练习时左右拳可交替进行。

要求与要点：屈臂上勾，腰、臂协调用力完成。

6. 推掌

预备姿势：侧身并步直立，两掌上提至腰间，掌心向上（图 3-11-26）。

动作说明：左掌从腰间内旋臂向前推出（图 3-11-27）。接着迅速乘前推反弹力微回收，使左臂保持微屈，力达掌根或掌外沿，掌指向上（图 3-11-28）。练习时左右掌可交替进行。

图 3-11-23 　　　图 3-11-24 　　　图 3-11-25

图 3-11-26 　　　图 3-11-27 　　　图 3-11-28

要求与要点：推掌快速有力，腿、腰、肩协调配合。

7. 砍掌

预备姿势：两脚开立，与肩同宽，两拳抱至腰间（图3-11-29）。

动作说明：右拳变掌，屈臂至左胸前，掌指向上，掌心向左。目视左方（图3-11-30）。紧接不停，右掌向右挥砍，掌心向下，臂微屈，力达掌外沿。目视右掌方向（图3-11-31）。练习时左右手可交替进行练习。

要求与要点：动作快速，腰、臂发力协调一致。

图 3-11-29 　　　　　图 3-11-30 　　　　　图 3-11-31

（四）步法

1. 击步

见长拳。

2. 偷步

预备姿势：两脚左右开立，与肩同宽。两拳抱至腰间（图3-11-32）。

动作说明：右脚提起，经左腿后向左落步，前脚掌着地。两腿微屈，重心在于两腿（图3-11-33）。练习时可左右交替进行。

要求与要点：右腿提膝不可过高，落地迅速稳固。

图 3-11-32 　　　　　图 3-11-33

3. 跳步

预备姿势：两脚前后开步站立，两拳抱至腰间（图 3-11-34）。

动作说明：右脚提膝前摆，脚尖外展（图 3-11-35）。左脚用力蹬地，使身体腾空（图 3-11-36）。右脚先落地，左脚随后向前落步（图 3-11-37）。如此可重复进行练习。

要求与要点：换跳要轻灵快速，腾空不可过高。

4. 弹子步

预备姿势：侧身前后开步站立，两掌前伸，掌心向上，两掌间距离与肩同宽（图 3-11-38）。

图 3-11-34

图 3-11-35

图 3-11-36

图 3-11-37

图 3-11-38

动作说明：两腿屈膝，左脚向前上步，右脚用力向后扒地抬起。同时，两掌向前、向两侧分搂，掌心斜向下（图3-11-39）。右脚向前上步，两掌掌心向上由两侧向前平砍，两掌间距与肩同宽（图3-11-40）。左脚用力向后扒地，两掌内旋向两侧分搂，掌心斜向下（图3-11-41）。两脚可在行进间交替进行练习。

要求与要点：后扒有力，身体重心不能起伏。

5. 垫步

预备姿势：侧身，两脚前后开立，身体重心六分在右腿，四分在左腿（图3-11-42）。

动作说明：身体重心移至左腿，两腿微屈，右脚抬起（图3-11-43）。右脚落于左脚内侧，左脚向前上步成预备姿势（图3-11-44）。此步法可连续进行练习。

要求与要点：右脚落地的同时左脚上步，动作连贯，进步时身体不腾空。

图 3-11-39 　　　　　　图 3-11-40 　　　　　　图 3-11-41

图 3-11-42 　　　　　　图 3-11-43 　　　　　　图 3-11-44

(五) 腿法

1. 正踢腿

预备姿势：侧身站立，左腿直立，右腿向前，脚尖虚点地面，两拳抱于腰间。目视前方（图 3-11-45）。

动作说明：身体重心前移，右脚向前上步。同时左拳向前上方勾击，拳与颌平，拳心向里（图 5-11-46）。左脚勾脚尖向额前方踢摆，左拳向下、向后抡劈，拳心向右。目视左脚（图 3-11-47）。左脚落地，向前上步，脚尖虚点地面。目视前方（图 3-11-48）。两脚可在行进间左右交替进行练习。

要求与要点：踢腿速度要快，上体要正直，落地时脚要轻灵稳固。

图 3-11-45 　　　　　图 3-11-46

图 3-11-47 　　　　　图 3-11-48

2. 侧踢腿、侧踹腿、蹬腿、弹腿、外摆腿、前扫腿、后扫腿

均可（参见长拳）。

3. 里合腿

预备姿势：两脚并步站立，两拳抱于腰间。目视前方（图 3-11-49）。

动作说明：左脚向左横跨一步，脚尖外展，随之身体左转，左拳变掌向左前上格挡，掌心朝前（图 3-11-50）。右脚脚尖勾起，向前上方踢摆，并于面前迎击左掌。同时右拳屈臂上摆至右肩前，拳心向内（图 3-11-51）。身体左转，右腿屈膝成独立势。右拳经肩前向下栽于体侧，拳心向后；左掌变拳，屈臂至左肩前，目视前方（图 3-11-52、52 附）。此动作可两脚交替进行练习，动作相同，惟方向相反（图 3-11-53、54）。

图 3-11-49

图 3-11-50

图 3-11-51

图 3-11-52

图 3-11-52 附

图 3-11-53

图 3-11-54

要求与要点：里合腿动作幅度要大，成扇形，击拍要响亮，提膝栽拳动作要协调稳固。

4. 单拍脚

预备姿势：侧身并步站立，两拳抱至腰间（图3-11-55）。

动作说明：左脚向前上一步，重心移至左腿，右脚脚跟提起（图3-11-56），右脚脚面绷平向前、向上直腿摆起。同时右拳变掌，由腰间向前直插，于胸前迎击右脚面（图3-11-57）。右脚向前落地，脚尖虚点地面，右拳收抱腰间。目视前方（图3-11-58）。此练习可左右脚交替进行，动作相同，惟方向相反（图3-11-59）。

要求与要点：手脚协调，快起快落，击拍响亮。

5. 勾踢腿

预备姿势：侧身并步直立，两拳抱于腰间，拳心向上（图3-11-60）。

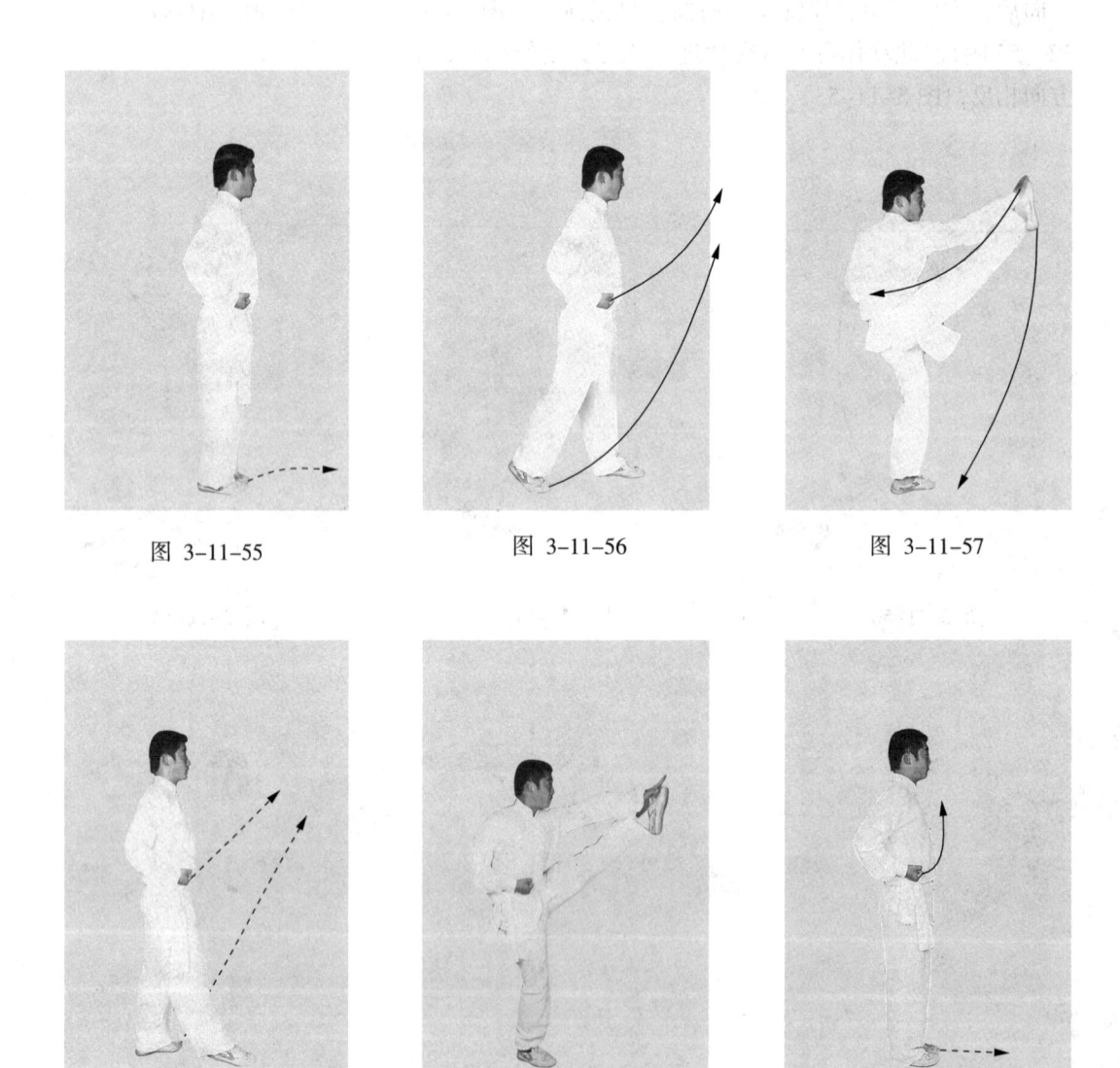

图 3-11-55　　　　图 3-11-56　　　　图 3-11-57

图 3-11-58　　　　图 3-11-59　　　　图 3-11-60

第三章 拳 术

动作说明：左脚向前上步，腿微屈，脚尖外展，身体微左转。右拳变掌屈臂上摆至左肩前，掌心向左，掌指向上（图3-11-61）。右脚脚尖勾起内扣，脚跟擦地提膝向左前方勾踢。同时上体微右转，右掌向下、向后切；左掌屈臂至于右肩前，掌心向右，掌指向上。目视前方（图3-11-62、62附）。此练习可左右脚交替进行，动作相同，方向相反（图3-11-63~64附）。

要求与要点：勾踢与两掌动作协调配合，快速有力，勾踢时身体含胸、收腹、裹背，周身紧凑。

图 3-11-61

图 3-11-62

图 3-11-62 附

图 3-11-63

图 3-11-64

图 3-11-64 附

6. 后蹬腿（小提鞋）

预备姿势：侧身开步站立，两拳抱于腰间，拳心向上（图 3-11-65）。

动作说明：左脚向前上步，屈膝下蹲；右腿屈膝跪于左脚内侧（膝盖不触地），脚跟提起。上体微右转，右拳变掌向后下方撩击，虎口与脚跟相对；左拳变掌屈臂摆至右胸前，掌心向右，掌指向上（图 3-11-66）。身体起立，左腿支撑；右腿由屈到伸，顺势向后蹬出。目视蹬脚方向（图 3-11-67）。此练习可左右两腿交替进行，动作相同，惟方向相反（图 3-11-68、69）。

要求与要点：下蹲与跪步动作速度要快，蹬腿迅猛有力。

图 3-11-65

图 3-11-66

图 3-11-67

图 3-11-68

图 3-11-69

7. 缠勾腿（蝎子尾）

预备姿势：两脚开立，与肩同宽，两拳抱至腰间，拳心向上（图 3-11-70）。

动作说明：左脚为轴，身体右转 180°。同时右脚离地随转体外摆，右拳变掌向右后平搂（图 3-11-71）。紧接不停，身体继续右转 180°，右腿屈膝上提，脚尖绷平内扣。右掌向下插，右前臂与右小腿内侧贴紧，右掌背贴紧内踝，掌心向外，掌指向下；左拳变掌架于头上方（图 3-11-72、72 附）。左右腿可交替进行练习，动作相同，惟方向相反（图 3-11-73、74）。

要求与要点：转体、搂手、缠勾、上提、架掌要连贯完成，独立势要稳固。

图 3-11-70 　　　图 3-11-71 　　　图 3-11-72

图 3-11-72 附 　　　图 3-11-73 　　　图 3-11-74

四、基础练习

（一）面壁功

两腿交叉，屈膝盘坐，两手分别扶于膝关节处（图 3-11-75），或两掌相叠，手心向上，放于腹前，两目垂帘（图 3-11-76）。

要求与要点：上体正直，全身放松，排除杂念，气沉丹田。

图 3-11-75 　　　　　　　　图 3-11-76

（二）椅子桩

两脚并拢，屈膝半蹲，大腿成水平，两臂自然前伸，两掌掌心向下（图 3-11-77、77 附）。

要求与要点：上体正直，全身放松，排除杂念，精力集中。

图 3-11-77 　　　　　　　　图 3-11-77 附

（三）丁步桩

两腿屈膝半蹲，右脚全脚着地，左脚脚尖点地于右脚内侧。右拳屈臂于右肩前；左拳直臂下栽，贴于体侧（图3-11-78）。此为左丁步。右丁步动作同左丁步，惟左右相反（图3-11-79）。

要求与要点：上体正直，两腿紧靠。

图 3-11-78 　　　　　　图 3-11-79

（四）弓步斜形

预备姿势：两脚左右开立，两拳抱于腰间，拳心向上（图3-11-80）。

动作说明：左脚向左跨步，上体微左转，两拳变掌向左下方伸出，掌心朝上（图3-11-81）。身体重心后移成半马步，两掌变拳，屈肘抱于胸前，拳心向里，高与肩平。目视左前方（图3-11-82）。右腿用力蹬地，身体左转成左弓步，两拳内旋臂，右拳向

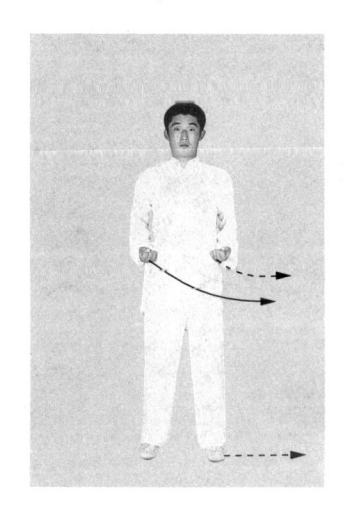

图 3-11-80 　　　　　　图 3-11-81 　　　　　　图 3-11-82

前、左拳向后撑出，两臂微屈，拳心均向下。目视右拳（图3-11-83）。此练习可左右交替或在行进间进行，动作相同，惟方向相反（图3-11-84、85）。

要求与要点：蹬腿、拧腰、抖肩发力，两拳拳眼前后相对，力达两前臂外侧或拳外沿。

图 3-11-83 　　　　　　图 3-11-84 　　　　　　图 3-11-85

（五）马步单鞭

预备姿势：两脚左右开立，两拳抱于腰间，拳心向上（图3-11-86）。

动作说明：左脚向左跨一步，同时两拳变掌向下插出，掌指向下，掌心向前（图3-11-87）。两腿屈蹲，两掌变拳屈肘抱于胸前，拳心向里（图3-11-88）。两腿屈蹲成马步，两拳分别向两侧平撑，力达前臂外侧（图3-11-89）。此动作可在行进间左右进行练习，动作相同，惟方向相反（图3-11-90~92）。

图 3-11-86 　　　　　　图 3-11-87 　　　　　　图 3-11-88

图 3-11-89 　　　　　　图 3-11-90 　　　　　　图 3-11-91

要求与要点：腰要直，两臂屈抱要贴胸，冲拳时要发力突然，两臂保持微屈。

（六）虚步挑掌

预备姿势：两脚并步站立，两拳抱于腰间，拳心向上（图 3-11-93）。

动作说明：身体左转，右腿屈膝下蹲；左腿屈膝，左脚向前半步，脚尖虚点地面。两拳变掌，左掌向前挑掌，右掌屈臂附于左臂内侧（图 3-11-94）。左脚踏实，屈膝半蹲；右脚向前上步，脚尖虚点地面。同时，右掌向前挑掌，左掌屈臂附于右臂内侧（图 3-11-95）。此动作可左右交替进行练习，动作相同，惟方向相反。

图 3-11-92

图 3-11-93 　　　　　　图 3-11-94 　　　　　　图 3-11-95

297

要求与要点：做虚步时要虚实分明，两腿紧靠、护裆。

（七）仆步切掌

预备姿势：两脚并步站立，两拳抱于腰间，拳心向上（图 3-11-96）。

动作说明：身体左转，右脚向前上步，脚尖外展；左脚屈膝提起。两拳变掌，右掌上撩，掌心向上；左掌屈臂附于左肘内侧，掌心向下。目视前方（图 3-11-97）。右腿屈膝全蹲，左脚内扣向前铲出成左仆步。同时右掌变拳收至腰间；左掌顺势向下切，力达掌外沿（图 3-11-98）。此动作可左右交替进行练习，动作相同，惟方向相反（图 3-11-99、100）。

图 3-11-96 　　　　　　　　图 3-11-97

图 3-11-98 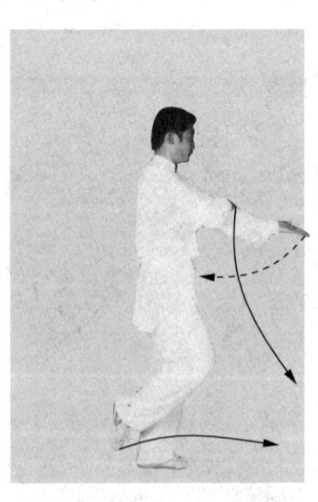　　　　图 3-11-99 　　　　图 3-11-100

(八) 歇步冲拳

预备姿势：两脚并步直立，两拳抱于腰间，拳心向上（图 3-11-101）。

动作说明：左脚向左上步，脚尖外展。同时左拳变掌向左搂手（图 3-11-102）。身体左转 180°，两腿交叉屈膝全蹲成左歇步。同时左掌变拳收至腰间，右拳向前冲出（图 3-11-103）。此动作可左右转身交替进行练习，动作相同，惟方向相反（图 3-11-104、105）。

要求与要点：上下要协调，歇步要稳固。

图 3-11-101    图 3-11-102

图 3-11-103    图 3-11-104    图 3-11-105

（九）转身推掌（跨虎蹬山）

预备姿势：并步站立，两拳抱至腰间，拳心向上（图 3-11-106）。

动作说明：左脚向左上步成左弓步，上体微左转。同时右拳变勾，向上经胸前向左、向下经腹前搂至右后侧，勾尖向上，直臂贴身；当勾手经腹前时，左拳变掌经右前臂内侧向前推掌（图 3-11-107）。以两脚为轴，身体右转 180°成右弓步。同时左掌向右经胸前向下经腹前向左变勾搂至左后侧，勾尖向上，直臂贴身；当勾手搂经腹前时，右手变掌经左前臂内侧向前推掌。目视右掌（图 3-11-108）。此练习可原地左右转身交替进行，动作相同，惟方向相反。

要求与要点：左右转体动作要快，推掌要蹬腿转腰抖肩，迅猛发力，两臂保持微屈。

图 3-11-106 　　　　图 3-11-107 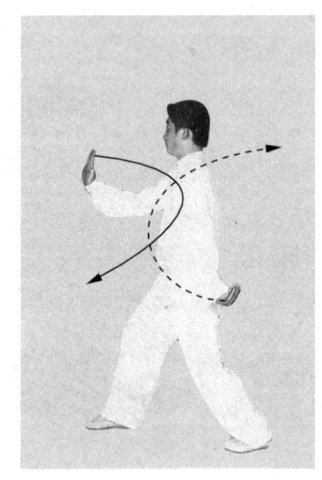　　　　图 3-11-108

五、教学要点

（一）熟悉技术风格，重视基本功、基本动作的练习

熟悉技术风格特点，练好基本功、基本动作是学好少林拳的基础。学习少林拳必须从基本功、基本动作学起。少林拳有自己独特的风格与特点，其动作规格也与其他拳种大不相同。就手法而言，少林拳要求冲拳出掌，曲而不曲，直而不直，滚入滚出螺旋劲，而长拳则要求动作舒展大方，有"一寸长一寸强"的要求；少林拳的弓步，前弓之腿大腿高于水平，而长拳则要求前弓之腿大腿接近水平或呈水平，如此等等。强调基本功和基本动作的目的，在于有利于少林拳动作规格的动力定型和技术风格的逐步形成，否则就会出现练少林拳而不像少林拳的毛病。

（二）重视动作攻防含义的讲解

少林拳是我国传统拳的一大流派，由于历史的原因，曾参与多朝代的军事战争，故代代所传技艺，都注重攻防实战。攻防成了少林武术动作规格的主要依据之一。如少林拳的虚步就要求紧腿护裆；架拳动作就要求上架之拳臂呈弧形，位于头前上方15厘米处；推掌出拳讲究身正发力；防守动作多以束身紧凑、防中带攻等等。讲解动作的攻防含义，有利于提高学生对少林拳的学习兴趣，有利于对动作要领的深入理解。

（三）发力与发声有矩可循

少林拳的发力是全身整体用力，演练时强调"上关天户（闭嘴叩齿）"，"下闭地门（提缩肛门）"，气力结合，突出"抖劲"。如冲拳时，脚须猛蹬、腰须快转、肩须抖，周身之劲瞬间达于手。套路演练中伴随着发力的同时，也带有吐气之声和"咦""呀""嗨"等的发声。"力从气中出，运气贵乎缓，用气贵乎急，缓急神其术，尽在一呼吸"。呼气与吸气在少林拳的演练中是有规律的，一般来讲，凡出击进攻的动作多用呼，凡防守的动作多用吸。演练中的发声，最后结束动作发"呜—威"声，发"呜"声时，口如吹笛，拖长音，意在呼出多余之气；"威"声短促有力，精神不散地结束全套动作。一个套路中，发声一般2~3声，绝非无矩可循。

主要参考文献：

1. 少林武术教材.合肥：安徽科学技术出版社，1989
2. 梁玉全.嵩山少林拳法.济南：山东教育出版社，1982
3. 无谷.少林寺资料集.书目文献出版社，1982
4. 无谷.少林寺资料集续编.书目文献出版社，1984

（作者：栗胜夫　摄影：杨建国　演示：金　龙）

第十二节　戳　脚

一、概　说

戳脚又名九番鸳鸯脚、九枝子、趟子腿，是"九番御步鸳鸯勾挂连环悬空脚"的简称。"九番"指戳脚套路分"文""武"各九趟，戳脚将套路称为趟子，一个套路为一趟，九趟即九个套路。按古代的说法奇数为阳，偶数为阴，九是阳数中最大的，称为"阳极数"，寓意戳脚腿法多变，一腿变多腿，可生发变化出多种腿法，且其手法也可一手变多手，手法与腿法的结合又可变化多种攻防方法。名冠"鸳鸯"，取意阴阳相济，生生不息之意。套路有文武之分，"文"为阴，"武"为阳；招势亦有阴阳，左为阳，右为阴，左右互换，相辅相成；手法中手心朝上为阳，手心朝下为阴；势有高低之别，高为阳，低为阴，相得益彰。此外，鸳鸯脚既是戳脚中的典型动作，发腿一左一右，成双配对，又是戳脚的别名。"御步"指腿法与步法的运用。"勾挂连环"形容戳脚中的招势或攻或防环环相扣，勾挂不断。"悬空"指拳势中多取虚步，运动中多一腿悬起动作。

关于戳脚的渊源远可追溯到成书于元末明初时的《水浒传》，其中有武松使用"玉环步、鸳鸯脚"醉打蒋门神之说。近可考证到清嘉庆末期，1813年冀鲁豫一带爆发天理教农民起义，作为农民起义领袖之一的冯克善及其部将杨景、唐有义起义失败后被捕，后越狱匿于河北饶阳一带，传拳授艺达二十余年，冯克善化名赵灿章，门人尊称赵老灿，在传拳过程中，以原来的八趟金刚架、八趟金刚捶、六合根等套路为基础，创编出被后人誉为"北腿之杰"的戳腿，并逐渐完善为文九、武九共十八趟基本套路，以及甲子捶、三拦手、小力士拳和燕子拳等拳械套路。

戳脚文趟子的特点是架势较小，动作严谨，灵活多变，寓刚于柔，柔而后刚，攻防方法轻而含蓄。武趟子的特点是架势较大，运作舒展，硬攻直进，刚里含柔，攻防方法明显。总之，戳脚的运动特点是节奏明快、刚中寓柔、动作对称、结构严谨，以腿功见长。

戳脚以"武""文"各九趟为基本套路，腿法、手法、身法又各分八种类型，其中腿法就由八十一种不同的变化形式。套路中常常是一步一腿，手领脚发，上下配合。拳语中强调"练腿为本"。如不练腿，势必"出势不疾，进退不灵"。要求运腿如臂，腿要像胳膊一样灵活，戳脚也因此有"三只手"打人之赞誉。

戳脚不仅本身具有丰富的内容，而且还吸取了龙、虎、猴、鸡、熊、燕、蛇、豹、鹰、鹞、驼等十三种动物的形象，例如将"青龙出水""猛虎回头""野马奔槽""金鸡抖翎""雄鹰展翅"等动作充实到套路中去。技法全面表现在两个方面：一是戳脚本身对技术要求比较全面，要求手、腿、身、气诸法在行拳中紧密配合，内外合一，形神兼备，劲道中讲究刚里含柔，柔中有刚，刚柔相济。虽拳势刚猛，却常寓刚劲猛力于松柔之中，节奏明快。二是技击方法多变，手防上、脚打下，前手攻击、后手护助，攻中有防、防中寓攻。攻防之道还表现为虚中藏实、实中藏虚、虚虚实实、真真假假，进攻时攻上先晃下、攻左先晃右，指上打下，声东击西，有时"似惊而实取"，有时"似取而实惊"，要求做到"隐形不露、变化无形"。

二、技法特点

（一）脚为根基，腿为势母

戳脚是以腿法见长的拳术，俗语说"起腿半边空"，因此，戳脚非常重视下盘的稳固，强调"脚者，身体之基地，脚站稳则身稳"，身稳则拳势稳，势稳是动作正确的前提，是发力顺达、力点准确的基础。所以练好戳脚，必筑根基。"将根站好方无跌扑之患"。

戳脚以练腿为本，拳论中强调习武必先求腿力，腿法练好，方能"五行""六合"，否则会不顺不合，出势不疾，进退不灵，起腿脚空。戳脚有八类主要腿法，即掀、摆、踢、蹬、插、点、圈、提。摆腿为摆莲花之母，踢腿为寸腿之母，蹬腿为飞云跺子脚之母，插腿为缠丝腿之母，点腿为叶里藏花之母，圈腿为扣金钟之母，提腿为提皇腿，掀腿即侧铲腿。由此八类腿法演变出八十一腿，所以说腿法是拳势之母。亦有将"丁、踹、拐、点、蹶、错、蹬、碾"八种主要腿法称为"八根"之说。

(二) 手有八法，手领脚发

戳脚虽练腿为本，却出手有势，回手有法，归纳为"起、落、钻、翻、掤、转、横、竖"八法：上行之手为起，含托、挑、撩、扬诸法；下行之手为落，含压、砸、按、入等方法；在前手掩护下，后手从前手手臂上或下击出为钻；前臂向内外旋转为翻；手臂的抖弹为掤，整个胳膊伸缩或晃动所发力大的弹拳为"大掤"，前臂及腕部发力为"小掤"；手腕扭转为转；手臂向侧发力摆靠为横；手前出或后拽为竖。

拳论语曰："足踢敌人莫容情，全凭手领门路清；手不虚发不空回，飞脚点于肋，百发百胜。"此外，还有"脚踢，手领之，手为先锋，脚为主帅，拳打六路，脚踢八方"等精辟拳论。由此可见，戳脚十分重视手脚的配合，以及手脚相配为伍的功能。"手去脚不动，打人不能胜；脚踢手不出，打人必负输"的拳谚也充分说明了手脚配合的重要性。拳势中则对手脚要合谐提出了更为具体的要求：进退中肘膝相对，手一动脚即动，前手出击脚步相随，后手以肘护肋，以手护心；手领脚发，脚出手到，手防上，脚攻下。

(三) 步中藏腿，以腿带步

戳脚虽注重手领脚发、腿起手护、腿落手至，但对步法更加重视。拳中步法似进而退、似退而进、进退无形、灵活善变，讲求进、退、闪、摆、抽、换、串、旋。经常运用的步法有串步（疾步）、滑步、转趾步、跨拦步、插步、闪摆步（斜身绕步）等。运用好这些步法，或进或退、左旋右转、横斜反闯就能够灵活自如，就能达到"步中藏腿、以腿带步"的效果。

步中藏腿指上步即发腿，避免因上步瞬间停顿而给对方造成可乘之机。如跨拦步中接踹、拦、勾等腿法，玉环步中藏有蹶、踹、跺等腿法。还有转趾步不仅贯穿于套路的始终，而且技击时的腿法也多由此步法中发出。其长处是两脚间距离适中，运动时以前脚掌为轴，向前后左右旋转，灵活自如，便于起动，利于发放。

以腿带步指落腿成步。由于戳脚动作多为两手加一腿，运动中往往一条腿站立，为了弥补"起腿半边空"和根基不牢之弊，不但须依靠灵活巧妙的步法移动，而且非常重视发腿后落脚的位置，即收腿后要随即变成适宜的步型，以此来保持重心的稳定，并为发放连环腿法创造有利条件。

(四) 浑身力整，腰为主宰

力整表现在四个方面：一是姿势正确，二是身法灵活，三是内外协调一致，四是劲法得当。姿势正确是基础，姿势不正确，歪身斜胯就不能表现出灵活的身法，动作也就不可能协调，手脚也不可能合顺，劲力也就无所依存，何谈发力饱满与顺达。身法是指躯干在运动中的变化方法。戳脚的身法有杠、挤、撞、晃、抖、伸、缩、坐八法，此外，对身法还有"柔软、怯绵、灵活、刚闪"八字要求。总的要求是"主宰于腰，宾辅于胯"，手由脊发，腿从臀输，身法灵活。内外协调指运动时要上下配合，手随身转，步随身行，脚发手领，手到脚出，形神兼备，手、脚、身、气四法如一。《戳脚拳论》中就"浑身力整"说道：眼有鉴察之精，手有搏转之能，脚有行进之功。脚前进，身随之；脚后退，身亦随之；脚里进，身斜之；脚外进，身伏之；出脚时，必身先晃动。劲法得当指拳中的劲力要符合动作的要求。戳脚的劲法概括为"绵、软、硬、脆、滑"五劲，专门解释技击实战中的劲法理论是这样说的：绵劲指敌进我退，彼退我进，顺人之势，借人之力，专用伸缩，不事遮拦。软劲指练拳时两膀软如绵，试手时不着人则舒散自由，一着身则力从内发，有推墙倒壁之势。硬劲指硬攻直进、硬磕、硬撞、硬托、硬架。脆劲聚也，指将全身劲力贯于手腕。滑劲指随机应变，妙转如环，试手时，使人捉摸不定、望空扑影，无以下手足。

三、基本动作及方法

（一）手型

1. 拳
见长拳。

2. 柳叶掌
见长拳。

3. 勾
见长拳。

4. 半手攥（根拳）
拇指弯曲内扣，其余四指屈拢，第二、三节指骨弯曲紧扣（图 3-12-1）。

图 3-12-1

5. 凤头拳（凤眼拳）
拇指压牢食指指端成环形凸出拳面，其余手指松握（图 3-12-2）。

图 3-12-2

6. 八字掌
拇指伸直外展，余四指并拢伸直成八字状，虎口要圆（图 3-12-3）。

7. 鹰爪
见南拳。

图 3-12-3

8. 虎爪
见南拳。

9. 八字指
拇指和食指分开，虎口撑圆，余指弯曲靠拢（图 3-12-4）。

图 3-12-4

(二) 步型

1. 弓步
见长拳。

2. 马步
见长拳。

3. 虚步
见长拳。

4. 仆步
见长拳。

5. 蹬基步（虎坐步）
两脚前后开立，前脚稍内扣，后脚稍外展，两腿屈膝下蹲，身体重心在两腿之间（图 3-12-5）。

6. 麒麟步
右腿屈膝下蹲，全脚掌着地，脚尖朝前；左膝弯曲扣于右膝内侧，左脚跟提起，脚尖内扣（图 3-12-6）。

图 3-12-5 　　　　　　图 3-12-6

(三) 步法

1. 疾步
由并步站立开始，左脚向前上步；右脚以前脚掌擦地跟步落至左脚内侧，全脚掌着地。同时左脚抬起上步，右脚再跟步。如此反复练习（图 3-12-7~9）。

图 3-12-7 　　　　　　　　图 3-12-8 　　　　　　　　图 3-12-9

2. 偷步
见长拳插步。

3. 颠踢步
见长拳跃步。

4. 斜身绕步（闪步）

两脚前后开立（左腿在前），左脚向右前方上步，脚尖外展，身体左转；右脚随转体弧形绕步至左脚右侧。先上左脚为左斜身绕步（图 3-12-10~12），先上右脚为右斜身绕步。

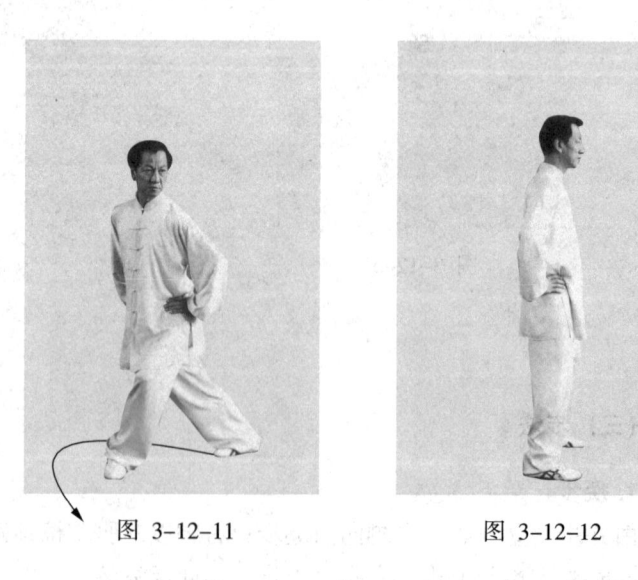

图 3-12-10　　　　　　　图 3-12-11 　　　　　　　图 3-12-12

5. 跨拦步

由并步站立开始，身体重心下降并右转，右脚向右斜前方上半步，左腿屈膝向右前上方提起（图3-12-13）；左脚向前落步，以前脚掌为轴向左转体；右腿屈膝提起经左腿前向左横跨一步，全脚掌着地。两腿屈膝下蹲（图3-12-14）。

6. 转趾步

两脚前后开立（右脚在前），重心下降，以两脚掌为轴向左转体，两腿屈膝下蹲，右脚跟提起，左脚踏实（图3-12-15）。

图 3-12-13

图 3-12-14

图 3-12-15

（四）腿法

1. 丁腿

一腿提起，以脚跟擦地经另一脚内侧向前踢出，膝伸直，脚跟不离地，脚尖上翘；另一腿屈膝半蹲，大腿接近水平（图3-12-16）。

2. 踹腿

支撑腿略屈，脚尖稍外展；另一腿屈膝提起，脚尖勾起，由屈到伸向体侧踹出，力达脚外侧，上体向踹腿的异侧方向倾斜（图3-12-17）。

图 3-12-16

图 3-12-17

3. 拐腿

支撑腿屈膝半蹲，脚尖外展；另一腿脚尖内扣向前踢出，膝伸直，脚与膝同高（图 3-12-18）。

4. 侧点腿

两腿前后开立（左腿在前），以左脚掌为轴身体左转，重心移至左腿；右腿屈膝提起，由后向右上方弧形横弹小腿，膝伸直，脚面绷平，脚内侧朝下，上体向点腿的异侧倾斜（图 3-12-19）。

5. 蹶腿

两腿前后开立（左腿在前），屈膝下蹲，重心略提并后移，上体左转，左脚掌擦地经右脚内侧向后侧上方撩踢，左腿呈弧形，脚掌朝上，高与头平，上体前倾（图 3-12-20）。

图 3-12-18

图 3-12-19

图 3-12-20

6. 错腿

两脚并步，屈膝半蹲，左脚跟提起；重心稍提起，左脚以前脚掌擦地向后滑行一步，随之以脚跟用力挫地，重心移至左腿，两腿屈膝（图 3-12-21）。

7. 蹬腿

见长拳。

8. 碾腿

两腿前后开立（右腿在前），两膝弯曲成虎坐步。右脚跟离地，以两脚为轴向左转体，随即右脚跟用力落地（图 3-12-22）。

图 3-12-21

图 3-12-22

四、基础练习

（一）预备姿势

并步站立，两臂自然下垂，两掌垂于两侧。目视前方（图3-12-23）。

（二）跨拦步

1. 右脚向右前方上半步，身体稍右转，右腿屈膝半蹲，两掌同时变鹰爪向右前上方摆起。随即左腿屈膝向右上方提至右膝前，左脚尖勾起并内扣。两鹰爪由右前方经腹前向左下捋，左手心斜向后，右手心向左。目视左手（图3-12-24）。

2. 左脚向前落步，右腿屈膝提起，以左脚掌为轴身体左转180°，右脚落至左脚前，脚尖外展，两腿屈膝下蹲。同时左前臂外旋、右前臂内旋，两手由身体左侧经腹前向右下捋，左手心朝上，高与腰平；右手心朝下，略低于胯。目视右手（图3-12-25）。

图 3-12-23

图 3-12-24

图 3-12-25

（三）右点脚

1. 身体随之稍右转，左脚向左横上一步，前脚掌着地，两膝相扣，两腿半蹲成麒麟步。同时两鹰爪变掌向左上方摆起，左臂伸直，左手高与头平，掌心向上；右手屈肘置于右胸前，掌心斜向下。目视左掌（图3-12-26）。

2. 身体左后转，两腿交叉成歇步。同时左掌落至右肩前；右掌随转体向下经右下摆至右前方，臂伸直，掌指朝上，高与头平。目视右掌（图3-12-27）。

3. 重心提起并移至左腿，右腿屈膝提起向右上方横弹，脚面绷平，脚尖朝右。同时右掌变勾，手臂内旋挂至右腿上方，勾尖转向右后方。目视右腿（图3-12-28）。

图 3-12-26

图 3-12-27

图 3-12-28

（四）左点脚

右腿屈膝下落，身体右后转，重心移至右腿；左腿屈膝提起向左上方点击，高与头平。同时右勾手变掌，屈肘收至左肩前立掌；左掌向左经上向前画弧成勾手挂至左腿上方，勾尖朝后。目视左脚（图3-12-29）。

（五）倒步左后腿

1. 左脚落至右脚内侧，右脚向后插步。同时两手变鹰爪经体前向左下捋至左胯旁。目视左下方（图3-12-30）。

2. 右脚踏实；左脚经右脚内侧以脚掌擦地向后上方撩踢，脚掌朝上，略高于肩。同时两鹰爪变掌，左手向上经前向下、向后弧形摆至左腿外侧，掌心向外，虎口朝上；右掌前摆至头上方，掌心向上。目视左后方（图3-12-31）。

3. 左脚以前脚掌戳地落至右脚左后侧，两腿屈膝下蹲（图3-12-32）。

图 3-12-29

图 3-12-30 　　　　　　图 3-12-31 　　　　　　图 3-12-32

（六）摆莲腿

重心移至左腿，右腿伸直向上、向右摆腿。同时左、右手在头前依次迎击右脚外则（图 3-12-33）。

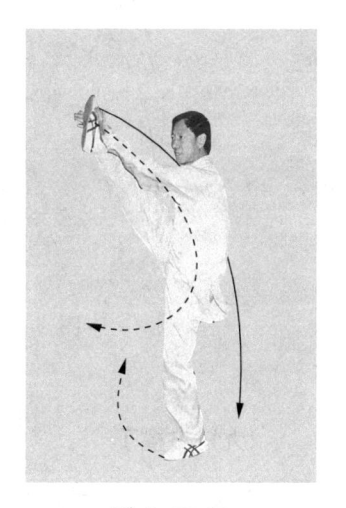

（七）左圈点脚

1. 右脚落至左脚右后方，重心随之移至右腿；左腿屈膝，左脚脚尖内扣，经左向右前上方勾起。两掌随右脚下落至两侧，左脚勾起时左掌臂外旋撩起，掌心向上；右掌移至左肘内侧，掌心向下。目视前下方（图 3-12-34）。

2. 身体右转，上体向右倾斜，左脚经左向前点击。同时左掌变勾手，左臂内旋绕挂至左腿上方，勾尖朝后；右掌屈肘收全左肩前立掌。目视左侧（图 3-12-35）。

图 3-12-33

图 3-12-34 　　　　　　图 3-12-35

（八）右蹶子脚

1. 左脚落至右脚左后侧，身体右后转，重心移至左腿；右脚经左脚内侧以脚掌擦地向后上方撩踢。同时右掌经下向后上方撩至右腿外侧；左勾手变掌，经下向上摆至头上方。目视右后侧（图3-12-36）。

2. 右脚以前脚掌戳地落至左脚右后侧，右掌随之下落至右大腿外侧，两腿屈膝下蹲（图3-12-37）。

图 3-12-36

图 3-12-37

（九）右擂丁

上体稍左转，重心前移。左腿屈膝下蹲；右脚经左脚内侧以脚跟擦地向前踢出，脚尖上翘。同时右掌变根拳向前撩起，左掌下落迎击右臂内侧。目视前方（图3-12-38）。

（十）左后腿

1. 右脚经左脚内侧向后退一步，两腿屈膝下蹲。同时右根拳变掌，屈肘、臂外旋使右掌心转向上；左掌按至右肘下。目视前方（图3-12-39）。

图 3-12-38

2. 重心移至右腿，左脚经右脚内侧以脚掌擦地向后上方撩踢。同时左掌经下向后上方撩至左腿外侧，右掌经下向前摆至头上方。目视左后侧（图3-12-40）。

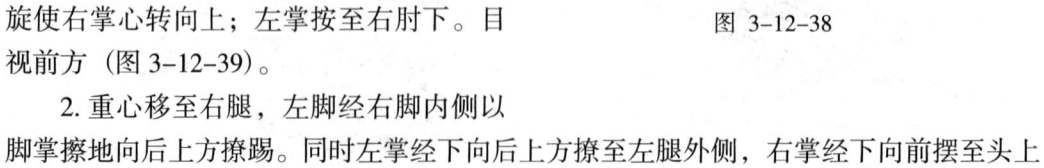

3. 左脚以前脚掌戳地落至右脚左后侧,两腿屈膝半蹲。目视左后侧(图3-12-41)。

图 3-12-39 　　　　　图 3-12-40 　　　　　图 3-12-41

(十一) 右后腿

1. 左脚踏实,重心移至左腿,上体右转;右脚经左脚内侧以脚掌擦地向后上方撩踢。同时右掌下落经身体右侧向后上方撩至右腿外侧,左掌前摆至头上方。目视右侧(图3-12-42)。

2. 右脚以前脚掌戳地落至左腿右后侧,两腿屈蹲(图3-12-43)。

图 3-12-42 　　　　　图 3-12-43

(十二) 十字捶

1. 右脚以脚跟擦地向前踢出，脚尖上翘。同时右掌变根拳向前撩起，左掌下落迎击右前臂内侧。目视右手（图3-12-44）。

2. 重心前移至右腿，右脚踏实；左脚跟进半步，脚跟提起，两腿屈膝半蹲。同时左掌变根拳沿右臂内侧向前直臂冲出，拳心向右，高与肩平；右根拳屈肘收至腰间，拳心向内。目视左拳（图3-12-45）。

3. 以两脚前脚掌为轴向左转体，左脚踏实，右脚跟提起，两膝相扣成麒麟步。同时右根拳由腰间向右冲出，高与肩平；左根拳屈肘收至右肩前。目视右拳（图3-12-46）。

图 3-12-44 　　　图 3-12-45 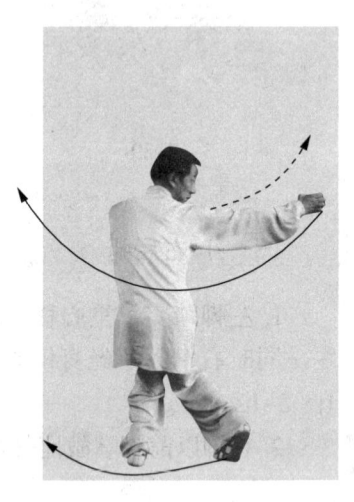　　　图 3-12-46

(十三) 收势

1. 身体右后转180°，右脚随转体向左脚右侧横跨一步，身体直立。同时两根拳变掌分别经下向体侧上方直臂摆起，掌心向上。目视前方（图3-12-47）。

2. 左脚向右脚内侧并步。同时两掌屈肘向内经耳侧下按至腹前，掌指相对，掌心向下。目视前方（图3-12-48）。

图 3-12-47 　　　图 3-12-48

3. 两掌垂落至体两侧（图 3-12-49）。

五、教学要点

（一）练好腿功

戳脚以腿功见长，因此，练好腿功就能达到事半功倍之效。练习腿功须从基本功入手，将提高腰腿的柔韧性放在首位，进而练习不同的腿法，亦步亦趋地练习。戳脚最突出的特点是拳脚并重，腿为势母，突出用腿，各类腿法相互结合。如先练习单个腿法丁、戳、拐、点，再练习组合腿法，还要注意左右对称，勾挂连环。因此，教学中要十分注重腿部基本功练习，以"练腿为本"，逐步掌握不同的腿法动作，就为学习套路动作打下了坚实的基础。

图 3-12-49

（二）练好步法

戳脚的步法较多，具有鲜明的特点。拳语有"打拳容易，走步难"和"先看一步走，再看一伸手"等说法，这就充分说明了拳法练习中步法的重要性。戳脚的主要步法有疾、倒、颠、斜、进、退、跨拦等，其中颠踢步是步法与腿法结合的步法，一脚跨步前跳，另一脚跃起做丁腿。学习此步法首先要学会跨跳步，即一脚向前跨跳，另一脚蹬地起跳，随之练习以足跟擦地踢出、脚尖勾起、脚跟稍离地之丁腿。最后将两者结合起来练就是颠踢步。斜身绕步是步法与身法结合的步法，教学中先学会动作，再体会身法，即绕步时要拧腰斜身，身活步灵。可以说，步法是动作过程中的一部分，又是连接动作的纽带，也是手法快疾、腿法快速起动的基础。拳谚说："步中藏腿""步不快则拳慢，步不稳则拳乱。"因此，练好步法是练好戳脚的基础。练习中还要注意以下要点：

1. 单一步法练习要有一个由慢到快的过程，先求规范，后求疾速。
2. 步法练习要与身法练习结合起来。
3. 步法练习要与腿法练习结合起来。

主要参考文献：

1. 门惠丰.戳脚.北京：人民体育出版社，1988
2. 刘景山.戳脚.石家庄：河北人民出版社，1983
3. 张福生、孙敬文.九转连环鸳鸯腿.北京：人民体育出版社，1994

（作者：关铁云　摄影：李维国　演示：关铁云）

第四章 器 械

　　武术器械按类可分为长、短、双、软器械等等。武术器械主要由古代战场上部分冷兵器或生产工具、生活用具演变而来。由于各个历史时期的特殊性而物随时易，其社会价值与功能也随之不断变化。

　　武术套路演练中的器械基本是以形制的特点，按照一定的劲力规律乃至模拟攻防格斗击法而形成的各种武术器械之术。

　　纵观中国武术发展史，剑术、刀术、棍术、枪术在众多兵械之中占据主体位置，而在当今的国内外武术竞赛中，也属主要的竞技项目。下面分别简述剑术、刀术、棍术、枪术及双器械、软器械的概说、技法特点、基本动作及方法、基础练习和教学要点。

第一节 剑 术

一、概 说

　　剑，是由古代兵器演化而来的常用武术器械。剑双面开刃，顶端锐尖，能劈、刺、斩、截。剑体轻便，可随身佩戴，是一种防范非常的卫体武器。在古史传说中，有"蚩尤受而制之以为剑"的记述。据考古发掘所获得的实物资料，剑产生在商代。商代晚期出土的人头纹铜剑全长25.3厘米。当时的剑制一般较短，约为20～40厘米，其特征是短茎无柄。

　　西周以前剑形短的原因是：第一，青铜质脆，剑身长则易折断；第二，战争以车战为主，所以剑在当时不是战争中的主要武器，主要用途是防身。

　　春秋时期，中国中原地区仍以车战为主，剑在战斗中不起大作用，然而在吴、越等地，由于山丘多、森林昌盛，战车难以驰骋，军队以步战为主，具有轻便锋利适于近战的剑，则成为军队的主要武器装备。这样，战争促进了吴、越剑技、剑论和剑的形制的发展。如湖北江陵望山楚一号墓出土的越王勾践剑，剑刃锋利，全剑长55.7厘米。当时，越王勾践根据范蠡建议，聘请了一位民间女击剑家教授剑术，这位女击剑家回答越王勾践提出的有关剑戟之道时讲："……凡手战之道，内实精神，外示安仪，见之似好妇，夺之似惧虎……"《吴越春秋》越女论剑之道反映了当时已在理论上对剑术进行了概括。同时击剑风靡朝野，社会上出现了许多轻生勇死、豪侠气度的职业剑士，也涌现出了如欧冶子、干将、镆铘等许多以铸剑、鉴剑闻名的能工巧匠。

　　战国秦汉时期，随着车战的衰落和步兵的兴起，加之冶炼技术、铸造技术的提高，尤其冶铁业的发展，剑在质、形、技术等方面得到了很大发展。战国后期铁剑普遍出现。汉代，铁剑已全部取代青铜剑，剑的长度超过1米，最长的达1.4米。剑锋的夹角逐渐由锐加大，刃部也由原来的两度弧曲而成平直。淬火技术的发展，使剑身柔韧，刃口坚硬，剑技由立刺向刺、劈、抹、斩等方面转化。汉代佩剑之风甚盛，据《晋书·舆服志》载："自天子至于百官，无不佩剑。"文人学士把学剑与读书同等重视。在使用剑的方法上，随着剑的形制改变，也明显提高，同时剑术理论也有很大的发展，汉代有《剑道》38篇，总结了汉以前的剑术理论。剑术除了斗剑外，还出现了套路形式的"舞剑"。到了西汉晚期，骑兵大量涌上战场，环柄铁刀在骑兵中的普遍使用，剑在战场上逐渐为刀所代替，至唐代时军队武器装备中基本上没有剑。

两晋南北朝时期剑器成为道教的法器，一些道士在登上法坛请仙降妖、伏魔、收怪时，手执宝剑仗剑步罡，念咒作法，使剑成了战胜一切妖魔鬼怪的神物，于是人们往往家里悬剑，降魔为祥。隋唐时期佩剑成为时尚，"上至帝王将相，下至庶民百姓，概莫如此。"佩剑与封建的伦理道德、等级观念融为一体。如《隋书·礼仪志》所载对佩剑的规定："一品，玉器剑，佩山玄玉；二品，金装剑，佩水苍玉……"这些规定说明剑不但有防身、健身、娱乐作用，而且也成为地位尊严和超群脱俗的象征。同时，剑的形制到了唐代已基本定型，并延续至今。《中国兵器史稿》中考证："唐剑形制则完全变更，失去周制而独树一型，后人守之，数千百年，无所改变，此可谓剑至唐代即为后世统一模型矣。"

宋代剑舞有了新的发展，《文献通考》记载："太宗（赵匡义）选军中勇十教以剑舞，皆能掷剑凌空，绕身承接，妙捷如神，每契丹使至赐宴乃出以示之。"说明剑术已出现了艺术舞的表现形式。宋代以后击剑之风渐为剑舞所代替。

明清至近代，剑术的发展迅猛，各种剑术套路层出不穷，剑术和善剑的名人辈出，不仅有皇家御用的各式宝剑，而且各种武术流派也创造了不少不同风格特点的剑术。剑术套路繁若星河，如长拳类型剑，太极剑，武当剑，少林武术的达摩剑、少林十三剑，峨眉山武术的峨眉剑，通备拳的通备剑、螳螂剑，八卦剑，三才剑，七星剑，八仙剑，青萍剑，六合剑，昆吾剑，青龙剑等等，使剑术演练成为套路运动体系中优美潇洒、颇具魅力的项目之一。

新中国成立后，剑术被列为武术竞赛项目之一。现代武术用剑的剑身坚薄，不开刃。剑术中的主要剑法有刺、点、劈、崩、撩、挂、抹、穿、截、斩、云、绞等等，运动形式上有站剑、行剑、长穗剑、短穗剑及单剑、双剑。剑术的运动特点是轻快洒脱、身法矫捷、刚柔相兼、富有韵律。

二、技法特点

剑术的技法特点是由剑的形制特征所决定的。在漫长的历史进程中，其形随时迁而变化，同时剑法技术也不断得到提高和发展，为了传承延续而模拟诸剑法构建了五彩缤纷、丰富多彩的剑术套路运动。尽管各门各派的剑术都有各自沿袭相传的技法内容，但一般技法特点可归纳为轻快敏捷、身活腕灵、刚柔兼备、气韵洒脱。

(一）轻快敏捷

剑器轻清两面刃，锋芒于尖。所以，它具有倏忽纵横、以短乘长的技击特点。剑术只有在轻快的行步、潇洒的腾跃中表现敏捷出击、纵横劈刺、锐利攻势、闪展避让，才能体现出"剑器轻清"的特点。剑法演练时不能触身，要敏捷、轻巧、准确，力点多在剑尖或剑前端。

(二）身活腕灵

各种剑法的轻快、准确及剑法的衔接变化，都与身姿手腕的劲力运使技巧相关联。身姿俯仰吞吐、手腕灵活，能使身剑如一；手指、掌虚实灵巧变化，手腕的扣、旋、展、转、收握，能使身法、劲力、协调地融入轻快、准确的剑法上。

(三）刚柔兼备

剑术劲力法则有柔有刚，具体表现在剑术运动及剑法的运使过程中。柔中有刚、刚中有柔、刚柔互渗运用。

(四）气韵洒脱

气韵，指剑术运动中的节奏和气度。而剑的节奏指剑法的刚柔、张弛、轻重、伸缩、起落，以及移步换形、招势迭逗等等。韵律感是受剑法、战术、身法的制约与引动的。剑术气度，指剑术动作的起承转折、动静、疾缓等节奏变化的韵律感，受剑法、剑势、规格及手眼身法步、精神气力功的制约与引动。练剑时，要做到"单手独运捷于电""手眼清快身脚轻"（吴殳《手臂录》），使剑与手、眼、身、步通体轻快敏捷，同时还要做到内外贯通、身械和谐、气度宏大、洒脱自如。

三、基本动作及方法

(一）剑的各部位名称及图示

剑的各部位名称及图示如图 4-1-1。

1. 剑身
剑有刃的部分。

2. 剑尖
剑身梢端尖锐之点。

3. 剑锋
剑身梢端与剑尖相连的菱形刃。

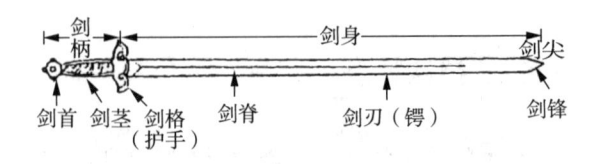

图 4-1-1

4. 剑脊
剑身中央凸起部位。

正握剑 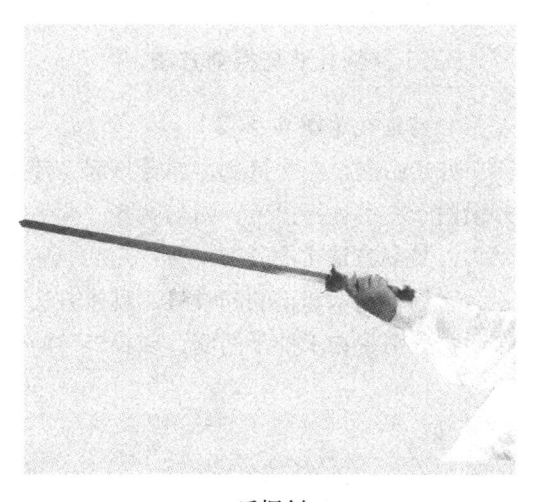　　　　　　　　　　　　　　反握剑

5. 剑刃（锷）

剑身锐利的两侧。

6. 剑格（护手）

剑身与握柄间的突出部分，也称护手或剑盘。

7. 剑柄

手握部分，也称剑茎剑把。

8. 剑首

剑茎底端的突出部分。

9. 剑鞘

装剑的硬套。

俯握剑

10. 剑穗

系于剑首后的装饰品。

（二）握剑方法

虎口贴紧剑格，拇指与其余四指相对握拢剑柄。一般将握剑分为正握、反握、俯握和仰握（图4-1-2）。正握剑：立剑（剑刃朝上下为立剑），小指侧向下。反握剑：立剑，小指侧向上。俯握剑：平剑（剑刃朝两侧为平剑），手心向下。仰握剑：平剑，手心向上。

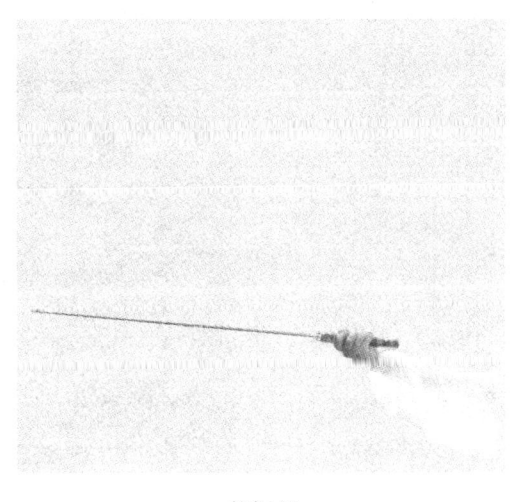

仰握剑

图 4-1-2

（三）持剑礼节与持剑方法

1. 持剑礼（图4-1-3）

并步站立，左手持剑，屈臂抬起，使剑身贴前臂外侧斜横于胸前；右手成掌，以掌外沿附于左手食指根节，高与胸齐。两手与胸间距离为20~30厘米。

2. 持剑方法（图4-1-4）

常见于剑术套路的起收势。具体方法是：手心紧贴护手，食指扶于剑柄，拇指和其余手指分别紧扣于护手两侧，剑脊轻贴前臂后侧。

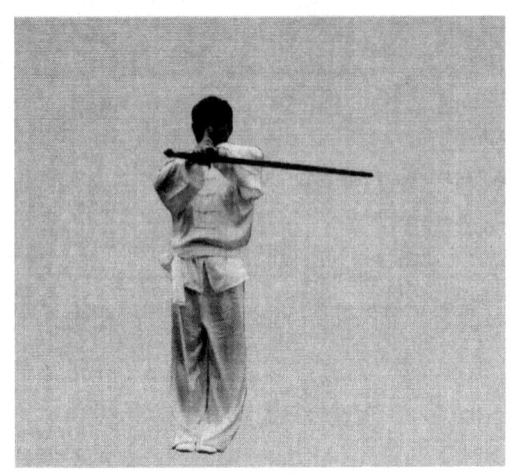

图 4-1-3

图 4-1-4

（四）基本剑法

1. 刺剑（图4-1-5）

立剑向前直出为刺，力达剑尖。

图 4-1-5

2. 劈剑（图4-1-6①②）

立剑，由上向下为劈，力达剑身。劈有里劈和外劈，劈的目标是攻击对方头部或肩部。

图 4-1-6① 　　　　　　　　　　　　图 4-1-6②

3. 撩剑（图4-1-7①②）

立剑，由下向前上方为撩，力达剑身前部。撩有里撩和外撩，撩的目标是利用剑刃撩割对方的腕部。

图 4-1-7① 　　　　　　　　　　　　图 4-1-7②

4. 挂剑（图 4-1-8①~④）

立剑，手臂内旋，使剑尖由前向下、向后或向上、向后为挂，力达剑身前部。挂是防守对方用剑刺喉或面部的剑法。挂有左挂和右挂。

5. 云剑（图 4-1-9①②）

举剑过顶（剑刃朝上横拉，称之为"云"，因其如天空浮云之状得名），用剑下刃从对方右臂的下方向上云割对方持剑的手腕。

图 4-1-8①

图 4-1-8②

图 4-1-8③

图 4-1-8④

图 4-1-9①

6. 抹剑（图 4-1-10①②）

平剑，用剑身中部由前向左（右）弧形抽回为抹，高度在胸腹之间，力达剑身。旋转抹剑要求旋转一周或一周以上。

7. 点剑（图 4-1-11）

立剑，提腕，使剑尖猛向前下为点，力达剑锋。目标是点击对方的头部或腕部。

8. 绞剑（图4-1-12）

平剑，剑尖向左（右）小立圆绕环为绞，力达剑身前部。主要用于圈割对方手腕。

图 4-1-9②

图 4-1-10①

图 4-1-10②

图 4-1-11

图 4-1-12

9. 挑剑（图4-1-13①②）

立剑，由下向上为挑，力达剑锋。主要使用剑的上刃向前自下而上挑对方持剑的手腕。挑有里挑和外挑。

图 4-1-13① 　　　　　　　　　　　　图 4-1-13②

10. 崩剑（图4-1-14①②）

立剑，沉腕使剑尖猛向前上为崩，力达剑身前端和剑尖。主要用剑前端崩开袭来之剑或用剑尖崩击对方的腕部。

图 4-1-14① 　　　　　　　　　　　　图 4-1-14②

11. 截剑

剑身斜向上或斜向下为截，力达剑身前部。上截剑斜向上（图4-1-15①②），下截剑斜向下（图4-1-15①③），后截剑斜向右后下方。主要使用剑下刃截击对方持剑攻击的手臂。

12. 斩剑（图4-1-16①②）

平剑向右（左）横出，力达剑身。主要使用剑的下刃，平斩对方。目标是攻击对方的颈部或腰部。

图 4-1-15①

图 4-1-15②

图 4-1-15③

图 4-1-16①

图 4-1-16②

13. 带剑（图 4-1-17①②）

平剑或立剑，由前向侧后或侧后上方抽回为带，力达剑身。属防守性剑法，即带开对方的攻势随之还击对方。

14. 剪剑（图 4-1-18①~③）

立剑，自上向下剪，力达剑锋。目标是剪对方持剑的手腕。"剪如镗锉，意在下刃"，通常在对方用剑攻击时，使用剑的下刃迅速接触其持剑的手腕，如切肉状，将其腕切伤或切断。剪力是向下、向前，犹如镗锉。

图 4-1-17①

图 4-1-17②

图 4-1-18①

图 4-1-18②

图 4-1-18③

15. 提剑

剑尖垂直朝下为倒提剑。提是提起剑柄，上举护头，剑身斜向下，使对方劈或抹来之剑循我剑脊滑脱。

16. 扫剑

平剑，向左（右）横击，力达剑身。主要攻击对方的踝关节和小腿部位。

剑指

中指与食指伸直并拢，其余三指弯曲，拇指压在无名指与小指第一指节上。

四、基础练习

（一）单式剑法重复练习

1. 剪腕花

以腕为轴，立剑在臂两侧向前下贴身立圆绕环，力达剑尖。

2. 撩腕花

以腕为轴，立剑在臂两侧向前上贴身立圆绕环，力达剑尖。

以上动作可连续做，重复练习，以锻炼腕关节的灵活性。

3. 左右撩剑（见图 4-1-7），重复练习。

4. 左右挂剑（见图 4-1-8），重复练习。

5. 结合步法的点剑（见图 4-1-11）练习。

6. 结合步法的崩剑（见图 4-1-14）练习。

（二）剑术组合动作练习

盘腿平衡截剑——上步撩剑——提膝抱剑——行步带剑——上步撩剑——扣步点剑——插步腕花——弓步刺剑。

1. 盘腿平衡截剑（图 4-1-19①②）

图 4-1-19①　　　　图 4-1-19②

2. 上步撩剑（图 4-1-20①②）

图 4-1-20①

图 4-1-20②

3. 提膝抱剑（图 4-1-21①~③）

图 4-1-21①

图 4-1-21②

图 4-1-21③

4. 行步带剑（图 4-1-22①~⑤）

图 4-1-22①

图 4-1-22②

图 4-1-22③

图 4-1-22④

图 4-1-22⑤

5. 上步撩剑（图 4-1-23）
6. 扣步点剑（图 4-1-24①②）
7. 插步腕花（图 4-1-25①~③）

图 4-1-23

图 4-1-24①

图 4-1-24②

图 4-1-25①

图 4-1-25②

图 4-1-25③

8. 弓步刺剑（图 4-1-26①~④）

图 4-1-26①

图 4-1-26②

图 4-1-26③

图 4-1-26④

五、教学要点

（一）加强基本动作与方法的教学与训练

加强基本动作与方法的教学与训练，是提高教学质量的一个重要环节。

剑术基本动作，是指具有剑形制特点的攻防技术动作，即基本剑法。剑术的基本技术往往是通过一些基本动作来体现的。所以，教学过程中使学生能够娴熟地掌握各种剑法的运行路线及使用方法，不仅能够促进学生的记忆和提高学习兴趣，而且对掌握动作规格、正确运用剑法和提高教学质量，都是一个不可忽视的教学环节。

（二）把握好完整示范教学的时机

教师把握好完整示范教学的时机，是提高教学质量的一个重要手段。

在剑术教学过程中，使学生初步掌握一个组合动作的基本技术后，教师应及时地进行完整动作的示范，不仅要将剑法的轻巧、敏捷、力点准确及方法正确地表现出来，而且还应将动作的劲力、节奏、风格特点起伏转折及神形合一的气势完整而直观地展示给学生，在学生头脑中建立一个完整的动作形象，这对提高教学质量是一个重要的教学手段。

（三）搞好形象教学

形象教学是提高套路演练技巧的重要手段之一。

因剑势轻灵、剑法变化多端，演练时要求气势贯穿，神形合一。教学过程中，可以采取形象的比喻方法，例如说剑术的演练应像飞凤一样潇洒、像浮云一样飘逸、像脱兔一样敏捷轻灵等等。通过形象比喻的教学法，以增强学生的想象能力，这对学生尽快地掌握剑术的演练技巧有着重要的意义。

（四）进行组合动作的练习

进行组合动作的练习，是提高教学质量不可缺少的环节之一。

剑术组合动作，是将若干剑法根据不同对象并遵循由浅入深和由简到繁的原则，按照一定的劲力规律编排的若干动作组合。通过组合动作的练习，可以进一步提高各种剑法的技术水平，加快学生掌握身械协调的能力和劲力顺达以及动作间的衔接要领。所以，教学中进行组合动作的练习，不仅是学习套路的基础，而且是提高套路演练水平的有效手段。

主要参考文献：

1. 缩印浙江书局汇刻本二十二子·管子·地数.第二十三卷.第 1 版.上海：上海古籍出版社，1986

2. （东汉）赵晔著.吴兢唐编著.吴越春秋.第 1 版.长春：长春时代文艺出版社，2000

3. （唐）房玄龄等.晋书·舆服志.第 1 版.台湾：台湾商务印书馆，1983

4. （唐）魏征等.（四库全书）隋书·礼仪志.第 1 版.上海：上海古籍出版社，1990

5. （元）马端临.（四库全书）文献通考.第 1 版.上海：上海古籍出版社，1990

6. 中国武术百科全书编撰委员会.中国武术百科全书.第 1 版.北京：中国大百科全书出版社，1998

7. 中国武术研究院、中国武术协会.武术竞赛系列丛书·剑术竞赛套路.第 1 版.北京：人民体育出版社，1989

（作者：陈亚斌　摄影：吴晓峰　演示：陈亚斌）

第二节　刀　术

一、概　说

刀，由古代的生产工具演化为古兵器，再由古兵器演化为当今的武术器械。刀主要用于砍杀。据考证，旧石器晚期已出现了石刀。原始人利用现成的锐利石片、蚌片、兽骨通过打磨等方法制成，并利用这些刀通过割、削、刮、砍、划、击等方法与禽兽搏斗，与其他部落争夺生存空间。因之，刀在当时既是生产工具，又是作为防御野兽袭击和杀敌护身的战斗武器。

夏商时期中国出现了青铜业，相应也出现了专门作为武器的青铜刀，尽管是仿照石刀、骨刀等，但在形与质的方面却有了很大改进。青铜刀大致有直脊、弯脊、直脊而首部有弯的三种形式，与石刀、骨刀、蚌刀等相比较，质地硬，刀刃锋利。

西周时期，刀的形制有了明显的变化，柄部增厚，而且近刃部已有圆圈穿孔，说明刀在形制技术方面已有了很大提高。春秋战国至东汉时期步兵、骑兵在战争中兴起，刀在形制上首先要适应步兵、骑兵机动灵活的作战特点，就要具备格架防守、劈、刺、砍、斩的功能，这时已成为军事中的主要武器装备之一，加之铁的冶炼业发展，铁制刀日趋精良，不仅刀的质地发展迅猛，而且刀的长度也加长到1米以上（长沙出土的东汉墓中的铁刀，长度超过1米）。汉代的环首短柄长刀一侧有刃，另一侧是厚实的刀脊，刀柄较短，刀柄首端呈扁圆环状。

三国时期，刀成了当时军队装备的短兵器中最主要的武器。同时，刀的冶炼业有了进一步发展。两晋南北朝时期，由于在冶炼方面出现用生铁和熟铁合炼而成的灌钢刀等，这种钢制刀比铁制刀更加锋利。一般步兵的装制就是环柄的刀和长楯。

隋、唐、五代时期，军中标准装备唯有刀制。《唐六典·武库条令》中记载，只有刀制，而无剑制。唐代的刀，有仪刀（皇朝禁卫军使用的武器，有的用木或金银制成，仅用于仪式）、鄣刀（即鄣身之刀，是一般官吏佩带的）、横刀（即佩刀，用皮襻带之刀，横于腋下，一般士兵所佩）、陌刀等。唐代军中所用刀主要是横刀与陌刀，其中尤以横刀数量为最大。陌刀、长柄大刀是一类砍杀武器，由一面刃发展为两面刃，创制于隋而盛于唐。《手臂录》卷三《单刀图说序》中称："唐有陌刀，战阵称猛，其法不传。"刀，不仅是朝廷军队的主要武器，隋、唐起义的农民在战争中也多用刀。

宋代，刀的形制有了进一步改进，从狭长的长条形方刀头，改成刀头前锐后斜的形状，并有护手，去掉了扁圆大环和鸟兽饰物，出现了近似现代的刀。宋代长刀有笔刀、棹刀、屈刀、环耳刀、戟刀、眉尖刀、凤嘴刀、偃月刀、斩马刀等。

元明时期，火器的普遍使用，长柄刀在军中逐渐少用，用于作战的只有钩镰刀、短柄刀（短刀、腰刀）多见。明代虽有偃月刀，但只是"以之操习示雄，实不可施于阵地"，即作为教练用刀。这一时期，人们对刀术的探索、研究也进一步加深，出现了程宗猷的《耕余剩技·单刀法选》、戚继光的《辛酉刀法》等刀法专著。

清代，刀的形制有了很大发展，种类繁杂。军队中有长柄刀（绿营宽刃大刀、绿营虎牙刀、绿营片刀、绿营缭风刀、藤牌营挑刀等）、短柄刀（朴刀、腰刀、顺刀、船尾刀以及各种佩刀和窝刀）。同时，在民间也流行着各种各样的刀，如鬼头刀、扑刀等等。清代关于刀的代表作有《单刀谱》（清宫藏秋本，何端柱著）。

尽管刀的种类很多，但在构造上大体都有刀尖、刀刃、刀背、刀柄和刀盘（护手盘）五个部分，但有的刀也不完全如此。刀的形制、种类不同，但刀术在其漫长的发展历程中沿着两人"相击"和单人"舞练"两种形式发展。现代武术运动中，一般将刀术套路分为单刀类、双刀类、盾牌刀、单刀拐、单刀加鞭等套路。此外，还有空手夺刀、单刀进枪、双刀进双枪、对劈刀、单刀盾牌进枪等对练套路。武术的各种流派基本上都有各自的刀术，其风格、特点也都随着拳种、流派的不同而异，但刀术的技法一般是一致的。刀术中主要有缠头裹脑、劈、砍、斩、抹、挂、撩、刺、扫、搅、云等刀法。刀术的运动特点威猛剽悍、快速有力，犹如猛虎。

二、技法特点

武术流派中，刀术套路的风格特点各有所长，虽殊途万变，但在技法特点上基本同归一致，而且可概括为以下几点。

（一）刀若猛虎，动势尚猛

刀的形制是刀背厚钝，刀刃薄利。所以，以劈、砍为主的刀法和快、疾、猛、狠的动势成为刀术的一大技法特点。拳谚有"短兵利在速进"之说。程宗猷《单刀法选》中云："刀不离身左右前后，手足肩与刀俱转，舒之可刃人于数步之外，敛之可转舞于座间。"因刀快步疾、缠裹绕身、倏忽纵横，因此，以猛虎之性比喻刀术的技法特点，以虎之凶猛比喻刀术的运动特点。

（二）刀法快捷，诡秘莫测

刀法有虚有实、有刚有柔、有奇有正，变化莫测。人们在实践中总结出的经验有"刀走黑"之说，是在阐明刀法的诡秘性。程宗猷《单刀法选》讲到"其用法，左右跳跃，奇诈诡秘，人莫能测，故长技每每常败于刀"。说明刀术不仅尚猛，而且刀法快捷、奇诈诡秘、变化莫测也是其技法特点之一。

（三）以腰助力，步疾刀猛

以劈砍斩削扫等为主要内容的刀法，在其用法上多以腰助力，加大攻击力度，身法活便，以腰助力而发挥其猛狠的动势。同时以身法的闪展腾挪、俯仰扭转加大动势的幅度。所以拳谚有"其用法，惟以身法为要"。单刀属短兵，欲发挥短兵长用的作用，不仅要求身法的灵活快捷，而且步法的前后、左右移动迅疾也是关键。"短兵进退须足利，足如脱兔身如风"（《手臂录》）。所以敏捷快速的移动步法是达到"舒之可刃人于数步之外"的基本要求。

三、基本动作及方法

（一）刀的各部位名称及图示

刀的各部位名称及图示如图 4-2-1。

1. 刀身

护手（刀盘）至刀尖部分。

2. 刀尖

刀身梢端。

3. 刀刃

刀身锐利的一侧。

4. 刀背

刀身钝厚的一侧，也称刀脊。

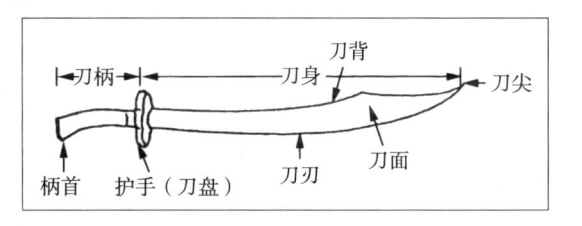

图 4-2-1

5. 护手（刀盘）

装于刀身和刀柄间的铁盘，也称刀盘。

6. 刀柄

手握的部位，也称刀把。

7. 柄首

刀柄底端突起部分。

8. 刀鞘

装刀的硬套。

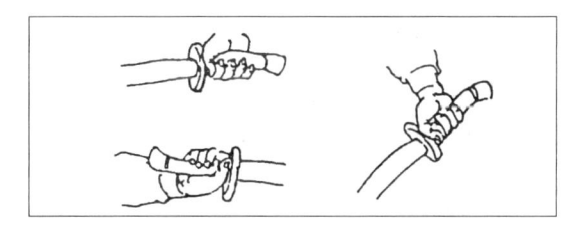

图 4-2-2

9. 刀彩

系于柄首的装饰彩绸（或彩布）。

（二）握刀方法

以虎口包绕刀把，并靠近护手盘，四指自然弯曲，拇指第一指节压在食指第二指节侧（图4-2-2）。

（三）抱刀礼节与抱刀方法

1. 抱刀礼

并步站立，左手抱刀，屈臂抬起使刀横于胸前，刀刃向上；右手成掌，以掌心扶于左手拇指第一指节上，高与胸齐。两手与胸间距离为20~30厘米（图4-2-3）。

图 4-2-3

2. 抱刀方法

左手屈腕，食指与中指夹住刀柄，拇指压于护手盘之上。刀背贴于左臂内侧，刀尖朝上，刀刃朝前（图4-2-4）。抱刀一般用于预备姿势与收势。

图 4-2-4

（四）基本刀法

1. 劈刀

刀由上向下为劈，力从腰发，达于刀刃（图4-2-5①②）。

图 4-2-5① 　　　　　　图 4-2-5②

2. 砍刀

刀由上向左或右下方斜劈为砍。以腰助力，力达刀刃（图4-2-6①②）。

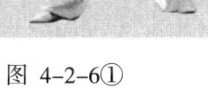

图 4-2-6① 　　　　　　　　　图 4-2-6②

3. 撩刀

刀由下向前上为撩，力达刀刃前部（图4-2-7①②）。撩刀有正撩与反撩。反撩时前臂外旋，刀沿身体右侧撩出。正撩与反撩动作相同，方向相反。

图 4-2-7① 　　　　　　　　　图 4-2-7②

4. 挂刀

刀尖由前向下、向左为挂，力达刀背前端（图4-2-8①②）。挂刀有上挂、下挂和抡挂之分。上挂向上、向后贴身挂出，下挂向下、向后贴身挂出，抡挂贴身立圆挂一周。

图 4-2-8① 　　　　　　　　　图 4-2-8②

5. 斩刀

刀刃平行向左或向右横击为斩，以腰拧转助力，力达刀刃（图4-2-9①②）。

图 4-2-9① 　　　　　　　　　图 4-2-9②

6. 截刀

刀刃斜向下或向上为截，力达刀刃前端（图4-2-10①②）。

7. 抹刀

刀刃朝右（左），由前向右（左）弧形抽回为抹，力达刀刃（图4-2-11①②）。

8. 扫刀

刀刃平行横击，与踝关节同高，力达刀刃（图4-2-12①②）。

第四章 器　械

图 4-2-10①

图 4-2-10②

图 4-2-11①

图 4-2-11②

图 4-2-12①

图 4-2-12②

339

9. 点刀
提腕，刀尖猛向前下点，力达刀尖（图4-2-13）。

10. 崩刀
沉腕，刀尖猛向前上崩，力达刀尖（图4-2-14①②）。

11. 扎刀
刀刃朝下，刀尖向前直刺为扎，力达刀尖，臂与刀成一直线。平扎刀，刀尖高与肩平（图4-2-15①②）；上扎刀，刀尖高与头平；下扎刀，刀尖高与膝平。

图 4-2-13

图 4-2-14① 　　　　　　图 4-2-14②

图 4-2-15① 　　　　　　图 4-2-15②

12. 挑刀

刀背由下向上挑，力达刀尖。臂与刀成一直线（图4-2-16①②）。

图 4-2-16① 　　　　　　　　　　　　图 4-2-16②

13. 按刀

左手扶于刀背或右腕，刀刃朝前，平向下按。高与腰平为平按刀（图4-2-17①②），接近地面为低按刀。

图 4-2-17① 　　　　　　　　　　　　图 4-2-17②

14. 格刀

刀尖朝下，向左、右摆动格挡为格刀（图4-2-18①~③）。

15. 缠头刀

刀尖下垂，刀背沿左肩贴背绕过右肩，头部正直（图4-2-19①~③）。

图 4-2-18①

图 4-2-18②

图 4-2-18③

图 4-2-19①

图 4-2-19②

图 4-2-19③

16. 裹脑刀

刀尖下垂，刀背沿右肩贴背绕过左肩，头部正直（图4-2-20①②）。

图 4-2-20① 　　　　　　　　图 4-2-20②

17. 藏刀

刀身横平（刀尖朝后，刀刃朝外），藏于左腰后为拦腰藏刀（图4-2-21①）。刀身平直（刀尖朝前，刀刃朝下），藏于右髋侧为平藏刀（图4-2-21②）。

图 4-2-21① 　　　　　　　　图 4-2-21②

18. 背刀

右臂上举，刀背贴靠右臂或后背为背后背刀（图4-2-22①）；左臂侧平举，刀背顺贴于左背为肩背刀（图4-2-22②）。

19. 推刀
刀尖朝下，刀刃朝前，左手扶于刀背前部向前推出为立推刀（图4-2-23①②），刀尖朝左，刀刃朝前为平推刀。

图 4-2-22① 　　　　　　　　　图 4-2-22②

图 4-2-23① 　　　　　　　　　图 4-2-23②

20. 架刀
刀刃朝上，由下横向上为架，刀高过头，力达刀身（图4-2-24①②）。

21. 错刀
手心朝上，刀刃朝左，刀尖朝右前方，平向后稍压再向前推出为正错刀（图4-2-25①②）。手心朝下，刀尖朝左前方为反错刀。

22. 分刀
刀尖朝左，左手扶于右腕或刀背，两手由上向左右分开为立分刀（图4-2-26①②），由前向左右分开为平分刀。

第四章 器械

图 4-2-24①  　　　　　　　　　图 4-2-24②

图 4-2-25①  　　　　　　　　　图 4-2-25②

图 4-2-26①  　　　　　　　　　图 4-2-26②

23. 带刀

刀尖朝前，刀刃朝左（右），由前向侧后抽回为带刀（图4-2-27①②）。

24. 背花

以腕为轴，刀在身前、背后向下贴身立圆绕环，刃背分明，刀和腰部转动协调一致（图4-2-28①~⑥）。

图 4-2-27①

图 4-2-27②

图 4-2-28①

图 4-2-28②

图 4-2-28③

第四章 器　械

图 4-2-28④　　　　　　　　　　　　图 4-2-28⑤

图 4-2-28⑥

四、基础练习

（一）单式刀法重复练习

1. 剪腕花
以腕为轴，刀在臂两侧向前下贴身立圆绕环，刃背分明。
2. 撩腕花
以腕为轴，刀在臂两侧向前上贴身立圆绕环，刃背分明。

347

以上动作可重复练习。

3. 左右撩刀重复练习（见图4-2-7）。
4. 挂刀重复练习（见图4-2-8）。
5. 缠头裹脑刀法重复练习（见图4-2-19、4-2-20）。
6. 背花刀法重复练习（见图4-2-28）。

（二）刀术组合动作练习

马步藏刀——并步斩刀——缠头刀——剪腕花上扎刀——弓步崩刀。

1. 马步藏刀（图4-2-29）。
2. 并步斩刀（图4-2-30①~③）。

图 4-2-29

图 4-2-30①

图 4-2-30②

图 4-2-30③

第四章 器 械

3. 缠头刀（图 4-2-31①②）
4. 剪腕花上扎刀（图 4-2-32①~③）

图 4-2-31① 　　　　　　　图 4-2-31②

图 4-2-32①

图 4-2-32② 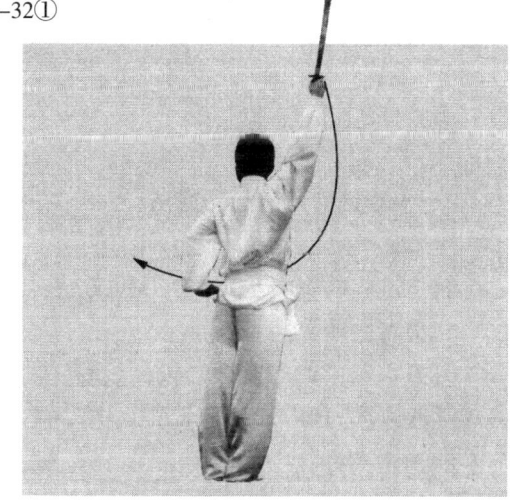　　　　　　　图 4-2-32③

5. 弓步崩刀（图 4-2-33①~③）

图 4-2-33①

图 4-2-33② 　　　　　　　　　　　图 4-2-33③

五、教学要点

（一）强调刀术的运动方法

教学过程中应强调刀术的运动方法：
1. 刃背分明
刀刃主攻，如劈、砍、斩、扫等，威猛快速。刀背主防，如缠头裹脑、贴身缠绕、紧凑灵活以助刀势。
2. 刀法清晰
刀行有路线，方法要清晰。

3. 刀手配合

拳谚有"单刀看闲手",就是要求在教学中应不断提示学生注意另一手的配合。因为配合得好,动作就顺遂协调,劲力就顺达畅通。如果配合不好,则不但动作协调及劲力顺达畅通受到影响,而且还有可能被刀刃所伤。又因为刀短,需以"长用"相辅,要求步快身灵、进退迅疾、绕身缠裹、远出长击,所以,使学生掌握好刀手配合协调的能力是练好刀术的基本要求之一。

(二)讲解刀法的攻防含义

一般情况下,武术动作多,变化快,记忆量大,学习过程中不仅负担重而且易忘,所以如果辅以阐明刀法的攻防含义和生动的形象比喻,对加深学生记忆,促进学习兴趣,加快教学进度,提高教学质量均有着不可忽视的重要意义。

主要参考文献:

1. (明)戚继光.(四库兵家类丛书三)纪效新书·短兵长用说.卷十二.第1版.上海:上海古籍出版社,1990
2. (明)程宗猷.(影印)耕余剩技·单刀法选.上海:上海大东书局,1923
3. 中国武术百科全书编撰委员会.中国武术百科全书.第1版.北京:中国大百科全书出版社,1998
4. 中国武术研究院、中国武术协会.武术竞赛系列丛书·刀术竞赛套路.第1版.北京:人民体育出版社,1989

(作者:陈亚斌 摄影:吴晓峰 演示:陈亚斌)

第三节 棍 术

一、概 说

棍,武术长器械的一种。古称"殳""棒""挺""棓""杵"等。由于棍取材方便,制作简单,原始人类在狩猎过程中已使用天然的棍棒,如《商君书》记载:人们"伐木杀兽"。《周礼·夏官·司兵》载:"五兵者:戈、殳、戟、酋矛、夷矛"。"五兵"之一的"殳",为西周时期兵器之一。《诗经·伯兮》:"伯也执殳,为王前驱。"《释名》:"殳,殊也。长一丈二尺而无刃,有所撞桎于车上使殊离也。"战国之后的《六韬·军用篇》有"方首铁棓"的记载。可见商周战国时期军事战争中已大量使用殳,且有木制或铁制的形制。据《抱朴子》记载:三国时期吴国在征战丹阳"山贼"时,有五千名手持白棓(殳)的精兵"击杀者万计"。南北朝时期,有人认为"人马逼战,刀不如棒"。故常用棒施于战斗。《新唐志·仪卫志》记载,唐代每逢元旦、冬至的大朝会时,仪仗队列中有约千人的殳仗队。宋代《武经总要》载:"取坚木为之,长四五尺,异名有四，曰棒、曰杵、曰轮、曰杆。"且列有诃藜棒、钩棒、杵棒等。有的用铁包裹头尾，有的装钩，有的头部周围植钉，如狼牙棒。

明代以前的史料文献关于各家棍法的记载，寥若晨星，到了明代，自军旅至民间，棍术流派丛生，棍技、棍论大为发展。当时名棍有"赵（宋）太祖（匡胤）之腾蛇棒"、俞大猷棍、少林棍等。当时武术家程宗猷所著的《少林棍法阐宗》一书中称"棍为艺中之魁首"。戚继光在《纪效新书》卷十二《短兵长用说篇》载："用棍如读四书，钩、刀、枪、钯如各习一经，四书既明，六经之理亦明矣。若能棍，则各利器之法从此得矣。"程宗猷《少林棍法阐宗》云："凡武备众器，非无妙用，但身手足法，多不能外乎棍……。"何良臣在《阵纪》中记载：棍法之妙亦尽俞大猷《剑经》，他主张："学艺先学拳，次学棍，拳棍法明，则刀、枪诸技特易之耳。所以拳棍为诸技之本源也。"明代时期，各家棍法自成体系而风格独特。虽传承密授，但久传而讹，侧重套路的发展，成为一种趋势。因此，花棍花法充斥其间，从而引起了一些武术家对棍法技击的研究。其中有代表性的当属俞大猷棍法。程宗猷称俞所言为"千古不发之秘"。戚继光曰："向见总戎俞公，以棍示余，其妙处已备载《剑经》内，……"所以，俞大猷棍法是当时军中推崇的棍法。《纪效新书》有关棍法的阐述多以俞大猷《剑经》理论为据。

清代、民国至现代，棍在武术器械中仍然占有重要地位，全国各地都流传着不同的棍法与棍术套路。新中国成立以后，棍术被列为全国武术竞赛项目长器械之一，其长度，根据《武术竞赛规则》规定，最短必须等于本人身高，并对成年组男女、少年组男女及儿童用棍的粗细各有具体的要求。另外，棍的形制还有狼牙棒、护手棒、大杆子（有8尺大棍、8尺以上的大棍）、短棍、拐棍、鞭杆、流星棍、五花棍、二节棍、三节棍、大梢子棍、短梢子棍等等。一般棍多由坚韧的白蜡杆制成，还有木铁相连组成的。演练形式有单人练习、两人或三人对练、集体表演。棍术的套路很多，一般都是根据拳种的风格特点、劲力规律并按照一定的棍法而编成的套路运动。棍法主要有劈、抡、戳、崩、扫、点、撩、挂、拨、云、挑、绞等，其运动特点为梢把并用、勇猛泼辣、横打一片、密集如雨、巧狠结合、气势磅礴。

二、技法特点

在众多的武术流派中，棍术的演练技巧和方法虽然各有所异，但由于棍形制的特点使其在技法特点上大同小异，基本可概括为以下四点。

（一）换把变招，固把击发

由于棍形制特点，棍身处处可作为握持把位，因而形成了棍械浑身藏法的特点。所以，换把应有招、固把便击发是棍术技法所遵循的基本原理。

（二）兼枪带棒，梢把并用

棍的形制一般是把粗、梢细。棍梢可按照长枪技法中的拦、拿、扎、点、崩、圈、穿、戳和穿梭等枪法运使；棍把可按照棒的技法，完成大劈、大抡、大扫等各种棒法动作。但以枪棒兼用的棍术，在运动结构上往往不如梢把兼用的棍术密集紧凑。所以，两者相融，是棍术技法特点的具体表现之一。

（三）棍如旋风，纵横打一片

棍的形制特点是：梢锐不及枪、把粗不如棒，因此，多以棍把戳、扎，以棍梢抡、劈、扫，运使时快速勇猛，抡动赛旋风，上揭下打，纵横抡劈，能远能近，长短兼施，虽四面受敌而八方可兼顾，形成了棍打一大片的技法特点和运动风格。棍论"打必及地，揭必过胸"，精辟地总结了"棍打一大片"的技法要领。

（四）把法多变，长短兼施

棍的技法很多，关键在于把法。握持把的一端，可以利用棍梢抡、劈、扫进行远击；握持棍的中段，可以把、梢兼用，一攻一防，上挑下撩，左拨右打。在运使时，一般都是棍梢、棍身、棍把交互使用，变化莫测。所以，有"枪怕摇头，棍怕换把"的精辟棍论。另外，抡、劈、扫、撩的长击远打的棍法和戳、扎、格、压的近身攻守棍法，都充分体现了长短兼施的棍术技法特点。

三、基本动作及方法

（一）棍的各部位名称及图示

图 4-3-1

棍的各部位名称及图示如图 3-4-1。

1. 棍梢
棍的细端尖部。
2. 棍把
棍的粗端底部。
3. 梢段
从梢至棍身三分之一处。
4. 梢端
从梢至梢段三分之一处。
5. 中段
棍身正中三分之一的棍段。
6. 把段
从把至棍身三分之一处。
7. 把端
从把至把段三分之一处。

（二）持棍礼节

图 4-3-2

持棍礼为并步站立，右手持棍把段（靠把端三分之一处），屈臂置于胸前，棍身直立；左手成掌，掌外侧扶于右手腕部，两手与胸间距离为20~30厘米（图4-3-2）。

（三）基本棍法

1. 立举

右手握棍把，将棍竖直举于体前或体侧（图4-3-3）。

2. 斜举

一手握棍把，另一手握棍身，将棍举于斜上方（图4-3-4）。

3. 肩上背棍

单手或双手握把端，将棍身平置于肩上（图4-3-5）。

4. 背后背棍

单手握棍，将棍置于背后，棍身紧贴背部（图4-3-6）。

图 4-3-3

图 4-3-4

图 4-3-5

图 4-3-6

5. 抱棍

两手开握（一手握棍把，一手握棍身前段，如图4-3-7），并握（左手上右手下握棍把）或两臂交叉握棍（两手开握或并握棍，两臂交叉叠起），将棍抱于体前或体侧。

6. 夹棍

一手握棍，将棍夹于腋下（图4-3-8）。一般用于棍术套路中其他棍法的起始或结束姿势。

7. 劈棍

棍由上向下猛力劈出。力达棍前端（图4-3-9①②）。斜劈棍：动作基本同上，惟劈棍方向是由右上向左下或由左上向右下。

图 4-3-7

图 4-3-8

图 4-3-9①

图 4-3-9②

8. 扫棍

棍梢在腰以下平扫或以棍梢贴地、棍身倾斜迅猛扫出，力达棍前端（图4-3-10①②）。

9. 平抡棍

棍梢在胸以上向左或向右迅猛有力地做半周以上平抡。力达棍前端（图4-3-11①②）。

图 4-3-10①

图 4-3-10②

图 4-3-11①

图 4-3-11②

10. 挂棍

用棍梢或棍把由前向侧后上方或侧后下方贴身拨摆，快速有力（图4-3-12）。

11. 云棍

棍在头前上方或上方向右（左）平圆绕环一周。快速有力，力达棍前端（图4-3-13①~③为双手云棍）。

图 4-3-12

图 4-3-13①

图 4-3-13②

图 4-3-13③

12. 撩棍

前撩棍为棍沿身体左侧或右侧画立圆向前快速撩出，力达棍前端（图4-3-14①②）；后撩棍为棍沿身体左侧向后快速撩出，力达棍前端（图4-3-14③④）。

13. 架棍

右手握棍把，左手握棍身前段，由下向头上举起，棍身横平为平架棍，棍身斜平举为斜架棍（图4-3-15），力达棍身中段。

图 4-3-14①

图 4-3-14②

图 4-3-14③

图 4-3-14④

图 4-3-15

14. 格棍

将棍身竖举于身前向左（右）格挡，动作要快速有力（图4-3-16）。

15. 压棍

将棍横举后向下按压，力达棍身中段（图4-3-17①②）。

16. 点棍

棍梢向下方短促点击，力达棍梢（图4-3-18）。

图 4-3-16

图 4-3-17①

图 4-3-17②

图 4-3-18

17. 崩棍

棍梢由下向上或向左右短促崩击，力达棍梢（图4-3-19①②为上崩棍，③④为平崩棍）。

图 4-3-19①

图 4-3-19②

图 4-3-19③

图 4-3-19④

第四章 器 械

18. 挑棍

一手握棍把，另一手握棍身中段，使棍的一端由下向前上方快速挑起，力达棍梢端（图4-3-20①②）。

图 4-3-20①

图 4-3-20②

19. 戳棍

双手握棍，使棍梢或棍把直线向前、向侧或向后戳击，力达棍梢或棍把顶端（图4-3-21①为前戳棍，②③为侧戳棍，④⑤为后戳棍，⑥⑦为戳把）。

图 4-3-21①

图 4-3-21②

图 4-3-21③

中国武术教程

图 4-3-21④

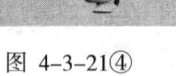

图 4-3-21⑤

图 4-3-21⑥

图 4-3-21⑦

20. 托棍

右手握棍把，左手握棍身中段，将棍身平直由下向上平托，力达棍身中段（图4-3-22①②）。

图 4-3-22①  　　　　　　　　图 4-3-22②

21. 绞棍

将棍身横置于身前，棍梢或棍把向内或向外绕立圆，动作快速柔和，力达棍梢端或棍把端，立圆不宜太大（图4-3-23①~③）。

图 4-3-23①

图 4-3-23②  　　　　　　　　图 4-3-23③

22. 穿梭棍

主要方法有绕喉穿棍、绕腰穿棍、背后穿棍。动作方法是棍直线贴喉或腰部向一侧穿出。棍身要平，动作要快速连贯（图4-3-24①~③为绕喉穿棍，④~⑥为背后穿棍）。

图 4-3-24①

图 4-3-24②

图 4-3-24③

图 4-3-24④

图 4-3-24⑤

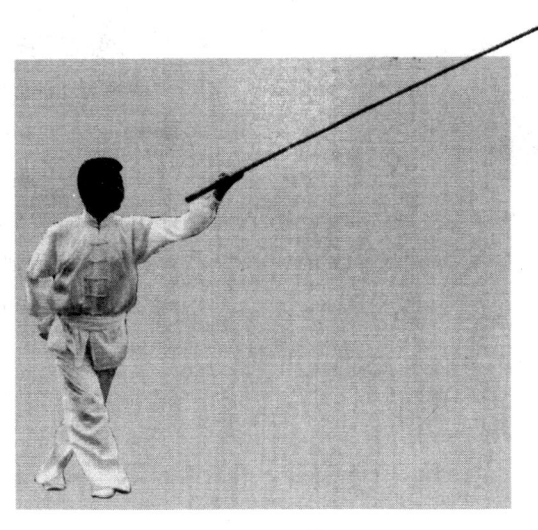

图 4-3-24⑥

23. 立舞花棍

棍在身体两侧立圆绕行。动作要快速连续。立舞花棍可在原地和行进间进行（图4-3-25①~⑤）。

图 4-3-25①

图 4-3-25②

图 4-3-25③

图 4-3-25④

24. 左右提撩舞花

棍法同撩棍，使棍梢在身体两侧连续地顺时针画立圆转动。要求动作快速连贯，不得触及身体（图4-3-26①②）。

25. 体前体后单手舞花

右手握棍身中段或把段，先在身后舞转一立圆，再转向身前舞一立圆。如此依次连续舞转（图4-3-27①~⑤）。

图 4-3-25⑤

图 4-3-26① 　　　　　图 4-3-26②

图 4-3-27①

第四章 器 械

图 4-3-27②

图 4-3-27③

图 4-3-27④

图 4-3-27⑤

26. 插步提撩转身舞花

长兵械花法。是一种在立舞花过程中，经插步提撩花左转360°后，仍向先前立舞花方向继续做立舞花的连续舞花法。

做法：

（1）立舞花舞至棍置身体左侧梢头朝前时（图4-3-28①），左脚向右脚倒插一步成交叉步（图4-3-28②）；身体左后转90°，同时使梢头顺势向下、向前上撩起（图4-3-28③）。

图 4-3-28①

367

图 4-3-28②   图 4-3-28③

（2）身体继续左转90°，同时梢头继续向上、向前、向下、向后绕转成把端在前（图4-3-28④）。

（3）然后接做立舞花，参见"左右立舞花、提撩花"。

图 4-3-28④

四、基础练习

（一）单式棍法重复练习

1.左右提撩舞花棍（见图4-3-26）可在原地和行进间重复练习。
2.立舞花棍（见图4-3-25），可在原地和行进间重复练习。
3.插步提撩转身舞花棍（见图4-3-28）。
4.体前体后单手舞花棍（见图4-3-27）。
5.穿梭棍（见图4-3-24）。

(二) 棍术组合动作练习

丁字步抱棍——平抡棍仆步抱棍——歇步绞棍——抡扫腾空举棍——仆步摔棍——抡棍弓步背棍

1. 丁字步抱棍（图 4-3-29）。
2. 平抡棍仆步抱棍（图 4-3-30 ①~④）。

图 4-3-29

图 4-3-30①

图 4-3-30②

图 4-3-30③

图 4-3-30④

3. 歇步绞棍（图 4-3-31①②）。

4. 抡扫腾空举棍（图 4-3-32①~③）。

图 4-3-31①

图 4-3-31②

图 4-3-32①

图 4-3-32②

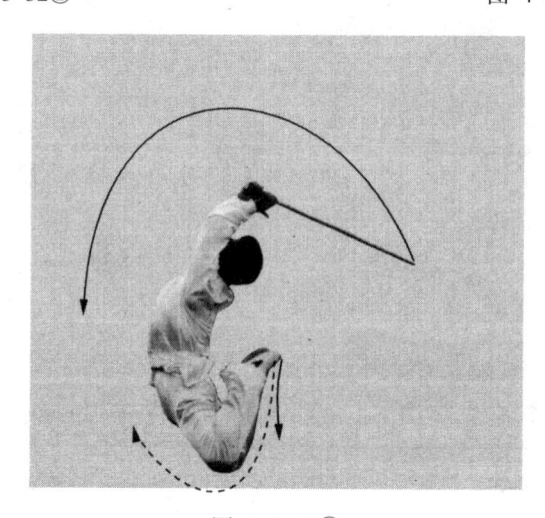

图 4-3-32③

5. 仆步摔棍（图 4-3-33）。

6. 抡棍弓步背棍（图 4-3-34①~⑧）。

图 4-3-33

图 4-3-34①

图 4-3-34②

图 4-3-34③

图 4-3-34④

图 4-3-34⑤　　　　　　　　　　　　　图 4-3-34⑥

图 4-3-34⑦　　　　　　　　　　　　　图 4-3-34⑧

五、教学要点

教学过程中使学生掌握把法熟顺、身械协调、力点准确的基本技能是提高教学质量的关键所在。

（一）把法熟顺

把法是用棍械进行攻防的一种技术方法，一般包括把位、持握法、换把法和把击法，统称为把法。

把位：指棍的持握部位，如前把、后把等。

持握法：指握棍的方法，如满把、半把、阴阳把等。

换把法：指变换握棍的位置，即由左手握的位置改变为右手握的方法，如滑把等。

把击法：指使用棍的把端进行攻防的方法，如挑把、绞把等。

使学生熟练地掌握把法对学习棍法以及正确地运用棍法都是有必要的。

（二）身械协调

长器械的一般运动路线是横平、竖直。使械杆在平行于地面的水平面运动为横平，如平抢、云、扫等走平圆的动作；在身法和步法的配合下，使械杆贴近身体垂直于地面的矢状面运动为竖直，如劈、撩、舞花等走立圆的动作。如果步法、身法与棍法不能协调配合，尤其是腰部僵死、手腕不灵活、械杆做不到横平竖直，就会导致器械碰身、劲力不畅顺，这是身械不协调的具体表现。所以，只要配合械行路线，随势转腰顺肩，手腕随势用力，就会使棍械按照自己的意念准确地乃至劲力畅达地运使各种棍法。

（三）力点准确

使学生清晰地掌握每一种棍法的攻防路线，以及发力方法和劲力所达点，是做到力点准确的重要保证。例如劈棍、进攻性棍法，动作为：前手握棍身中段将棍梢上举后摆，后手握棍把随之上抬；随即后手下拉，前手活把向前推压，使棍身前段由上向下猛力劈出，力达棍前端，劈棍时力由腰发。

主要参考文献：

1. （汉）郑玄注.（唐）贾公谚疏、赵伯雄整理.周礼·注疏.第1版.北京：北京大学出版社，1999
2. 陈子展撰述.诗经直解.第1版.上海：复旦大学出版社，1983
3. （春秋）孙武.（四库兵家类丛书一）六韬·卷四·军用第三十一.第1版.上海：上海古籍出版社，1990
4. （晋）葛洪.（诸子百家丛书）抱朴子.第1版.上海：上海古籍出版社，1990
5. （宋）曾公亮.（四库兵家类丛书一）武经总要.第1版.上海：上海古籍出版社，1990
6. （明）程宗猷.少林棍法阐宗.上海：上海大东书局，1923
7. （明）戚继光.（四库兵家类丛书三）纪效新书.卷十二.短兵长用说篇.第1版.上海：上海古籍出版社，1990
8. （明）何良臣.（四库兵家类丛书二）阵记.第1版.上海：上海古籍出版社，1990
9. 中国武术百科全书编撰委员会.中国武术百科全书第1版.北京：中国大百科全书出版社，1998
10. 中国武术研究院、中国武术协会.武术竞赛系列丛书·棍术竞赛套路.第1版.北京：人民体育出版社，1989

（作者：陈亚斌 摄影：吴晓峰 演示：陈亚斌）

第四节 枪 术

一、概 说

枪，古兵器之一，武术长器械，是由棍与矛演化而来。历史上也有把枪称为槊等。枪与矛的区别在于矛头较重，形制较宽厚，而枪头较小，比矛锋利，是较为轻利的刺兵。原始的长枪仅仅将木棒头削尖就是了。《通俗文》载："剡木伤盗曰枪"。后来发展到在竹木杆上绑着形似矛头的石块、骨角锥刺猎物。到了商代出现了青铜矛，形体宽大，刃部具有双锋，不少矛骹部的两侧有环或孔，用以系缨。冶铁业发展以后，铁制矛头锐长，近似于枪。枪的特点：制造简单，直线攻击，攻击距离远，回抽快、杀伤力大。如商、周至秦、汉时期，矛作为当时重要兵器，被列为五兵内容。如周代车之五兵为"戈、戟、殳、矛、夷矛"，汉书注五兵则为"矛、戟、弓、剑、戈"。《耕余剩技·长枪法选》载："器名枪者，即古之丈八矛也。"

晋代枪头短而尖，比矛轻便锋利，自晋以后枪兴矛衰。《隋书·经籍志》中收有南北朝流传枪法书《马槊谱》，谈的是马上用枪。赵武灵王的"胡服骑射"象征着中国军事由车战向骑战的重大改革，魏晋南北朝民族大融合，促进了中国马上枪术的发展。

枪在隋、唐、五代已成为战阵主要兵器。无论步兵、骑兵都以用枪为主。唐代的枪分为漆枪、木枪、白头枪和朴头枪。白头枪、朴头枪为皇朝禁卫军所用，木枪比漆枪长，多用于步战，骑兵多使用漆枪。古代作战兵器以轻利为上乘，武器笨重不利于武艺发挥，所以矛为枪逐渐取代有一定道理。宋代长兵沿袭隋唐遗制，军中以枪为主。形制也比较复杂，步骑兵用的有捣马突枪、槌枪、抓枪、单钩枪、双钩枪、素木枪、环子枪、太宁笔枪、短刃枪、梭枪、鸦项枪、拐枪等，尤其宋代李全之妻杨妙真所创梨花枪（是长矛和火器的结合型兵器），世称她"二十年梨花枪，天下无敌手"。宋代时期枪的形制种类不仅多于唐代，而且用法也随着不同的形制变化而呈多样化，但在军队中，枪仍然是近战的主要武器。

明代，枪无论作为作战利器，还是作为习武健身活动的器械，都得到了重视和发展。如民族英雄戚继光重视杨氏梨花枪，并在《纪效新书·长兵短用说篇》卷十中写道："夫长枪之法始于杨氏，谓之曰'梨花'，天下咸尚之。其妙在于熟之而已。熟则心能忘手，手能忘枪，圆神而不滞。又贵于静也，静则心不妄动而处之裕如，变化莫测，神化无穷。后世鲜有得其奥者，盖有之矣，或秘焉而不传，传之而失其真。"他对倭作战时，运用战无不胜的鸳鸯阵，每阵十二人，其中枪手就有四人。《武备志》赞道："阵所实用者，莫若枪也。"明代战事用枪极普及，使枪技得以发展，理论更为完善。程宗猷在《长枪法选》中说："中平枪、枪中王，高低远近都不防；高不拦、低不 ，当中一点难遮架；去如箭、来如线，指人头、剳人面……"戚继光的《纪效新书》、何良臣的《阵纪》和茅元仪的《武备志》都有枪术的记载。这些枪术理论多为枪术演练经验，为步战所采纳。

清代枪的种类繁多，有军中普遍使用的枪、战船上使用的钉枪，还有铁枪、线枪、虎牙枪、三眼枪、火焰枪、雁翎枪、大枪、双头枪、双头钩镰枪等等，这些枪主要是清朝八旗军和绿营军的常规武器。清代学、练、研究枪法者很多，《手臂录》《万宝书》《阴符枪谱》和《苌氏武技书》等书都记载了枪术理论。

火药武器在战争中普遍使用以后，枪在军事上逐渐被淘汰，但作为武术器械却得到了发展，如今套路演练形式有单头枪、双头枪、双头双枪、单头双枪等。枪被列为武术竞赛项目以后，竞赛规则规定枪的长度不得短于本人直立直臂上举后的高度，枪杆的粗细视演练者的年龄、性别不同而异。

枪法主要是以拦、拿、扎为主，同时还有点、崩、劈、穿、挑、拨、圈枪等。其运动特点是力注枪尖、走势开展、上下翻飞、变化莫测。

二、技法特点

枪术在众多武术流派中，虽然演练风格各异，但其技法特点基本相同。

（一）枪扎一条线

枪法注重直扎，以扎发挥枪尖的技击功效，直扎远取发挥枪的优势和特长。扎不仅是枪术的主要方法，而且也是枪术最主要的进攻技法特点。扎枪时要求沿枪身纵轴用力，使枪身直线扎出，力达枪尖，暴发寸劲，同时要求出枪快、准、狠，即出枪快，路线短，有力量，去如箭，来如线。方法上要使枪尖、鼻尖、脚尖在同一纵面内，通过伸后腿、蹬后脚、拧腰、顺肩、挺腕在一条直线上向前用力。用力时要柔、快且有加速，力点准确清晰。枪扎出后要迅速收枪。扎枪时，大多采用连扎几枪的衔接方法，故说"枪扎一条线"。

（二）持枪贵四平

"四平"指顶平、肩平、枪平、脚平，即持枪的基本姿势应做到头正、颈直、下颌微收、两眼平视而炯炯有神。两肩松沉，上体正直，才能势稳法活。两手与枪尖三点在一水平线上，枪才可以攻守活便，出枪快而有力。两膝坐屈两脚踏平，重心自然下降，身姿才能更加稳固。"四平"又称"中平枪"，《纪效新书·长兵短用说篇》卷十记载：中平枪法，"为六合枪之主，作二十四势之元，妙变无穷。"《手臂录》中也认为："以中平枪为枪中王，为诸艺皆从此出也。"可见"中平枪"在格斗中不仅被视为不易变换的基本实战姿势，而且其技法也被作为枪术的基本技法。

（三）前管后锁

指在枪术运用过程中，两手控制枪身的基本手法。即握于枪身中段的前手，要像"管"一样套住枪身不使脱落，又能保证枪杆在其中自由出入，而且还能灵活自如地控制枪的运动路线及运动方向，即所谓"前手如管"；"后手如锁"，即后手握于枪把根部要像"锁"一样牢固地握住枪把，推动枪身运动，不仅能灵活地运转枪把、变化枪梢的位置，而且又能使腰部力量传达于枪尖。

（四）艺工于一圈

《手臂录》记载："枪，总用之则为一圈，剖此圈而分之，或左或右，或上或下，或斜或正；或单或复，或取多分，或取少分，以为行著、诸、巧法，而后枪道大备。是以练枪者，惟下久苦之工手一圈，熟而更熟，精而益精。"实战时两枪较技彼来我往，枪的防守在于与来枪相交，如拦、拿、缠等；枪的进攻要避开对方之枪，如拦扎、拿扎、缠扎枪等，不外乎平枪走弧线，或整圈或半圈、或大半圈或小半圈等，关键在于圈的熟练程度。

拦拿圈转是枪术中的基本防守技法，圈转与直扎交融运用，圈中化直、直中化圈、防中含攻、攻中寓防是枪法中的一大技法特点。

三、基本动作及方法

（一）枪的各部位名称及图示

枪的各部位名称及图示如图4-4-1。

1. 枪杆

枪的木杆部分。

2. 枪头

安装在枪杆上带尖刃的金属。

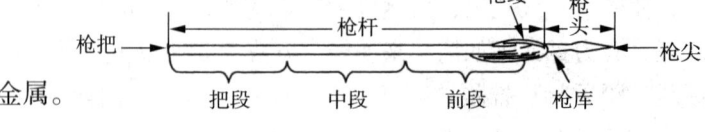

3. 枪尖

枪头尖锐部。

图 4-4-1

4. 枪库

枪头尾段锥形圆管。

5. 枪缨

系于枪头尾端的红缨。

6. 前段

枪杆靠近枪头的三分之一段。

7. 中段

枪杆正中三分之一部分。

8. 把段

枪杆靠近枪把的三分之一段。

9. 枪把

枪杆的底端。

10. 把端

枪杆把段靠近枪把的三分之一部分。

（二）持枪礼节与持枪方法

1. 持枪礼
与持棍礼方法相同。

2. 持枪方法
右手全把握于枪把末端，使枪直立于身体右侧（图4-4-2）。

（三）基本枪法

1. 背枪
枪身与身体贴紧背稳（图4-4-3）。

2. 扎枪
必须使枪直出，劲达于枪尖，使枪颤动，后手必须触及前手。平枪必须成水平；上枪高不过头，低不过肩；下枪高不过膝，低不触地。上平枪枪杆高与胸齐（图4-4-4①②），中平枪枪杆在胸腰之间，下平枪枪杆与腰相齐，低平枪离地20厘米。

3. 反把上扎枪
后手的摆动不得超过头部10厘米，后手接近前手，枪要直扎，力量不要太大（图4-4-4③）

图 4-4-2

图 4-4-3

图 4-4-4①

图 4-4-4②    图 4-4-4③

4. 拿枪

枪尖向内画弧，高不过头，低不过胯（图4-4-5）。

5. 拦枪

枪尖向外画弧，要求同拿枪（图4-4-6）。

6. 里外缠枪

枪尖绕立圆，高不过眼，低不过胯。动作要协调，力达枪杆前端（图4-4-7）。

图 4-4-5

图 4-4-6    图 4-4-7

7. 摆枪

枪尖摆成弧形，用力要柔和（图4-4-8①②）。

8. 平抡枪

枪向右或左平抡，要迅猛有力，力达枪杆前端（图4-4-9①②）。

图 4-4-8① 　　　　　　　　图 4-4-8②

图 4-4-9① 　　　　　　　　图 4-4-9②

9. 前劈枪

双手握枪，由上而下，用力快猛，力达于枪尖（图4-4-10①②）。

10. 斜劈枪

先将枪上摆头左侧上方，而后向右下方斜劈。动作基本同前劈枪。

11. 抡劈枪

抡枪要成立圆，速度要快，抡转与劈枪的动作要连贯协调（图4-4-10③~⑥）。

中国武术教程

图 4-4-10①

图 4-4-10②

图 4-4-10③

图 4-4-10④

图 4-4-10⑤

380

图 4-4-10⑥

12. 崩枪

枪尖向上或向左右短用力崩弹，力达枪尖，使枪杆颤动。上崩枪枪尖高不过头；平崩枪枪尖高不过胸，低不过腰；下崩枪枪尖高不过膝，低不触地（图4-4-11①~④）。

图 4-4-11①

图 4-4-11②

图 4-4-11③

图 4-4-11④

13. 上挑枪

枪杆用力上挑（图4-4-12①②）。

14. 拨枪

枪身左右拨动，用力要轻快平衡，幅度不要过大。上拨枪枪尖稍高过头部；平拨枪枪尖高不过胸，低不过腰；下拨枪枪尖高不过膝，低不触地（图4-4-13①~③）。

图 4-4-12①

图 4-4-12②

图 4-4-13①

图 4-4-13②　　　　　　　　　　　　　图 4-4-13③

15. 扫枪

枪接近地面平摆，不可触地，动作要快（图4-4-14①~④）。

图 4-4-14①

图 4-4-14②

图 4-4-14③　　　　　　　　　　　图 4-4-14④

16. 带枪

枪走直线，枪杆贴身，枪尖不超过身体的宽度（图4-4-15①②）。

图 4-4-15①

图 4-4-15②

17. 拉枪

枪向身后下伸的斜度不要太大，枪尖不可触及地面，枪杆要贴身，拉的动作不能过大（图4-4-16①②）。

18. 拖枪

单手握把，枪尖贴地随身体移动（图4-4-17）。

图 4-4-16①

图 4-4-16②

图 4-4-17

19. 托枪

枪杆要平，前手手心向上，用力要大，使枪尖向上颤动。平托枪高不过胸，低不过腰，上托枪高与肩平（图4-4-18①②）。

20. 架枪

枪身横平或倾斜举过头（图4-4-19①~③）。

图 4-4-18①

图 4-4-18②

图 4-4-19①

图 4-4-19②

图 4-4-19③

21. 扑枪

枪身接近地面，但不触及地面（图4-4-20①②）。

22. 摔枪

枪杆平摔落地。要求快速有力（图4-4-21①~④）。

图 4-4-20①

图 4-4-20②

图 4-4-21①

图 4-4-21②

图 4-4-21③

图 4-4-21④

23. 点枪

枪尖由上向下短促用力,力达于枪尖。上点高不过头,低不过肩;平点高不过肩,低不过胯;下点高不过膝,低不着地(图4-4-22)。

24. 撩枪

枪要贴近身体(图4-4-23①②)。

图 4-4-22

图 4-4-23①

图 4-4-23②

25. 斜立枪

枪斜下扎，用力柔和（图4-4-24）。

26. 穿枪

穿枪指一手手心向上虚持枪的一端，另一手向前手推送，使枪杆在前手中穿滑至另一端的动作。以枪头前穿的称穿枪，以枪把前穿的称穿把。常见的穿枪动作有绕喉（脖）穿枪、绕臂穿枪、绕腰穿枪和背后穿枪。

27. 绕喉穿枪

右手阴把滑握枪缨部，左手阳把松握枪后段预备。右手握枪左送至贴近左手时，臂外旋使枪头在上，上体后仰并微右转。同时右手回拉，使枪尖贴近喉部向右平穿，左手滑握把段。遇喉时，右手换握成阴把松持枪杆；左手向右推送后撒把，使枪杆在右手中穿滑，至把触右手时及时抓住（图4-4-25①~④）。

图 4-4-24

图 4-4-25①

图 4-4-25②

图 4-4-25③

图 4-4-25④

28. 绕臂穿枪

动作同绕喉穿枪，惟枪尖贴臂穿出。

29. 绕腰穿枪

错步站立，双手左前右后握枪缨处，枪把朝前预备。右手握枪回拉，使枪尖沿右胸侧后穿；左手松握滑枪把段。过腰时，右手换握成阳把松持枪杆；左手向右推送后撒把，使枪在右手中穿滑，至把触右手时及时抓住（图4-4-25⑤~⑦）。

图 4-4-25⑤

图 4-4-25⑥

图 4-4-25⑦

30. 背后穿枪

右手握把端底部贴手心，前臂内旋反握枪把；左手外旋成手心向上，松握托枪杆前段，将枪托举过头置于背后，枪杆中段顺贴左臂，前段伸出手外，枪尖朝向左斜上方，高与头齐；右手用力推送撒把，使枪从左手上穿出，然后再以右手抢接枪把（图4-4-25⑧~⑩）。

图 4-4-25⑧

图 4-4-25⑨

图 4-4-25⑩

无论做何种穿枪动作，均要求枪贴身呈水平穿动。绕喉时，仰身转头，使枪头贴颈喉穿出；绕臂时，以转腰使枪头贴左前臂穿出；绕腰时，仍要转腰使枪身贴腰穿出；背穿时，背和左肩要稳定，以保证枪穿的路线成直线。在枪把刚穿离左手时，右脚要迅速向前抢步，右手迅速由下向前上追抓枪把。

31. 立舞花枪

枪要贴近身体，立圆绕行，速度要快，动作要连续（图4-4-26①~⑥）。

图 4-4-26①

图 4-4-26②

图 4-4-26③

图 4-4-26④

图 4-4-26⑤

图 4-4-26⑥

32. 劈把

枪把由上向下劈，用力迅猛，力达把端（图4-4-27①②）。

图 4-4-27① 　　　　图 4-4-27②

33. 挑把

枪把由下向上挑，力达把端（图4-4-28①②）。

图 4-4-28① 　　　　图 4-4-28②

34. 绞把

将枪把绞成立圆，高不过肩，低不过胯（图4-4-29①~④）。

35. 戳把

枪把伸出，用力要迅疾，力达把端（图4-4-30①②）。

图 4-4-29① 　　　　　　　　　　　　图 4-4-29②

图 4-4-29③ 　　　　　　　　　　　　图 4-4-29④

图 4-4-30① 　　　　　　　　　　　　图 4-4-30②

36. 扫把

枪把贴近地面平扫，高不过膝，低不触地（图4-4-31①②）。

37. 单手抛换把

枪棍换把方法的一种。右手握把端，梢端在前，右手向上提拉抛起，器械离手后，把端向上、向前翻转，至梢端换至下方，以右手抓住梢端（图4-4-32①②）。

图 4-4-31① 　　　　　　　　图 4-4-31②

图 4-4-32②

图 4-4-32①

四、基础练习

(一) 单式枪法重复练习

1. 拦拿扎枪法重复练习（图4-4-33①~④）。
2. 里外缠枪重复练习（见图4-4-7）。
3. 立舞花枪法重复练习（见图4-4-26①~⑥）。
4. 穿枪法重复练习（见图4-4-25①~⑩绕喉穿枪、绕臂穿枪、绕腰穿枪、背后穿枪）。
5. 基本换把法重复练习（见图4-4-32①②）。

(二) 枪术组合动作练习

弓步拦拿扎枪——横裆步托枪——转身劈枪——高虚步抱枪。

1. 弓步拦拿扎枪（见图 4-4-33①~④）。

图 4-4-33① 　　　　　　　　图 4-4-33②

图 4-4-33③

图 4-4-33④

2. 横裆步托枪（图4-4-34）。
3. 转身劈枪（图4-4-35）。
4. 高虚步抱枪（图4-4-36①~⑥）。

图 4-4-34

图 4-4-35

图 4-4-36①

第四章 器 械

图 4-4-36②

图 4-4-36③

图 4-4-36④

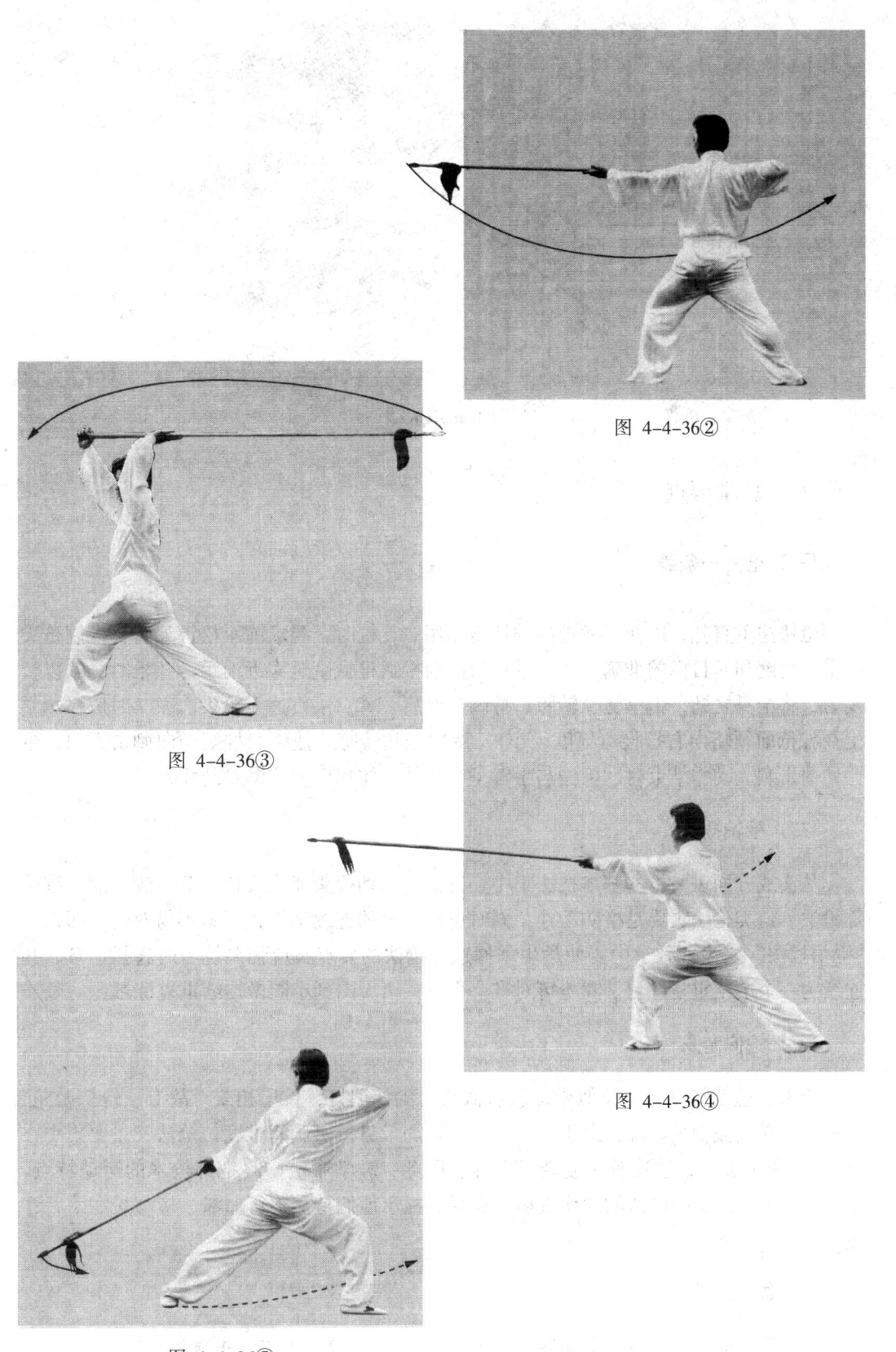

图 4-4-36⑤

图 4-4-36⑥

五、教学要点

（一）枪扎一条线

枪法注重直扎，以扎发挥枪尖的技击功用。扎枪时，要求前手松握如管，控制枪尖出击的高度和对目标的准确度，后手尽量向前推送枪械直至靠近前手。扎枪时，须以腰发力，将全身之劲，由蹬腿、转胯、拧腰、经肩、臂、手贯达至枪尖。教学时应提示学生在扎枪前须略向右拧腰（幅度须小），然后蹬腿转胯，使腰回拧至顺向刺击方向，带臂伸肘击刺。动作结束时，枪械与手臂呈直线状，体现出加速爆发的寸劲。

（二）枪怕摇头

从实战方面讲，枪的基本技法集中于枪头。摇动枪头能完成拦、拿、缠、绞、圈枪等枪法。这类枪法主要是格防动作，同时也是防攻的连续动作，对方不易对付，所以有"枪怕摇头"之说。教学中要使学生掌握这类枪法的要点，应强调练习时将拦、拿、扎连续为一个单招重复练习。圈枪可对准一个点，由大圈到小圈做连续重复练习。

（三）枪似游龙

枪术的运动特点是忽长似矛，忽短似匕；尖扎把打，首尾相兼。故有"枪似游龙"之喻。枪在兵械中最难练，由于枪械较长，增加了身械协调的难度；枪法又主要集中在"枪头"和枪头段，技法较为复杂、多样。因此，教学中应始终把握枪术的运动特点，不但要学生掌握每一枪法的动作规格，而且要提示他们持械不可僵滞，应似梭在手，穿梭自如。

主要参考文献：

1. （明）程宗猷.（影印）耕余剩技·长枪法选.上海：上海大东书局，1923

2. （明）戚继光.（四库兵家类丛书三）纪效新书·长兵短用说篇.卷十.第1版.上海：上海古籍出版社，1990
3. （清）吴殳.手臂录.上海：上海大东书局，1923
4. 中国武术百科全书编撰委员会.中国武术百科全书.第1版.北京：中国大百科全书出版社，1998
5. 中国武术研究院、中国武术协会.武术竞赛系列丛书·枪术竞赛套路.第1版.北京：人民体育出版社，1989

（作者：陈亚斌　摄影：吴晓峰　演示：陈亚斌）

第五节　双器械

一、概　说

双器械是武术器械练习方法的一类。一般指双手均持器械进行操练的练法。在武术兵器发展历史上，大部分双兵器都是由原来的单兵器演化而来。唐代著名剑术家裴旻的舞剑、李白的诗歌和张旭的草书当时被誉为"三绝"。而裴旻的舞剑则包括单、双剑。诗人苏涣在诗中曾写道："忽如裴旻舞双剑，七星错落缠蛟龙。"这说明双器械在唐代已在民间流行。在历史上有很多人物使用双器械，如宋代的岳云用双锤、小说《水浒》中的李逵使用双斧等等。

双器械可分为双手握持同种器械和握持不同种器械两类。前者如双刀、双剑、双枪、双钩、双鞭、双匕首等，后者如盾牌刀、刀加鞭等。双器械的主要技术方法有劈、刺、扎、抹等。其运动特点是左右兼顾、配合严密、身法敏捷、刚柔相济。按照双器械本身的长短大小又可分为长双械类、短双械类和小双械类三大类别。现就主要双器械按种类介绍如下。

（一）长双械类

由于此类器械的长度比较长，故在双器械种类归属时单独划分为一类。长双器械主要有双棍、双头枪等。其中双头枪又分为单头双枪和双头双枪。

双棍（图4-5-1）：两棍长度一样，一般与持棍者身高差不多。双棍与单棍材料一样，多以木蜡杆为主，但棍根与棍梢粗细不能相差太大。其技法特点有扫、戳、云、舞花等。

（二）短双械类

短双械类器械是相对于长双械类而言的。此类双器械不

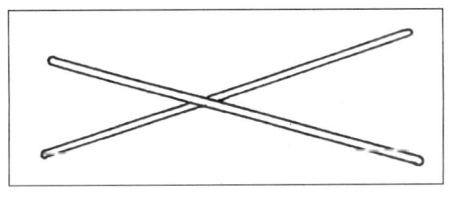

图4-5-1　双棍

仅在长度上和长双类器械不同，而且在技法运用上也另具特色。根据此类器械在外形和技法上的不同，可大致分为刀类、剑类、双鞭类、双铜类、双斧类、双戟类、双钩类、双锤类、双拐类。下面就现代武术运动中较为常见的短双器械加以介绍。

1. 刀类

刀是一种平直、细长、带尖，一面有刃的器械。武术中的双刀是在单刀的基础上发展起来的。双刀的样式和重量较单刀小，便于双手灵活运用。按照刀的外形和所配合的器械可分为双刀、蝴蝶刀、鸳鸯刀、盾牌刀和单刀加鞭等。

双刀（图4-5-2）：是刀术运动形式的一种。泛指左右手各持一刀进行演练的刀术套路。双刀以刀术中的基本动作"缠头裹脑"为主要练习方式。演练时，双手各持一刀，互相配合。要求刀法熟练，配合协调，刀裹全身，连绵不断。其基本技法有劈、砍、扎、挽花等。

2. 剑类

剑是一种平直、细长、带尖、两面有刃的短器械。双剑是剑术运动形式的一种，泛指左右手各持一剑进行演练的剑术套路。主要剑类双短器械有双剑、少林子母鸳鸯剑、龙凤双剑等。

双剑（图4-5-3）：根据剑身所佩剑穗长度，可分为短穗双剑和长穗双剑两种。短穗双剑突出剑法的迅速连贯和变化多端；长穗双剑则突出双穗随剑抡舞摆动，剑与穗浑然一体。双剑的演练要求左右协调配合，既不可散乱无章，又不能叠合碰撞。双剑的动作以立圆挂穿和挽花、平圆上云剑为主，也有撩、架、劈、刺等剑法。

3. 双鞭、双铜、双戟类

此三类器械在形态结构和技法上有相同之处，故归为一类。

双鞭（图4-5-4）：铜或铁制成，竹节形，故又称"竹节双鞭"，使用时双手各持一把。鞭长一般为1米，也有长至1.4米者。其技法主要有摔、点、截、挡、盘、扫等。

图 4-5-2 双刀

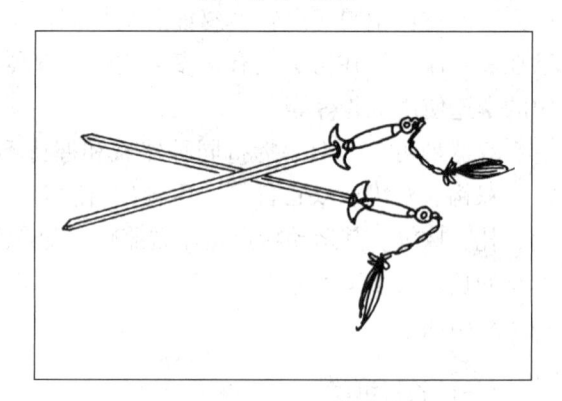

图 4-5-3 双剑

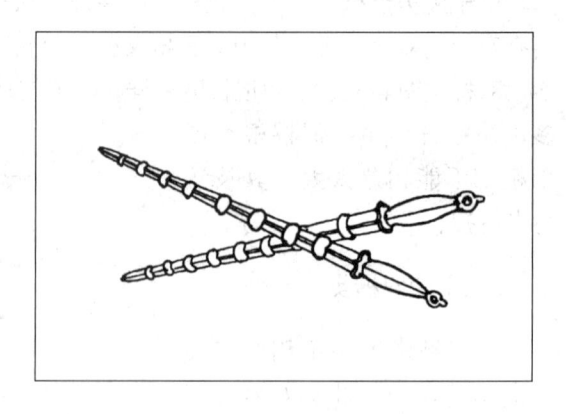

图 4-5-4 双鞭

双锏（图4-5-5）：为近代铜或铁制成的短器械之一。锏的四面向内凹陷，故有凹面锏的别称。锏的大小因人而定，一般长度在65~80厘米之间。其技术方法和双鞭相似。

双戟（图4-5-6）：属双短器械。戟两端带尖，戟头形似枪头，其中一端戟头一侧由横梗连接一有刃的月牙刀。戟上悬有彩绸。双戟长3~4尺不等，视用者体力而定。演练时两手各持一戟。保持月牙锋口始终朝外，其技法有点、刺、扫等。

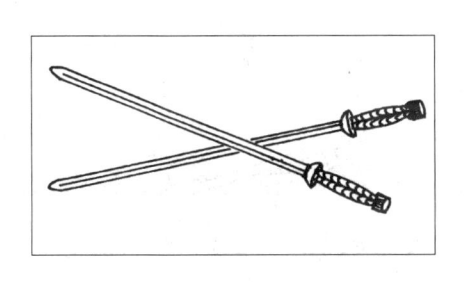

图 4-5-5　双锏

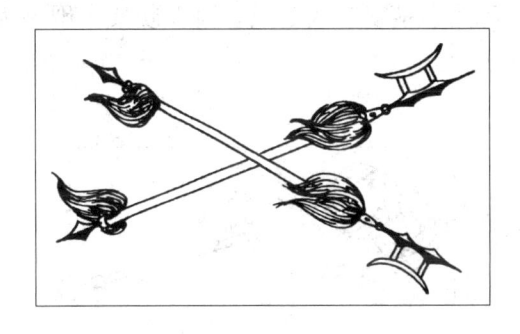

图 4-5-6　双戟

4. 双斧类

双斧（图4-5-7）：斧是一种以劈砍为主的器械。起源于原始社会的石斧，随着生产力的发展，先后改用铜、铁制成。斧口一般呈半月形（也有呈正方形的），宽薄而锋利，向后逐渐窄而加厚，最后端呈方锥形，称为斧脑。长柄斧长近3米，短柄斧多为双器械，如双斧。练习时，两手各持一斧，所使用基本技术动作以劈、砍、扫、架等为主。

5. 双钩类

双钩（图4-5-8）：双钩是一种多刃带钩的器械，两手各持一钩进行演练。双钩套路以护手双钩流传较广。护手钩的前端有钩，中段两边有刃，手柄外侧有月牙，柄尾有攒。双钩演练与双刀十分相似。但钩法比刀法要丰富，有刺、挑、撩、钩、挂、抹、带、拉、割、拿、劈等。双钩根据钩头形状的异同，又分为虎头钩、凤头钩、镰钩、梅花钩、鹿角钩等。

图 4-5-7　双斧

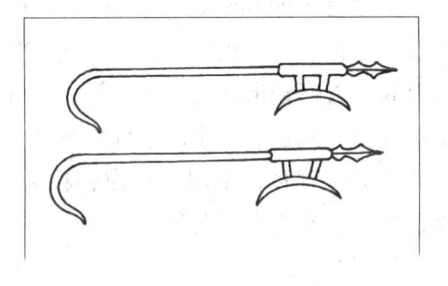

图 4-5-8　双钩

6. 双锤类

双锤（图4-5-9）：锤是由铁或木制成大头，装以木柄，主要用于砸击的重型器械。锤源于原始人的生产工具石锤头，以后逐渐出现了青铜锤、木头锤、铁锤。锤的形状很多，有方头形、长圆形、蒜头形、瓜形、八棱形，还有锤头带刺的"蒺藜"。锤的重量不一，轻者数斤，重者达数十斤。锤柄长短也不同，可大略分为长柄、短柄两类。练习长柄锤，一般是双手持一锤，称为长柄单锤。练习短柄锤，一般是两手各持一锤，称为短柄双锤或双锤。锤以硬架、硬砸为主，常用方法有涮、曳、卦、擂、云、盖、卫等。

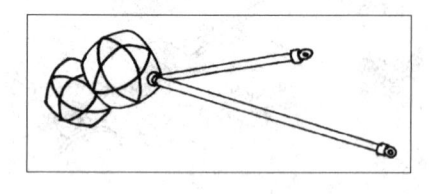

图 4-5-9 双锤 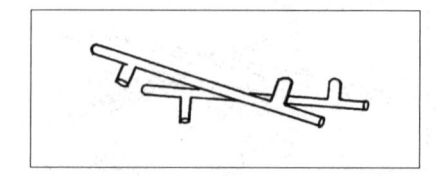　　　　　　图 4-5-10 双拐

7. 双拐类

双拐（图4-5-10）：拐是以坚重硬木制成的器械，由长短不等的两根圆棍制成。按其长度可分为长拐和短拐两类，长拐长约130厘米，长、短两棍皆可为握柄，可两手握持长柄使用，也可单手握长柄或短柄。练习时，各种握法交替使用。短拐长约60~100厘米。演练时两手各持一械，虎口向内握持短柄，长柄贴靠臂外侧。主要方法有劈、撩、拨、扫、架、缠头花。主要技巧在于手握短柄摇转，或转长柄向前撩、劈，或转长柄护贴臂侧以架、格敌械。拐，还可与其他器械配合使用。根据拐的形状异同，又可分为丁字拐、牛心拐、牛角双拐、鸭子拐、浮萍拐、八角拐等。

（三）小双械类

小双械类器械在长度、形状以及重量上较小于短双械类器械。此类器械由于体积和重量小，所以演练动作以手腕和上肢为主，宜于灵活运用。比较常见的小双械类器械有双匕首、峨眉刺、子午鸳鸯钺和乾坤圈等。

双匕首（图4-5-11）：匕首是一种以刺为主、兼能砍击的短小器械。其形似剑，由尖刃、握把、尾环组成。长不超过30厘米。前端有锐尖，两侧为利刃，后端为握柄。双匕首是匕首运动形式的一种，泛指两手各持一匕首进行练习。在演练中，练习者一般两手反握匕首进行。要求两手配合紧密，攻其不意。其中主要有刺、扎、挑、抹、击等技法。还有一种匕首是用石做成，称为"石匕首"。除此外，根据历史的人名，又分化出徐氏匕首、徐夫人匕首等。

峨眉刺（图4-5-12）：峨眉刺也称峨眉针，是武术小双器械的一种，两手各持一刺进行演练。刺端头大多带刃或钩刺等。此械短小，纯用铁制，长约30厘米。两端细而扁平，呈菱形尖刃；中间粗，正中有一圆孔，串联一圆环。练习时两手各持一个，将圆环套于中指上，张开手掌，运用手腕的抖劲和手指的拨动使针刺转动。屈指握住刺体可做穿、刺、挑、扎等动作。另外，和峨眉刺较为相近的还有月牙刺、鸡爪阴阳锐等。

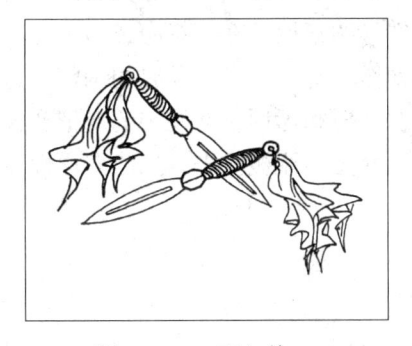

图 4-5-11 双匕首

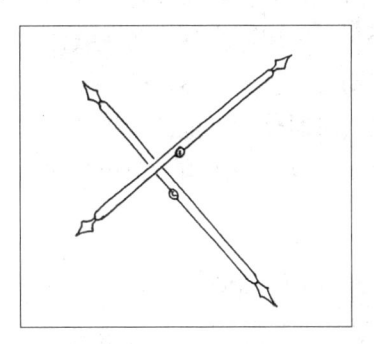

图 4-5-12 峨眉刺

子午鸳鸯钺（图4-5-13）：子午鸳鸯钺是一种多尖、多刃的小器械，属八卦掌系，也叫日月乾坤剑，又名鹿角刀。此械双钺互抱，形似阴阳鱼，故名冠子午、鸳鸯或乾坤。子午鸳鸯钺的招法由八卦掌法衍化而成。练习时，双手各持一械。其运动特点表现为旋转连环、舒展翻绕、灵闪巧变。其基本技法讲究钩挂擒拿、拉割挑扎、削攒劈刹、抹撩带化十六字。其技击精要在于以短取长。对练套路有鸳鸯钺对剑、鸳鸯钺擒枪。

图 4-5-13 子午鸳鸯钺

二、技法特点

（一）长双械类和短双械类

1. 双手配合，攻防兼顾

双器械最明显的特点就是双手持械同时练习。这就决定了这类器械在技击中具有攻防合一的技术功能。在演练中，持械者往往一手持械做各种技击动作，另一手持械防守，从而具有攻防兼备的特点。如双刀，持刀者既可以同时用双刀进攻，又可攻守兼顾，从而具有特殊功能的器械效用。但是攻防兼顾的效果好坏是由持械者的运用熟练程度而决定的。因此，双器械非常强调两手的协调配合，因为双手配合的协调程度直接影响着发挥此类器械的效用。像双钩，其平抹、点、钩等技击用法完全依靠双手的紧密配合来完成。特别是在套路的练习中，对这种手法运用的要求就尤为显著。

2. 把位多变，技法多样

对于长双械和短双械类器械，另一个比较突出的技术特点是器械把位的变化。把位的变化是运用这一种类器械技法多样的重要条件。如双枪，在演练中，为了完成不同的技术动作，就要求器械的位置和方向随时根据动作本身的需要做及时的调整，这就需要持械人对器械的握把的位置和方向有一个较好的掌握和运用，双枪中的换把变长攻击为短攻击、双拐中的前后把位变化等都说明了把位变化为器械技击方法的多样性奠定了基础。

（二）小双械类

1. 轻快敏捷，出其不意

小双械类器械和长双械类器械在运用和技法上有不同之处。此类器械一个显著的技法特点就是技击具有很强的隐蔽性和在较近距离的情况下出奇制胜。小双器械体积一般非常小，并常常有环套于手指上或握于手中，这为进攻的出其不意和隐蔽性提供了条件，而轻快敏捷则是做到出其不意的先决条件。因为小双械类器械本身所固有的特点，所以其各种技术动作必须靠步法与身法的高度灵活敏捷来完成，如步法的蹲、蹦、跳、跃等。同时，此类器械虽然在攻防意识上没有长双器械和短双器械的刚猛特点，但是其携带方便和隐蔽性的功能为其提供了一定的发展空间。

2. 手腕多变，以快制慢

小双器械没有把位的变化调整，但是手腕的灵活多变为此类器械技法的多样性提供了条件，如峨眉刺很多技术动作都是依靠手掌的突然张开和手腕的猛然抖动完成的。因此，手腕和器械结合运用的熟练程度直接关系到各种技击方法能否得到充分的发挥。在此类器械套路的演练中，器械往往通过持械者的突然手法的变化和手腕的配合来表现出奇不意的演练技术风格。同时，正因为此类器械具有上述这些特点，所以使小双器械得以发挥以快制慢、以短制长的功能。

三、基本动作及方法

双器械是双手同时进行操练的一类武术器械，在演练时双手各持一械左右配合同时练习。因此，双器械不同于单器械的操练，它注重于双手的紧密配合。要求不经常用于进行操练器械的左手与右手具有同等程度灵活的操练技巧和功能。所以，在学习双器械的初级阶段必须对此类器械的基本动作和方法有一个基本的认识和掌握，以便更好地掌握双器械的演练技巧和方法，从而在相对较短的时间内熟练地掌握此类器械。根据双器械的形态物质结构和器械本身的技击特点，可将其基本动作分类如下。

（一）双棍类

1. 左右背花

技巧性棍法。单手背花是右手握棍身中段，先在身后舞转一立圆；再转身向前舞一立圆。双手的左右背花和单手的左右背花相似，只是两手同时进行，一只手在体前舞花，另一只手在背后舞化（图4-5-14~16）。

图 4-5-14

图 4-5-15 　　　　　　　　　　图 4-5-16

2. 立舞花

技巧性棍法。两脚前后错步站立，单手或双手靠近并握棍身中段偏后，在身体两侧做连续立圆旋绕运动。可在原地和行进间进行。棍的抢转要快，注意两手的配合，立圆抢转要尽量靠近身体（图4-5-17、18）。

图 4-5-17 　　　　　　　　　　图 4-5-18

3. 戳棍

进攻性棍法。根据方位和力点的不同，可分为前戳棍和后戳棍。

（1）前戳棍：双手分别持棍身中段偏后，屈肘握棍把，使棍梢水平向前方直戳，力达棍梢（图4-5-19、20）。

（2）后戳棍：双手分别握棍身，使棍梢由前向下摆至身后，随即双手分别握棍把屈肘内旋，经腋下向后直伸，使棍向后直戳，力达棍梢（图4-5-21、22）。

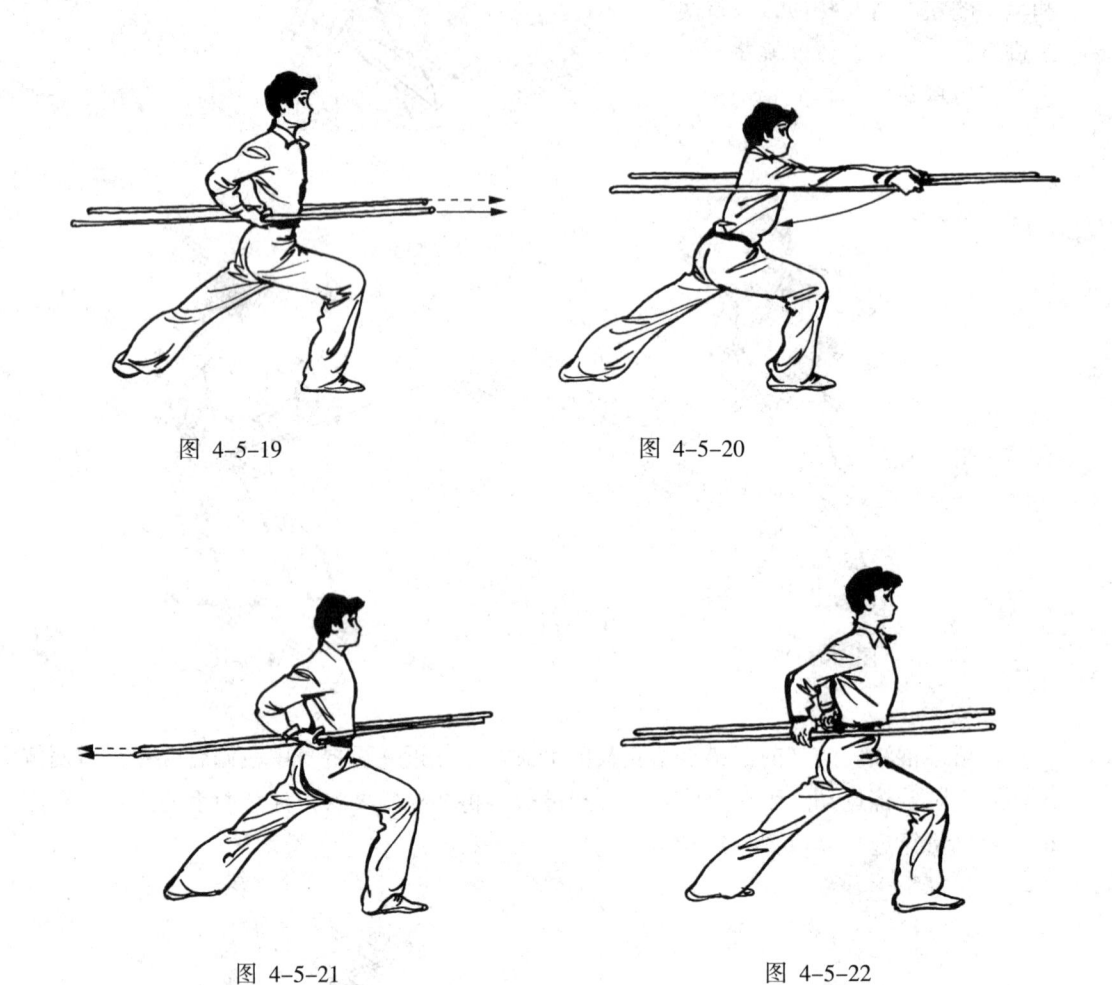

图 4-5-19　　　　　　　　　　图 4-5-20

图 4-5-21　　　　　　　　　　图 4-5-22

（二）双刀类

以双刀为代表器械。

1. 缠裹花

双刀刀花。为双手握刀柄连续缠头裹脑形成的花法动作。双手握刀开步预备，然后做左手缠头（刀尖下垂，刀背沿右肩贴背向左肩缠绕为缠头刀。做缠头刀时，头部要正直，握刀要松活，虎口朝下，使刀背紧贴肩背缠绕，动作速度要快），右手裹脑（裹脑刀与缠头刀运行路线相反）。此为左势（图4-5-23~26），右势做法相同，左右相反。左右交替练习。

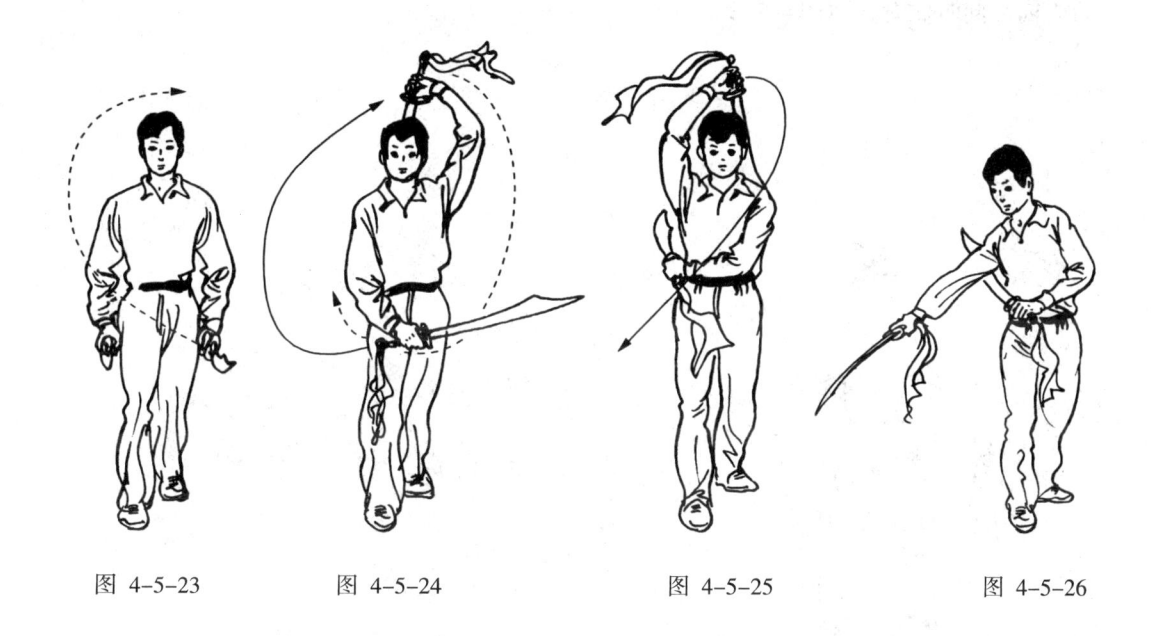

图 4-5-23　　　　图 4-5-24　　　　图 4-5-25　　　　图 4-5-26

2. 裹脑缠脖花

两手握刀柄连续交替裹脑绕脖形成的花法动作。两手握刀开步预备，然后做右裹脑、左缠脖。此为右裹脑左缠脖（图4-5-27~29），可连续进行练习。左裹脑右缠脖，动作和右裹脑左缠脖相同，左右相反。

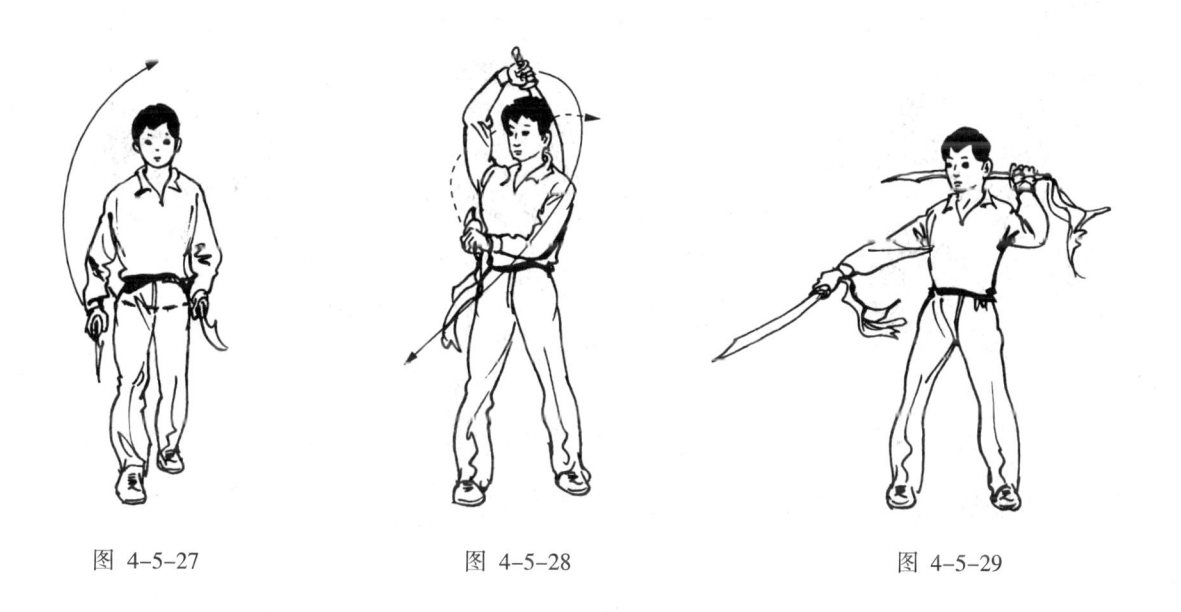

图 4-5-27　　　　图 4-5-28　　　　图 4-5-29

409

3. 双背花

两手握刀柄连续同时做背花形成的挽花动作。两手握刀开步预备，右刀先向前、左刀先向后同时做背花（图4-5-30~34）。

图 4-5-30

图 4-5-31

图 4-5-32

图 4-5-33

图 4-5-34

4. 双提撩花

两手握刀柄连续交替撩刀形成的刀法动作。两手握刀并步预备，右手提撩花和左手提撩花交替进行（图4-5-35~39）。

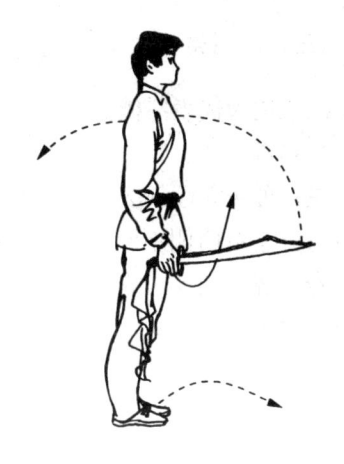

图 4-5-35

图 4-5-36

图 4-5-37

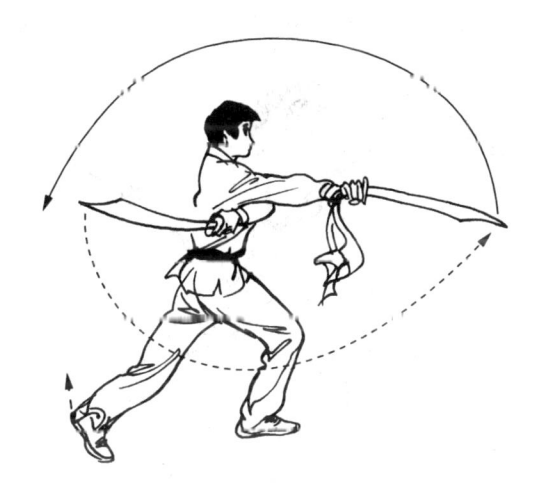

图 4-5-38

图 4-5-39

(三) 双剑类

以双剑为代表器械。

1. 挂剑

是一种防守性剑法。可分为上挂剑、下挂剑、抡挂剑三类。沿身体两侧向后贴身插挂（可分左右两侧不同方位的上挂剑）为上挂剑，沿两腿外侧向后贴身插挂为下挂剑，沿贴身体绕立圆挂一周为抡挂剑（图4-5-40~43）。挂剑要求腰部配合运动，做到立圆、贴身、力达剑尖。

图 4-5-40

图 4-5-41

图 4-5-42

图 4-5-43

2. 撩剑

撩剑分为正撩剑和反撩剑。正撩剑时前臂外旋，手心朝上，贴身弧形撩出，力达剑身前部。反撩剑时前臂内旋，其余同正撩（图4-5-44~47）。

图 4-5-44

图 4-5-45

图 4-5-46

图 4-5-47

3. 云剑

以腕关节为轴，剑在头顶或面前平圆环绕，既可用于横削对方头部或颈部，也可用来避护对方兵刃的攻击。云剑时，可平剑也可立剑，剑身在转的过程中一定要平，剑尖画平圆，手持剑要活、要松，快速发力（图4-5-48~50）。

图 4-5-48

图 4-5-49　　　　　　　　　　　图 4-5-50

（四）双鞭、双锏、双戟类

双鞭、双锏和双戟这三类器械在形态结构和技法上有相同之处，故归为一类。基本动作以双鞭为例。

1. 扫

手持鞭、锏、戟把，器械横平，由身体一侧向前以弧形运动向另一侧横扫，力达器械前部。左右手皆可做此动作（图4-5-51、52）。

图 4-5-51　　　　　　　　　　　图 4-5-52

2. 劈

手持器械后部向前、向下做弧线运动,力达器械前部(图4-5-53、54)。主要进攻目标为对方头、胸等部位。

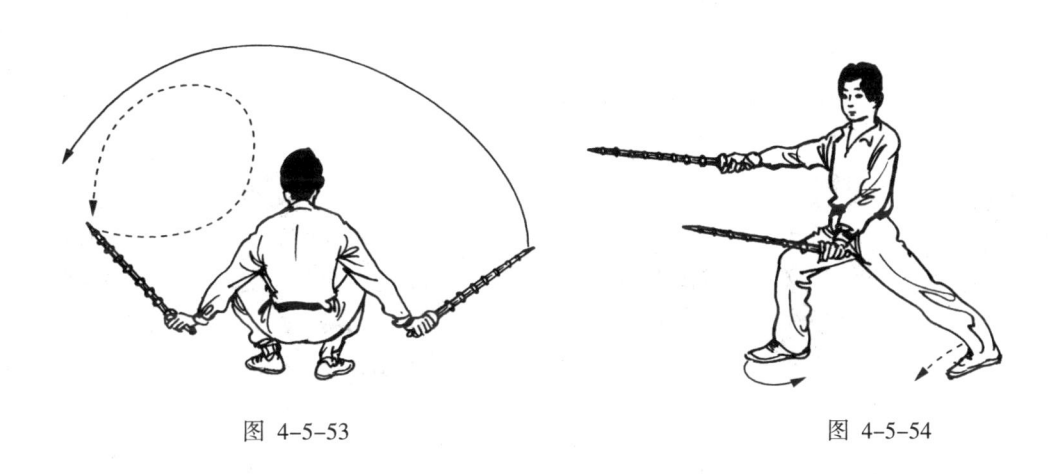

图 4-5-53

图 4-5-54

3. 砸

进攻性方法。双手或单手屈臂持器械中部或后部,由上至下做弧线运动,力达器械前部(图4-5-55、56)。一般攻击对方的头部等。

图 4-5-55

图 4-5-56

(五) 双斧类

1. 剁劈

属攻击性动作。双手持斧由上至下做弧线下落运动。力达斧口（图4-5-57、58）。一般攻击对象为对方的头部、肩部和胸部等位置。

图 4-5-57　　　　　　图 4-5-58

2. 横扫

属攻击性动作。手持斧把，斧刃向外，由身体一侧向前弧形向另一侧横扫，力达斧口（图4-5-59、60）。

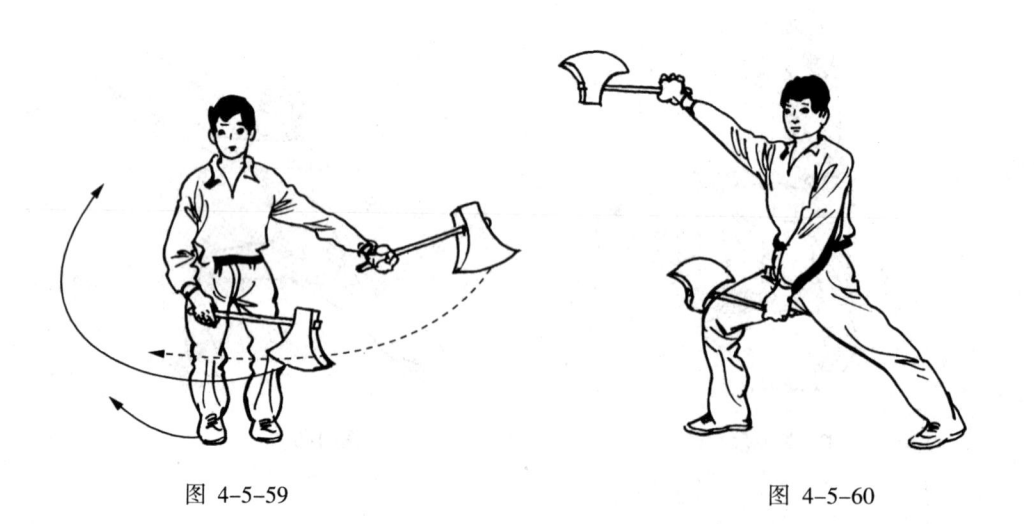

图 4-5-59　　　　　　图 4-5-60

(六) 双锤类

1. 冲

属进攻性动作。两手屈臂持锤把,由胸前向前方做直线运动,力达锤头(图4-5-61、62)。

2. 砸(老虎座窝)

进攻性动作。双手或单手屈臂持锤把,由上至下做弧线运动,力达器械前部(图4-5-63、64)。一般攻击对象为对方头部等。和双鞭、双锏、双戟类的砸法有相似之处。

图 4-5-61

图 4-5-62

图 4-5-63

图 4-5-64

（七）双钩类

1. 撩钩

属进攻性钩法。双手或单手持钩，由后向下沿身体左（右）侧向前撩出。钩在身体左侧撩时为左撩钩，两手左撩钩时，右手须先运行；反之为右撩钩。左撩时要求身体随之向右拧转，右撩时则向左拧转，身械合一，力达钩刃（图4-5-65~67）。

图 4-5-65

图 4-5-66

图 4-5-67

2. 挑钩

属进攻性钩法。两手持钩，钩身直立于身体一侧，两手各持一钩由侧向下经腿前向另一侧上方弧形挑举。钩顶向上，钩月向另一侧，力达钩前刃。双钩由右向左为左挑钩，由左向右为右挑钩（图4-5-68、69）。

图 4-5-68

图 4-5-69

(八) 双拐类

1. 盖

手持拐把，手腕向内旋转，使拐身向前、下弧线运动。力达拐梢（图4-5-70、71）。

2. 转

手持拐短柄，以拐把为轴，使长柄做顺时针或逆时针平圆运动。力达长柄的前部（图4-5-72、73）。

图 4-5-70

图 4-5-71

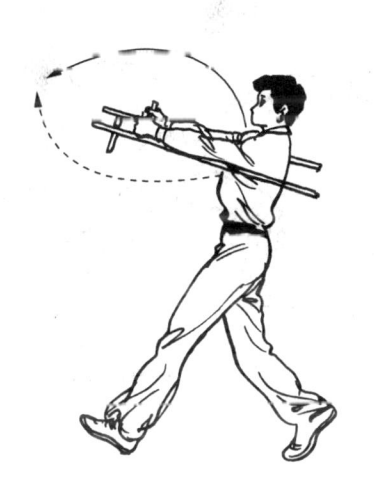

图 4-5-72

图 4-5-73

(九) 小双械类

以子午鸳鸯钺为例。

1. 劈

进攻性动作。手持器械由下向上在身体两侧环弧抢劈。钺刃朝外，力达钺刃（图4-5-74、75）。

2. 抹

双手或单手持器械，器械横平，由身体一侧向前弧形向另一侧横扫，力达器械前部。根据器械的方向分左平抹和右平抹（图4-5-76、77）。

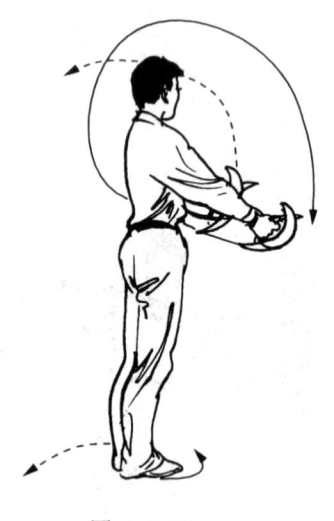

图 4-5-74

图 4-5-75

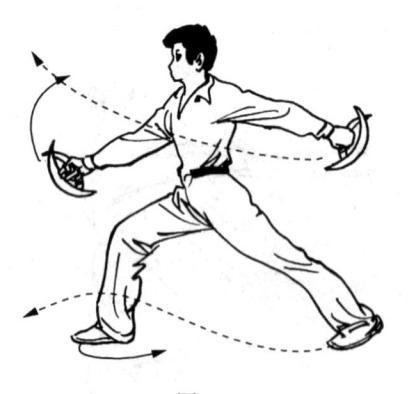

图 4-5-76

图 4-5-77

3. 撩

属进攻性钩法。两手持器械，由后向下沿身体两侧向前撩出。两手在由下向上运动时抖腕配合发力。要求身械合一，力达械刃（图4-5-78、79）。

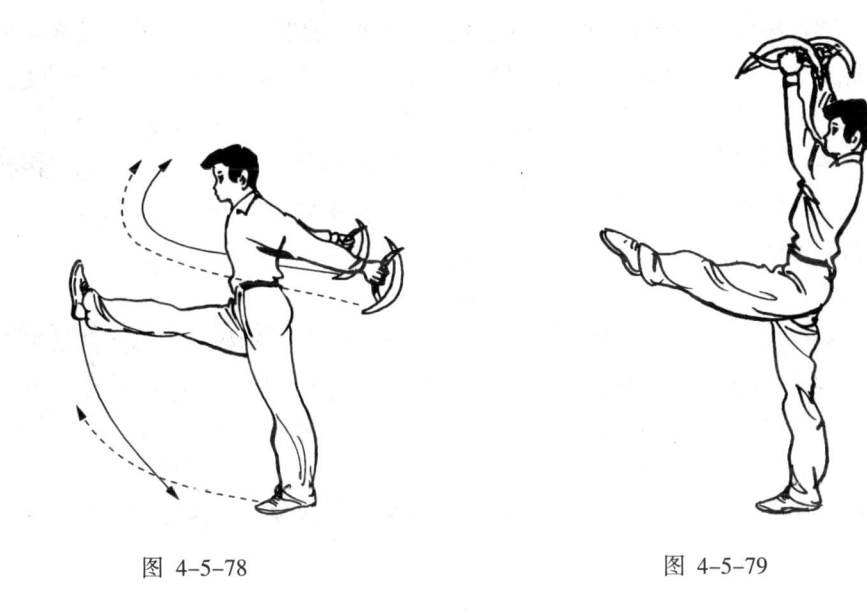

图 4-5-78　　　　　　　　　　　　　图 4-5-79

四、基础练习

（一）长双械类

1. 舞花练习

长双器械中的交叉舞花是此类器械的一项基本练习。在练习时，双手各持一器械，同时进行交叉左右顺时针或逆时针舞花练习。由于长双械类器械受长度因素限制，故在练习舞花时比练习短双类器械难度大。因此，在练习前应进行单长器械的有关基本动作练习，以加强身体部位，特别是手腕对器械变化灵活的高度应变性和适应性。除此之外，在练习立舞花的同时应注意器械运行的路线。应使器械在身体两侧做立圆运动，以免器械接触身体下肢，影响舞花动作的连续进行。常用练习如棍和枪的立舞花、平舞花、提撩舞花等基本动作练习。

2. 步法结合

练习长双器械类时，对步法应有严格要求，一般要求在演练过程中步走直线，这样不仅能提高动作完成的质量，而且可避免身体与器械的碰撞。所以，在学习的初级阶段应加强对步法的练习，使下肢在两手持器械的同时能够保持一定的运动路线。当然，在练习的初级阶段可先采用单器械的各种步法结合练习，为以后快速适应和掌握手持双器械奠定良好的基础。同时，在练习各种基本动作时要注意步法与身体的协调配合，防止顾此失彼的现象产生。

（二）短双械类

1. 挽花练习

挽花也称腕花，是短器械的基本花法。主要挽花有剪腕花、撩腕花和云转花。由于短双器械类在双器械中种类繁多，形状结构也各不相同，所以决定了此类器械挽花练习方法的多样性和相异性，例如双刀中的背腕花、提撩花和缠头裹脑花，双剑的剪腕花，双钩的云转花（如云钩动作）等等。因此，不同短双器械的挽花方法练习也不尽相同。同时，由于在学习短双器械类的初级阶段很多此类器械的套路都是由各种挽花动作和一些攻防性技击动作组成的，所以应以各种短双器械的挽花动作为主要基本练习，以加强对此类动作的娴熟性和动作的规范性，以及提高学习套路组合动作的质量。

2. 组织练习

组合练习是检验掌握短双器械熟练程度的一个标准。大多数套路的完成都是由不同组别的组合构成的，因此，在基本掌握和练习基本单个动作基础上进行必要的组合练习，有利于更快和更好地掌握此类器械和提高学习套路的高效性及兴趣性，以加快对套路练习的掌握。要在套路中完成对组合的练习，在组合的练习中完成对单个动作的训练任务，如各种舞花动作的相互结合，剪腕花接背腕花、左右缠头裹脑舞化、撩腕花接缠头裹脑等。

（三）小双械类

1. 手腕练习

小双器械类器械由于体积小、重量轻，故常常套在手指上或握于手中。因此，很多基本动作的完成是靠手腕的快速抖动和手腕与前臂的相互配合共同完成的。小双类器械套路的连接主要由许多单独技术动作完成，如峨眉刺的抹扎等动作和双匕首的各种技法动作，都是依靠上述作用机制完成的。因此，在学习的初级阶段，尤其在学习单个动作时，要注意对手腕劲力的练习，在学习技术动作的同时要加强对手腕的锻炼。

2. 步法练习

小双械类的步法比较灵活多变，它主要是根据在实战中攻防技术动作的需要而随机应变。其基本动作一般由蹲、蹦、跳、跃等步法结合上肢运用器械挑、扎、撩等动作构成。因此，步法其实是作为上肢演练器械的辅助性技术动作。步法的灵活多变为此类器械技术方法运用的多样性提供了广阔空间，如前跳步下扎、击步接弓步直刺等。因此，在学习过程中要注意步法运用的灵巧性和多变性，把各种步法作为学习此类器械的一个有效的基本辅助练习，从而快速提高对此类器械技法特点的掌握和技术风格的要求。

五、教学要点

（一）双手配合要严密

双器械和其他种类器械的区别之处在于使用双手同时练习，因此，双手互相配合得好坏是衡量技术动作的一个明显标志。如双刀中的缠头裹脑技术动作，如果双手没有很好的配合，那么，所完成的动作质量就可想而知了。因此，在学习双器械的初级阶段，对于双器械的基本技术动作如各种舞花的练习应加以重视以便逐步地提高完成各种复杂的组合技术动作的质量。

（二）把位变化要灵活

在学习双器械时，把位的灵活变化是衡量是否真正熟练掌握双器械的标志之一。在掌握了双器械的基本技术后，把位的运用就显得特别重要。因为很多技术动作的完成需要把位及时灵活地变化才能顺利进行，例如双棍中就有正把、反把、阴阳把等，双拐、双钩中的把位也是非常灵活的。所以，把位调整得不当和延时，就会造成动作之间的不连贯和技击方法运用的失败。因此，在学习和演练此类动作或套路时，应注意在基本技术练习的基础上加强把位变化的操练。

（三）身体与器械要协调

双器械需要身体与器械的高度统一。双器械由于动用了一般人不经常使用的左手，因此，在演练过程中，不但是双手的简单配合，而且是身体本身和神经系统与常规思维的矛盾运动。例如双刀的缠头裹脑动作，如果两只手臂与身体配合得不协调，那么不但会影响动作的正确完成，而且会出现意外受伤。这就要求演练者应使两手臂的运动通过身体自身的惯性运动而作用于器械本身，从而使身法的运动和器械的运动合为一体。因此，在学生进行练习时，应多注意其肢体的协调，避免身体僵硬的动作定型。

(作者：温佐惠　绘图：雷吟时)

第六节　软器械

一、概　说

软器械是武术器械中的一个分类，泛指以各种环、链、绳为中间环节串联而成的器械，如三节棍、九节鞭、绳镖、飞爪等。软兵器在武术兵器发展历史上出现得比较晚一些。从史料中看，北宋时期，在军队中逐渐出现了类似软器械的武器装备。自唐、五代以来，吸收不少居住在我国北部和西北部各少数民族的优秀器械。在宋代出现了关于"十八般武艺"的记载，但无具体内容，在明代的典籍中则有了具体记载。明代谢肇淛所著《五杂俎》中有"十八般：一弓，二弩，三枪，四刀，五剑，六矛，七盾，八斧，九钺，十戟，十一鞭，十二锏，十三镐，十四殳，十五杈，十六钯头，十七绵线套索，十八白打"，说明软器械已经正式流传于民间。同时，在器械的不断发展过程中，软器械日趋完善。特别是在明清时期，软器械以携带方便、出其不意、功能多样而受到武术人士的青睐。而且在武术门派繁多的发展阶段，不同流派所用的软器械也是各不相同的。在历史上曾经出现过许多种软器械，例如有九节鞭、三节棍、绳镖等。但随着社会的发展，一些软器械由于不同的原因而逐渐被淘汰。软器械主要技术方法有扫、挂、劈、穿、腕花、背花等。其运动特点是身法灵活，刚柔相兼，紧密缠身，动作连环，可放可收。

根据器械的连接方式和材料的不同，软器械大致可以分为以下几类。

（一）软械类

泛指以环串数节金属短棒而制成的一类器械。主要代表器械是软鞭。软鞭包括三节鞭、七节鞭、九节鞭、十三节鞭、皮鞭等多种。现代武术运动则以九节鞭为软鞭的代表器械（图4-6-1）。

（二）棍棒软械类

以铁环或铁链连接不同长度的棒棍制成的软器械。主要有三节棍、梢子棍、铁链夹棒等。现以三节棍（图4-6-2）和梢子棍练习者居多。

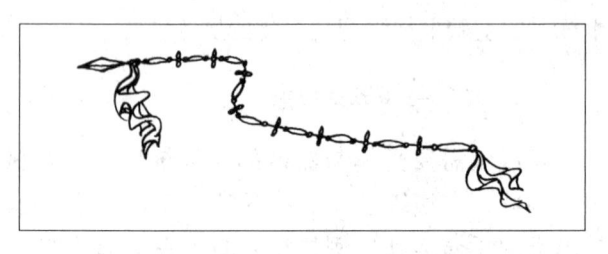

图4-6-1　九节鞭

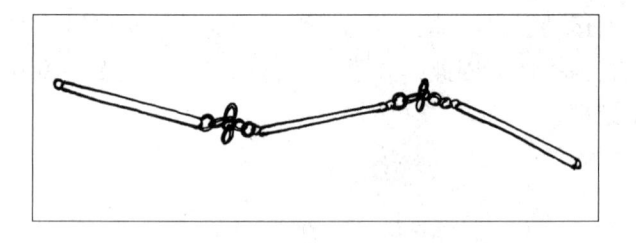

图4-6-2　三节棍

（三）绳索类软器械

1. 镖类软器械

镖是一种将金属镖头系于长绳一端制成的器械，也称甩头一子，属索系暗器，现为武术软器械的一种。主要代表为绳镖（图4-6-3）。

2. 锤类软器械

是一种将金属锤头系于长绳一端或两端而制成的器械，也称飞锤、走线锤，属索系暗器，现为武术软器械的一种。主要有流星锤（图4-6-4）、链子锤等。

3. 其他类软器械

软器械的种类很多，有些现在已经很难见到，如双头链子枪、少林蒙仙网、蛐蜒镋等。

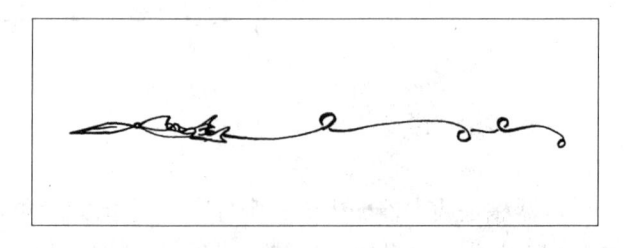

图4-6-3　绳镖

图4-6-4　流星锤

二、技法特点

(一) 手腕灵活

软器械由于本身的特有结构，所以运用起来和普通的武术器械相比有着鲜明的风格。软器械一般都是由材料比较有弹性和韧性的链环或绳等中介物连接，这就决定了手腕操作要灵活，使身体的劲力通过手臂和手腕而作用到所练器械上。如比较具有代表性的软器械九节鞭，其鞭体是以铁环串联九节金属材料而制成的软鞭，所以在演练时手腕运用的劲力必须灵活而合乎器械本身的力学原理，内外运用要巧妙，不论是发鞭、背鞭、接鞭等，都需要手腕劲力的旋转灵活。否则，不但无法发挥器械本身的技法特点，而且容易误伤自己。

(二) 乘势顺力

软器械由于本身所特有的结构，所以注重乘其势而发力、顺其力而变势的技法原则。运动中，软器械多以扫、抢等运动幅度较大为练习动作。动作幅度大、速度快，惯性也大。所以，软器械动作的起动、制动、运转均不如轻小器械便利。因此，软器械练习中既要注意发挥人体腰臂的力量，又要善于驾驭器械的惯性力、重力、离心力等外力。而乘势顺力不但是运用上述外力的技巧与方法，而且也是软器械动作间衔接连贯的关键。例如三节棍在做舞花时，乘棍由上向下之势做下点棍或盖把等；舞花时，也可乘由下向上之势接转身提撩花；在做点棍时，借地面的反作用力，顺势转身舞花。总之，乘势顺力、借劲换势贯穿于软器械的演练始终。

(三) 柔中寓刚

软器械从结构和运用方法上看似乎注重于柔和，而不像其他武术器械如双刀、长刀、大枪等刚猛。但实际上软器械是具有刚柔合一的特征。软器械利用本身的材料性质和人体作用于器械，以及器械本身共同产生的巨大惯性，从而在运动中使器械具有相当大的打击力度。因此，软器械演练具有快慢相兼、刚柔相寓等技法特点，其中流星锤就是比较典型的一种。流星锤是一种将金属锤头系于长绳一端或两端而制成的器械，也称飞锤、走线锤。在演练中，练习者往往将锤通过长绳沿身体某一部位缠绕后将其灵活猛然地投出，击向某一目标，然后以柔和动作将器械收回或使其力向减弱、改变。

(四) 身械合一

武术器械讲究人和器械要两者互相结合，从而充分发挥器械的优势。而对于软器械这一特殊的武术器械来说，人械合一更是其技术运用的关键。比如绳镖由圆周的缠身动作变为直线运动这一典型动作就充分说明了人械合一的重要。也可以说它是使用软器械的精要所在和核心。无论演练哪一种软器械，都必须做到通其理、练其身、运用得法，做到器械与身体的真正紧密配合，使身体与器械本身的劲力融为一体，从而使练习者更好地体会和发挥软器械的本身特点及演练技术风格。

三、基本动作及方法

软器械是一种比较特殊的武术器械，因此，在使用和操作上存在一定的难度。所以，要想较快地掌握和运用此类器械，就必须认真学习其基本动作，掌握使用器械的方法，通过基本功和基本动作的学习，可促使身体各部位得到全面的训练和体验技术与器械本身的统一性，从而提高学习的质量。软器械在使用上虽有所不同，但是作为软器械本身的物质结构特点和运用的力学原理是相同的。其基本动作按种类可分为以下几种。

（一）软械类

以九节鞭为主要代表器械，其基本动作有：

1. 鞭的握把

分为正握把（图4-6-5）和反握把（图4-6-6）两种。

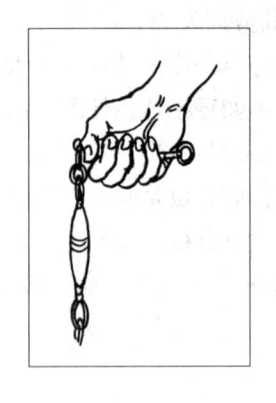

图 4-6-5 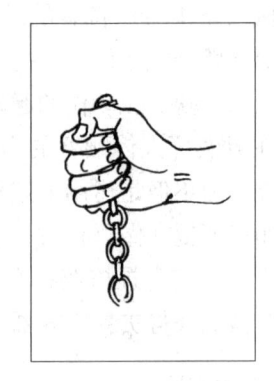　　　　　　　　　　图 4-6-6

2. 缠鞭

鞭术中常用的擒敌技法。在走舞花中寻机顺鞭缠身体某一部位接甩身倒鞭回旋舞花。主要缠鞭有缠脖鞭、缠肘鞭等。现以左盘肘缠鞭为例做一示范，其动作为：

（1）两脚右前左后错步站立，左脚跟提起，右手握鞭把屈肘于身体右侧，逆时针方向贴身立圆抡鞭（图4-6-7）。

（2）鞭头抡至前上方时，左脚向前上步，身体右转90°，右手

图 4-6-7

握鞭把于体前逆时针方向立圆抡鞭（图4-6-8）。

（3）鞭头抡至左侧方时，左臂屈肘上抬，肘尖朝前；右手握鞭把顺势抡至左肘上侧，将鞭体向下缠绕，鞭头继续顺惯性经两腿前向右侧运行（图4-6-9、10）。

（4）鞭头运行至右侧上方时，身体左转180°。左肘随转体向左后方拐带鞭体，鞭头由右上方顺转体之势朝左下方运行，右脚则顺势提起（图4-6-11、12）。

（5）右脚顺势向身体右侧落步，两脚左右开立，略比肩宽，同时右手屈肘于体前贴身立圆抡鞭（图4-6-13）。

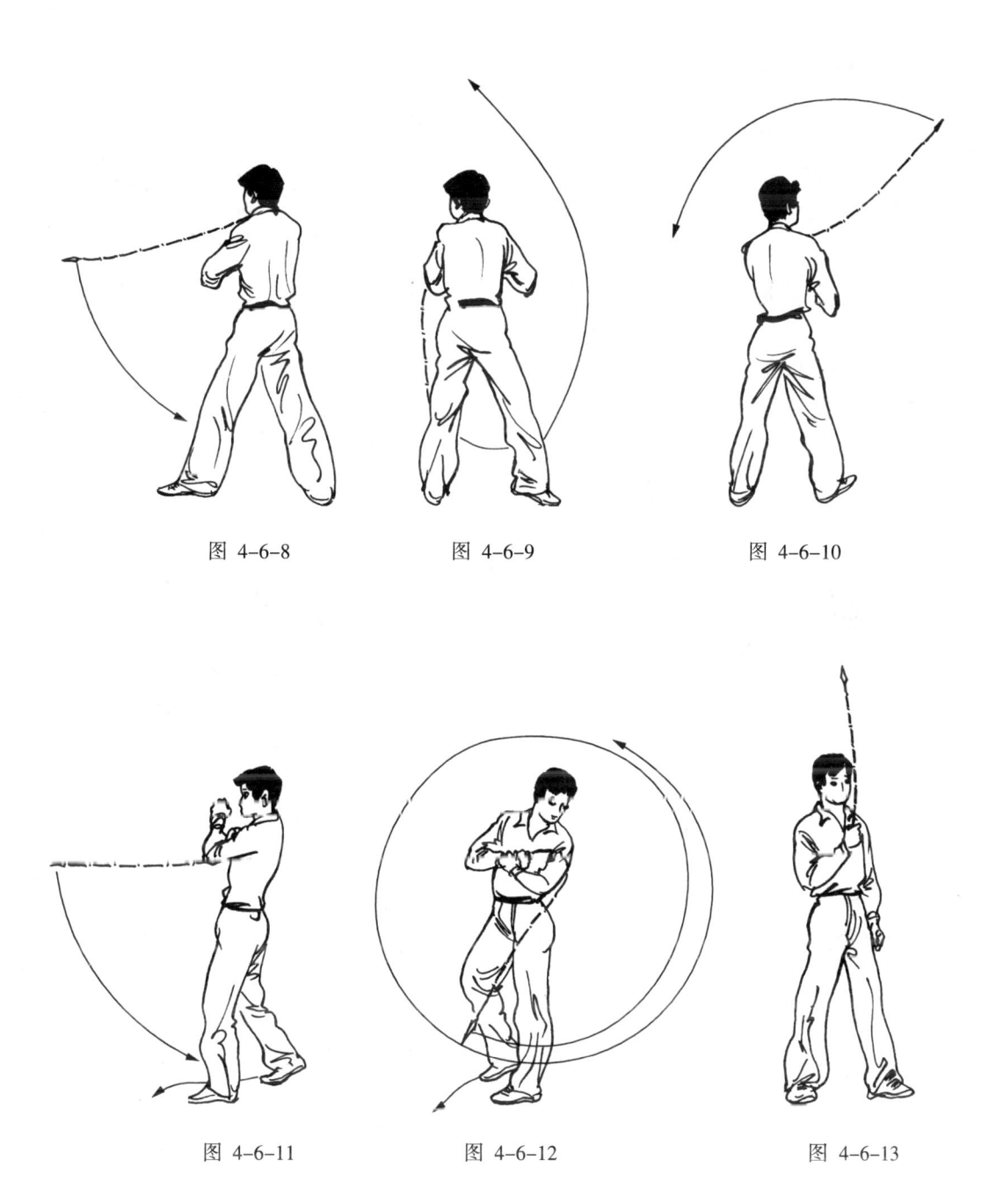

图 4-6-8　　　　　　图 4-6-9　　　　　　图 4-6-10

图 4-6-11　　　　　　图 4-6-12　　　　　　图 4-6-13

3. 扫鞭

进攻性动作。用鞭向下扫缠对方膝以下部位。现以仰身滚动扫鞭为例，其动作（图4-6-14~19）为：

（1）右手持鞭成坐势，左臂向左伸直，鞭头一端搭于左臂上，右手持握鞭把置于左腹前，左腿伸直，右腿弯曲，身体略向左拧转。

（2）左臂将鞭向右前送，上体略含胸后仰；右手趁前送惯力向后于体下反抡鞭一周，当鞭体扫至接近腰部时，收腹抬腿，右脚蹬地，身体腾起，使鞭在身下扫过，右手握鞭把置于右腰侧。

（3）右手持鞭把沿顺时针方向连续抡扫，身体依次前后滚动若干次。随身体滚动，以臂部为轴，身体逐渐沿逆时针方向向右转动。

图 4-6-14

图 4-6-15

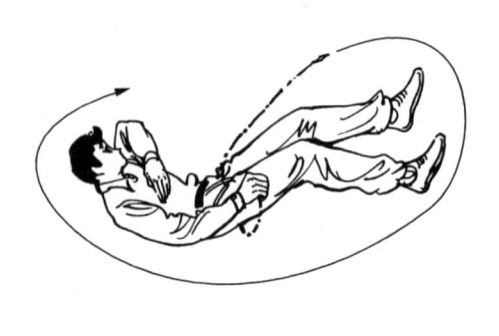

图 4-6-16

图 4-6-17

图 4-6-18

图 4-6-19

4. 舞花（抡鞭法）

九节鞭的舞花是练习器械的基本技法，也是鞭法中护身的重要动作，自起势出鞭到套路结束，舞花贯穿始终。舞花分正舞花、反舞花、交叉舞花。其动作为：

（1）正舞花。两脚右前左后错步站立，左脚跟提起。右手握鞭逆时针方向于身体右侧立圆抡动（图4-6-20）。

（2）反舞花。反舞花抡鞭动作和正舞花抡鞭相同，惟抡鞭方向相反（图4-6-21）。

（3）交叉舞花。交叉舞花是正舞花和反舞花的组合练习，如左右正舞花或反舞花等组合动作（图4-6-22~27）。

图 4-6-20 　　　　　　　　　图 4-6-21

图 4-6-22 　　　　图 4-6-23 　　　　图 4-6-24

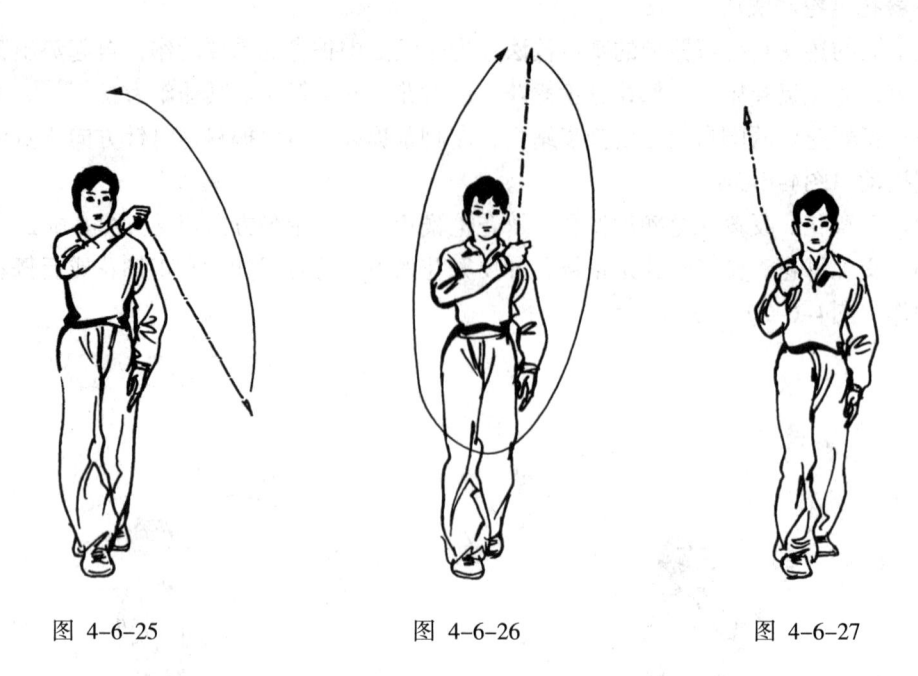

图 4-6-25　　　　　　　图 4-6-26　　　　　　　图 4-6-27

5. 背鞭

九节鞭基本技法。其动作为：身体顺势舞鞭向后，使鞭尖由身后下斜，左臂向外斜展下垂，右手握鞭位于右臂上端外侧，将鞭尽量拉直（图4-6-28~32）。

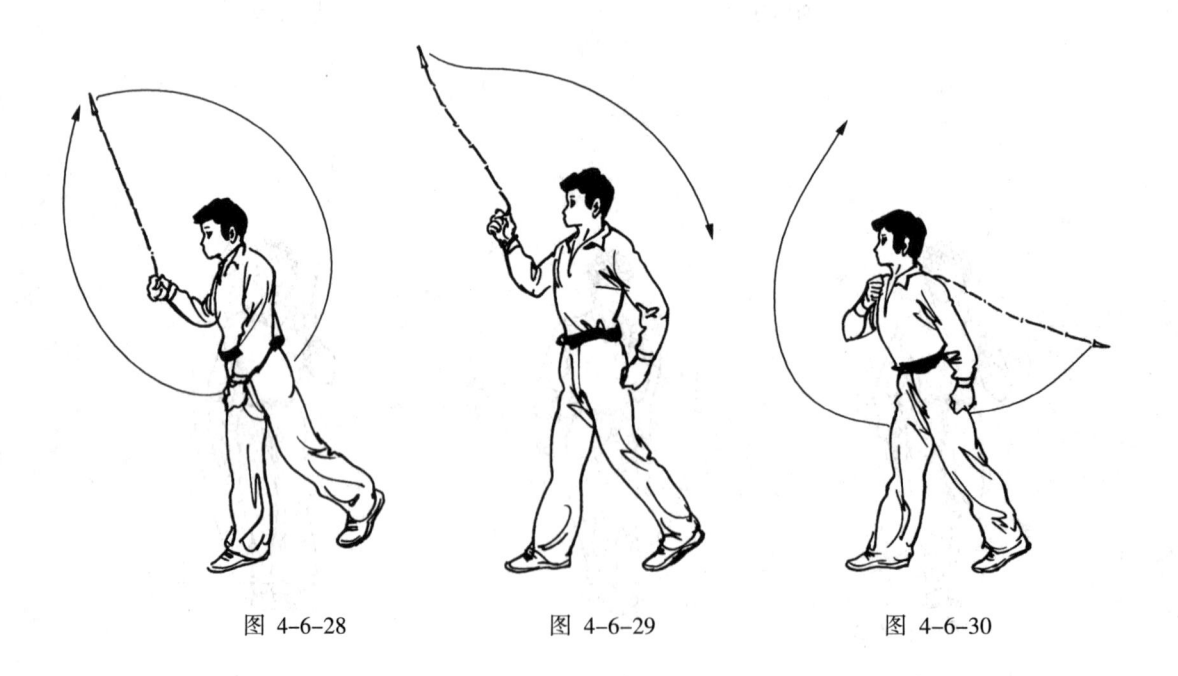

图 4-6-28　　　　　　　图 4-6-29　　　　　　　图 4-6-30

图 4-6-31 　　　　　　　　　图 4-6-32

6. 收鞭

收势时所用的方法。当练完最后一个动作时，收鞭归把使鞭体合拢归于手中钳握。其动作为：右手持握鞭把逆时针方向抡动九节鞭于身体右侧做立圆运动，当鞭头抡至身体前下方时，右手持鞭把内旋，虎口朝前，拳心朝左，右臂伸直前送，微微上挑鞭把。然后右手外旋回带九节鞭，并用右手的无名指与小指将鞭把扣握于手掌上，其余三指伸开，掌心朝上，回收九节鞭。回带鞭体时应顺势屈臂，将力点由鞭把缓慢地贯于鞭头上，使九节鞭从鞭把段开始，一节一节依次由上而下将鞭体收揽于手中（图4-6-33~37）。

图 4-6-33 　　　　　　　　　图 4-6-34

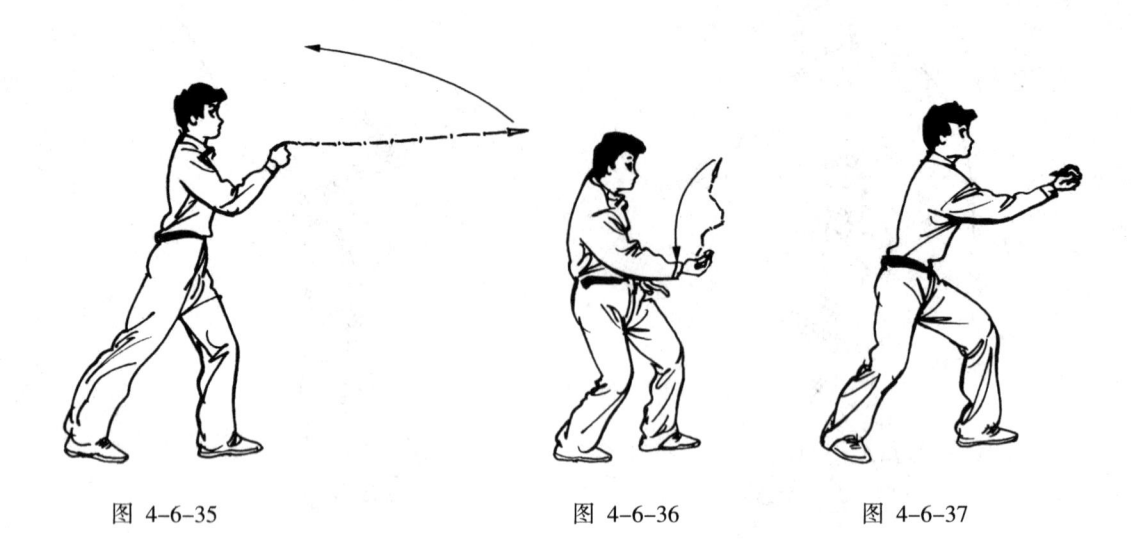

图 4-6-35　　　　　　　　图 4-6-36　　　　　　　　图 4-6-37

(二) 棍棒软械类

以三节棍为主要代表器械，其基本动作有：

1. 三节棍的握把

根据握把的不同位置可分为三种，即把握中间（图4-6-38）、把握一端（可握相连的两节或握一节，图4-6-39）、把握两端（图4-6-40）。

图 4-6-38　　　　　　　　　　　　　图 4-6-39

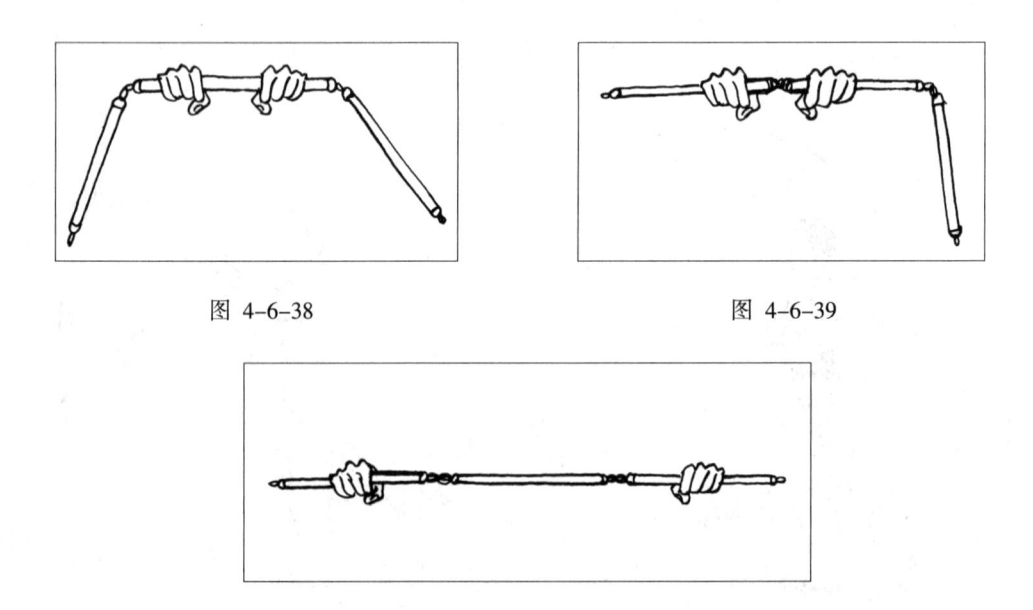

图 4-6-40

2. 舞花

类似九节鞭的舞花动作，分为舞花叠棍、左右叠舞花、单手舞花和倒叠舞花等。现以左右叠花为例做示范，其动作为：两脚前后站立（右脚在前），双手握棍，由上向前再向左下后侧环弧抡转，两手成十字，交叉于身左侧。目视前方。动作不停，双手继续向上环弧抡转。动作不停，左脚上一步，双手握棍继续抡，两手成十字夹叠于左腋下。目视前方。动作不停，右脚尖外旋。同时双手握棍，绕右侧向前环弧抡转，两手成十字叠于右侧方。目视右前方（图4-6-41~44）。

图 4-6-41

图 4-6-42

图 4-6-43

图 4-6-44

3. 云顶插花

双手持三节棍中间一节，左右手连续交换在头顶上方或在背上做平圆运动。其动作为：两脚平行站立，身体前倾，弯腰，两手在背部上方或头顶上方握持三节棍中间一节，两手手腕用力顺时针或逆时针方向旋转，连续舞动器械（图4-6-45）。

4. 收棍（仙人收宝）

一般是三节棍套路的收势动作。左手向里甩棍收回一节，右手握棍，两手握棍在身前。动作不停，右手棍向内叠，收回后双手托棍（图4-6-46~48）。

图 4-6-45　　　　　　　　　　图 4-6-46

图 4-6-47　　　　　　　　　　图 4-6-48

（三）绳索类软器械

以绳镖为代表，其相同的基本动作有：

1. 抛击

直线运动的攻击性动作。常常在缠绕后做抛击动作。经缠绕的绳镖可以从颈、肘、腿、脚等部位打出，也可以从手中直接发出，如魁星踢斗。其动作为：

（1）两脚右前左后开步站立，两手握绳镖，使之落于身体前下方，右手将绳镖稍拉直。

（2）右脚前伸至绳镖前，而后向下、向后点踏绳镖，将镖头回弹至右脚背上。

（3）借镖头向右脚背上回弹的劲力迅速将右脚向前弹踢，脚尖内扣，脚面绷平，将镖发出打平，左脚支撑身体重心（图4-6-49~51）。

图 4-6-49

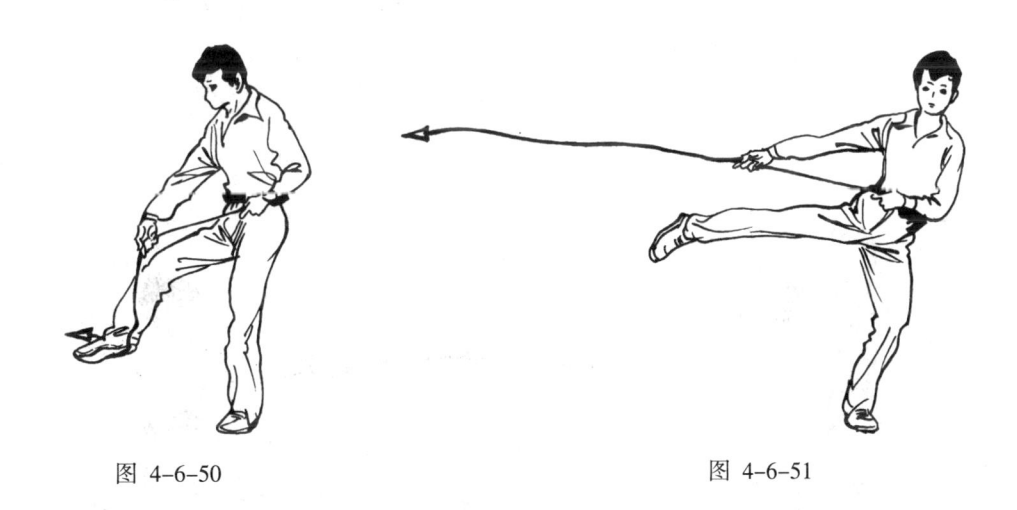

图 4-6-50

图 4-6-51

2. 缠绕

连接金属的长绳围绕躯干或某一部位（例如头部、躯干、四肢）缠绕几周后所做的圆周运动。在缠绕过程中，无论往身体的哪个部位缠绕，都要求立抡成圆，绳镖贴身，准确到位。同时，缠绕必须是活扣，否则将无法连接下一动作。如金丝缠臂，其动作为：

（1）两脚左前右后错步站立，右脚跟微提起，身体重心略前移至两脚间。右手正握镖绳，于身体右侧逆时针方向立圆垂直抡绳。

（2）镖头行至体前上方时，上体微向左拧转，右脚遂前上一步。右手持绳镖由身体右侧顺势移向左侧逆时针方向立圆抡动一周。

（3）镖头行至身体左侧上方时，左臂外展，左手内扣于左胸前，手心朝下，虎口侧

435

朝胸，镖绳由左肘关节处逆时针方向缠绕两周。绳镖缠绕近两周时，镖头朝向发镖方向，接做发镖动作（图4-6-52~55）。

图 4-6-52

图 4-6-53

图 4-6-54

图 4-6-55

3. 收接

抛击动作后需要将器械快速收回，由直线运动变为缠绕的圆周运动，这一过程称为收接动作。它既是前一个完整动作的结束，又是下一个新动作或重复动作的开始。具体要求是：当镖头打到顶点时会受到制动，此时应立即收镖。同时应注意右手发镖时不要撒手离开绳镖，须将拇指和食指、中指对撑成筒状，绳镖在其间可任意滑动。这样在收镖时，可顺势将绳镖在手中迅速滑落到固定位置，做到快放巧收（图4-6-56、57）。

图 4-6-56　　　　　　　　　　　图 4-6-57

四、基础练习

由于软器械具有相对特殊的结构特点，所以在学习此类器械时，必须进行基础练习，从而在掌握基本动作的基础上进一步学习软器械组合动作或套路。由于软器械不同种类器械之间的演练方法和手段不尽相同，所以仍将此类器械分为三类来叙述其基础练习方法。

（一）软械类

1. 舞花组合练习

由于软器械许多技术动作都是在各种舞花中完成的，因此，在学习的初级阶段，必须手持器械做单个舞花的练习，如正舞花或反舞花和交叉舞花。演练时，一定要注意脚走直线和使器械走立圆的运动。同时身体要保持平衡，避免随器械出现多余的晃动和摆动。这是掌握此类器械的第一步，也是非常重要的一步。在上述演练基本舞花动作熟练后，可以进行一些简单的组合练习，如左右骗马（鞭从腿下经过）、背鞭接转身舞花、左右玉带缠腰等。

2. 左手动态配合

由于此类软器械的结构方式和材料具有特殊性（如九节鞭），故在练习以舞花为基础的各种组合动作时，左手和器械动态运动的灵活配合就尤为重要。例如缠鞭中缠腕舞花接转身回旋立舞花动作，缠腕时左手须顺右手持器械运行中的惯性力，双手配合完成。同时，应注意左手腕的搭鞭动作不能影响器械本身运行的速度，要借器械惯性力和手腕劲力共同来改变器械运行方向而完成转身动作。所以，在练习此类器械的基本动作时，应加强左手与器械运动时的动态配合，提高各种组合动作完成的质量和整体配合的演练风格。类似的组合动作还有左右玉带缠腰、虚步背鞭接转身舞化等。

（二）棍棒软械类

1. 舞花练习

舞花练习对于棍棒类软器械来说，仍是其主要的基础练习动作。其舞花除了正舞花、反舞花和交叉舞花外，还有左右叠花、单手舞花和背舞花等。因此，舞花练习在此类器械套路的演练中占有相当大的比重，同时也说明学习任务的艰巨性和复杂性。在练习上述各种舞花的同时，要注意身体与器械本身的配合。如三节棍的背舞花，要求弯腰、低头，使身体上部呈水平，两手交叉在背上做平圆的舞花动作。这就要求身体与器械在时间和空间上做到默契的配合才能顺利完成。

2. 把位练习

正是由于棍棒类软器械的舞花种类较多，所以决定了各种技术动作运转的核心在于对器械把位的灵活运用。例如三节棍，其握把位置就有三种。在练习中，通过演练者灵活地变换双手持把的位置而完成各种复杂的技术动作，如单手舞花演练中的脱手和交替握棍、舞花接收棍时的把位变换等。所以，把位的灵活运用是练好此类器械的基础和保障。同时，正确地掌握此类器械的握法及其变化，不仅对快速地掌握此类器械有较好的帮助，而且对练习者自身也能起到一定的保护作用。

（三）绳索类软器械

1. 单个动作

绳索类软器械的套路多由一些单个动作组成，因此，在学习此类软器械时，其基本练习大多以单个的动作练习为主，如绳镖的招势朝天一炷香、胸前挂印、青龙出水、张飞骗马、黑狗钻裆等。所以，在学习此类器械时，应以单个动作为主要练习内容，加强对单个动作的掌握，为进一步学习套路奠定基础。

2. 缠绕抡抛

在软器械类中，绳索类软器械是难度比较大的一类器械，因此，在演练此类器械时（例如绳镖），身体要与器械充分接触。连接金属镖头的长绳往往围绕身体躯干或身体某一部位（例如头部、四肢）缠绕几周后将镖头抛出去，故器械与身体的缠绕是学习此类器械的常用基本练习。另外，此类软器械套路中的衔接动作以各种舞花为主。舞花技术动作要求和软械类基本相同，如正舞花、反舞花等。除此之外，在初练阶段应该注意安全，如镖头可采用其他替代物，像沙袋、布袋等。

五、教学要点

（一）感知器械

软器械力点复杂多变，力度、动作很不容易控制。因此，对器械本身的物质结构和力学特点应明其理，知其法。如九节鞭的"背鞭"动作，演练者必须知道鞭身在相对时间内所处的空间位置和方向，再如绳镖的抛击动作和三节棍的空中抛接棍等。因此，要多注重基本动作的练习，加深对器械本身的感知能力，才能快速而正确地掌握此类器械的用法，加快对此类器械套路的学习进度。

(二) 循序渐进

"千里之行，始于足下"。正因为软器械的特殊属性，才说明了掌握软器械需要按部就班，一步一步来，急于求成只能是拔苗助长。如九节鞭的缠脖动作，要求鞭在人体颈部缠绕一周后再连接舞花，对于初学者来说这是比较困难的。因此，必须遵循人们认识和掌握事物的规律办事，由易到难，循序渐进。先反复练习一些简单易做的抢绕动作，然后过渡到复杂多变的技术动作。对此，要注重练习的连贯性，注意分阶段按不同难度和组合等训练方法来进行，尤其重要的是要持之以恒，这样才能有所成功。

(三) 及时纠正

在学习动作的初级阶段，一定要做到有错误动作及时纠正，防止错误动作定型的出现。如在练习九节鞭时，许多人脚部运动路线易走曲线，对于这种错误动作就要及时纠正，加强步法的练习，否则就会严重影响以后正确动作的形成。这就要求教师在教学时认真负责，一丝不苟。同时也要求学生在学习时具备实事求是的态度和不耻下问的专学精神。比较常用的教学方法有个体比较法（不同个体之间的动作正误差异对照）、动作示范法（教师或学生的正确动作示范）、自我纠正法（采用镜子等辅助物来对照本身动作正误）等。

(作者：温佐惠　绘图：雷吟时)

第五章　对练与集体项目

第一节　对练的起源与沿革

武术在我国历史悠久，具有广泛的群众基础，是我们祖先在实际生活中不断积累和丰富起来的一项宝贵的民族文化遗产。马克思主义认为，人类生产活动是最基本的实践活动，是决定其他一切活动的。武术的发生，从一开始便是由生产所决定的。武术对练是武术项目之一，它是在各种武术单练项目的基础上，两人或两人以上，按照攻防格斗规律和预先编排好的套路所进行的假设性实战练习。包括徒手对练、器械对练、徒手与器械对练。

徒手对练是对练的一种，它是在人类生活实践中逐渐发展起来的。氏族公社时代，部落与部落之间经常发生战争，战争中击远则用弓箭、投掷器，一旦箭、投掷物用尽，或武器脱手，就要徒手搏斗，使用拳打、脚踢、躲闪、扭摔动作。激烈的生存搏斗，要求人们掌握一定的攻防格斗技能，并经过实践检验自觉而熟练地运用这种攻防格斗技能，这就是徒手对练起源的基础。

历史上的荆轲刺秦王记载了空手对匕首的搏斗场面（《史记·刺客列传》）。三国时邓展善手臂，晓五兵，能空手入白刃。但这些都不是对练套路。汉代的歌舞戏《东海黄公》根据剧情需要融入了空手夺刀的对打。到了宋代，出现了勾栏瓦舍"女飐数对打套子，令人观睹"（《梦粱录》）。宋代把对练称"打套子"，有枪对牌、剑对牌等。如《东京梦华录》卷四载："由两人出阵，对舞如击刺之状，一人做奋击之势，一人作僵仆。出场凡五七对，或以枪对牌、剑对牌之类。"可见，当时的对练内容相当丰富。元代严禁百姓习武练艺，但在戏剧中套路技术仍有所保留，部分单练、对练等套路技术得以留存下来。明代称对练为"舞对"。"舞对"共分十等，每等都有明确的质量规定，从力度、击法、速度、配合熟练程度等诸方面加以严格考核，以衡量其技艺等级。这是对练逐步走向规范化的具体例证。民国时期的精武会曾设教潭腿、合战等拳术对练二十多路，以及对枪、单刀对大刀等器械对练五十多路。1936年第11届奥林匹克运动会在柏林举行，中国派出代表团中的国术队，先后在汉堡、柏林、法兰克福和慕尼黑进行表演，每场都博得观众的热烈赞誉，不少项目要返场两三次，尤其是空手夺枪这一对练项目，常常要重复五六次，在世界竞技体坛展示了风采。

新中国成立后武术获得新生，对练项目受到重视。从1958年在北京举行的全国武术运动会到1976年在哈尔滨举行的全国武术汇报表演大会的历年比赛中，均设有对练的表演项目。

在1979年第4届全运会上，对练第一次被列为比赛项目。以后的历届全国比赛直到第9届全运会，对练一直是竞赛项目之一。在此期间，由国家组成的武术代表团，多次出国访问表演。在表演中，对练起到了举足轻重的作用。其中具有代表性的比赛和表演的对练项目有：天津队和山西队的三人对打拳，安徽队的空手夺匕首，河北队、宁夏队的空手夺枪，河南队的双刀进枪，山东、浙江队的三节棍对棍，吉林队的手梢子进枪，河北队的对刺剑，四川队的单刀进双枪，天津队的扑刀进枪等。他们在演练中动作逼真，攻防紧凑，配合默契，难度较大，技艺高超；内容有创新，演练水平较高，把武术徒手和器械对练推向一个新的发展阶段。

第二节　徒手对练

一、基本要求

武术的徒手对练是以技击动作为主要内容、以套路形式所表现的两人或两人以上按照攻防格斗规律和预先编排好的套路所进行的假设性的徒手实战练习。从这个意义上说，技击是徒手对练的本质属性，用套路形式来表现是它的运动方式。

（一）提高单练水平

要想练好徒手对练，首先要提高不同拳种的单练水平，有时甚至要从不同拳种的基本动作、基本功抓起，这样才能演练好对练。

（二）运动员必须具备相应的素质

1. 良好的武德和坚强的意志品质。
2. 配合默契的协调能力。
3. 时间感觉、空间感觉和本体肌肉感觉要好。
4. 反应快，动作快，判断快。
5. 进攻、防守、还击的能力强。

（三）应做到"德为艺先"

武术作为一种技击技术特别要求练武之人必须具有仁爱之心，要有良好的武德规范。"武以德立"，"德为艺先"，把武德放在首要位置是武术约定俗成的信条。武术攻防格斗技击功能，是一种战斗技术。这种技术，既可以用来保家卫国、防身自卫、除暴安良、匡扶正义，也可以用来逞强斗狠、欺压别人、伤害无辜、行凶作恶。为了正确运用武术的技击功能，必须把我国优良的传统伦理精神融合到武术之中，作为行为规范来促使习武者养成良好的道德习惯。

（四）对攻防意识的要求

徒手对练虽然是按照攻防格斗规律和预先编排好的套路进行假设性的徒手实战练习，但它也要求演练双方表现出良好的进攻和防守的意识。武术对练本身是以技击动作为主要内容，这样就要求练习对练时要做到有战斗气氛，打斗逼真，动作熟练。做进攻动作时要做到速度快、力点准，在防守时要做到动作顺、方法巧，还击快。如对方右摆拳打过来，我用左臂格挡，用右直拳快速打击对方面部，做到防守还击连续进行，这样才能攻防合理，意识逼真。虽然这是假设性实战演练，但让人们感觉到是逼真的实打格斗。

（五）突出拳种特点，按拳种基本要求演练

中国武术博大精深，内容非常丰富，仅拳种就有129种之多。因此，很多拳种在演练时动作、方法、风格特点是不同的，练习各种拳术对练时，也必须按照不同拳种的规律、特点来进行。如在练习长拳对练时，要做到手捷快、眼明锐、身灵活、步稳固、精充沛、气下沉、力顺达、功纯青、四击合法、以形喻势，同时要多体现出蹿、蹦、跳跃、跌扑、滚翻动作。在技击上强调长击速打，主动出击，以快制慢，以刚为主。当然，在演练长拳对练时还特别要强调距离感和时间差。就距离而言，演练时如果过远，打不到对方，使动作过假，不逼真；如果过近，动作就做不出来，发挥不好。因此，演练时必须掌握距离，同时还要处理好时间差的问题，这在对练中也是非常重要的。

二、基本技术

（一）拳法技术

1. 左右冲拳

右脚微蹬地面，重心微压前脚，同时出右拳向鼻尖方向直线出击，腕直，力达拳峰，直线回收，回到预备姿势。

2. 左右贯拳

（1）力从腰发，腰绕纵轴向左（右）转动。
（2）贯拳发力肘，臂微屈，肘尖抬与肩平。

3. 左右抄拳

重心略下沉，是为了更好地利用前脚蹬地扭转的反作用力，加大抄拳力量。动作要连贯、顺达，用力要由下至上，腰向右转动，发力短促。

（二）腿法技术

1. 左右弹腿

右（左）腿直立式稍屈，左（右）腿提膝抬起。绷脚尖以脚尖向前弹出，力达脚尖。

2. 左右踹腿

右（左）腿略屈支撑保持弹性，左（右）腿屈膝抬起靠近胸部，大小腿夹紧，脚尖勾起，小腿外摆，脚掌正对攻击目标，展髋、挺胸向侧踹出，力达脚掌，身体侧倾。

3. 左右转身后扫腿

左（右）脚向前上步，脚尖外展，腿屈蹲支撑，同时以头领身，向左（右）后转身360°，右（左）腿直膝横扫，脚面绷平内扣，力达脚掌内缘。

4. 伏地后扫腿

左腿屈膝全蹲，前脚掌为轴，两手右后方扶地，上体向右后方转体一周，展髋，带

动右腿向右后方弧形擦地直腿后扫，脚掌内扣并勾紧，力达脚后跟。

（三）跌扑滚翻及摔法技术

1. 抢背

右（左）脚在前，左（右）脚在后，两脚交错站立。右脚蹬地，左脚从后向上摆起，团身向前滚翻，以右（左）肩一侧着地。

2. 鲤鱼打挺

仰卧，屈体使两腿上摆，两手扶按两膝，两腿下打，挺腹，振摆而起。

3. 抱腿过胸摔

（1）甲用右拳击乙头部。

（2）甲、乙对拳时，乙立即上左步屈膝弓腰，两手抱甲双腿或单腿，同时跟上右步，蹬腿前冲并挺身，将甲抱起后向后仰头转体抛出甲。

三、组合动作

长拳对练组合（Ⅰ）动作名称

预备姿势

（一）甲、乙提膝砸拳　　　（二）甲、乙马步亮掌

（三）甲、乙弓步对拳　　　（四）甲抱拳弹踢，乙撤步拍脚

（五）甲弓步靠打，乙马步上架　（六）甲转身横拳，乙撤步上架

（七）甲右鞭踢，乙撤步拍脚　（八）乙弓步鞭拳，甲弓步上架

长拳对练组合（Ⅰ）动作说明

预备姿势

1. 甲、乙〔本组合（Ⅰ）（Ⅱ）动作双人图中，左为甲，右为乙〕两脚并立，相隔并立。目视前方（图5-2-1）。

2. 甲、乙两手握拳，屈肘抱于腰侧，拳心朝上。甲向左摆头，乙向右摆头。目视对方（图5-2-2）。

要点：两手握拳抱于腰间时，要迅速有力，两肩下沉。

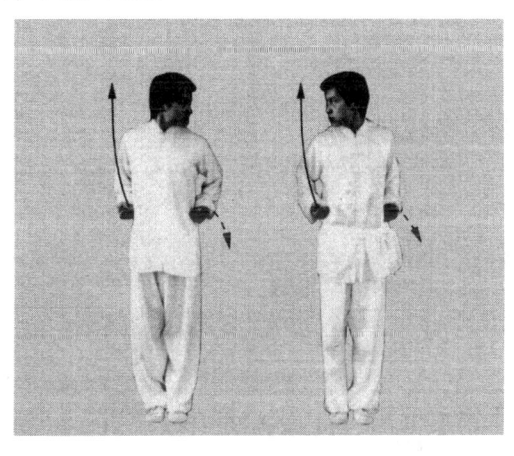

图 5-2-1　　　　　　　　　　　　图 5-2-2

（一）甲、乙提膝砸拳

1. 甲、乙同时右腿屈膝提起，右拳上举，拳面向上，拳心向前；左拳变掌按向左侧，掌心朝左。目视前方（图5-2-3）。

2. 甲、乙左腿屈膝半蹲，随即右腿勾足，向左脚内侧震踏下落成并腿半蹲。同时右拳下落，左掌内收，使右拳背和左掌心于胸前相击。目视前方（图5-2-4）。

要点：精神集中，挺胸，塌腰，身体保持中正，砸拳与震脚要同时进行。

图 5-2-3 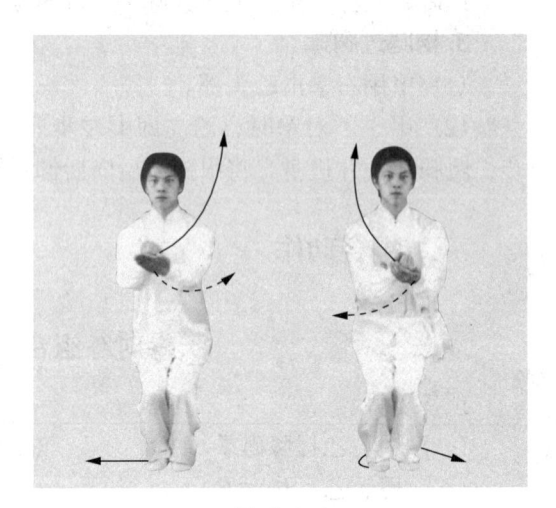　　　　　　　　　　图 5-2-4

（二）甲、乙马步亮掌

1. 甲右脚向右横开一步，左腿屈膝成左弓步。同时左掌下按至腹前；右拳变掌，上举于头顶前方，掌心向上。乙右腿向左后方撤一步，左腿屈膝成左弓步。同时身体右转，左掌下按于腹前；右拳变掌，上举于头顶前方。两人分别目视对方（图5-2-5）。

2. 甲、乙右腿屈膝，成半马步，左臂外旋上挑，手腕与肩同高；右臂向后、向下、向前弧形挑掌，腕与胸同高。目视对方（图5-2-6）。

要点：半马步时，身体重心略偏于右腿，目视对方。

图 5-2-5 　　　　　　　　　　图 5-2-6

（三）甲、乙弓步对拳

1. 甲、乙右腿屈膝，同时左脚收到右脚内侧成丁步，右掌变拳收到右腰间，左掌变拳向下、向右弧形收到腹前。目视对方（图5-2-7）。
2. 甲、乙左脚向左横开一步，右腿蹬直成左弓步，左拳同时由下向前横打对方头部。目视对方（图5-2-8）。

要点：弓步与两手臂运动要同时进行，力达前臂。

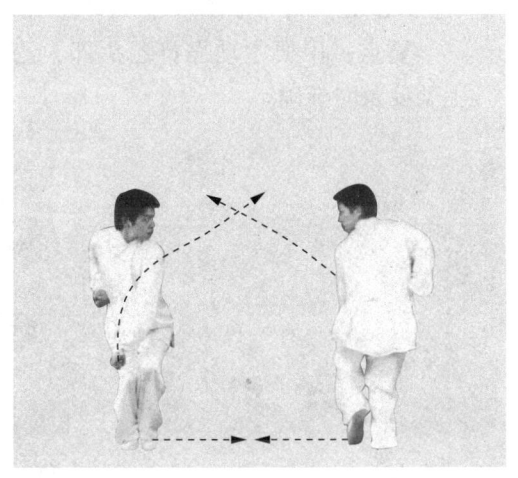

图 5-2-7 　　　　　　　　　　图 5-2-8

（四）甲抱拳弹踢，乙撤步拍脚

1. 甲左拳变掌，手臂内旋，擒乙左手腕，同时右拳变掌压按乙左肘（图5-2-9、10）。
2. 甲右掌向右拨开乙左臂，两掌变拳，拳心向上，抱于腰间，右腿弹踢乙腹部。乙左脚后撤一步，成右弓步，同时两手相叠并拍甲右脚面。目视对方（图5-2-11）。

要点：弹腿时要挺膝、收髋、立腰；弹腿要有劲，即有爆发力。

图 5-2-9 　　　　　　　　　　图 5-2-10

（五）甲弓步靠打，乙马步上架

甲右脚下落成右弓步，右拳内旋翻转向乙头部靠打，拳心向左后，左拳仍抱于腰间。同时乙左腿屈膝成马步，右臂屈肘上架甲右前臂；左掌变拳，拳心向上收于腰间，目视甲右臂（图 5-2-12）。

要点：甲要主动靠打乙头部，乙上架要及时准确。

图 5-2-11

（六）甲转身横拳，乙撤步上架

1. 乙左腿蹬直成右弓步，右手臂顺势用力推甲前臂。同时甲重心后移成左弓步（图5-2-13）。

2. 甲顺势以右脚掌为轴，左转身180°成左弓步；左拳顺势向上方横击乙头部，右手抱拳收于腰间。同时乙右脚后撤一步，成左弓步。左拳上架甲左前臂，右拳心向上抱于腰间，目视甲左拳（图5-2-14）。

要点：甲右脚尖要尽量内扣，转身要迅速，横击与转身同时进行。

图 5-2-12

图 5-2-13

图 5-2-14

(七) 甲右鞭踢，乙撤步拍脚

1. 甲左脚下落，重心稍前移，目视对方。同时乙左脚后撤一步，身体左转，目视对方（图5-2-15）。

2. 甲右腿屈膝提起，随即以脚背用力鞭踢乙胸部，两手握拳抱于腰间，目视对方。同时乙双手随转体拍甲右脚面，目视甲脚面（图5-2-16）。

要点： 甲右鞭踢要与上一动左鞭踢衔接紧凑，两腿连贯。同样乙撤步也要与上动衔接好。

图 5-2-15 　　　　　　　　　　图 5-2-16

(八) 乙弓步鞭拳，甲弓步上架

乙重心右移成右弓步，右掌变拳外旋，鞭打甲头部，拳心向右后；左掌变拳收于左腰间。同时甲右脚落地前弓，左脚后撤半步成右弓步，右臂屈肘上架乙右前臂，目视对方（图5-2-17）。

要点： 乙鞭拳时以肘关节为轴，力达拳背。

图 5-2-17

长拳对练组合（Ⅱ）动作名称

（一）乙弓步鞭拳，甲马步上架　　（二）甲上步插掌，乙撤步上架
（三）甲上步劈掌，乙撤步上架　　（四）甲转身劈掌，乙撤步双架
（五）甲挑掌弹踢，乙撤步拍脚　　（六）乙顺势弹拳，甲马步格挡

长拳对练组合（Ⅱ）动作说明

（一）乙弓步鞭拳，甲马步上架

1. 乙右脚下落成马步，右拳下按于腹前，左拳仍抱于腰间，目视对方。同时甲重心稍后移成马步，左掌变拳，拳心向上抱于腰间，右掌变拳下按于腹前，目视对方（图5-2-18）。

2. 乙左腿蹬直，成右弓步，右拳外旋鞭打甲头部，拳心向左后，左拳仍抱于腰间，目视对方。同时甲两腿不动成马步，右臂屈肘上架乙右前臂，左拳抱于腰间，目视对方（图5-2-19）。

要点：乙鞭打时要借助腰的力量，力达拳背。甲马步要稳，腰要正直。

图 5-2-18

图 5-2-19

教法提示：乙弹踢后要迅速击打对方，使前后两个动作连贯逼真。

（二）甲上步插掌，乙撤步上架

甲左脚向前上一步，成左弓步，左拳变掌从腰间立掌向乙面部插击，右拳收于腰间。同时乙右脚后撤一步，成左弓步，左拳从腰间向上架甲左前臂，目视对方（图5-2-20）。

要点：甲插掌时力达指尖。

教法提示：甲上步与插掌要同时进行，乙在撤步的同时完成上架的动作。

图 5-2-20

（三）甲上步劈掌，乙撤步上架

甲右脚向前上一步，右拳变掌由后向上、向前劈击乙头部，左掌变拳，拳心向上收于腰间，目视掌的方向。同时乙左脚后撤一步，成右弓步，右拳变掌，由下向上架甲右前臂，左掌变拳收于腰间，目视架掌方向（图5-2-21）。

要点：甲劈掌时力达掌外沿；乙上架要有力，脚步要稳健。

教法提示：甲上步与抡劈要同时进行，乙撤步上架也同样要协调一致。

图 5-2-21

（四）甲转身劈掌，乙撤步双架

甲以右脚掌为轴，身体左后转180°，随即左脚向前一步，成左弓步；左拳变掌，随转体由上向前劈击乙头部，右掌变拳收于腰间，目视劈掌方向。同时乙右脚后撤一步，成左弓步，两手交叉上架甲左前臂，目视两手（图5-2-22）。

要点：甲转身要以腰带动四肢完成动作。

教法提示：甲转身时重心可稍上提，转身后劈掌要迅速。乙撤步上架要有力。

图 5-2-22

（五）甲挑掌弹踢，乙撤步拍脚

1. 甲右拳变掌，由腰间向上、向前从乙两掌间挑击，目视对方（图5-2-23）。
2. 甲右脚脚面绷直，向前弹踢乙腹部，两掌变拳，拳心向上，抱于腰间，目视对方。同时乙左脚后撤一步，成右弓步，两手相叠并拍击甲右脚面，目视对方（图5-2-24）。

要点：甲上挑要有力，同时弹踢要与上挑衔接紧凑。

教法提示：甲弹踢时，左腿要支撑稳固，使身体保持平衡。乙撤步与拍击要连贯。

图 5-2-23

图 5-2-24

（六）乙顺势弹拳，甲马步格挡

乙左腿蹬直，右腿屈膝成右弓步，右拳外旋翻转，向下、向右、向前弹击甲头部，左拳仍抱于腰间，目视对方。同时甲右脚落地成马步，右拳由下向上格挡乙右前臂，左拳仍抱于腰间（图5-2-25）。

要点：乙右手要迅速弹击甲头部，同时左腿积极主动蹬直成马步。

教法提示：乙此势要与上动衔接紧凑，弹拳以肘关节为轴。甲格挡时也同样以肘关节为轴，这样双方动作小巧连贯。

图 5-2-25

八极拳对练组合（Ⅰ）动作名称

（一）起势　　　　　　　（二）屈体下蹲
（三）虚步亮拳　　　　　（四）擂打顶肘
（五）拉弓势　　　　　　（六）甲左右拽打，乙左右架打
（七）甲转身掠拳，乙击步冲掌　（八）甲撩掌侧踹反砸，乙闭肘马步架打

八极拳对练组合（Ⅰ）动作说明

（一）起势

1. 甲、乙双方成立正姿势，相距约8米，目视对方（图5-2-26）。
2. 左手掌、右手掌向胸前平推出，目视前方（图5-2-27）。

图 5-2-26

图 5-2-27

（二）屈体下蹲

甲、乙右手变拳，双手拳眼朝上，并步屈体下蹲，目视前方（图5-2-28）。

（三）虚步亮拳

甲、乙迈右脚上左脚成虚步，右臂下摆向后平伸，目视前方（图5-2-29）。

图 5-2-28

图 5-2-29

(四) 擂打顶肘

甲、乙左臂擂打，左手变掌收立于腹前。左脚起动戳右脚，震右脚，上左脚，双脚碾动成马步。左臂弯曲顶肘，拳心朝上，置于左肩上侧；右臂后摆，略低于肩。对视（图5-2-30、31）。

图 5-2-30 　　　　　　　　　图 5-2-31

(五) 拉弓势

甲、乙劈右臂，右臂前抡拉回置于右肋间；左臂由右臂上侧平伸出，拳眼朝上，成左虚步。对视（图5-2-32）。

图 5-2-32

第五章 对练与集体项目

（六）甲左右拽打，乙左右架打

1. 甲〔本组合（Ⅰ）（Ⅱ）动作双人图中，右为甲，左为乙〕左脚起动，拖拉步接近乙，上右脚，向左转体成马步，右臂横拽乙的前胸。

乙左脚起动，拖拉步接近甲，上右腿，向左转体成马步，右手变掌按扶甲的右肩窝，左手变掌接握甲的右手腕部（图5-2-33）。

2. 甲向右转体成右弓步，左臂横拽乙的前胸，右手拉回置于右侧腰际。

乙向右转体，横跨右脚成右弓步。右掌接握甲的左手腕部，左掌按扶甲的右肩窝（图5-2-34）。

图 5-2-33

图 5-2-34

（七）甲转身掖拳，乙击步冲掌

甲向左转体，右手掖下乙的左臂置于小腹前，左手变掌云拨乙的右掌置于头上方前侧。起动右脚，左脚跟上，屈体并步。乙右手掌沿甲左臂向甲的左腮部击出，左手顺甲的右手下沉于小腹前。向右转体，起动右脚，跟左脚击步成并步（图5-2-35）。

（八）甲撩掌侧踹反砸，乙闭肘马步架打

甲迈左脚踢右腿，脚尖向里；云摆左掌，右臂反砸落于乙的头上方，落脚成马步；左掌按扶乙的右肘部。

乙撤左腿，提右膝。右掌劈砸甲的右脚，左掌立于右肩侧。落右

图 5-2-35

453

脚，双脚向后滑动成马步。右掌反拍甲的右肋侧，掌心向左；左手接拿甲的右手腕，置于头左侧，掌心向外（图5-2-36~38）。

图 5-2-36

图 5-2-37

图 5-2-38

八极拳对练组合（Ⅱ）动作名称

（一）甲撤步三掌，乙左右捆身大缠　　（二）甲撤步劈掌，乙上步缠腕
（三）甲、乙贴山靠　　　　　　　　　（四）甲跃步闭肘，乙上步撑掌
（五）甲上步缠腕，乙撤步劈掌　　　　（六）甲、乙贴山靠。

八极拳对练组合（Ⅱ）动作说明

（一）甲撤步三掌，乙左右捆身大缠

乙右手反刁甲的右手腕，震右脚上左腿于甲的右腿后，上左臂屈肘缠压甲的右臂，捆抱甲的后腰，右掌击打甲的面部。

第五章 对练与集体项目

甲左手拨开乙的右掌，顺势推击乙的左肩窝，反撤右腿成马步，右掌立护左肩内侧。

乙左掌反扣按扶甲的左手置于胸前，震左腿于甲的左腿后，上右臂屈肘缠压甲的左臂，捆抱甲的后腰，左掌击打甲的面部。

甲右手拨开乙的左掌，顺势推击乙的左肩窝，后撤左腿成马步，左掌拉回置于左侧肋间（图5-2-39~43）。

图 5-2-39

图 5-2-40

图 5-2-41

图 5-2-42

图 5-2-43

(二) 甲撤步劈掌，乙上步缠腕

乙右手在下，左手在上，合捧甲的右手于胸前，使甲的手置于右手腕上侧，两手心向下。震右脚右转体，上左腿置于甲的右腿后，右手腕转缠甲的手腕。

甲右臂随乙缠力的方向向里反转，左掌由下横拨乙的左肘，使乙的双手松开，右手抡劈乙的后背，右腿横撤步挂乙的左腿，使乙双手扑地（图5-2-44~46）。

图 5-2-44

图 5-2-45

图 5-2-46

(三) 甲、乙贴山靠

乙起身成马步，用左脚起动向左滑动，用左侧肋部向左撞击甲的身体右侧，双手在胸前自然配合。

甲右臂下垂，左掌立于右肩前侧，右脚向右起动成马步，双脚向右滑动，用右肋部撞击乙的左侧肋部，右臂在乙的左臂里边（图5-2-47）。

(四) 甲跃步闭肘，乙上步撑掌

甲右臂上撩乙的左臂，右脚向左侧起动，双脚跃起向左撤。乙左脚向

图 5-2-47

前起动，上右腿成马步，右掌向甲的右胸击出，拉回左掌于左腰侧。甲右臂滑拨乙的右臂下垂置于右侧，左掌立于右肩前侧成马步（图5-2-48、49）。

图 5-2-48

图 5-2-49

（五）甲上步缠腕，乙撤步劈掌

甲右手在下，左手在上，合捧乙的右手于胸前，使乙的手置于右手腕上侧，两手心向下，震右脚向右转体，上左腿置于乙的右腿后，右手腕转缠乙的手腕。

乙右臂随甲缠力的方向向里反转，左掌由下横拨甲的左肘，使甲的双手松开，右手抢劈甲的后背，右腿横撤步挂甲的左腿，使甲双手扑地（图5-2-50、51）。

图 5-2-50

图 5-2-51

（六）甲、乙贴山靠

甲起身成马步，左脚起动，双脚向前滑动，用左侧肋部向左撞击乙的身体右侧，双手在胸前自然配合。

乙右臂下垂，左掌立于右肩前侧，右脚向右起动成马步，双脚向右滑动，用右肋部撞击甲的左侧肋部，右臂在甲左臂的里边（图5-2-52）。

图 5-2-52

第三节　器械对练

一、基本要求

（一）按照不同器械方法进行器械对练

不同器械演练的技击方法各异，如刀术主要动作方法是劈、砍、撩、挂、扎等，剑术主要是刺、点、云、挂、劈，而棍的主要动作是扫、抡、点、劈，枪的主要动作方法是拦拿扎枪、劈、绞、穿枪等。由于器械方法的不同，攻防的技击动作也有所不同，如我们在演练对刺剑时，就要突出动作美、意识逼真、配合默契而潇洒轻快等特点；练扑刀进枪时，就要勇猛剽悍；练三节棍进棍的动作时，则要快速紧凑、气势逼人等。

（二）配合默契，意识逼真

在演练器械对练时，常常能看见某些对练者在练习中，配合默契，动作逼真，而有的却显得松散、不紧凑，究其原因，往往是由于演练者在对对练技击方法的理解有差异，在演练中对对练中攻防的距离感和时间差认识不够。例如，在演练三节棍进棍做进攻扫头动作时，演练水平高的运动员能把三节棍贴着对方的头部和躯干进行扫抡，而松散的对练，演练的运动员在做同样的扫头动作时两人距离较远，对方即使不低头，三节棍也打不到他，这样的距离，根本谈不上动作紧凑。造成不紧凑的直接原因就是两人做动作的距离感不好。另一个原因就是时间差的问题，例如演练扑刀进枪时，一般说拿扑刀的运动员是甲方，拿枪的运动员是乙方，甲在做抹头动作时，乙应快速低头，但有时则会出现甲正要做抹头时乙却把头抬起来。这除了说明他们平时练得不够，同时也说明他们对时间差和出手的时机等都处理得不好，配合不默契。

（三）要做到身、械协调

在训练和比赛中，经常可以看到有的单练运动员在演练器械动作时，自己用器械把自己碰伤，这是身、械不协调的表现。在对练的演练和比赛中，也常常会出现运动员自己运使器械时误伤了自己。这也说明运动员本身和器械不协调。因此，在训练中要求运动员掌握器械运动规律，正确展现器械运使方法，做到身、械协调，这样才能练出高水平。

（四）进攻防守要合理

对练虽然是两人或两人以上按照攻防格斗规律和预先编排好的套路所进行的假设性实战练习，但也必须根据对方进攻方法来防守，只有对方进攻动作做出之后才可进行防守还击，否则会无的放矢，破坏套路结构。

二、基本技术

（一）招势准确

武术对练套路是假设性地进攻、防守和还击，不是真砍实杀，这一点在器械对练中是非常重要的。如持枪者既要使枪扎得惊险逼真，又要保证对方不受伤害，这就要准确地掌握枪扎出后的方位。例如，上扎枪这个动作，就要扎对方的面侧、颈侧或耳际，切不可照直扎对方的面部或咽喉；又如中平扎枪，不能扎对方的腹部，而扎对方两腋下或左右肋侧；再如，对练刀中的抹头动作，既要表现出刀的勇猛快速的特点，又要注意对练时的刀法，当刀即将接近对方背部时，右前臂稍外旋，使刀刃向斜上微翘起，随即用刀背沿着对方背部快速画弧下劈，这样既惊险又安全。

（二）器械的基本方法

1. 刀术技法

步疾刀猛：步疾刀猛指以敏捷的远跳、高纵和疾速的步法配合勇猛的刀法，这是刀术的最基本技法。在演练单刀进枪、双刀进枪、扑刀进枪时，拿刀的一方需要掌握好刀法中最主要的进攻动作，使劈、砍、抹充分表现出如猛虎下山，威武剽悍，锐不可当，讲求力大、快疾、猛狠、干净利落。

如：劈刀，属讲攻性刀法，动作是使刀由上向下挥动，要求手臂向上挥起时臂与刀在同一垂面上；向下劈刀时要松肩伸臂，臂、刀成一直线，力从腰发，达于刀刃。劈刀分左抡劈刀、右抡劈刀和后抡劈刀。

2. 枪术技法

枪扎一线：枪之利在尖，枪以扎为主，枪扎一线是扎枪的基本要求。对练时首先要突出枪扎一线的特点，其次要注意扎枪的准确性。前面已说过，器械对练是假设性的进攻、防守，既要动作逼真，更要注意安全。

如：扎枪，是进攻性枪法。扎枪之前，前手虎口向前握枪身中段，后手虎口向前握枪把。扎枪时后手向前推送，前手要随之松握并控制高度和方向。枪扎出后，后手要触及前手，力达枪尖，枪头要颤抖。扎枪多在半马步蹬转至弓步等步型变换时或与步法配合时进行，以使腿、腰、臂的力量前达枪尖。扎枪因出枪高度和握法不同有多种方式，如上平枪、中平枪、下平枪、低平枪、反把上扎枪和反把下扎枪等。

三、组合动作

单刀进枪组合（Ⅰ）动作名称

预备姿势：甲开步抱枪，乙开步抱刀。

（一）甲弓步上扎枪，乙右上挂刀　　（二）乙弓步抹刀，甲低头闪躲

（三）甲弓步上扎枪，乙右上挂刀　　（四）乙弓步抹刀，甲低头闪躲

（五）甲弓步上扎枪，乙右上挂刀　　（六）乙弓步横砍刀，甲弓步格挡

单刀进枪组合（Ⅰ）动作说明

预备姿势：

甲（持枪者，下同）两脚并步站立，右臂屈肘，右手抓握枪把置于右侧胸前下方，手心向左，使枪身垂直；左臂垂于体侧，手指向下，手心向里，五指并拢贴靠大腿。目视前方（图5-3-1）。

乙（持刀者，下同）两脚并步与甲平行站立，甲乙间隔距离约0.5米。左手抱刀，拇指在前，其余四指在后握住刀柄，并托住刀盘，使刀背贴靠上臂部，刀刃朝前，刀尖朝上；右臂垂于体侧，手指向下，手心向里，五指并拢贴靠大腿。目视前方。

要点：甲乙头要端正，下颌微收，挺胸，塌腰，收腹。

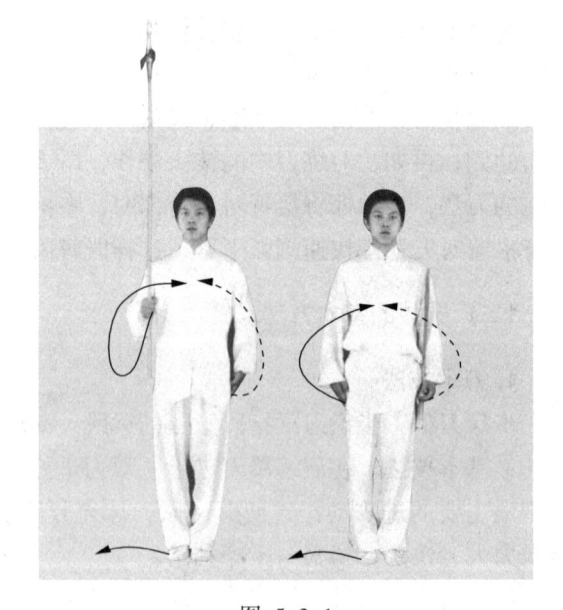

图 5-3-1

甲开步抱枪，乙开步抱刀（图5-3-2）。

甲右脚向右横跨一步，同时右手握枪下落于体右侧，然后两臂由两侧向前上摆起，右手握枪置于胸前，手心向里；左手掌护于右手背，虎口向上。枪身垂直，枪尖朝上。目视前方。

乙右脚向右横跨一步，同时两臂由两侧向前上摆起，左手握刀，右手立掌附于左腕内侧，两臂高与肩平。刀身呈水平，刀刃向左，刀尖朝后。目视前方。

要点：甲乙动作要协调一致，开步抢枪与开步抱刀要同时完成。此外，要精神集中，全神贯注。

图 5-3-2

（一）甲弓步上扎枪，乙右上挂刀

甲右手紧握枪把，左手松握枪杆，由下向上滑握至枪中段，使枪置于体前，枪尖斜向上。随后，上体左转，持枪向前上方扎乙头部右侧。同时右脚向后撤半步，右腿伸直，左腿屈膝成左弓步。目视乙（图5-3-3）。

乙上体右转成高虚步，右手换握刀，用刀背由左向右上方挂甲枪，刀尖朝上，刀刃朝前；左手立掌于右侧胸前，手指向上，手心向右。目视枪。

图 5-3-3

要点：甲弓步上扎枪，枪尖应扎向乙的头部右侧。扎枪时要很好地控制住枪，不使枪上下波动和左右摇晃，要"出如箭，来如线"。此外，弓步要伸后腿、蹬后脚。乙向右上方挂刀时，刀要贴身挂出，力达刀背。

教法提示：甲扎枪方向要准确，进攻意识要强。乙握刀不宜过紧，身、械配合要协调，防守意识要强。初学者应先慢后快，循序渐进。

（二）乙弓步抹刀，甲低头闪躲

乙右手握刀，刀刃朝前，刀尖向上，自右上方向右下方沿甲肩部弧形下抹至甲身体右侧，重心前移成右弓步，刀尖斜向左下方；左掌由胸右前经体侧摆至后方，略高于腰，手心向后，虎口向下。目视甲（图5-3-4）。

甲在乙抹刀同时，上体前屈，低头闪躲乙刀。右手握枪把收于右髋侧，手心向里；左手握枪中段收于左膝外侧。目视下方。

要点：乙弓步抹刀时，刀刃向下，发力要快要狠，力达刀刃中前部，而且步型变换要快，上下肢配合要协调。甲低头要看准时机，不能过早或过晚，等乙刀抹至头上方瞬间再快速低头、收枪。

教法提示：乙方初学者应反复进行单个动作练习，或设假设物体进行练习，熟练掌握抹刀技术要领后再进行甲乙之间的配合练习。

图 5-3-4

（三）甲弓步上扎枪，乙右上挂刀

甲上体快速抬起，右手握枪后把，左手握枪中段，枪头斜向上，随即向前上方扎乙头部右侧。左腿屈膝成左弓步。目视乙（图5-3-5）。

乙上体右转，重心后移成高虚步。右手握刀，用刀背由左下方向左上方挂甲枪，刀尖朝上，刀刃朝前；同时左掌由后侧经身左侧摆至右胸前，手心向右，手指向上。目视枪尖。

要点：同动作（一）。

教法提示：同动作（一）。

图 5-3-5

（四）乙弓步抹刀，甲低头闪躲

乙右手握刀，刀刃朝前，刀尖向上，自右上方向右下方沿甲肩部弧形下抹至甲身体右侧，重心前移成右弓步，刀尖斜向左下方；左掌由右胸前经体侧摆至后方，略高于腰，手心向后，虎口向下。目视甲（图5-3-6）。

甲在乙抹刀时，上体前屈，低头闪躲乙刀。右手握枪把收于右髋侧，

图 5-3-6

手心向里；左手握枪中段收于左膝外侧。目视下方。

要点：同动作（二）。

教法提示：同动作（二）。

（五）甲弓步上扎枪，乙右上挂刀

甲上体快速抬起，右手握枪后把，左手握枪中段，枪尖斜向上，随即向前上方扎乙头部右侧，左腿屈膝成左弓步。目视乙（图5-3-7）。

乙上体右转，重心后移成高虚步。右手握刀，用刀背由左下方向右上方挂甲枪，刀尖朝上，刀刃朝前；左掌立于右侧胸前，手心向右，掌指向上。目视枪尖。

要点：同动作（一）。

教法提示：甲乙双方先掌握好单个动作，待熟练后再对练。动作（二）至（五）在演练时一定要连贯起来，不能有停顿。

图 5-3-7

（六）乙弓步横砍刀，甲弓步格挡

乙右手握刀，右臂先内旋，随即再外旋，刀刃斜向左砍向甲腰部，右臂稍屈肘，手心向上；左掌附于右胸前。左腿伸直，右腿屈膝成右弓步。目视甲腰部（图5-3-8）。

图 5-3-8

甲上体左转，左腿屈膝，右腿伸直成左弓步。右手握枪把向左前方用力推出格挡乙刀，右臂伸直，手心向左；左手紧握枪中段，手心向右。枪身竖直，枪尖朝上。目视乙刀。

要点：乙横砍刀时，用腰带刀，刀的着力点在刀身中段，运行路线平行。甲弓步要平稳，双手握枪要紧，右手推枪要快。

教法提示：乙在练习时，要注意刀的运行路线及着力点，同时左手要配合刀协调进行练习，注意握刀手不宜过紧。甲推枪力度要适宜，并掌握好格挡刀的时机。

单刀进枪组合（Ⅱ）动作名称

（一）乙弓步横砍刀，甲弓步格挡　　（二）乙左弓步下扫刀，甲左提膝点枪

（三）乙弓步抹刀，甲低头闪躲　　（四）甲弓步上扎枪，乙右上挂刀

（五）乙换步弓步砍刀，甲弓步架枪　　（六）乙蹬甲胸部转身提膝藏刀，甲退步弓步崩枪

单刀进枪组合（Ⅱ）动作说明

（一）乙弓步横砍刀，甲弓步格挡

乙右手握刀，右臂先内旋，随即再外旋，刀身平行，刀刃斜向左砍向甲左腰部。同时身体重心前移成右弓步。右臂屈肘，手心向上；左掌附于右胸前。目视甲腰部（图5-3-9）。

甲上体左转，右脚向后撤步，右腿蹬直；左腿屈膝成左弓步。同时右手滑握至枪把，向左前方用力推出，用枪身中下段格挡乙刀，右臂伸直；左臂屈肘，枪身竖直，枪尖朝上。目视乙刀。

要点：甲后撤步要快，撤步与推枪同时完成。乙要用腰带刀，刀身平行，力点准确。

教法提示：甲在弓步推枪的基础上，多练习后撤步推枪，重心要掌握好。乙练习时，多注意与左手的协调配合。

（二）乙弓步下扫刀，甲左提膝点枪

乙右弓步不变，上体前俯，右手握刀，向左下方画弧。随即右臂内旋，刀刃由左向右横扫甲左腿，手心向下，刀身水平，刀尖朝前，刀刃朝右。目视刀（图5-3-10）。

甲右脚蹬地，左腿屈膝上提，脚尖向下；右腿伸直成独立式。左手松握枪杆成管状，右手握枪把，随即左手向下滑握，使枪尖由上向下向乙头部点枪，枪尖斜向下。目视乙头部。

（三）乙弓步抹刀，甲低头闪躲

乙右手握刀，上体略抬起，同时右手由右下方提至右上方，刀尖向上，刀刃朝前。随即再从右上方

图 5-3-9

图 5-3-10

沿甲肩部向左下方画弧抹至甲体右侧，刀刃斜向左下方。左掌随抹刀同时摆至体后，左臂伸直，虎口向下。目视甲（图5-3-11）。

甲左腿下落于体前方，右腿伸直，左腿屈膝成左弓步。双手握枪置于腹前，随即上体迅速前屈，低头闪躲乙刀。左手握枪屈肘置于右髋侧，手心向里；左手握枪屈肘置于左膝外侧，手心向上。目视下方。

图 5-3-11

（四）甲弓步上扎枪，乙右上挂刀

甲上体快速抬起。右手握枪后把，左手握枪中段，枪尖斜向上。随即向前上方扎乙头部右侧，同时左腿屈膝成左弓步。目视乙（图5-3-12）。

乙上体右转，右手握刀，用刀背由左下方向右上方挂甲枪，刀尖朝上，刀刃朝前；左掌附于右胸前。目视枪头。

图 5-3-12

465

(五) 乙换步弓步砍刀，甲弓步架枪

乙重心后移，右脚向后撤半步震脚；同时左脚向前上步成左弓步。右手握刀，由右上向下、向后画弧，再经头上方砍向甲头部，刀刃朝前，刀尖向上；同时左掌由右胸前向前、向下、向后画弧，摆至左后方。目视甲枪（图5-3-13、14）。

甲左弓步不变，左手握枪后拉，使枪平置于胸前。随即两手握枪向头前上方架举，用枪身中段格挡乙刀，枪身平行，左手手心向上，右手手心向前。目视乙。

要点：甲架枪方位要准确，支撑枪杆手要用力，架枪同时要拧腰、转髋。乙震脚换步要快速灵活，砍刀与震脚换步要同时完成，同时左手也要协同配合，使身、械、步配合协调一致。

教法提示：甲可进行完整动作练习，但要注意掌握动作要领。乙先慢速分解进行练习，注意动作路线必须清楚，熟练后再进行完整连贯的常速练习。

图 5-3-13 　　　　　　　　　　图 5-3-14

(六) 乙蹬甲胸部转身提膝藏刀，甲退步弓步崩枪

1. 乙右腿提膝勾脚，随即伸直向前蹬击甲胸部。目视甲（图5-3-15、16）。

甲上动姿势不变，目视乙。

图 5-3-15 　　　　　　　　　　图 5-3-16

2. 乙上动不停，右脚向右后方落步。同时右手握刀置于左腋下，刀身水平，刀刃向外，左掌附于右胸前（图5-3-17）。

甲先退右步，再退左步，第三步落于右前方，双手握枪。目视乙。

3. 乙上动不停。左脚向右脚外侧上步，右手持刀向右后方平扫，随即右肘上提，刀尖下垂，刀背沿背部自右经左缠绕一周，右脚落于右后方，左腿提膝成独立势。右手拉刀停于右后方，刀尖下垂，刀刃向后。左掌由右侧胸前前推，掌心朝前，指尖向上。目视甲（图5-3-18、19）。

图 5-3-17

甲上动不停。右手向后抽枪，左手上滑，突然握紧，使枪尖用力向上崩弹，力达枪尖。同时身体重心移至右腿成右弓步，右手握枪置于右腰侧；左手握枪置于左侧体前，枪尖斜向上。目视乙。

要点： 甲在乙蹬胸部时，胸部肌肉要紧张，胸腔憋气。崩枪要有力，注意两手的用力配合，与成弓步的动作要配合一致。乙蹬脚时注意勾脚，力达脚跟；做裹脑刀时，肩要松沉，刀背要贴靠肩背；右腿提膝要快，左脚支撑要稳。甲乙双方的定势动作要同时完成。

教法提示： 甲要先掌握崩枪的技术要领，再结合弓步进行练习。乙要先进行分解动作练习，再逐步过渡到完整动作练习。

图 5-3-18

图 5-3-19

扑刀进枪组合（Ⅰ）动作名称

（一）甲持扑刀并步推掌，乙持枪并步推掌　　（二）乙弓步上扎枪，甲右上挂刀
（三）甲弓步抹刀，乙低头闪躲　　　　　　　　（四）甲弓步扫刀，乙提膝下点枪
（五）甲弓步抹刀，乙低头闪躲　　　　　　　　（六）甲转身弓步抱刀，乙转身弓步抱枪

扑刀进枪组合（Ⅰ）动作说明

（一）甲持扑刀并步推掌，乙持枪并步推掌

甲并步站立，右手屈臂持刀于右胸前，左手由体侧向左前方直臂摆起，高与肩平，掌心朝左，指尖朝上。目视左手（图5-3-20）。

乙并步站立，右手屈臂持枪于右胸前；左手由体侧向左前方直臂摆起，高与肩平，掌心朝左，指尖朝上。目视左手。

要点：甲乙双方的器械要保持正直，两人间距适宜。

图 5-3-20

（二）乙弓步上扎枪，甲右上挂刀

1. 甲并步站立，右手持刀下落将扑刀立于地面，刀尖朝上，刀刃朝前；左掌变拳屈臂收至腰间，拳心朝上。目视对方（图5-3-21）。

乙并步站立，右手握枪把下带于腹前；左手由左前方收握枪的中段，枪尖朝上。目视对方。

2. 乙右脚向右横跨一步，身体左转，左腿屈膝成左弓步。右手握枪把微向后抽，随即向甲右上方扎枪；左手滑握枪中段，枪尖朝前，与头同高。目视甲方（图5-3-22）。

甲左脚向左横跨一步，重心偏于左腿，左腿屈膝；右腿伸直，上体右转。右手持刀用刀背由左向右上方挂乙枪前段，刀尖斜向上，刀刃朝上；

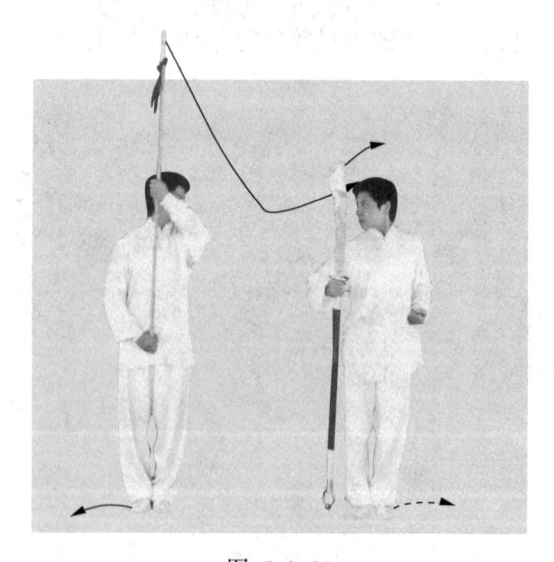

图 5-3-21

左手随即附握刀柄下部。目视枪尖。

要点：乙扎枪要略偏甲右侧。甲挂刀时要屈臂回带后再向右上挂，避免直臂回带。两人距离要适宜。

（三）甲弓步抹刀，乙低头闪躲

1. 甲重心前移，右腿屈膝成右弓步。右手持刀臂外旋，由右前方向前、向左沿乙背部弧形抹乙头部，刀尖朝前，刀刃斜向左上方；左手握刀柄下部，屈臂收至左胸前。目视对方（图5-3-23）。

乙重心下降，上体前屈，低头闪躲。两手握枪直臂下带至胸前，枪尖朝前，与腰同高。目视下方。

图 5-3-22

2. 甲右手握刀，沿乙肩部弧形向左侧下抹至乙体右侧，刀尖朝左前方，刀刃朝左；左手握刀柄下部，屈臂收至腰间。目视对方（图5-3-24）。

乙左腿屈成左弓步，上体略抬起。两手仍握枪于腹前，枪尖朝前，与腰同高。目视前下方。

要点：抹刀臂要外旋，用刀背抹乙肩背部。抹刀与低头闪躲要协调一致，整个动作要迅速、勇猛、逼真。

图 5-3-23

图 5-3-24

（四）甲弓步扫刀，乙提膝下点枪

1. 乙抬头直身，左腿屈膝，右腿伸直。右手握枪把微向后抽，随即向甲右上方扎枪，枪尖斜向上，略高于头；左手滑握枪中段。目视枪尖(图5-3-25)。

甲重心后移，左腿屈膝，右腿伸直，上体右转。右手持刀以刀背由左向右上方挂乙枪，刀尖朝右上方，刀刃朝左前方；左手握刀柄下部带于左腰前。目视枪尖。

2.甲重心前移，两腿屈膝，上体前俯。右手持刀臂内旋，向左、向下、向右画弧扫刀，刀尖朝前，刀刃朝右；左手握刀柄下部扶于左腰处。目视刀尖（图5-3-26）。

乙重心后移，右腿支撑，左腿屈膝提起成提膝平衡。右手握枪把屈肘上抬于右胸前，左手握枪直臂下点枪于甲背部，目视枪尖。

要点：甲扫刀动作路线要大，刀刃始终领先。乙提膝点枪要稳，提膝要高。

图 5-3-25 　　　　　　　　　图 5-3-26

（五）甲弓步抹刀，乙低头闪躲

1.甲重心后移，左腿屈膝，右腿伸直，上体右转。右手持刀由下向右、向上带刀于身体右侧，刀尖朝右，刀刃朝前；左手握刀柄下部上带于左腹前。目视对方（图5-3-27）。

乙重心后移，左脚下落，左腿屈膝；右脚同时向后撤半步，右腿伸直，上体右转。两手持枪由上向下带枪，枪尖朝前下，略低于膝。目视前下方。

2.甲右腿屈膝，左腿伸直，上体略后倾。右手持刀向下带刀，刀尖朝右，刀刃朝前，与腰同高；左手握刀柄下部屈臂上带于左胸前。目视对方（图5-3-28）。

乙右脚向后撤小半步，左腿屈膝成左弓步，上体抬起。右手握枪把由下略向后抽枪，随即向

图 5-3-27

甲左上方扎枪；左手滑握枪中段，枪尖朝前上方，略高于腰。目视对方。

3. 甲重心前移，右腿屈膝，左腿蹬直成右弓步，上体左转。左手握刀柄下部，用刀把下挂乙枪前段；随即右手持刀臂外旋由右向前、向左沿乙背部弧形抹乙头部，刀尖朝前，刀刃斜向左上方；左手握刀柄下部屈臂收至左胸前。目视对方（图5-3-29）。

乙重心下降，上体前屈，低头闪躲，两手握枪下带于腹前下方，枪尖朝前下，略低于膝。目视下方。

图 5-3-28

4. 甲右腿屈膝成右弓步，上体左转。右手持刀沿乙肩部弧形向左侧下抹至乙的右侧，刀尖朝左前方，刀刃朝左；左手握刀柄下部屈臂收于左腰处。目视对方（图5-3-30）。

乙重心略抬起，两手握枪微向后抽带，枪尖朝前下，略低于膝。目视下方。

要点：与动作（三）的要点相同。

图 5-3-29

图 5-3-30

（六）甲转身弓步抱刀，乙转身弓步抱枪

1. 乙左腿屈膝成左弓步，上体抬起。右手握枪微向后抽枪，随即向甲右上方扎枪；左手滑握枪中段，枪尖朝前，略高于头。目视枪尖（图5-3-31）。

甲重心后移，左腿屈膝，右腿伸直，上体右转。右手持刀由左向上、向右弧形挂乙枪前段，刀尖朝右上方，刀刃朝左；左手握刀柄下部收至左腹下方。目视对方。

471

2. 甲右脚经左脚内侧向后撤一步，右腿屈膝；左腿伸直，上体右转。右手持刀继续向右后方带刀，刀尖朝右后方，刀刃朝上；左手握刀柄下部上举，与肩同高。目视刀尖（图5-3-32）。

乙重心后移，右腿屈膝，左腿伸直，上体右转。右手握枪把向后抽带，枪把略高于头；左手滑握枪前端。目视右下方。

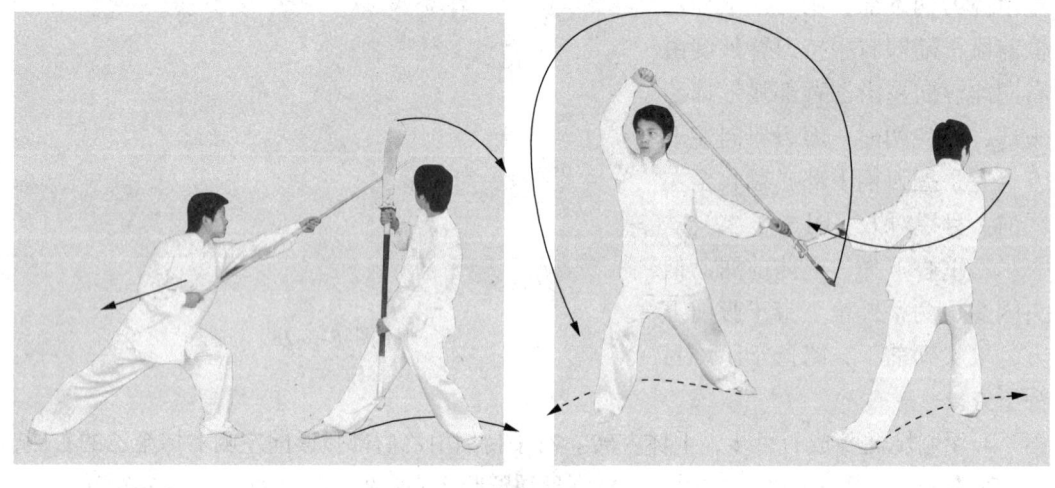

图 5-3-31　　　　　　　　　　　图 5-3-32

3. 甲左脚向前上一步，两腿微屈，上体继续右转。两手握刀屈臂上举刀，略高于头，刀尖朝右，刀刃朝上。目视右方（图5-3-33）。

乙左脚向前上步，上体略右转。两手滑握枪中段，左手扣腕扶于右腕关节内侧，使枪尖向上、向前、向下画弧打舞花，枪尖朝前下，略低于膝。目视枪尖。

4. 甲右脚向后撤一步，两腿微屈，上体右转。两手握刀屈臂在头上云刀半周，刀尖朝后，刀刃朝上。目视对方（图5-3-34）。

乙右脚上一步，上体左转。两手持枪在胸前打舞花半周，使枪尖朝上。目视右前方。

图 5-3-33　　　　　　　　　　　图 5-3-34

5. 甲重心右移，右腿屈膝，左腿伸直，上体右转。右手持刀由头上向下、向右平带刀，刀尖朝右，刀刃朝后；左手握刀柄置于右腋下。目视对方（图5-3-35）。

乙重心右移，右腿伸直，上体右转。右手滑握枪把，并向上抽带枪；左手滑握枪中段，枪尖朝左下方，与膝同高。目视对方。

6. 甲右腿屈膝成右弓步。右手持刀向上画弧抱刀于右胸前，刀尖朝上，刀刃朝前；左手握刀柄扶于右腋下。目视对方（图5-3-36）。

乙右腿屈膝成右弓步。右手握枪把下带抱于腰间；左手握枪中段直臂持于胸前，枪尖朝前，与胸同高。目视对方。

要点：甲乙双方撤步距离要适当，云刀与撤步、舞花与撤步要协调，定势动作完成要一致，精神要饱满。

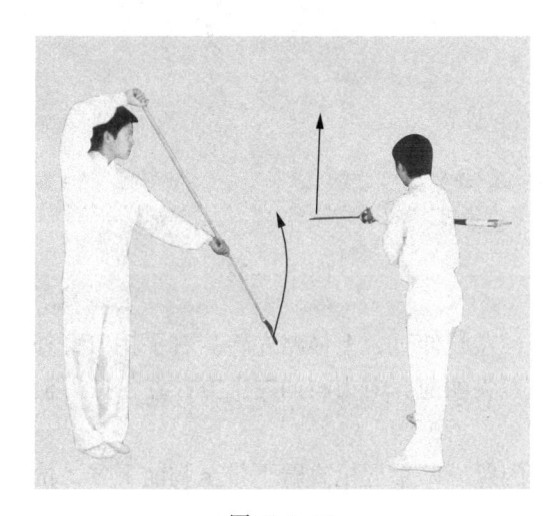

图 5-3-35 　　　　　　　　　　　图 5-3-36

扑刀进枪组合（Ⅱ）动作名称

（一）甲上步抹刀，乙低头闪躲　　（二）乙上步盖把低头闪躲，甲挂把反抹刀

（三）甲上步抹刀，乙转身低头闪躲　　（四）甲俯身扫刀，乙跃步扫把

（五）甲弓步背刀，乙弓步抱枪

扑刀进枪组合（Ⅱ）动作说明

（一）甲上步抹刀，乙低头闪躲

1. 甲右脚向前上步，右腿屈膝，左腿伸直，上体抬起。右手持刀屈臂向左、向上画弧，收至胸前，刀尖朝前，刀刃朝左；右手握刀柄下带至左胯旁。目视对方（图5-3-37）。

乙左脚经右脚内侧向后撤步，前脚掌着地；右腿微屈，脚尖外展。右手握枪把向下抽带枪至右腰侧；左手向枪尖处滑握，枪尖朝前上，与肩同高。目视对方。

2. 甲重心前移，左脚向前跟半步，落于右脚后方；右脚脚跟抬起，两腿微屈，上体

473

略向右转。右手持刀屈臂由左向前、向右上画弧，用刀背挂乙枪前段，刀尖朝右上方，刀刃朝前；左手握刀柄带于腹前。目视枪尖（图5-3-38）。

乙重心后移，左脚踏实，右脚经左脚内侧向后撤步。右手握枪把向甲右上方扎枪；左手滑握枪中段，枪尖朝前上，与头同高。目视枪尖。

图 5-3-37　　　　　　　　　　　　　图 5-3-38

3. 甲重心前移，右脚向前上步，右腿微屈，左腿伸直，上体略左转。右手持刀臂外旋由右向前、向左沿乙背部弧形平抹乙头部，刀尖朝前，刀刃斜向左上方；左手握刀柄下部屈臂收至左胸前。目视对方（图5-3-39）。

乙重心下降，两腿微屈，上体前屈，低头闪躲。两手握枪直臂下带至胸前下方，枪尖朝前，与腰同高。目视前下方。

4. 甲右腿屈膝，成右弓步，上体左转。右手持刀沿乙肩部弧形向左、向后抹刀，刀尖朝左前方，刀刃朝左；左手握刀柄收至左腰处。目视对方（图5-3-40）。

乙两手持枪仍下带于胸前，枪尖朝前，与膝同高。目视前下方。

要点：乙撤步与低头闪躲和甲上步与抹刀要快速、灵活。此动作重复完成两次。

图 5-3-39　　　　　　　　　　　　　图 5-3-40

（二）乙上步盖把低头闪躲，甲挂把反抹刀

1. 乙左腿屈膝，右腿伸直，上体抬起。右手握枪把向后抽枪，接着向甲右上方扎枪；左手滑握枪中段，枪尖朝前上，与头同高。目视枪尖（图5-3-41）。

甲重心后移，左腿屈膝，右腿伸直，上体右转并略后仰。右手持刀屈臂由左向前、向右画弧，用刀背挂乙枪前段，刀尖朝右前方，刀刃朝前；左手握刀柄收至左腰前方。目视枪尖。

2. 乙右脚经左脚内侧向前上步，两腿直立，上体略右转。右手由枪把滑握枪中段，使枪把由下向后、向上、向前画弧，举于头上；左手由枪中段滑握枪前段，手臂外旋，虎口朝下，枪尖朝下，与胸同高。目视对方（图5-3-42）。

甲右脚经左脚内侧向后撤步，左腿屈膝，右腿伸直，上体随撤步略右转。右手持刀屈臂收带于右肩前上方；左手握刀柄由左腰间向左上方画弧，举于左前上方，刀尖朝右，刀刃朝上，刀把与头同高。目视枪把。

图 5-3-41

图 5-3-42

3. 乙两脚以前脚掌为轴，脚跟逆时针方向碾转，上体顺势向左转。右手把握枪中段由上向前、向下盖把；左手握枪前段回带收至左腹前，枪把向前上方，高于头。目视对方（图5-3-43）。

甲重心略后移，两腿微屈，上体略右转。右手持刀由右前方向右、向后平画弧；左手举刀把向左用刀把挂枪把，刀尖朝后，刀刃朝上。目视对方。

图 5-3-43

4. 甲两腿微屈，上体略前屈。右手持刀由后向前平云刀至左前方，刀尖朝左前方，刀刃朝前上；左手握刀柄由前向后、向下收至右胸前。目视对方（图 5-3-44）。

乙两腿微屈，上体前屈。右手握枪中段随挂把向右前下方下落；左手握枪前段收于左腹前，枪把朝右前方，与胸同高。目视对方。

5. 甲重心前移，左腿屈膝成左弓步。右手持刀臂内旋，由左前方向前、向后沿乙背部弧形反抹乙头部，刀尖朝前，刀刃斜向右上方；左手握刀柄收至右腋下。目视对方（图 5-3-45）。

图 5-3-44

乙两腿屈膝，上体继续前屈，低头闪躲。两手持枪下带于胸前，枪把朝右，与腰同高。目视前下方。

6. 甲重心右移，右腿屈膝，左腿伸直，上体右转。右手持刀随转体沿乙肩部弧形向右反抹刀，并带于右前方，刀尖朝右前方，刀刃朝后；左手握刀柄扶于右腋下。目视对方（图 5-3-46）。

乙右腿屈膝，左腿伸直，上体略抬起。两手持枪向左下方带枪，枪尖斜向下，与膝同高。目视前下方。

要点：两人距离要适中，反抹刀与低头闪躲要协调，动作要快速、勇猛。甲云刀要高要平，反抹刀时右手要内旋，用刀背反抹乙背部。乙滑把要灵活，盖把要略偏于甲的右侧。

图 5-3-45

图 5-3-46

476

(三)甲上步抹刀,乙转身低头闪躲

1. 甲右腿屈膝,左腿伸直。右手持刀由右向前、向左画弧,云刀于头的左上方,刀尖朝左上方,刀刃朝上;左手握刀柄上带于右腋外侧。目视对方(图 5-3-47)。

乙重心左移,两腿微屈,上体前屈并向左转。两手持枪,向左侧带枪,枪尖斜向下,高于膝。目视前下方。

2. 甲右腿屈膝,左腿伸直。两手持刀继续在头上云刀至头后方,刀尖朝后,刀刃朝上;左手握刀柄由后向前画弧至头前上方。目视对方(图 5-3-48)。

乙重心左移,左腿微屈,右脚跟提起,上体左转。两手持枪随转体继续向左侧带枪,枪尖斜向下,略低于腰。目视左下方。

图 5-3-47

图 5-3-48

3. 甲重心前移,左腿屈膝成左弓步。右手持刀由上屈臂收于右胸前,刀尖斜向下,刀刃朝上;左手握刀柄屈臂上举刀把,使刀把略高于头。目视对方(图5-3-49)。

乙右脚经左脚内侧向右前方上步,左腿屈膝成左弓步,上体左转。两手持枪随转体带于腹前,枪尖朝前上,与胸同高。目视对方。

4. 乙左脚跟内转,左腿屈膝成左弓步。右手握枪把向甲

图 5-3-49

左上方扎枪；左手滑握枪中段，枪尖斜向上，与头同高。目视对方（图5-3-50）。

甲右脚向前上步，右腿伸直，脚跟着地；左腿屈膝，上体略左转。右手持刀屈臂上举于肩上，刀尖朝右，刀刃朝上；左手握刀柄使刀把由头前向左画弧，挂乙枪把前段，刀把略高于头。目视枪尖。

5. 甲重心前移，右腿屈膝成右弓步。右手持刀臂外旋，由右侧向前、向左沿乙背部弧形平抹乙头部，刀尖朝前，刀刃斜向左上方；左手握刀柄下部屈臂收至左胸前。目视对方（图5-3-51）。

图 5-3-50

乙重心下降，两腿微屈，上体前屈，低头闪躲。两手持枪直臂下带至胸前下方，枪尖朝前，与膝同高。目视前下方。

6. 甲右腿屈膝成右弓步，上体左转。右手持刀沿乙肩部弧形向左、向后抹刀，刀尖朝右前方，刀刃朝左；左手握刀柄收至左腰处。目视对方（图5-3-52）。

乙两腿微屈，上体略抬起。两手持枪仍带于胸前，枪尖朝前，与膝同高。目视前下方。

要点：步法移动要适中，挂把与抹刀、扎枪与低头闪躲整个动作要协调、完整，抹刀时右手旋臂用刀背抹乙背部。

图 5-3-51

图 5-3-52

（四）甲俯身扫刀，乙跃步扫把

1. 乙两腿微屈，上体抬起。右手握枪把向后抽枪；左手滑握枪前段，枪杆置于腹

478

前，枪尖朝前，与肩同高。目视对方（图5-3-53）。

甲重心后移，左腿屈膝；右腿伸直，右脚跟提起。右手持刀向左、向右画弧带至腹前，刀尖朝前，刀刃朝左；左手握刀柄带至左胯后方。目视对方。

2. 乙左腿屈膝成左弓步。右手持枪向甲右上方扎枪；左手滑握枪中段，枪尖斜向上，与头同高。目视枪尖（图5-3-54）。

甲右脚经左脚后方向左后方撤步，两腿微屈，上体右转。右手持刀随转体由腹前向前、向右画弧，用刀背挂乙枪前段，刀尖斜向上，略高于头，刀刃朝前；左手握刀柄收至左腰间。目视枪尖。

图 5-3-53　　　　　　　　　　　　图 5-3-54

3. 甲重心右移，右腿屈膝，左腿伸直，上体右转。右手持刀屈臂向右、向后画弧带于右肩上方，刀尖斜向后，刀刃朝前；左手握刀柄收于左腰处。目视对方（图5-3-55）。

乙重心前移，左腿伸直支撑身体，右腿屈膝提起。右手握枪把向后抽枪；左手滑握枪前段，枪杆上提于胸前，枪尖朝前上，与肩同高。目视对方。

4. 甲左脚向前上半步，重心下降，两腿屈膝，上体前屈并向左移。右手持刀由右肩上方向下画弧至右后方，刀尖朝右后方，刀刃朝前；左手握刀柄下带至左膝内侧。目视乙腿（图5-3-56）。

图 5-3-55 　　　　　　　　　　　　图 5-3-56

乙左腿伸直支持身体，右腿屈膝提起，上体前移。右手滑握枪中段由右后方向右、向前画弧平扫枪把至右前方，枪把与腰同高。目视对方。

5. 甲重心前移，左腿屈膝，右腿伸直，脚跟提起，上体前屈并左移。右手持刀向前横扫乙双腿，刀身与地面平行，刀尖朝右前方，刀刃朝前；左手握刀柄带于左膝前方。目视刀尖（图5-3-57）。

乙左脚蹬地，身体腾空，向前跃步，闪躲甲的扫刀。右手握枪中段，沿甲肩背上方向前扫枪把；左手握枪前段，屈臂收至左胸前，枪把在右前方与腰同高。目视前下方。

6. 甲左腿屈膝，右腿伸直，上体略抬起。右手持刀向前带刀，刀尖朝前，刀刃朝左，与膝同高；左手握刀柄收至左腰间。目视右后方（图5-3-58）。

乙右脚向前落地，右腿直腿支撑身体；左腿屈膝提起收于右膝内侧。右手握枪中段扫把至右下方，枪把略高于膝；左手握枪前段屈臂收于左胸前。目视右前下方。

要点：甲扫刀时要使刀身平行于地面横扫，但刀身不能触地。乙腾空跃步要高、要远，扫把要从甲肩背上方平扫。两人动作配合要协调一致。

图 5-3-57

图 5-3-58

（五）甲弓步背刀，乙弓步抱枪

1. 甲重心上起，左腿伸直；右脚向前跟半步，脚跟抬起，上体直身。右手持刀由下向上画弧带于体前，刀尖朝前上，刀刃朝上；左手握刀柄于腰后。目视右下方（图5-3-59）。

乙左脚向前落地，右脚随即经左脚内侧也向前上步，左脚跟提起。右手握枪中段略上抬枪把，使枪把与腰同高；左手握枪前段屈臂收于左胸前。目视前下方。

图 5-3-59

2. 甲右脚向前上步，右腿屈膝，左腿伸直，上体右转。右手持刀屈臂带于右胸前，刀尖朝右前方，刀刃朝上；左手握刀柄带于左腰后方。目视右前方（图5-3-60）。

乙重心前移，左脚经右脚内侧向前上步；右脚脚跟提起，上体右转。右手握枪中段；左手滑握枪中段，使枪尖向上、向前、向下画弧打舞花。两手在胸前交叉，右手置于右腋前下方，枪尖斜向下，与膝同高。目视前下方。

图 5-3-60

3. 甲左脚经右脚向前上步，脚尖内扣；右脚以前脚掌为轴碾转，两腿微屈，上体右转。右手持刀由右前方向右、向后画弧举于头上，刀尖朝右，刀刃朝上；左手握刀柄举于头上。目视右侧（图5-3-61）。

乙右脚经左脚后方向左侧插步，前脚掌着地，左脚尖外展，上体右转。两手握枪中段随转身使枪尖向下、向后、向上、向前在胸前打舞花，枪尖斜向上，与肩同高。目视左下方。

图 5-3-61

4. 甲右脚经左脚内侧向左后方撤步，左脚自然碾转，两腿微屈，上体右转。右手持刀在头上云刀一周，使刀尖朝右后方，刀刃斜向上；左手握刀柄随云手带于头前上方。目视对方（图5-3-62）。

乙以两脚掌为轴碾转，上体随之右转。右手滑握枪把上带于头右侧；左手握枪中段使枪尖向下、向前画弧带于体前，

图 5-3-62

枪尖斜向下，略高于膝。目视对方。

5. 甲重心右移，右腿屈膝，左腿伸直。右手持刀继续在头上向左、向前云刀至头前，刀尖朝左，刀刃朝前；左手向刀柄中段滑握。目视对方（图 5-3-63）。

乙两腿并立，上体略右转。右手握枪把由头右侧下带至右胸前；左手握枪中段前带于胸前，枪尖朝前，与腰同高。目视对方。

6. 甲重心下降，右腿屈膝成右弓步。右手持刀由体前向右下方画弧，刀尖朝右前方，刀刃朝右下；左手握刀柄中段收至右腋下。目视对方（图 5-3-64）。

乙右腿向右侧横跨一步，右腿屈膝；左腿伸直。两手持枪仍抱于胸前。目视对方。

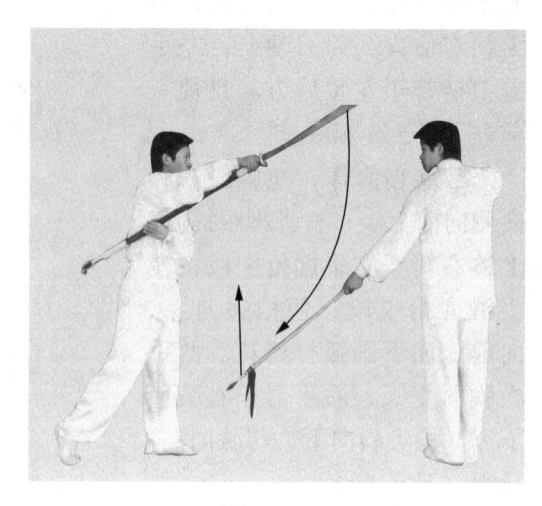

图 5-3-63

7. 甲右腿屈膝成右弓步。右手持刀继续向后画弧摆至身体右后方，背刀于肩背上，刀尖朝右后方，刀刃朝后；左手由右腋下经胸向前推掌，指尖朝上，掌心朝前。目视对方（图 5-3-65）。

乙重心下降，右腿屈膝成右弓步。右手握枪把向上崩枪，右手收至右腰处；左手握枪中段托于胸前，枪尖朝前，与肩同高。目视对方。

要点：甲乙双方步法与上肢动作的配合要协调；云刀要平，崩枪要力达于枪尖；推掌与崩枪两个动作要配合一致，同时完成。

图 5-3-64

图 5-3-65

第四节 徒手与器械对练

一、基本要求

徒手与器械对练以运动员一方徒手、另一方手持器械的形式出现，如空手夺刀、空手夺匕首、空手夺枪、空手进双枪、空手对单刀枪等。

（一）基本功要扎实

大家都知道，对练是在各种单练技术基础上发展起来的，也就是说，要想演练好对练，就必须有较好的单练基础。比如说，要想练空手夺刀、空手夺枪等对练，就要先练好刀术的劈、砍、扎等动作。这样，在演练时拿刀的运动员才敢下手做动作，对方也才敢于和你进行配合演练。否则，双方均有心理负担，动作是做不好的。又比如在练习空手夺枪时，拿枪的一方更需要具有精益求精的技术。因为练习的对练是假设性的攻防练习，运动员应该做到想扎到什么位置就必须扎到什么位置上。前面我们已经讲述上扎枪应扎到颈部两侧、中平扎枪扎到腋下或肋下，如果没有扎实的基本功，就谈不到练出高水平的对练，相反还可能出现伤害事故。

（二）较强的协调能力

武术运动员需要有较好的协调性，练习空手对器械的运动员，则更需要较强的协调能力。可以这样说，练习空手对器械对练比徒手对练、器械对练要难练，也比较费工夫。在选择运动员练习空手对器械对练时，首先要考虑他自身能力如何。因为徒手一方需要闪躲敏捷，动作轻巧；持器械的一方要熟练掌握器械的性能及其使用方法。因此，协调性好也是练好徒手对器械对练的前提。

（三）要有良好的心理素质

运动员在竞技场上要想发挥出较高的技术水平，心理因素越来越显得重要。同样，武术运动员，特别是练习徒手对器械对练的运动员，心理素质更要好。因为徒手对器械的对练，要求运动员的基本功更扎实，协调性更要好，否则，此种对练造成伤害事故的机会就更多、更危险。要求运动员一方面要努力追求基本动作的扎实性和技术的熟练性，另一方面也要加强心理素质的培养，真正做到"艺高人胆大""胆大艺更高"。

二、基本技术

演练好徒手与器械的对练，前提是要求双方运动员都要较好地掌握徒手的基本技术、器械的基本技术和方法。这些技术方法有刀术的劈、砍、抹、扎，枪术的扎枪，棍术的抡、扫等技术动作，以及拳术的各种基本技术动作。这些都是演练好徒手与器械对练的基础。

基本技术，可参考本章第二节的基本技术部分。

三、组合动作

空手夺枪组合（Ⅰ）动作名称

预备姿势：甲开步抱枪，乙开步抱拳

（一）甲左弓步上扎枪，乙撤步架拳

（二）甲转身舞花枪右弓步崩枪，乙撤步右弓步推掌

（三）甲上步左弓步平扎抢，乙左撤步左抡臂格枪

（四）甲左弓步平扎枪，乙右抡臂格枪

（五）甲上步左弓步平扎枪，乙撤步右抡臂格枪

（六）甲左弓步平扎枪，乙左抡臂格枪

（七）甲左弓步平扎枪，乙跳步右抡臂格枪

（八）甲左弓步平扎枪，乙右抡臂格枪

（九）甲上步左弓步平扎枪，乙转身上右步右抡臂格枪

空手夺枪组合（Ⅰ）动作说明

预备姿势：甲开步抱枪，乙开步抱拳（图 5-4-1①②）。

甲成并步立正，右手枪持于胸前，出左腿，持枪手与左手由腰间合至胸前，同时头左摆。目视对手。要求动作气势饱满，一气呵成。

乙成并步立正，双手直放于腿外两侧，与甲同时向侧出左腿，两手由腰间合至胸前，同时头右摆。目视对手。要求动作气势饱满，一气呵成。

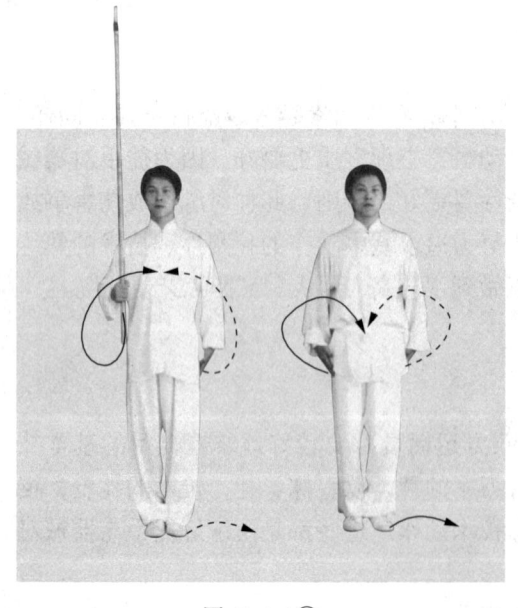

图 5-4-1① 　　　　　　　　　　图 5-4-1②

（一）甲左弓步上扎枪，乙撤步架拳

甲成左弓步上扎枪，枪尖位于乙头正上方。要求由开立步变为左弓步，上左腿，右手枪收至右腰间，左手窜把至枪身中央，再扎出。扎出时力由腰发，力达枪尖。要做到"出如箭，来如线"，快速准确、到位，弓步前弓后蹬。目视枪尖（图5-4-2）。

乙在甲出枪的同时撤左步，双手由腰间发出，由下至上，双拳交叉架出。力由腰发，力达架枪处，右腿半弓，左腿伸直。目视枪尖，头微仰。

图 5-4-2

（二）甲转身舞花枪右弓步崩枪，乙撤步右弓步推掌

甲收枪转身舞花，双手握住枪身中间，使枪花立圆、贴身，然后右手窜把至枪把，撤右步向右方成弓步，双手抓握枪身向上崩，力达枪身前端。目视枪尖（图5-4-3①②）。要求动作快速、清楚，舞花枪顺畅、立圆。

乙在甲收枪撤步的同时撤右步，双手成掌由头上分向两侧，撤右步右手收于腰间抱拳，左手成掌平推而出，右脚向右侧迈出成右弓步。要求力由腰发，力达掌外侧，快速、有力。目视对手。

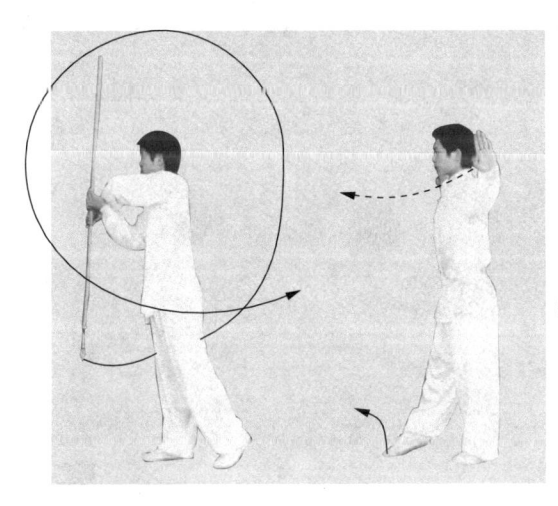

图 5-4-3① 　　　　图 5-4-3②

（三）甲上步左弓步平扎枪，乙左撤步左抡臂格枪

甲右手握枪把于右腰间，左脚向右方上一小步，枪由腰发，枪扎于乙腰左侧，成左弓步。目视枪尖（图5-4-4）。要求动作快速，进步快迅，力达枪尖。

乙在甲扎枪的同时向后撤左腿，同时左臂由下方抡至上方，再由上方向前、向下划过到身体左侧格挡来枪。目视枪尖。要求动作顺畅，抡臂立圆，格枪准确，含胸收腹，身体重心要稳。

图 5-4-4

（四）甲左弓步平扎枪，乙右抡臂格枪

甲收枪于腰间，再次扎出，扎枪至乙腰左侧，成左弓步(图5-4-5)。要求收枪扎枪变化快，左手窜把灵活，扎枪力达枪尖，弓步前弓后蹬，目视枪尖。

乙原地步法不动，甲扎枪同时，右抡臂，与上一动作左抡臂连贯，右臂由后方至上方再由上方划到身体左侧，将枪格挡于体外。要求抡臂立圆，两个动作顺畅、快速，目视枪尖。

图 5-4-5

（五）甲上步左弓步平扎枪，乙撤步右抡臂格枪

甲将枪收于腰间，向左上步，右脚跟步，成左弓步扎枪，扎枪位置在乙腰右侧（图5-4-6）。要求枪法快速有力，扎枪力达枪尖，收枪与扎枪转换灵活，弓步前弓后崩，目视枪尖。

乙向后撤右步，抡臂由后到上再由上到前，划向身体右侧，抡臂快速。要求抡臂以腰为轴，顺畅、立圆，抡臂时左右手协调，右手格枪于

图 5-4-6

体外时左手在上方,目视枪尖。

(六)甲左弓步平扎枪,乙左抡臂格枪

甲收枪于腰间,扎枪,枪位于乙腰右侧(图5-4-7)。要求收枪与扎枪转换顺畅、快速,扎枪时成左弓步,扎枪力达枪尖,目视枪尖。

乙与上一动作连接,甲扎枪时,左手由上方划向前方,再落下到体右侧格枪。要求抡臂时步法不动,与上一动作连接顺畅、快速,格枪时微蹲,目视枪尖。

图 5-4-7

(七)甲左弓步平扎枪,乙跳步右抡臂格枪

甲收枪于腰间,扎枪,枪位于乙腰左侧,扎枪时成左弓步(图5-4-8)。要求收枪与扎枪之间转换顺畅,扎枪力达枪尖,目视枪尖。

乙在甲扎枪时原地跳起,空中换步,跳起时左脚在前,落地后右脚在前,同时抡右臂格枪。要求抡臂由后至上,由上至前,再到体左侧格枪,抡臂立圆,以腰为轴,目视枪尖。

图 5-4-8

(八)甲左弓步平扎枪,乙右抡臂格枪

甲收枪于腰间,扎枪,枪位于乙腰右侧(图5-4-9)。要求成左弓步扎枪,扎枪力达枪尖,准确、精确,目视枪尖。

乙原地步法不变,甲扎枪时抡右臂,将枪格于体外。要求抡臂时由后至上,由上至前,再由前划到右侧,左手位于上方,右手格枪,目视枪尖。

图 5-4-9

487

（九）甲上步左弓步平扎枪，乙转身上右步右抡臂格枪

甲收枪于腰间，向右前微上一小步，扎枪，枪位于乙腰右侧（图5-4-10）。要求上步时先动左脚跟右脚，成左弓步，扎枪力达枪尖、快速，目视枪尖。

乙向左转身，上右步同时抡右臂格枪。要求转身快速，抡臂时由后至上，由上至前，再由前至左侧，左手在上方，右手格枪，以腰为轴，目视枪尖。

图 5-4-10

空手夺枪组合（Ⅱ）动作名称

（一）甲左弓步下扎枪，乙躺身绞腿　　（二）甲左弓步下扎枪，乙躺身绞腿
（三）甲左弓步平扎枪，乙绕头闪躲　　（四）甲左弓步平扎枪，乙绕头闪躲
（五）甲左弓步平扎枪三次，乙绕头　　（六）甲左弓步平扎枪，乙架拳闪枪
　　　闪躲连续三次
（七）甲上步左弓步下扎枪，乙后滚翻　（八）甲上步左弓步上扎枪，乙撤步左
　　　　　　　　　　　　　　　　　　　　　臂格枪
（九）甲上步左弓步平扎枪，乙左臂格枪（十）甲并步崩枪，乙提膝勾手亮掌

空手夺枪组合（Ⅱ）动作说明

（一）甲左弓步下扎枪，乙躺身绞腿

甲收枪，扎枪，成左弓步，枪位于乙绞腿过程中两腿分开时右腿的外侧（图5-4-11）。要求收枪至右腰间，扎枪贴身，力达枪尖，出枪时位置扎准，在乙右腿绞过时扎出，然后快收，目视枪尖。

乙躺身，右腿由左侧摆到上方，再摆到右侧，左腿不动，双手撑地。要求摆腿快速、伸直，目视枪尖。

图 5-4-11

(二)甲左弓步下扎枪,乙躺身绞腿

甲成左弓步,收枪,扎枪,枪位于乙摆出左腿腰胯下方(图5-4-12)。要求收枪至右腰间,扎枪力达枪尖,贴身,目视枪尖。

乙与上一动作连接,右腿摆过后摆左腿,由左到上,再划到右侧,然后到左侧,还原,双手分开在两侧保持平衡。要求连接顺畅、连贯,目视枪身。

图 5-4-12

(三)甲左弓步平扎枪,乙绕头闪躲

甲左弓步扎枪,枪位于乙头部左侧(图5-4-13)。要求步不动,收枪至右腰间,扎枪力达枪尖,枪法快速、贴身,目视枪尖。

乙双腿分开,坐于地上,双手放于两膝上,甲扎枪时由右侧低头向左绕出。要求起身快速,绕头灵活、冷静。

图 5-4-13

(四)甲左弓步平扎枪,乙绕头闪躲

甲左弓步收枪、扎枪,枪扎乙头部右侧(图5-4-14)。要求脚步不动,收枪至右腰间,枪扎出时力达枪尖,枪法快速、贴身,目视枪尖。

乙原地不动,甲扎枪时低头,由左侧低头向右绕出。要求绕头清楚,节奏要好,冷静、低头、快速。

(五)甲左弓步平扎枪三次,乙绕头闪躲连续三次

甲左弓步收枪、扎枪连续三

图 5-4-14

次，枪扎乙头部上方（图 5-4-15）。要求步不变，收枪至右腰间，扎枪力达枪尖，连续三次扎枪连贯快速，节奏清楚，目视枪尖，进攻意识展现于枪法之中。

乙在甲扎枪时头由右侧绕至左侧抬起，连续三次。要求原地不动，看清甲扎枪，同时绕头三次，连贯、有节奏、清楚、冷静。此动作重复三次。

（六）甲左弓步平扎枪，乙架拳闪枪

甲左弓步收枪、扎枪，枪扎乙头部上方（图 5-4-16）。要求脚步不动，收枪于腰，扎枪力达枪尖，目视枪尖。

乙原地不动，双拳由下至上交叉架于头上。要求双拳由腰两侧合于头上方架出，力达扎枪处，目视枪尖。

（七）甲上步左弓步下扎枪，乙后滚翻

甲左脚向前一小步，右脚跟步，仍为左弓步，收枪、扎枪，枪位于乙后滚翻时身下背部处（图 5-4-17）。要求上步快速，收枪至右腰间，扎枪时力达枪尖，出枪准确快速，目视枪尖。

乙架拳后顺势后仰，后滚翻。要求后滚翻由腰、背、颈、头依次着地，最后两脚落地起身，目视对手，双手成防守势，置于胸前。

图 5-4-15

图 5-4-16

图 5-4-17

（八）甲上步左弓步上扎枪，乙撤步左臂格枪

甲左脚向前一小步，右脚跟步，仍成左弓步，收枪、扎枪，枪位于乙头部左侧（图5-4-18）。要求向前上步快速，收枪至右腰间，扎枪力达枪尖，准确，目视枪尖。

乙向后撤左步抬左臂格枪。要求撤步快速，两腿微屈，左手由下向上左格枪，右拳抱于腰侧，目视枪尖。

图 5-4-18

（九）甲上步左弓步平扎枪，乙左臂格枪

甲上步向前，成左弓步，收枪、扎枪，枪位于乙腰部左侧（图5-4-19）。要求进步快速，收枪至右腰间，扎枪力达枪尖，目视枪尖。

乙在甲扎枪时撤右步，左手由上向下格枪，右手由腰间划至上方。要求撤步快速，左手格枪后成勾手，目视对手。

图 5-4-19

（十）甲并步崩枪，乙提膝勾手亮掌

甲撤左脚与右脚并步，枪由下向上崩击，力达枪身前端，目视对手（图5-4-20）。要求气势饱满。

乙提左膝，右手亮掌，左手勾手，头左摆，目视对手。要求亮掌动作抖腕利落，提膝收于胸前，气势饱满，重心稳定。

图 5-4-20

空手夺枪组合（Ⅲ）动作名称

（一）甲左弓步上扎枪，乙侧身闪躲　（二）甲左弓步上扎枪，乙左手夺枪

（三）乙侧身踹腿，甲倒地　（四）甲倒地抬腿躲枪，乙上步左步下扎枪

（五）甲鲤鱼打挺，乙左弓步平扎枪　（六）甲倒地后滚翻，乙上步左弓步下扎枪

（七）甲撤步右手格枪，乙上步左弓步上扎枪　（八）甲撤步左手格枪，乙上步左弓步上扎枪

（九）甲涮腰闪躲，乙左弓步平扎枪

空手夺枪组合（Ⅲ）动作说明

（一）甲左弓步上扎枪，乙侧身闪躲

甲成左弓步，收枪、扎枪，枪位于乙颈侧右方（图5-4-21）。要求脚步不动，收枪至腰间，扎枪力达枪尖，目视枪尖。

乙左侧身，双腿分开直立，两手分别在身体两侧。要求侧身闪枪快速，目视枪尖。

（二）甲左弓步上扎枪，乙左手夺枪

甲成左弓步，收枪、扎枪，枪位于乙颈侧右方（图5-4-22）。要求脚步不动，收枪于腰间，扎枪力达枪尖，目视枪尖。

乙脚步不变，左手由左侧抬起，看清甲出枪后抓住枪身，右手在身体右侧。要求左手抓枪快速迅猛，抓枪前不露声色，目视枪尖。

（三）乙侧身踹腿，甲倒地

乙抓枪后左手将枪带到左侧，使甲脱手，侧身向甲

图 5-4-21

图 5-4-22

胸前踹出右腿，右手接枪把（图 5-4-23）。要求抓枪、带枪、踹腿一气呵成，三个动作连贯，然后快速回位，目视对手。

甲受攻击后借势倒地，背部与脚是着力点。要求受攻击时屏气，受攻击后倒地迅速，挺髋含胸、低头，背部着地，双手左右分开撑地，目视对手乙。

（四）甲倒地抬腿躲枪，乙上步左弓步下扎枪

甲倒地不变，将双腿抬起，抬至头上方（图 5-4-24）。要求快速完成此动作（是鲤鱼打挺之前的动作），双手可以放在两腿上，目视上方。

乙右脚落步左脚向前上步，成左弓步，收枪、扎枪，枪位于甲抬起两腿的下方。要求上步快速，收枪于腰，扎枪力达枪尖，枪法贴身、准确，目视枪尖。

（五）甲鲤鱼打挺，乙左弓步平扎枪

甲直体鲤鱼打挺，两脚到头成弓形，双手收于两侧（图 5-4-25）。要求鲤鱼打挺以腰发力，重心掌握在两腿与腰之间，目视枪身。

乙成左弓步，收枪、扎枪，枪位于甲胸前，然后下压。要求步不动，收枪至右腰间，扎枪力达枪尖，枪法

图 5-4-23

图 5-4-24

图 5-4-25

贴身，下压有力，力在枪身前端，目视枪尖。

（六）甲倒地后滚翻，乙上步左弓步下扎枪

甲借乙下压之力倒地，迅速后滚翻（图5-4-26）。要求倒地时背部着力，后滚翻以腰、背、颈、头、两脚依次着地，快速灵活，起身迅速，目视对手，两手成防守势收于胸前。

乙向前上步，成左弓步，收枪、扎枪，枪位于甲后滚翻之背部下方。要求上步快速，收枪至右腰间，扎枪力达枪尖，目视枪尖。

图 5-4-26

（七）甲撤步右手格枪，乙上步左弓步上扎枪

甲撤右腿，右手由右抬起向左格击，左手收于左侧（图5-4-27）。要求撤步快速，右手格挡力达枪尖，两腿微屈，目视枪尖。

乙向前上步，收枪、扎枪，成左弓步，枪位于甲头部左侧。要求上步快速，收枪至右腰间，扎枪力达枪尖，目视枪尖。

图 5-4-27

（八）甲撤步左手格枪，乙上步左弓步上扎枪

甲撤左腿，左手由左至右格击，右手收于身体右侧（图5-4-28）。要求撤步快速，左手格挡力达枪头，两腿微屈，目视枪尖。

图 5-4-28

乙向前上步，收枪、扎枪，成左弓步，枪位于甲头部右侧。要求上步快速，收枪至右腰间，扎枪力达枪尖，目视枪尖。

（九）甲涮腰闪躲，乙左弓步平扎枪

甲两腿分开而立，向右侧身，左手由左向上、向右，右手收于体侧（图 5-4-29）。要求左臂路线清楚，随腰而动，侧身快速，目视枪尖。

乙成左弓步，收枪、扎枪，枪位于甲腰左侧。要求收枪至右腰间，扎枪力达枪尖，目视枪尖。

图 5-4-29

空手对棍组合动作名称

预备姿势：甲开步抱棍，乙并步抱拳。
（一）甲上步左弓步上戳棍，乙撤步右手格棍
（二）甲上步左弓步上戳棍，乙撤步左手格棍
（三）甲左弓步上戳棍，乙右手格棍
（四）甲双手抡棍，乙仰身闪躲
（五）甲双手抡棍，乙前俯身闪躲
（六）甲上步双手抡棍，乙撤步前俯身闪躲
（七）甲转身盖把，乙撤步前俯身闪躲
（八）甲双手下扫棍，乙跳步提膝闪躲

空手对棍组合动作说明

预备姿势：甲开步抱棍，乙开步抱拳。
甲成并步立正，右手持棍于胸前，左手放于体侧，出左腿成开立步。持棍手与左手

由腰间合至胸前，头左摆，目视对手（图5-4-30①②）。要求动作快速，气势饱满。

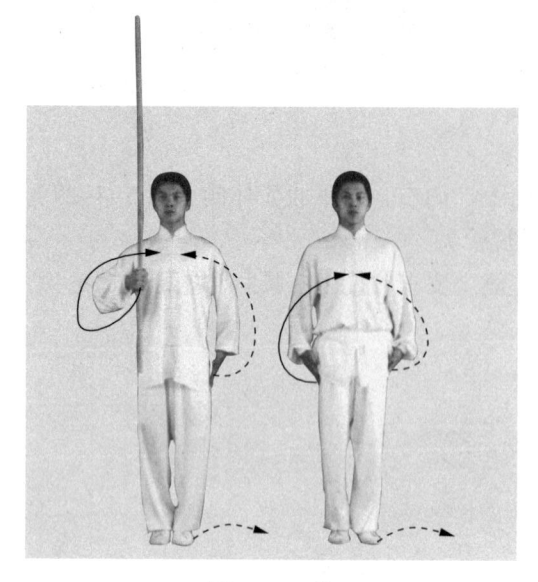

图 5-4-30①

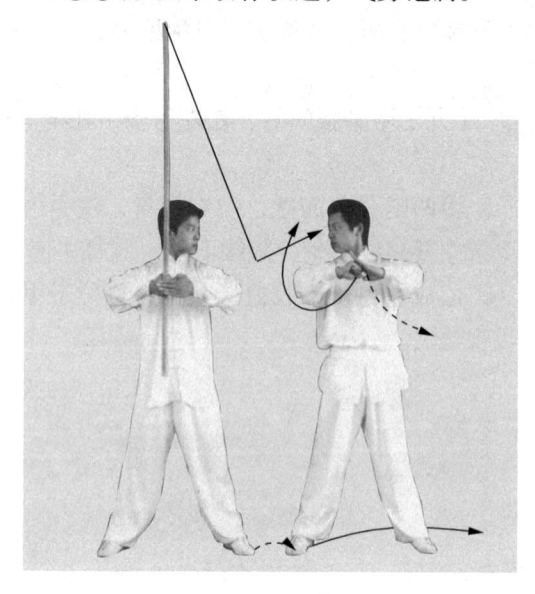

图 5-4-30②

乙成并步立正，两手放于体两侧，与甲同时出左腿，成开立步。两手由腰两侧合至胸前，抱拳，头右摆，目视对手。要求动作快速，气势饱满。

（一）甲上步左弓步上戳棍，乙撤步右手格棍

甲上左步向前成左弓步，收棍、戳棍，棍前端位于乙头左侧（图5-4-31）。要求上步快速，收棍在腰，戳棍力达棍头，目视棍头。

图 5-4-31

乙撤右步，右手由右至左格出，左手收于体左侧。要求撤步快速，格棍力达棍前端，目视棍头。

（二）甲上步左弓步上戳棍，乙撤步左手格棍

甲向前上步成左弓步，收棍、戳棍，棍前端位于乙头部右侧（图5-4-32）。要求进步快速，收棍在

图 5-4-32

腰，戳棍力达棍头，目视棍头。

乙撤左步，左手由左至右格出，右手收于身体右侧。要求撤步快速，格棍力达棍前端，目视棍头。

（三）甲左弓步上戳棍，乙右手格棍

甲成左弓步，收棍、戳棍，棍前端位于乙头部左侧（图5-4-33）。要求收棍在腰，戳棍力达棍头，目视棍头。

乙原地不动，右手由右至左格出，左手放于体侧。要求脚步不动，右手格棍力达棍前端，目视棍头。

图 5-4-33

（四）甲双手抡棍，乙仰身闪躲

甲双手握棍，横抡而出，由右至左，两腿开立（图5-4-34①②）。要求抡棍力达棍身前端，快速迅猛，目视对手。

乙两腿开立，后仰身成90°，两手平展。要求仰身快速，头后仰，重心稳定，目视棍身。

图 5-4-34①

图 5-4-34②

（五）甲双手抡棍，乙前俯身闪躲

甲双手握棍，横抡而出，由左至右，两腿开立（图5-4-35①②）。要求抡棍力达棍身前端，快速迅猛，目视对手。

乙迅速向前俯身成90°，两手撑地，两腿开立。要求俯身快速，头低下，目视地面，与上一动作连贯，重心稳定。

图 5-4-35①

图 5-4-35②

（六）甲上步双手抡棍，乙撤步前俯身闪躲

甲向前上步，两手握棍，横抡而出，由右至左，两腿开立（图5-4-36①②）。要求上步快速，格棍力达棍身前端，快速迅猛，目视对手。

乙撤右脚，向前俯身成90°，两腿开立，两手撑地。要求撤步快速，俯身时低头，重心稳定，目视地面。

图 5-4-36①

图 5-4-36②

（七）甲转身盖把，乙撤步前俯身闪躲

甲左脚插步左转身，左手握棍身中间，右手窜把至中间，上右步盖把，左脚在前，右脚在后（图5-4-37①②）。要求转身快速，窜把灵活，棍把斜盖，目视棍把。

乙撤步向后，前俯身成90°，两手撑地，两腿分开。要求撤步快速，俯身时低头，重心要稳，目视地面。

图 5-4-37① 　　　　　　　　　　　图 5-4-37②

（八）甲双手下扫棍，乙跳步提膝闪躲

甲原地不动，右手窜回棍把，两手握棍由左至右下扫（图5-4-38①②）。要求两腿弯曲成右弓步，扫棍力达棍身前端，高不过膝，目视棍头。

乙起身微跳，提左膝，右腿直立，两手成防守势收于胸前。要求跳起轻灵，提膝收于胸前，含胸，目视对手。

图 5-4-38① 　　　　　　　　　　　图 5-4-38②

第五节 集体项目

一、集体项目的起源与沿革

集体项目是武术表演、竞赛项目之一，各种拳术、器械都可以集体演练。

中国早在周代就有武舞，周代著名的"大武舞"表现了武王克商的过程与功绩。据《史记·乐书》载，大武舞是手执武器，编为队列，象征战阵。孔子云："夹振之而四伐。"郑玄注曰："夹振之者，王与大将夹武者，振铎以为节也"，"每奏四伐。一击一刺为一伐"。手持武器，一击一刺，属于武舞的范畴。

唐朝建立以后（公元618~907年），特别是初唐（618年）到天宝十四年（755年），这一百三十多年中，和汉代兴盛时期一样，是中国封建社会中最强盛的一个时期。这期间政治局势比较稳定，经济繁荣，国力强盛，对外贸易发达，文化交流频繁，这些都为武艺的发展创造了条件。特别是器械套路技艺的提高，以及《秦王破阵乐》等武舞艺术的出现，对以后武术集体项目的发展都有一定的影响。

宋代的套路技术，由于表演及训练需要，发展甚快，除对练套路外，还有集体武术套路表演。表演时引百余人，"各执木棹刀一口，成行列。击锣者指呼，各拜舞起居毕。喝喊变阵子数次，成一字阵。两两出阵格斗，做夺刀击刺之态百端讫。一个弃刀在地，就地掷身，背著地有声，谓之'板落'。如是数十对"（见《东京梦华录》卷七）。

清代，在民间还利用节日集会表演武术，例如北方的"武会"就有"百蜡杆会""开路会""少林棍会"等集体表演。据《都门琐记》载："百蜡杆者，矛也，以白木为棍，光滑如蜡，故名。今各数十人，人持一杆，至场赛技，尽诸击刺之法，分合变化，数百杆如一杆，忽左忽右，观者月追瞬之而不能及。"

1935年10月旧中国"第6届全国运动会"在上海市举行，在开幕式上，上海的三千名小学生表演了太极拳。

1948年5月，旧中国在上海江湾体育场举行"第7届全国运动会"，上海的三千名高小学生表演了太极操。

中华人民共和国成立后，武术运动得到了很大的发展和提高，与此同时，集体项目作为武术内容之一，从表演到列为竞赛项目，无论从集体项目形式和内容以及运动技术水平都有很大的发展和提高。1960年底，周恩来总理率中国政府代表团访问缅甸，中国武术队随团同往表演，其中集体剑术表演颇受欢迎和好评。

1975年，中华人民共和国第3届全运会在北京举行。除了以规定拳、自选拳、规定枪、自选器械和表演项目五项总分取全能名次外，也取团体、集体项目名次。从此武术集体项目也得到发展，如北京队、浙江队的集体拳术，湖北队的集体九节鞭，宁夏队的集体大刀，上海队的集体剑术，广西队的集体南棍等，内容丰富，各具特色。

1988年，全国武术锦标赛在竞赛规程中明确规定每个男、女队都必须参加除六项全能以外的集体项目，同时要求将集体项目的分数计到每队的团体总分中，这项规定一直延续到1997年。

中国武术协会为了纪念邓小平题词"太极拳好"，1998年10月15日在天安门广场举行了万人太极拳的表演。集体表演了杨式、陈式、孙式、吴式等太极拳，这是千年武术最壮观的一幕场景。

二、基本要求

（一）演练集体项目能培养集体主义和团结协作的精神

如今的集体项目是指6人以上徒手或器械的集体练习。集体项目动作的典型特点就是6名以上运动员都要以集体主义精神和谐一致地参加全队动作。因此，在集体项目的练习中，就要加强组织纪律性，严格要求，保证高质量地完成动作。另外，还必须要求运动员的动作达到整齐划一的效果，体现团结协作的精神。即使要加一些难度动作，这些难度动作也必须是全体运动员都能做到的，这样才能突出集体项目的特点。

（二）集体项目的编排

1. 动作的选择与难度要求

动作的选择一般应遵循难度适中的原则。难度动作太少，不能体现较高的水平，也不容易引起裁判员和观众的共鸣。如果想加些难度较大的运动，可以编排在2人一组、3人一组的动作里，这样既不影响整齐，也体现了集体项目的难度。

2. 队形多变，图案美观

在集体项目中不仅要做到技术准确熟练，整齐划一，而且也必须考虑到队形多变的原则。目前集体项目的队形有两路纵队行进间做动作图形，还有方形、三角形、圆形、菱形。线路有竖线、横线、斜线（三者均为直线）、弧线等。要求队形变化新颖美观，合理流畅，由此衬托集体演练场面的情绪和气氛，产生良好的空间整体感。如直线队形时做整齐划一的单一的直线运动动作，将使人感到刚健、有力；在密集的三角队形时编排一些节奏性较强的一致性动作，将显示出一种勇往直前的集体力量。

（1）队形直接变化：从一个队形直接变化成另一个队形，这是最简单、最常用的，也是变化最快的一种方式。

（2）先分散再集中的变化：先从一个队形经过不规则的移动分散，出现非常短暂的无清晰队形状态或不规则的队形状态，然后集中，即刻出现一个新的队形。

（3）边移动边变化：从一个队形通过队形移动有规则地很快变成另一个队形，如从大圆形经过小圆形按照顺时针方向移动，变成一斜直线队形。

（三）技术准确熟练，队伍整齐划一

演练集体项目除要注重队形的变化之外，还要特别强调技术准确和动作规格化。要在动作规范的前提下，做到队伍整齐划一，要充分展示某一个项目的风格和特点，使演

练技艺达到较高的水平。

（四）配乐是集体项目完善的体现

音乐是通过有组织的音符来表达人们思想感情和反映社会现实生活的一种艺术。它不仅被人们喜爱和欣赏，而且随着社会的进步，已被广泛地运用于竞技体育和教学训练中，把音乐作为组织教学训练的一种心理、生理手段。实践证明，音乐对人体运动能产生良好的影响。

音乐与武术集体项目的有机结合，可以达到更好的表演艺术效果。集体项目表演经常是场面开阔，威武雄壮，扣人心弦，再配上节奏明快、具有相应特色的中国古典音乐和民族音乐，以及适宜的服饰，可使人获得舒畅、优雅的美好感受，同时也能振奋精神，达到欣赏武术的最佳效果。

主要参考文献：

1. 全国武术馆（校）教材编写组．全国武术馆（校）教材对练套路．第1版．北京：北京体育大学出版社，1997.3~119页

2. 中国武术系列规定套路编写组．八极拳．第1版．北京：人民体育出版社，1999.110~134页

3. 习云太．中国武术史．第1版．北京：人民体育出版社，1985.1~196页

4. 《中国武术百科全书》编撰委员会．中国武术百科全书．第1版．北京：中国大百科全书出版社，1998.39~85页

5. 程啸斌．中华散打新篇．第1版．上海：同济大学出版社，2000.153~198页

（第五章作者：谭炳春　摄影：方德福　演示：于东光、于东亮）

第六章 武术套路教学

第一节 套路教学的基本特点

一、重视基本功、基本动作的练习

武术的内容丰富多彩，在安排教学内容时，要针对学生的具体情况以及教学的任务，尽量做到系统化、多样化；根据运动技能形成的规律，循序渐进。教材的内容和教学步骤应当从简单到复杂，由易到难，同时根据武术技术的特点，教学中不断强化基本功、基本动作练习。

基本功、基本动作是武术技术的基本组成部分，是对身体各部位进行专门练习的重要内容，掌握正确的基本功、基本动作对于学习武术套路、攻防技术和提高运动技术水平具有十分重要的意义。基本功、基本动作一般概括为手型、步型、手法、步法、腿法、肩功、臂功、腰功，以及平衡、跳跃、跌扑、滚翻等内容。经常进行基本功练习，可以增强各个关节、韧带的柔韧性和灵活性，提高肌肉的控制能力和必要的弹性，对于提高动作质量、减少伤害事故发生和延长运动寿命有着十分重要的作用。基本动作是套路运动的基础，任何拳术、器械套路都离不开基本动作。因此，将基本功、基本动作练习贯穿于武术教学的始终，是武术课教学内容安排的特点之一。

二、以直观教学为主，强调动作规格

武术套路具有动作多、路线方向变化多和一个动作包含因素多的特点，外形要求手、眼、身、步的配合，内有精神、呼吸、意识、劲力相统一的要求。另外，各种拳、械均有不同的特点与风格，这给教学带来了难度，因此，必须依据人类认识事物的规律组织教学。人类认识客观世界的规律是从感性认识开始的，运动技能形成初期，强调动作规格，教师准确、连贯地示范，对建立正确的动力定型尤其重要。动作规格是根据武术运动不同拳种的特点与风格对动作准确性提出的具体要求。拳种、风格、特点不同，动作规格要求也不一样，所以动作规格是体现拳种特点与风格的重要内容，是评价教学效果与运动成绩的重要因素。以单个动作为例，首先要强调该动作姿势（手型、步型、身型）的准确与工整；其次，应强调该动作方法（手法、步法、腿法、

身法）的正确。强调动作的规格，是武术直观教学的基础，也是学生建立正确动力定型的根本保证。

同时，合理地运用各种直观方式组织教学，对于正确地理解动作概念尤其重要。必须依据教学的主要任务，结合学生练习的实际情况，采用正确的示范位置和方向进行完整示范、分解示范、重复示范、重点示范、对比示范，并辅之以语言讲解、提示、多媒体教学等形式，使学生了解所学动作的形象、结构、技术要领和完成方法，逐步建立正确的动作表象。

三、讲解动作攻防特点，突出不同拳种的技击风格

攻防技击性是武术的技术风格与特点。武术最初作为军事训练的手段，与古代军事斗争紧密相连，其技击特性是显而易见的。随着时代的发展，冷兵器的消失，武术逐步成为一种民族形式的体育，不少技术在动作规格、动作幅度和动作节奏的要求上与技击的原形有所变化，然而就整个套路来讲，仍然是以踢、打、摔、拿、击、刺为主要内容。因此，在套路教学中必须抓住不同拳种、器械的技击特点，对动作进行分析，讲解攻防含意、劲力使用方法、节奏变化差异，强调动作的速度与力度，使学生明确动作的用法，加深对攻防动作的理解。通过对攻防意识的培养，演练时合理处理动、静、起、落、站、立、转、折、缓、快、轻、重的技术要求，掌握不同拳种的技击技巧，充分运用武术攻防格斗规律表现动作的攻防意识，突出各拳种不同的风格特征。

四、注重内外兼修，提高演练技巧

提高武术演练技巧，是武术教学的重要特点之一。武术的演练技巧体现在套路演练中对劲力、协调以及内在精、气、神的表现能力。武术套路运动不是动作的简单重复，它要求演练时用力顺达，力点准确，手、眼、身法、步以及各种方法协调一致。通过准确有力的外在动作，把内在的意识表现出来。在传统的练功方法中，强调"拳打千遍，其理自见""外练筋骨皮，内练一口气"，都是体会"神形兼备"和"内外合一"的演练技巧。

第二节　套路教学的阶段与步骤

一、套路教学的阶段

根据人的认识规律——由易到难、由浅入深、循序渐进和武术套路技术动作的特点，武术技术教学可分为三个阶段。

第一阶段：主要进行基本功、基本动作、基本组合和基础套路的教学。基础套路教学一般以拳术为主，要求学生学会动作，明确规格，掌握练习方法，发展专项身体素

质，提高身体适应套路教学训练的要求。

第二阶段：主要在巩固第一阶段教学成果的基础上，教学拳、刀、枪、剑、棍等中级套路及传统项目，要求掌握套路的动作规格和不同套路的技术特点与技术风格，并进一步加强身体训练，以适应更高的技术要求。

第三阶段：进一步巩固与提高单练套路的演练技巧和难度动作质量，学习对练套路，根据学生的身体素质与技术特点，形成学生个人技术特长与风格。

二、套路教学的步骤

武术套路是由数十个动作所组成，每个动作都包含着方向路线、架势结构、劲力方法、心志意向、节奏神韵等要素。教学中应根据运动技能形成的规律，通过一定的步骤使学生逐步掌握动作。套路教学一般可分为五个步骤。

第一步：主要任务是使学生掌握动作的方向路线。通过教师的正确示范和简介要领，使学生弄清动作的方向路线。对于动作姿势可作一般的要求，否则易引起学生的疲劳，分散学生对方向路线的注意力，从而降低了学习效率，影响了教学任务的完成。

第二步：主要任务是使学生完成动作的姿势达到准确与工整。在学生掌握了动作的方向路线之后，教师要按正常的速度进行正确的示范，并组织学生反复练习，不断纠正错误动作，严格要求，强调动作的细节和手型、步型、身型的准确与工整，克服紧张、僵硬、不协调等反应，使正确的动作逐步成型。

第三步：主要任务是使学生连贯完整地完成动作。教师要根据套路的节奏进行正确连贯的完整示范，使学生明确动作之间衔接的技巧与方法，并严格地组织练习，强调动作协调、完整统一、用力顺达。

第四步：主要任务是使学生掌握武术动作的特点与演练风格。主要是通过教师对动作的性质、劲力、风格、节奏的分析，进一步讲解精神、意气与形体动作的结合，在教师的指导下，使学生体会"形神兼备""内外合一"的演练技巧，突出所学项目的特点与技术风格。

第五步：主要任务是通过训练继续巩固与提高。这一步要求教师认真组织学生进行训练，将前四个步骤掌握的动作技术进行巩固与提高，使学生在纠正错误动作的同时巩固正确的动力定型。

第三节 套路教学的方法

教学方法是完成教学任务的手段与途径，科学地运用教学方法对于充分调动学生的积极性、完成教学任务和提高教学效果有着重要的意义。教学方法的运用要根据教学任务、教材特点、学生的实际、教学条件等具体情况来确定，应力求做到以任务为目标，以方法为途径，采用行之有效的教学手段来保证任务的完成。武术套路教学中常采用的教学方法有直观教学法、完整与分解教学法、语言法、预防与纠正错误法、练习法、比赛法等方法。

一、直观教学法

（一）动作示范

动作示范是直观教学法中最基本、最常用的一种方法。它是以准确的动作为范例，使学生通过直观了解动作的形象、结构、要领和方法。正确的示范，不仅可以使学生从感性认识来获得正确的动作全貌，而且可以提高学生学习的兴趣，激发学生学习的自觉性。为了使学生能比较全面地观察示范的动作，突出示范的目的，取得更好的效果，示范动作时应注意以下几个问题：

1. 示范位置的选择

教师示范位置的选择应以全体学生便于全面观察为主要依据。一般有三角形顶点示范（教师站在学生横队的等边三角形顶点）、中心示范（教师站在学生队伍的中间）、斜前方示范（教师站在学生学习套路前进方向的左或右前方）。

2. 示范面的运用

正确地使用示范面可以让学生更好更快地学会动作，掌握要领。一般情况下，凡是身体侧向行进的动作，可做镜面示范；凡是身体正向行进的动作，可做侧面示范；不能做镜面与侧面示范的动作，可做斜面示范；比较复杂繁难的动作，可做多面示范。另外，还可以将动作进行分解或重点进行示范。

3. 领做示范

学习新动作要求教师采用领做示范。领做示范时，教师应注意示范的位置与示范的速度。

领做示范时教师应根据套路的运动方向来选择位置，一般位于学生的左、右前方或正前方，要使学生尽可能看到教师领做，以便进行模仿，掌握动作的运动路线、方法与姿势。当运动方向改变时，教师应更换位置。

领做的速度，通常在开始学习时要慢速进行，以利于学生进行模仿，随着对动作的逐渐熟练，逐步过渡到正常领做。

4. 示范与讲解结合运用

动作示范是作用于视觉器官的直观教学方式，易于收到感知动作形象的效果。生动形象地讲解则是通过语言作用于听觉器官的直观方式，可准确地揭示动作的内在联系。示范与讲解结合不仅可以使学生直观地模仿动作，而且可以通过语言刺激，让学生进一步明确动作要领，体脑并用，提高教学效果。一般情况下，对水平比较低的学生以示范为主，以讲解为辅；对水平较高的学生以讲解为主。学习新动作时，根据教材的难易程度、学生的实际水平等情况来采用示范与讲解结合。

（二）多媒体教学

利用现代化的科学技术进行武术套路教学对于提高教学质量有着十分重大的促进作用。近年来，多媒体教学广泛应用于体育运动中。多媒体教学是一种以交互方式将文本、图形、图像、音频、视频等多重媒体信息，经过计算机设备的获取、操作、编辑、存储等综合处理后，以单独或合成的形态表现出来的技术和方法。多媒体教学是现代教学训练的手段之一，它有助于学生建立正确的动作概念，能充分显示动作的结构、过程、关键、要领与细节，特别是对结构复杂、腾空技术、难度较大的动作，能提供生动、形象的直观方式，同时还可以加深学生对教材的理解和分析动作要领，领会单个动作至全套动作的演练风格。恰当地运用多媒体教学，可丰富教学内容，对于调节学生的学习兴趣和提高教学效率，有着重要的现实意义。多媒体教学将以多种媒体的表现形式、有效的交互能力、灵活多变等特点在武术教学中得到广泛的应用。

二、完整与分解教学法

武术套路是由单个动作组成的，每个动作难易程度不一，所以武术教学常用完整与分解的教学方法。

（一）完整教学法

完整教学法可以使学生了解单个动作的全貌，形成完整的概念，因而它是主要的一种教学方法。它的缺点是遇到比较复杂或难度大的动作时，学生不易正确地掌握动作细节，难以达到教学要求，因此，在下列情况下可以运用完整教学法：

1. 动作结构简单和难度不大的动作。
2. 对有一定专业基础的学生进行教学时。

（二）分解教学法

是将完整的单个动作合理地分解成两个或两个以上的部分进行教学的一种方法。其优点是便于学生掌握动作细节，更好更快地达到动作要求。在下列情况下可运用分解教学法：

1. 结构和方向路线较复杂繁难的动作。
2. 攻防因素较多的动作。
3. 富于顿挫、节奏感变化较强的动作。

分解教学法不宜将动作分解得过碎，教学中应尽快地过渡到完整动作，以免影响动作的完整性。一般可以采用完整——分解——再完整的原则，把分解教学与完整教学有机地结合起来，使学生通过分解教学掌握动作的细节，通过完整教学了解动作的全貌，通过分解与完整教学相结合使学生从学会单个动作到学会整个套路技术。

三、语言法

正确地运用语言进行讲解、启发和提示，能使学生明确任务，端正学习态度，启发学生积极思维，因此，对于正确理解动作、加速掌握技术要领、培养学生分析问题与解决问题的能力，以及完成教学任务具有十分重要的意义。

（一）讲解

讲解是语言法中最主要的一种形式。讲解要有明确的目的，要通俗易懂，简明扼要，富有启发性，并且注意讲解的时机与效果。

1. 讲解的内容

教学中一般需要讲解的内容有：

（1）讲解动作的规格与要求

动作的规格与要求，是武术科学化、规格化的关键，通过讲解使学生进一步明确动作的规格与要求，启发学生的思维，提高技术动作的质量，形成正确的动力定型。

（2）讲解动作的基本规律

讲解武术套路运动的基本规律不仅有助于学生加强记忆，更好地掌握技术，而且有助于加强学生的素质培养，在实践中不断创新，如武术动作技法的基本规律、呼吸与动作配合的基本规律、套路运动的节奏规律等。

（3）讲解动作易犯的错误

讲解动作易犯的错误与纠正方法，可以提示学生防止发生此类错误，即使在训练中出现了错误，也可以很快地意识到并采取一定的办法予以纠正。

（4）讲解动作的关键环节

动作的关键环节决定着能否尽快学会与正确掌握该动作。因此，必须认真分析动作，抓住关键进行讲解，使学生更好地掌握动作。

（5）讲解动作的攻防含义

攻防含义是武术的主要特征，是套路运动存在的主要依据，正确地讲解动作的攻防含义有助于学生准确地理解与掌握动作，使意识更清晰，动作更逼真。

2. 讲解的方法

教学中一般采用以下方法：

（1）形象化讲解

即将武术动作的形态比喻成自然界常见的某种现象。比喻必须形象、贴切，有利于学生发生联想。

（2）术语化讲解

术语是指武术的专门用语，具有简明扼要的特点。常用术语进行讲解不仅有利于规范化的要求，而且可以减少讲解时间，把书本知识与实践结合起来。

（3）口诀化讲解

口诀化讲解是指将武术的某个动作进行高度概括，总结成言简意明并有一定格律韵味的词句。口诀化讲解有利于调动学生的积极性，活跃课堂气氛，加速学生对动作的理解与掌握。

（4）单字化讲解

单字化讲解是指对武术动作的某个环节或关键进行提炼、归纳、总结成一个字进行提示，或以若干个单字提示动作的若干个环节。它不仅可以节省时间，而且便于学生理解和掌握动作要领。

（二）口令的运用

口令是组织学生、指挥学生的重要手段。在武术教学中，长拳的口令一般是声音洪亮，短促有力；太极拳的口令则较柔和、缓慢。根据教学的需要可运用不同的口令。

1. 常用口令

这种口令是一个动作一个呼号，如《初级长拳第一路》每段八个动作，口令的呼号是：1〇，2〇，3〇，4〇……（口令1为第一动，1后面的〇为休止号），即口令不要拉长，节拍基本相等。

2. 间有分解动作的口令

如在动作口令中间，第三个动作需要分成四个小节，这种口令的呼号就变成：1〇，2〇，到第三个动作时，应呼成3①，②〇，③〇，④〇（圈内的呼号是分节动作口令）。

3. 提示性的口令

一种是先提示再喊口令：提示的内容一般是动作名称，如《初级长拳第一路》中"马步双劈拳——1〇""拗弓步冲拳　2〇"，前面的动作名称是预令，后面的呼号是动令，预令应有拖音。另一种是先喊口令再提示：提示的内容一般是动作要求或容易出现的错误，如《初级长拳第一路》中弓步冲拳接弹腿冲拳动作"1〇——（弓步）后腿蹬直""2〇——（弹腿）力达脚尖"，前面的呼号是动令，后面为提示内容。

4. 综合性口令

根据教学任务的需要，在指挥学生练习时，可综合运用各种口令。如果需要培养学生动作规格时，用常用口令；培养学生动作节奏感时，用快慢相间的节拍呼令；帮助学生熟练动作或提示动作方向、速度时，可运用提示性口令。还可以只提示，不呼口令，如走、快、停、转、跳等。

四、预防与纠正错误法

学生在学习和掌握动作的过程中会出现各种错误，教师应及时地发现错误并提出纠正错误的办法。一般应注意以下几点：

（一）由于学生接受能力和协调性差而出现错误时，教师应耐心地采用分解动作、慢速示范、多领做等方法进行纠正。

（二）由于肌肉本体感觉差不能控制动作而出现错误时，教师可以强调规格与要求，用站桩式的练习、助力与阻力和定向直观法来帮助纠正。

（三）由于身体素质差而不能完成动作时，教师不能因急躁而挫伤学生的学习情绪，应采用相应的措施，如降低动作难度，使学生逐步地完成动作。

（四）由于心理原因而做不好动作时，教师应做好思想工作，并采用一定的保护与帮助，逐步加大难度，让学生克服畏难情绪，逐步克服动作中的错误。

（五）由于不理解动作性质和作用而出现错误时，教师可根据动作的性质，讲解动作的攻防含义来诱导与启发，帮助纠正。

纠正错误的动作时，教师要善于抓住共性错误，组织学生集体会诊，启发学生分析错误的因果关系，以点带面地解决普遍存在的问题。

五、练习法

在教学中，采用练习法可以迅速、正确地掌握动作。教师根据一定的教学任务，有针对性地选择练习法，通过学生亲身实践，逐步消除错误动作，巩固提高所学的知识与技能，形成正确的动力定型，对完成教学任务具有重要意义。武术教学常用的练习法有重复练习法、变换练习法和综合练习法。

（一）重复练习法

重复练习法是指在武术教学过程中，将单个动作、组合动作、分段动作、整套动作重复练习的方法。重复练习要有明确的目的，练习时要向学生提出具体而切合实际的要求，要根据学生的特点、教学的不同阶段以及动作的难易程度，科学地安排练习的次数、强度和间隔的时间，要注意及时预防和纠正错误动作。

（二）变换练习法

变换练习法是指在变换的条件下进行的练习方法。根据教学任务的需要，变换运动负荷、环境、场地、器材等，如放慢动作速度、降低运动负荷，或者采用相应的辅助练习等。变换练习应选择安排好变换的条件和运动负荷。在动作学习、改进和提高技术时，对变换的内容应作出明确的规定，使练习效果符合教学的要求。

（三）综合练习法

综合练习法是指综合运用某些练习法的特点而组成的练习方法。应根据教学任务的需要，注意使练习手段、练习量和强度、练习间隙及练习程序的安排，符合教学要求。综合练习没有固定的练习形式，它的作用是多方面的，对于掌握、巩固技术动作和提高身体素质，均有较好的作用。

练习法常用以下组织练习的形式来实施，一般采用个人练习、分组练习和集体练习。

个人练习

个人练习是培养学生独立进行演练能力的一种方法。它有利于因人施教和纠正个别错误，同时还能培养学生独立体会刚学过的教学内容的能力。在进行基本功、基本动作和套路练习时，也可以采用个人轮流练习法互相观摩，互相学习，取长补短。

分组练习

分组练习是将学生分成若干小组，教师提出具体要求，由教师或学生骨干组织练习的一种形式。它可以节省时间，保证练习数量与质量，提高运动负荷，使学生互相观摩学习，培养团结互助的精神。教师应统揽全局，抓住共性，督促各组完成练习任务。

集体练习

集体练习是在教师的统一组织下，指挥学生统一进行练习的一种形式。它要求教师注意观察学生练习中出现的错误，及时地进行示范与讲解。集体练习要求统一指挥，统一行动，有令则行，无令则止。集体练习有利于培养学生顽强的意志品质和集体主义精神。

在教学中，教师应根据教学任务提出的要求，采用不同的练习形式进行教学，使课堂形式多样，生动活泼。

六、比赛法

在教学的不同阶段，根据教学任务和要求，以及学生的实际情况，可以制定出教学比赛的标准与要求，采用个人比赛、分组集体比赛、分组推选代表比赛等形式。这种教学比赛，可由教师评分，或者学生评分与教师评分相结合来评定成绩。学生在这种具有"竞争"因素、心理紧张的情况下去完成动作，能最大限度地表现出机体的机能，有效地发展身体素质，提高套路的演练水平和比赛的适应能力。

第四节 套路教学效果的评价

评价套路教学的效果是通过评估套路教学课来确定的。它不仅可以加强教学管理、总结经验、互相交流、评价教师的教学能力和工作态度，而且可以促进教师更好地钻研技术，研究教法，提高每次课的教学效果。同时通过定性、定量的分析与测定，还可以发现教学中存在的问题，并提出针对性的解决办法，因此，对武术套路教学课进行评价是加强管理、提高教学质量的有效途径之一。

一、评价的基本内容与标准

对套路教学课进行评价，需要将一次教学课分成若干个相互联系、相互制约的部分，有机地构成一个完整的评估体系，这样可以从课的不同部分分别进行评估，作出准确的判断。通过评估，可以评价出教师在一次教学课中各部分的情况，得出整个教学课的评价结论。一般可以将一次教学课分成以下几个部分。

（一）教学文件的规范性

教学文件是指教学计划、教学大纲、教学进度、教案等文字材料，是实施教学的指导性文件，也是圆满完成教学任务的保证。

1. 教学文件的规范程度

科学制定教学文件是教师的职责之一，它要求教师严肃、认真，做到计划规范、完整，大纲要求明确，进度切合实际，教案具体明晰，这样不仅可以克服教师在教学过程中的盲目性与随意性，而且有助于统筹安排、分步实施。特别是教案，是完成教学计划的基础，是检查一次课的必备文件，也是衡量教师教学态度的重要方面。

2. 教学任务与要求的确定

在一次课的教学文件中，首先应确定本次课的目的任务与要求，它应与计划、大纲进度相吻合，同时还必须根据学生的实际情况来确定。一次课的目的任务不能太多，一般两个到三个。要求不能太高，必须结合实际，通过努力学习大部分学生均能达到；要求也不能太低，否则不利于调动学生的学习积极性。

3. 教学内容、运动负荷的确定

每次课教学内容的确定均应依据目的任务来安排，并规定练习的数量与要求。通过一定的教学步骤、手段与方法来保证教学任务的完成。武术套路教学课运动负荷的安排应根据人体生理机能规律进行设计，练习密度一般应设计在40%左右，一般平均心率以130~145次/分为宜。

4. 教学态度的确定

教学文件工整、规范是确定教师态度的重要依据之一。在教学中，教师要服装规范、按时上课、按时下课、为人师表、循循善诱、严格要求、言传身教，保持良好的师生关系和欢快的课堂气氛等也是衡量教学态度的重要方面。教学态度的好坏直接影响学生学习的积极性，因此是每位教师都必须认真注意的重要问题。

（二）教学方法与手段的运用

教学方法与手段的运用是完成教学任务的重要途径，无论采用何种教学方法都必须符合武术套路教学的特点，有利于完成课的任务。如在新授课时，主要观察教师示范、讲解的能力；而在技术复习课时，主要观察教师纠正错误、组织学生进行练习的能力；在教学的提高阶段，主要观察教师进行教学训练相结合、结合实际选用各种训练方法的能力等。

（三）运动负荷的安排

武术教学任务的完成是通过学生身体运动来实现的，运动负荷的安排直接关系到教学效果。所以对一次课练习密度与运动量的测定是一种定量化的检查，可以较客观地分析一次课的教学质量。

运动负荷是由练习数量、练习密度、练习时间、练习强度、项目特点五个因素所组成，其中任何一个因素的变化都会使运动负荷发生变化。武术套路运动是非周期技术项目，对学生的灵敏、协调、速度、力量、耐力要求较高，这一特点决定了在教学中必须采用一些相应的训练手段与方法，这也决定了教师必须遵循运动负荷安排的一般规律，即运动负荷由小到大，大小结合，有明显的节奏感，使身体机能产生良好的适应性变化。

一次教学课是由开始部分、准备部分、基本部分和结束部分组成的。开始部分、准备部分是以活动全身关节肌肉、动员学生全身心地进入基本部分做准备。基本部分是课的主要部分，这一部分不仅时间长、学习内容多，而且练习量、运动负荷也最大，一般负荷曲线应呈现二至三个波峰。如果呈现负高峰或者高峰持续曲线时间过长，那么运动负荷的安排是不合理的。

练习密度是指一次课中学生实际身体练习的时间与上课总时间的比。它与练习强度和间歇时间有直接关系。一般来讲，新授教材练习密度较大，可以达到50%以上。它要求教师合理地安排间歇时间，利用间歇时间进行讲解、示范与纠正错误。而在提高课中一般练习强度较大，这样才能较快地提高学生专项技术技能和身体素质。在教学课中，练习密度如果低于30%，则练习密度安排是不合理的。如果练习密度安排过大，学生在疲劳状态下练习，也不利于学习技术和有效地发展运动能力，从而影响教学效果。

（四）教师的主导作用

在武术套路的教学中，教师为教学的主体，学生是教学的客体。教学手段与方法的运用、运动负荷的安排和学生的组织等都是通过教师来实现的，因此，教师必须在教学课中发挥主导作用。

1. 组织学生的能力

学生是教学的对象，组织好学生是完成好教学任务的首要条件。组织学生练习一般采用三种形式，即集体练习、分组练习与个人练习。在一次完整的教学课中，根据教学内容与任务需要，应把这三种组织形式有机地结合起来。新授课的组织一般采用集体教学与个人练习相结合的方法，复习课的组织一般采用集体练习纠正动作错误与分组练习巩固提高相结合的方法。

2. 组织教学内容的能力

科学地组织教学内容是完成教学任务的关键之一。在一次教学课中，一般安排两个主要教材，其他的教学内容应为这两个主教材服务，这样不仅使教学内容丰富多彩，而且有利于主要教学任务的完成。在一次教学课中，武术基本功与基本动作的练习一般占课时的二分之一，新授内容占三分之一，复习内容的巩固提高占三分之一。而且基本功内容力求为主要教材服务，为提高教学质量和更好地掌握技术动作打下基础。

3. 区别对待的能力

在教学中，学生的年龄、性别、技术水平、身体素质、心理品质等方面会存在着差异，因此，区别对待的教学原则在武术教学中显得尤为重要。表现在一次课中主要有教学方法与手段的运用、技术指导纠错的方式方法、运动负荷的不同要求、武术拳种的不同风格特点等，都应该遵循循序渐进的教学原则，进行区别对待。

4. 贯彻套路教学基本特点的能力

套路教学的基本特点是在长期教学活动中形成的，对于指导教师组织教学和提高教学质量具有重要的指导意义。因此，教师在教学活动中必须抓住这些基本特点，认真贯彻、分步实施。尤其是武术的攻防含义的教学，对于学生尽快地掌握动作要领，懂其法、明其理，提高武术技术技能具有积极的指导作用。

5. 调动学生练习积极性的能力

学生的学习积极性是完成教学任务的重要条件。教师必须善于启发、诱导、鼓励这种热情，并采用各种有效的方法和灵活多变的组织形式，使之始终以饱满的学习热情投入到练习之中，力求避免课堂枯燥、沉闷的现象。在武术教学课中，教师要善于观察学生的学习情况，采用语言诱导、竞赛评比、表演示范、分析评议等手段来激励学生奋发向上的学习热情。

6. 课堂上的应变能力

在教学中，课堂的内外部环境都在不断地发生变化，这就要求教师必须具有应变能力，如外部环境的干扰、教学内容的适当调整、运动负荷的调控、各种伤害事故的及时处理等等。

（五）教学效果的评价

一次课的优劣，最终表现在教学效果上。教学效果是依据教学对象完成课的任务、达到预期目的的情况来评价的。因此，首先应看教学计划规定的内容是否完成，教学要求是否达到；其次应该看学生的学习积极性、学习气氛是否保持一种高昂状态；第三要看学生学习与掌握技术时分析问题和解决问题的实际能力等。

武术套路教学的评价内容较多，互相影响、互相渗透，各指标之间都存在着内在联系，从而构成一个较完整的体系。

二、评价的手段与方法

对一堂教学课进行全面检查与评估，主要有两种方法。一种是对教学的相关内容，分别作定性的评价。这是一种较为简单，也较为粗糙的办法。另一种则是运用数学方法，使各项教学内容量化，以得出较为精确的量化指标。这是一种较复杂，也较为精确的评价方法，在评价中常用这种办法。

（一）评价体系的建立

建立评价体系就是将评估的内容分成几个大类，构成一级指标，在每一类一级指标中又列出几个二级指标，这样就构成了一个体系。然后根据每类一级指标在整个体系中的重要程度，给予一定的权重，在此基础上再根据每个二级指标在一级指标中的重要程度给予相应的权重。要建立科学、符合实际的评价体系，一般的方法是列出相关内容，请有关专家进行筛选，分别给予权重，将这些资料进行数理统计处理，最后确定各级指标与权重。这样建立的评估体系较为客观，而且具有一定的权威性。

（二）评估的手段与方法

在评价一堂教学课时，可按课前设计好的评估表进行评定，根据教师上课情况，在每个二级指标后评分。统计时，以每个二级指标乘以权重的得分相加，即为一级指标得分，将一级指标得分相加乘以一级指标权重，即得出该指标的最后得分。这样既可以从总得分中看出课的总体评价，又可以看出课的各部分得分情况。同时，还可以通过求平均值的办法，看出集体评价。

（三）武术套路教学课评价表示例

武术套路教学课评价表如表 6-4-1 所示。

表 6-4-1　武术套路教学课评价表

一级指标	权重	二级指标	权重	优 85分以上	良 75分以上	中 65分以上	及格 55分以上	差 55分以下	小计	一级指标得分
课的规范性	0.1	1. 教案规范工整	0.2							
		2. 课任务要求明确	0.3							
		3. 教学内容合理	0.3							
		4. 教师严肃认真	0.2							
运用教学手段方法	0.3	1. 教学方法先进性	0.3							
		2. 教学手段合理性	0.2							
		3. 武术特点突出	0.2							
		4. 纠正错误动作能力	0.3							
组织教学能力	0.3	1. 组织方法合理	0.3							
		2. 区别对待能力	0.3							
		3. 组织练习能力	0.2							
		4. 应变能力	0.2							
运动负荷	0.2	1. 练习密度	0.4							
		2. 练习强度	0.3							
		3. 间歇安排	0.3							
教学效果	0.1	1. 任务完成情况	0.4							
		2. 学生学习积极性	0.4							
		3. 学生自我评价	0.2							
最后评估得分										

评估对象_____　　_____年级____班____组　　评估人_____　　____年____月____日

第五节　教案的制定

教案是教师根据学校教学工作计划及学期教学进度，并结合教学实际情况，对一堂课设计的教学方案。课前认真备课，写好教案，是对每一位教师的基本要求。

一、教案的撰写

武术套路教案的内容包括教学任务、教学内容、教学要求、教学组织形式、教学方法、教学步骤、练习时间与次数等方面，这些内容的表达概括起来大致有表格与文字两种形式，一般采用表格式较多。无论采用何种方式编写教案，都应力求简明扼要，做到任务明确，要求具体，教材符合实际，教学重点突出，课的组织严密，教学方法科学，运动负荷、练习密度适当，场地布置、安全措施落实。

（一）制定课的内容与任务

制定课的内容与任务是教学的首要环节，是选择组织教法和安排运动负荷的依据。课的内容与任务要贯穿在整个教学中。因此，在制定课的内容与任务时要注意以下几个方面：

1. 要根据教学计划的要求，从实际出发

针对学生的实际情况，应该让大多数学生经过一定努力能够完成，对于部分基础好或较差的学生要注意区别对待，提出不同的要求。

2. 课的内容、任务要明确具体

在制定教案时，课的内容、任务要明确、具体，有针对性，要抓住教学中的主要矛盾，突出教学的重点。由于每次课教学的时间是有限的，因此，课的任务不能过多，要求不能太高，要有的放矢。特别要注意内容的选择与教学方法的运用，力求让大多数学生通过努力达到教学要求。

（二）教案各部分的撰写

根据课的内容与任务，在教案中对各部分的练习形式、组织安排、教学手段、练习时间和次数、运动负荷预计、场地器械等，都要作出周密的安排。

1. 开始部分

在开始上课时，一般应由班长（或体育委员）整理队伍、报告人数、记录考勤、师生问好、行抱拳礼，然后宣布上课，并由教师宣布本课内容与任务，提出上课的要求。

2. 准备部分

课的准备部分主要任务是：组织学生集中注意力，并进行身体各部位练习，为进入基本部分做好思想与身体方面的准备。准备部分中常用活动内容可以只写动作名称、学生的组织形式，而新出现的教学内容或比较复杂的教材，则应写出教法、要领与要求。

3. 基本部分

基本部分是教学课的主要部分。教材内容的名称、要领，教学要求，教学方法与步骤，易犯错误及纠正办法，练习次数、时间，以及学生的组织形式，练习方法等都要求以文字与图示详细说明。在编写基本部分教案时，应注意把教学与练习有机地结合起来，把分解教学与完整教学结合起来，把重点、难点与保护帮助结合起来，把教师的主导作用与学生主体积极性的发挥结合起来，充分贯彻武术套路教学的原则与特点，使整个课堂既严肃认真，又生动活泼。

4. 结束部分

结束部分主要任务是放松活动与课堂小结。放松活动一般选用轻、柔、缓、慢的练习内容或学生之间相互按摩放松。可以简明扼要地写出动作名称与组织学生的方法。课堂小结是教师及时将本课教学任务完成情况、学生的优缺点、重要经验与教训进行总结，并填入记录栏内，为教学工作积累资料，进行总结研究。

二、教案示例——表格式教案（45分钟案例）

武术套路教案示例如表6-5-1所示。

表6-5-1　武术套路教案示例

班级		学生人数		日期		任课教师	
课的任务		1. 复习初级剑术第一段，提高动作规格和演练水平 2. 初步掌握初级剑术第二段（1～4动） 3. 通过发展学生综合素质，培养学生克服困难、勇于拼搏、团结协作的良好品质					
部分	时间（分钟）	教学内容		组织与教法			练习次数
开始部分	3	一、班长（或体育委员）整队，向教师报告出席人数 二、师生问好（行抱拳礼） 三、宣布本课任务，提出要求 四、安置见习生，整理服装		组织：成四列横队（图一） × △ 图一 要求： 1. 整队快、静、齐 2. 精神饱满，注意力集中 3. 见习生认真观摩，进行适当活动 4. 遵守纪律，注意安全			
准备部分	2	一、慢跑		组织：由四列变为圆形，绕场跑，间隔1米（图二） 图二			5圈

准备部分	5	二、专项身体活动 1. 双臂交叉绕环 2. 前俯腰 3. 原地正压腿 4. 涮腰 5. 弓步压腿 6. 仆步压腿 7. 跳跃运动	组织：四列横队（图三） × △ 图三 教法： 1. 教师示范 2. 教师领做 3. 口令提示，按节拍进行 要求：动作整齐，精神饱满，用力适度，充分做好准备活动	各3×8拍
基本部分	5	一、复习初级剑术第一段 （一）基本动作 1. 刺剑 2. 劈剑 3. 撩剑	组织：成四列横队（同图三） 教法： 1. 教师复述动作要领并示范 2. 学生听口令集体练习 3. 纠正错误动作 要求： 1. 动作路线清楚，力点准确，把活腕灵 2. 动作舒展，眼随手动	各2×8拍
	6	（二）复习剑术第一段 预备姿势——弓步直刺——回身后劈——弓步平抹——弓步左撩——提膝平斩——回身下刺——挂剑直刺——虚步架剑	组织：成四列横队（同图三） 教法： 1. 教师对全段讲解示范，使学生重温正确的动作概念 2. 集体复习 3. 分两组轮换练习，练习时两组同学"一对一"互相观摩，并指出对方错误动作，培养学生分析动作、解决问题的能力 4. 分组练习后教师请一名学生全段完整练习一次，并指出其优缺点 5. 按口令集体练习 要求：动作规范，力点准确，方法清楚，身械配合协调	1/4×6
	15	二、学习初级剑术第二段（1~4动） 1. 虚步平劈 要点：劈剑力达剑刃前部，左手剑与臂成一直线 难点：转身时，下肢动作虚实变换不清 易犯错误：劈剑时手腕松软，成点剑动作	组织：成四列横队（同图三） 教法： 1. 完整示范——分解教学——完整教学 2. 教师带领学生练习 3. 学生个人练习 4. 学生听口令集体练习 5. 教师巡视纠正动作 6. 教师对动作进行讲评 要求：虚步动作大腿尽量蹲平，挺胸立腰，劈剑力点准确	

基本部分		2. 弓步下劈 要点：绕剑与劈剑动作连贯，剑尖高与膝平 难点：双臂的配合及上、下肢协调完成动作 易犯错误：绕剑与劈剑路线、方法混淆	教法：同上 要求：眼随手动，身械配合协调，用力顺达	
		3. 带剑前点 要点：点剑腕部用力，力达剑尖 难点：跃步与点剑协调配合，同时完成动作 易犯错误：持剑手腕僵硬，成劈剑动作	教法：同上 要求：丁步右腿大腿尽量蹲平，两腿并拢，上身稍前倾，挺胸、立腰	
		4. 提膝下截 要点：腕部灵活用力，力点达剑刃前部 难点：剑从画弧至下截为一完整过程，必须连贯完成，站立稳定 易犯错误：剑画弧未以腕为轴心，腕部僵硬	教法：同上 要求：右臂与剑身成一直线，剑身斜平，左膝尽量提高。挺胸，身体向前探倾	
	4	三、综合素质（接力比赛） 1. 两组分别由一位同学在图四中的①点完成：左右拍脚（10次），左右轮拍（10次） 2. 蛙跳至②点 3. 在②点完成双腿屈膝跳（10次） 4. 冲刺返回与下一位同学拍掌轮换	组织：（图四） ×××××× ①→×→② ×××××× ①→×→② 图四 教法：教师讲解游戏规则 要求：快速、高质量完成动作，克服困难，勇于拼搏，为集体争夺荣誉	1组
结束部分	5	一、整理放松（调整气息） 1. 臂上举，深吸气，臂放下，呼气 2. 下蹲，双手抱膝，低头，目微闭合 意念："放松入静，心情愉快"	组织：成四列横队（同图三） 教法： 1. 教师领做放松动作 2. 教师口令和语言提示	
		二、课堂小结 1. 课的任务完成情况 2. 课的组织纪律与学习态度	组织：成四列横队（同图一） 小结：提出表扬，指出不足之处	
		三、布置课外作业	作业： 1. 复习初级剑术第二段（1~4动） 2. 看书预习初级剑术第二段（5~8动）	
		四、值日生收器械		
		五、师生道别	要求：行抱拳礼	
课前准备		1. 准备教案 2. 器材：剑30把		

（第六章作者：陈青山　高楚兰）

第七章　套路运动训练

第一节　套路运动员的选材

随着现代竞技体育运动的迅速发展，竞技体育发达的国家都非常重视并加强对运动员科学选材理论与方法的研究工作，甚至把它作为攀登世界体育高峰的战略措施。选材的实质是测试被选对象的实际情况，预测被选对象的发展潜力。不同的运动项目对运动员选材有不同的标准条件和要求。

一、选材特点

武术项目有其固有特点，因此选材条件有其特殊性。武术选材的评价指标由定量和定性两部分组成，量化指标是科学选材的重要依据；而定性的经验选材又是必不可少的，如身体形态中的身高、指距、身高的指标可用数据来描述；但形态中的"形态匀称，五官端正"，尤其是"眼睛大而有神"，是难以用数据描述的，眼无神就难以表现武术特有的意识、气质、神采、韵味等内在东西。因此，量化选材和经验选材缺一不可，只有把二者高度地、有机地结合才算是科学选材。选材要将身体形态、身体机能、身体素质、心理素质和专项技术等多方面因素综合分析，将量化材料和定性材料综合思考。有特长的选材对象，尽管个别因素欠缺，但由于特长突出，可能在某个单项上有所建树，反之个别运动员貌似全面，整体上平淡无奇，难以攀上技术高峰。选好材等于成功了一半，但这并不意味着一次选材定终身。这就要求教练员一定要高瞻远瞩，有战略眼光。在选材上，必须边选边练，边练边选，决不能一劳永逸。在初选中，往往将早熟型运动员排在首要位置，而将大器晚成者或参加体育活动少的对象排在次要位置，经过一段时间试训，大器晚成者的各项先天特长才逐渐显露出来，这样的运动员更有发展前途。进一步再筛选时有一个问题值得注意，就是为以后不同项目搭配而选拔不同特长的运动员。运动员的成长过程，据资料统计表明：我国优秀武术运动员在全国锦标赛上取得名次在16~18岁之间，男子平均年龄在17.5岁，女子平均年龄在17.3岁，进行系统武术训练至少在6~8年以上。因此，武术运动员接受启蒙训练的最佳年龄在6~8岁。

二、身体形态

（一）身高

一般来说，套路运动员身高低于全国同龄人平均身高。如曾获全国男子全能冠军的优秀武术运动员赵长军、原文庆、何强等人的平均身高为 1.66~1.67 米，曾获全国女子个人全能冠军的王冬莲、栗小平、张玉萍等人的平均身高 1.55~1.56 米。从项目特点来看，重心低、个儿矮的稳定性相对强一些。身高在所有形态特征中遗传系数最大，据研究表明超过 90%。因此，可参照父母的身高来推测子女未来身高趋向。用父母的身高可以预测子女成年后的身高，其测算公式为：

儿子身高 = 56.699 + 0.419 × 父高 + 0.265 × 母高
女儿身高 = 40.089 + 0.306 × 父高 + 0.431 × 母高

当然，这个身高是相对而言的。过去的民主德国的格利姆认为，父母出生地相距越远，子女的平均身高就越高。另外，还有利用父母的长相来预测子女未来身高的：如果被测者长相像父亲，那么他的身高接近父亲；如果被测者长相像母亲，那么其身高随母亲。同时，还要考虑所选对象身高与体重之间的关系。具体身高（厘米）与体重（千克）之差，男子为 105，女子为 115。这个数据可作为标准，定为中等体型。

（二）外形

首先要靠教练员目测，要注意五官端正，上下肢比例匀称，颈部略长，锁骨、肩胛骨平正，不端肩、扣胸，臂要直，肘不过伸或外翻；两腿要直，无明显 "O" 或 "X" 腿；脊柱应为正常的生理弯曲度，无侧弯，腰围要小。总的来说，套路运动具有很大的观赏性，是一项要求造型美的运动项目。因此，在选材时要充分考虑到那些有利于造型美的形态特征。当然，具体项目不同，在选材形态上有不同的侧重点。长拳、剑术、枪术及太极拳系列要求个儿小、体重轻，而南拳、刀术、棍术则要求个儿粗、身体壮。另外，太极拳系列对眼睛和五官的要求更高，要求在缓慢柔和中表现意识和韵味。

（三）臂长

两臂的长短直接影响动作幅度的大小，套路运动要求动作舒展大方，挺拔奔放。通背、劈挂等拳种要求大开大合，放长击远，所以要求两臂长。一般来说，套路运动员应该是臂长大于身高，但有人研究所测的 7~10 岁的男女儿童数据，发现这个年龄的儿童由于发育特征，往往身高大于臂长，而随着年龄的增长，形态比例会发生变化。因此，在挑选 7~10 岁儿童时，大致标准应该是：

身高 = 臂长		好
身高 > 臂长	1~3 厘米	为较好
身高 > 臂长	4~6 厘米	为一般
身高 > 臂长	7 厘米以上	为较差

（四）髋部及臀形

髋部即骨盆宽。受试者两腿并拢，自然站直，两肩放松。测试者在受试者背面，用两指摸到其髂骨外缘，测量两髂脊外缘间距离。套路运动要求下肢负担量很大，且弹跳要好，所以要选拔髋窄的运动员。此外，臀部形状对运动能力影响较大，臀纹线高，臀部上翘且厚实，骨盆纵轴短，肌肉用力时易集中，爆发力强；反之，臀部肌肉松而外形下垂的，显得臀部很长，属长臀型，多不利于跑跳，且爆发力差。因此，在选材时，要选拔那些髋部窄小、臀部肌肉向上紧缩的运动员。

（五）踝围与足弓

踝围小而跟腱略长，便于肌肉收缩，也利于踝关节在跳跃时蹬伸。长拳项目对此指标要求较高。足弓的好坏对跳跃及速度影响较大，一般以"凹心脚"，即足弓高为好，以"平心脚"为差。判断足弓高低可由两眼观察，也可由两脚印判断。

（六）眼神

套路运动中十分讲究内在气质，做到精、气、神与手、眼、身法、步的高度统一，眼睛是表现气质与精、气、神的重要器官。戏剧中讲"一身之戏在脸，一脸之戏在眼"，还讲"眼大无神，庙里泥人"。所以要选拔那些眼大而有神的运动员。

三、身体素质

套路运动员的身体素质分为一般身体素质和专项身体素质，一般身体素质包括力量、速度、耐力、灵敏、柔韧和协调等。由于套路运动的规律和特点，它对运动员柔韧、灵敏和协调等身体素质要求更高。所以，在选材时要选那些柔韧、灵敏和协调素质好的对象，对于力量、速度和耐力等身体素质也要适当考虑。

（一）速度

30米跑是反映速度素质的指标，套路运动员要有较好的速度素质，才能体现出快速多变、起伏转折、闪展腾挪的特点。反应速度的敏感期在8~12岁，而速度力量敏感期男子为12~15岁，女子为10~13岁。因此，在初选和中选时，此指标尤为重要。

（二）力量

立定跳远反映下肢爆发力与弹跳力。武术运动对下肢力量，特别是爆发力要求较高，以便在瞬间发出最大力量。右足起跳摸高、助跑起跳摸高，是反映腿部弹跳力的指标。套路运动有许多蹿蹦跳跃动作，且多以右足起跳。因此，可选择助跑3~5米、右足起跳、右手摸高来衡量武术运动员的弹跳力。

（三）耐力

400米跑是测试速度耐力的常用指标，套路演练时间为1分20秒左右，需要一定的速度耐力，它反映心血管系统发育水平。

（四）柔韧

柔韧性在套路演练中表现尤为突出，有上肢的绕环、大开大合，下肢的正侧踢腿、里合外摆，还有各种步型及静止的平衡动作，这些都要有较高的柔韧素质。其测试方法如下：

1. 腰围

扶持受试者的腰后伸，手指离脚跟距离近者为好，还可以让受试者做腰部绕环动作，观察其柔韧性。

2. 肩胛骨

受试者两臂侧平举后振或双手五指交叉直臂上举后振，测试者一手握其双手后拉，另一手推其颈背部。另外，还可以双手握杆转肩，两臂伸直，量双手虎口间距离以评定其柔韧性。

3. 髋关节

让受试者做横叉，观察其开度；直立做前后撩腿，看其活动幅度；让受试者扶把站立，测试者向前、向后依次扳压其两腿，观察其柔韧性。

4. 踝关节

让受试者双手抱头，两腿全蹲，上体垂直，臀离足近者为好。

四、身体机能

身体机能是人体各器官系统的机能情况。通过对心血管系统功能、呼吸系统功能进行测试和检查，便能判断少儿的机体潜在能力。

（一）心率

心率是反映心脏功能和运动员承受负荷能力的指标。对遗传率的研究发现，心血管机能主要是受遗传控制的，其中最高心率的遗传系数为85%。选材时，应选安静时脉搏次数少、心跳有力和节律好的对象。当激烈运动后，心率快为好，这说明心血管系统能承受较大的负荷能力，负荷后恢复到原来时间越短越好。在人体生长发育中，心率变化是随年龄增长而递减。到了少年期接近成人的心率数，女子比男子心率快，成年人心率每分钟75次左右。

（二）最大摄氧量

它是人体在剧烈运动中呼吸和循环机能每分钟摄取的最大氧气量，是评定人体运动时有氧工作能力的指标，能综合反映呼吸和循环机能水平。最大摄氧量越高，有氧代谢能力越强；最大摄氧量越低，有氧代谢能力越差。最大摄氧量遗传力为0.936，遗传系数相当大，占有重要地位。

（三）前庭分析器功能

让受试者直立，以每2秒钟转一圈的速度旋转，10圈后立即停止，目视前方。观察受试者眼震，即眼球有规律的颤动，如持续时间在15~20秒内为正常，功能不好的儿童旋转后站立不稳，眼肌不能随意放松，并伴有晕眩和视觉、听觉及感觉失调等现象。

也可进行单腿站立试验：受试者赤脚单腿站立，另一腿足跟触及站立腿膝部，两臂前平举，闭目。平衡能保持10秒钟，身体不歪斜，两臂和眼皮不颤动，评为良好；出现歪斜、颤动，评为及格；保持平衡不到10秒钟，评为不及格。

五、心理素质

一名运动员的水平高低，不仅要看其平时训练水平如何，而且要看其在紧张激烈的比赛中能否正常或超常发挥自己的水平。当今科学化训练手段日益增多，优秀运动员的身体素质、动作技术等差距正在逐渐缩小，在这种情况下，运动员的心理素质显得特别重要，心理素质好坏是运动员比赛成绩优劣的关键因素之一。在选材时，要选那些性格开朗、活泼大方、神经系统活动过程均衡、转换快、接受能力强、意志力强、注意力高度集中、运动表现力好、不服输的少儿为武术套路运动员。

（一）模仿能力

武术动作复杂多变，需要运动员善模仿、接受能力强、理解能力好。让受试者学简易的但没学过的武术动作组合，领教三遍，然后让受试者个别表演，观察其"技能学习能力""动作记忆"和"节奏感"等。

（二）表现能力

武术套路是以表演形式来评定得分高低。通过组织部分观众让受试者表演部分已学内容，或表演歌舞，来观察其运动表现能力。有的儿童很善于表现自我，人越多越有劲，这正是优秀武术运动员所需要的，将来可能成为比赛型运动员。反之，有的儿童不爱表演，表演时往往怯场，这种受试者属表现能力差者，将来难以冒尖。

六、专项技术

初选时受试者刚接触武术不久，专项技术所占比重不大，要求其形态、机能和素质好，发展潜力大。再选时，随着训练水平的提高，要求受试者能将形态、机能和素质能力通过专项得以实现。同时观察其对武术的兴趣，这一点很重要，如受试者对武术运动及其训练毫无兴趣，则将来很难承担艰苦的系统训练。

（一）基本技术

此项指标在专项选材中占很大比重。万丈高楼平地起，基本技术是专项的"地基"，地基打得越牢，楼房才能盖得越高。武术家常说："学拳容易改拳难"，所以，一开始就要练就规范的基本技术。

（二）自选拳术与自选器械

自选拳术与自选器械均应按整套套路演练，这是受试者形态、机能、素质及专项能力的综合表现，可观察其动作规范、劲力、节奏、精神、意识和整套体力分配等。

第二节 套路训练的原则、内容、方法及应注意的问题

武术套路训练过程中存在着一定的内在规律，只有尊重这些规律，严格按照这些规律实施训练，才能获得训练的最终成功。

一、训练原则

所谓训练原则是指对武术套路运动训练的实践经验的总结，反映套路运动训练活动的一般规律，并依据套路运动训练活动的规律而确定的组织运动训练所必须遵循的基本要求。由于训练原则是对训练规律的进一步揭示，并使训练更具有可操作性，因此，掌握训练原则也就是驾驭套路训练规律。这充分表明套路训练原则对套路运动训练具有较为直接的现实意义。

套路训练原则是运动训练原则的一个子系统，因此，在武术套路训练过程中，除遵从训练学的一般训练原则实施训练以外，根据武术套路项目特点，以及武术本身所蕴涵的浓郁的东方文化，还必须遵循具有武术特色的套路训练原则。

（一）功贯始终、寓含技击的原则

"功贯始终"指将武术基本功的训练贯穿于训练的全过程。通过基本功练习，获取必须具备的基本技术与技能。武术基本功不仅是武术套路初级阶段的必修内容，而且也是提高武术技术水平的一种重要手段，在武术套路训练水平达到中、高级阶段时，仍然要坚持基本功的训练，以保持或进一步提高武术套路演练水平。不仅如此，武术基本功往往放在每次训练课的开始，相当于热身性专门性准备活动，有利于运动员减少运动损伤。同时武术基本功还是进行高难度套路练习所做的过渡性准备工作，可增强完成高难度动作的信心，有利于提高训练水平。就是高水平运动员也必须将基本功训练贯穿于训练的始终。

"寓含技击"是指在演练过程中，将技击意识寓含于套路之中，用意引导动作，并将对动作攻防含义的理解贯注于动作，以表现武术特有的韵味，使动作显得充实饱满。现代的武术套路虽不是实用技击术，但技击性这一运动特点仍是武术套路的显著特点。

武术套路是以技击动作为素材，通过套路的演练来表现具有实用攻防含义的技击艺术。因此，运动员在演练的过程中必须含有这种技击意识。

（二）动静结合、内外互导的原则

"动静结合"就是静止性的定势练习和活动性过程练习相结合，相互辅佐，如压腿、扳腿与踢腿相结合，下腰、拱腰与甩腰、涮腰相结合，站桩动作定势练习与步型转换、动作组合练习相结合等。动力性的练习可提高动作的灵活性，防止肌肉僵滞；静力性的练习可促进动作的准确性，较易形成规范的动力定型，同时也可提高功力。二者是相辅相成、互相促进的。尤其是进行完整的技术动作训练时，一定要动中有静，静中有动，动中有法，这样才能有效地提高武术所需要的运动素质和形成正确的动力定型，从而提高武术套路运动技术水平。

"内外互导"是指"以内导外，以外导内"两种方法相结合运用，也就是说，先外求形体动作的准确与完整，后内求意念、精神、气息，最终达到手、眼、身法、步和心志、意、气的内外合一。

（三）用心领悟、突出风格的原则

"用心领悟"是指开动思维，用心揣摩动作的精微，细心体验动作的感受，追求对动作诀窍的豁然悟通，从而展示出武术动作的内外合一、形神兼备的整体性。

"风格"，其一是指武术风格，也就是具有武术套路项目特点。其二是指套路风格，即拳、械技术与运动风格。其三是指个体风格，即个体演练的风格。突出武术风格是指动作要有武术的韵味，不能演练出像体操的味道。突出套路风格是指要充分表现不同拳、械的技术和运动风格，例如练习太极拳就必须有太极的味道，不能把太极拳表现为长拳慢练。突出个体风格是指将自身的个性特征与套路融合，体现出各自不同的风貌。只有这样才能体现武术套路的内在意义。这也正是演练者追求的最高境界。不同的风格则表现不同运动员对武术的理解与认识的差异，因此，在训练过程中要着重强调突出风格的表现。

（四）持之以恒、重复渐进的原则

拳谚讲："拳不离手，曲不离口。"习武最忌就是"三天打鱼，两天晒网"。练武是非常辛苦的，故有"冬练三九，夏练三伏"之说。套路技艺水平的长进，是一种技术与功力的缓慢渗透过程，需要长期习练。所以，它不仅需要一定身体素质的支持，还需要一定的思维来领悟。武术套路作为一种艺术，是无止境的。一般意义而言，它是一种时间的积累，方法只是其提高的催化剂，但方法是不能代替量的积累的，在时间没有积累到一定量时，训练方法所起的作用是不显著的。

"重复渐进"是指对武术套路训练内容要不断地重复练习，在不断的重复中体验内化技艺，循序渐进地提高技术水平。拳谚曰："拳打千遍，身法自然，拳打万遍，其理自现。"重复并非简单地重复，而是在重复的基础上不断提出更高的要求。拳打脚踢是较易掌握的，但作为以胸的吞吐、腰的折叠拧转来表现的身法，历来被认为是不易掌握的，因此，只有在不断重复练习中，渐进地领悟内在神韵，才能巩固提高技艺，形成正确的动力定型，从而使武术套路演练的技术精益求精。

二、训练的内容

在实施武术套路训练过程中，根据训练目的、内容的不同可分为体能训练、技术训练、心理训练、智能训练。

（一）体能训练

体能训练是由身体形态、技能、素质三个因素构成的训练，一般分为一般体能训练和专项体能训练。进行一般体能训练时，采用多种多样的非专项身体练习，改善运动员形态，增进身体健康，提高身体机能和全面发展运动素质。进行专项体能训练时，则根据专项的需要采用与专项有密切联系的专门性的身体练习，发展和改善与专项运动成绩有直接关系的专项运动素质和专项所必需的身体形态与机能。

（二）技术训练

技术训练是武术套路训练中最主要的组成部分。它的训练水平直接反映到比赛时的运动水平上。因此，教练员主要抓的也是这一部分内容。武术套路运动是一项技术性非常强的体育运动，无论教练员还是运动员，都应对技术训练给予高度的重视。技术训练按其动作在训练中的目的以及在套路中的构成和影响效果，可分为基本训练、组合训练、分段训练和整套训练。

（三）心理训练

心理训练是当前运动训练的热门，它是培养运动员与训练有关的个性心理特征以及根据训练和竞赛的需要，把握和调整心理过程能力。它是武术套路训练的另一重要组成部分。在武术套路竞赛中，运动场上的状态好坏会直接影响演练水平高低。因此，心理训练越来越被广大教练员与运动员重视。

（四）智能训练

智能训练是对运动员智力进行的一种特殊训练。它分为一般智能训练和武术套路智能训练。一般智能训练是武术套路智能训练的基础。前者旨在发展运动员的一般智能，后者则重点发展与武术套路专项密切相关的专项智能。在比赛中，智能属于内隐性因素，不易被人重视。实际智能水平的高低与运动水平有着极为密切的关系，智能水平是竞技水平的一个侧面反映。随着竞技运动水平的日益提高，智能训练已逐渐被人们认识与运用。

三、训练方法

训练方法是在运动训练活动中，为提高竞技运动水平、完成训练任务的途径与办法。在科学技术日益发展的今日，训练方法的合理运用是提高运动成绩的决定性因素，也是主导运动训练发展方向的支柱。一般运动训练具体操作方法包括重复训练法、变换训练法、间歇训练法、循环训练法等，但依武术套路运动特点，它又有一些适合于自身特点的训练方法，例如静耗体验法、慢速训练法、默念训练法、综合训练法等等。在这些训练方法中，有些则是对一般训练方法的特殊体现。

（一）重复训练法

重复训练法是武术传统训练中应用最多的训练方法之一。只有重复练习，才能熟中生巧，明悟套路变化，使条件反射得到建立和巩固，有效地发展运动素质，提高训练水平。重复训练法运用于武术套路训练时，一般应注意两个问题：其一，在用于学习和掌握技术动作时，每次练习重复的内容应当相同，间歇时间要使机体得到基本恢复，保持神经系统在适度兴奋状态下感知综合运动感觉。在这类训练中，对负荷的强度不提出过高的要求，但要严格按照正确的动作规格进行训练，形成正确动作的动力定型，进而达到"招熟"。其二，在用于提高巩固技术时，除了练习动作相同有一定的重复数量作保证之外，还要依据运动员的训练水平，在练习的数量和负荷强度应逐步提高要求，并通过在困难的条件下，正确、熟练地重复动作，提高完成动作的质量。

（二）变换训练法

变换训练法是指变换运动负荷、练习内容、练习形式以及条件，提高运动员积极性、趣味性、适应性及应变能力的训练方法。变换训练法用于技术训练时，主要是改进、提高和巩固技术，例如降低动作的速度、时间、速率等，让运动员细心体会肌肉的协调用力，掌握动作细节，克服动作僵硬、毛糙的毛病；加快动作的速度并要求急停稳健，或者改变动作组合（如跳跃动作后接做平衡动作），从而提高平衡能力，变换练习器械，如用重器械进行练习，以提高操纵器械的能力，克服练习器械时劲力不足的毛病。变换练习条件和环境进行训练，如由室内的地毯上练习转换为在室外土地上练习、白天练习改为晚上练习、组织小型比赛或测验、外出表演或者与其他队合练等，以培养运动员的适应能力和表演比赛的临场经验。

（三）间歇训练法

间歇训练法是指对多次练习时的间歇时间作出严格规定，使机体处于不完全恢复状态下，反复进行练习的训练方法。由于这种训练方法是在运动员的机体未能完全恢复时就进行下一次练习，所以能有效地培养机体忍受乳酸堆积和承担氧债的能力，以及有效地提高呼吸和心血管系统的机能。

使用间歇训练法时还要注意根据训练任务安排间歇训练的方案：间歇训练法由五个要素组成，即每次练习的数量、每次练习的负荷强度、重复次数（组）、间歇时间及休息方式。使用间歇训练法也应运用超量恢复的原理，具体做法有提高每次练习的强度、增加练习的重复次数和调整间歇时间。

运用间歇训练法时还要根据不同拳种特点安排练习的强度和密度，例如进行运动量较大的自选长拳系列的套路训练时（包括分段训练和全套训练），主要应提高每次练习的强度，间歇的时间可长些。间歇时间的长短，一般不能使其在休息时脉搏低于120次/分。间歇时休息的方式以轻微活动为好，如可以根据自己在练习中存在的问题，以及教练员的指点和要求，慢速体会动作的正确要领，纠正错误动作，或者调节放松疲劳的部位等，这种轻微活动能对血管起按摩作用，以加速血液回流，帮助排除代谢所产生的废物。间歇训练法要求运动员机体在尚未完全恢复时就进行下一次练习，所以运动负荷较大。教练员在间歇时间安排上必须符合运动员承受负荷的能力。对运动员要了解，同时要求运动员主动向教练员如实反映自己身体情况，密切配合，共同搞好训练法。

（四）循环训练法

循环训练法是根据训练的具体任务，将练习设置为若干个练习站，运动员按照既定的顺序和路线，依次完成每站练习任务的训练方法。运用循环训练法可有效地激发运动员的训练情绪，累积负荷"痕迹"，交替刺激不同体位。例如可以将基本功和基本动作练习、套路的分段和整套练习、素质练习等内容变成各种练习程序，套路训练又可将拳、械和对练套路的分段和整套练习变成程序，素质训练又可以选用发展弹跳力、速度、腰背肌的力量等动作编成程序，这些练习程序可用流水作业的形式，也可用分组轮换的形式进行循环训练。

循环训练法的设计，其内容要根据现有条件，有目的地突出重点任务，因人而异地确定循环训练的负荷。如赛前训练要以套路训练为主，基本功和基本动作训练为辅，而素质训练只能因人而异地缺什么补什么，并要防止局部负担过重而产生劳损。所设计的每套循环训练可作为某一个阶段的训练课内容，根据阶段训练任务的变更，其循环内容可进行调整或变换。

（五）静耗训练法

静耗训练法是武术传统训练法之一，指保持一定身体形态的外静内动训练，如内功中的"桩功"训练、柔功中的"耗腿"训练、基本功中功架的"耗架"训练等。这种训练法使肢体在静止的状态下，内部意识、气息、劲力按一定要求流注，内外兼修，有助于体会意、气、劲、形统一的感知，加速形成正确的身形和拳架。

进行桩功静耗训练，能强化意识对肢体形态的感知，加速形成正确的步型；能以意识引气聚入丹田，获得以气助势、以气助力的坚实根基。

进行柔功中的耗腿训练，能养成控腿、踢腿时的正确身形。在意识的引导下，内气和劲力流注到被牵拉部位，能起到通过内劲沉压伸拉韧带的作用，例如正耗腿时，以意领气、劲流注膝部，使膝关节向下沉压。采用静耗训练法时，首先要明确所耗架势的正确规格和内部意、气、劲的运转方式。静耗时间因人而异，一般以出现难以坚持感为度，不可过度延长静耗时间，以免出现姿势变形和内意不够集中等情况。

（六）慢速训练法

慢速训练也是武术传统训练方法之一，指将动作的正常速度放慢，并在每个动作完成时静停一会儿的练习方法。这种训练法旨在提高对动作内涵的领悟。慢速时，注意内部意、气、劲的流注和外部动作的运行路线；静停时，注意动作的方向和意境展示。这样，有助于通过细心揣摩，领悟技法诀窍和攻防意识；有助于通过强化本体感觉，还能通过加大下肢负荷量，锻炼下肢的支撑和控制能力，提高动作的稳定性。在对练训练中采用慢速训练法，有助于两人相互体会对方的动作特点，建立相互配合的默契。

如果长时间内只采用慢速训练法，可能形成运动节奏较慢的动力定型，这不利于提高动作速度。因此，不论在哪个训练阶段，慢速训练法与正常速度的训练都要交替运用。

（七）默念训练法

默念训练法也是武术传统训练法之一。是一种通过意念活动，重现大脑获得的动作感觉和知觉、达到强化武术运动技能的练习方法。运用这种方法主要是默想动作要领、方向、路线与相邻动作的衔接，以及攻防含义等。

实际训练前先进行"默念"练习，有助于集中注意力，引起机体机能兴奋，进入工作状态，并能使动作循规蹈矩地进行。做完一次练习后，即刻进行"默念"练习，有助于体会肌肉感觉，加深动作印象，并能及时对比出感觉与动作规格之间的差异，以便在下次练习中修正动作的错误部分。训练后进行"默念"练习，有助于巩固运动中获得的感知，强化动作技能的条件反射，加速动力定型的建立。

（八）综合训练法

上述各种训练方法在运动训练中的结合使用，叫综合训练法。综合训练法能灵活地调节训练负荷与休息，更圆满地达到练习内容的要求，从而有效地发展运动员的身体素质和提高运动技术水平，使训练取得较好的效果。

综合训练法可根据训练的具体任务和各个方法特点，从对象和训练条件的实际出发，科学地组合和运用。如竞赛期的赛前训练，由重复训练法与间歇训练法组合成综合训练法进行套路的分段练习和整套练习；为了提高运动员的竞技状态和临场经验，也可由间歇训练法与变换训练法组合成综合训练法，采用与兄弟队合练或测验、外出表演或参加邀请赛等方法，教练员利用变换的条件和环境，合理安排好间歇时间，使运动员合理分配体力，充分发挥水平。

四、训练中应注意的问题

（一）注意提高中国传统文化的修养水平

武术作为我国的一项民族传统体育项目，蕴涵着中华民族古老的传统文化。加强此方面的修养，有利于提高对武术套路运动的认识水平，为练习武术套路构建坚实的民族文化底蕴，例如了解传统文化中的阴阳说、动静说、形禅说的相关内容，对于领悟、体验武术套路运动大有裨益。

（二）注意训练与恢复相结合

武术套路运动训练是一种非常艰苦的工作，尤其是在"高、难、新、美"的技术发展方向指引下，许多动作对柔韧、弹跳、灵敏等要求非常苛刻。因此，对身体伤害的因素相对增加，加之武术套路训练主要是以乳酸代谢供能为主的运动项目，所以要保持运动训练可持续性，并在原有的基础上有所提高。训练就是不断打破旧平衡、建立新平衡的过程，而大强度训练后的恢复是运动训练的重要组成部分，教练员应采用有针对性的、积极的恢复手段和措施（包括营养调配）。

（三）教练员与运动员要注意加强交流

武术套路运动在习练过程中，由于运动员自感各不相同，许多微小的动作感知与内心体验，教练员是无法觉察的。运动员与教练员之间的交流是训练中必不可少的一部分。通过交流，可以使二者内隐的认识与感知达到沟通与融合。运动员将不理解或是困惑的问题言之于教练员，教练将训练的主导思想与运动员沟通，通过共同研究对策，来提高训练的效果。通过交流，还可以增进师生感情，使训练的氛围和谐融洽。

第三节 身体训练

训练是一项系统工程，它具有多年周期性、系统性的规律和阶段性、连续性的特点。一名优秀武术运动员训练成才的全过程，一般需要8~10年的时间，要经历选材、育才和成才几个不同的阶段。身体训练是多年系统训练的子工程。身体训练水平的高低，对运动员技术的掌握和提高以及运用起着重要的作用，并可以预防运动损伤，保持和延长运动寿命。

一、身体训练的内容

身体训练包括一般身体训练和专项身体训练两个方面：

一般身体训练是指运动训练中采用适合武术运动员特点的多种多样的训练方法和手段，促进身体的正常生长发育，逐步提高各器官系统的机能，全面发展运动素质，是为专项训练打基础的。

专项身体训练是指在运动中采用专门性身体练习和与专项运动成绩有直接关系的各种身体练习，以提高运动员的专项运动素质。

二、身体训练的基本要求

（一）身体训练要全面

在进行身体训练时，要根据运动员的生理、心理特点和武术运动对各项运动素质的要求，循序渐进，进行全面系统的身体训练，逐步提高各器官系统的适应能力和承担负荷的能力，为武术运动技术的掌握和提高打下牢固的身体基础。

（二）掌握好一般身体训练与专项身体训练的比例

一般身体训练和专项身体训练的比例，要有长远规划，合理搭配，力求科学地控制训练全过程。在早期训练阶段，以一般身体素质训练为主，以发展各项运动能力和机能能力为主。专项身体素质训练以武术基本功为主，随着武术运动员各种能力的不断提高和年龄增长，专项身体素质训练的比例逐渐加大，基本功训练的内容增多，难度加大，逐渐提高围绕专项所需要的各种能力如力量、速度等进行专门性身体训练。

（三）把握好身体素质发展的敏感期

身体训练主要内容是对运动素质的训练。每一种运动素质在不同的年龄阶段的发展速度是不同的，训练获得的效果也是不一样的，这就为各项素质的全面发展提供了客观依据。运动素质发展的最佳时期通常称为素质发展的敏感期。训练中应抓住有利时机，使身体素质在敏感期得到较大的提高。

（四）专项身体训练与基本技术相结合

在武术运动员专项身体训练的早期，主要是通过专项的手段如基本功训练，来发展专门能力，在专项能力训练的全过程，始终贯穿着对基本技术的规格和完成动作的能力来要求，这样做的目的就是把身体训练与技术训练结合起来，相得益彰，使基本技术得到熟练、巩固与提高，把身体训练的成果通过专项技术转化到武术运动员的技术水平上去。

（五）学训并重，寓训于乐

在进行武术训练的同时，要注意抓好运动员的文化学习。在训练过程中，要不断加强思想教育，树立正确的训练动机，培养高尚的武德、优良的作风和坚强的意志品质，使运动员健康成长。青少年运动员受生理因素的影响，大脑持续工作能力较差，注意力易分散，但神经过程灵活性高，疲劳消除也快。因此，在身体训练过程中，要避免简单枯燥的训练内容，所采用的方法手段和练习的形式都要灵活多样，以符合他们的生理和心理特点。寓训于乐，提高运动员的练习兴趣，促进其身心的全面发展。

三、一般身体素质训练

（一）协　调

协调能力是人体各种机能的综合体现，是掌握技术的基础，如手、眼、身法、步协调配合，内在意识和外部动作的协调配合，从而达到内外高度统一的整体性。协调性好的运动员往往完成技术动作准确、连贯、完整而富有韵律，协调性差的运动员则显得力拙劲滞，训练效果差。可见协调素质的好坏，直接影响着运动员训练和比赛中技术动作的准确性、身械协调性和技术动作在时间、空间以及用力等特征上的最佳配合能力。培养武术运动员的协调性有以下途径：

1. 培养多种运动能力

协调能力的生理基础是中枢神经系统传导过程的协调。培养武术运动员的协调能力，应从培养他们的各种能力入手，来发展他们的基本活动能力。

（1）以跑、跳、爬、步法移动为主的练习形式。这是在训练早期经常采用的练习，并多以游戏的形式出现，如贴人、捕鱼和跑的接力等。

（2）提高反应能力的练习形式。利用信号作为条件刺激，使运动员做出快速的应答练习，以发展他们的反应能力，如报数游戏等。

（3）培养模仿能力的练习形式。通过体操、舞蹈等练习，发展机体在空间位置的肌肉感觉和各环节在时间上的协调配合能力。

（4）掌握多种项目技术能力的练习形式。协调能力与运动员掌握的基础条件反射的数量和经验有关，所以使他们掌握不同项目的多种技术动作也有助于协调能力的提高。

2. 注意提高保持平衡的能力

套路练习中常呈现出起伏转折、蹿蹦跳跃及静止平衡，这就要求运动员有良好的控制平衡的能力。在进行身体训练时，可通过条件变化，提高运动员的平衡能力，从而培养协调性，如在跑道上左右交换跳，前后左右单、双脚跳，越障碍（球和衣服），摸瞎游戏等。

发展协调能力的各种练习，应逐渐增加复杂程度，并注意培养武术运动员的时空感和定向能力。由于协调性练习要求队员注意力高度集中，易产生疲劳，所以训练应安排在课的开始部分，训练时间不宜过长，重复次数不宜过多，训练中间应有足够的休息时间。

（二）力　量

力量素质是运动员的基本素质之一，它与其他素质有着极为密切的关系，影响着运动员肌肉耐力的增长、灵敏素质的发展和速度素质的提高等，被称为基本的运动素质。运动员任何技术动作的表现都是通过肌肉工作来实现的，力量素质是身体训练水平的重要指标。

从武术动作的用力方式上，可表现出快速用力（或爆发用力）、静止用力（定势动作或平衡动作）、静止姿势和缓慢用力（过渡和表现身法动作）。无论哪种用力方式，都依赖于运动员力量的发展水平。

在安排力量素质训练时，要考虑量力性原则和适应性原则，把力量训练重点放在发展速度力量上，使力量训练与速度训练结合起来，不宜以增加肌肉体积的方式来发展力量。随着年龄增长和训练水平的不断提高，可适当增加力量练习的负荷量直至最大，并可穿插一些负重练习。在发展主要肌肉群力量的同时，也要注意使身体各部位力量得到全面发展。力量训练主要有以下几种方法：

1. 重复训练法

在力量练习的初期，应以发展全身肌肉系统的力量、提高肌肉协调用力能力的练习为主。如通过各种变换方向的跑、变换速度的练习和走跑交替的练习，发展肌肉的用力协调能力；用各种跑跳的游戏如接力跑、蛇形跑等来调动他们练习的兴趣。

通过各种重复跳跃动作发展弹跳力，采用俯卧、仰卧的"两头起"练习发展腹背肌的力量，采用"推车"、俯卧撑等练习发展上肢肌肉力量，采用重复的训练方法发展运动员的力量。但要根据个人的特点区别对待，合理安排重复次（组）数和时间（包括间歇时间），逐步提高要求，以促进全身力量的协调发展。

2. 超等长力量练习法

快速用力（或爆发力）是武术动作中肌肉用力的主要方式之一。发展武术运动员的快速用力能力，提高相应肌群的速度力量，使速度力量的发展转化到专项技术中去，是力量素质训练的内容之一。超等长力量练习法是一种发展速度力量的有效方法，如单脚跳接力游戏（间歇跳、交换跳）、单脚交换跳、单脚或双脚跳越障碍（衣服或器械）、在地毯或锯末跑道上做单脚或双脚连续向前跳练习，或采用较低高度的跳深练习来发展腿部力量和快速用力能力。在采用游戏法进行训练时，尤应注意合理安排负荷量、练习次数和间歇时间。除此之外，还可利用地形地物做练习，如沙地跑、上（下）坡跑、跑（跳）阶梯、提踵、下蹲跳等发展速度力量。

另外，随着训练水平的提高，可适当采用负重或增加练习难度的方法发展快速力量，但负重练习应在不降低完成动作速度的前提下进行，并尽量符合技术动作的发力角度和肌肉工作特征。进行力量练习时，应做到以动为主，动静结合，力量练习与柔韧练习相结合，使力量的发展符合武术项目的需要。

（三）速 度

速度素质是武术运动员基本素质之一，尤其动作速度，是充分发挥技术动作的保证。有资料表明，10～13岁少儿速度增长率最大，是发展速度的敏感期，应抓住这一时期，给予适宜的训练，提高他们的快速能力。速度的基本表现形式有反应速度、动作速度和移位速度。发展速度素质，可通过如下途径：

1. 通过信号刺激，发展反应速度

竞技武术套路运动，不需要复杂的反应，练习套路也是对已知的信号做出的应答反应，即简单反应。但反应速度的快慢和动作速度有直接关系，因而可通过简单或复杂的信号刺激，提高运动员的反应速度，例如通过集中注意力结合突发信号（口令或手势）让运动员做出相应的反应动作以提高他们的反应能力练习，包括报数游戏——喊数成组、报数——追逐游戏，根据教练员手势做出相应的步法移动、冲刺等。在进行反应练习时逐步增加练习难度，利用各种强度适宜的信号综合刺激、动员他们更多的感觉，如听觉、视觉和触觉同时参与活动，提高少儿的复杂反应速度能力。进行反应速度练习时，信号刺激的强度必须适宜，过大或过小都不利于反应速度的提高。每个动作的重复次数不宜过多，方法要多样，应力求保持少儿的练习兴趣。

2. 提高动作频率，发展动作速度

频率是影响速度素质提高的原因之一，发展动作频率的练习一般采用田径跑的练习方式，如高抬腿跑、顺风跑、下坡跑、15～20米的疾跑、变速跑等练习。在采用跑的练习发展速度能力时，应合理地控制动作节奏。从发展动作的快速能力看，以最快的速度进行练习方可奏效。为了避免"速度障碍"的出现，应控制最大速度的练习次数，采用快慢结合速度练习方式，即从慢开始——快——最快——慢的速度节奏进行动作速度的练习，或以走——跑——疾跑——中跑的节奏练习。这种以不同的节奏和频率完成动作的速度练习，可以培养运动员完成动作的意识，使他们在快速运动中注意放松，克服肌肉紧张和心理紧张，使动作轻松协调、富有节奏感。

3. 变换训练条件，发展快速力量

速度素质可以通过发展快速力量提高速度能力。14岁以后进行速度素质训练时，应在提高用力协调性、动作频率和动作速度的同时，逐渐加强快速力量的训练，以提高他们的快速能力，如克服自身体重的各种快速跳跃、跳深等，负重如沙衣、轻器械的快速力量练习等。在进行快速力量练习的过程中，可穿插一些轻松跑、上肢的抡绕和一些柔韧性及协调性练习，以克服肌肉外阻力，提高速度力量的练习效果。快速力量训练仅仅是为提高快速能力而采取的手段之一。另外，还可通过增加跑的距离，如60米、100米以上的加速跑来发展速度力量。

（四）耐　力

耐力素质是指有机体长时间活动与疲劳作斗争的能力。武术运动要求运动员具备良好的体力来适应不断增长的训练量，为专项耐力的发展打好基础。耐力训练应以发展有氧耐力为主，练习时要适当控制负荷量，最大可能地建立有氧耐力储备，随着年龄的增长不断提高对无氧耐力训练的要求。可采用如下几种基本方法：

1. 连续训练法

如运用匀速持续跑的练习发展有氧耐力，并常以脉搏频率作为指标，控制练习的强度。一般认为，心率在130～170次/分为适宜状态，运动结束5分钟恢复到120次/分以下。如以各种长距离跑发展有氧耐力，对发展有氧耐力效果较好。在进行有氧耐力练习时，还可采用各种游戏或球类活动。进行无氧练习时，练习的内容和形式，要考虑武术项目对无氧耐力的需求，如常采用400米变速跑等。随着训练水平的提高，练习的负荷强度都要随之增加直至最大。

2. 间歇训练法

间歇训练法是指运动员在进行一定的练习之后，严格按照间歇时间进行休息，再进行练习的方法。这是发展耐力常用的训练方法。练习的强度为75%，心率为170～180次/分，间歇时间由长变为越来越短，重复次数少，如100米、200米、400米、800米间歇跑等。

四、专项身体素质训练

（一）柔　韧

在武术专项身体素质训练中，柔韧性练习占较大比例。柔韧性好，可保证运动员快速、准确、协调、连贯地完成一系列技术动作，表现出较高的运动技术水平，并有利于避免伤害事故的发生，保证和延长运动寿命。柔韧性差，就会使运动技术动作的幅度受限，影响动作的协调用力，出现动作僵硬、劲力不顺和动作不协调等弊病，也是造成动作技术错误、肌肉韧带拉伤的原因之一。

柔韧素质与从事训练的年龄有十分密切的关系。8~12岁是柔韧素质发展的"敏感期"，抓住这一时机进行训练可以获得事半功倍的效果。在进行武术基础训练阶段要特别注意对柔韧性全面发展。柔韧性的练习，按其解剖部位可以分为腿、腰、肩、膝、髋的大关节和腕、踝小关节，在促进大关节柔韧性、灵活性发展的同时，也要注意发展小关节的柔韧性，使关节的灵活性、肌肉的展弹性得到提高。练习时要采用动静结合、上下结合、柔韧性练习与速度力量练习相结合的方式。通过全面的柔韧性练习，使运动员的柔韧性达到柔而不软、韧而不僵的要求，符合武术专项技术的需要。

做柔韧性练习时，要做好充分的准备活动，在做有外力帮助的压、扳、撕等柔韧性练习时，要逐渐加大用力和增加动作幅度，不可猛然用力和急骤的拉力，以免发生运动损伤。

训练实践中，柔韧素质训练可划分为主动性练习、被动性练习和混合性练习：

1. 主动性练习

是指由运动员主动用力完成相应部位软组织拉长的练习，如发展武术柔韧性时经常采用的压腿、压肩等固定支点的练习，在最大幅度时依靠自身的肌肉力量保持静止姿势的练习，原地或行进间的踢、摆练习和翻腰、涮腰练习等。因此，主动性练习也包括动力性练习和静力性练习两种形式。

2. 被动性练习

是借助于外力，使运动员的软组织被动拉长，使之达到最大活动范围的练习，如在教练员或同伴的帮助下进行的扳腿、撕腿、甩腰、压叉及提高肩关节灵活性的练习，由外力来保持某种静止姿势，使相应部位的活动范围达到最大幅度的练习。被动柔韧性练习同样也包括动力性练习和静力性练习两种形式。

3. 混合性练习

混合性练习是主动柔韧性练习和被动柔韧性练习交替进行的一种练习，这是在基础训练阶段经常采用的练习方式，如压腿后再由教练员帮助扳腿、撕腿、甩腰、压叉等。随着训练水平的提高，可以适当增加负重的柔韧性练习，如下肢绑沙袋的踢腿，使之产生一种惯性，从而使被动柔韧性得到提高。

（二）速　度

速度素质的发展水平高低直接决定或影响着运动技术水平的高低、竞技能力的强弱与比赛成绩的好坏。速度能力主要表现为动作速度，即完成单个动作和若干个连续动作（组合动作）的速度。发展动作速度，无疑对于提高快速能力有着重要意义。武术运动员速度能力的提高有如下途径和方法：

1. 单个动作系列重复法

根据武术技术动作的速度表现形式，一般可分为屈伸速度（如一拳一腿的动作速度）、摆动速度（如各种抡拍掌或绕环动作）、旋转速度（如围绕身体纵轴或横轴的旋转动作）和转动速度（主要指步法移动速度）等，各类动作速度的提高，可分别通过专门的重复练习的方式，以达到最大速度，建立专项速度储备。练习时，一般选择主要的、典型的、有代表性的，并被运动员熟练掌握的动作，在不破坏正确技术的前提下进行。发展速度的练习，要求用极限或接近极限的速度来完成每一次动作（或重复动作），并力求动作发力快、力点准，尽量缩短完成动作的时间，如以最快速度完成若干次抢拍、拍脚、踢腿等，增加练习难度，最大可能地刺激运动员动作速度得到提高。在练习过程中，一旦队员出现技术变形，应马上令其停止，变换练习内容。也可采用变速的系列重复法，如利用枪、棍等器械的舞花动作。发展专项动作速度能力时，就可由慢——快——最快——快——慢的交替重复练习。对动作速度的要求，要逐渐达到最快并超过平时具有的习惯速度，要求运动员中枢神经系统有较高的兴奋性。因此，速度的练习应安排在课的前半部分。为调动运动员练习的积极性，可以采用比赛法等形式。并要不断变换练习的部位（上下结合）和练习的内容（徒手或器械），掌握好合理的练习时间，重复次数过少或过多都不利于动作速度提高。

2. 条件刺激练习法

条件刺激，就是给运动员一个已知的信号，使运动员按信号改变练习的速度或节奏。教练员通常采用击掌、口令等给运动员提示，用第二信号系统来加强第一信号系统，使运动员加快完成动作速度，直到动作速度达到最大，以提高动作速度练习效果。

武术动作的速度，还表现在快速完成若干连贯动作的速度——组合速度。发展组合动作速度，要在熟练的基础上，从连贯能力入手，把突出动作紧凑和连贯快速的动作组合筛选出来进行速度练习，逐步缩短完成动作的时间，加快动作转换速度或加快完成技术动作节奏。为提高训练效果，教练员要在练习时给以信号刺激，使运动员建立组合运动表象和节奏感，以获得最佳速度练习效果。

3. 完善技术动作，提高动作速度

武术动作速度，在很大程度上取决于完善的动作技术，运动员只有掌握正确合理的技术要领，建立良好的相应肌肉运动感觉，使能量节省化，让肌肉紧张——放松交替，灵活快速，最大可能地减小肌肉工作的阻力，才能充分发挥已有的速度能力。因此，也可通过改进技术动作来提高武术运动员的快速能力。

（二）协 调

协调能力是多种能力的综合体现。提高武术运动员的专门协调能力，可通过专项的手段并通过如下途径：

1. 培养肌肉合理用力能力

技术动作的协调完整和运动员完成动作过程时的适宜、合理用力是分不开的。这就要求在进行基本技术练习时，肌肉的用力根据技术动作的具体要求进行收缩和放松，该紧张的紧张，该放松的放松，合理配合、交替灵活，使动作流畅、协调而自然。发展武术运动员的协调性，可以先从简单的练习做起，教练员通过讲解（动作路线、起点、止点、用力肌肉）和示范（干净利落、准确），使运动员建立正确的动作表象，并通过由慢动作或者速度不太快、强度小的重复练习，使运动员有意识地、集中注意力地去体会用力顺序和相应肌肉的紧张与放松，以发展肌肉协调用力能力，掌握合理的用力方法；最大可能地体会完成动作时相应肌肉的用力感觉，练习速度逐渐加快，强度逐渐加大，增加肌肉用力的精确分化的程度。

2. 掌握更多的技术动作

协调能力与武术运动员所掌握的基础技术条件反射数量有关，所以，使运动员掌握更多的动作技术，也有助于协调性的提高。在训练中应不断给年龄小的运动员传授新的、更多的动作技能，年龄大的运动员通过学习各种不同风格、不同流派和技术表现各异的拳术或器械，发展协调能力。

3. 增大练习难度，增加技术复杂程度

发展武术运动员的协调能力，也可以通过变换速度、节奏的练习，如改变已有组合的习惯节奏，重新对速度提出要求并改变动作频率；变换练习的条件，如场地、器械，增加异侧肢体练习次数和掌握器械能力等，以发展专门协调性。

（四）力　量

武术力量素质，是以表现在外部阻力不大的情况下，在最短时间内发挥肌肉力量的能力，即爆发力，以及快速重复完成动作的能力——速度力量。发挥武术运动员的爆发力、速度力量，是专项力量练习的重要内容。

1. 腾空跳

武术跳跃动作的用力方式，多表现为爆发式踏跳。发展运动员的弹跳力，是指在进行各种跳跃动作练习时，肌肉的工作方式、动作结构、用力方向及关节角度与武术腾空跳跃专项技术要求相一致。这种接近专项技术的弹跳力练习，是发展弹跳力常用的方法，它对武术跳跃技术动作的掌握和提高起着正诱导作用，如击步摸高、击步冲顶吊球、击步连续直体跳、拉腿跳、收腿跳及各种转体跳等。通过专门性练习，如连续腾空飞脚、双飞脚、旋风脚和外摆莲等完整技术的重复练习，来发展武术运动员的弹跳力。

2. 负重练习

完整动作的快速重复练习，要求运动员具有逐步提高克服自身重量和器械重量的能力。发展速度力量，可采用负重练习的方法，如穿沙背心进行组合、分段、整套的操练，改变器械的重量，在不改变完成动作的幅度、速度、动作规格要求的前提下，进行发展速度力量的练习。由于速度力量训练的目的是培养快速完成动作的能力，所以采用负重和变换器械重量的训练时，负荷量要适宜，使速度和力量两方面都得以提高，适合专项力量的要求。

3. 采用系列重复法

运动员在完成各种动作时，所表现出来的劲力取决于速度力量的发展水平。由于速度力量具有速度和力量的综合特征，它的提高受速度和力量两种素质的制约，因此，可以通过改进技术、提高动作速度、发展相应肌群力量的重复练习来发展力量，如重复进行腕花、舞花、拦拿扎枪和云扫棍等。练习时，应使运动员体会最大用力和最大速度，并逐步提高最大用力和最大速度持续的时间、重复次数。在进行不同结构的动作练习中（组合动作），应要求动作连贯、衔接紧凑、协调自然，充分表现出完成动作的劲力，以

利于速度力量的提高。

在武术专项力量练习中，静力性力量对完成某种静态姿势（如定势动作）和保持某种静态姿势（如平衡动作）作用较大。专门静力性力量可采用等长练习的方法，采用动静结合的练习来发展专门性力量。

（五）耐　力

专项耐力是指武术运动员在训练或比赛所要求的时间内，最大限度地发挥机能能力、克服专项负荷所产生的疲劳的能力。

通过专项耐力训练，提高武术运动员抗疲劳的能力，建立专项耐力储备。主要通过重复进行整套、超套训练等。重复练习的次数，应随着训练水平的提高而增加。也可以采用间隙进行1/2段、3/4段、整套练习。采用间隙训练法发展专项耐力素质，要根据运动员的训练水平来控制间隙时间。在练习的时间和强度上，要尽量地动员武术项目所需要的供能系统获得必要的能源储备。训练时要避免简单机械的重复，练习选择的内容要搭配合理，要对训练不断提出新的、更高的要求。也可以采用阻氧训练法，如让运动员戴上口罩进行整套练习，以此来提高运动员的无氧工作能力。按比赛的要求进行的专项练习，负荷是以极限强度完成练习为主。这样既能有效地发展专项耐力和合理分配体力，又能充分调动练习的积极性，培养良好的心理品质。

竞技武术套路运动是以无氧糖酵解供能为主的运动，实验证明，运动水平越高，其无氧工作能力所占比例越大，运动中其乳酸产生的也越多，运动后乳酸消除的也越快。在运用各种加大武术套路训练负荷方法的同时，尤其应重视超套训练法和间歇训练法的运用。

在运用间歇训练法进行训练时，教练员要对运动员进行深入了解，作好详尽的调查研究，科学地控制练习的强度和密度，合理规定间歇休息恢复时间，这样才能获得应有的效果。

各种运动素质并不是独立存在和发展的，它们之间是相互影响、相互促进和相互制约的，因为各种运动素质都是在中枢神经系统的控制下，通过肌肉活动表现出来的，在发展某种运动素质的同时，都或多或少、或直接或间接地引起另一素质的发展和变化。

第四节　技术训练

技术训练包括基本训练、组合训练、分段训练、整套训练等内容与形式，根据不同阶段、不同的目的任务，采用不同的训练方法与手段，主要是提高完成套路的质量，不断提高技术水平，取得竞赛的最佳成绩。

一、狠抓基本训练，方法灵活多样

基本训练包括基本功和基本动作的训练。基本功训练，在于增进各关节的柔韧性，加大各关节的活动范围，发展一般的、专项最需要的身体素质，为更好地掌握基本动作打下良好的基础，其内容一般包括腿功、臂功、桩功等。腿功的练习方法有压腿、扳腿、劈腿、控腿和踢腿等。腰功的练习的方法主要有俯腰、甩腰、晃腰、拧腰、翻腰、涮腰和下腰等。为了增强腰部的力量和灵活性，在练习中还应安排腰腹肌和腰背肌的练习。臂功的练习方法主要有压肩、绕环、倒立、握杆转肩和仆步抢拍等。桩功是武术训练中最独特的锻炼形式，主要是加强腿部力量和动作的稳定性。通过基本功训练，获得了身体的伸展、柔韧、灵活、力量等基本素质之后，进入基本动作训练的阶段，它是学习复杂动作和发展难新动作的基础，为掌握武术的各种运动技巧，为学习各种武术套路创造条件。

基本动作训练包括手法、步法、腿法、平衡、跳跃、跌扑滚翻、折叠旋转等等。而每个基本动作中都包含了动作运行的路线、方向、用力的时间及大小等三个基本要素，在训练中要根据动作规格要求，一丝不苟，严格要求，反复练习。在训练中简单地采用重复训练，显然单调枯燥，势必影响训练的积极性。同样的训练内容，变换一下训练形式，则会使运动员感到新鲜和兴奋，从而达到预定要求。

就拿最简单和最基本的踢腿举例，重复训练20趟，有时在训练场直线进行，有时也可以斜线进行，有时围着教练员，每人在教练员面前向前踢6次，这样，教练员既能看清并纠正每名运动员的动作，也使运动员感到新鲜。教练员在运动员每一趟练习后，可根据完成质量提出不同的新的要求，使运动员始终保持训练兴奋性。既可以行进间进行，也可原地进行。为了达到"快、准、狠"的要求，教练员可以击拍（掌），让运动员按击拍速度来完成动作，提高踢腿速度。也可让速度快的运动员站在排头，要求后面运动员跟上前面运动员，用相同的步子和速度进行，以此来带动全队速度。有时也可采取两路纵队比赛的方法。

根据运动员技术水平的差异，对有些基础较差的运动员，还可以采用保护与帮助的方法。如训练旋子时，教练员左手抓住运动员左手，右手在运动员蹬地摆腿时，抄托其腹部，保护并帮助他完成旋子动作，体会动作概念，然后逐步脱离保护。这样可以加快掌握动作的进度，保证动作规范。也可以采用辅助手段，让运动员两手扶杆（杆高齐腹），两腿依次向后旋摆，体会腾起概念。

总之，要切合实际，方法多样，使基本训练的恒定性、系统性和灵活多样性相结合。基本训练应该贯穿整个训练的全过程，只是各种阶段训练所占的比重有所不同。

二、组合动作训练，注意起承转合

组合训练，是在基本训练的基础上，将基本动作与某种典型动作连起来进行训练，它是现代武术套路技术训练中较常用的手段。主要用以掌握和提高动作与动作之间的衔接及攻防转换的技能，提高动作的连贯性。

组合动作可以按套路的顺序，将几个动作组合起来进行训练，也可摘取套路中难度组合和重点组合进行训练。因为这些组合动作复杂，对体能和技能要求较高，在整个套路中将起到画龙点睛和形成高潮的作用。又因其稍有失误便会对整个套路质量产生重大影响，因而在套路中占有重要地位。为增强完成难度组合和重点组合的能力，训练中可采用一组几次和练习数组的方法。主要以重复训练法为主。这样可以提高难度组合和重点组合的成功率。组合训练还可以按运动技法特点集中归类训练，根据训练需要，专门创编供训练用的组合动作，如拳术的腾空跳跃、抡臂转体、翻腾、扫转和平衡等等。器械中刀、枪、剑、棍的各种方法也可进行归类编成组合进行训练，来提高和发展运动员的体能与技能。

组合动作训练，一般在精力充沛的情况下进行，此时注意力集中，大脑处于积极状态，对纠正错误的动作技术较为有利。当运动员出现各种不同的错误时，教练员应及时指出并予以纠正。有时可以降低组合动作的速度，让运动员细心体会肌肉的协调用力，掌握动作细节，克服动作僵硬、粗糙的毛病。在训练中一定要一丝不苟，严格要求，保质保量。运动员在同一组合练习中，根据一定的训练要求，可以进行不同的处理，以寻求和发展个人的技术风格。

组合动作训练不但要求招势清楚，动作规范，方法明确，而且还要突出动作的节奏感与意识表现力，使手眼身法步、精神气力功合而为一，让动作外形与神态形成一种无声的语言，来传神达意，练出动作的韵味来。组合训练时，教练员要做适当的示范并结合讲解，这样能给运动员一种立体的直观感觉，启发和帮助运动员更快地掌握动作的技法要求。

三、分段技术训练，着重演练技巧

分段训练，是指把套路分成若干个部分进行训练的一种手段。可以按套路本身的分段顺序，一段一段或者两段两段地进行训练。也可以有选择地进行某一段的训练。后者主要侧重于提高动作难度较大的或者是较薄弱的段落。

分段训练主要是解决局部技术、局部节奏处理及演练技巧等问题，通过训练提高每个段落的质量，为整套训练打好基础。分段训练一般在体力较充足的情况下进行，以重复训练法为主。因此，要强调动作完成的质量，提高组合动作之间的衔接连贯，加强分段动作的节奏感及意识表现力。

以提高动作速度和速度耐力等运动能力为目的的分段训练，则较多运用间歇训练法。可以把运动员分成几组，每组3~4人。如一组上场轮流连续练习20个分段或者若干个两段，然后下场休息或纠正动作，另一组上场轮流连续练习。根据不同阶段、不同要求、不同目的，可交替使用重复训练法与间歇训练法。

分段训练也是现代武术套路技术训练中较常用的方法。根据训练目的和任务，在训练中把套路划分为重点段、难度段、高潮段、起势段和收势段来进行训练。

由于运动员存在着个体差异，教练员要根据他们的个性特点，帮助他们在训练中建立动作节奏感，然后逐步固定下来强化训练，达到动力定型。教练员可以采用提示信号、语言刺激和利用第二信号系统来加强第一信号系统，以此来增强运动员的动作节奏感。同时，教练员发出的提示信号也能激发运动员训练的兴奋性，帮助他们提高动作的速度。

通过分段训练，突出局部的训练效果，强化改进局部的技术质量，保证为在整套训练中发挥水平打下了扎实的基础。

四、整套训练，把握体力分配

整套训练，就是把在单个动作、组合动作和分段训练中获得的动作规格、速度、劲力、节奏及意识的表现技能在成套训练中加以运用，增强高质量完成整套动作的能力。其关键是要处理好整套的节奏和体力的合理分配，使得全套的演练动静分明，刚柔相济，章法清晰。

在整套训练中仍要注意动作的规范化和成功率。由于自选套路动作数量多，难度大，耗能高，若整套训练过多，会使已掌握的动力定型遭到破坏，影响到整套动作质量，故平时训练中整套训练不多，只是在赛前训练中才增加练习，在一堂训练课中一般也控制在2~4次。主要以重复训练法为主。训练后的间隙时间，要使运动员的机体得到基本恢复。但练习时一定要按比赛要求，全力以赴地进行整套训练。教练员可以用整套完成的时间和心率两个指标及教练员目测来评价运动员在整套训练中的质量，即使中途出现个别失误也不中止练习。对完成得不好或者失败的动作，应重做或者再通过组合和分段练习来加以改进和提高。

根据不同的目的与任务，有时为了提高运动员机体无氧代谢和肌肉耐乳酸的能力，也可以采用间隙训练法，控制其恢复时间，使运动员的机体在尚未完全恢复的情况下即进行下一个整套训练。也可以采用阻氧训练法，运动员训练时戴上口罩练习整套，以此提高其机体无氧代谢和肌肉耐乳酸的工作能力。对训练水平较低的运动员，不宜过早过多地采用整套训练，以免在体力不及的情况下，破坏动作的正确定型。也有教练员采用1分20秒的综合素质训练法，以此来提高运动员无氧代谢和肌肉耐乳酸的机能，如模拟整套中节奏和体力分配进行1分20秒的原地快速跑、往返跑、立卧撑及乌龙盘打、舞花、扎刀、刺剑等，到1分20秒时再结合整套中的收势动作，这样既提高了运动员无氧代谢和肌肉耐乳酸的机能，又不破坏动作正确的动力定型。

整套训练还应包括运动员进场、向裁判长行抱拳礼和退场的精神气质等内容，这也应与整套训练保持一致。

五、超套训练，重在培养意志

超套训练，就是一次练习一个整套再加一至三段，或者练习一套半、两个整套等。对于这种超强度训练要根据不同阶段与任务，从实际出发，循序渐进，适当采用，而且以重复训练法为好。主要目的是提高无氧代谢的能力，增强演练套路的专项耐力，培养意志品质。在超套练习时要鼓励运动员以顽强毅力坚持到底，但是对动作规格、速度、劲力与套路节奏及意识表现不能放松要求。这种练习的形式不宜多用，以防在体力不支的情况下，破坏原来正确的动力定型，影响动作质量，甚至于造成身体损伤。对于训练水平较低的运动员，一般不采用超套练习。

六、对练套路的训练

对练套路的技术训练中，除了要掌握单人单练技术外，主要讲究两人或三人的配合。要求对练者在时间、空间、距离等方面的配合要严密，动作要熟练，意识要逼真。传统的对练技术训练中，提倡培养"重打轻着"和"着肉分枪"的控制能力，现代竞技武术要求在"重打轻着"的基础上"重打重着"，无论徒手对练还是器械对练，都讲究体现出狠劲、准确、抗打能力及防守时做出反应的配合逼真的演练效果。

训练中根据徒手和器械方法的特点，先单练后对练，抓住基本动作进行单人单练技术重点训练，如单练枪的扎准、刀削头等动作的练习，然后再进行两人基本动作的配对练习。先慢练后快练，对练者互相配合，逐步加速，直至熟练地达到最快的速度，并掌握好攻防节奏和意识逼真的演练效果。先轻练后重练，如徒手击打、器械的对击，先"重打轻着"后逐步加重，对练者逐步适应，掌握好力度。先分段练后整套练，分段练习在体力充沛、注意力集中的情况下进行，能够较准确地完成动作，就是整套练习也应该在体力充足、注意力集中的状况下进行，否则容易引起受伤。对练的技术训练，一般都采用重复训练法。对于对练中一些难度动作，单练时注意保护与帮助，还可采用一些辅助措施，尽量提高动作的成功率和完成动作的自控能力。

七、少儿训练中应注意的问题

对于少儿的训练更要讲究科学性，根据少儿的生理、心理特点进行科学的训练，这样既能逐步提高运动技术水平，又能促进身体成长发育。反之，训练不得法会影响少儿正常发育，导致过早淘汰。

（一）加强思想教育，以鼓励为主

武术训练本身就是一种教育过程。教练员要不失时机地加强对少儿的思想教育和启发，让他们认识到基本训练的重要性与艰巨性。

训练中应掌握少儿特点，以表扬鼓励为主，教练员要及时发现少儿优点给予表扬。训练实践告诉我们：少儿运动员喜欢"戴高帽子"，一经表扬信心倍增，训练积极性进一步提高。有时让他们出来示范一下，谁完成得好，谁出来示范。激发少儿竞争心理，提高训练效果。有的教练员看到运动员完成不好就训斥，这样会使少儿的自信心下降。作为教练员应该指出运动员完成不好的原因，找出关键环节，给予恰当的帮助与纠正，同时也要检讨自己的训练方法是否合理。

（二）根据少儿的生理特点，发展专项素质

少儿时期肌肉含水分较多，蛋白质和无机物多，富于弹性，肌肉主要呈纵向发展，伸展性好，活动范围大，韧带易于拉长。因此，在儿童时期可多加强柔韧素质训练，着重腰腿肩臂等基本功训练，提高踢腿和抡臂等开合幅度较大的柔韧性技能，并在训练中

逐步加强与提高肌肉的力量和弹性，使关节活动既柔又韧，既灵活又牢固。

少儿时期的肌肉适应骨骼快速生长而主要向长度发展，相对力量较小。这时力量训练效果不会明显。如进行多数量和大重量的力量练习，增加肌肉横断面，效果并不好。发展下肢力量的传统桩功也不符合少儿好动的神经类型和心理特征。桩功的练习使下肢负担过大，会影响到少儿的正常发育，甚至会造成长骨弯曲变形。练习中应以提高神经系统对肌肉的动员能力和改善肌肉协调工作的能力为主。应多采用速度性力量练习，以后逐步增加负荷重量的练习。为了尽快建立正确动力定型，在采用一定的静力性练习后，要做动力性活动，以保持肌肉的伸展性、弹性和放松的能力。训练中应多做动力性练习，少做长时间、大强度的静力性练习，否则会使骨化过早完成。

对于腰、胯、膝、踝等某局部关节的练习，要多采取交替训练手段，防止局部负担过重，导致受伤。

少儿时期的神经系统兴奋性高，灵活性强，练习单个动作和组合动作能够迅速提高动作速度，发展速度性技能，以速度来弥补力量的不足，重点促进速度力量的增长。根据少儿时期神经系统易兴奋也易疲劳的特点，训练应采用小数量、快速度和多间歇的方法，以有氧训练为主，尽量减少无氧训练。整套训练对于少儿来讲不宜过多，训练后的间歇时间，要使他们的机体得到充分恢复。训练中一般不采用超套练习，这是因为少儿肌纤维较细，弹力纤维分布较少，所以心缩力弱，心率快，每搏和每分钟心排血量比成年人少，在运动中主要靠增加心率来加大心排血量。加之心脏的神经调节机能还不稳定，比较容易疲劳。少儿胸廓狭小，呼吸调节机能尚不完善，其最大吸氧量和负债能力低于成年人，在运动中主要靠加快呼吸频率来加大肺通气量，而呼吸深度增加的不多。这些特点也决定了少儿能够负担强度较大而持续时间不太长的练习。以后随着年龄增长，身体机能逐步提高，才能逐步增加无氧训练的能力，否则会影响少儿正常生长发育。

八、技术风格和意识的形成与培养

（一）技术风格的形成与培养

武术套路在演练中强调神形合一，内外兼修，手眼身法步、精神气力功高度地完整协调，把运动过程中的轻重、快慢、刚柔、动静、虚实等矛盾的变化归纳总结为生动的十二种运动形象，作为演练中的基本法则，反映了传统的文化形态、哲学思想和审美意识等，构成了武术套路运动丰富的内涵，形成了武术套路运动独特的风格。

武术套路运动各个不同项目的技术风格，更是丰富多彩，风格各异。长拳姿势舒展，起伏转折，动静分明；太极拳柔和连贯，轻灵圆活，连绵不断；南拳步稳势猛，刚劲有力。更不用说刀如猛虎、剑如飞凤、枪如游龙等等。总之，各有各的个性和风格。

训练对象——运动员又存在着个体差异，个体技术风格的形成与发展与运动员的形体特征、运动能力、个性心理特征和文化艺术修养等诸方面的个体差异有着密切关系，这些相关的因素是形成和发展武术套路运动员个人技术风格的基础。

1. 身体形态

在个人技术风格形成与发展过程中，身体形态是可变性很小的因素。武术竞赛的特点是通过评分的形式进行比赛的，具有较强的审美特征，身体形态对运动过程中的形象美有着较重要的影响。

不同项目有不同的运动特点，在技术方面也存在着一定的差异。在确定选项和发展某种风格时，都要考虑到身体的形态特征和相关的其他个体特征，如身材均匀和个子修长的运动员比较适合练习以潇洒大方为特点的长拳、剑、枪等项目，形体粗壮有力的比较适宜练习南拳、刀、棍等项目，以突出勇猛、快速的风格。

2. 运动素质能力

运动素质是形成和发展个人技术风格的重要因素。力量型的应在训练中充分表现自己塑造勇猛强悍、刚劲有力的艺术形象，体现一种阳刚之美；速度型的则应表现出手似流星、眼似电、行如风、动如涛、转如轮等运动形象，体现出手快打手慢的技击方法和技能，通过训练逐步形成快速、流畅、活泼等技术风格；柔韧型的应在表现人体的动作幅度、造型和舒缓的动作，在对完成技术动作的腿法、平衡、功架、造型及各种身法、手法等动作过程中，追求那种折如弓、吞吐自如、刚柔相济等运动效果，给人以优美流畅、富有弹性、舒展大方等美的感受；耐力型的应充分展现自己体能好的优势，在完整的套路演练过程中一气呵成，表现出体力充沛、顽强、坚韧的运动形象。协调和灵敏是运动技能和各种素质在运动过程中的综合效应，要达到心动形随、意到手发，表现出动作顺序的严谨，用力的精确，全身配合协调，达到和谐完美的境界，充分体现出武术的内外合一和神形兼备。协调和灵敏是较为重要的因素，它具有和谐完整的美学效果，所有不同特征的技术风格，最后都要以协调和谐的总体效果表现出来，这也是技术风格成熟的标志。

平衡稳定型是前庭分析器与身体本体感觉协调控制能力和力量素质的一种综合效应。站如钉、落如鹊、步赛粘等，这些都说明了对平衡稳定能力的特殊要求。有些运动员这方面的能力较强，应突出平衡能力，表现动迅静定、功力扎实的独特技术风格。

以上各种运动能力，在运动员之间都存在程度不同的个体差异，构成了运动员形成和发展个人技术风格的物质基础，反过来在训练中有意识地重点发展某种能力，对形成发展相应的技术风格是行之有效的手段。

3. 个性心理特征

运动员个性心理特征包括性格、气质、能力、兴趣、动机等方面，这些心理因素在某种条件下影响着他们的行为。任何运动技术都是通过运动来充分发挥自己的机体能力，按特定的技术规格要求，合理准确地表现出来。性格、气质、能力会促使运动员向适合自己的运动技术风格方向发展，而兴趣和动机会成为推动运动员进行定向活动的内部动力，在训练中可以从运动员的个性心理出发，发展与个性心理特征相适应的技术风格，比如在武术套路运动中，兴奋型的运动员适宜快速勇猛或快速灵巧的技术风格，稳定型的运动员可以发展动作规范、扎实稳健的技术风格或动作协调、舒展大方的风格等。

4. 文化艺术修养

武术套路运动也是一种文化形态。文化层次、艺术修养的差异，反映出运动员的智能水平的不同。在观察力、记忆力、思维能力、想象力、注意力等方面的不同发展水平，对创编具有个人独特技术风格的自选套路能力，以及在演练过程中对套路动作的技术处理有较大影响。喜欢文艺欣赏，擅长于音乐舞蹈的运动员，动作节奏感较强，有较好的肌肉感知觉能力；喜欢美术的运动员，在对比、和谐、比例、对称等形式美的法则方面的理解就较深，审美能力较强。在文学、艺术方面有一定修养的运动员，理解能力强，想像力丰富，反映在套路编排和演练中具有较强的意境想象和独特的构思能力。在培养发展运动员个人技术风格中，调动运动员这方面的能力和发展这方面的能力都会收到积极的效果。

5. 扬长避短发展个人技术风格

运动员的自身条件不同，在发展个人技术风格时，扬长避短是很重要的原则。武术套路运动在竞技过程中由于对手的存在，所以在发展个人技术风格时要加强对比赛形势的分析，了解行情，要用战略的眼光来分析当前形势，以此来决定发展个人技术风格，不仅是以自身的现有条件扬长避短"根雕式"地塑造自己的风格特点，而且还可以根据比赛的需要，采取"泥塑式"来塑造一种独特的技术风格，哪怕付出代价有时也须如此，这是竞赛的需要，也是训练所追求的目标。

另外，在发展个人技术风格中要把握武术技术发展方向，并且一定要与其他方面的技术均衡发展，做到整体和谐、完善统一。

（二）意识的培养与表现

武术套路运动的意识，表明一名运动员对具有攻防含义的动作技术和表演艺术上的全面认识与深刻理解，并让内在的意识通过形体动作来得到反映。

1. 现其形，必传其神

意识是在活动中培养的。在活动中形成的同时，也就在活动中表现出来了。演练中要求运动员"全神贯注，手眼相随，内外合一，神形兼顾"。通过眼睛传神，能把心里的东西反映出来。所谓"神藏于心、外候于目"。形象的活力在于眼睛传神，表演起来才有生气，犹如画龙点睛。武术运动讲究精、气、神，要求运动员具有一种压倒对方的气势和神态，眼睛明亮、灵活，给人一种精神振奋的感觉。眼要看得远才能亮，见得着才能出神。眼神在动作过程中还是一种信号的反应，攻防眼神的交锋，往往是攻防格斗的预兆。手眼身法步的协调配合，这当然要以一定的素质和技术为前提。在运动过程中动作规格要求手法连贯、步法敏捷、躲闪进击、身法协调，加上眼睛的上瞻下视、左盼右顾，眼随手而动，目随势而注，从而使得动中有静、静中有动，让武术的意识体现得更加强烈，攻防含义更加逼真，艺术的感染力无疑将会收到良好效果。

2. 传其神，必用其心

要使眼睛传神，增强武术的意识表现力，还得在感性认识基础上不断上升为理性认识。我们知道，眼球的转动注视都依靠周围的六条眼外肌，它能使眼球围绕着一个旋转轴来进行运动，而这些眼外肌是受大脑皮层的中枢神经系统控制的，随着皮层区兴奋与抑制的交替转换，经过中枢神经传导冲动，引起眼球的活动。把内在的神经通过眼睛来表达出来，这才真正起到传神的作用，即"心领神会"。因而要使眼睛传神，必用其心，也就必须要理解动作的含义和目的。

3. 开展形象思维

在弄清动作的含义和目的同时，还要积极地开展形象思维，不断地提高发展运动员的专项智力水平。形象思维是在感性认识的基础上进行观察、体验、判断和推理，弄清其本质和特点，找出其规律。例如，"动如涛，静如岳，起如猿，落如鹊，立如鸡，站如松，转如轮，折如弓，轻如叶，重如铁，缓如鹰，快如风"等等，就是对武术表演艺术的形象概括，为我们进行形象思维提供了条件。通过形象的联想、分析和综合，再进行艺术概括，并在实践中不断地创造和发展。

4. 扩大知识面

在实践中，要想达到理想的境界，缺乏艺术的修养和广博的知识也是不可能的。运动员常常对获得的表象只知其然，不知其所以然，想练结合不起来。这说明必须加强运动员的艺术修养。因为很多东西在艺术上有其共同点，是可以互相借鉴的，但必须经过提炼、取舍，融化为自己的东西，然后再表现出来。运动员还要不断地加强理论学习，多看书。古语曰："书犹药也，善读可以医愚。"培养运动员多方面的学习兴趣，用科学文化知识来丰富、充实他们的头脑，开拓他们的眼界。知识面广了，理解力也会增强，而意识往往是通过运动员对技术动作的理解能力和运用自己的表现能力来体现的。"长期积累，偶然得之"，一语道出了知识面与灵感的真谛。灵感常常是突然的，但它是在艰苦劳动之后出现的。有了较广博的理论知识，再加上事业心、强烈的责任感，才能沉浸于形象思维之中，进行意匠经营。当然，形象思维的范围不能忽略武术运动的本质。离开了主题，那就谈不上什么创造与发展了。

5. 加强直观印象

通过生动的直观印象，可以帮助运动员建立表象形象，并在此基础上开展思维。为了达到上述目的，应从诱导着手。教练员的示范与讲解，能使运动员的直观与思维结合起来。组织运动员观摩优秀运动员的表演和训练，让他们有目的地观摩优秀运动员的意识表现力是如何体现的，并观看相关的电影、录像，通过直观形象，让运动员获得清晰的表象形象。人的直观表象可以有助于想象。感觉是思维的起点，思维又依赖于形象。人的思维活动是依赖感觉，让运动员把正确的技术和浓厚的意识表现，通过直观教学在大脑皮层留下记忆的痕迹，然后进行形象思维，逐步使自己的动作表现与优秀运动员的动作、意识表现联系起来。运动表象可以在肌肉里引起动作电流或生物电流，引起看不见的萌芽性运动。想象是对表象的改造，并在此基础上形成新的形象，从而建立新的物质上和精神上的东西。运动员获得的表象，通过不断的回忆，结合自己个性特点，结合那些在大脑皮层的暂时联系而创造新形象的过程，这也就是由于大脑皮层内部机能之间的相互作用。实践活动是意识产生的根源，意识的形成也是在实践活动中发生的。意识的表现，也必须经过实践——认识——再实践——再认识的循环往复，才有可能创造出自己独特的风格，逐步达到理想的境界。

6. 集中注意力

建立意识的过程从表象开始。为使运动员建立有效的运动表象，训练中应要求运动员注意力高度集中。运动员注意集中时，从教练员或优秀运动员、录像等等那里传来的信号（语言、演练以及运动表象）在大脑皮层留下的痕迹深刻，表现为记忆牢固，理解深透。注意集中，全神贯注，就像照相，先要镜头对准物体，对好光，才能照出清晰的影像。相反，注意力分散，一些与训练无关的信号在头脑中形成优势兴奋中心，教练员安排的刺激便受到抑制。当然，忧愁、悲伤、厌烦等情绪都会使注意力分散，所以，要克制这些影响注意力的情感因素。还必须考虑使运动员进一步明确学习任务、奋斗目标，强化学习的动机。这与增强注意力是有密切关系的。心理学家认为：人的注意力高度集中，是对事业的高度酷爱和接受客体的深刻的关切相联系的。运动员注意力高度集中，能使头脑清晰，牢固地建立起表象形象，然后通过思维活动使概念进一步巩固、完善。结合掌握的技术，想练结合，反复琢磨，反复实践，逐步提高，以增强意识表现力。

意识表现的培养，不像技术动作那样具体。意识的表现与培养除了上述内容在训练中予以加强加深外，更主要的是要求把意识培养的工作渗透到日常生活之中，提高意识素养。久之，便能心领神会，以形传神，内外合一，达到神形兼备的理想境界。

第五节 心理训练

心理训练是一种以生理为基础，有意识、有目的地使运动员获得适宜的心理能量储备，消除心理障碍，为保证其在竞赛中充分发挥技、战术水平，创造最佳竞赛成绩服务的训练方法和手段。心理训练包括一般心理训练、准备具体比赛的心理训练以及赛后的心理调整等方面。根据训练和比赛的不同时期，要有针对性，有主有从地综合应用。

一、一般心理训练

（一）明晰运动表象，完善动作规格

武术套路运动需要运动员对正确的动作表象要清晰，有精确的时间感，准确的用力感，高度集中的注意力，神经过程的平衡与稳定，自控能力强。运动员掌握技术动作和完成套路演练的效果，与其相应的运动表象的清晰程度密切相关。运动技能形成的过程，从运动心理学的角度出发，即运动表象建立、清晰、准确和完善的过程。运动员只有将清晰的运动表象同视觉、肌肉运动觉、平衡觉完美结合，机体对套路的直接调控才得以实现，进而达到自动化的程度。运动表象清晰、稳定的程度，直接影响着套路的演练质量与效果。

运动表象主要是通过学习者观察、模仿被学习者对技术动作的示范、讲解并反复练习中逐步形成和发展起来的，因此，要求教练员在运动员完成技术动作时反复给予语言提示，使运动员始终将注意力集中在动作的难点、重点或不太巩固熟练的技术细节上。同时要求运动员经常观摩高水平运动员的技术动作，领悟技术内涵，形成准确的动作概念，使运动表象不断巩固和完善。

现代套路运动向高、难、美、新的趋势发展，不仅对运动员潜力的发挥要求越来越高，而且对运动员的心理负荷的要求也越来越高，这样才能在比赛中承受压力，克服困难，发挥水平，最终战胜对手。

（二）细化时空知觉，提高协调稳定

动作的空间感、时间感是与运动表象有关的本体感觉。高质量的武术动作对身体运动的方位、角度、幅度要求极精。在套路演练中，运动员须凭借其肌肉运动觉、视觉和平衡觉来辨别身体各部位与器械、场地的各种空间关系以及动作的幅度、范围与方位。与此同时，还需精确判别动作速度、动作周期的时距、动作转换与间歇的速度、节奏与时间。否则运动员无法准确把握技术细节，形成完美的技术动作，体现其独有的演练风格。所谓"失之毫厘，谬以千里"。

协调能力是大脑皮层运动区内各部位协同一致共同完成技术动作的能力。在武术套路运动中精细分化发展的肌肉关节活动能力、平衡能力以及节奏感尤为重要。器械感即是运动员协调能力的具体表现。形成敏锐的器械感能使动作灵活自如、和谐顺畅，形成"物我合一"，而将注意力集中指向演练中亟待解决的问题中。器械感是大脑皮层内的一种暂时神经联系，会因长期终止训练或身心过度疲劳紧张而减弱，因而为预防器械感的减弱与消失，需经常进行持械技术训练。

总之，在训练中应多进行肌肉用力感的练习，主动肌、协同肌和对抗肌协调一致，以实现能量的节省化，提高运动员对用力的敏感程度，尤其是小肌肉群的灵敏性。运动员的本体时空定向能力和协调能力都可通过后天训练加以提高。

二、准备具体比赛的心理训练

（一）端正动机目的，增强意志品质

运动员参加比赛总会产生各种复杂的动机目的，且最初多出于个人目的的直接动机，由于过多考虑自我的成败得失，导致机体承受的心理和生理负荷过大。此外，武术套路比赛评分中存在的裁判员主观因素，易使运动员产生剧烈的情绪波动，产生复杂的情绪体验，无法正常发挥技、战术水平，导致运动成绩不佳，运动员感到个人利益无法实现，自暴自弃，从而影响集体成绩。因此，教练员要针对不同运动员的个性心理特点，循循善诱，帮助运动员树立远大的理想，端正动机，使他们正确认识参加比赛是为国增光，为集体添彩，消除杂念，树立必胜信念，摆脱可能失败的焦虑情绪，使技术得以充分发挥。

当今高水平的竞技武术赛场竞争日趋激烈，决定比赛的胜负是心理因素而非肌肉力量。只有意志坚强、心理稳定性高的运动员，才能在比赛中稳定情绪，克服紧张、焦虑和恐惧心理，顽强拼搏，战胜对手，创造最佳竞赛成绩。因此，能否坚持长期的艰苦训练，能否端正竞训动机，能否形成刚毅的意志品质，是运动员能否走向成功的关键。

教练员通过政治思想教育，对其亲身经历以及正反面事例的讲解等言传身教的同时，还应针对不同类型的运动员区别对待，以表扬、奖励或批评、处罚等方式，以积极的语言诱导，有针对性地对运动员施加心理影响，将消极因素转化为积极因素，培养运动员高度的责任感、道德感和集体观念，形成正确的运动动机，不怕苦累、不惧困难、百折不挠、顽强拼搏的意志品质。

总之，组织性、纪律性、主动性和集体观念等正确的训竞动机是争取胜利的前提，顽强、刚毅、坚韧、果敢的意志品质同样是每一位武术运动员所必需的。情绪状态的稳定性及自我调控能力也主要受制于运动员的意志品质。因此，运动员良好的比赛动机的树立和完善、意志品质的培养与发展，对套路运动员从事专项训练和比赛具有十分重大的意义。

（二）树立必胜信念，降低紧张焦虑

自信是一种心理能量，是发挥技、战术的重要的心理条件。拥有自信，可以使运动员在比赛中充分发挥不同项目的演练特点，将自信心表现在套路的演练中，表现出一种舍我其谁、雄霸天下的气势。若运动员信心不足，就会怀疑自己的能力，出现紧张、焦虑、胆怯的状态，致使动作变形，失误不断；反之，若盲目自信，则会引起肌肉收缩过度，同样会造成失误的出现，两者都无法实现赛前的既定目标。因此，要对运动员多加鼓励，针对其能力，制定切实的目标，并在训练中提高动作的成功率，不可因比赛而盲目地增加难度，更改动作，破坏已形成的动力定型，增加心理负担，产生过度紧张与焦虑情绪。同时，在赛前应相应地对运动员施加适宜心理刺激，多安排些公开训练、测验和模拟比赛，提高运动员的心理承受能力以适应比赛的情境，增强信心，以最佳的竞技状态投入比赛。

武术套路是一项运动方式复杂、肌肉群精细分化的项目，对协调性、稳定性要求较高。因此，过高或过低的唤醒水平都不利于技术演练的发挥。过高的唤醒水平引起肌肉紧张，无法放松、失眠、尿频、焦躁不安；较低则会使运动员厌倦比赛，无法将注意集中指向于当前比赛。教练员应针对运动员的不同个性特点，区别对待。产生紧张焦虑的因素很多，这主要与运动员既定成绩目标、比赛现场气氛、对成功的期待和失败的恐惧以及担心受伤等因素有关。紧张、焦虑程度是与比赛的难度、规模成正相关。赛前，如运动员出现过度的紧张、焦虑，可进行放松练习、自我暗示，并结合不同的呼吸方法共同作用以实现对紧张、焦虑的调控。如自我命令"放松"和自我暗示"我正处于最佳竞技状态"，并结合变换呼吸的深度、频率共同作用，能有效地控制和调节竞技中的紧张、焦虑。

紧张和焦虑都是中性物。过度的紧张、焦虑，会对运动表象造成损害；适度的紧张和焦虑，能提高运动员的唤醒水平，促使运动员尽快地进入最佳竞技状态。

（三）活用心理暗示，增加成功体验

灵活而准确地运用心理暗示，是保证比赛时发挥技术水平的心理条件之一。通过对过去成功经验和情境的体验，达到调控紧张、焦虑及唤醒，稳定情绪，降低心理负担的目的，以促进运动员演练水平的发挥，使其对再创运动佳绩充满期待和信心。处于临赛

状态的运动员情绪体验十分敏锐，场地、观众变化、对手实力，甚至一言一行，都可能对运动员心理施加影响。这也说明为何赛前临时更换服装或器械的运动员因此引发了心理细微的变化，导致情绪状态无法保持相对稳定，而无法在比赛中取得相应的成绩。

许多优秀运动员在临赛前，常安静地呆在场地一角，反思自己即将演练套路的每一细微环节及可能出现的问题；反思过去取得成功时所持心境，增加对比赛的成功体验，建立积极的心理定势。教练员在临场指挥时，应借助轻松的语言气氛，引导运动员回忆过去的成功体验以增强自信，获取心理优势，充分体现其演练风格和个人特点。

（四）适度唤醒水平，完善技术演练

人类任何形式的运动，都伴随不同程度的唤醒。运动员唤醒水平的高低，与运动成绩有着极为密切的关联。大量的科学研究事实证明，运动员比赛时的唤醒水平与运动成绩的关系呈倒U曲线，即从较低的唤醒水平开始，随着唤醒水平的升高，运动成绩也相应地随之提高，当运动员的唤醒水平达到一定高度，就能发挥最好的技术水平，创造最佳运动成绩。但如果唤醒水平持续升高并离开了最佳界限，运动成绩反而下降。这说明，适宜的唤醒水平对最佳运动成绩的取得是十分重要的。从运动心理学的角度来讲，生理唤醒、认知焦虑、自信心、任务难度与操作成绩关系密切且复杂。其中，认知焦虑为决定性因素，当认知焦虑较低时，操作成绩与生理唤醒关系为倒U曲线；反之，当认知焦虑较高时，较高的生理唤醒将导致突变性反应。

三、赛后的心理调整（正面成败得失，总结经验教训）

比赛结束后，运动员由高度紧张中突然解放，身心无所适从。成功者被鲜花和掌声所围绕，有的因此而骄傲自满、自以为是，无法摆正自己的心态，不能正确认识自身尚存的缺点与不足，以致无法进一步提高和完善自身，使得竞技状态下降，技术水平下滑。另一种则谦虚谨慎，不断提高对自己的要求，针对自身弱点加以改善，再接再厉，使技术水平得以不断提高。比较而言，前者只是暂时的幸运儿，后者将长久地屹立在成功之巅。失败者中，有的将失败作歪曲的解释，从外在环境找寻借口，为自己开脱或丧失信心、自我贬损，用各种消极的方法，如酒精、药物等来逃避现实；有的则能够正确面对现实，积极找寻失败原因，坚信自己的能力，不仅没有被暂时的失利所击倒，反而更激发求胜的欲望，不断提高自身的技、战术水准。显而易见，两者反差鲜明，前者是永远的失败者，后者则必能露出成功者自豪的微笑。

由于影响武术运动员最终竞赛成绩的因素很多，不能以一时之成败论英雄，赛后，运动员应与教练员共同总结成败的原因，并在以后的训练和比赛中有针对性地加以改进和完善。同时教练员应帮助运动员建立不同的成败标准，高水平与低水平的运动员有区别，儿童与成人也有区别。使运动员明白，除了输赢，还有许多可供选择的成功标准，应让运动员正确认识自身实力，制定符合实际的成功标准。

综上所述，心理训练在套路运动训练和竞赛中作用显著，在现代竞技武术套路运动中的地位和作用也日益明显。但必须指出的是，心理训练是以生理为基础的，所有的心

理训练的显著性，也是以与运动员肌肉力量和技、战术水平相差不多为前提的。

另外，长久以来，教练员将运动员在竞赛中的失误总归结为"心理素质差"，这种看法似是而非。其实，这些由"心理素质差"所造成的失误，其根本原因是因为运动员对所完成动作的技术细节领悟不透所致。生理是心理的基础，技术是发挥生理机能的途径，没有正确的技术作保证，心理训练也是无用武之地。

第六节　智能训练

智能是影响运动员竞技能力的重要因素之一，从某种意义上说，运动训练中所需要的智能，实际上也是运动员知识与能力的综合体现。因此，对运动员进行智能训练是非常必要的。过去对这方面的认识还不够深刻，随着现代运动训练水平的不断提高，运动水平的高低与运动员的智能水平高低的相关系数越来越密切，众多教练员逐渐开始重视智能方面的训练，并不断探索其内在的规律性。

对运动员实施智能训练，就是使运动员的智力水平在运动中得到充分的发挥。一般而言，武术套路运动智能训练包括一般智能训练和套路运动智能训练两部分，其中一般智能训练是运动智能训练的基础。套路运动智能又是一般智能的高一级能力，它更体现武术运动的能力方面。

一、一般智能训练

运动智能的提高是以一般智能为基础的，一般智能训练主要是通过学习现代文化科学知识以及习武过程中逐渐提高运动员的一般观察力、注意力、思维与想象能力的过程。一般智能训练往往要结合专项智能训练共同实施。专项智能训练主要是提高武术套路专项智能水平，但也潜在地发展了运动员的一般智能水平。因此，两者的训练是互相融合、相互贯通的。

一般智能的提高是一种长期的渐进过程，通过一定的文化知识学习，可以提高运动员的抽象思维能力、逻辑判断能力以及空间想象能力，可以潜在地提高对生活的细微观察力，对现象的科学质疑，从不断的发现问题中提高自己的认识能力。要真正做好一般智能训练，必须把一般智能训练贯穿于日常的生活、学习、工作中，通过学习与交流，以及在训练的实践中与教练员共同探讨问题，处理各种不同事件，提高自己的能力，并且要树立终生提高智能的观念。只有这样，智能水平才能在日积月累中逐步提高。

二、套路运动智能训练

套路运动智能训练主要是通过传授武术知识，掌握武术套路运动技能和开发智能练习来提高武术运动员的运动技术水平。换言之，就是在训练过程中，不断提高运动员一般智能水平同时加强运动员注意力、观察力、思维想象力对套路运动的特别指向作用，提高对武术运动的敏感性。武术套路运动智能训练的途径与方法如下：

（一）学习专业理论知识，广泛涉猎其他相关的体育学科知识

学习武术及有关其他体育学科的理论，有助于提高对武术套路运动的认识水平。例如，学习运动生理学，了解负荷与运动的关系、负荷与恢复的关系，可解决训练中的一些原则性问题。或是学习运动生物力学，了解发力的节省化以及如何蹬地才能跳得更高等等，从而提高动作的难度与质量。通过这些学习，使对武术套路较为表浅感性的体验升华为理性认识，进而提高训练效率，较早达到期望的运动水平。

（二）不断提高文化修养及对艺术美的鉴赏能力

武术套路运动是一项表演性较强的体育项目，其运动水平高低是由裁判员评判裁定的。因此，如何体现套路运动中的艺术美感，是教练员、运动员所致力追求的。通过对文化修养的培养以及提高艺术美的鉴赏能力，可潜在地提高运动员对美的想像能力与抽象理解力，为武术套路演练的艺术美构建牢固的平台。同时也可通过美的迁移，对武术套路的动作进行创造性改编。具体有：通过学习中国哲学、阴阳学说、动静学说，了解武术运动的辩证关系及运动中的文化内涵；通过学习书法、舞蹈、戏剧表演，提高对美的欣赏能力；通过观摩花样游泳、花样滑冰、艺术体操等表演类竞技项目，可扩展思路，借鉴其较好动作进而改编或是创编新的武术套路动作，来提高套路动作的表现力与艺术性。

（三）运动员直接参与训练计划的制定与修改

训练计划是对训练过程的总体规划，体现制定者的整体训练思想与训练水平。让运动员直接参与训练计划的制定，可以提高运动员的训练主观能动性以及运动训练的自觉管理能力。通过直接参与训练计划的制定，运动员对特定时期的训练思路会有深刻的理解与把握，同时还能更为灵活地认识具体操作中的不妥之处。

（四）理论运用于具体的训练比赛实践中

理论必须运用于实践才能体现其价值，同时在实践中也提升智能水平，二者是相辅相成、辩证统一的。在套路运动中实施的智能训练，主要还是在具体的训练实践中进行。运动员通过反复练习，相应会提高套路运动的思维能力、注意力和观察力。不具体实践，一味地追求智能发展，只能是纸上谈兵，不具有操作性，最终没有现实意义。具体操作：针对某一不易纠正的错误，运用所学的生物力学、生理学等知识进行分析，找出错误之处并加以纠正。在训练过程中，经常出现疲劳现象，可通过生理、生化的知识对训练过程加以调控。通过观摩优秀运动员的演练，可启发新的思路或改进技术。更为有说服力的就是运用已有的心理知识来控制赛前心理状态，保持赛中的心理稳定性。总之，具体问题必须具体分析，才能取得正确的结论。

（五）及时正确总结经验教训，准确评价自身的运动水平

每一段时期的训练结束或比赛结束，都要进行总结与评价。通过正确的总结与准确

评价，才能看到自己的进步与不足，从而为下一阶段的训练或比赛的成功寻求支持与帮助，并且通过总结与评价来提高运动员综合能力、抽象分析能力以及良好的判断能力。

有些运动员取得了较好的成绩就忘乎所以，不去分析取得成功的原因是由于自己的技术水平提高，还是由于对手较弱，抑或是由于受到心理训练而信心加强等。通过寻找原因，使自己看到不足而能继续进取。如果失败，寻找与优胜选手的差距，找出问题所在。通过客观的分析、总结，准确地评价自己，进而明确努力方向，使以后训练水平与运动成绩得到实质的提高。

第七节 训练中运动负荷的安排

训练中科学安排运动负荷是一个十分重要的问题。众所周知，影响运动能力的诸多因素中，除遗传因素是先天决定的之外，运动训练对改善人体运动能力是一个相当重要的因素，运动训练以其负荷强度、量等使人体稳定状态下的代谢系统的平衡被打破。于是，在短暂的时间内，体内代谢系统产生相对的不平衡，经过一定的恢复期，又自动恢复平衡，如此的平衡——不平衡——新的平衡，使代谢系统不断适应，从而提高运动员的运动能力。然而在训练实践中最难掌握的是适宜的运动负荷。负荷过大，有机体适应不了，不仅运动能力难以提高，而且会损害身体健康；负荷过小，运动能力提高不明显。因此，在运动训练中寻找适当的运动负荷，不断给运动员以新的更加强烈的刺激，促使其运动能力的不断提高，从而适应在更高水平上的运动负荷，是每一位武术教练员致力追求的重要工作之一，也是当今武术训练走向科学化的一个重要问题。

一、套路运动负荷的特点

现代武术套路竞赛项目，包括太极拳、南拳和长拳及刀枪剑棍等，项目与特点不同，运动负荷的特征也有一定的差异。有关研究表明：长拳、南拳、器械等演练比赛时要求在1分20秒完成整套动作，时间短，动作数量多，最大心率均值都在180次／分以上，三者无显著性差异，均属同一强度范畴。有实验测试表明，其供能方式是以无氧糖酵解为主，故属于大负荷强度的项目。太极拳运动员在运动中动作舒缓均匀、心静体松，而且特别注重运动中呼吸与动作的配合，机体摄氧量较为充足，供能方式几乎全部依靠糖和脂肪的有氧氧化，但由于在演练过程中，身体重心较低，腿部大部分时间处于静力性运动过程中，腿部负荷较大，比赛时心率均值约在150次／分左右，故属于中等强度而量较大项目。

二、套路运动负荷的调控

（一）套路运动负荷的度量

运动负荷是以身体练习为基本手段，对运动员有机体施加的训练刺激。运动员的任何身体练习都会产生生理、生化、心理等方面的变化。虽然负荷有着不同的分类，但任何一个负荷都包含着负荷量和负荷强度两个方面。影响负荷量的主要因素是练习时间、次（组）数、总距离或其他总量等，影响负荷强度的主要因素是练习的密度、完成每个练习所用的速度、负重量、高度、难度、质量等。负荷因不同组成因素数值的搭配和组合，形成不同形式的负荷结构，会产生不同的训练效果。为实现特定训练目标、确定不同训练阶段应该承受多大负荷，教练员必须对负荷大小给以客观准确的度量。因此，识别运动负荷大小对运动负荷调控至关重要。

有人曾对套路运动负荷作过一些研究，但实践中对负荷进行精确的度量仍是一个非常困难的问题。通常来说，运动量可以采用每次训练时演练的数量来评定，运动强度则以心率来评定，但对优秀运动员而言，运动强度的度量还必须参考一些生理生化指标，如血红蛋白、血尿素和尿胆原等指标的变化范围，才能精确地度量。

运动后即刻所测脉搏与运动强度关系如下：

大强度180次／分以上

中强度150次／分左右

小强度140次／分以下

运动后5~10分钟脉搏恢复情况与运动负荷关系如下：

小运动负荷——恢复到运动前脉搏

中运动负荷——较运动前快2~5次／10秒

大运动负荷——较运动前快6~9次／10秒

（二）套路运动适宜的负荷判定

训练水平的提高是适宜的负荷对机体产生的刺激，对机体产生适应性改造的结果（疲劳——恢复——提高）。因此，为了对负荷的量度实施有效的控制，必须对负荷量度的适宜程度进行科学的判定。

1. 负荷适宜程度的生物学判定

由于运动训练实践中要求判定的方法迅速、简便、准确，许多教练员在训练中多采用心率作为判定适宜负荷程度的简便指标，通过每日测试运动员晨脉，了解运动员晨脉与运动适宜负荷的变化规律，科学安排训练。随着武术训练科学化程度的不断提高，单纯应用心率指标已不能满足训练的要求，通过血液和尿液的检测，运用血红蛋白、血睾酮、肌酸激酶、血尿素、血乳酸等指标（表7-7-1）来判定负荷的适宜程度，为有效地提高运动员的训练水平，使运动员能在比赛时处于最佳竞技状态提供了保证。

表7-7-1　某些生化指标的正常值及阈值

指　　标	正常范围值	某些阈值
1. 血红蛋白	男：12~16克% 女：11~15克% 理想值：16克%	疲劳：下降10% 过度疲劳下降9克% 男子低于12克%、女子低于11克%为贫血
2. 血尿素	2.86~8.2毫摩尔／升	疲劳：8.33毫摩尔／升

3. 血CK	<100国际单位/升	疲劳：>200国际单位/升
4. 血乳酸	<2毫摩尔/升 <18毫克%	乳酸阈值4毫摩尔/升 个体乳酸阈值：2.5~7.5毫摩尔/升 主要无氧代谢区：>12毫摩尔/升
5. 尿蛋白	随意尿 <10毫克/升 全日尿<150毫克/日	有个体差异
6. 尿胆原	3安氏单位	不同项目不同指标值
7. 尿肌酐系数	男：18~32mg/千克体重 女：10~25mg/千克体重	
8. 血睾酮	男：12.5~34.7纳摩尔/升 女：0.728~3.47纳摩尔/升	低于正常值最低值

2. 运动负荷适宜程度的心理学判定

运动员所承受的训练负荷通常会引起相应的心理反应，如重大比赛前，许多运动员由于激烈心理活动而失眠，虽然卧床休息，没有剧烈的肌肉运动，但各种思绪却给运动员造成巨大的心理压力，因为任何心理反应都可以从人的生理变化、主观感觉、心理操作和实际活动中表现出来，在实践中可以根据运动员的心理反应来判定运动负荷的适宜程度。比较常用易行的方法有：

——焦虑量表。运用这种问卷式的量表，可通过运动员焦虑状态、焦虑品质的情况来判定心理负荷的大小。

——脉搏率。紧张、恐惧或暴怒时，心跳会加速，因而在运动员不承受运动负荷时，可用单位时间脉搏增加量来表示心理负荷增加量，从而确定适宜的运动负荷。

3. 运动负荷适宜程度的教育学判定

武术训练中运用教育学观察手段也能对负荷的适宜程度进行判定。判定的内容主要有：观察了解运动员训练的欲望（强、弱），训练中的表情（吃力、正常），训练客观指标的完成情况（上升、下降）。采用一些专门测试手段检测运动员的竞技能力和机能适应情况（如每日测试握力等）以及观察运动员的体重变化。运动员应该积极配合，帮助教练员更准确地判定负荷的适宜程度。运动员可从以下内容进行判断：食欲，睡眠，自我感觉，继续完成活动的感觉程度（肌肉发软、气短、肝区或脾脏疼痛、想休息等）。教练员和运动员通过以上各方面可以评定运动负荷的适宜程度。但教育学的观察结果往往比较模糊，最好结合其他方式对负荷的适宜程度进行综合判定。

（三）套路训练中运动负荷的科学安排

1. 套路训练大周期运动负荷的安排

（1）套路训练多年大周期运动负荷的安排

据徐本力的研究，多年训练周期可分为启蒙训练阶段、基本训练阶段、专项训练阶段、专项最高竞技阶段和竞技保持阶段五个阶段。根据每个阶段特定的任务，运动负荷可作如下安排：启蒙训练阶段是一种以玩耍形式和游戏的方式进行的训练，应进行全面的武术基本功训练，注意训练手段多样化。由于儿童承受负荷能力较差，因而此阶段负荷多为中、小负荷。基础训练阶段的运动负荷不宜过大，量和强度在开始时同步增长的前提下，应优先增加量。在此阶段的后期达到最大量的60%~70%，到专项基础训练阶段时，则开始减缓量的提高，转而以提高强度为主。本阶段的节奏采用渐进式的逐步提高方式，而且提高的幅度不要太明显。专项训练阶段和专项最高竞技阶段时运动负荷中专项负荷逐步提高，专项训练和比赛负荷以及负荷量和强度水平均达到最高点，广泛安排大负荷训练课，把竞技状态推向最高水平。竞技保持阶段以中等负荷水平为主，一般不搞大负荷强化应激训练，尤其要控制比赛性的量。

（2）套路训练年度大周期运动负荷的安排

套路训练作为一个独立的大周期一般分为三个时期，即准备期、比赛期和休整期（或过渡期），每个时期又分成一定的阶段。根据各时期训练任务的不同，可将运动负荷安排如下（表7-7-2）：

表7-7-2　大周期训练运动负荷的安排

训练周期		运动负荷的实际安排		备 注
		负荷量	负荷强度	
准备期	一般准备阶段	增长较快，以增一般量为主，增专项量为辅	专项强度增长较慢，但一般强度达到较高水平	虽以增量为主，但不能以减强度来增量，后期达到全年最大量，总负荷达到极限
	专门准备阶段	专项量明显增长，一般量下降50%左右	专项强度明显提高，一般强度稳定或适当下降	比赛负荷与心理负荷开始加大，比赛强度达70%~80%。此阶段不宜安排最高比赛强度，总负荷达70%左右
比赛期	赛前基本训练阶段	专项量达到较高水平，一般量减到50%后趋于稳定	专项强度与专项量一样都达较高水平，以无氧——有氧混合强度负荷为主，一般强度为中到中上水平	本阶段的负荷安排应围绕提高专项能力、专项耐力和专项竞技状态为主进行安排，本阶段是全年中用于提高竞技能力的阶段
	比赛阶段	无论专项量还是一般量，本阶段均下降到较低水平	专项强度达到全年的最高水平，一般强度下降到较低水平	总负荷是年大周期中的第二高峰单周期；双周期中两次之间适当增加一般负荷量，以便进行调整
体整期		保持一定的一般训练量，专项训练量降到全年最低水平，甚至为零	专项训练强度与一般训练强度均降到全年最低水平	总负荷水平降至全年最低点，围绕恢复和调整安排本阶段负荷

(3) 不同类型小周期训练运动负荷的安排

根据训练任务及内容的不同，可把周训练分为引入性小周期、准备性小周期、比赛性小周期、恢复性小周期几种形式。其运动负荷安排如下。

引入性小周期：其主要任务是将运动员的机体引入即将开始的紧张的基本训练。常安排在准备期第一阶段的开始，主要任务不是发展体能，因而运动负荷安排不宜太大，可先从增加运动量开始，强度不宜大，有明显的引入性，时间多为一周，最多两周。

准备性小周期：分为一般准备小周期和专门准备小周期，主要任务是为比赛做好一般与专门的准备。从负荷变化的趋势上看，由于准备性小周期是为提高运动员机体的比赛适应性和形成良好竞技状态所需的各种体能条件，因而准备性小周期是以大负荷为主要特点的小周期，运动负荷的趋势是由一般小周期以加量小周期为主，向专门准备性小周期以加强度为主转化。

比赛性小周期：分为赛前诱导小周期和比赛小周期两种类型。其主要任务是使运动员能在比赛中表现出最佳的竞技状态和最优异的运动成绩。根据任务，比赛性小周期中每周应安排1~2次与竞技状态高潮相吻合的冲击型大负荷训练周，从而形成单峰或双峰型的负荷节奏，并且比赛日之前必须有一个大负荷训练日，紧随在后的是减量训练日，赛前几天采取完全休息不利于套路运动员最佳竞技状态的形成。根据套路比赛的特点，赛前两天应积极休息一天，而赛前一天则应进行减量训练，以便加快恢复过程，出现超量恢复和最佳竞技状态。赛前诱导小周期应以提高强度和动作质量为主，严格控制量的增加，同时还应将准备小周期中占1/4的恢复性训练课，增加到占1/3的恢复性训练，以保证超量恢复的出现和提高强度训练课的质量。比赛小周期运动负荷的调控要根据武术专项及运动员的特点及赛前状态而定，但按常规来说武术运动员承担的总负荷水平比诱导小周期要低，负荷量保持或降低，并且强度在比赛日之前也要求适当降低或保持。

恢复性小周期：主要任务是通过降低负荷和采取各种恢复措施，消除运动员机体由于比赛期或准备期中因大负荷训练和高强度比赛而产生的疲劳，使运动员产生较好的超量恢复，为进行新的大负荷训练打下基础，因而其总负荷水平在各种小周期中属最低，负荷强度要大幅度降低，量可略减少和保持。

三、科学调整运动负荷时的基本要求

科学调整运动负荷是指在套路运动训练中，根据训练任务、对象水平，正确处理运动负荷诸因素之间的关系和制约，按照人体机能适应规律逐步加大运动负荷，直至最大负荷。

（一）要随时了解运动员的实际情况，并据此科学安排负荷

运动负荷的大小是相对的，对于绝对值同等的运动负荷，对不同的人体的刺激反应程度也是不同的。这是人体存在着个体差异及个体在不同时期承受负荷最大限度的能力

具有变异性特点所决定的。因此，科学调控运动负荷，首先必须科学地分析该阶段每一名运动员体能承受负荷的生理临界线及其变化值域，作为教练员只有随时掌握这条临界线的动态变化特点，才能使负荷安排有的放矢，富有针对性。在训练实践中，掌握这条生理界限往往通过测量运动员安静脉搏变化情况，测定最大负荷能力及恢复能力，观察运动员体重变化及情绪变化特点，借助生化指标来分析评定。

（二）运动负荷的增加要由小到大、循序渐进地逐步提高，形成一个加大——适应——再加大——再适应的过程

在具体安排运动负荷时要有大、中、小相结合，并有适当的休息，做到有节奏地交替进行。据有关研究成果表明，在一次大负荷训练后，一般要经过48小时才能恢复到正常水平，所以在一次大负荷训练后，必须安排中小负荷或者积极性休息。训练负荷的增加，还要注意运动员的个体差异性，根据不同的对象、水平，区别对待，这样才能使运动员较长时间地保持较好精神状态和体能，有利于提高训练水平。

在训练实践中，阶段性地逐步提高运动负荷的方式有如下几种类型：

1. 波浪型

按一定的节奏（上升→保持→下降→再上升）安排运动负荷。此形式适用面广，在任何阶段均适用，尤其适宜儿童少年运动员运用。

2. 直线渐进型

节奏按一定的规律直线上升，多在某一短期训练阶段（如准备期）运用，尤其儿童少年时期运用更多，但递增的幅度不能太大。

3. 阶梯型

负荷的变化多趋向逐渐上升、保持、再上升的形式，常用于中周期负荷安排，尤其是比赛期的前期和准备期的第二阶段。

4. 直线恒量型

即在较长的训练过程中，训练负荷保持相对的稳定性，没有明显的节奏变化，适应于训练基本期的某一阶段。

5. 跳跃型

是现代武术训练中一种有效的大强度负荷节奏形式，多用于高水平运动员，尤其适用于准备期后期和竞赛期前段。

（三）处理好负荷量和负荷强度的关系

由于运动负荷是由负荷量、负荷强度两类因素所构成的，所以处理好负荷量、负荷强度的关系是正确安排运动负荷的又一关键条件。在套路训练实践中，具体安排量和强度组合时有四种基本形式：

1. 同升同降

即指量和强度同时升、同时降。同升，常用于安排大负荷训练时；同降，常用于休整恢复性训练时。

2. 一升一降

即指升量减强度或升强度减量。前者常用于比赛期训练和技术训练，后者常用于休整期训练和体能性训练。

3. 一升（降）一稳定

即指加量、稳定强度，常用于准备期第一阶段和巩固技术训练效果时；或减量、稳定强度，常用于赛前训练和技术训练时；或加强度、稳定量，常用于准备期第二阶段、比赛期和技术训练时；或减强度、稳定量，常用于休整期和比赛期到休整期的过渡阶段以及改进技术训练时。

（四）正确处理负荷与恢复的关系

没有负荷就没有训练水平的提高，没有恢复也就没有可能安排新的负荷。只有在机体承担一定的负荷后得到适当的恢复，以消除疲劳，才能使机体能力逐步得到提高。所以只有处理好两者关系才能促进训练水平的不断提高。为此，训练中应注意：

1. 不同负荷水平训练课后的恢复时间不同，负荷越大恢复时间越长。据研究，大负荷课后的恢复时间要比较大负荷课后的恢复时间多一倍（负荷只差20%~30%），中等负荷课后的恢复时间一般不超过10~12小时，小负荷课后的恢复时间只有几小时和几分钟。在适宜的训练负荷范围内，训练课后20~24小时会出现超量恢复，并能保持6~10小时，如48~72小时仍不能恢复，则表示出现了过度疲劳，失去了最佳竞技状态。

2. 运动员承担负荷的能力，以及恢复和超量恢复机能水平与训练课之间的间歇时间呈现一种正比关系。即运动员承担负荷的能力和恢复机体水平较强，间歇时间就短，反之则长。

（五）要考虑项目的特点和不同的训练时期与任务

一般来说，长拳、南拳类项目强度极大、量中等，而太极拳类则是强度中等而量较大。具体安排时应适应专项特点的需要。当一堂训练课是以巩固动作技术为目的时，强度安排不宜过大，应注意量的积累；而当提高体能为主时，则应注重以强度为主、量次之的安排，并有效地控制间歇时间。

（六）加强医务监督

加强医务监督，并对运动员进行有关运动生理和运动负荷方面的知识教育，使他们懂得自我控制和调整运动负荷的方法，与教练员更好地配合，同时积极采用有效的恢复手段，尽快消除负荷后的疲劳，这样有助于使运动负荷的安排更加符合运动员所承担的水平。

四、过度训练及其防治

过度训练是经训练后疲劳连续积累所引起的一种病理状态，会导致系统训练的中断。因此，采取积极的措施，贯彻以预防为主的方针，是提高武术科学化训练至关重要的一步。

(一)过度训练的原因

引起运动员过度训练的原因是多方面的，主要有训练、生活、健康几个方面（表7-7-3）：

表7-7-3 过渡训练的原因

训练方面	生活方面	健康方面
训练方法不当 训练内容过于单调 负荷量过大 负荷强度增加过猛 恢复时间太短 恢复方法不当 比赛过于频繁 训练目标过高 生病受伤后过早训练	白天生活无规律 夜间睡眠不足 嗜酒或烟 看电影、电视过多 居住条件太差 工作、学习过于紧张 与队友关系不好 爱情不顺利 家庭负担重 营养不良	感冒发烧 扁桃腺发炎 肠胃炎 卵巢炎 各种传染病

(二)过度训练的症状

过度训练的症状主要表现在以下几个方面（表7-7-4）：

表7-7-4 过度训练的症状

心理症状	运动能力方面的症状	机能症状
易激动 抗上 烦躁 满腹牢骚、偏激好斗 不愿和教练员及运动伙伴接触 讲评时过于敏感 或者： 冷漠、死气沉沉、不高兴、被动、内心不安、缺乏自信心	动作协调性： 动作失误增多，出现抑郁、缺少自信心；动作的节奏和连贯性受到破坏；注意力不集中，辨别能力和纠正错误的能力下降 身体素质： 耐力、力量和速度下降，想延长休息时间，疲疲沓沓。 比赛劲头： 比赛劲头不足，害怕比赛 困难时，特别是在比赛的最后关键时刻当逃兵，比赛使思想混乱。比赛前或期间极易受不良影响的感染，放弃比赛的趋势增大	失眠 食欲下降 体重下降 肠胃功能失调 经常滞呆发木 容易出汗 容易受伤和得传染病，体力减弱 脉搏上升后不易还原等

（三）对过度训练的治疗措施

对过度训练的治疗措施（表7-7-5）：

表7-7-5

兴奋型过度训练治疗方法	抑制型过度训练治疗方法
营养疗法： 开胃，以碱性食物（牛奶、蔬菜、水果等）为主 减少蛋白质吸收量 禁止喝咖啡和浓茶，可饮少量的酒 多服维生素（V_B、V_C、V_A）和合成制剂（多种维生素制剂、抗坏血制剂等） 理疗： 露天游泳 晚上浸泡（15~20分钟，水温33~37℃） 若用松针煎汤浸浴或水中掺忽布精、缬草精或碳酸则效果更好 早晨冷水浴或冷水淋浴，接着摩擦全身，镇静性按摩或节奏体操。禁用芬兰蒸气浴疗法 气候疗法： 在静谧地区（如林区、深山里） 旅行、避免强烈日照、轻度紫外线照射	以酸性食物（肉、乳酪、蛋、面食）为主 多服维生素（V_B、V_C） 冷热水交替浸泡和淋浴，芬兰蒸气浴，冷水淋浴的次数要多一些 彻底按摩 做些大强度体操 寻找刺激性气候，在海边疗养尤为合适

（四）对过度训练的防治

主要的预防方法是训练中合理安排运动负荷。在制定训练计划时，要考虑运动员机体的可接受性与个人特点。青少年运动员应加强身体全面训练，遵守循序渐进原则；对训练水平较高的运动员，运动负荷的安排要注意节奏性，大中小运动量要有机地配合。遵守生活制度，注意劳逸结合，摄取富有维生素的饮食，生病时不要参加训练和比赛，要加强医务监督工作。训练期间，运动员要认真进行自我监督，系统地填写训练日记，以便及时预防过度训练。

第八节 训练计划的制定

训练计划的制定和实施，是为了科学实施训练，为达到创造优异成绩而服务。制定一份科学训练计划，必须认真研究运动员生长发育的规律和武术套路运动的特点，客观地继承前人的优秀传统，明确长远目标和不同阶段的任务，在广泛征求运动训练专家和同行意见的基础上，对未来的训练过程预先作出理论设计，经过实践，不断地完善，使各种设想、方案付诸实施时,符合武术套路运动客观规律的要求。

一、制定训练计划的基本要求

(一) 注意按一定的工作程序制定训练计划

训练计划参考表如表7-7-6~10所示。

表7-7-6 多年训练计划参考表

阶段		启蒙训练阶段	基础训练阶段		专项训练阶段		
			一般基础阶段	专项基础阶段	专项提高阶段	专项最高竞技阶段	竞技保持阶段
年龄(年限)							
时间(年~年)							
主要任务							
训练负荷安排	年训练日						
	年训练课次						
	年训练时数						
	周训练课次						
	日训练课次						
	年负荷节奏						
	专项最高训练强度						
	主要指标						
	训练总量						
一般与专项训练内容比重	一般						
	专项						
专项比赛安排	比赛次数						
	最高成绩						
恢复措施							

表7-7-7　年度训练计划参考表

运动员（队）_____训练区间：_____年___月___日至_____年___月___日

制定日期_____年___月___日

内容		上年度训练工作情况	本年度训练目标
专项最高成绩及名次			
各主要能力素质指标			
专项技术指标			
	主要比赛与测验		
	全年参加比赛总次数		
	拟安排表演次数		
各训练内容比重%	一般身体训练		
	专项身体训练		
	专项技术训练		
	专项心理训练		
	专项智能训练		
负荷节奏	100 80 60 40 20		
负荷安排	年训练日数（天）		
	年训练课次（次）		
	年训练时数（时）		
	年训练最大强度		
	年训练总量		

表7-7-8　阶段训练计划参考表

运动员（队）_____　____期____阶段　计划区间：____年___月___日
至____年___月___日

总任务			负荷（%） 阶段负荷节奏　100 80 60 40 20 0 　　1 2 3 4 5 6 7 8（周次）	总训练课次
				总周数
周次				
时间___日至___日				
主要训练任务				
各周训练内容比重%	一般身体训练			
	专项训练	专项比赛与测验		
		专项身体训练		
		专项技术训练		
		专项心理训练		
		智能训练		
主要训练方法与手段及定量指标				
主要监测指标及定量标准				
负荷安排	训练日数			
	训练课次			
	训练时数			
	专项最好成绩或强度			
	周平均强度（%）			
	周平均量（%）			
	主要指标训练总量			
比赛、测验及机能素质测定安排				

表7-7-9　周训练计划参考表

运动员（队）____期____阶段　第____周　计划区间____年____月____日至____年____月____日

周训练主要任务		负荷（%）周负荷节奏 100 80 60 40 20 0 　1 2 3 4 5 6 日			周总负荷水平			
					最大　大　中　小 （　）（　）（　）（　） 约_____%			
	本周训练日（天）		本周训练课次（次）			总训练时数（小时）		
	星　期	一	二	三	四	五	六	日
	每天训练次数							
	每日训练主要任务							
训练课安排	早操　时间							
	主要任务内容							
	负荷							
	上午　时间							
	主要任务内容							
	负荷							
	下午　时间							
	主要任务内容							
	负荷							
特殊队员训练任务与内容的安排								
恢复措施								

表7-7-10 课的训练计划参考表

本课主要任务			负荷节奏	100 20 准备 基本 结束		
	时间	训练内容、手段、时间		组织教法	量和强度	特殊队员的安排
准备部分						
基本部分						
结束部分						
本课监测指标						
小　结						

（二）制定训练计划必须符合武术运动的各种科学依据

1. 依据训练的目标

武术训练计划都是要依据直接和间接、长期和近期、中期和局部的目标事先进行设计和规划的，因而确定训练目标是制定训练计划前必须完成的一项重要工作。

2. 依据运动员的个人特点和现实状态

训练目标的确定不仅要考虑国家竞技武术发展的方向，而且要考虑运动员的个人竞技能力，以便最大限度地提高训练效果，并以此取代用群体模式进行划一式训练的传统训练方式。

3. 依据运动训练的客观规律

主要包括依据武术专业的特殊规律、依据竞技状态的形成与周期性发展规律、依据重大比赛安排的规律、依据训练适应与承受负荷和负荷后的恢复以及训练内容与手段之间的相互转移规律。

4. 依据各种比赛和训练的客观条件

即依据训练中现有条件和参加比赛所遇到的情况，并据此制定训练计划，进行针对性的适应性训练和赛前的模拟训练。

5. 依据现代科学化训练的发展趋势

运动训练是一个不断的动态变化的控制过程，经常了解各体育学科现代训练的发展趋势，并有效地运用于武术训练和比赛中，不断地总结和创新，将有利于提高训练的科学性。

二、训练计划的基本内容

训练计划一般包括以下基本内容：
（一）训练计划的名称
（二）运动员现实状态
（三）训练目标
（四）各训练计划的时间阶段划分及各阶段的训练任务
（五）各训练过程负荷的动态变化趋势和负荷变化节奏
（六）科学地调控训练过程的检测内容、时间及标准
（七）各训练过程的恢复措施和医务监督措施
（八）计划的有关训练比赛思想教育的补充说明

三、训练计划的基本形式与类型

（一）训练计划的基本形式

根据训练的具体对象及其训练的组合方式，可将训练计划分为个体训练计划、集体训练计划、混合型训练计划三种形式。个体训练计划是指为某运动员制定一个单独的训练计划；集体训练计划是指为由若干运动员个体组成的集体制定一个内容与安排基本相同的共同训练计划；混合型训练计划是指将集体和个人的训练计划结合起来，既有共同的要求和安排，又有不同个体在各训练过程中的特殊要求和具有混合性特点的训练计划。

（二）训练计划的基本类型

根据训练过程的时间跨度的大小，可将训练计划分为多年训练计划、全年训练计划、阶段训练计划、周训练计划及课训练计划。

每一个上位的训练计划都是由若干个下位的（即时间跨度小一级的）训练计划组合而成的，如多年训练计划由2~10个年度训练计划组成，周训练计划由7天或3~20次课的训练计划组成。多年训练计划及全年训练计划主要用于安排较长时间的系统训练，属于具有全局意义的战略性规划，计划的内容也是框架式的，不需要过于详尽，它在实施过程中要求相对地稳定。周训练计划与课训练计划都是训练实施的具体计划，其内容比较详细，并且在训练中有较多变化（调整、修正等）。

1. 多年训练计划

是指教练员对武术运动员从开始训练到成为优秀运动员的全过程进行长期的远景规划，是保证长期系统训练的科学性的必要条件。多年训练时间较长，从2~10年之间，因而根据其时间的长短分为全过程多年训练计划和区间性多年训练计划。

全过程多年训练计划：是指对运动员从开始接受启蒙（基础）训练阶段，转入专项提高，进入最佳竞技阶段，达到个人竞技水平最高峰，直至停止训练的整个过程所作出

整体设计与规划。

全过程多年训练计划是一种长期、系统、全面的宏观设计，制定这种计划是为了明确多年训练指导思想和目标，概括设计多年训练过程各阶段的训练任务、内容、方法以及负荷变化的节奏。

区间性多年训练计划：是指对运动员两年以上某特定的时间阶段里的局部训练过程所进行的设计与规划，如武校学生在基础训练阶段制定的训练计划、高水平专业运动员备战全运会的四年训练计划、体院本科生在校期间的训练计划等。

2. 年度训练计划

又称全年训练计划，是依据多年训练计划而制定的，但又同时直接控制阶段、周及课的训练计划。年度训练计划与所有训练计划一样，每个训练周期都是按准备期、竞赛期和休整期这三个基本结构周而复始地进行安排。年度训练大周期归纳起来主要分为单、双、多周期三种。随着现代训练的发展趋势，高水平武术套路运动员在竞技高峰期的年度训练计划已经从单周期向多周期结构演变。

3. 阶段训练计划

是处于各训练计划中间层次的训练计划，它起到承上启下的重要作用。阶段训练计划的时间跨度一般为1~3个月。阶段训练计划可根据其功能分为两种类型：一种是作为全年训练过程的有机组成部分的计划，另一种是短期临时集训的计划。前者具有计划的系统性和连续性特征，后者则表现出计划的临时性和独立性特征。

4. 周训练计划

是指以一周中的一系列训练课为基本单位安排的训练计划，属小周期训练计划。周训练计划是属于临时制定的计划，保证阶段训练计划和年度训练计划能更好地适应复杂多变的训练实践，尤其现代训练中由于周训练课次和负荷剧增，因此，小周期训练安排的科学性十分关键。

周训练小周期的类型主要是根据不同的训练任务来确定的，可分为准备性小周期、比赛性小周期和恢复性小周期。

5. 课的训练计划

训练课是运动训练最基本的组织形式，无论是多年、年度、阶段，还是周训练计划都必须通过课予以实施。训练课的类型是根据训练课的任务和内容确定的，课的结构通常分为准备部分、基本部分和结束部分。通过各部分的内容、手段、负荷的科学安排，来提高运动员的技能与体能，从而提高运动员的竞技能力。在课的计划中要考虑对尖子队员、因伤病见习队员的区别对待并特殊安排。另外，还要考虑本课采用哪些恢复手段与措施。

第九节　训练课的组织与指导

运动员要出成绩，不仅需要个人的天才与勤奋，而且还必须有一名好教练员。众所周知，教练员既是训练蓝图的设计者，又是训练课的组织者，在整个训练课中起着主导作用。随着运动技术和体育科学的发展，教练员的思想修养、业务水平、组织管理能力和科学文化素质等直接关系到运动员技术水平的提高。优秀教练员凭着对武术事业的无比热爱，对训练规律的深刻理解，凭借着坚定的意志和不断的创新精神，组织和领导运动员一步步登上技术高峰。

一、教练员在训练课中的主导作用

一名优秀的教练员需要协调各方面的工作。首先是要与运动员形成平等和谐的关系。通过了解运动员，使他们形成良好的动机并帮助他们应付失败。通过紧张的比赛了解他们的反应和情绪，并且与他们密切配合，充分调动运动员的自觉性和积极性，共同对训练课实施有效的控制。教练员在课中还要严格地掌握训练过程。通过各种渠道及时了解训练的情况，收集反映运动员在训练中心理、生理变化的各种信息，决定是否要对预定的计划进行必要的调整和修订。

教练员不仅是训练课的组织者和指导者，而且还须是教育者。首先要进行训练目的教育，结合实际有的放矢地进行爱国主义思想、情操、道德的教育，使运动员把自己的训练与祖国的荣誉、体育事业的发展紧密联系在一起，把为祖国而训练、为人民争光的坚定信念落实到每一次训练课中。

教练员要发挥在运动队中的核心作用，须具备以下基本条件：

（一）丰富的专业知识和实践经验

丰富的专业知识和实践经验是当好一名教练员的基础。武术运动是我国具有民族传统特色的体育项目，又有着独特的运动特点。因此，作为一名武术教练员，必须具备丰富的基本专业知识，不仅要在科学、技术、文化等方面具有广博的学识，而且还应该经常了解和研究武术训练发展的趋向，研究新的知识、新的训练方法，勇于创新，在学习和实践中不断地发现问题，通过研究和探索，不断丰富与完善各方面的知识。

（二）全方位的教练员能力结构

能力素质是教练员素质结构的主体。人的多种能力只有有机地联系在一起，才能更好地发挥作用。教练员的能力结构同样也具有鲜明的职业特点。教练员应具有的能力由普通能力和特殊能力两大要素构成。

1. 普通能力

普通能力是指教练员在普通性事物和日常生活中所须具备的能力，也是其他行业人员所共同具备的能力。主要表现为以下几种能力：

（1）认知能力

正确感知训练信息的能力、观察能力、逻辑思维能力。

（2）计划能力

预见性、想象力以及合理安排教学训练内容的能力。

(3) 交际能力

交际中善于控制自己情绪与感情的能力、取得他人信任的能力、交际的主动性和协调人际关系的能力。

(4) 组织能力

提出任务并保证完成的能力、协调各方面关系并协调各方面积极因素的能力。

(5) 教学能力

语言表达能力，控制身体表情和面部表情的能力，控制运动员注意力的能力，技术示范、纠正错误和保护的能力。

2. 特殊能力

是指教练员在指导专项训练中，所须具备的一种独特而敏锐的思维能力。这种能力一般可划分为三个要素，即对教练员模式的识别力、对运动员反馈信息的感受力和区别对待中的创造力。

(1) 对运动员模式的识别力

教练员依据专项运动的需要，对运动员身体素质、形态机能、心理性格等方面表现出的特点和潜在的能力的类型的识别力。这种识别力主要表现在对运动员选材和训练模式的技术上。

(2) 对运动员反馈信息的感受力

反馈信息是指教练员下达行动和行为程序后运动员在执行过程中所发出的有形和无形的信息。在训练与比赛中这种反馈信息是大量存在的，有时又隐蔽在大量的假象之中，教练员对这种信息的敏感程度将直接影响到下一指令和行为程度的正确程度。对运动员反馈信息的感受力，在一次训练课、一个训练阶段和一场比赛中都有着举足轻重的作用。

(3) 区别对待中的创造力

运动训练基本上是一种个人训练过程，每名运动员训练和比赛计划的制定和修正都需要创造力。这一创造力是以思维的独立性、深刻性、灵敏性为标志，并与思维的抽象、概括能力以及精细的观察力、领悟力相结合的综合表现。具有这种创造力的教练员在训练工作中表现出训练指导思想和方法不落俗套，富有个性和特色。

二、武术训练课的组织

套路运动训练是围绕武术套路技能质量的提高而专门组织的一种教育实践活动。训练课的组织安排是否正确，在很大程度上决定了训练课的效果。正确的组织安排可以保障训练课达到必要的密度，使各种练习分布更加适宜，训练计划的实施能得到有效的监督，并使训练能根据运动员的个人特点而更具有针对性等。训练课的内容安排，要围绕着课的主要任务，采取不同的形式，课中有分有合，练习方法多样，以增加运动员的练习兴趣。课的组织应连贯、紧凑而有层次。

(一) 武术训练课的组织形式

武术训练课的组织形式是与训练的内容、方法紧密相连的。可以分为集体式、分组式、个人式以及自由式等。至于采取哪一种组织形式，要根据体育和教育的目标，以及客观条件来定。教练员应该避免任何形式化，几种形式协调使用能更有针对性地完成训练任务。从一种形式向另一种形式过渡时，要特别注意协调和节省时间，以便在规定的时间里能达到最佳训练负荷。

1. 集体式

指将运动员集中进行训练，同时做相同练习的一种形式。在集体式中，教练员可以总揽全局，可以同时指导所有的运动员，既可以省时间和精力，又可以把握运动负荷的大小，并且可集中运动员的注意力，按照不同阶段的任务重点地解决技术上的某些难点和关键。但是由于集体训练不能因人而异地安排负荷量，而且教练员的个别指导受到限制，因此，一般多用于训练课的准备、结束部分，亦可根据特殊任务的需要在基本部分采用，如武术基本训练、基本动作规格的纠正、套路动作组合节奏、劲力的体会、动作难度质量的提高等。

2. 分组式

指将运动员分为若干个小组进行训练，每组3～5人为宜。分组训练，教练员可以根据情况有计划地重点指导某一个组或某一名运动员，解决不同运动员的个性技术问题。实施分组式时要注意三个方面的问题：

(1) 在重点辅导时，要兼顾其他群体训练的观察和提示。
(2) 要注意培养骨干，培养互教、互帮、互相监督的良好作风和纪律。
(3) 要相对固定场地范围，注意负荷和节奏的整体控制。

3. 个人式

采用个人式的组织形式，运动员各有自己的任务与独立地完成任务。教练员可以在场，也可以有许多人同时训练，但分别完成自己的任务。实施个人式有以下优点：

(1) 教练员可以个别指导、纠正和检查，因人而异地安排训练负荷。
(2) 可以培养运动员在完成任务过程中的独立性、创造性和自我负责精神。
(3) 可以在时间不足的情况下，根据运动员的人数，在时间上灵活掌握，利用现有的条件组织训练课。

个人式训练是提高套路演练技巧的重要组织形式，但由于个人式训练自主性较强，缺乏组织性，所以教练员应充分发挥本队优秀运动员的指导才干，能者为师，造成互相指导的良好训练气氛，促进全队水平的提高。

4. 自由式

指没有教练员在场指导的训练，自觉积极地自我钻研，对巩固个人式训练的成果具有重要作用。要注意的是训练的内容要与教练员的训练意图相吻合，根据本人的实际有计划地合理安排，每次自我训练必须达到预期的效果。自由式训练可一人进行，也可以与同队队员结伴共练，以培养独立思考和自我实践的能力。

（二）武术训练课作业的组织

作业的组织是指对一次训练课各部分的合理安排以及作业内容的有效组织武术训练课，根据练习程序及其内容，相应地采取个人、小组、全队组织进行训练，并且可以根据训练任务的需要，同一练习可以运用多种方式来完成，这样可以有效地调整运动负荷，充分调动积极性，并能广泛发展适应能力。

一次训练课作业是由开始部分、准备部分、基本部分、结束部分组成的。各部分的合理安排都要遵循负荷的一般规律，基本要求是将本次课主要的练习放在运动员精神和体力充沛的时刻进行。因此，要注意到运动员的训练水平、个人特点和精神类型，应采取分别对待和结合全局安排进行训练。

由于武术训练课的持续时间较长，负荷量较大，所以在作业安排上，要提高单位时间的作用效率，充分利用课的每一分钟。一次课的时间分配，通常是基本部分所占比重最大，准备部分次之。各部分时间长短要根据各训练分期的训练任务及课的作业内容来安排。准备期的第一阶段，主要进行一般身体训练，准备和基本部分时间无明显的界限，技术训练课的准备活动需要较长时间，使机体能达到很高水平。课的结束部分，可以由个人或集体做整理练习。

三、对运动员技术错误的发现和纠正

在武术训练课里，运动员在掌握动作和技术的过程中会出现各种错误，教练员应发挥主导作用，善于及时发现和纠正运动员所出现的错误，采取纠正措施，及时反馈给运动员，帮助其纠正技术的重要环节。教练员纠错时，要善于抓住共性的错误，组织大家集体会诊，发挥群众的智慧，启发运动员分析错误的因果关系，以点带面地解决普遍性的问题。训练课上通过教练员的示范和口头提示，训练课下通过看图解及教学、训练录像资料片，树立正确的技术动作概念。

（一）单个动作的常犯错误及其纠正

1. 在训练中，运动员由于对动作的要领掌握不好而出现错误时，教练员可以采用语言提示法，提示动作的要点、规格来控制运动员所做的动作，以达到帮助其纠正错误的目的。教练员的提示应简单明了，如"注意翻腰""后腿蹬直""向上跳""稳住"等等。

2. 在训练中，运动员由于接受能力和协调能力差而出现错误时，教练员可采用"慢解领做法"，即耐心地以慢速分解示范和反复领做的方法帮助其纠正，但教练员对某位运动员的错误纠正不可时间太长，以免出现顾此失彼的现象。

3. 在训练中，运动员由于肌肉本体感觉不能控制动作而出现错误时，教练员可采用"静站体验法"使运动员增加有关肌肉的感觉，如步行静站、独立控腿等，但此种方法时间不宜过长，否则会出现局部肌肉疲劳而影响其他内容的训练。

4. 在训练中，运动员由于怕出危险而做不好动作时，教练员可以采用"保护帮助法"使运动员放心体会动作，尤其是难度较大的动作，教练员在运动员还没有熟练地掌握和完成时应给予保护和帮助。

5. 在训练中，运动员由于概念不清，在一些似是而非的动作间分不清存在的区别而出现错误时，教练员可采用"对比求异法"将两者加以对比，从中找出差异，弄清两者的不同之处，如"点剑"与"劈剑"的区别在于剑法的力点不同。

6. 由于运动员身体的某些素质差而做不好动作时，教练员应在课后采取措施发展其某些素质，逐步提高完成动作的质量。如弹跳力、腹肌力、柔韧性等都不是一朝一夕就可以提高的，而是要经过长期的训练；特别是运动员在某一素质方面较差时，教练员应加紧采取措施，这一因素有了进步，技术才能提高。

7. 在训练中，运动员由于习惯动作或不适应某些动作的做法，如手法、步型及各种器械的方法达不到标准时，教练员可采取设定某些标志的方法帮助运动员克服缺点和错误，如画线和设障碍物等。

8. 在训练中（特别是对练项目），由于运动员忽略了动作的攻防细节（对练中的攻防不逼真）而出现错误时，教练员应阐明动作的攻防含义，演示动作的攻防技术，使其牢记动作的攻防作用，进而重新建立动作的"攻防"概念，使错误得到纠正。

9. 在训练中，由于运动员不能直观自己所完成动作的形象，以至于给改进、掌握动作带来一定的困难，教练员在指出运动员错误动作的同时，模仿运动员的错误并示范，指出错误动作的结构、用力顺序、全身肌肉协调能力等存在问题之处，可以使运动员一看教练员所做的示范，就可知晓自己所做动作的形象，及时发现自己的动作和正确动作的差距。这种方法适当地采用对运动员改进、掌握动作可起到事半功倍的作用，还可以启发运动员的思维，达到提高训练质量的目的。

（二）组合动作的常犯错误及其纠正

在练习组合动作时，运动员也会出现各种不同的错误，教练员应及时指出并予以纠正。例如降低组合动作的速率，让运动员细心体会肌肉的协调用力，掌握动作细节，克服动作僵硬、粗糙的毛病，加快动作的速度并要急停稳健，以提高平衡能力。教练员应掌握时机，当运动员的错误动作基本得到纠正时，就应恢复正常的速度或按比赛时动作技术规格的要求进行练习。

（三）全套动作的常犯错误及其纠正

1. 全套练习中，常犯错误是体力分配不匀，形成前紧后松的现象，进而影响运动成绩。其纠正方法是：帮助运动员调整好呼吸，合理地分配体力，掌握好全套的节奏。

2. 全套练习中，运动员的节奏处理不好，其纠正方法是：

（1）引导运动员追求武术运动节奏的精髓。外顺内合，内外合一。分析套路运动中各种对比变化因素的变化，如动与静、快与慢，让运动员把握好彼此的整体节奏。运用语言提示法来强化运动员的演练节奏感，如在需要加快节奏时，教练员以短促有力的节拍，来刺激运动员的节奏，而到了慢节奏时，可改成缓慢、柔和的节拍声。实践证明，这种方法不仅能提高运动员的节奏感，还可活跃训练场的气氛。

全套练习中，对运动员的失败动作，教练员可令其重做或再通过组合、分段训练来完成。特别是经常容易出现失误的动作，一定要进行分析，找出原因，并采取适当的方法进行练习，使其提高完成动作的成功率。

主要参考文献：

1. 全国体育院校教材委员会.体育院校专修通用教材武术.北京：人民体育出版社，1991
2. 中国国家体育总局。中国体育教练员岗位培训教材武术（套路）.北京：人民体育出版社，1999
3. 全国体育院校教材委员会.体育院校通用教材运动训练学.北京：人民体育出版社，1999、2000
4. 蔡龙云.武术运动基本训练.上海：上海教育出版社，1979
5. 徐才主编.武术学概论.北京：人民体育出版社，1996

（第七章作者：刘同为）

第八章　武术套路竞赛的组织与裁判

武术竞赛是检查武术教学效果与训练水平的有效手段。通过竞赛，可以广泛地交流技艺，拓宽视野，达到相互学习、相互促进、增进友谊、共同提高的目的。

第一节　武术套路竞赛的组织工作

武术套路竞赛的组织工作主要有如下内容，即制定竞赛规程、成立竞赛组织机构，以及落实各项竞赛事宜和组织裁判队伍等。

一、制定竞赛规程

竞赛规程是整个比赛的工作依据，是对竞赛组织者和参加者的指导性文件。它是在竞赛前由主办单位根据竞赛的目的和任务而制定的。制定竞赛规程一定要周密细致，用语精炼准确。此文件一定要提前发给各有关单位及人员，以便他们认真学习，全面理解，早做准备，遵照执行。

竞赛规程一般包括下列内容：
（一）竞赛名称
（二）目的任务
（三）主办单位和承办单位
（四）竞赛日期与地点
（五）参加单位和参加办法
（六）竞赛项目
（七）报名、报到
（八）录取名次与奖励办法
（九）裁判员和仲裁委员会及竞赛监督委员会的组成
（十）注意事项

以上各项，可根据竞赛实际情况，酌情增减。

二、成立竞赛组织机构

单项比赛的组织委员会相当于大型运动会的单项竞赛委员会，是负责整个竞赛工作的临时领导机构，主要由主办单位及参加单位、裁判队伍、仲裁委员会的领导人员组成，决定大会的组织方案，指导大会竞赛工作。

组委会设主任委员1人，副主任委员若干人，委员若干人。组委会下设有秘书处、竞赛处、竞赛监督委员会、仲裁委员会、裁判委员会等，分工负责行政、竞赛、裁判等方面事宜。

（一）秘书处（或办公室）

属实际办事机构，主要负责竞赛的宣传教育，安排各项活动、经费预算、生活管理、医疗卫生、安全保卫，组织观众、开幕式、闭幕式等工作。秘书处下设宣传组、总务组、接待组、保卫组、医务室等具体工作组室，各有职责，协调配合，为大会服务。

（二）竞赛处

负责人由主管部门分管竞赛工作的领导担任，会同总裁判长、裁判长具体负责大会的竞赛工作，确保竞赛工作顺利进行。

（三）竞赛监督委员会

由主任、副主任、委员3~5人组成。贯彻公正、公平、公开原则，对仲裁、竞赛工作实行监督、管理。竞赛监督委员会不直接参与仲裁委员会和裁判人员职责范围内的工作，不干涉仲裁委员会、裁判人员正确履行自己的职责，不改变裁判人员、仲裁委员的裁决结果。

（四）仲裁委员会

由主任、副主任、委员3~5人组成。主要工作是在熟悉规则的基础上，受理运动队因评分所引起争议问题的书面上诉报告，并作出最后判决。

（五）裁判委员会

由总裁判长、裁判长、裁判员若干人组成，负责大会竞赛期间的裁判工作。

三、裁判队伍的组织与职责

裁判工作是竞赛工作中的重要方面，大型比赛裁判组组织分工如下：

（一）总裁判组

设总裁判长1人，副总裁判长1~2人。总裁判长负责竞赛的全面工作，组织和指导各裁判组正确地执行规则，完成竞赛任务。赛前，组织裁判员学习规程与规则，对规则可进行解释，但无权修改规则；组织观看赛前练习；向教练员、运动员阐述本赛会的有关规定和要求。把握整个比赛进程，指导竞赛各环节的有机配合。比赛中，根据比赛需要，可调动裁判人员工作。裁判员发生严重错误时，有权处罚。比赛结束阶段，做好比赛成绩、名次确定的审核和成绩公布工作以及大会收尾的总结工作。副总裁判长协助总裁判长工作，在总裁判长缺席时，代行其职责。

（二）各裁判组工作

1. 裁判长：组织裁判组的业务学习，认真学习规则。做好赛前各项准备工作。在竞赛中，指挥全组上、下场工作。把握评分尺度，临场发生问题，依据规则果断处理。比赛时，负责运动员比赛套路创新难度的加分。执行比赛中对重做、套路时间不足或超出规定的扣分。向运动员和观众宣布最后得分。赛后及时总结。比赛结束，要抓好收尾工作和裁判员的鉴定工作。

2. 裁判员：赛前认真全面地学习规则，遇到不清楚的问题，及时向裁判长提出，以便解决。熟练评分仪器的操作方法。比赛中，听从裁判长指挥，精力集中，熟练地执行规则，独立准确地评分。赛后参加小组小结，总结经验，改进不足，比赛结束后上交自我鉴定。

3. 计时、记分员：要熟悉规则，明确各自的工作职责。赛前可进行模拟练习，争取在比赛中熟练自如，准确无误，及时把运动员的演练时间和评分结果清楚地填入评分表，并报告裁判长。

（三）编排记录组

设编排记录长1人，成员3~5人。负责编排记录组的全部工作，审查报名表、套路难度登记表，根据大会要求编排秩序册。提前准备比赛所需表格。审查核实比赛成绩及排列名次。

（四）检录组

设检录长1人，检录员3~6人。检录工作，在检录长领导下进行。检录员要熟记每场比赛的项目，提前到场，对第一组的运动员进行检录，运动员须在赛前40分钟到达指定地点报到，参加第一次检录，并接受对服装和器械的检查。赛前20分钟进行第二次检录，第三次检录时间在赛前10分钟。比赛开始，带领运动员进场，将检录表面交裁判长。另外几份检录表须分别交给宣告员、总裁判组、仲裁组和竞赛监督委员会各成员。及时了解比赛的进展情况，做好下一组的检录工作。

（五）宣告员、放音员、摄像员

可设1~2人。其主要工作是听从总裁判长的指挥，广播比赛开始、结束，裁判员进、退场，报告比赛成绩，介绍竞赛规程、规则和项目特点、武术知识等。宣告员一定要熟悉业务，口齿伶俐，善讲普通话，真正起到宣传大会、宣传武术的作用。

凡配乐项目的比赛，放音员须在该项目第一次检录时，负责将音乐带或光碟按出场顺序进行编号。运动员站在场上3秒钟后，开始放音。

摄像人员按照指定位置对竞赛项目进行现场录像，并切实按大会要求保留好录像资料。

（六）裁判人员应具备的基本条件

1. 品行端正，作风正派，具有良好的敬业精神和职业道德。
2. 熟悉武术竞赛规则，并熟练地掌握裁判法。
3. 掌握一定的武术技术与专业基础理论。
4. 遵守大会纪律，执行裁判工作管理条例，能严肃、认真、公正、准确地做好裁判工作。
5. 身体健康，精力充沛。

第二节　武术套路竞赛的编排记录工作

武术套路竞赛的编排记录工作是赛前一项重要的基础性工作。它关系到比赛能否合理、科学、有序地进行。此项工作必须在比赛前完成。因此，编排记录工作要周密细致，统筹兼顾。既要保证运动员在相同的条件下发挥技术水平，又要考虑裁判员的劳逸结合。在尽可能的情况下，项目编排也要注意到观众的需求。

一、编排的一般步骤与方法

（一）熟悉竞赛规程。依据竞赛规程中竞赛日期、日程、竞赛内容、竞赛办法、竞赛组别及有关竞赛规定，拟出编排的基本方案。

（二）做好审查与统计工作。编排工作的审查，主要是指对各参赛单位报告表的仔细审查，看其中是否有与竞赛规程要求不相符合的地方。若发现问题，应及时上报主办单位，进行解决。审查工作完成之后，接着就是统计各参赛队的人员（男女队员要分别进行统计）和各参赛项目所参加的人数（男女人员分开统计）。

（三）绘制竞赛日程表。统计结果确定以后，要根据竞赛的实际天数和场次制定出竞赛日程表（表8-2-1），并把各竞赛项目合理地分布到每一个场次的场地中。

表8-2-1　竞赛日程表

月　　日　　上午		月　　日　　下午	
第一场地	第二场地	第一场地	第二场地

（四）竞赛分组。主要是对各个竞赛项目参赛的运动员进行分组。通常太极拳类5~6人为一组，其他各项10~15人为一组，同一个队的运动员最好分布在不同组中。

（五）运动员的出场顺序，以抽签的方式进行。

（六）各项目组运动员的出场顺序确定之后，将每一组运动员填写到竞赛日程表编排的每场竞赛的场次之中。如有预决赛的比赛，其决赛的比赛顺序应按预赛成绩的高低，由低到高确定。如预赛排名相同，则抽签决定比赛顺序。

（七）检查校对工作。整个竞赛日程内容确定之后，要认真地进行检查校对，防止出现遗漏和重复等现象。如发现不符合编排原则或不合理处，应及时进行调整。

（八）誊写、打印、编入大会秩序册。

二、编排的一般原则

（一）每场比赛时间须大体相同。

（二）每场竞赛中，两个场地的比赛时间大体相同。

（三）同一时间的两个场地，应安排不同项目、不同组别的比赛。

（四）同一项目的比赛应尽量集中在一起比完。若参赛人数多，则应注意安排在第二天的同一时间、场地进行，中间不宜间隔，力求在同等条件下完成。

（五）每场比赛对每一运动员来说最好只安排一项，若必须有两项，则应考虑有较宽余的间歇时间，给予运动员创造发挥技术水平的条件。

（六）每一项比赛的第一出场者，力求分散到每一个队中，抽签之前应确定好第一出场者。每队各项目的第一名出场者的次数力求均等，若不合理，应有相应的调整办法。

（七）同一组裁判员最好在每场次中担任一个场地比赛。若必须兼任两个场地的裁判工作，则须充分考虑调动的时间，以确保竞赛的顺利进行。

以上编排方法与原则，对各种不同性质、规模的比赛，可根据需要，灵活掌握，以确保比赛的顺利进行为基础。

三、编排组的记录工作

编排记录组除赛前做好编排工作外，在竞赛中和竞赛后仍有较为重要的工作。

（一）竞赛期间，要及时从各裁判组收回每场比赛的成绩记录表，核查记分员的记录结果，看记分员和裁判长是否签名，发现问题应及时找有关裁判长和记分员解决。每场比赛的成绩记录都要细心保存，以备查询。

（二）及时将每场比赛的成绩交竞赛处公布。

（三）竞赛结束，及时做好单项、全能和团体名次的录取工作，并经总裁判长签名后交竞赛处印刷成绩册。

第三节　武术套路竞赛规则简介

武术套路竞赛规则是规范武术套路竞赛的章程，它对武术运动的发展具有强有力的导向作用。随着武术运动技术的不断发展，规则也在不断地发展、变化、完善和推新，因此，这里介绍的武术套路竞赛规则主要部分仅供参考，应以当时的规则为准，特此说明。

一、竞赛通则

（一）竞赛性质

1. 按竞赛类型可分为：
（1）个人赛；（2）团体赛；（3）个人及团体赛。
2. 按年龄可分为：
（1）成年赛；（2）青少年赛；（3）儿童赛。

（二）竞赛项目

1.长拳；2.太极拳；3.南拳；4.剑术；5.刀术；6.枪术；7.棍术；8.其他拳术（除规则规定的自选拳术内容以外的拳术，如第一类——形意、八卦、八极；第二类——通背、劈挂、翻子；第三类——地躺、象形等；第四类——查、花、红、华拳、少林拳等）9.其他器械（除规则规定的自选器械项目内容以外的器械项目，如第一类——单器械；第二类——双器械；第三类——软器械）；10.对练项目，含徒手对练、器械对练、徒手与器械对练；11.集体项目。

（三）竞赛年龄分组

1. **成年组**：18周岁（含18周岁）以上。
2. **青少年组**：12周岁至17岁周岁。
3. **儿童组**：不满12周岁。

（四）礼仪、计时、示分与弃权

运动员听到上场点名和完成比赛套路后，应向裁判长行抱拳礼。运动员走到起势位置，由静止姿势开始动作，计时开始；运动员结束全套动作后并步站立，计时结束。

运动员的比赛结果，公开示分。

运动员不能按时参加检录与比赛，则按弃权论处。

（五）名次评定

1. **个人单项（含对练）名次**
按比赛的成绩高低排列名次。得分高者为该单项第一名，次高者为第二名，依次类推。
2. **个人全能名次**
按各单项得分总和的多少进行评定，得分最高者为全能第一名，次高者为第二名，依次类推。

3. 集体项目名次

得分高者为该项第一名，次高者为第二名，依次类推。

4. 团体名次

根据竞赛规程关于团体名次的确定办法进行。

（六）得分相等的处理

1. 个人项目（含对练）得分相等的处理：

（1）以难度分高者列前。

（2）如仍相等，以演练水平分高者列前。

（3）如仍相等，以动作质量扣分内容中无效扣分累计低者列前。

（4）如仍相等，名次并列。

2. 个人全能得分相等时，以比赛中获单项第一名多者列前；如仍相等，则以获得第二名多者列前，依次类推；如获得所有名次均相等，则并列。

3. 集体项目得分相等时，按个人项目第2、3、4条办法确定名次。

4. 团体总分相等时，以全队获得单项第一名多者列前；如仍相等，则以获得第二名多者列前，依次类推；如获得单项名次均相等，则并列。

（七）竞赛有关规定

1. 难度填报

根据竞赛规程要求选择难度。参赛的运动员必须填写"武术自选套路难度登记及评分表"，并经本队教练员签字，于赛前20天寄到国家体育总局武术运动管理中心套路部。

2. 套路完成时间

（1）长拳、南拳、剑术、刀术、枪术、棍术自选套路，成年不少于1分20秒。

（2）太极拳自选套路为3～4分钟。太极拳规定套路为5～6分钟。

（3）太极剑、集体项目套路为3～4分钟。

（4）其他拳术、其他器械套路，单练不得少于1分钟，对练不得少于50秒钟。

（5）按年龄分组比赛时，长拳、南拳、剑术、刀术、枪术、棍术的自选套路，青少年（含儿童）不得少于1分10秒。

3. 比赛音乐

配乐必须在音乐（不带歌词）伴奏下进行，音乐可以根据套路的编排自行选择。

4. 比赛服饰

裁判员穿统一的服装，佩戴裁判员等级标志；运动员应穿武术比赛服，佩戴号码。

5. 竞赛场地

个人项目的场地为长14米，宽8米，其周围至少有2米宽的安全区。

集体项目的场地为长16米，宽14米，其周围至少有1米宽的安全区。

场地四周内沿，均应标明5厘米的白色边线。场地的地面空间高度为8米。两个比赛场地的距离6米以上。

6. 比赛器械

须使用国家体育总局武术运动管理中心指定的剑、刀、枪、棍器械。运动员身高不同，其规格要求也不同，儿童不受限制。

7. 比赛设备

大型比赛必须配备摄像机 4 台、放像设备 3 台、电视机 3 台，以及全套电子评分系统和音响系统。

二、评分标准与方法

武术套路竞赛各项目评分均为 10 分制。

（一）自选项目（长拳、太极拳、南拳、剑术、刀术、棍术、枪术）的评分方法与标准

由 3 名裁判员组成 A 组评动作质量分，此项分值为 5 分。3 名裁判员组成 B 组，评动作演练水平分，此项分值为 2 分。由 3 名裁判员组成 C 组，评动作难度分，此项分值为 3 分。

1. 动作质量的评定与动作质量应得分的确定

由 A 组裁判员根据运动员现场完成动作的质量，按照"动作规格常见错误内容及扣分标准"的要求，用动作质量的分值减去各项错误动作的扣分和其他错误的扣分，即为运动员的动作质量分。

A 组裁判员评分时（所示分数可到小数点后一位数），两名以上裁判员对运动员同一个动作错误扣分的累计之和，即为动作质量的应扣分。然后用动作质量的分值减去应扣分，即为运动员动作质量的应得分。

2. 演练水平的评定与演练水平应得分的确定

由 B 组裁判员根据运动员整套动作的现场演练，按照劲力、节奏、编排以及音乐的要求整体评判后，确定示出的分数（所示分数可到小数点后两位，小数点后第二位数可为 0 至 9），即为运动员的演练水平分。

裁判员评分时，取三个分数的平均值为运动员的演练水平应得分。运动员应得分可取到小数点后两位，第三位数不作四舍五入。

3. 难度动作的评定与难度应得分的确定

由 C 组裁判员根据运动员现场整套难度的完成情况，按照"动作难度等级内容及分值确定表"以及"连接难度等级内容及分值确定表"的加分标准，确定运动员现场完成动作难度和连接难度的累计分，即为运动员的难度分。

C 组裁判员评分时（所示分数可到小数点后一位数），两名以上裁判员对运动员同一个动作难度和连接难度确认分数的累计之和，即为难度应得分。

4. 运动员实际应得分的确定

动作质量应得分、演练水平应得分和难度应得分之和即为运动员的应得分。

5. 运动员最后得分的确定

裁判长从运动员的应得分中减去"裁判长的扣分",加上创新难度的加分即为运动员的最后得分。

(二)其他拳术、其他器械、对练、集体项目的评分方法与标准

评分裁判员由评判动作质量分的裁判员 3 名(A 组)、评判演练水平分的裁判员 3 名(B 组)及评判其他错误的裁判员 3 名(C 组)组成。其中,动作质量的分值为5分,演练水平的分值为5分。C组只评其他错误的扣分。

1. 动作质量的评分与动作质量应得分的确定

由 A 组裁判员根据运动员现场整套动作质量的完成情况,按照动作质量的评定标准进行整体评判。裁判员评分时三个分数的平均值为运动员动作质量的应得分。应得分可取到小数点后两位数,第三位数不做四舍五入。

2. 演练水平分的评定与演练水平应得分的确定

由 B 组裁判员根据运动员整套演练水平的完成情况,按照演练水平的评定标准进行整体评判,确定运动员的评分。评分取三个分数的平均值为运动员的应得分。应得分可取小数点后两位数,第三位不做四舍五入。

3. 其他错误的评分与应扣分的确定

由 C 组裁判员按照各项目其他错误内容及扣分标准对运动员在完成整套动作中出现的其他错误进行扣分。扣分时,两名以上裁判员对运动员同一个动作错误扣分的累计之和即为运动员的应扣分数。

4. 运动员实际应得分的确定

动作质量和演练水平应得分之和减去其他错误的扣分即为运动员应得分数。

5. 运动员最后得分的确定

裁判长从运动员的应得分中减去"裁判长的扣分"即为运动员的最后得分。

(三)裁判长、副裁判长的评分

1. 裁判长的评分与扣分

(1)裁判长参与 B 组"演练水平"的评分,但一般不予公示。凡场上裁判员评分出现不允许的差数时,即参与评分。其调整的方法是:裁判长的评分参与裁判员的有效分之中,取中间分数的平均值。

(2)裁判长执行对比赛中重作、套路时间不足或超出规定的扣分。

2. 副裁判长的评分

(1)第一副裁判长参与 A 组"动作质量"的评分,但一般不予公示。凡场上裁判员需要回避或 A 组某裁判员对自选项目(长拳、太极拳、南拳、剑术、刀术、枪术、棍术)运动员同一个动作扣分内容计算机确认无效时,即参与确认或评分。

对其他拳术、其他器械、对练、集体项目评分时,第一副裁判长的评分参与裁判员的有效分之中,取三个分数的平均值。

(2)第二副裁判长参与C组难度加分的评分,并负责运动员套路难度的审查工作,

若担任其他拳术、其他器械、对练和集体项目以及无难度加分的规定和自选项目的第二副裁判长时,则参与"其他错误"的评分。

(四)裁判员的座位安排

以下介绍的裁判员的座位安排仅供参考,应以当时的规则要求为准。

1. 全场比赛裁判员席位

全场比赛裁判员席位如图8-3-1所示。

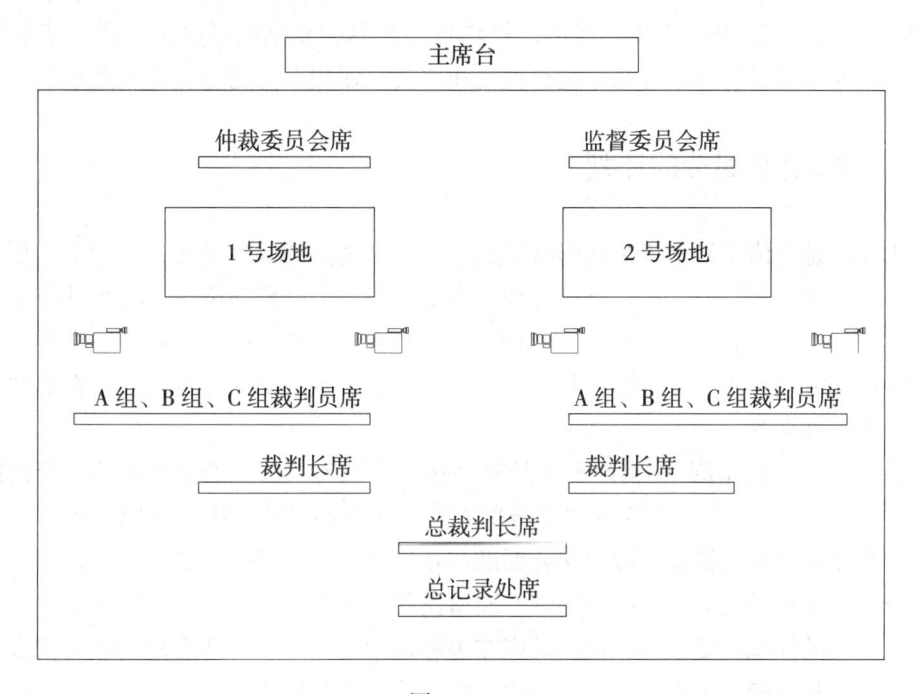

```
┌─────────────────────────────────────────┐
│              主席台                      │
│                                         │
│      仲裁委员会席        监督委员会席     │
│                                         │
│    ┌─────────┐        ┌─────────┐       │
│    │  1号场地 │        │  2号场地 │       │
│    └─────────┘        └─────────┘       │
│                                         │
│  A组、B组、C组裁判员席  A组、B组、C组裁判员席│
│                                         │
│       裁判长席            裁判长席        │
│                                         │
│              总裁判长席                  │
│                                         │
│              总记录处席                  │
└─────────────────────────────────────────┘
```

图 8-3-1

2. 比赛时各组裁判员座位

比赛时各组裁判员座位如图8-3-2所示。

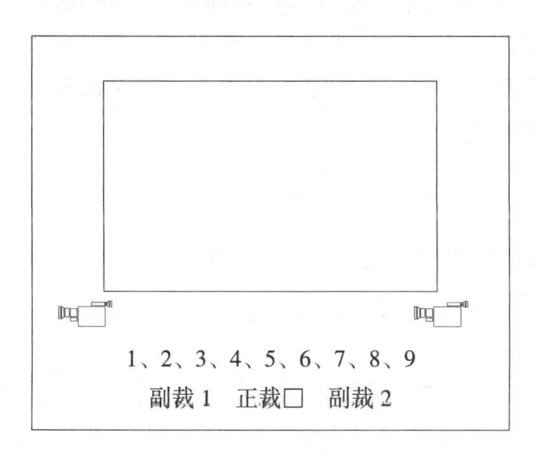

```
┌──────────────────────┐   说明:
│                      │     裁判员在主席台对面,分两
│    ┌────────────┐    │   排,裁判长席高出地面20厘米,总
│    │            │    │   裁判长席高出地面40厘米,裁判员
│    │            │    │   之间要有1米的间距。
│    └────────────┘    │     1、4、7为B组裁判员席;
│                      │     2、5、8为A组裁判员席;
│   1、2、3、4、5、6、7、8、9  │     3、6、9为C组裁判员席;
│   副裁1  正裁□ 副裁2  │     ▭ 为仲裁摄像机位;
└──────────────────────┘     □ 为电脑位。
```

图 8-3-2

第四节　武术套路竞赛的裁判评分

　　武术套路竞赛的裁判评分，是以规则为准绳，以运动员现场技术发挥为依据，以10分制，采用减分和给运动员成功完成创新难度动作的加分的办法进行的。由于武术套路的评判方面多，内容多，的确给在短时间内完成准确评判工作带来一定难度，但是，任何事物都有其内在的基本规律，只要我们在熟悉规则的基础上，进一步总结经验，有层次地对武术套路内容认真进行观察和比较，评判工作完全是可以做好的。

一、对动作质量分的评判

　　武术套路是由诸多武术单个动作所组成，每一个完整的武术动作，又是由"型"和"法"所构成。这里讲的"型"，是指手型、步型、身型。套路演练中，定势动作主要看其"型"正确与否。这里的"法"，是指手法、步法、身法、腿法、眼法、跳跃、平衡和各种器械的方法。对"法"的评判，着重要看方法是否正确，运行路线是否合理、清楚，力点是否准确等。

　　拳谚中的"势正招圆"，实际上就是对动作"型"与"法"的基本要求。套路演练中的各种"型"与"法"，在规则中都分别有相应规格的表述，因此，熟记和灵活运用规则中"动作规格常见错误内容及扣分标准"是评好动作质量分的基础。

　　对于动作质量的评分，原则是出现一次错误扣一次分，累计扣分，具体实扣。比赛场上，运动员的演练速度很快，裁判员应在边看边记的过程中，切实把动作规格方面的扣分点一一清楚地表示出来，以便达到快速而准确的评判目的。

二、对整套演练水平的评判

　　整套演练分的评分属抽象部分评分，不像动作质量分的评判那样，根据较为明显，能够具体实扣。它是通过比较法得出结果的。因此，它不但要求裁判员全面熟悉规则精神，而且还需对所评项目熟悉了解，通过观看运动员的现场发挥水平，在全面把握的基础上，具体分析，认清档次，使评分趋于合理。

（一）对功力（劲力、协调）的评分

　　运动员套路演练的功力水平，主要通过劲力和协调两个方面来体现。

　　劲力，主要是指运动员在完成动作时对力的运用与表现。套路演练时的劲力，要求用力顺达，发力完整，刚柔得当，力点准确。

　　协调，主要是指运动员在完成动作时，身体各部位及器械的合理配合。武术讲究手、眼、身法、步协调一致，眼随手走，手到步到，上下相随等等，这些都是协调配合的具体要求与表现。从整个身体而言，身法是协调与否的重要方面。

劲力与协调是相辅相成、不可截然分开的统一体。劲力的完整需要周身的协调作支持。僵硬、松懈、蛮劲都是身体各部位不协调的结果。劲力是协调的体现，协调是劲力的基础，二者一方出现毛病，必然会同时影响到另一方。因此，对此部分的评分，需要考虑到它们的相关性。

（二）对演练技巧的评分

套路既然是武术的一种表现形式，那么，武术套路竞赛必然讲究演练技巧。演练技巧包括精神、节奏、风格三方面。

精神，主要是指内在心志活动的表现。武术套路的演练者应该是精神贯注，形神兼备，具有攻防意识和战斗气势。精神主要通过眼神来体现。拳谚中的"眼无神，拳无魂"形象地说明了神志和目光是表现精神的重要"窗口"。

节奏，主要是指对动、静、快、慢之间关系的处理技巧。不同拳种，对节奏也有不同要求，例如长拳节奏鲜明，快速有力，与太极拳的缓慢柔和、绵绵不断就有明显区别。一般来讲，套路演练时的节奏处理也要富有韵律感，该快的令人振奋，该慢的耐人寻味。那种杂乱无章的一快到底或者毫无生气的平淡乏味都是不可取的。

风格，主要是指整个套路的技术特点和运动风貌。评判此方面，首先要看演练者的动作技术演练是否符合项目的特点要求，看他体现项目的技术特点和运动特色的程度如何，是否掺杂有与本项目技术特点及运动规律不相融洽的其他动作等。

（三）对编排（内容、结构、布局）的评分

套路编排对演练效果、得分高低有着直接的关系。编排包括内容、结构、布局三方面。

内容，主要是看整个套路中，基本动作、技术方法是否充实、全面，具有代表性。内容空洞、单调或多有重复现象者，应予扣分。

结构，主要指套路中动作的衔接与安排是否合理、紧凑，段与段、组与组、动与动之间的衔接是否顺畅、和谐、巧妙，动作是否有起伏转折，富于变化等。

布局，主要指整个套路演练对场地的运用是否合理、恰当、均衡，是否富有变化。任何偏重、局限、呆板的布局都须酌情扣分。

关于整套演练方面的评分，不同项目有不同的风格和特点，在处理好各方面关系的同时，也要兼顾到动作质量完成部分的有关情况。如果运动员在比赛中，连连失误，那么，其演练技巧方面势必会受到影响。这些都需要裁判员认真总结经验，切实得体地把握好评分尺度，不能前紧后松，也不能前松后紧。尤其是对不能在同一时间、同一场地全部完成评判的项目，一定要注意到前后尺度的统一性。总之，整套演练部分的评分要纵观全面，综合判断，整体比较，按档次给分。

三、对难度动作的评分

难度动作是竞技武术套路发展的必然产物。设置它的目的在于增加竞技武术套路的

可比性和裁判员评分的区分度。比赛过程中，运动员对难度（包括连接难度）动作完成得成功与否，直接影响他的比赛成绩与名次。因此，评判难度动作首先要熟练难度动作的规格要求，熟悉完成难度动作过程中常见的毛病与扣分要点；善于总结评判经验，能眼明手快地对难度动作进行准确评分。

四、对其他错误的扣分

其他错误扣分是指裁判员对比赛中运动员完成动作技术时失误的扣分。自选套路、其他拳术、器械、对练项目、集体项目都有相对应的"其他错误内容及扣分标准"。裁判员应对规则规定的扣分内容和相应的扣分分值熟记在心，评分过程中做到熟练执行。按其他错误出现一次扣一次，将扣分点及时记入评分表中。一个动作同时出现两种以上错误时，应累计扣分。

五、主要竞赛项目的评分要点提示

（一）长　拳

1.关于长拳中的"快"。快速有力、快速灵活固然是长拳的鲜明特点之一，但其中的快是讲究韵律感的快，合理的快。它要求动静分明，快慢结合，起伏转折，缓急有度。而那种一味求快和一快到底的快都是不可取的。这些快容易引起节奏不明、动作毛糙、规格不整、方法不清等诸多毛病。因此，对长拳项目的评判，一定要抓住快的负面表现内容，视程度予以扣分。

2.动作质量方面的评判。动作质量包括多项内容，所占分值比重也较重。对其部分的评分应该明确要点。一般讲，对于动作定势要看"型"，即看手型、步型、身型是否符合规格要求。动势要看法，即手法、步法、身法、腿法等，看动作路线是否正确、力点是否准确。旋转、扫转动作要看度数是否满足。跳跃要看腾空姿势和着地。平衡动作要看稳定时间与姿势等。

3.要处理好每个动作与整套之间的关系。评判过程中，在切实注意每一个动作规格的同时，还要注意动与动之间的有机结合，看是否势势相承，形以意连，气势贯通。对功力水平、演练技巧、编排这些不易量化的方面，要通过整套观察，综合考虑，纵向比较，给予评定。

（二）剑、刀、枪、棍

1.剑、刀、枪、棍套路，对其步型、步法、腿法、跳跃等动作的要求，依长拳的动作规格进行评分。但其方法主要是指各器械运动方法。对此，主要看运动路线是否清楚、正确、到位，力点是否准确。如刺剑须肩、臂、剑三者一线，力达剑尖；棍的舞花，须在体侧贴身成立圆、快速有力等。

2.要熟悉和掌握各器械的风格特点及主要方法。剑以刺、撩、挂、点、崩等方法为主，动作轻快、矫健潇洒，有"剑如飞凤"之喻。刀以缠头、裹脑、劈、砍、扎、架等为主要方法，动作勇猛，气势剽悍，有"刀如猛虎"之称。刀术的演练过程中，缠头、裹脑动作中的刀尖不下垂、刀离身体较远的现象就是常见错误。枪术要求"枪扎一条线""势如游龙"。枪以拦、拿、扎为主要方法，拦、拿枪时，枪尖左右画弧不明显，力未达枪身前段，也是枪术演练中的易犯毛病。棍以抡、扫、劈、舞花为主要方法，动作泼辣猛烈，"棍打一大片"，演练时呼呼生风。

评判过程中，若发现刀剑不分，枪棍不分者，就应给予相应的扣分。

3. 身、械协调问题。器械套路演练，十分重视身体与器械的相互协调配合。如短器械演练中，持器械之手与另一手的配合；长器械演练中，两手的握、滑器械，换把及两手的协调用力等，都是评判过程中须加以注意的。

（三）南　拳

1. 注意基本技法的应用。南拳要求稳马硬桥、脱肩团胛、直头圆胸、沉气实腹、力从腰发、体刚劲粗等。套路演练者违背基本技法，就容易形成南拳套路长拳练法的错误现象，如桥法中臂的运用与长拳就迥然不同。从运用技法的娴熟程度可以判断技术水平的高低。

2. 注意刚烈、完整的拳势。南拳刚劲有力，但不僵硬，要由柔而刚，蓄力而发，同时不因动作刚劲而转换迟滞，而要转换灵活，形成铿锵的节奏。强调"传神于目，示意在手"，拳势完整贯一。

3. 注意南拳的运动特点。如动作紧削看是否干净利落；手法多变看变化是否清楚合理；步法稳固看是否落地生根、沉实稳固；从发声助力看是否形、声、力相结合，助拳势、助形象等。

（四）太极拳

1. 注意规格、功力方面的评判。在太极拳的评判中，既要防止片面追求内劲和味道而忽视动作规格标准，又要避免只求外形的华而不实，不问内劲风格的倾向。

2. 注意区分错误的技术界限，诸如松与软、沉与硬、轻与浮、活与散、正与反、稳与僵、柔和与无力、均匀与呆板、连绵不断与虚实不分、动作完整与间断等等。

3. 注意把握技术关键。太极拳姿势的要领是中正安定，舒展自然；动作的要领是方法准确，轻灵沉着，圆活平稳；协调的要领是以腰为轴，上下相随，周身相合；劲力的要领是完整连贯，转换柔顺，虚实相间，柔中寓刚。把握太极拳的精神、速度、风格的关键是：在心静状态下以意导动，在均匀缓慢中体现起承转合，做到形神统一，动中寓静，匀中有韵，柔中具刚，决不应平淡疲软。

第五节　基层武术套路竞赛的组织

基层武术套路竞赛的组织，是指县、乡、厂矿、学校等单位所举行的武术套路比赛的组织工作。基层武术比赛有其自身的特点，如规模较小、项目类同、形式灵活、方法简便等等。举行基层武术套路比赛不宜完全套用省以上武术套路比赛的模式，应根据基层武术活动的实际情况进行组织。

一、制定竞赛规程

竞赛规程是武术竞赛的基础性文件，制定规程须周密细致。成文以后，最好提前两三个月以上时间发放到各有关单位，而且没有特殊原因不要轻易修改内容，以便各有关单位有充足的时间做好参赛准备。

竞赛规程一般包括如下内容：竞赛名称、目的任务、比赛日期和地点、比赛办法、比赛项目、报名办法、奖励办法、注意事项等。

二、竞赛组织机构

举行武术竞赛活动，须成立武术竞赛委员会。委员会决定竞赛活动的实施组织方案，明确分工任务，指导大会的全盘工作。竞赛委员会一般设以下机构：

（一）竞赛组。指定比赛及各项活动日程，召开裁判员、领队会议，审查报名表，编排秩序册，组织比赛及发奖。

（二）裁判组。组织裁判员学习规则、规程，做好裁判工作。

（三）总务组。负责竞赛场地设备与管理，裁判员、运动员的生活安排以及大会的经费预算等。

（四）宣传组。宣传报道大会情况。

三、裁判人员工作

裁判工作是竞赛大会工作的重要一面，基层武术套路竞赛应聘请有较高裁判级别、经验丰富者担任大会的总裁判长。比赛时，一个场地设裁判长1人，裁判员3~9人（最少不能低于3人），计时、记分员各1人。由A组裁判员1~3人评动作质量分，该类分值为5；B组裁判员1~3人评演练水平分，该类分值为5分；C组裁判员1~3人评其他错误扣分。若两个场地同时进行，则可安排三个裁判组替换上场工作。裁判人员的选派一定要求思想进步、作风正派、大公无私、熟悉规则、了解武术技术、身体健康。为确保裁判工作的质量，必要时也可在赛前组织裁判员试评分，以便从中发现问题及时讲解和指导。

裁判员的评分是根据运动员现场技术发挥的水平，按照各比赛项目的评分标准，在各类分值中减去动作错误的扣分，计算出运动员的应得分。当裁判长发出示分信号时，各裁判员必须同时举起示分牌示分（A、B组裁判员示的是应得分，C组裁判员的是应扣分），计时员报分，记录员记分。若A组、B组、C组均为2~3名裁判员评分，则各组裁判员评分之和的平均值分别为运动员动作质量、演练水平分的应得分及C组其他错误的应扣分。若A、B、C三组各1名裁判员评分，则所示分数可直接当做A、B组的应得分和C组的应扣分。运动员动作质量与演练水平的应得分之和减去其他错误的扣分，即为运动员的实际应得分。裁判长从运动员的实际应得分中再扣去"裁判长的扣分"，即为运动员的最后得分。最后得分由裁判长举示分牌宣布。

四、裁判人员工作位置

比赛场上，裁判人员的工作位置，可根据情况选择图8-5-1中1~3的形式作安排。图中"△"表示裁判员，"○"表示计时记分员，"□"表示裁判长。均面向场内。

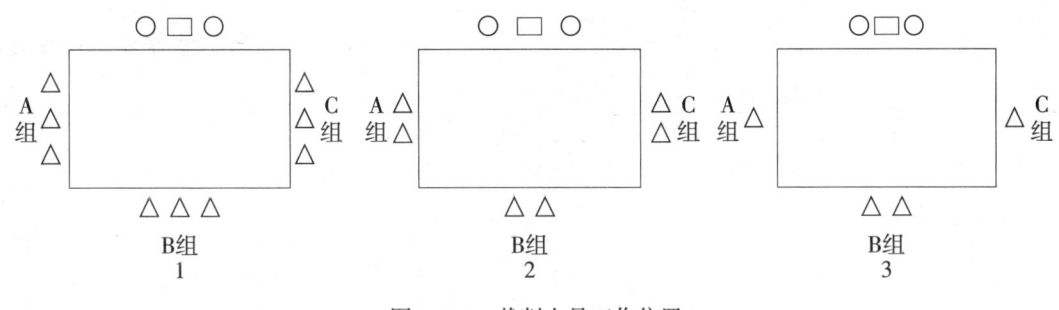

图8-5-1 裁判人员工作位置

五、编排工作

武术竞赛的编排工作是一项事关比赛能否井然有序进行的细致工作，这项工作必须在赛前完成。

（一）编排前要认真审查各参赛单位的报名表，对参赛男女运动员人数和项目进行准确统计，发现有与规程要求不符的地方，应立即与有关单位联系，及时进行修正。

（二）测算出所有运动项目所需用的竞赛时间。一般地讲，比赛项目中，运动员从上场演练、裁判员评分到下场得到成绩，太极拳约需7分钟，其他项目约需3分钟。假如所有运动员的参赛项目总共有180项，其中太极拳有30项，长拳项目有150项，那么，30项×7分钟+150项×3分钟=660分钟，就是竞赛实际所需的时间。

（三）依据大会实际竞赛时间（不包括开幕式和闭幕式）和竞赛实际所需时间制定竞赛日程。假如大会实际竞赛时间是两天，那么，以每天两场，共四场进行安排。每场时间即660分钟÷4=165分钟，即约2小时45分钟。

（四）当场次确定以后，接着将各项目进行分类编组（男女分开），再将各项目组相对均衡地安排到各场次之中，并将各场中各组的每一名运动员都明确地填写到位。经检查无误后，编排组方可召集各领队（或教练员）进行抽签，决定各场每组运动员的出场顺序。抽签完毕，详细核对后便可打印秩序册。若竞赛规模小，参赛人数少，可直接将编排好的出场顺序写在大纸上张贴出来。

六、编排原则及记录工作

略，可参考本章第二节。

主要参考文献：

1. 全国体育学院教材委员会.体育学院专修通用教材武术（上册）.北京：人民体育出版社，1991
2. 国家体育总局武术运动管理中心.武术套路竞赛规则（试行打印稿）.北京：2003

(第八章作者：栗胜夫)

第九章 武术套路创编与图解知识

套路是当代武术的主要表现形式。在武术教学与训练中，经常要针对不同的对象和需要，创编一些新的套路。同时，也经常要参考和学习一些出版的武术书籍及发表一些传统的和创新的套路。因此，如何创编武术套路和怎样理解及制作武术书籍中的图解，是武术教学与训练中的一个重要环节。

第一节 武术套路创编

随着武术运动的不断发展，武术在国内外得到广泛的普及，因此，我们要根据各种不同对象，创编出各种类型、各个层次的武术套路，以供学、练者选用。另外，竞技武术的开展，也需要在武术套路的内容、结构、形式等方面不断更新，以适应竞赛的需要及竞技武术的发展。因此，武术套路的创编工作是武术普及、武术教学、武术训练等工作中的一个重要环节。

做好武术套路的创编工作，首先要了解其基本知识，认清套路结构、类型，理解武术动作的特点；依据武术套路的自身特点、不同任务及对象特点、体育美学中形式美的法则；掌握好创编程序，考虑创编时应注意的问题等等。

一、创编武术套路的基本知识及依据

（一）创编武术套路的基本知识

创编套路，首先需要了解套路的基本知识，理解其结构、类型及动作特点等，这样才能使创编工作更加顺利。

1. 武术套路结构

套路的内容结构，包括手、眼、身法、步以及各种器械方法结合身体姿态的完整动作；若干个相同或不同的单个动作紧密和谐地连接在一起的组合动作；若干个组合连接在一起，一般由场地这一半场至另一半场的分段动作；以及若干个分段组合成的完整套路。套路中的运行结构包括开始（即起势）、运行中（即往返段落）、结束（即收势）。

套路的内容结构不能脱离各类拳种的风格特点，内容要多样化。套路的运行结构，要注意起势与收势在位置上安排的统一性。运行中的路线变化要充分适应演练对象的需要。

2. 武术套路类型

（1）规定套路

具有明确的目的性及方向性。如在规定套路中有的是着重于统一动作规范及风格特点，有的是着重提倡一些被人们忽略了的即主要而又难做的技术内容，有的则是为了提高运动技术水平及引导武术套路技术的发展方向，还有的是为了在全国乃至世界范围内的推广与普及。

（2）传统套路

具备本拳种的风格特点和主要内容，从而保留、继承其传统性。

（3）长拳自选套路

首先要具备规则中所规定的内容、组别，另外要充分地考虑到演练对象的性格和身体素质等特点，一般来说它代表着竞技武术的发展状态。

（4）普及性套路

简单、易学、易推广，其目的是为较低水平武术爱好者提供练习，起到扩大对武术的宣传及全民健身的作用。

（5）教学套路

层次清楚，重点突出，主要内容较全面，把各类动作内容清晰、均匀地分布于各个组合及段落中。体现由简至繁、由易至难，循序渐进的原则。也可以体现动作左右前后及动作路线变化的对称性。

3. 武术动作特点

在整个套路中有若干个不同类型的动作，而每个动作的不同特点反映出各种不同的运动形式。

动：一般指动作的过程。

静：一般主要指停滞半秒钟至2秒钟的定势动作。

快：多体现于手法、腿法、步法及器械方法等内容动作。

慢：主要体现于蓄劲及柔和的身法等动作。

刚：多体现于进攻性的发力动作。

柔：以体现防守、身法、化劲等动作。

转：指摆、扣、碾转等步法带动身体移动及腰部的拧转的动作。

折：主要体现于上体的前俯、后仰、侧倾等动作。

起：体现于腰身及下肢的向上伸展为主的动作。

伏：体现于下蹲等重心下降等动作。

站：主要体现于两腿伸直的站立动作等。

立：主要体现于单腿支撑等动作。

（二）武术套路创编依据

创编套路一定要依据任务的不同、对象特点的不同，在动作结构、技术内容及特点上有所不同。依据武术套路的自身特点，才能使其不脱离正确的创编轨道。依据体育美学中形式美的法则，从而提高演练水平及体现其艺术性特征。

1. 依据武术套路的自身特点

武术套路内容是由各种手法、腿法、器械方法等，与协调和顺的身体姿势相配合，从而构成多种多样的完整动作，其内容丰富多彩。但其根本的特点也只有一个，就是动作的技击含义。因此，在创编武术套路时，不能一味地为了快速完成动作而使运行中的手法、步法、器械的方法等太随意，而无甚章法。在动作组合的编排上，要体现声东击西、左顾右盼、指上打下等机智灵敏、变换多样的攻防技击意识。

另外，武术中的动作内容包括动静、快慢、刚柔、起伏等运动形式。如武术演练要求"动如涛，静如岳，起如猿，落如鹊，站如松，立如鸡，转如轮，折如弓，轻如叶，重如铁，快如风，缓如鹰"。这些以形喻势的拳论要诀又要求将快与慢、动与静、起与落、轻与重等一对对在运动形式中相互矛盾的两个侧面协调连接在一起，这种结合越巧妙，对比度就越强，其技术风格特点也就体现得越加突出。

2. 依据不同任务及演练对象的特点

套路创编要根据不同的任务、不同的对象所要达到的目的去进行，否则就会无的放矢，事倍功半。群众性的普及套路要易学、易会、易练，路线变化较简单，运动负荷不宜太大等。在创编竞赛用的自选套路时，要考虑到规则的要求、演练对象本身的技术风格特点，以及不同的身体条件和生理特征。

如在20世纪50年代，人们认识到太极拳是一项健身性极强，而且无论身体强弱、老少皆宜的运动形式时，为了达到推广及增进全民健康的目的，国家召集了专家，在杨式传统太极拳的基础上，创编了简化（二十四式）太极拳。其内容突出基本方法，内容简练，路线简捷，而且动作由简到繁、由浅至深，每个组合及分段都安排有核心内容，重点突出。

又如四十八式太极拳，其用意是在二十四式太极拳练习的基础上，使练习者向更高的技术层次发展。其内容相对比较复杂、比较充实，运行路线除直线外，还增加了曲线、弧线、斜线等，从而布满全场。其套路内容在保持每个组合及分段都有重点内容突出外，其内容及路线均具有对称性。以上套路都是创编较为成功的教学及推广套路。

在创编自选套路时，要根据当前技术的发展趋势及运动员的自身特点。

如柔韧性较好的运动员，要多选择舒展大方、体现身法及造型的动作；速度较快、力量较强的运动员，要多选择勇猛、快速及跳跃、跌扑、滚翻等动作；个子小且协调性较强的运动员，要多选择小巧、灵活及多变的动作和动作组合；柔韧性好而且控制能力较强的运动员，要选择些难度较大的控腿、摆腿平衡等动作。

另外，还要根据年龄特点区别对待。以儿童少年为对象所创编的套路，要多选择起伏、转折、快速多变的内容，以体现其机灵、活泼；对年龄较大较成熟的运动员，要选择一些劲力突出及运用身法等类型的动作，以体现其扎实的功力及多彩的韵味等。

3. 依据体育美学中形式美的法则

形式美法则是人类运用形式规律创造美的形象的经验总结。整齐、层次、和谐、对比、均衡、节奏、多样和统一等都是形式美的表现形式。在创编套路时必须遵循这一美学规律，才能更充分地体现出武术动作及套路的优美及艺术性特征。在编排套路动作时，对整套动作难度的分布、高潮的出现要有合理严谨的布局和有层次的发展，通过快慢节奏、刚柔力度、高低起伏和幅度大小等对比手法进一步表现出每个动作的特点，犹如一首完整激昂的乐曲，起伏跌宕。另外，还要遵循技击规律，注意虚实、开合、攻防、进退等变化，以及布局上的往返穿插、迂回转折。在创编时还要注意动作的多样化及生动性、身体动作与器械方法上的和谐统一，使之整个动作更加协调完整。

武术动作是很讲究动作姿势的。拳谚中说："把势把势全凭架势"。武术中讲究"五体称"。四肢与躯干五条线充满骨力，这五条线就像写字一样，结构要匀称、工整，或撑拔张展，或勾扣翘绷，无一处松软，以呈现出一副健美之势。

如长拳中的"高虚步亮掌"动作，右掌上撑且手臂外张，左掌向左侧推撑，左脚尖在前虚点地面，身体躯干向左侧拧转，从而体现出上下、左右相互对称，身体各部位朝向四面八方的完整和谐。又如"弓步回身架崩枪"，重心前冲而且两臂伸展上举，随势再回身做甩头崩枪，从而体现出上下左右如开弓放箭般的舒展、圆满。又如"坐盘下截剑"动作，坐盘拧紧，使躯干与下肢如弹簧般呈现出多层面：头、剑、臂向前下探伸，腰胯向后坐撑，从而呈现出拧、转、撑、展等多方位的和谐统一。

所以，在动作的设计上，要在不失去动作自身攻防技击含义的基础上，扩大化地追求其完美的艺术造型。

二、武术套路创编程序

（一）确定轮廓

根据对象特点及任务，考虑动作的难度、数量、组别及运动量等，设计出整个套路的初步结构框架。如整套动作大体分为几个分段，每个分段安排几个组合，怎样进行布局，整个套路有几个重点及高潮、安排的大体位置，是用难度动作、惊险动作、协调性较强的快速组合动作，还是用其他类型的动作及组合来体现其重点和高潮。还需要估计用多少个动作来构成整套所需要的时间，以及运动负荷的大小等。

（二）搜集素材

根据武术动作的特点，以及套路的整体构思进行有针对性的调查、采访及观摩。如练习的对象是少年儿童，则要多从基本的主要的技术内容中去搜集；对象是保卫部门的，主要去搜集踢、打、摔、拿等较为实用的技击动作；传统拳练习者，要从该拳种开展较普及的地区或该拳种的发源地去搜集；对象如果是参加比赛的专业运动员，则要到运动场、比赛场去观察搜集。

（三）逐组逐段编排

在以上工作的基础上，即可详细地进行逐组、逐段的编排。重点动作组合最好放在核心位置及场地中央，难度动作不宜放在结束位置。要考虑到组合与组合之间的衔接，以及起势、收势与邻近组合的对比及呼应。整套动作效果不要前松后紧，也不要前紧后松。要把难度动作、效果动作以及运动量大小不等的动作，进行有机的、合理的穿插，使其充分适应练习者的技术水平并达到较好的演练效果。

（四）反复实践，不断完善

整个套路初步形成后，要广泛征求其他同仁的意见，再让练习者进行实践，进一步检查整个布局是否合理、组合及段落的衔接是否合顺、高潮的体现是否突出、节奏的变化是否明显，以及体力的分配是否得当等等。总之，要进行反复练习，不断地进行充实及调整，使其逐渐得到完善。

三、长拳套路创编应注意的问题

（一）注意理解竞赛规则

竞赛规则对武术的竞赛、训练及改革创新等都起着指导性的作用。规则中对自选套路有着内容的规定、场地时间的限制、器械的规格要求和基本技术的要求等，这些方面都需要我们在创编时认真地去理解与执行，否则将丧失创编的意义。

（二）注意起、收势的处理

一个精彩的开始能给人以强烈的印象，而漂亮的结束又能给人以回味无穷的感觉。如起势的组合动作，由慢而沉稳的开始一直达到最快的节奏，或突发的一个或几个剧烈的动作。该组合的节奏变化要大且突然，组合动作要有较强的连贯性。收势的组合动作要较充实、流畅，最后的结束动作要戛然而止，从而呈现出一个较强力度的完整结局，避免虎头蛇尾。

（三）注意照顾全面，发挥特长

创编套路时，既要照顾全面，使规则规定的内容及该拳种的主要内容、风格特点都照顾到，又要发挥运动员个人的特点及特长。如创编套路时要考虑练习对象在身体形态上是修长型的、粗壮型的，还是小巧型的等；在素质类型中，是属于力量型的、速度型的、柔韧型的、灵敏型的，还是控制能力较强的平衡、稳定型的等。就当前竞赛而言，即使是运动员在演练时多么地规范，如果没有突出的特点特长也很难取得优异的成绩。

（四）注意追求变化

在创编套路时要追求更多的变化，如方向变化根据场地可采用平直线、对角线、曲线、弧线、旋转折叠线路等。一套动作要以不同的较复杂的方向路线将其贯穿起来，左右变化、前后移动、斜角拉开、进退碾转，再加之高低起伏等变化，在地毯上描绘出一幅丰富多彩的画面。方向路线是不可缺少的空间要素，在编排中对方向路线考虑得不周，如方向单一、路线单调，那么，即使动作做得再好，也只是单个动作的一般罗列，给人以平铺直叙的感觉。

节奏变化：在动作组合中选编的动作要具有多样的可变性。组合的节奏变化大致可分为以下几类：慢起动——逐渐加快——达到最快时急速停止、快起动——逐渐加快——缓停、快起——缓进——加快——急停等等。把各种节奏类型的组合交错地进行分布，以显示出节奏变换的层次性。如果只是一种类型的罗列，则只能给人以多次重复的平淡感觉。

动作方法的变化：武术的动作丰富多彩、多种多样，在创编时要尽可能地把各种不同的方法进行组合，以显示其多样性。即使是再漂亮的动作进行多次的重复、再好的组合动作在套路中多次地出现，也会显现出平淡无奇的感觉。因此，表演性的套路不宜有过多的重复动作或组合。

（五）注意运用运动生物力学等相关知识

在套路创编时，要充分运用运动生理学、运动解剖学及运动生物力学中的相关知识来创编动作组合，使组合动作更加合理而经济。

当人们进行各种运动时，作用力与反作用力问题是普遍存在的。如"震脚砸拳接起身单拍脚"，脚对地面的猛力跺踏，地面会给人体一个相应的反作用力，这时顺势起身做单拍脚或上步等动作，这样的组合编排，不但能体现动作完整、流畅和劲力突出，而且还能利用反作用力使起身动作的用力更加经济。

在运动中合理地利用惯性，可使肌肉放松、收缩适时而有节奏，动作更加经济协调，减少能量消耗，在创编动作时要充分地考虑到这一点。如"行步接单拍脚再接大跃步前穿"，这几个动作的组合，能较好地利用其前冲的惯性顺势连接动作。又如"旋子接前扫腿再接坐盘摆掌"，这几个动作的组合，能较好地利用其旋转惯性。

发生形变的物体，要恢复原来的形状而作用在与它相接触的物体上的力，叫做弹性力。如"下蹲向前俯身劈枪，接做立起、后仰身云枪"这个组合动作，就是枪向前下劈时，枪身向前下弯曲变形，借助枪身恢复原状而产生向上的弹性力，练习者顺势起身、后仰做云枪。而且劈枪的力度越大，枪身的反弹力也就越大，起身也就越方便。利用弹性力所设计的组合动作，不但能显示出动作的力度及幅度，使其饱满完整，而且又经济省力。

肌肉的离心收缩之后紧接着进行向心收缩，因肌肉弹性组织张力的变化，以及牵张反射使肌肉收缩加强，从而产生更大的力。如"单拍脚接乌龙盘打"，拍脚时腿猛力上摆，前部肌群收缩，后部肌群相应伸展拉长，拍脚后背部及股后肌群自然复原（做向心收缩），此时，上体顺势后倒左转，右臂随之左摆做"乌龙盘打"，动作既饱满到位，又经济省力。又如"左弓步体左倾贯右拳接右后扫腿"这个组合的设计，先使身体右侧肌群伸展拉长，然后紧接着向右侧屈体，做向心收缩，使下面的后扫腿动作力度增强，速度加快。

所以，在设计动作组合时，考虑动作与动作之间的衔接，充分利用作用力与反作用力、惯性力、弹性力等相关学科知识，会使动作组合更加完整，衔接更加流畅，用力更加经济。

第二节　武术图解知识

记载武术动作和套路需要图和文字，两者结合起来称为图解。正确地理解及掌握图解知识，有助于自学各种武术动作及武术套路等出版物，对自修能力的培养及技术水平的提高都有着重要的意义。另外，还可以运用图解知识来记载和出版各种技术动作及套路书刊，使其得以流传和推广，为武术的普及与发展起到积极的传播作用。

一、图解基础知识

要想学习和运用图解，首先要理解其基本结构。在图解中包括有图片和文字，图片中包括图和线，文字中包括对动作过程和规格的叙述、要求与要点的说明，以及教法提示等等。

（一）图片结构

在图片中包括有人物及人物操持各种器械的图和线等内容结构。

1. 图

是对各个动作的开始姿势、结束姿势以及动作过程中分解动作姿势的外形描绘，包括固定拍摄角度的正面图，背、侧面图（背、侧向镜头的加拍图片，即附图）。

2. 线

线，表明动作的起、止点及过程。线一般有实线（图9-2-1）和虚线（图9-2-2），线的结构包括箭尾（表示动作的起点）、箭头（表示动作的止点）、箭身（表示该分解动作的路线过程）。线的形式是根据每个动作的运行路线所采用的直线、曲线、弧线、螺旋线等等来确定。虚、实线的运用，一般按照左上肢、左下肢与右上肢、右下肢分别用虚线和实线的方法分画，即"左虚右实"。此外，有的图中还采用在步法路线中添加足迹图的方法，主要是对摆、扣、跟、碾等步法的清晰显示，是对运动路线的必要补充。

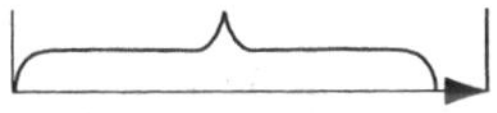

图 9-2-1 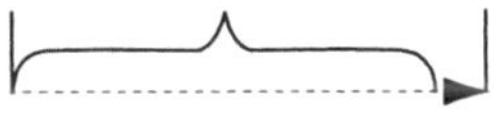　　　　　　　　　图 9-2-2

（二）文字结构

在文字结构中，包括对动作顺序的叙述、运动方向的指定、要点的说明、教法的提示、术语的运用以及常用叙述词等各类内容。

1. 动作顺序的叙述

是指把各个动作的动作路线、角度、节奏、力点、劲力等按照先后顺序逐一进行说明。

2. 运动方向的说明

文字中叙述的前、后、左、右等运动方向，是以该动作前，图片中人的躯干姿势为基准，并且随着躯干姿势及所处位置的变化而变化。图片中胸对的方向为前，背对的方向为后，身体左侧所对的方向为左，身体右侧所对的方向为右，预备姿势时的头顶方向为上，脚踏方向为下，以及相应的左斜前、右斜前、左斜后、右斜后等方位。也有以东、南、西、北、上、下来确定方向的，它是以套路演练的起势时，坐北朝南的固定方向来叙述整个动作的运动方向，并配以东南、东北、西南、西北等相应的方位。另外，还有用乾、坤、离、坎、艮、震、巽、兑的八卦方位来说明运动方向的。

3. 常用叙述词

"左（右）或右（左）"，在文字叙述中常出现此类写法，它是指左右均可或左右互换的意思。

"同时"一词是指身体的两个部位以上做动作，它们之间的运动不具有先后顺序，而是同时进行的。如"右脚以全脚掌用力向地面踩踏，同时左手横掌自头上向前下按盖于胸前"，意思是说，震脚和盖掌是同时完成的。

"上动不停"一词的运用，是因为一个连贯完整的动作，由于图解的需要必须分成几个部分，为了不破坏动作的连贯完整性而采用此词，以免在学习动作时造成分割的概念。

"紧接上动"一词，主要是在节奏上两个动作间要连接紧凑，不应该有任何停顿，运用此词可以使读者明了其节奏。

"自""经""至""成"等字的运用，是表述某动作的动作起点、途径过程、到达某方位（或部位）、变换成另一种形态或方法等。例如："右掌自体右侧向上，经面前摆至左腋前成立掌"等。

4. 要点说明

是指对该动作的技术要领，以及需要特别注意之处加以提示，以便阅读时参考。

5. 教法提示

为了把动作的教法更准确地表达清楚而加以提示，结合动作的技击含义等加以提示，对做好动作、组合动作和分段动作所采取的必要教学方法加以提示等等。

6. 术语的运用

为了使文字解释更加简单精练，经常运用术语来表述动作，如表述步型的弓步、马步、仆步、虚步、歇步、叉步、并步等；表述步法的上步、撤步、进步、退步、开步、跟步、插步、击步、垫步、弧行步、摆扣步等；表述手法的冲拳、劈拳、砸拳、栽拳、贯掌、架拳、亮掌、摆掌、推掌、托掌、挑掌、插掌等；表述腿法的踢腿、弹腿、踹腿、蹬腿、点腿、铲腿等；以及表述各种器械方法的云剑、抹剑、刺剑、带剑、腕花剑、腕花刀、扎刀、斩刀、缠头刀、裹脑刀、崩枪、拨枪、绞枪、舞花枪、挑枪、戳棍、抡棍、扫棍、提撩棍、舞花棍等等。

二、看图解学习的方法

看图解学习的方法，由于学习者武术基础的不同，所采用的方法要因人而异。不过大致可分为个人自学和多人共学两种形式。

(一) 个人自学

个人自学是在无人帮助的情况下进行的，经常会顾此失彼，学习起来比较难，需要有一定武术技术和武术基本理论知识的基础，才能够较顺利地进行。其步骤及方法如下：

1. 明了术语

在看图学习前，首先要理解文字叙述中的术语，明确其概念及要求等。

2. 边看边做

首先要看身体各部位或器械方法的分解动作和运行路线，然后简单阅读有关动作连接、运行路线、方向等说明。按照顺序边看边做，从而对动作有一个大体的完整概念。

3. 由少至多

先逐个动作粗略地学，然后连成组合学，逐步扩展至分段及整套的学习，使之能够初步掌握整套的大体动作和大体的路线方位。

4. 由浅入深

掌握了动作轮廓后，再对文字叙述中的动作过程、动作连接、动作方向、动作定位、动作力点、局部形态及精神面貌等做详细具体的阅读，以求较准确地理解及掌握动作，对动作细节进行较准确的体会和练习。

5. 深入演练

在较详细地理解和领会了整套动作后，再进一步深入到技术的内涵进行演练。此时要根据教法的提示，并认真地学习领会要点、要求，反复地进行揣摩、练习，一步一步地提高演练水平，使其节奏、劲力、精神、意识等都逐渐得以完善。

(二) 多人共学

两人和两人以上的学习方法，比较简单易行，它主要是要求相互间认真配合，以及对各自的分工认真负责，避免相互依赖。其步骤及方法如下：

1. 明确分工

一人按教材把文字说明慢速地、清楚而准确地进行宣读，一人按其宣读的顺序进行练习，另一人将所读内容与练习情况进行核对，并帮助练习者进行记忆及提示。

2. 交换任务

在练习者初步学会后，把原来的分工相互交换。使之在听觉、视觉、肢体动作上具有初步的感觉及体会。

3. 相互交流共同探讨

每个人都较好地掌握套路动作后，再相互交流，改进技术，共同探讨要点、要求、教学、教法。最后进行演练、观摩，使其在劲力、节奏、规格、精神、风格等方面，更加清楚准确。

三、图解知识的运用（制作图解）

（一）分解动作

首先把每个动作分成若干个分解动作。较简单的动作可以少分解，复杂的动作要多分解，动作过程中的转折点要尽量分解。起码要做到每一步一个分解动作，每一个路线简单的方法一个分解动作，以便使各分解图片之间的路线变化相对简单一些，这样不但在画线时容易操作，学起来也比较清楚、方便。另外，还要把动作的重点部位分解出来，使之学练起来更准确。

（二）拍摄动作

按照分解动作的先后顺序进行拍摄，拍摄时对象的服装与背景颜色的对比度要大些，以显得画面清晰，动作清楚，便于以后的画线、绘图等工作，如背景是深颜色的，拍摄对象的服装就要用浅颜色的，反之一样。拍摄时的角度、距离要固定，照相机的位置及镜头的视角要保持固定。如拍摄上一步后的分解动作图片，需要先退后一步再上一步拍摄，以保持位置的固定。拍摄时的画面要给将要使用的手法、腿法、步法及器械的方法留足空间，以便于在图片上画出运行方法的路线。尤其是对枪、棍等长器械的图片拍摄，更要留足空间。背向镜头的一面需要向读者交代清楚时，要增拍附图。如果需要把某局部动作让读者看得更清楚或需特别关注时，要增拍一个小的附图。拍摄腾空动作时，要采用分解的方法。如对腾空飞脚的拍摄时可采用：上右步留住重心准备起跳（拍一张图片），起跳腾空上摆左腿（拍一张图片），在空中左腿屈膝上提右脚上摆至面前击响（拍一张图片），落地（拍一张图片）。在瞬间抓拍腾空动作时，则需要调整光圈速度，从而避免图片的动作模糊不清。

当前也有用数码摄像机或数码照相机进行拍摄的，然后通过电脑把需要的画面筛选出来制图。这种方法能够把动作的部位，以及选图时机把握得比较准确。但应该注意的是：在选择拍摄对象时，其演练动作的准确度要高；拍摄时要采用移动跟拍的方法，从而避免出现动作角度上的混乱现象。

（三）按动画线

分解动作图片拍摄、洗印后，先在图片上标好顺序号，以免混乱。然后按顺序进行画线。画线时要把下一张图片放在旁边作参考，参考其止点位置。线的箭尾要画在四肢的梢节及器械的前端，箭头直指下一图该部位所处的位置。虚、实线采用：左手左脚用虚线、右手右脚用实线的画法为宜。画线时笔法要清楚流畅，线的长短、大小、高低等要与图片中人物的比例保持一致，要注意左、右平圆，前后立圆，上下弧线等在画线时的准确表达。另外，当出现两条先后运行的线交叉重叠时，则需要使先运行的动作路线，在重叠点上断开（无论是虚线或实线），使后运行的动作路线在断开的空隙中穿过，以明确表示动作的先后顺序（图9-2-3、9-2-4）。另外，还可以标明地平线，从而避免图片在制版时斜置，以及明确地分清动作腾空与否等。

（四）文字说明

1. 叙述动作

用通俗语言准确地说明动作顺序及过程。叙述动作过程，一般采用先叙述步法步型，后叙述上肢手法或各种器械的方法。叙述一个同时完成的步法、步型和左右上肢手法时，要先叙述步法、步型后画句号；再叙述防守动作的上肢，画分号；然后叙述主要动作的上肢手法，以及手达到的位置、形态、力点等，画句号。最后叙述目视的方向，及动作顺序图的图片号码。如对"上步左弓步冲拳"的叙述："左脚向前落步成左弓步。同时左手收抱于左腰侧；右拳自腰间向前冲出，拳心向下，力达拳面。目视右拳（图×-×-××）。"

图9-2-3　实线交叉

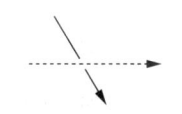

图9-2-4　虚实线交叉

2. 运用术语

要根据学习对象适当运用专业技术动作术语。如普及性的大众读物要尽可能地少用术语，对具有一定水平或武术专业人员的出版物可以多用，从而使其精炼、简洁。例如，同样叙述一个"弓步冲拳"动作，对一般读者应叙述为："左脚向前上步，随之重心下降，屈左膝成左弓步。同时左手自右向左，弧形平搂至腰左侧握拳，手心朝上，拳面朝前；右手自腰间向前冲出，拳心向下，拳面朝前，拳高与肩平，力达拳面。目视右拳方向（图×-×-××）。"对武术专业人员则可以叙述为："向前上左步成弓步。同时搂左手，平冲右拳。目视前方（图×-×-××）。"在对专业人员的叙述中，因为出现了较多他们都已熟悉了的武术术语，如上步、弓步、搂手、平冲拳、平拳等，所以语言就显得简洁许多。

3. 说明要点

动作叙述完成后，要写出要点。要点一般是在一个完整动作完成后，写出要点进行提示。如"冲拳"的要点："冲拳时要拧腰、顺肩、快速有力。""弹腿"的要点："屈膝上抬大腿时小腿放松，大腿接近水平时小腿向前甩弹，挺膝绷脚面要同时完成。"

4. 提出教法

最后再写出教法提示。教法提示要在某个较复杂的重点动作后写，也可以在一个组合或一个分段后进行精炼的提示。如对"震脚掳手"的教法提示："此动可以采用上下肢分解教法；可以按攻防含义两人配合进行，以便更快地理解及掌握动作。"

（五）图文并茂

图文并茂，是指文字叙述要与图、线相互对应并准确一致。文字叙述完一个分解动作时要说明所对应的图号。个别动作重复时，可以只用图片而省略文字，只说明与前面某个动作相同即可。组合及段落的动作是同样的重复时，可以把图及文字都省略，只写动作名称和写"同于前面某组、某段从某动至某动"的说明即可。也可以只用图片而省略文字。

（六）图片顺序

图片在书中的排列顺序号以大排行为宜，即从第一个预备动作的"图1"直至最后结束姿势的"图×"。如果一本书中有几个套路内容，可选用"图1-1""图2-1""图3-1""图4-1"的方法，用"1""2""3""4"等把各个套路分开。附图图号同于正图图号，只是标明"附图"即可，如"附图×-×-××"。

（七）书中序号

书中整个的序号顺序为：章→节→汉语数字→括号汉语数字→阿拉伯数字→括号阿拉伯数字→圆圈阿拉伯数字等。如："第一章""第一节""一、""（一）""1.""(1)""①"等。

（八）路线示意图及连续图片

一个武术套路是由许多个动作，若干个组合及分段组成。各个动作的运行路线（尤其竞赛套路）越来越复杂多变。所以有必要在整套的图解完成后，配备一个动作路线示意图。动作路线示意图要分段示意，以避免交叉重叠。用等腰空心三角形，空心三角形中注明该动作的序号，顶尖部的朝向即为运动员该动作的胸部朝向，按照动作顺序、准确路线及动作定位，在相应比例的场地上标明（图9-2-5）。

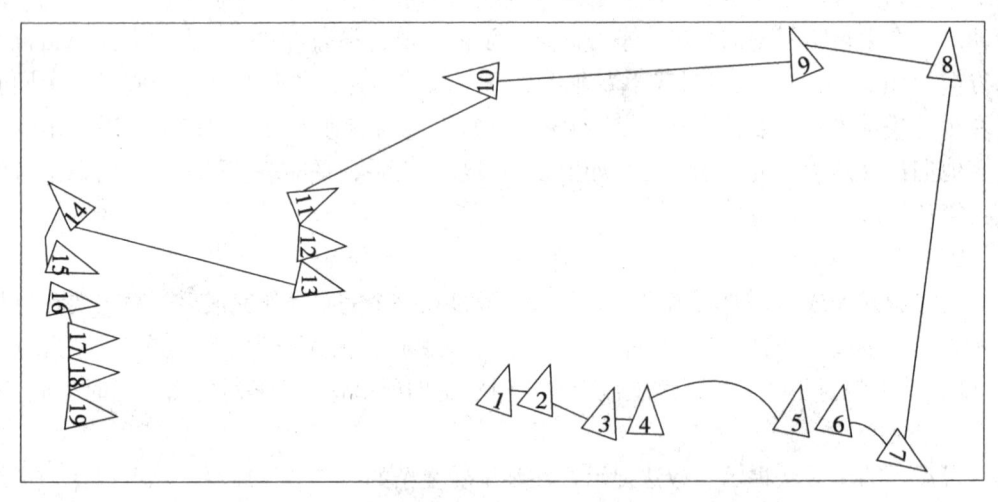

图9-2-5 （国际规定长拳）第一段动作路线示意图

另外，还可以配备一个整套动作连续图片，按照动作顺序把图片一一排列，以便于学习及回忆整个套路内容。

以上工作都完成后，把文字说明部分按顺序整齐装订成册，把图片按顺序粘贴成册，或把图片按顺序叠摞起来，再进行下一步的绘图、刻板、排版及印刷等工作。

（第九章作者：何瑞虹）

附录

武术主要典籍简介

《角力记》

是五代十国到宋朝初期（公元960年前后）成书的，在《宋史·艺文志》、宋代郑樵《通志略》，以及清代胡珽《琳琅秘室丛书》中均有收录。1990年人民体育出版社出版了翁士勋《角力记》校注本。《角力记》的著者，据《宋史·艺文志》载，系调露子。此书记载了自春秋至五代十国时期有关角力和手搏的情况，其内容相当丰富，在这部著作中，有史，有论，还有生动的体育故事，作者通过"述旨""名目""考古""出处"和"杂说"五个部分系统地论述了角力的形成、角力的名目和角力的发展过程。它是我国现存最早的一部角力专著。

《正气堂集》

明代俞大猷撰。《明史·艺文志》著录。明代有嘉靖四十四年（1565年）、隆庆三年（1569年）两次刊本，传世稀缺。清代有道光二十一年（1841年）龙溪孙氏刊本。1934年，柳诒征先生借嘉业堂刘氏所藏道光刊本，与国学图书馆所藏明刊本对勘，补缺校讹，影印行世。俞大猷所著《剑经》和《射法》收在正气堂集卷四。其《剑经》是精论棍法的杰作。《剑经》和《射法》后由戚继光转收在《纪效新书》中，但《纪效新书》的坊刻本多有脱漏舛讹，远不及影印本《正气堂集》完整。《正气堂集》是研究俞大猷本人及明代武术状况的重要史料。

《武编》

明代唐顺之编著。《明史·艺文志》著录。万历四十六年徐象橒曼山馆首出刻本。1989年解放军出版社出版的丛书《中国兵书集成》收录了《武编》，据明曼山馆刻本影印。《武编》共十二卷，分前后两集，前集六卷，后集六卷。《武编》前集卷五有牌、射、弓、弩、拳、枪、剑、刀、简、锤、扒、锐十二篇，是本书中与古代武艺有关的部分。其内容虽有与其他书籍雷同者，但也保存了不少他书所没有的明代武术资料，其中尤以"拳"的部分价值最高。唐顺之年辈高于戚继光，戚继光曾向唐氏请教枪法，《武编》成书又在戚氏《纪效新书》之前，因此《纪效新书》的武艺部分有取材于《武编》之处。

《纪效新书》

明代戚继光著。《明史·艺文志》著录。戚继光在世之时，此书即有三种卷秩不同的版本。其最初刻于嘉靖三十九年（1560年）的本子，是十四卷。后来又补上《布城》《旌旗》《守哨》和《水兵》四篇，以十八卷形式重加刊刻。戚继光晚年又曾对十八卷本重加整理，删去《拳经》等篇，改为十四卷本刊行。而明以后流行最广的是十八卷本。以十八卷本而论，其专言武艺者凡九卷，有射、棍、枪、钯、牌、筅、拳等技艺。其第十四卷为《拳经捷要篇》，是目前所见唯一一部势法俱备、又提供了许多拳史资料的明代拳谱。此书虽然刊刻本很多，但大都出自坊间俗工之手，而自明代周世选刊本开始，其《拳经》就已残失八势。1987年人民体育出版社出版了马明达的点校本，是该书比较完备的一个版本。1994年解放军出版社出版的丛书《中国兵书集成》收录了《纪效新书》，是据明万历年间李承勋刻本影印。《纪效新书》是明代诸兵书中对后世影响最大的一部，也是戚继光的代表作，作为研究古代武术的文献具有极为重要的价值。

《耕余剩技》

明代程宗猷著。刊于明代天启元年（1621年）。全书由四个部分构成，即《少林棍法阐宗》三卷、《蹶张心法》一卷、《长枪法选》一卷、《单刀法选》一卷。程宗猷之棍法得自少林僧洪转、广按师徒，刀法得自浙人刘云峰所传之日本刀法，枪法乃河南李克复所传，弩法依据寿春古墓中发现之弩机而创。其《少林棍法阐宗》刊行于万历四十四年，后于天启元年续成《蹶张心法》《长枪法选》和《单刀法选》三书，与《少林棍法阐宗》合刊行世。此书有清道光二十二年（1842年）聚文堂翻刻本，但缺棍法三卷。1929年，吴兴周由廑取家藏天启本影印行世，改名为《国术四书》，这是比较常见的本子。此书是明代继《武编》《纪效新书》等书之后的一部重要武术专著，对研究古代武术技术的发展，以及少林寺等武术史专题有着重要的史料价值。

《武备志》

明代茅元仪辑。《明史·艺文志》著录。又名《武备全书》，二百四十卷。明天启元年（1621年）刊行，清道光年间，先有活字本，以后又有刻本行世。此书卷八十四至九十二与古代武术有关，分载弓、弩、剑、刀、枪、钯、牌、筅、棍、拳等内容。各部分大体均由各家兵书中辑录而成，其棍取自程宗猷之《耕余剩技·少林棍法阐宗》；其刀、牌、筅、拳等，分别取自戚继光《纪效新书》十八卷本和十四卷本。所述各武艺中惟《朝鲜势法》为他书所鲜见，堪称珍奇。而所录戚继光《拳经捷要篇》中三十二势一势不缺，较之一般坊刻《纪效新书》，更接近于戚继光创刊时之原貌。此书对研究古代军事和武术有重要的史料价值。

《浑元剑经内外篇》

明代毕坤著。是一部有关以剑相搏的武术著作。其内容有剑破枪、棍说、剑破诸器说。此书对研究剑法、击剑、搏剑、对练等都有重要的参考价值。

《手臂录》

清代吴殳著。《清史·艺文志》著录。此书的序作于康熙十七年（1678年），是年吴殁67岁。全书共四卷，加附卷上、下则共六卷。除卷三《单刀图说》、卷四《诸器总说》《叉说》《狼筅说》《藤牌说》《大棒说》《剑诀》《双刀歌》和《后剑诀》等之外，其他内容均为枪法，故此书基本上是一部枪法专著，是吴殳对由明代至清初流传的石家枪法、马家枪法、沙家枪法、杨家枪法、峨眉枪法、梦绿堂枪法、程宗猷枪法等多家枪法的一部总结性著作。吴殳是明清时期集枪法之大成者，《手臂录》包含着吴殳一生对枪法的实践和研究结果。本书除以论解枪法精妙以外，其《单刀图说》、渔阳老人所传之剑法、天都侠少项元池所传之双刀法，都是明清其他武术著作中所仅见者，故此书是研究古代武术的重要典籍。

《内家拳法》

清代黄百家著。此书收入《昭代丛书》，《清史·艺文志》著录。此书所记拳法为黄百家之师王征南所传习。据黄宗羲《王征南墓志铭》称，王征南之拳起自宋之张三峰，三峰为武当丹士，徽宗召之，道梗不得进，夜梦元帝授之拳法，厥明以单丁杀贼百余，遂以绝技名于世。黄百家所记之内家拳法，则称张三峰既精于少林，复从翻之，是名"内家"。黄百家所述与其父黄宗羲所述显有不同。《内家拳法》记述了内家拳法源流和主要技术内容，包括应敌打法、穴法、所禁犯病法、练手法三十五、练步法十八，记有"六路"和"十段锦"歌诀及诠解，并述王征南独创之盘斫法及习拳精要。

《剑法真传》

清代宋赓平撰，三卷。光绪三十四年（1908年）出版。1911年，吴广儒与吴学廉增修图说，改为二卷重刊问世。1920年，上海大东书局改名为《剑法图说》，并付诸石印发行。1929年上海武学书局改名为《剑法图解》出版。书中主要内容有剑法源流、剑学内功四十八式、七剑底母图、十三剑法图说解、二十四剑式图、论剑有八法与书法相通等。书中所载是宋赓平平生所学剑法和执教之法。

《拳经拳法备要》

明代少林寺玄机和尚传授，陈松泉、张鸣鹗撰。清代康熙初年张孔昭补充，乾隆年间曹焕斗又增补并作序。1927年由中国国技社改名为《玄机秘授穴道拳诀·跌打骨科秘本》出版。1936年蟫隐庐出版影印本。本书分拳经、拳法备要各一卷。拳经记述了少林拳术的各种手法、身法、步法、眼法、劲力、运气以及应敌技术的秘诀。拳法备要则对拳势进行了图解。此书对研究少林武术有重要价值。

《十三刀法》

明代遗民王余佑著。原为手写本，1931年，上海蟫隐庐据旧抄本石印出版，改名为《太极连环刀法》，实与太极拳派无关系，其中"诱敌"三势残缺不全。另据赵衡为孙禄堂《形意拳学》所写序言称，1915年前北京即有刊本。王余佑把刀法归纳为劈、打、磕、扎、砍、扇、撩、提、托、老、嫩、迟、急十三种刀法。是古代重要的刀法著作。

《苌氏武技书》

清代苌乃周著。乾隆年间苌乃周创编此书，成书之初并无全书名称，只分为前后两部分，前部名《培养中气》，后部名《武备参考》，一直作为手抄本在习武者中流传。1932年经徐哲东整理，重新编定为六卷七十四篇，正式定书名为《苌氏武技书》，1936年交由南京正中书局出版发行。1990年10月，复由上海书店按1936年版重新影印出版。《苌氏武技书》主要内容有中气论、阴阳入扶论、三尖照论、三尖到论、拳法渊源序、合炼中二十四势、养气论、讲出手、讲打法、打法总诀、二十四字论，并有枪法、猿猴棒、双剑等。其中二十四字图说有详细图解。苌氏武技以"培养中气"为宗旨，并将有关"中气"之学理及锻炼之法结合武术技艺特点进行论述，是最早研究内炼精气神的拳学著作。

《太极拳谱》

清代王宗岳等著。此书汇集了清代王宗岳、武禹襄、李亦畬等多家太极拳之论。民国初年关百益尊王宗岳太极拳"论"为"经"，后始以《太极拳经》为名。1936年中国武学会将其并入《王宗岳太极拳经·王宗岳阴符枪谱》出版。1991年人民体育出版社出版的《中华武术文库》收录《太极拳谱》，并由沈寿点校考释。《太极拳谱》的内容包括太极拳论、太极拳解、十三势歌、打手歌、十三势行功要解、十三势说略等。其中太极拳论一文以我国古代的阴阳学说为理论基础，阐明了太极拳推手的要领、方法和技击原理，成为太极拳的重要理论依据，对太极推手有一定指导意义。此书是太极拳重要的典籍。

《形意拳学》

孙禄堂著。1915年出版。1981年台湾华联出版社易名《形意拳术全书》出版。此书分上下两编。上编主要介绍三体式和五行拳、五行连环拳、五行炮的练法，下编介绍十二形、杂式捶和安身炮的练法。此书将拳理和技法要求融入动作解说中，每式插图均为作者演示摄照。

《八卦拳学》

孙禄堂编著。1916年出版，全书共分二十三章。作者在书中首次总结提出"初学入门三害"和"入门练习九要"。这些见解被后世八卦掌和形意拳习传者奉为准则。书中以易理参解拳理，并以卦数、卦形和卦名比附于人体与掌法，将八个基本掌法依卦取象为狮形、麟形、蛇形、鹞形、龙形、熊形、凤形、猴形，再一一依卦形、易理和取象动物之形性说明拳势的练习要求。

《太极拳学》

孙禄堂撰。1919年上海中华书局出版。全书分上下编。上编图解说明孙福全以得自郝为真的太极拳架为基础，吸取八卦掌和形意拳的个别典型动作和基本技法创编成的太极拳架套路。下编图解介绍太极推手的基本练法，末附李亦畬《五字诀》《擎引松放》四字诀、《走架打手行功要言》。书中拳照尽为作者自己演示摄取。后世称孙福全编创的这一拳套为《孙式太极拳》。2001年人民体育出版社出版《孙禄堂武学录》，此书汇编了孙禄堂的《形意拳学》《八卦拳学》《太极拳学》《拳意述真》《八卦剑学》五本著作。

《陈氏太极拳图说》

陈鑫著。太极拳的重要著作之一。其抄本先后有四种，1933年由开明印刷局出版。1935年陈绩甫（照丕）编著《陈氏太极拳汇宗》亦纳入其图说。凡三卷。卷首有太极图、伏羲八卦图、太极拳内圆精图说、太极拳缠丝精图说、太极拳缠丝精论、太极拳缠丝法诗四首、太极拳经谱等。卷一、卷二、卷三对太极拳势法如金刚捣碓、懒扎衣、单鞭、白鹤亮翅、掩手肱捶、披身捶、倒卷肱、二起脚、小擒打、玉女穿梭、青龙出水等，均有图解。逐势详其着法、运动和周身规矩，以易理说拳理，引证经络学说，阐明贯穿于缠丝劲的核心作用，是以内劲为统驭。此书附录有《陈氏家乘》《陈英公传》和《陈品三墓志》等。

《少林武当考》

唐豪著。1930年由中央国术馆印行。全书十三节，分上下两编，上编为《少林考》，下编为《武当考》。作者以丰富的史料为依据，运用考据方法，证明达摩和尚和张三丰道士都不会武术，指出所谓少林寺拳法始于印度僧人达摩、太极拳始于武当山张三丰之说，都是后人的附会。这些观点，在当时产生了很大影响，显示了作者实事求是的治学态度和识略。《少林武当考》是唐豪的代表作之一，也是武术史学科发展过程中有标志性意义的学术成果。

《国技论略》

徐哲东著。1930年由商务印书馆出版。全书分上下两编，凡征古、考异、辨伪、近师、存疑、源流、类别、器械、择述、指要、述旨十一篇。作者是文史学者，又深好武术，在《国技论略》中他对武术史、武术拳种分类等问题，以及许多武术界口耳相传的不实之说，进行了言简意赅的辨析。此书与唐豪《少林武当考》的相继问世，对近代武术界的虚妄荒诞之风有廓清之功，对武术史与武术理论的研究有着重要贡献。

《中国武艺图籍考》

唐豪著。初以论文形式载《说文月刊》第二卷，1940年辑为册，上海现代印书馆印刷，上海市国术协进会发行。全文分诸艺、角力、手搏、射、弹、弩、枪、棍、戈、戟、刀、剑、斧、干盾、狼筅、镋钯、器制、仪节、选举等20个类目，著录了选自《汉书·艺文志》以下至清代的公私武艺图籍。作者对每书均写有简要题解、考究源流、辨明真伪，多有发现。此书是我国第一部武术史文献学著作，也是第一部武术史目录学著作。对从事武术史研究的初学者来说，是一部基础性读物。

《国术概论》

吴图南著。1936年商务印书馆出版。1983年北京中国书店影印。分为总论、身体各部之名称与功用、国术原理、国术史略、国术行政、国术设备、国术教学、器械考证八章，附录有太极操讲义、弓矢概论。此书曾作为民国时期中央国立体育专科学校的武术理论讲义。

《行健斋随笔》

唐豪著。初为散篇，发表于《国术声》，1937年汇集成册，上海市国术馆发行。全文包括"元清二代禁汉人藏执兵器与服习武艺""易筋洗髓经牛李二序之伪""踏雪无痕""形意拳鼻祖与谱"和"陈氏家谱"等46则。此书言之有据，辨则循理，于整理研究传统武术颇有见地。

《中华新武术》

马良主编，是一部综合性的武术教材丛书。全书分率角（摔跤）、拳脚、棍术、剑术四科，每科又分上、下编。各科上编（初级教科）于1917年后陆续由商务印书馆出版，经当时教育部审定，曾在军警和学校中推行一时。各科下编（即高级教科）没有问世。此书参照西方兵操和徒手体操教练法，将传统武术套路改编成按口令进行教练的教本，其编撰体例统一，主要内容均按"基本单人团体教练""团体基本教练""团体连贯教练""团体对手教练""团体连贯对手教练"和"节录步操典并添矮步教练"等章目顺序编撰。是一部借鉴西方体育并结合中国武术的专著。

主要参考文献：

1. 中国武术大辞典编辑委员会.中国武术大辞典.北京：人民体育出版社，1990
2. 翁士勋.《角力记》校注.北京：人民体育出版社，1990
3. 吴殳著.孙国中增订点校.手臂录.北京：北京师范大学出版社，1989
4. 孙禄堂著.孙剑云编.孙禄堂武学录.北京：人民体育出版社，2001
5. 徐震编订.苌氏武技书.上海书店，1990
6. 〔日〕松田隆智.中国武术史略.成都：四川科学技术出版社，1984
7. （清）王宗岳等著.沈寿点校考释.太极拳谱.北京：人民体育出版社，1991
8. 吴图南.国术概论.中国书店，1983

（作者：余水清）